World Book 247

H.C. Andersen

EVENTYR OG HISTORIER

안데르센동화전집 II

H.C. 안데르센/곽복록 옮김

동서문화사

디자인 : 동서랑 미술팀

안데르센동화전집 I II
차례

안데르센동화전집 II

그림 없는 그림책

안데르센의 생애와 동화

안데르센동화전집 I

《안데르센 동화》를 읽는 이들에게

발데마르 다에와 그의 딸들과 바람의 이야기

Vinden fortæller om Valdemar Daae og hans Døttre

바람은 풀 위를 지나면서 호수 같은 작은 물결을 일으키고, 곡식 위를 달리면서 마치 바다처럼 커다란 파도를 일으킵니다. 그것은 바람이 추는 춤이랍니다.

여러분들도 바람의 이야기를 들어 보세요. 바람이 크게 노래를 부르면 숲의 나무들이 울린답니다. 성벽 창문이나 파진 홈, 그리고 틈새에서와는 다르게 울리지요.

바람은 마치 양 떼 무리처럼 구름을 뒤따르고 있습니다. 그리고 열린 문을 지나가기도 하지요. 자기가 보초라도 되는 것처럼 뿔피리를 불기도 합니다.

바람은 바스락거리며 굴뚝으로 난로 안까지 스며들어 불기도 합니다. 그래서 불꽃이 활활 타오르고 장작 타는 소리가 탁탁 들립니다. 바람은 밝고 따뜻한 방 안에 앉아 이야기하는 것을 참으로 좋아했습니다. 그러면 이제 바람이 하는 이야기에 귀를 기울여 볼까요. 바람은 우리 모두가 아는 것보다 한결 더 많은 옛날이야기를 알고 있답니다.

카데가트 해협과 발트 해협을 잇는 그레이트 벨트 연안에 두껍고 빨간 성벽을 두른 오래된 저택이 있었답니다. 나는 그 저택의 돌 하나하나까지 다 알고 있지요. 마르크스 슈티크 성이 헐리자 사람들이 새로운 성을 쌓기 위해서 그 돌들을 가져왔던 것이지요. 아직도 해안에 서 있는 보레비 저택 말입니다.

나는 그 안에 살아서 신분이 높은 사람들을 잘 압니다. 이제 발데마르 다에와 그의 딸들에 대한 이야기를 하겠습니다.

발데마르 다에는 아주 자존심이 셌답니다. 왕과 먼 친척이었거든. 사슴 사냥도 마음대로 하고 술도 실컷 마실 수 있었습니다. 하지만 더한 일도 할 수 있는 훌륭한 사람이었습니다. 여러분은 아시겠죠? 이런 말은 사실 발데마르 다에가 한 이야기랍니다.

발데마르 다에의 부인도 금실로 수놓은 비단옷을 입고 고개를 꼿꼿하게 들고 다녔습니다. 양탄자는 화려했고 가구는 모두 비싼 것이었답니다. 금그릇, 은 그릇들도 아주 많으며, 광에는 맥주가 가득 쌓여 있었답니다. 그리고 마구간에는 사나운 검은 말들이 있었습니다. 보레비 저택 안에서는 모든 게 풍요로웠답니다.

그리고 그들 부부에게는 아이들도 있었습니다. 이데, 요한네, 안나 도로테아라고 하는 아주 훌륭한 소녀들이었답니다. 그들은 부자였고 품위가 있었습니다. 호화로움 속에서 태어나고 자란 사람들이었지요.

그런데 이 저택에서는 다른 저택처럼 신분 높은 부인들이 시녀들과 함께 방에 앉아서 물레를 돌리는 모습을 도무지 볼 수가 없었답니다. 부인은 날마다 악기를 연주하고 반주에 맞춰 노래만 불렀습니다. 덴마크의 옛 민요뿐만이 아니라 먼 나라에서 유행하는 노래들도 불렀지요. 저택은 날마다 화려한 생활이 이어지고 연회만 열렸습니다. 신분 높은 손님들도 많이 왔기에 늘 음악이 울리고 잔들이 부딪치는 소리로 떠들썩했습니다. 바람인 저조차도 이 시끌벅적한 소리를 지울 수 없었지요.

이 저택에서 볼 수 있는 것은 자만심, 화려함, 사치뿐이었습니다. 저택에는 주인은 있어도 신은 없었습니다.

5월 1일 저녁이었답니다. 저는 서쪽 여행을 하고 왔지요. 서 유틀란트 해안에서 배들이 부서지는 것을 보고 황야와 푸른 숲이 있는 해안을 지나 발트해협을 숨가쁘게 건넜답니다. 그러고는 쉐란도 해변에서 잠시 쉬고 있었습니다. 멋진 떡갈나무가 서 있는 보레비 저택이 가까이 있었답니다.

젊은 총각들이 떡갈나무 가지들을 모으고 있었습니다. 될 수 있는 한 마르고 커다란 가지를 모아 마을로 갖고 가서 장작더미를 만들어 불을 붙였습니다. 그리고 처녀 총각들은 장작더미를 빙 둘러서서 춤추고 노래를 불렀습니다.

저는 조용히 누워 있다가 누구보다 잘생긴 총각이 가져다 놓은 나뭇가지를 살짝 건드려 주었답니다. 그러자 그것은 가장 높이 불이 붙었습니다. 잘생긴 총각은 축제의 왕으로 뽑혀서 처녀들 가운데서 왕비를 선택하게 되었답니다. 그건 풍요로운 보레비 저택의 연회보다도 한결 즐겁고 재미있는 일이었습니다.

그때 그들 곁을 여섯 마리의 말이 끄는 금 마차를 타고 귀부인과 세 딸들이 지나갔습니다. 딸들은 젊고 사랑스러워서 장미나 백합, 그리고 창백한 히아신스 꽃송이 같았습니다.

화려한 튤립 부인이었지요. 부인은 예절바르게 인사하는 그 어떤 사람에게도 답례 인사를 하지 않았답니다. 사람들은 그 부인이 잘 부러지는 튤립 줄기 같아서 목이 부러질까봐 인사를 하지 않는다고 생각했을 거예요.

저는 딸들이 누구의 왕비가 되든지 간에 그 남편들은 멋진 기사이거나 또는 왕자이리라고 여겼습니다.

마차는 그들을 태우고 갔고 춤추던 사람들은 쉼없이 춤을 추었습니다. 그들은 여름을 맞아 말을 타고 한 바퀴 나들이를 한 것이었답니다.

그러나 내가 몸을 일으킨 그날 밤에 부인은 쓰러져서 영원히 다시 일어나지 못하게 되었답니다. 누구에게나 그렇듯이 부인에게도 죽음이 찾아왔던 것이지요.

발데마르 다에는 생각에 잠겨 한동안 서 있었습니다.

'자부심 많은 나무는 구부릴 수는 있어도 부러뜨릴 수는 없어.'

그는 속으로 생각했답니다.

딸들은 모두 슬프게 울었습니다. 대저택에 있는 사람들도 하나같이 눈물을 흘렸답니다. 다에 부인은 그렇게 저 세상으로 가 버렸던 것입니다. 나도 떠나게 되었지요. 휘잉휘잉하고요.

나는 핀섬을 넘어서 발트 해안으로 돌아왔답니다. 보레비 해안의 화려한 떡갈나무 숲에 앉아 쉬었지요. 물수리와 산비둘기, 푸른 까마귀, 그리고 까만 황새까지도 숲에 둥지를 틀었답니다.

새해가 시작된 지 얼마 지나지 않았을 때입니다. 알을 품은 어미 새도 있었고 알을 깨고 나온 새끼도 있었습니다. 그런데 어찌된 일일까요? 새들은 날개를 푸드득거리며 이리저리 날아올랐습니다. 갑자기 연달아 도끼 찍는 소리가 쿵쿵 들렸습니다. 발데마르 다에가 갑판이 세 개나 있는 전함을 만들려고 숲을 없애고 있는 중이었지요. 왕이 사주실 거라 생각하면서요. 놀란 까치는 망가진 보금자리 주위를 빙빙 날았고 물수리와 다른 새들도 보금자리를 잃고 정처 없이 여기저기 날아다니면서 두려움과 분노로 울부짖었습니다. 나는 그들을 잘 이해할 수 있었습니다. 그런데 까마귀들은 비웃듯이 다른 새들에게 말했습니다.

"둥지에서 나와, 둥지에서 나오라고. 나와!"

일꾼들 곁에 발데마르 다에와 세 딸이 함께 서 있었답니다. 그들은 새들의 슬픈 외침을 듣고도 웃었지요. 하지만 막내딸인 안나 도로테아만은 베어지는 나무가 불쌍해서 슬펐습니다. 일꾼들이 반쯤 벌거벗은 나무 한 그루를 베려는 참이었습니다. 그 나무의 벌거벗은 가지에는 까만 황새가 둥지를 틀었는데, 새끼들이 머리를 비죽이 내밀고 있었습니다.

막내는 눈물을 글썽이며 아버지께 제발 저 나무만큼은 베지 말아달라고 간청했습니다. 그래서 까만 황새의 둥지가 있는 그 나무는 계속 그 자리에 서 있을 수 있었답니다. 하지만 그건 사실 아주 작은 일이었지요. 그 뒤에도 나무 베고 톱질하는 일은 계속되었기 때문입니다.

마침내 세 개의 지붕을 가진 배가 만들어졌답니다. 배를 만든 건축가는 별볼일 없는 집안 출신이었지만 마음이 고귀했지요. 눈과 이마를 보면 그가 똑똑하다는 것을 잘 알 수 있었답니다. 발데마르 다에와 열다섯 살이 된 첫째 딸 이데는 그 건축가의 이야기를 듣는 것을 좋아했습니다. 그래서 건축가는 배를 만드는 동안 멋진 저택에서 이데와 함께 사는 꿈을 꾸기도 했습니다. 만일 건축가의 저택이 돌벽으로 둘러싸이고 성채와 해자가 있으며 멋진 숲과 정원을 갖췄더라면, 그 꿈이 이루어졌을지 모릅니다. 하지만 똑똑한 그 건축가는 작고 가난한 새에 지나지 않았답니다. 참새가 화려한 공작새들의 대열에서 무엇을 할 수 있었겠어요?

저는 다른 곳으로 날아가고 건축가도 떠나가 버렸지요. 건축가는 이데를 포기해야만 했기에 그곳에 계속 머물러 있을 수가 없었답니다. 작은 이데는 이별을 잘 견뎌 냈지요.

　마구간에서는 검은 말들이 히잉히잉 울었답니다. 참 볼만했지요. 왕이 새로운 전함을 검사하기 위해서 장군을 보냈습니다. 장군은 기운찬 말을 보고는 감탄했지요. 저는 장군과 발데미르 다에를 따라다니면서 그들 발밑에 짚들을 마치 금가루라도 되는 양 뿌려 놓았답니다. 발데마르 다에는 돈을 원했지만 장군은 검은 말을 탐냈습니다. 그래서 장군이 그 말을 그토록 칭찬했던 것이지요. 하지만 발데마르 다에는 그런 눈치를 전혀 채지 못했습니다. 때문에 결국 배를 팔지 못하고 말았답니다.

　배는 바닷가에서 호화로운 모습으로 번쩍이고 있었습니다. 그러나 노아의 방주처럼 한 번도 물에는 들어가지 못하고 해안에 놓여 있게 되었습니다.

　겨울이 되었습니다. 들은 눈으로 덮였습니다. 발트 해협도 흘러 들어온 얼음 덩어리로 가득 찼습니다. 저는 그 얼음덩어리를 해안까지 날렸답니다. 그때 아주 까만 까마귀들이 몰려왔습니다. 까마귀들은 죽음이 깔린 듯 황량하고 외로운 배에 앉아서 쉰 목소리로 사라진 숲에 대해서 한탄했습니다. 슬픈 목소리로 무너진 수많은 둥지들과 집 없는 새들에 대해 노래했지요. 이 모든 게 저 커다란 배 때문이라고 생각했답니다. 한 번도 바다로 나아간 적 없는 저 거만한 배 말입니다.

저는 눈송이들을 세게 날려서 소용돌이치도록 했습니다. 그래서 눈은 배 주위에 커다란 파도를 일으켰고 폭풍이 어떤 것인가를 알려주기 위해 큰 소리로 위협했답니다.

그해 겨울이 지나고 다음해 겨울과 여름도 지나갔습니다. 제가 가 버린 것처럼, 눈이 훨훨 떨어지는 것처럼 계절도 그렇게 바뀌었지요. 사과나무 꽃이 지고 잎이 떨어지듯이 모든 것이 그렇게 지나갔습니다.

발데마르 다에의 딸들은 아주 예쁘게 자랐습니다. 장미 같은 이데는 배 건축가가 봤던 그때와 똑같이 참 예뻤답니다.

저는 생각에 잠겨 있는 이데의 긴 다갈색 머리를 곧잘 만졌지요. 이데는 정원 사과나무 아래에서 깊은 생각에 잠겨 있었기 때문에 제가 그녀의 머리에 꽃을 뿌리는 것도, 머리를 헝클어뜨리는 것도 알지 못했답니다. 이데는 붉은 해님과 황금빛 하늘을 그림자를 드리운 정원 나무들 사이로 바라보고 있었지요.

이데의 여동생 요한네는 백합처럼 가냘프고 아름다웠습니다. 요한네는 허영심 많고 거만했답니다. 자기 엄마처럼 목을 뻣뻣하게 세우고 다녔습니다. 요한네는 조상들 그림이 걸린 큰 방에 들어가기를 좋아했습니다. 그 방에는 벨벳과 비단 옷을 입은 여자들이 진주가 박힌 아주 작은 모자를 쓴 모습으로 그려져 있었습니다. 남자들은 강철 갑옷을 입고 다람쥐 털을 안에 덧댄 망토를 걸쳤습니다. 칼은 허리에 찼답니다.

'내 그림은 언제쯤 벽에 걸리게 될까, 귀족 피를 이어받은 내 남편은 어떻게 생겼을까?'

요한네는 이런 것들을 생각하면서 나지막하게 중얼거리곤 했습니다. 저는 가끔 기다란 복도를 휩쓸고 돌아나올 때 요한네가 낮게 중얼거리는 이 소리를 들은 적이 있답니다.

안나 도로테아, 창백한 히아신스 같은 막내는 이제 겨우 열네 살 아이였습니다. 막내는 늘 사색에 잠겼습니다. 바다처럼 파랗고 큰 눈은 언제나 깊은 생각으로 가득 차 있었지만 입가에는 어린애 같은 천진난만한 미소를 머금었습니다. 저는 그 미소를 불어 버릴 수가 없었답니다.

우리는 정원이나 좁은 골목길, 들판이나 초원에서 이따금 만났습니다. 막내는 약초와 꽃을 모으고 있었답니다. 아버지가 약초와 꽃을 아주 이롭게 쓴다는 것을 알았기 때문입니다. 아버지는 그것들을 끓이는 법도 알고 있었습니다. 발데마르 다에는 거만했지만 지식이 풍부해서 참으로 많은 것을 알았습니다. 사람들도 그것을 알고 있었답니다.

벽난로에는 여름에도 불이 타 올랐고, 방문은 늘 잠겨 있었습니다. 발데마르 다에는 밤이고 낮이고 방 안에서 지냈답니다. 발데마르 다에는 그 이유에 대해서는 입을 다물었습니다. 자연의 힘은 비밀스럽게 다루어져야 하는 법이랍니다. 사실은 번쩍이는 금을 만드는 기술을 알아내려고 늘 벽난로에 불이 붙어 있는 거랍니다.

저도 거기에 머물렀습니다. 저는 굴뚝 아래에서 노래했습니다.

"이제는 그만 둬요, 그만 둬. 당신에게 남은 건 연기와 검댕이와 잿더미뿐, 이제 당신 자신마저 태워버리게 될 거야."

하지만 발데마르 다에는 꿈쩍도 하지 않았습니다.

마침내 그가 가진 모든 것은 제가 불어서 날려 버린 연기처럼 모두 사라져 버리고 말았습니다. 마구간에 있던 그 화려하던 검은 말들은 어디로 갔을까요? 들에서 땀을 뻘뻘 흘리며 일하던 황소들, 찬장에 있던 금그릇과 은그릇, 그리고 저택은 어떻게 되었나요? 모든 것들은 금을 만드는 도가니 속으로 들어가 사라져 버리고 말았습니다. 그러나 아직 금을 얻지는 못했답니다. 곳간과 창고는 텅 비게 되었습니다. 지하 저장실과 다락도 비었고, 하인이 줄어들수록 쥐도 많아졌지요. 그리고 창문이 한 장 한 장 금이 가더니 부서져 버렸습니다.

저는 더 이상 문으로 들어갈 필요가 없었습니다. 굴뚝에서 연기가 나오면 보통 집이라면 식사 준비를 한다는 뜻입니다. 하지만 이 집에서는 반대입니다. 모든 것은 반짝이는 금을 얻기 위해 불 속으로 들어갔습니다.

저는 마치 보초가 뿔피리를 부는 것처럼 불었습니다. 그러나 보초는 없었습니다. 탑 꼭대기 수탉 모양의 풍향계를 빙글빙글 돌리자 마치 보초가 탑 위에서 코를 고는 것처럼 드르렁 소리를 냈습니다. 그러나 탑에도 보초는 없었습니다. 시궁쥐와 생쥐들만 있었지요. 식탁과 옷장, 그리고 찬장에는 온통 가난이 들어 앉아 있었습니다. 문은 못이 떨어져 나갔고 틈새가 생겨 저는 마음대로 들어갔다 나왔다 했습니다. 그래서 이렇게 집안사정을 잘 안답니다.

발데마르 다에는 연기와 재 속에서 걱정 때문에 잠 못 이루는 밤이 이어졌답니다. 어느새 수염과 머리털은 새하얗게 되어버렸고, 주름이 생긴 피부는 창백해졌습니다. 그런데도 발데미르 다에는 금을 기다리며 눈을 번뜩였습니다.

저는 발데미르 다에의 얼굴과 수염에 연기와 재를 불었습니다. 금 대신에 빛이 쌓였지요. 저는 깨어진 유리창과 벌어진 문 틈새를 지나다니며 노래했답니다.

이번에는 딸들의 침실로 갔습니다. 색이 바래고 닳은 옷이 놓여 있었습니다. 딸들은 늘 이 옷 한 벌로 견뎌야만 했습니다. 이런 노래는 딸들이 요람에 있을 적에는 부른 적이 없습니다. 그토록 화려했던 저택에서의 삶이 이렇게도 가련하고 가난하게 변한 겁니다. 저 혼자만 성에서 커다랗게 노래 불렀습니다. 그러고는 눈을 불어 딸들을 덮어 주었지요. 장작도 없고 이미 숲도 베어져 버렸으니 어디서 장작을 구하겠어요?

저는 활기를 잃지 않으려고 문과 복도 사이를 들락날락했답니다. 안에서는 신분 높은 딸들이 추위 속에서 덜덜 떨고 있었습니다.

발데미르 다에는 가죽 덮개 밑에서 무언가를 찾았습니다. 하지만 씹을 것도 없었고, 불태울 것조차 없었습니다. 그러나 다에 씨는 아직도 희망을 잃지 않았습니다.

"겨울이 가면 곧 봄이 오지. 고생스런 날들 뒤에는 꼭 좋은 날들이 오지. 하지만 기다려야 하지, 기다려야 한다고. 이제 저택도 돈을 빌리기 위해 저당이 잡혔지. 가장 힘든 때야. 그러나 곧 금이 나올 거야. 부활절까지는!"

저는 다에가 거미줄에다 대고 이렇게 중얼거리는 소리도 들었답니다.

"재빠른 작은 거미야, 너는 나한테 인내를 가르쳐 주었단다. 네가 만든 거미집이 찢어지면 너는 처음부터 다시 시작해서 만들어 내지. 새롭게 말이야. 새롭게. 그기야, 사람도 바로 그래아 하는 거야."

부활절 아침이었습니다. 종이 울리고 하늘에 해님이 떠올랐습니다.

저는 다에가 절망한 영혼처럼 한숨 쉬는 것을 들었습니다. 기도하는 소리도 들었고 숨을 죽이고 있는 모습도 보았답니다. 불이 꺼졌는데도 그는 몰랐습니다. 저는 불씨를 살짝 불었지요. 그러자 불씨는 창백한 그의 얼굴 위에서 빛났습니다. 아름다운 색깔로 반짝거렸지요. 그것을 본 그는 눈을 동그랗게 떴어요.

"저 유리병을 봐, 저 안에서 반짝이고 있어."

다에는 부들부들 떨리는 손으로 유리병을 높이 들고는 이렇게 외쳤습니다.

"금이다, 금이야."

다에는 기쁨에 겨워 어지러울 지경이었습니다. 제가 살짝 불면 넘어졌겠지만 저는 불씨만 불었지요. 그리고 다에를 따라 딸들이 있는 방으로 갔답니다. 다에는 온통 재를 뒤집어쓰고 있었습니다.

다에는 소리쳤습니다.

"찾았어! 금이야!"

그러고는 유리병을 높이 쳐들었습니다. 유리병이 햇빛에 반짝여 눈이 부셨습니다. 그런데 다에가 손을 몹시 떠는 바람에 그만 유리병이 바닥에 떨어져서 수천 개의 조각으로 깨어지고 말았습니다. 행복의 마지막 거품이 터져 버린 것입니다. 휘잉휘잉. 그럼 안녕.

그리고 저는 연금술사의 성에서 나와 다른 곳으로 갔습니다. 가을도 끝무렵이 되어 해가 짧아졌습니다. 주변에 안개가 자욱하고 붉은 열매나 잎이 없는 가지 위에 촉촉한 이슬이 맺혔습니다. 저는 그 이슬을 살며시 닦아냈습니다. 공기를 깨끗하게 한다든지 썩은 가지를 부러뜨리곤 했지요. 중요한 일은 아니지만 제가 꼭 해야만 하는 일이지요.

보레비 성의 발데마르 다에의 집 또한 깨끗하게 치워지고 있었답니다. 바스네스의 오베라멜이 차용증서를 가지고 들이닥친 것입니다.

저는 부서진 창문으로 덜컹덜컹 소리를 내고 썩은 문을 쾅쾅 치고 갈라지고 깨진 틈으로 휘파람을 불었습니다. 휘이익! 오베라멜이 이 성에 머무르고 싶은 생각이 들지 않도록 하기 위해서였지요. 이데와 안나 도로테아는 슬픈 눈물을 흘렸습니다. 창백한 요한네는 꼿꼿이 서서 엄지손가락을 피가 나도록 물어뜯었습니다. 오베라멜은 딸들에게 다에가 죽을 때까지 성에 머물러도 좋다고 허락했지만 그는 어떤 감사의 말도 듣지 못했답니다.

빈털터리가 된 다에는 아직도 이루 말할 수 없이 거만했습니다. 고개를 빳빳이 세우고 다녔지요. 그리고 저는 늙은 보리수 나무를 세게 불어서 가장 굵은 가지를 뚝 부러뜨렸습니다.

부러진 가지는 문 앞으로 굴러갔습니다. 마치 누군가가 청소하려고 일부러 가져다 놓은 빗자루 같았습니다. 그리고 얼마 안 있어 저택은 제 말대로 깨끗해졌습니다.

그날은 견디기 힘든 날이었습니다. 그들은 몸 위에 걸친 옷 말고는 가진 게 아무것도 없었습니다. 그러나 유리병은 있었지요. 얼마 전에 금을 만들려고 산

유리병 말입니다. 그 병 안에는 바닥에서 긁어모은 유리조각들이 잔뜩 들어 있었습니다. 그것은 약속만 하고 이루지 못한 보물이었습니다. 발데마르 다에 는 유리병을 주머니 속 깊은 곳에 고이 넣고 지팡이를 손에 들었습니다. 그토 록 부자였던 발데마르 다에는 세 딸을 데리고 보레비 성에서 나와야만 했습 니다. 저는 그의 뜨거운 뺨 위로 차가운 바람을 불었습니다. 회색 수염과 새히 얗게 된 머리도 어루만졌답니다. 저는 열심히 노래했습니다. 휘이잉. 휘이잉. 잘 가. 잘 가. 이게 호화스러웠던 저택 생활의 마지막이었습니다.

이데와 안나 도로테아는 아버지 옆에서 말없이 걸어갔습니다. 요한네는 문 득 뒤돌아 성을 바라보았습니다. 하지만 그게 무슨 소용이 있겠어요? 행운은 되돌릴 수 없는 법이거든요.

옛날 마르크스 슈티크 성에서 가져온 돌로 만든 빨간 벽 말고는 아무것도 보이지 않았습니다. 요한네는 슈티크 성의 딸들을 떠올렸습니다.

"언니는 동생 손을 잡고, 넓은 세상 이곳저곳을 떠돌아다닌다!"

요한네는 아마 이 노래를 생각하고 있었을지도 모릅니다. 하지만 노래와 달 리 그들은 세 자매였고 아버지도 함께였습니다.

그들은 예전에는 마차를 타고 지나던 길을 터벅터벅 걸어서 갔습니다. 아버 지와 함께 1년에 10마르크씩을 받는 셋집을 얻으러 스미드스트룹 벌판으로 간 것입니다. 그들은 아주 초라한 그 흙집에 보금자리를 꾸몄답니다.

까마귀는 흙집 지붕 위를 이리저리 날아다니면서 조롱하듯 까악까악 소리 쳤습니다.

"둥지에서 나가, 둥지에서 나가. 나가, 나가라고!"

나무를 벨 때 보레비의 숲에서 까마귀들이 소리 질렀듯이 말입니다.

발데마르 다에와 그의 딸들은 그 소리를 들었을 수도 있었지요. 하지만 제 가 모두의 귀에 휘잉휘잉 끊임없이 바람소리를 들려주었습니다. 까마귀 말은 듣지 않는 편이 나으니까요.

그들은 그렇게 스미드스트룹 벌판 흙집에서 살게 되었답니다.

그리고 저는 늪과 들을 지나 계속해서 갔습니다. 울타리와 가지가 앙상한 숲을 지나 탁 트인 바다 건너 다른 나라까지. 몇 해를 그렇게 보냈습니다.

발데마르 다에와 그의 딸들은 어떻게 되었을까요?

제가 가장 마지막으로 본 사람은 안나 도로테아였답니다. 창백한 히아신스 같았던 막내딸 말입니다. 그 막내조차 늙었답니다. 허리도 굽었지요. 세월이 50년이나 지났거든요. 하지만 그녀가 가장 오래 살았지요.

황야 건너편 비보르크 시에는 대성당 집사의 새 성이 장엄하게 서 있었습니다. 빨간 벽돌과 끝이 톱니 모양 합각머리 지붕을 했지요. 굴뚝에서는 연기가 뭉실뭉실 솟아올랐답니다. 온화한 부인과 아름다운 딸들은 창가에 앉아서 정원 회양목 너머로 펼쳐진 황야를 바라보았습니다. 무엇을 보고 있었을까요?

그들은 다 무너져가는 오두막집 지붕의 황새 둥지를 보고 있었답니다. 그 집 지붕은 이끼와 잡초로 뒤덮여 있었습니다. 지붕이라고 할 수 없을 정도였지요. 황새 둥지가 지붕의 거의 전부를 덮고 있었답니다. 황새 둥지만이 도움의 손길을 주는 유일한 것이었습니다. 황새가 늘 제 둥지를 정성스럽게 돌보았기 때문에 지붕만은 튼튼했으니까요.

저는 이 오두막을 지날 때면 아주 조심스럽게 살금살금 지나가야 했습니다. 황새 둥지를 위해서도 그 집이 남아 있어야 했으니까요.

대성당 집사의 가족들은 황새를 쫓아내고 싶어하지 않았습니다. 그래서 오두막도 무사할 수 있었고 그 집 안에 사는 가난한 여인도 거기서 쫓겨나지 않았습니다. 그녀는 이집트에서 태어난 그 황새에게 감사해야 할 거예요. 아니면 언젠가 그녀가 보레비의 숲에서 까만 황새의 둥지를 지켜 준 데 대한 보답이었을까요? 그 무렵 이 여인은 귀여운 소녀였지요. 고귀한 꽃밭에 아름답게 핀 창백한 한 송이 히아신스였습니다. 그녀는 마침 이런저런 옛일을 떠올리고 있었답니다.

"아! 그래, 인간은 한숨을 쉴 수 있어. 바람이 갈대밭 사이를 지나가며 내는 소리처럼 말이야. 아버지, 아버지의 무덤 위에는 어떤 종도 울리지 않는군요. 학교에 다니는 가난한 아이들은 보레비의 옛 주인이 땅 속에 묻힐 때에도 찬송가를 부르지 않았어요. 하지만 모든 것은 끝이 있답니다. 이데 언니는 농부의 아내가 되었지요. 남편이 된 사람은 신분 낮은 농노였답니다. 이제 언니 남편은 편안히 땅 속에 묻혀 있답니다. 이데 언니도 마찬가지지요. 그리고 아버지도요. 아아! 그렇지만 비참한 삶은 아직도 끝나지 않았어요. 불쌍하고 가련한 제가 이렇게 남아 있잖아요. 은혜로운 예수님, 부디 저를 구원해 주소서."

안나 도로테아의 기도였답니다. 황새 때문에 머물 수 있는 초라한 그 집에서 올린 기도였어요.

자매들 가운데서 으뜸으로 활달했던 여자는 제가 맡았답니다. 그녀는 남자로 변장을 하고서 어떤 배에서 일했습니다. 늘 말이 없었고 어두운 표정으로 지냈답니다. 열심히 일했지만 생활은 좀처럼 나아지지 않았습니다. 그래서 제가 남들이 여자라는 사실을 눈치 채기 전에 그녀를 바다로 밀어 넣었지요. 그건 참으로 잘한 일이었답니다.

부활절 아침이었습니다. 발데마르 다에가 번쩍거리는 금을 얻었다고 생각했던 그 부활절이 되었지요. 그때 저는 다 쓰러져 가는 황새 둥지 아래 집에서 울려 나오는 찬송가를, 안나 도로테아의 마지막 노래를 들었습니다.

집에는 창문이 하나도 없었고 벽에 뚫린 구멍 하나가 고작이었습니다. 그 틈새로 마치 금덩이처럼 반짝거리는 햇빛이 비쳤습니다. 어찌나 눈부셨는지 안나 도로테아의 눈이 흐려지고 심장은 멍했답니다. 하지만 그녀는 아침에 햇빛이 비치지 않더라도 그렇게 되었을 것입니다. 황새는 안나 도로테아가 죽을 때까지 머리 위에서 지켜주었답니다.

저는 그녀 무덤에서도 발데마르 다에의 무덤에서도 노래를 불렀습니다. 저

말고는 그녀의 무덤이 어디 있는지 아무도 몰랐습니다.

이제 새로운 시대가 올 것입니다. 옛 거리들은 드넓은 밭이 되고, 무덤이 있던 곳은 차가 다니는 길이 될 것입니다. 그리고 증기 기관차가 긴 꼬리를 달고 무덤 너머로 씩씩거리며 달려가겠지요. 이제는 이름도 잊힌 무덤 위로 말입니다. 휘이잉. 휘이잉. 안녕. 안녕.

이것이 발데마르 다에와 그의 딸들의 이야기 모두입니다. 바람은 그렇게 말하고는 몸을 돌려 어디론가 사라졌습니다.

091
빵을 밟아버린 소녀
Pigen, som traadte paa Brødet

여러분, 신발을 흙으로 더럽히지 않으려고 빵을 밟은 소녀 이야기를 알고 있나요? 그렇다면 그 소녀가 얼마나 불행하게 됐는지도 잘 알 거예요. 이미 그 이야기는 책으로 나왔으니까요.

소녀는 가난했지만 되바라지고 허영심까지 있었답니다. 소녀는 못된 심보를 타고났습니다.

소녀가 아주 어렸을 때였답니다. 하루는 파리를 잡아서 날개를 잡아뜯더니 기어가게 만들었지요. 소녀에게는 곤충을 괴롭히는 일이 아주 커다란 즐거움이었답니다. 또 어느 날에는 풍뎅이와 투구벌레를 잡아서 바늘을 꽂고 곤충들 발밑에 초록잎사귀나 작은 종잇조각을 갖다 놓기도 했습니다. 그러면 그 불쌍한 곤충은 바늘에서 벗어나기 위해 잎사귀나 종잇조각을 빙글빙글 돌린다든지 뒤집으며 버둥버둥거린답니다.

"어머, 풍뎅이가 책을 읽네."

소녀는 즐겁다는 듯이 까르르 웃으며 말했습니다.

"봐, 저 조그만 게 책장 넘기는 걸 좀 봐."

소녀는 무럭무럭 자랐답니다. 하지만 자랄수록 착해지기는커녕 더욱 심술궂어지기만 했지요. 그런데 소녀는 참 예뻤답니다. 그게 소녀의 불행이었습니다.

그렇지 않았더라면 소녀는 전혀 다른 삶을 살았을지도 모른답니다.

"저 아이는 머지않아 누군가에게 호되게 혼날 거야."

소녀의 엄마는 늘 그렇게 말했습니다.

"넌 어릴 적부터 툭하면 내 앞치마를 밟고 다녔단다. 그래서 나는 네가 나이를 더 먹으면 그땐 내 마음을 밟을까 봐 무섭구나."

그런데 소녀는 정말로 그렇게 했답니다.

소녀는 어느 부잣집의 하녀가 되었답니다. 주인 부부는 소녀를 친자식처럼 귀여워해 주었지요. 소녀는 좋은 옷을 입고 부족할 것 없이 잘 지냈답니다. 그런 탓에 날이 갈수록 더더욱 거만해졌습니다.

소녀는 집을 떠나 1년 동안이나 그 부잣집에 하녀로 있었답니다. 어느 날 주인이 소녀에게 말했습니다.

"부모님을 한 번 만나 뵙고 오거라, 잉거야."

소녀는 즐겁게 집으로 떠났습니다. 모두에게 자신이 얼마나 예뻐졌는지 자랑할 생각에 무척 신이 났지요.

소녀가 마을 입구에 이르렀을 때 아가씨들과 총각들이 수다를 떠는 모습이 보였습니다. 그 바로 옆에서는 소녀의 어머니가 장작 한 다발을 짊어진 채 돌 위에 앉아 쉬고 있었답니다.

소녀는 어머니를 보고는 얼른 몸을 돌려버렸습니다. 땔나무를 주워 모으는 가난한 여자가 자기 어머니인 것이 부끄러웠기 때문입니다. 소녀는 자기가 나쁜 짓을 했다고는 조금도 생각하지 않고 도리어 화를 냈답니다.

다시 반년이 흘렀습니다.

"오늘 집에 가서 부모님을 만나 뵙고 오거라, 잉거야."

여주인이 말했습니다.

"그리고 이 커다란 흰 빵을 선물로 드리렴. 부모님께서 너를 보시면 아주 기뻐하실 거야."

그래서 소녀는 가장 화려한 나들이옷을 입고 새 신을 신었습니다. 혹시라도 옷이 더러워질까 봐 무척 조심스럽게 행동했습니다. 그리 나쁘게 볼일은 아니지요.

드디어 소녀는 늪지를 가로질러 난 좁은 길에 이르렀습니다. 길에는 물웅덩이와 진흙탕이 잔뜩 있었답니다. 소녀는 빵을 진창에 휙 던져버렸습니다. 신발이 젖지 않도록 빵을 밟고 건너가려 했지요. 소녀는 한 발을 빵 위에 내딛고는 다른 발을 들어 올렸습니다. 그러자 빵이 소녀와 함께 진창 안으로 더 깊숙이 푹 빠지는 것이었습니다. 마침내 소녀의 모습은 보이지 않게 되어 버렸습니다. 다만 까맣게 부글거리는 거품만이 보일 뿐이었죠.

소녀는 어디로 갔을까요? 소녀는 늪 깊은 곳에서 술을 만드는 늪 아줌마에게로 갔답니다. 그 아줌마는 늪의 요정들의 아줌마랍니다. 늪 요정들은 노래로 불려지고 그림으로 그려졌기 때문에 누구나 잘 알고 있습니다. 하지만 늪 아줌마를 아는 사람들은 없습니다. 다만 누구나 알고 있는 것이 있습니다. 여름에 풀더미에서 김이 모락모락 솟아오르는 까닭은 늪 아줌마가 술을 만들기 때문이랍니다.

늪 아줌마의 양조장에 빠진 소녀는 더 이상 견딜 수가 없었습니다. 아줌마의 양조장에 비하면 하수통이 더 호화로운 방이라고 할 수 있을 거예요.

모든 술통들에서는 악취가 풍겼답니다. 기절할 정도로 말이지요. 통들은 차곡차곡 쌓여 있었습니다. 통에는 작은 숨구멍이 하나씩 나 있었지만, 구멍 속에 수많은 축축한 두꺼비와 포동포동하게 살찐 뱀들이 있어서 도저히 숨구멍으로 빠져 나갈 수는 없었습니다.

소녀가 바로 이곳에 빠진 것이랍니다. 게다가 술통에서 우글대는 소름끼치는 무리는 마치 얼음처럼 차가웠습니다. 잉거는 손발을 덜덜 떨었습니다. 소녀는 얼음처럼 차갑게 굳어갔습니다. 소녀의 발에는 아직도 빵이 꼭 매달려 있었습니다. 빵은 소녀를 자꾸만 쭉쭉 아래로 끌고 갔습니다. 마치 호박 단추가 지푸라기를 끌고 가는 것만 같았답니다.

늪 아줌마는 집에 있었습니다. 이날은 마침 악마와 악마의 할머니가 양조장을 보러왔지요. 악마의 할머니는 늙고 아주 지독스러웠으며 잠시도 쉬는 일이 없었답니다. 손에 바느질감을 들지 않고는 절대로 밖에 나가는 법이 없었지요.

여기서도 할머니는 바느질감을 갖고 있었습니다. 사람들의 신발에 불안을 기워 넣으면 사람들은 어떤 안정도 찾지 못하고 허둥댔습니다. 그리고 거짓말로 수를 놓고 해로운 말들을 뜨개질했답니다. 할머니는 나쁜 것이라면 모두 바느질하고 수놓고 뜨개질할 수 있었습니다.

할머니는 소녀를 보았습니다. 더 자세히 보려고 안경을 눈에 대고 한 번 더 보았어요.

"재능 있는 소녀로군. 이곳에 온 기념으로 이 소녀를 달라고 해야지. 이 아이는 틀림없이 내 손자네 복도에 서 있는 조각상 노릇을 잘할 수 있을 거야."

마침내 할머니는 소녀를 얻었답니다. 그렇게 해서 소녀는 지옥으로 가게 되었습니다. 인간이 늘 지옥에 곧장 가지는 않습니다. 하지만 소질이 있다면 많은 길을 돌아서라도 결국 지옥으로 간답니다.

그곳은 끝없는 복도였답니다. 어디를 보아도 어지러웠습니다. 대기실에는 한 무리의 비쩍 여윈 사람들이 서 있었답니다. 은총의 문이 열리기를 기다리고 있는 사람들이었습니다.

그들은 오랫동안 기다려야 한답니다. 그들의 발 위로는 커다랗고 살진 거미가 뒤뚱거리면서 수천 년 동안이나 버틸 수 있는 거미집을 짜고 있었습니다. 이 거미집은 구리 사슬로 만든 족쇄처럼 그들의 발을 조였습니다.

모든 영혼 속에는 영원히 이어지는 고통스러운 불안이 있었답니다. 구두쇠는 금고 열쇠를 꽂은 채 잠그는 것을 잊어버리고 온 탓에 어쩔 줄 몰라 했습니다. 그곳에는 모든 고통과 괴로움이 모여 있었지요. 소녀는 그 복도의 조각상으로 서 있는 일이 너무 끔찍하다고 생각했습니다. 소녀 발에는 아직도 빵이 붙어 있었지요.

"발을 깨끗이 하려면 빵을 밟을 수밖에 없었어."

소녀는 중얼거렸습니다.

모두 소녀를 빤히 보고 있었답니다. 못된 욕망이 그들의 눈에서 번쩍번쩍 빛나고 있었고, 입의 실룩거림 또한 그것을 말해 주었습니다. 보기에도 소름이 끼쳤답니다.

'나를 바라보는 것은 큰 즐거움일 거야. 틀림없어! 나는 얼굴도 예쁘고 이토록 좋은 옷도 입고 있으니까.'

이렇게 생각한 잉거는 그들에게서 눈을 돌려 버렸답니다. 목도 함께 돌리고 싶었지만 목이 너무 굳어 있어서 움직이기가 힘들었거든요.

소녀는 늪 아줌마의 양조장에서 자기가 얼마나 더러운 모습이 되었는지 아직도 깨닫지 못했답니다. 소녀의 옷은 온통 진흙 투성이었고 머리에는 뱀이 달려 있었습니다. 그리고 모든 옷 주름 사이에서는 두꺼비들이 숨어서 살짝살짝 불룩한 눈을 내밀고는 훔쳐보았습니다. 게다가 두꺼비들은 천식을 앓고 있는 불도그처럼 울어댔습니다. 정말 기분 나쁜 소리였습니다.

"여기 있는 사람들은 어째서 하나같이 이토록 소름 끼치게 생겼을까."

이렇게 말하면서 소녀는 스스로를 위로했습니다.

하지만 가장 견디기 힘든 것은 배고픔이었습니다. 몸을 굽혀 발밑에 있는 빵 한 조각도 떼어낼 수가 없었지요. 등은 너무 뻣뻣했고 팔과 손도 딱딱하게 굳어 버렸거든요.

소녀의 몸은 마치 돌기둥 같았습니다. 다만 눈으로 온갖 것들을 볼 수 있었을 뿐이었죠. 눈은 여기저기로 돌릴 수 있었습니다. 뒤도 볼 수 있었답니다. 그러나 보이는 것은 모두 끔찍한 모습들뿐이었습니다.

파리 몇 마리가 소녀의 눈꺼풀에 붙어서 기어 다니며 괴롭혔습니다. 소녀가 눈을 깜빡거렸지만 파리는 날아가지 않았습니다. 날개가 뽑혀 날아다닐 수 없는 파리였거든요. 그것을 참는 일은 지독한 고통이었답니다. 게다가 배도 몹시 고팠지요. 마침내 몸은 내장들이 서로가 서로를 먹어치워 점점 텅 비는 것만 같았습니다. 그런 생각을 하자 소녀는 무서워서 소름이 끼쳤답니다.

"이 상태가 계속된다면 더는 견디지 못할 거야."

그러나 소녀는 참아야만 했습니다. 고통은 언제까지고 계속되었습니다.

그때 소녀 머리에 활활 타오르는 불꽃처럼 뜨거운 눈물 한 방울이 톡 떨어졌답니다. 그 눈물은 소녀의 얼굴과 가슴을 지나 바로 빵 위에 떨어졌습니다. 그러고는 또 한 방울 한 방울 계속해서 떨어졌습니다. 누가 저렇게 우는 것일까요?

그래요, 소녀에게는 어머니가 있었답니다. 딸을 잃은 어머니의 슬픔이 눈물이 되어 소녀에게 떨어지고 있었답니다. 그러나 그 눈물은 소녀를 구원하지 못했습니다. 슬픔에 불을 붙여서 고통만 점점 크게 할 뿐이었답니다. 게다가 참을 수 없는 배고픔과 빵을 밟고 서 있으면서도 먹을 수 없는 고통을 느껴야만 했습니다. 마침내 소녀는 온몸이 모조리 먹혀버린 것 같았습니다. 마치 소리란 소리를 다 빨아들이고마는 안이 텅 비고 기다란 갈대가 되어버린 듯했지요.

이어 소녀는 땅 위에서 자신에 대해 말하는 것을 똑똑히 들을 수 있었습니다. 아주 혹독하고 나쁜 말들이었지요.

슬픔에 찬 어머니는 눈물을 흘리며 말했습니다.

"교만하면 신세를 망치게 된단다. 그게 네 불행이다. 잉거야, 네가 엄마를 얼마나 슬프게 하는지 아니?"

다른 모든 사람들도 소녀의 죄를 알고 있었답니다. 빵을 밟은 탓에 늪에 빠져 사라져 버렸다는 것을 말이에요. 한 목동이 그 이야기를 해 주었는데, 그는 산 위에서 그 광경을 직접 보았다고 말했습니다.

"네가 엄마를 이토록 슬프게 하는구나. 잉거야. 그래, 나는 언젠가는 이렇게 될 거라고 생각했지."

어머니는 계속 눈물을 흘리며 말했습니다.

'나 같은 건 차라리 태어나지 않는 게 훨씬 나았을 거야. 엄마가 아무리 슬퍼해도 어쩔 수 없어.'

잉거는 그렇게 생각했습니다.

소녀는 또 친부모나 다름없이 돌봐주셨던 주인집 부부가 하는 말도 들었습니다.

"그 아이는 죄 많은 아이였어. 신의 선물을 소중히 여기지 않고 발로 짓밟았지. 아마 은총의 문이 열리기는 힘들 거야."

소녀는 또 생각했지요.

'그들은 나를 좀 더 잘 가르쳐야 했어. 내가 잘못된 행동을 했다면 그 버릇을 단단히 고쳐주어야 했다고.'

또한 소녀는 자기에 대한 노래가 만들어졌다는 것도 알았답니다. 〈신발을 더럽히지 않기 위해서 빵을 밟은 거만한 소녀〉 이런 노래였지요. 그 노래가 온 나라 안에서 불려지고 있다는 것도 잘 알았습니다.

"고작 빵을 밟은 것 때문에 이렇게 엄청난 고통을 받아야 하다니. 다른 사람

들도 나처럼 자신의 벌을 받아야 해. 그렇다면 벌 받을 게 참 많을걸. 아! 너무 괴로워."

이렇게 소녀의 마음은 굳어버린 몸보다 더 단단해졌습니다.

"이런 무시무시한 사람들 속에서 뭘 어쩌란 거지? 착해지고 싶은 마음이 들 리가 없잖아. 봐, 흉측한 저들이 얼마나 날 뚫어지게 쳐다보는지."

이제 소녀의 마음은 모든 사람들에 대한 분노와 원한으로 가득 찼습니다.

"땅 위에서는 아직도 내 이야기를 하는구나. 아, 너무도 괴로워."

소녀는 사람들이 아이들에게 자신의 이야기를 하는 것을 들었습니다. 아이들까지도 소녀를 하느님을 모르는 아이라고 좋지 않게 말했습니다.

"그 애는 나쁜 아이였어. 그런 아이는 따끔하게 벌을 받아 마땅해."

소녀에 대한 말들이 이 사람 저 사람 모두의 입에 오르내렸답니다.

그러던 어느 날이었습니다. 원망과 배고픔에 괴로워하던 잉거는 사람들이 한 천진난만한 어린 소녀에게 자기 이야기를 들려주는 것을 듣게 되었습니다.

그 천진난만한 소녀는 잉거의 이야기를 듣고는 끝내 울음을 터뜨렸답니다.

"그 아이는 이제 땅으로 올라올 수 없나요?"

사람들은 대답했지요.

"절대로 올라오지 못해."

"그렇지만 용서를 빌고 다시는 그렇게 하지 않는다고 하면요?"

"그 아이는 용서 따위 빌지 않을 거야."

"나는 그 아이가 용서를 빌었으면 좋겠어. 만일 잘못을 뉘우치고 다시 땅으로 올라온다면 내 인형을 줄 거야. 가엾은 잉거, 너무 안됐어."

이 말은 잉거의 가슴에 촉촉이 스며들었답니다. 잉거는 마음이 어쩐지 좀 따뜻해진 거 같다고 느꼈지요.

잉거는 태어나 처음으로 불쌍하다는 말을 들었던 것이지요. 그리고 소녀는 잉거의 잘못을 비난하지도 않았지요.

어린 소녀는 울면서 잉거를 위해 날마다 기도했습니다. 잉거는 매우 이상한 기분이 들었습니다. 자신을 위한 기도를 듣고는 왠지 울고 싶어졌답니다. 그러나 울 수가 없었습니다. 그것이 더 큰 고통이었지요.

세월이 흘렀습니다. 하지만 잉거에게는 어떤 변화도 없었답니다. 이제 사람들은 잉거에 대해 거의 이야기하지 않았습니다. 그러던 어느 날 잉거는 한숨 소리를 듣게 되었지요.

"잉거야, 네가 나를 어찌나 슬프게 하는지 아니? 내가 그렇게 타일렀잖니."

어머니가 죽어가면서 말하는 목소리였답니다.

소녀는 가끔 옛 주인이 자기 이야기를 하는 것도 들었습니다. 언제나 부드러운 말투였지요.

"잉거야, 너를 다시 볼 수 있을까? 하지만 너를 보려면 어디로 가야 할지 모르겠구나."

잉거는 인정 많은 주인이 절대 여기로 올 리 없다는 것을 잘 알았습니다.

더 오랜 시간이 흘렀답니다. 참으로 괴로운 나날이었지요. 어느 날 잉거는 제 이름이 불리는 소리를 들었답니다. 그리고 저 멀리 위에서 두 개의 밝은 별이 반짝반짝 빛나는 것도 보았지요. 그것은 땅 위에서 눈을 감은 부드러운 눈동자였습니다.

언젠가 '불쌍한 잉거' 이야기를 듣고 그토록 슬프게 눈물 흘렸던 작은 소녀가 세월이 흘러 할머니가 되어 이제 사랑하는 하느님 곁으로 부르심을 받은

참이었습니다. 할머니는 마지막 순간에 잉거에 대한 이야기를 듣고 가슴 아프게 울었던 어릴 적 일을 떠올렸습니다. 그때 기억이 죽음을 앞둔 노부인의 머릿속에 생생하게 떠올랐던 것이지요. 그래서 부인은 다시 한 번 정성껏 기도를 했답니다.

"하느님, 제가 혹시 잉거처럼 당신의 선물을 밟고도 모른 척하지는 않았는지요? 저 또한 거만한 마음을 가진 적이 없었는지요? 그러나 하느님은 당신의 은총으로 저를 저 아래로 떨어지지 않게 하셨습니다. 마지막에도 부디 저를 버리지 마소서!"

그 말을 마친 할머니의 눈이 살포시 감겼습니다. 그 대신 할머니는 영혼의 눈이 떠지더니 숨겨진 많은 것들을 볼 수 있게 되었습니다. 부인은 마지막 순간에 생생하게 잉거를 떠올렸기 때문에 영혼의 눈으로 땅속 깊이 가라앉아 있는 잉거를 보게 된 것입니다.

할머니는 눈물을 흘렸습니다. 하늘에서 불쌍한 잉거를 위해서 울었던 것이지요. 그 눈물과 기도는 메아리가 되어 고통으로 발버둥치는 영혼을 둘러싼 텅 빈 몸속에서 울려 퍼졌습니다. 뜻밖의 사랑이 잉거를 압도했습니다. 하느님의 한 천사가 잉거를 위해 울었기 때문입니다.

고통으로 발버둥치는 잉거의 영혼은 곧 자신의 삶을 하나하나 되돌아보게 되었답니다. 그러고는 이제껏 흘린 적 없는 뜨거운 눈물을 흘렸습니다. 자신에게는 은총의 문이 절대로 열리지 않을 것 같았답니다.

잉거는 깊이 깊이 뉘우쳤습니다. 그런데 잘못을 깨닫는 순간 마침내 한줄기 빛이 비추는 것이었어요. 그 빛은 눈사람을 녹이는 햇빛보다 더 강렬했답니다. 그래서 돌처럼 굳어버린 잉거의 몸도 금세 안개처럼 사라져버렸지요. 눈은 아이들의 따뜻한 입술에 닿으면 바로 녹아 물방울이 되어버립니다. 하지만 잉거의 몸은 그보다도 더 빠르게 사라져버렸답니다. 그때 거기서 작은 새 한 마리가 인간 세계로 날아올랐습니다. 작은 새는 아주 조심스럽게 날았답니다. 그리고 살아 있는 모든 생물 앞에서 부끄러워하면서 검은 구멍 속으로 재빨리 숨어 웅크렸지요. 폐허가 된 성벽에 뚫린 구멍이었습니다. 작은 새는 어떤 소리도 내려고 하지 않았고, 그저 가만히 앉아 있기만 했습니다. 그러고는 좀 차분해지자 바깥 아름다운 경치를 서서히 둘러보았답니다.

그래요, 밖은 참으로 황홀했습니다. 공기는 신선하고 포근했으며 달은 휘영

청 밝았답니다. 나무와 수풀은 싱그러운 향기를 내고 있었지요. 자신이 앉아 있는 구멍 속도 몹시 편안했고 입고 있는 깃털 옷도 깨끗하고 고왔답니다. 아, 창조된 모든 것들은 얼마나 큰 하느님의 사랑 속에 놓여 있는지요.

작은 새는 가슴 속에서 떠오른 모든 생각들을 밖으로 내보내고 싶었습니다. 하지만 그럴 엄두를 내지 못했답니다. 뻐꾹새와 나이팅게일이 봄을 노래하듯 이 얼마나 노래하고 싶었는지 모릅니다. 그러나 벌레의 소리 없는 찬양의 노래 도 들을 수 있는 하느님은 지금 작은 새가 가슴 속으로 부르는 찬양의 노래도 듣고 계셨지요.

몇 날 몇 주 동안 이 소리 없는 노래는 커다랗게 부풀어 갔답니다. 그 노래 는 새가 첫 번째 날갯짓을 하는 순간에 밖으로 나올 것입니다.

성탄절 축제가 다가오고 있었습니다. 농부는 벽에 막대기 하나를 세워 놓았 지요. 그러고는 타작하지 않은 귀리 단을 매달았습니다. 기쁜 성탄절을 맞아 새들도 즐겁게 식사할 수 있도록 한 배려였지요.

성탄절 아침이 밝았답니다. 해님이 떠올라 귀리 단을 비추었습니다. 모든 새 들이 지저귀며 막대기로 모여들었답니다. 그때 벽 구멍에서 '찍찍, 찍찍' 소리가 들렸습니다.

마침내 작은 새 가슴에 가득 찼던 감사의 마음이 부풀어 올라 노래가 된 것 이었지요. 즐거움의 찬가였답니다. 절로 착한 일을 하고 싶다는 생각이 들었습 니다. 구멍에서 살던 작은 새는 둥지에서 나와 하늘 높이 날아올랐답니다. 하 늘나라에서는 그 새가 어떤 새인지 이미 알고 있었답니다.

그 해 겨울은 혹독했습니다. 숲에서 사는 새와 짐승들은 모든 것이 얼어붙 어서 먹이가 부족했습니다.

작은 새는 멀리 날아가 곡식을 물어 왔답니다. 빵 부스러기나 곡식 알갱이를 발견하면 자기는 아주 조금만 먹고 굶주린 참새들을 불러 나누어 주었습니다. 그 새는 언제나 자기는 조금만 먹고 모두 다른 새들에게 주었습니다.

겨울 내내 작은 새는 많은 빵 부스러기를 모아서 그렇게 나누어 주곤 했답 니다. 어느덧 나눠주던 빵 부스러기가 소녀였던 잉거가 신발을 더럽히지 않기 위해 밟았던 그 빵 만큼이나 크게 되었습니다. 그리고 마지막 빵 부스러기를 찾아 다른 새들에게 나누어 주자 작은 새의 회색빛 날개가 새하얗게 되며 활 짝 펼쳐졌답니다.

"저기 갈매기가 바다 위로 날아간다!"

하얀 새를 본 아이들이 말했습니다. 하얀 새는 바닷속으로 멋지게 잠기더니 다시 밝은 햇빛을 받으며 솟구쳐 올라 반짝이는 날개를 자랑했습니다.

해님은 말할 수 없이 눈부시게 빛났습니다. 그래서 이 새가 어디로 날아갔는지 누구도 볼 수 없었지요. 사람들의 이야기에 따르면 그 새가 햇빛 속으로 곧장 날아갔다고 합니다.

092
탑지기 올레
Taarnvægteren Ole

"세상은 오르막이 있으면 내리막이 있고 또 내리막이 있으면 오르막도 있는 거야. 이제 난 더 이상 위로 올라갈 수가 없어. 사람들은 올라가고 내려오고, 내려오고 올라가는 것을 겪어 보아야만 해. 그러면 마침내 우리 모두는 탑지기가 되는 거야. 인생과 사물들을 위에서 훤히 내려다볼 수 있게 된다고."

내 친구 올레가 탑 위에서 말했습니다. 탑지기인 올레는 늘 농담이나 하는

것 같지만, 가슴속에는 진지함을 고이 간직했답니다.

어떤 사람들은 올레가 좋은 집안에서 태어났다고 말하기도 했습니다. 상업 회의소 의원의 아들이거나 아니면 의원 아들이었던 듯하다는 거예요. 그런데 그게 무슨 소용이 있겠어요? 올레는 학교를 졸업해 교구조감독이 되었습니다. 그 무렵 올레는 고향에서 교구감독 집에 살았으며, 그 집에서 올레는 자기 집 처럼 뭐든지 맘대로 할 수 있었습니다. 또한 그때 올레는 젊고 잘생겼었다고 합니다.

올레는 광을 내는 구두약으로 자신의 장화를 닦고 싶었답니다. 하지만 교구 감독은 올레에게 방수기름만 주었지요. 그래서 그 둘은 사이가 좋지 않았습니 다. 한 사람이 인색하다고 말하면, 또 한 사람은 사치라며 서로 비난하기 시작 했습니다.

마침내 둘은 구두약 때문에 헤어지게 되었답니다. 이제 올레는 교구감독에 게 달라고 했던 구두약을 온 세상에 요구했습니다. 하지만 올레는 반짝반짝 광을 내는 구두약을 바랐지만 도저히 얻어낼 수가 없었지요. 매번 방수기름만 얻을 수 있었답니다.

그래서 올레는 모든 사람들로부터 떠나서 외로운 은둔자가 되었습니다. 그러 나 도시에서 은둔자로 살 수 있는 곳은 오직 교회 탑 꼭대기뿐이었습니다.

올레는 탑 꼭대기로 올라갔습니다. 그러고는 자신의 외로움을 달래며 파이 프를 물었어요. 올레는 종일 아래를 내려다보고 또 위를 올려다보면서 찬찬히 생각했습니다. 그리고 자기가 본 것과 보지 않는 것, 책 속에서 읽은 것과 마음 속에서 읽은 것에 대해 나름대로 이야기하길 좋아했습니다. 저는 올레에게 때때로 읽을거리나 좋은 책을 빌려주었습니다. 어떤 책을 좋아하는지를 보면 그 사람의 됨됨이를 알 수 있다고 하지요.

올레는 영국 전설과 소설에서는 아무것도 얻을 게 없다고 말했습니다. 또 프랑스 소설도 마찬가지라고 했습니다. 그것들은 외풍과 장미 줄기를 엮어서 만들어냈다는 거예요. 그래요, 올레는 전설과 경이로운 자연에 대한 책들을 보고 싶었던 것이었지요.

저는 적어도 1년에 한 번 새해가 되면 올레를 찾아갔답니다. 그때마다 올레는 늘 해가 바뀌는 것에 대한 자신의 생각을 들려주었지요.

이제 저는 두 가지 이야기를 하려고 합니다. 될 수 있으면 올레의 말을 그대로 전해 드리겠습니다.

첫번째 방문

제가 올레에게서 빌려준 책들 가운데는 조약돌에 대한 책이 한 권 있었습니다. 올레가 특별히 재미있어 하던 책입니다. 또한 올레의 마음을 가득 채워 주었던 책이기도 하지요.

"야, 정말이지 조약돌은 엄청난 노인이라니깐."

올레가 말했습니다.

"우리들은 아무 생각 없이 지나쳐 버리지. 나도 들판이나 바닷가에서, 굴러다니는 수많은 조약돌들을 보면서도 그랬으니까. 사람들은 아무렇지도 않게 포장된 돌들을 밟지만, 그 돌도 사실은 고대 유물 조각이야. 우리 모두는 그런 사실을 꿈에도 생각하지 못하고 돌 위를 걸어다녀. 하지만 이제는 어떤 돌도 존경해. 이 책을 읽은 덕분에 내 머릿속은 이런 생각으로 가득 차 버렸지.

내 낡은 생각과 습관들을 없앴을 뿐만 아니라 이런 책을 더 읽고 싶도록 만들었지.

소설 가운데서도 《지구 이야기》는 참으로 신비스러운 소설이야. 사람들이 그 첫 편을 읽을 수 없다는 게 안타까워. 왜냐하면 그 책은 우리가 배우지 않은 다른 나라 말로 쓰여 있으니까. 사람들은 지층 이야기를, 조약돌 이야기를 꼭 읽어야 해. 모든 지질 연대 이야기를 읽어야 한다니깐.

인물들은 여섯 편째가 되어서야 나타나지. 아담과 그의 부인 이브가 말이야. 그래서 읽는 이들은 지루해 할지도 몰라. 독자들은 주인공들이 빨리 나오기를 원하거든. 하지만 나에게 그런 건 아무래도 상관없어. 어쨌든 이 소설은 참 재 밌거든. 우리 모두가 이 소설 속에 나오기 때문이지.

이 소설은 굉장히 모험적인 소설이란다. 읽다 보면 우리들은 모두 그 소설에 빨려들게 되지. 우리들은 엉금엉금 기어가면서 늘 제자리에 머물러 있잖아. 하지만 지구는 빙글빙글 잘 돌아가고 있단다. 바닷물을 우리에게 뒤집어씌우는 일도 없이 말이야. 우리가 걸어 다니고 있는 땅은 꽉 붙어 있단다. 그래서 그 아래로 떨어지지 않는 것이지. 그리하여 수백만 년이나 되는 역사가 펼쳐지고, 그렇게 이어져 내려오는 거야.

나는 조약돌에 대한 책을 읽은 덕분에 참 많은 걸 알게 됐지. 조약돌이 스스로 이야기만 할 수 있다면 할 이야기가 참 많을 텐데. 난 이렇게 높은 곳에 앉아 있다 보니 인간이 참으로 하찮다는 사실을 배우게 됐단다. 생각해 보면 우리들이 광을 내는 구두약을 발랐다 하더라도, 지구라는 크나큰 언덕에서는 고작해야 하찮은 개미 한 마리에 지나지 않는다는 사실을 떠올리게 된다면 말이야. 훈장을 달고 뽐내봤자 개미이긴 마찬가지가 아닐까.

수백만 년이나 된 이 낡은 조약돌 옆에서 사람들은 마치 어린아이와 같단다. 그래서 난 섣달그믐 내내 이 책 속에 깊이 빠져 버렸단다. 섣달그믐 밤에는 늘 《아마거 섬으로 가는 요괴들의 대행진》을 보며 즐거워했는데, 그것도 잊어버리고 말았지. 아, 너는 모르려나?

빗자루 위 마녀 여행은 다 알려진 이야기지. 마녀들이 요한 축제 한밤에 독일 브로켄 산으로 날아간다고들 하잖아. 그런데 이 덴마크에서도 마녀 이야기와 비슷한 요괴들 대행진이 있거든. 요즘 들어 덴마크에서 열리게 되었단다. 형편없는 시인들과 음악가 신문에 글 쓰는 사람들, 아무짝에도 쓸모없는 예술가들이 섣달그믐 밤 아마거 섬으로 초대되지.

그들은 붓이나 거위깃털 펜을 타고 날아간단다. 철로 만든 펜은 너무 딱딱해서 탈 수가 없거든. 난 해마다 그 모습을 봤기 때문에, 그 사람들 이름을 거의 알고 있지. 하지만 그들의 기분을 상하게 할지도 모르니 이름을 말하지는 않겠어. 거위깃털 펜을 타고서 아마거로 가는 여행이 알려지는 것을 그들은 그다지 좋아하지 않거든.

내겐 사촌뻘 되는 친척이 있는데 그녀는 어부의 부인이란다. 그런데 내 사촌이 평판 좋은 세 신문사에 그들에 대한 험담을 실었다고 해. 그랬더니 그 요괴

대행진에 손님으로 초대되었지 뭐야. 하지만 거위 깃털펜이 맘에 들지 않아서 타지 않았다 하더라고.

이 이야기는 사촌이 들려주었지. 물론 이 이야기의 반은 거짓말일 테지만.

사촌이 모임에 도착했더니 이미 노래가 시작되었더래. 게다가 손님들 모두 노래를 지어 와서 불렀대. 왜 이런 일을 하느냐고 묻자 저마다 자기 노래가 최고라고 여기기 때문이라나. 하지만 듣는 사람에게는 모두 같은 곡 같았대. 사람들은 또 무리지어서 행진을 했대. 말 잘하는 무리는 종소리에 맞춰 노래 불렀고 사촌은 그곳에서 이름을 숨긴 작가들과 사귀었대. 방수기름이 광내는 구두약 행세를 하는 것처럼 말이야. 그곳에는 하인도 있었고 쓰레기를 치우는 착한 사람도 있었대. 청소부는 통을 뒤집어엎고는 말했지.

"좋아, 아주 좋아, 훌륭하다고."

이런 즐거운 자리에 갑자기 땅에서 나무줄기 하나가 나왔대. 바로 게으름뱅이 줄기였지. 나무줄기는 그들이 머나먼 옛날에 세상에 내놓았던 모든 글과 생각들을 열매처럼 주렁주렁 달고 있었어. 밤하늘에서 불꽃이 일자 열매들은 바스라지며 사라져 버렸지.

사실 내 사촌은 더 많은 것을 알고 있었어. 좀 심술궂은 이야기들이지만 재미있기도 한 이야기 말이야. 그걸 굳이 말하지는 않겠어. 좋은 사람이 되어야지, 수다쟁이가 될 필요는 없잖아?

한 해 동안 나는 이 모든 것들을 그리워하며 보내지. 그렇지만 해에 따라 모습을 보이지 않는 이도 있어. 하지만 그런 때는 대신에 새로운 이가 오지. 하지만 올해는 그 손님들을 보지 못했어. 조약돌과 함께 지냈거든. 책 속에서 조약돌과 함께 수백만 년 굴러다니면서 저 위 북쪽나라에서 비서가 데굴데굴 굴러 떨어져 빙산 위에 올라타 떠내려가는 것도 보았고, 바다 아래 가라앉아 있다가 다시 모래톱 위로 올라오는 것도 보았지. 모래톱은 물에서 얼굴을 내밀고 조약돌들에게 말했어.

"너를 쉐란도 섬으로 만들 거야."

조약돌은 또 우리가 모르는 새들의 둥지가 되기도 하고, 사나운 추장의 집에 쌓이기도 했지. 추장은 도끼로 조약돌에다가 문자를 새겨 날짜를 셈하기도 했단다.

그때 아름다운 유성이 몇 개 떨어졌단다. 넌 유성이 무엇인지 아니? 나는 유성에 대해 나름대로의 생각을 갖고 있어.

감사와 축복 속에서 뭔가 아름답고 좋은 일을 한 사람들에 대해서 말이야.

난 그것을 햇빛을 받는 것과 같다고 생각한단다. 햇빛은 다른 사람을 대신해서 좋은 일을 한 사람 머리에 감사의 마음을 가져다주지. 감사를 바치는 사람이 국민 모두라면 감사는 마치 꽃다발처럼 유성이 되어 은인의 무덤 위로 떨어지지.

새해 밤에 유성을 보면서 이 감사의 꽃다발이 누구에게 떨어질까를 생각하는 것은 정말 커다란 즐거움이란다.

얼마 전에 남서쪽 하늘에서 밝게 빛나는 유성이 하나 떨어졌지. 그것은 아주 많은 사람들이 보내는 축복의 감사였지. 도대체 누구를 위한 것이었을까? 나는 유성이 슐레펜그텔과 레쇠,[1] 그리고 그들 동료의 무덤이 있는 덴마크 국기가 휘날리는 플렌스부르크 만의 언덕에 떨어지는 것이라고 굳게 믿었지. 그런데 그때 또 다른 유성이 이 나라의 한가운데인 소뢰에 떨어졌어. 홀베르그 관 위로 꽃다발이 되어 떨어졌지. 그가 쓴 많은 훌륭한 희극에 대한 감사의 뜻이었단다.

우리 무덤 위로 유성이 떨어진다는 건 생각만 해도 참으로 즐거운 일이지. 하지만 내 무덤 위에는 그런 일이 생기지 않을 거야. 어떤 햇빛도 내게 감사를 가져다주지 않겠지. 감사받을 게 아무것도 없는걸. 그리고 나는 광내는 구두약을 받을 수 없어. 고작 방수기름을 얻는 게 내 운명이니까."

두 번째 방문

제가 또 탑에 올라간 것은 새해 첫날이었습니다.

그날 올레는 술이 비워지는 유리잔에 대해 이야기했답니다. 저는 그 이야기를 들으면서 많은 생각을 하게 되었지요.

"시계가 열두 시를 알리면 사람들은 가득 채운 잔을 들고 일어나 새해를 기뻐하며 축배를 들지. 즉 유리잔을 손에 들고 한 해를 시작하는 거야. 애주가들을 위해서는 더없이 좋은 시작이지. 어떤 사람들은 잠자러 가는 것으로 한 해를 시작하기도 해. 게으름뱅이들을 위해서는 좋은 시작이란다. 잠이라는 것은

---

[1] 안데르센과 친했던 부인의 아들로 이스테드 싸움에서 죽었는데, 이 전쟁에서 덴마크는 독일의 슐레스비히 홀슈타인 공군의 군대를 물리쳤다.

한 해 동안 커다란 역할을 하지. 잔도 마찬가지란다. 잔 속에 무엇이 사는지 혹시 아니?"

갑자기 올레가 물었습니다.

"잔 속에는 건강과 기쁨 그리고 유쾌함이 살고 있지. 그리고 분노와 쓰디쓴 불행도 있고. 나는 언제나 잔의 수를 세지. 그 잔에게 어떤 영향을 주는지도 함께 센단다.

첫 번째 잔은 건강의 잔이야. 그 속에는 건강한 싹이 자라고 있어. 잔 속에 건강의 풀이 싹터서 이윽고 언덕 위까지 자라나지. 한 해가 끝날 무렵에는 너는 건강의 정자 속에서 편히 쉴 수 있지.

두 번째 잔에서는 작은 새 한 마리가 나와 천진난만하게 즐거이 지저귄단다. 아름답고 용감한 삶에 대해서 말이야. 사람들은 귀를 기울이고 함께 노래하겠지.

세 번째 잔에서는 작은 날개가 달린 아이들이 몸을 일으키지. 하지만 이 아이들을 천사라 부르지 않지. 농담을 할 뿐, 못된 장난은 하지 않지. 요정은 피와 마음을 가졌으니까. 우리들의 귓가에 대고 기분 좋은 이야기들을 속삭인단다. 그러고는 우리 가슴 위에 누워서 우리 마음을 아주 따뜻하게 만들어 주지. 그러면 우리는 어느새 침착해지고 머리도 매우 맑아진단다.

네 번째 잔에서는 약초도, 새도, 아이도 아닌 생각의 경계선이 들어 있어. 그 경계선 너머로는 절대로 가면 안 되지.

다섯 번째 잔을 마시면 너는 울게 된단다. 마음 깊숙이 감동을 받거나 아니면 다른 방법으로 기분을 풀게 되지. 요란한 소리와 함께 잔에서 사육제의 왕자가 튀어나와 수다를 떨며 너를 끌어당기지. 그러면 넌 품위를 잃게 된단다. 네가 만일 품위를 지니고 있다면 말이야. 너는 잊어버리지 말아야 할 것도 잊어버리게 되지. 모든 것은 그저 춤이고 노래이고 울림이지. 얇은 비단옷과 벨벳옷을 입은 악마의 딸들이 나타나서는 너와 미친 듯이 춤을 추겠지.

여섯 번째 잔 안에는 아주 잘 차려 입은 악마가 앉아 있단다. 말도 잘 하고 매력적인 남자란다. 그리고 너를 아주 잘 이해하고 뭐든지 네가 옳다고 말하지. 꼭 너 자신과 같지. 악마는 등불을 들고 와서 너를 집까지 바래다줄 거야. 하지만 그 집은 네 집이 아닌 그 악마의 집일 거야.

한 성자가 있었어. 그는 일곱 가지 죽을 죄 가운데 하나를 골라야만 했지.

그는 가장 가벼워 보이는 알코올 중독을 골랐지. 하지만 그는 그것 때문에 끝내 다른 여섯 개의 죄를 저지르게 되고 말았어. 인간과 악마는 그들의 피를 서로 섞는데 그게 바로 이 여섯 번째 잔이거든.

그 잔을 마시면 모든 나쁜 씨가 우리 안으로 들어와 성경에 나오는 겨자씨처럼 자라나 온 세계로 퍼지지. 그리고 마침내는 죽음을 맞게 되는 거야."

이것이 바로 탑지기 올레가 들려준 두 번째 이야기랍니다. 여러분이 만일 이야기가 더 듣고 싶다면 올레를 세 번째로 찾아가야 하겠네요.

093
안네 리스베트
Anne Lisbeth

안네 리스베트는 희고 발그레한 얼굴빛을 지닌 아름다운 아가씨랍니다. 이는 새하얗게 반짝이고 눈은 초롱초롱 맑았으며, 발은 춤을 출 듯 가벼웠습니다. 마음도 늘 밝게 빛났지요.

그런데 이 안네 리스베트에게 무슨 일이 있어났을까요? 그녀는 아기 어머니가 되었답니다. '못생긴 아기'의 어머니가요. 게다가 이 아기는 날품팔이 일꾼 집에 맡겨졌습니다.

안네 리스베트는 백작의 성에서 지냈답니다. 비단과 벨벳으로 지은 옷을 입고 아름다운 방에 앉아 있었지요. 그녀에게는 바람 한 자락이라도 날리거나 심한 말을 해서는 안 되었습니다. 안네 리스베트의 몸이 상하면 안 되기 때문입니다. 안네 리스베트는 백작의 아이에게 젖을 주고 있었거든요.

아이는 왕자님처럼 기품 있고 천사처럼 고왔습니다. 안네 리스베트는 이 아이를 진정으로 사랑했습니다. 하지만 그녀의 아이는 날품팔이 일꾼의 집에 머물렀답니다. 아무도 돌봐 주는 사람이 없어서 아이는 울다 지쳐 잠이 들곤 했습니다. 잠자는 동안에는 배고픔도 목마름도 모두 잊을 수 있었답니다.

세월이 흐르면서 잡초가 무성하게 자라듯이 리스베트의 아이도 무럭무럭 자랐습니다.

아이를 남의 집에 맡긴 어머니는 도시에서 살았습니다. 그녀는 외출할 때면 모자를 썼습니다. 그렇지만 날품팔이 일꾼 집에는 한 번도 가지 않았습니다. 도시에서 너무 멀리 떨어져 있고, 딱히 볼일도 없었으니까요.

아이는 잘 지냈답니다. 어느새 소를 돌볼 수 있을 만큼 훌쩍 자라나서 마즈엔젠 댁의 붉은 소를 돌보기도 했습니다. 아이는 어서 제 몫을 조금이라도 해내고 싶었던 거죠.

농장에는 개도 있었습니다. 개는 개집 위에 자랑스럽게 앉아서 햇볕을 쬐며 지나가는 사람들에게 컹! 컹! 짖어 댔지요. 비가 내리면 자기 집 안으로 들어가서 배를 깔고 편안히 누워 있었고요. 아이는 무덤가에 앉아서 말뚝을 깎았답니다. 봄에 활짝 핀 딸기나무를 세 그루나 찾아냈는데 머지않아 틀림없이 딸기가 열릴 듯했습니다. 그 일만 떠올리면 무척 즐거웠답니다. 그러나 한참을 기다렸지만 딸기는 한 송이도 열리지 않았습니다. 비바람이 불던 날 아이는 딸기나무만 하염없이 바라보며 앉아 있다가 비에 흠뻑 젖고 말았습니다.

농장에 돌아오자 일꾼과 시녀들이 아이의 따귀를 때리고 발로 마구 걷어찼습니다. 더럽고 못생긴 녀석이라며 손가락질 했지요. 하지만 아이는 그런 일에는 이미 길들여져 있었답니다. 가엾게도 누구에게도 사랑을 받아 보지 못했으니까요.

사랑 받지 못하리라는 운명을 타고난 안네 리스베트의 아들은 과연 어떻게

되었을까요?

아이는 허름한 작은 배를 타고 바다로 나아갔답니다. 선장이 술을 마시는 동안 아이가 키를 잡았지요. 아이는 늘 때가 덕지덕지 묻은 더러운 모습이었습니다. 추위에 몸을 덜덜 떨었으며 음식을 먹을 때는 언제나 걸신들린 듯 허겁지겁 먹었습니다. 다들 아이가 배불리 먹어본 날이 단 하루도 없을 거라고 말했고 불쌍하게 실제로도 그랬답니다.

가을이 끝나갈 무렵이었습니다. 날씨는 더없이 거칠어져 폭풍우가 몰아쳤습니다. 차가운 바람은 두꺼운 옷을 꿰뚫고는 맨살에 매섭게 스며들었습니다. 폭풍우는 바다에서 더욱 심했습니다. 그런데 하필이면 그 폭풍우 속을 허름한 돛단배가 헤쳐 나아가고 있었습니다. 두 사람이 타고 있었지요. 선장과 일꾼 하나였습니다. 아니 좀 더 정확하게 말하면 한 사람 반입니다. 배에 탄 사람은 선장과 나이 어린 아이였으니까요.

온 하루 하늘은 어두컴컴했고, 살을 에는 듯한 칼바람이 몰아쳤습니다. 선장은 속을 따뜻하게 하려고 술을 한 잔 쭉 들이켰습니다.

"술 한 잔이면 좋지, 두 잔은 더 좋고."

선장은 그렇게 중얼거렸습니다.

키를 잡은 아이의 손은 몹시 거칠고 야위었으며, 머리는 덥수룩해서 제비집 같으며 몸은 땅딸막했습니다. 그 아이는 바로 날품팔이 일꾼의 아들이었답니다. 교회 명부에는 안네 리스베트의 아들로 올라 있었습니다.

바닷바람이 휘이잉 휘이잉 거세게 몰아쳐 작은 배는 쉼없이 흔들렸습니다. 돛대는 한껏 부풀어 올라 바람이 이끄는 대로 흘러갔지요. 바람은 차츰 더 심해졌습니다. 그때 돛단배에 무엇인가 세게 '쿵' 부딪혔습니다. 키를 잡고 있던 아이가 크게 소리쳤습니다.

"하느님 제발 살려주세요!"

작은 배가 커다란 바위에 그만 부딪히고 만 것이었습니다. 그 배는 마을의 늪에 빠진 낡은 신발처럼 바다 속에 가라앉고 말았지요. 사람들이 흔히 말하듯이 생쥐 한 마리조차 남지 않았답니다. 울부짖는 갈매기와 바다 속에 있던 물고기 말고는 누구도 배가 가라앉는 것을 보지 못했습니다. 사실은 갈매기와 물고기조차도 제대로 보지 못했답니다. 가라앉고 있는 배로 바닷물이 왈칵 쏟아져 들어왔을 때 다들 소스라치게 놀라서 옆으로 피해 버렸으니까요.

둘은 배와 함께 저 깊은 바다 속으로 가라앉았습니다. 오직 파란 술잔 밑둥만 바다에 둥둥 떠 있었습니다. 그 술잔은 마침내 물결에 이끌려 바닷가로 밀려와 산산조각 나고 말았습니다. 언제 어디서 그렇게 되었을까요? 아니, 이 이야기는 이제 그만두기로 하죠. 이 술잔은 잔으로서의 역할을 훌륭히 해냈으며, 사람에게 듬뿍 사랑받았으니까요. 하지만, 안네 리스베트의 아들은 그렇지 못했답니다. 하지만 천국에서는 누구에게도 사랑받지 못하는 영혼이 있을 리 없겠지요?

한편 안네 리스베트는 도시에 살았답니다. 그곳에 온 지 벌써 수년이 지났지요. 사람들은 그녀를 부인이라고 불렀습니다. 그녀는 곧잘 옛날이야기를 사람들에게 들려주었습니다. 마차를 타고 다니던 백작 집에서의 일을 이야기할 때마다 거만스럽게 고개를 꼿꼿이 세웠습니다.

그녀에게 백작의 아들은 아주 사랑스러운 천사이며 다정한 영혼이었지요. 백작 아들은 안네 리스베트를 잘 따랐고 그녀 또한 아이에게 온갖 정성을 쏟았습니다. 백작 아들은 곧 그녀의 기쁨이었으며, 자신의 생명이나 다름없었습니다.

백작의 아들은 어느덧 열네 살이 되었답니다. 잘생겼을 뿐만 아니라 참 똑똑했지요.

그러나 그녀는 아기 때 안아준 뒤로는 아이를 더 이상 보지 못했답니다. 수년 동안 백작의 집에 가지 않았어요. 매우 먼 길이라 엄두가 나지 않았거든요.

"한번 마음먹고 다녀와야지. 나의 보물, 내 귀여운 아이에게 꼭 가야지. 그래, 그 아이도 틀림없이 나를 그리워할 거야. 나를 늘 생각했었을 거야. 그 아이가 천사 같은 작은 팔로 내 목을 끌어안으며 '안, 리스' 속삭였을 때처럼 나를 좋아할 거야. 아! 아이의 목소리가 바이올린 연주곡처럼 얼마나 아름다웠는지. 그래, 얼른 준비해서 떠나야겠어."

안네 리스베트는 단단히 마음먹고 날을 잡아 떠났습니다. 소가 끄는 수레를 타기도 하고 또 걷기도 하면서 백작의 성으로 갔답니다.

성은 여전히 크고 번쩍거렸습니다. 아름다운 정원이 성을 빙 둘러싸고 있었습니다. 그러나 하인과 하녀들은 모두 낯선 얼굴이었으며 누구도 안네 리스베트를 알아보지 못했답니다. 그녀가 한때는 이곳에서 꽤나 중요한 사람이었다는 것을 아무도 몰랐습니다.

그녀는 백작 부인과 그 아들이 모두에게 자신을 소개해 줄 것이라고 기대했습니다. 안네 리스베트는 오랫동안 기다려야만 했습니다. 그 시간이 어찌나 느리게 흘러가던지. 백작 부인은 식사하러 가기 전에 그녀를 불러 매우 친절하게 대했으며, 그녀의 귀여운 아이는 식사가 끝나야 볼 수 있다고 말했습니다.

아이는 몰라보게 훌쩍 커 있었답니다. 여전히 사랑스런 눈과 천사 같은 입술을 지니고 있었지요. 그러나 아이는 그저 입을 꾹 다문 채 그녀에게 한 마디도 하려들지 않았습니다. 그녀를 아예 알아보지도 못했지요.

아이가 바로 몸을 돌려 나가려고 하자 그녀는 재빨리 아이의 손을 잡고 입맞춤을 하려고 했습니다. 그러나 아이는 "그만 됐어" 차갑게 말해버리고는 방에서 나가 버렸답니다. 안나 리스베트의 전부였던 아이가, 이 세상에서 가장 사랑스럽고 자랑거리였던 아이가 말이지요.

안네 리스베트는 백작의 집을 나와 탁 트인 시골길을 걸어가고 있었습니다. 밤낮으로 안고 다니며 그토록 보살폈는데 어쩜 그리 차가울 수 있는지! 몹시 슬펐답니다.

그때 까마귀가 길에 내려앉으며 까악까악 울어댔습니다.

안나 리스베트는 소리쳤어요.

"어머, 웬 불길한 새람!"

어느새 그녀는 날품팔이 일꾼의 집을 지나고 있었습니다. 문 앞에는 한 부인이 서 있었습니다. 그 부인은 안나 리스베트의 아들을 데려갔던 바로 그 부인이었답니다.

"안녕하세요? 부인은 아주 잘 지내시는가 보군요."

날품팔이 집 부인이 먼저 인사를 건넸습니다.

"물론이지요."

안네 리스베트는 말했습니다.

"선장 라르스와 그 아이가 탄 배가 그만 가라앉아버리고 말았어요. 둘 다 물에 빠져 죽었지요. 나는 그 아이가 몇 푼이라도 벌어 집에 보탬이 되길 바랐었지요. 부인도 이제 그 아이를 위해 돈 쓸 필요가 없어졌어요."

"물에 빠져 죽었다고요?"

하지만 안네 리스베트는 그 일을 더는 입에 담지 않았답니다. 그녀는 백작 아들 때문에 몹시 상심해 있었거든요. 먼 길을 찾아왔는데 한 마디 말도 건네지 않다니. 안네 리스베트는 그 부인에게 자기의 속내를 털어놓고 싶지는 않았습니다. 만일 부인이 그 사실을 알면 자신을 무시할지도 몰랐으니까요. 그때 까마귀가 다시 까악까악 큰 소리로 안네 리스베트의 머리 위에서 시끄럽게 울어 댔습니다.

"이 시커먼 까마귀 녀석. 너 때문에 오늘 벌써 몇 번이나 놀랐잖아."

안네 리스베트는 커피콩과 에스가 롤을 부인에게 선물로 주었습니다. 부인은 고맙다면서 한잔 들고 가라고 권했지요. 그런 뒤 부인은 커피를 끓이기 위해서 방에서 나갔습니다.

안네 리스베트는 의자에 앉아 있다가 그만 깜빡 잠이 들었습니다. 그런데 참으로 이상한 꿈을 꾸었습니다. 처음으로 자기 아들이 꿈에 나타났거든요. 여태까지는 한 번도 그런 적이 없었지요.

여기 이 집에서 사랑 받지 못한 채 굶주림에 지쳐 울었고, 이제는 깊은 바다에 누워 있을 그 아이. 어디 있는지는 하느님만이 알고 있을 그 아이.

꿈속에 한 아름다운 아이가 나타났습니다. 백작 아들만큼이나 잘생긴 아이였습니다. 아이는 말했습니다.

"이제 세상이 멸망할 거예요. 나를 꼭 붙잡으세요, 그래도 당신은 내 엄마니까요. 당신은 하늘나라에 천사를 갖고 있어요. 나를 꼭 붙잡아요."

이렇게 말하고 천사는 안네 리스베트에게 손을 내밀었습니다. 그러자 그때 무시무시한 소리가 울려퍼졌습니다. '우르르 쾅쾅' 틀림없이 세상이 무너져내리는 소리였지요.

천사는 하늘로 떠올랐습니다. 하지만 아이의 손이 안네 리스베트의 소매를 단단히 붙잡았기에, 안네 리스베트는 어쩐지 발이 땅에서 서서히 들리는 것만 같았답니다. 하지만 그때 그녀는 갑자기 다리가 몹시 무겁게 느껴졌습니다. 내려다보니 여자들 수백 명이 있었습니다. 등으로 기어올라오는 여자도 있었지요. 여자들은 그녀에게 꼭 매달려서 말했어요.

"네가 구원을 받는다면 우리도 받아야해. 꼭 잡아, 꼭 잡아."

매달리는 여자들이 더욱 늘어나 그만 그녀의 옷 소매가 부욱, 찢어지고 말았지요. 그러자 안네 리스베트는 아래로 곤두박질치고 말았습니다.

그녀는 잠이 깨면서 앉아 있던 의자와 함께 하마터면 뒤로 넘어질 뻔했습니다. 머리가 몹시 어지러웠고 꿈조차 가물가물했지요. 그러나 무언가 좋지 않은 꿈을 꾼 것만은 틀림없었습니다.

커피를 마시고 잠시 쉬며 부인과 이야기를 나눈 안네 리스베트는 도시로 떠났습니다. 그곳에서 마차꾼을 만나 그날 밤 안으로 집에 가려고 했습니다. 그런데 마차꾼은 다음 날 저녁 전에는 떠날 수 없다고 말하는 것이었습니다.

그녀는 잠시 생각했습니다. 만일 바닷가를 따라 걸어간다면 2마일은 더 짧다는 것에까지 생각이 미쳤습니다. 하늘을 보니 좋은 날씨였고 또 보름달도 밝게 떠 있었습니다. 그래서 안네 리스베트는 걸어서 가기로 했답니다. 이튿날이면 넉넉히 집에 닿을 것 같았거든요.

해는 이미 졌습니다. 저녁 종이 울리는 듯했는데, 알고 보니 늪에서 커다란 개구리들이 울어대는 소리였습니다. 개구리들이 잠잠해지자 이제 모든 것은 조용해졌습니다. 새 소리조차 들을 수 없었습니다. 모두 잠들어 있었으니까요. 부엉이는 아직 집에 돌아오지 않았나 봅니다. 아무 소리도 들리지 않았지요. 모래를 밟는 자신의 발소리만 사박사박 들렸습니다. 바다에는 잔물결 하나 일지 않았습니다. 깊은 바다 저 속에도 모든 게 고요했습니다. 살아 있는 자들도, 죽은 자들도 다들 조용했습니다.

안네 리스베트는 아무 생각 없이 무작정 걸었습니다. 하지만 생각은 그녀를 떠나지 않았지요.

생각은 마치 선잠 들 때처럼 꾸벅꾸벅 졸고 있을 뿐, 절대로 우리 곁을 떠나지 않는답니다. 때로는 생생하게 또 때로는 어렴풋하게 때로는 전혀 건드려지지 않은 상태로 있기도 합니다. 그래도 생각은 언젠가 떠오르기 마련이며, 우리 가슴에서 움직이거나 머리에서 꿈틀거리거나, 갑자기 우리를 덮치곤 하지요.

착한 행동은 축복의 열매를 맺는다.
죄 속에는 죽음이 있다.

이거 말고도 책에 쓰여 있거나 입으로 전해오는 말이 참으로 많습니다. 하지만 사람들은 그 사실을 깨닫지 못하고 생각을 하지 않을 뿐입니다. 안네 리스베트 또한 마찬가지였습니다.

그러나 그것은 어느 날 갑자기 문득 떠오른답니다.

모든 악행과 선행은 우리 가슴속에 있습니다. 여러분의 가슴속에, 또 나의 가슴속에 아주 작아 눈에 보이지 않는 알갱이처럼 숨어 있지요. 그러다가 바깥에서 따뜻한 햇빛 한줄기가 비치거나 나쁜 손길이 다가오는 거랍니다. 여러분은 모퉁이에서 오른쪽으로 돌거나 왼쪽으로 돌지요? 그렇게 결정이 되는 것이랍니다. 작은 씨앗이 흔들리는 사이에 부풀어 올라 싹을 틔웁니다. 그리고 그 수액을 당신의 피 속에 들이붓습니다. 이렇게 되면 이제 당신은 달려야만 하는 거지요.

사람 마음을 불안하게 하는 생각도 꿈을 꿀 때는 미처 모릅니다. 그러나 이 생각도 언젠가는 움직이겠죠. 안네 리스베트도 지금 마치 꿈을 꾸면서 걷는 것만 같았습니다. 하지만 머지않아 이 생각도 움직이겠죠. 성탄절에서 다음 성탄절까지 정리할 것이 많았습니다. 그러나 1년 동안을 정리하면서 많은 것들이 잊히게 마련이지요. 우리들은 죄에 대해서는 그리 깊게 생각하지 않는답니다. 안네 리스베트도 마찬가지였습니다. 아무런 나쁜 짓도 하지 않았고 또 자신은 진실하다고 믿었으니까요.

해변가에 낡은 모자가 밀려와 있는 게 보였습니다. 그녀는 가까이 다가가서 찬찬히 보았습니다.

"아니, 저게 뭐지?"

그녀는 소스라치게 놀랐습니다. 그러나 잘 보면 거기에는 놀랄 만한 것이라고는 아무것도 없었습니다. 해초와 갈대뿐이었거든요. 커다랗고 긴 돌을 휘감고 있어서 마치 사람처럼 보인 것입니다.

다시 해변을 걸어가는 동안 이번에는 어릴 적 들었던 많은 이야기들이 머릿속에 떠올랐답니다. 예를 들어 '바닷가 유령'은 쓸쓸한 바닷가에 떠밀려와 묻히지 못해 그대로 유령이 된 이야기였습니다.

'바닷가에서 목 매달림 당한' 죽은 시체는 어떤 나쁜 짓도 하지 않지만 바닷가 유령은 해변에서 홀로 걷고 있는 사람 등에 꼭 달라붙어서 교회에 데려다 달라고 한답니다. 그러고는 "꼭 붙잡아, 꼭 붙잡아" 한다는 것입니다. 안네 리스베트는 자기도 모르게 이 말을 중얼거렸습니다. 그러자 갑자기 낮에 본 꿈이 현실이 되어 생생하게 나타났습니다.

느닷없이 어디선가 나타난 많은 여자들이 "꼭 붙잡아, 꼭 붙잡아" 외치며 그녀에게 매달리는 것이었습니다. 세상이 멸망하고 옷소매가 찢어지고 그녀를 끌어올리려고 하던 아들을 놓치고 말았지요.

그리고 그녀 자신의 피와 살이며, 그녀가 단 한 번도 사랑하지 않고, 생각조차 않았던 그 아이가 이제 바다 깊은 곳에 누워 있는 것이었습니다. 이 아이가 갑자기 유령이 되어 바닷가에 나타나 외칠지도 모를 일이었습니다.

"꼭 잡아, 꼭 잡아. 나를 교회 무덤에 데려다 줘."

그녀는 덜컥 겁이 났습니다. 그녀는 더 빨리 걸었습니다. 하지만 무서움은 차갑고 축축한 손이 되어 쫓아왔습니다. 바다 너머는 차츰 더 짙은 안개가 나무와 덤불들을 휘감았습니다.

그녀는 몸을 돌려 달을 바라보았습니다. 달은 빛을 잃고 희미하게 빛바랜 쟁반처럼 떠 있었습니다. 그때 그녀에게 뭔가 무거운 것이 손발에 매달려 있는 듯했습니다. 그녀는 다시 달을 보기 위해 몸을 돌렸습니다. 그러자 희미한 달이 눈앞으로 바짝 다가오고 있는 것 같았습니다. 안개는 아마포처럼 어깨를 덮었습니다.

"꼭 잡아, 나를 교회 무덤으로 데려다 줘."

어디선가 그런 탁하고 이상한 목소리가 들려왔습니다. 그것은 늪의 개구리 소리도, 까마귀 울음소리도 아니었답니다.

"나를 묻어줘, 나를 묻어줘."

다시 커다란 소리가 들려왔습니다. 그 소리는 바다 깊숙한 곳에서 잠들어 있던 그녀의 아들이 내는 것이었습니다. 주님의 땅에 묻힐 때까지는 어떤 평화도 찾을 수 없는 아들이 바닷가 유령이 된 것이지요.

안네 리스베트는 아들을 묻기 위해 교회 무덤이 있는 쪽으로 가기로 했습니다. 걷다보니 마음이 조금 가벼워지는 것 같았습니다. 그래서 그녀는 문득 생각을 바꿔 다시 몸을 돌려 집으로 향했습니다. 그러자 또 묵직한 유령이 그녀를 붙잡았습니다.

"꼭 잡아, 꼭 잡아."

마치 개구리가 개굴개굴 우는 소리 같기도 하고 새가 구슬프게 울부짖는 것처럼 들리기도 했습니다. 하지만 소리는 틀림없이 들려왔습니다.

"나를 잘 묻어줘, 나를 땅 속에 묻어줘."

안개는 차갑고 축축했습니다. 그녀의 차갑고 축축한 손발은 안개 때문이 아니라 무서움으로 흠뻑 젖었답니다. 갈수록 두려움이 뼈에 사무쳤지요. 그러자 수많은 생각들이 오고갔습니다. 북쪽 나라 덴마크에서는 봄이 되면 단 하룻밤 사이에 너도밤나무 숲이 한꺼번에 푸른 싹을 틔우기도 합니다. 그래서 다음 날 햇빛을 받아 싱싱하고 아름답게 반짝이지요. 그와 마찬가지로 이제껏 살아오면서 지었던 생각과 말과 행동에서 비롯된 죄악의 씨가 싹을 틔우기도 한답니다. 양심이 눈을 뜨면 죄의 씨앗은 눈 깜짝할 새에 쑥쑥 자라나지요. 하느님은 우리가 생각지도 않을 때 양심을 불러 깨웁니다. 이렇게 되면 이제 변명은 허락되지 않습니다. 행동이 증거가 되며 생각은 말이 되어, 그 말은 세상 밖으로까지 울려 퍼져나갑니다. 우리는 자기가 뿌려 놓았던 오만과 경솔함을 보고는 크게 놀랍니다. 가슴은 모든 선행을 감추고 있지만 또한 모든 악행도 함께 감추고 있답니다. 악행은 아무리 황폐한 땅에서도 번성하는 법이랍니다.

머릿속에 죄의 씨앗이 자라나 안네 리스베트는 그 생각에 짓눌리고 말았습니다. 그녀는 땅바닥에 털썩 주저앉아 기어가기 시작했습니다.

"나를 땅 속에 묻어줘, 나를 땅 속에 묻어줘."

그 소리는 계속 그녀를 괴롭혔습니다. 그래서 그녀는 만일 무덤이 모든 죄를 영원히 잊게 해주는 곳이라면 차라리 그 안에 들어가고 싶을 지경이었습니다. 그러자 공포와 불안은 여전했지만 뭔가 그녀의 마음속에 깨달음이 찾아왔습니다.

전에는 한 번도 생각한 적 없었던 많은 것들이 수없이 떠올랐습니다. 소리 없이, 마치 밝은 달에 비친 구름의 그림자처럼 하나의 모습이 그녀 곁을 지나갔습니다. 그것은 숨을 가쁘게 몰아쉬는 말 네 마리가 끌고 있는 마차였습니다.

마차는 불길에 휩싸였으며 말들의 눈과 콧구멍에서는 불꽃이 번쩍거렸습니다. 마차 안에는 이 지방에서 수백 년 전에 살았던 못된 영주가 앉아 있었습니다. 그 영주가 밤마다 들판을 거칠게 달리고 와서 옛 영지를 둘러보고 간다는 이야기가 떠돌았습니다. 하지만 영주의 낯빛은 죽은 사람처럼 창백한 게 아니라 다 타버린 석탄처럼 새까맸습니다. 영주는 안네 리스베트에게 고개를 끄덕이며 손짓을 했습니다.

"꼭 잡아, 꼭 잡으라고. 그러면 넌 다시 백작의 마차를 탈 수 있고, 네 아들 따위는 잊어버릴 수 있어."

그녀는 더 열심히 서둘러서 곧 교회에 닿았습니다. 그녀의 눈앞에는 까만 십자가와 까만 까마귀가 서로 뒤섞여 어른거렸습니다. 까마귀는 바로 오늘 그녀가 낮에 들었던 이상하고 갈라진 소리를 내고 있었습니다. 하지만 이번에는 까마귀들이 하는 말을 들었습니다.

"나는 못된 어미 까마귀다, 나는 못된 어미 까마귀라고."

어미 까마귀는 아직 날지 못하는 아기 까마귀를 둥지에서 밀어 떨어뜨립니다. 그래서 어미 까마귀는 인정 없는 비정한 어머니를 뜻하기도 하지요. 안네 리스베트는 비로소 그 말이 자기를 가리키는 것임을 깨달았습니다. 그녀는 아마 죽은 뒤 이런 까만 까마귀로 변해 쉼없이 그 말을 외쳐야 할지도 모른다고, 주님의 땅에 절대로 묻힐 수 없을지도 모른다는 생각이 들었습니다.

그녀는 결심을 굳히고 꿇어앉아 손으로 무덤을 파기 시작했습니다. 손가락에서는 뜨거운 피가 뚝뚝 흘러내렸습니다.

"나를 땅 속에 묻어 줘요, 나를 땅 속에 묻어 줘요."

소리는 끊임없이 울려왔습니다.

그녀는 이제 닭 울음소리와 동쪽에서 붉게 떠오르는 햇빛이 두려웠습니다. 그전에 무덤을 다 파내지 못하면 모든 게 물거품이 되고 마니까요. 그런데 어느새 닭이 울고 동쪽이 밝아왔습니다. 무덤은 아직 반밖에 파지 못했습니다. 차가운 손이 그녀의 몸과 얼굴을 지나 가슴까지 파고들었습니다.

"무덤은 이제 겨우 반."

그것은 한숨을 쉬고는 멀리 사라지더니 바다 속으로 깊이 깊이 가라앉았답니다. 바로 바닷가 유령이었습니다.

마침내 안네 리스베트는 지쳐서 쓰러졌습니다. 온몸의 감각이 사라지더니 곧 의식을 잃고 말았습니다.

그녀는 환한 대낮이 되어서야 가까스로 정신을 차렸습니다. 두 사람이 그녀를 안아 일으켰습니다. 그곳은 교회 무덤이 아니라 바닷가였습니다. 그녀는 모래 바닥에 깊은 구멍을 파고 있었던 것입니다. 깨진 술잔에 손가락이 찔려서 피가 나고 있었습니다.

안네 리스베트는 병이 들었답니다. 양심은 미신이라는 패와 뒤섞여서 그녀를 짓눌렀습니다. 그녀의 영혼은 반쪽만 남았으며 나머지 반은 아들이 바다 속으로 갖고 갔지요. 그 나머지 반을 되찾을 수 없다면 절대로 하늘의 은총을 받을 수 없겠지요.

그녀는 가까스로 집으로 돌아왔지만 전과는 너무도 다른 사람이 되고 말았습니다. 그녀의 생각은 뒤엉킨 실타래처럼 혼란스러웠습니다. 하지만 그녀는 그 가운데서 오직 하나의 실만을 풀려고 했습니다. 바닷가 유령을 교회 묘지로 데려가는 실 말입니다. 영혼을 다시 찾기 위해서라도 바닷가 유령에게 무덤을 파 주어야 했습니다.

그녀는 밤이면 밤마다 사라졌는데 늘 바닷가에서 눈에 띄곤 했답니다. 바닷가 유령을 기다리고 있었던 것이지요. 그렇게 한 해가 지났습니다. 어느 날 갑자기 그녀가 사라졌습니다. 하지만 이번에는 어디서도 찾을 수 없었습니다. 그 다음 날 모두가 온 하루 찾았지만 소용없는 일이었습니다.

저녁 무렵 관리인이 종을 치려고 교회에 왔다가 안네 리스베트가 제단 앞에 무릎을 꿇고 있는 모습을 보았습니다. 기운은 거의 잃었지만, 눈은 반짝반짝 빛나고 얼굴에도 생기있는 붉은 빛이 감돌았답니다. 햇살은 따사롭게 내리고 있었지요. 그 빛은 제단 위 성경에도 비추고 있었습니다. 예언자 요엘의 말씀이 있는 대목이 펼쳐져 있었답니다.

"너희들 옷이 아니라 너희 마음을 찢고 주님에게로 돌아오라!"

바로 그 말씀이 쓰여 있었습니다.

"이건 우연이야."

사람들이 말했습니다. 다른 많은 것들이 우연이듯이 말이지요.

햇살을 받은 안네 리스베트의 얼굴에는 평화와 은총이 어려 있었답니다. 그녀는 모든 고통을 이겨냈으며 이제 진정 편안하다고 말하는 듯했습니다. 어젯밤 바닷가 유령인, 그녀의 아들이 곁에 앉아서 자신에게 이렇게 속삭였답니다.

"엄마는 무덤을 반만 팠지만 이 1년 동안 나를 엄마 가슴에 묻어주었어요. 엄마가 제 아이를 가장 잘 묻을 수 있는 곳은 바로 엄마의 가슴이지요."

그러고 나서 그녀는 잃어버린 영혼의 반을 찾았으며, 교회로 인도 되었지요.

"난 이제 하느님의 집에 있어요. 사람들은 이곳에서 축복을 받지요."

햇살이 완전히 사라지자 안네 리스베트의 영혼은 하늘나라로 올라갔습니다. 그곳은 싸움을 이겨낸 사람이면 무엇도 두려울 것이 없는 그런 곳이지요. 이제야 비로소 안네 리스베트는 싸움을 마친 것입니다.

아이들 이야기
Børnesnak

한 상인의 집에서 아이들의 파티가 열렸습니다. 부잣집 아이들과 신분 높은 집안 아이들이 모였답니다. 이 상인은 부자였고 교육도 많이 받은 사람이었지요. 옛날에 학사 시험을 본 적이 있을 정도랍니다. 그럴 수 있었던 건 모두 훌륭한 아버지 덕분이었습니다. 아버지는 본디 평범한 소장수였습니다. 하지만 정직하고 열심히 일했기 때문에 점점 부자가 되었지요. 그 덕분에 아들은 훌륭한 상인이 되었답니다. 그는 똑똑했고 따뜻한 마음씨에 이해심도 두터웠답니다. 하지만 세상 사람들 입에는 그저 돈이 많다는 사실만 오르내렸답니다.

상인의 집에는 높은 사람들이 많이 찾아오곤 했습니다. 집안이 좋고 지식도 많은 사람들이었습니다. 그리고 이 둘을 갖추지 못한 사람도 찾아왔답니다.

바로 이 상인의 집에서 아이들의 파티가 열린 것이지요. 아이들은 모여서 이런저런 이야기를 하며 놀았습니다. 아이들의 말은 꾸밈없이 솔직했습니다. 거기에는 아주 사랑스러운 작은 소녀가 있었답니다. 그러나 소녀는 지나칠 만큼 늘 모든 것에 자신만만했지요. 하인들이 언제나 치켜세워 주기만 했으니까요.

아버지는 궁정 시종이었는데 그것이 얼마나 중요한 일인지 소녀는 잘 알고 있었답니다.

"나는 시종의 딸이야"

소녀는 말했습니다. 소녀는 다른 아이들에게 자기 '집안이 좋다'며 자랑했습니다. 사람은 집안이 좋지 않으면 제 아무리 책을 읽거나 부지런해도 소용없다는 것이었어요. 훌륭한 사람이 될 수 없다나요.

"이름이 '젠'으로 끝나는 사람은 세상에서 절대로 훌륭한 사람이 될 수 없어. 사람들은 '젠'으로 끝나는 사람들을 멀리해야만 해."

그러면서 소녀는 어떻게 해야 하는지 보여 주려고 팔꿈치를 세워 자기의 귀여운 팔을 허리에 갖다 댔습니다. 참으로 사랑스러운 소녀였답니다.

하지만 상인의 어린 딸은 무척 화를 냈습니다. 아버지의 이름이 바로 '젠'으로 끝나는 마트젠이었거든요.

소녀는 뽐내면서 말했습니다.

"하지만 우리 아버지는 달콤한 사탕을 수백 개나 사와서 너희에게 줄 수도 있지. 너희 아버지도 그럴 수 있어?"

그러자 작가의 딸이 말했습니다.

"하지만 우리 아버지는 너희 아버지와 또 너희 아버지, 모든 아버지를 신문에 실을 수도 있어. 그래서 사람들이 모두 우리 아버지를 두려워한다고 엄마가 그랬어. 왜냐하면 신문에 아버지 마음대로 쓸 수 있거든."

그러면서 가슴을 활짝 펴고 마치 공주님이라도 된 듯이 굴었답니다.

그때 한 소년이 반쯤 열린 문틈으로 방 안을 들여다보고 있었습니다. 그 아이는 집안이 너무 가난해 감히 예쁘게 차려입은 다른 아이들과 함께 어울려 놀 수 없었습니다. 소년은 요리사를 도와준 대가로 방 안을 들여다보아도 좋다는 허락을 받았던 것이지요. 그것도 그 아이에게는 엄청난 일이었답니다.

"이 아이들은 도대체 어떤 집 아이들일까?"

소년은 무척 부러웠습니다. 아이들의 이야기를 들으면서 소년은 몹시 서글퍼졌습니다. 자기 부모님에게는 동전 한 닢도 무척 귀한 것이었기 때문입니다. 신문에 글을 쓰는 건 말할 것도 없고 신문을 볼 수 있는 형편도 못 되었습니다. 그리고 가장 마음 아픈 것은 아버지의 이름은 물론 자기 이름도 '젠'으로 끝난다는 사실이었지요. 아이들의 이야기가 맞는다면 자기는 세상에서 절대로 훌륭한 사람이 되지 못할 거라 생각하니 말할 수 없이 슬펐습니다.

"하지만 난 태어났어. 정말로 감사하게도 이 세상에 태어났다고."

소년은 그렇게 생각했습니다.

많은 세월이 흘러 아이들은 어른이 되었습니다.

시내에는 한 훌륭한 집이 있었지요. 온갖 귀중한 보물들로 가득 차서 누구나 그것을 보고 싶어 했습니다. 그래서 도시 바깥에서조차 사람들이 일부러 구경하러 올 정도였답니다.

여러분은 앞에서 이야기한 아이들 가운데 누가 이 집주인이 되었을 거라 생각하세요? 무척 쉽다고요? 아니에요, 그렇게 쉽지는 않을 거예요.

그 집은 바로 그 가난한 어린 소년의 집이었답니다. 소년이 바로 훌륭한 사람이 된 것이랍니다. 이름이 '젠'으로 끝났는데도요.

그리고 다른 아이들은 어떻게 되었을까요? 좋은 집안, 돈, 그리고 지식을 자랑하던 아이들은 어떻게 되었을까요? 그들이 훌륭한 사람이 되었다는 이야기는 아직 듣지 못했습니다. 모두 비슷비슷했지요. 하지만 다들 좋은 어른이 되어 행복하게 살았답니다. 왜냐하면 아이들의 속마음은 착했거든요. 그 아이들이 그때 생각하고 말했던 것은 단지 아이들의 잡담에 지나지 않았답니다.

095
진주 목걸이
Et Stykke Perlesnor

덴마크 기차는 코펜하겐에서 코르쾨르까지 갑니다. 그 도시들은 유럽의 재산이라 할 만하며, 진주 목걸이와도 같은 것이랍니다. 아니, 기차가 달릴 때 차츰 작아지며 뒤로 밀리고 마는 진주들은 파리, 런던, 빈, 나폴리를 비롯한 여러

이름으로 불렸습니다.

하지만 이 대도시들을 가장 아름다운 진주라고 여기지 않는 사람도 많답니다. 그 대신 그들은 자기의 사랑하는 고향을 말하지요. 알려지지 않은 작은 도시들을 말합니다. 사랑하는 사람들이 사는 마을인 경우도 있답니다. 아니, 기차가 달릴 때 점점 작아지며 뒤로 밀리고 마는 푸른 산울타리로 둘러싸인 농가나 작은 집을 진주라고 할 수도 있겠지요.

코펜하겐에서 코르죄르까지 이르는 줄에는 얼마나 많은 진주들이 있을까요? 우리는 그 가운데 여섯 개를 살펴보기로 하지요.

이 진주들은 많은 사람들에게서 사랑을 받고 있답니다. 오래된 추억과 시들이 진주에게 빛을 더해 주어 우리 마음속에서 찬란하게 빛나도록 한답니다.

언덕 가까이에 진주가 하나 있었답니다. 프리드리히 6세의 성이 우뚝 솟아 있고 덴마크의 대시인 욀렌슐레게르가 어린 시절 살았던 집이 있는 곳에, 쉰더마르그의 숲 속에 진주가 반짝였습니다.

사람들은 이 진주를 '필레몬과 바우시스의 오두막'이라 불렀습니다. '마음 따뜻한 두 노인의 집'이라는 뜻이랍니다.

여기에 시인 라백이 부인 카마와 함께 살고 있었습니다. 이 집에서는 손님을 친절하게 대접했답니다. 그래서 라백의 집에는 코펜하겐의 훌륭한 지식인들이 떠들썩한 도시를 떠나 줄줄이 모여드는 정신의 집이 되었습니다. 그러면 지금은 어떻게 되었을까요? "아, 이렇게나 변하다니!" 하지는 마세요. 이곳은 여전히 정신의 집이랍니다. 병든 식물들을 위한 온실이지요. 아직 힘이 없는 꽃봉오리도 예쁜 꽃을 피워내고, 씨앗이 되어 싹을 틔울 힘을 고이 간직하고 있지요.

정신의 집에는 정신의 해님이 들어와 생명을 주었답니다. 주위 세계는 눈으로 볼 수 없는 영혼의 깊은 곳에서 빛났습니다. 이렇게 사랑에 싸여 있는 이 집은 성스러운 장소였습니다. 언젠가는 옮겨져서 신의 정원에서 꽃을 피울 병든 식물을 돌보는 온실이었답니다.

여기는 이제 정신이 가장 약한 식물들이 모여 있습니다. 하지만 본디는 위대하고 막강했던 사람들이 모여서 서로 생각을 주고받으며 한결 높아지려 했던 장소이지요. 영혼의 불꽃은 여기 '필레몬 과 바우시스의 오두막'에서 여전히 불타오른답니다.

호로아르 샘 가까이 왕가의 무덤이 있는 마을, 옛날 그대로의 모습을 간직한 로스킬레가 우리 앞에 놓여 있었답니다.

교회의 뾰족한 탑 끝은 나지막한 마을 위로 우뚝 솟아 그 그림자가 이제 피오르드 해안까지 비쳤습니다. 우리는 여기에서 무덤 하나를 찾으려 합니다. 덴마크, 스웨덴, 노르웨이 3국을 통일한 위대한 왕비 마르그 레테의 묘는 아니지요. 우리가 찾는 무덤은 교회 무덤의 하얀 벽을 따라 걸어가면 나온답니다.

그 무덤 위에는 초라한 비석이 놓여 있었습니다. 덴마크에 예부터 전해내려온 민요를 되살려낸 풍금의 왕이 여기에 잠들어 있었습니다.

옛 전설은 우리의 영혼 속에서 멜로디가 되었습니다.

밀려갔다 밀려오는 맑은 파도 물결
진영에 왕 홀로 계시도다.

왕들의 무덤으로 이루어진 도시인 로스킬레여! 이 보잘것없는 무덤을 잘 보세요. 비석 위에는 하프와 선율이라는 이름이 아로새겨져 있습니다.

이제 우리는 링스테드에 있는 지거스테드에 왔습니다. 하그바르트의 배가 놓인 곳은 강바닥이 얕으며, 주위에는 황금빛 곡식이 물결치고 있지요. 지그네의 방에서도 그리 멀지 않습니다. 떡갈나무 아래에서 교수형에 처해진 하그바르트와 불길에 휩싸인 지그네의 방에 대해서 모르는 사람은 아무도 없을 거예요. 그 뜨거운 사랑의 전설을.

숲으로 둘러싸인 멋진 소뢰는, 조용한 수도원 마을입니다. 이끼로 덮인 나무들이 도시를 아름답게 감싸고 있습니다. 추억이 어린 시선으로 기차라는 용이 숲 속을 힘차게 나아가는 것을 지켜봅니다. 기차는 칙칙폭폭 소리 내며 달려갑니다. 소뢰, 문학의 진주여! 당신 안에는 위대한 극작가 홀베르그의 정신이 깃들어 있습니다. 홀베르그의 배움의 성은 커다랗고 새하얀 백조처럼 깊은 숲 속 호숫가에 놓여 있습니다.

그리고 푸른 숲 가운데 하얀 애스터 꽃 같은 작은 집이 있답니다. 그 집에서는 믿음의 찬미가 울려 퍼지고 있습니다. 그 노래를 들은 농부는 덴마크의 사라진 시대를 알게 된답니다. 초록 숲과 새들의 노래를 떼어놓을 수 없듯이 소뢰와 시인 잉게만도 떼어놓을 수 없지요.

슬라겔세를 향하여! 안트보르스코프 수도원도 이제 사라졌고 성의 눈부시게 화려한 방들도 이제는 사라지고 말았습니다. 그리고 성 위에 고독하게 서 있던 풍향계마저 어디론가 사라졌답니다. 하지만 이정표만은 새롭게 단장한 채 여전히 서 있었지요. 그것은 건너편 언덕에 서 있는 나무 십자가입니다. 전설의 시대에 슬라겔세의 목사인 성 안데스가 예루살렘에서 단 하룻밤 만에 옮겨져 깨어났다고 하는 저 언덕에 나무 십자가가 서 있었지요.

그 다음은 코르쬐르. 여기는 바게센이 태어난 마을입니다. 바게센은 우리에게 '익살과 진지함이 섞인 시'를 남겨 주었지요.

바게센, 말과 익살의 대가여! 차츰 쓰러져 가는 옛 성벽은 당신의 어린 시절 고향에 대한 마지막 추억이랍니다. 해가 지면 그 추억의 옛 성벽은 그림자를 드리웁니다. 스프로괴의 섬 언덕이 바라다 보이는 이 성벽에서 당신은 어렸을 때 달님이 섬 뒤로 기우는 것을 보았습니다. 그리고 그것들을 당신의 노래로써 영원히 살아 숨쉬는 시로 만들었습니다. 당신은 뒷날 스위스의 산들을 노래했으며 이 세상의 미로를 돌아다니면서 많은 것을 느끼게 되었지요.

"세상 어디에도 장미는 그렇게 붉지 않네, 세상 어디에도 가시나무는 그렇게 작지 않네, 세상 어디에도 깃털은 그렇게 부드럽지 않네, 우리들이 어릴 때 천진스레 쉬었던 고향보다."

변덕이 심한 익살의 시인이여! 우리는 당신을 위해 선갈퀴 화한을 엮어 바다에 던집니다. 파도는 그 화환을 당신이 잠든 킬 협만에 가져다 놓겠지요. 화환은 젊은 세대가 당신에게 바치는 인사랍니다. 당신의 고향 도시인 작은 도시 코르죄르가 당신에게 바치는 인사이지요.

"코펜하겐에서 코르죄르까지는 하나의 아름다운 진주 목걸이야."

할머니가 말했습니다. 할머니는 방금 우리가 읽은 이야기를 들었던 것이지요.

"내게도 하나의 진주 목걸이라고 할 수 있는데, 그렇게 된 것이 벌써 40년도 더 되었구나. 그때는 아직 증기 기관차가 없었단다. 그래서 요즘은 몇 시간이면 갈 수 있는 길이 그 무렵엔 며칠이나 걸렸지. 1815년의 일이었단다. 그때 나는 스물한 살, 축복받은 나이였지. 내가 젊었을 때는 코펜하겐에 간다는 건 아주 드문 일이었단다.

부모님은 20년이나 코펜하겐에 가보지 못했기 때문에 꼭 한 번은 가려고 마음 먹으셨지. 그리고 가게 되었을 때 나를 데리고 가 주셨단다. 나는 새로운 삶이 시작된 듯이 몹시 기뻐했지. 어떻게 보면 그때가 정말 새로운 삶의 시작이었단다.

우리가 떠날 때 얼마나 많은 친구들이 배웅을 했었는지! 우리는 아주 귀중한 여행을 떠나는 것이었지.

우리는 오전에 홀슈타인 마차를 타고 오덴세를 출발했지. 우리가 지나가는 것을 보고 사람들이 창문에서 고개를 내밀고 인사를 했어, 성 위르겐 성문을 나설 때까지 말이야. 날씨는 아주 맑았고 새들도 즐겁게 지저귀었단다. 니보르 그까지는 멀고 힘든 길이라는 것도 잊어버릴 만큼 모든 게 다 즐거웠지.

우리는 저녁 무렵 그곳에 도착했어. 하지만 역마차는 밤이 되어야만 겨우 거기에 도착하기 때문에 그때까지는 배가 출발하지도 않았단다. 하지만 우리는 마침내 배 위로 올라갔지. 넓고 넓은 바다가 끝없이 조용하게 펼쳐져 있었단다.

우리는 옷을 입은 채로 곧바로 잠이 들었단다.

그 다음 날 갑판으로 나갔을 때는 두터운 안개에 휩싸여 있어 아무것도 보이지 않았단다. 닭이 우는 소리를 듣고서야 해가 떠올랐다는 사실을 알 수 있었으니까. 도대체 어디쯤 가고 있었을까? 조금 뒤 안개가 걷혔는데, 놀랍게도 배는 아직도 니보르그를 앞에 두고 있지 뭐겠니.

낮에는 바람이 반대쪽 방향에서 불어왔단다. 그래서 몇 번씩이나 방향을 바꾸면서 항해했지. 4마일을 가는 데 무려 22시간이나 걸렸어. 코르죄르에는 밤 11시가 넘어서 도착했지. 그때 어찌나 행복했던지!

육지에 올라가자 나는 안심했단다. 너무 어둡긴 했지만 이제까지 오덴세 말고는 어떤 도시에도 가본 일이 없는 나로서는 모든 게 신기했지.

'봐라, 여기서 대시인 바게센이 태어났고, 비르크너도 살았단다.'

아버지가 가르쳐 주셨지.

이야기를 들으니 작은 집들이 늘어선 도시가 갑자기 더 환해지고 커지는 것만 같았단다. 거기다가 단단한 땅을 딛고 있는 것이 아주 기뻤어. 그날 밤은 집을 떠난 뒤로 보고 겪은 모든 것들 때문에 잠을 제대로 이룰 수 없었단다.

그 다음 날 아침 우리는 일찌감치 떠나야만 했어. 슬라겔세에 닿으려면 아직도 먼 길을 가야 했거든. 계속되는 여행길도 썩 나은 것은 아니어서 가능한 한 빨리 크렘스하우제에 도착하고 싶었던 거야. 거기에서 아직 해가 있을 때 소뢰로 가서 될러스 에밀을 만나려 했지. 바로 내 남편인 너희 할아버지란다. 목사님이셨지. 그때 너희 할아버지는 소뢰에서 공부하고 있었는데, 막 두 번째 시험을 치른 뒤였단다.

우리는 오후에 크렙스하우제에 도착했지. 그 무렵에는 가장 훌륭하고 세련된 곳이었단다. 그 지방에서 가장 좋은 요리점이었지.

그리고 경치도 말할 수 없이 좋았단다. 한 번 가보면 거기가 얼마나 아름다운지 너희도 알 수 있을 거야.

그 가게는 부지런한 플람벡 부인이 여주인이었단다. 가게는 모든 것이 깨끗하고 번쩍거렸지. 진열장에는 여주인에게 보낸 바게센의 편지가 걸려 있었어. 참 볼만했어.

우리는 곧 소뢰까지 걸어가서 에밀을 만났지. 그가 우리와 만나 얼마나 기뻐하던지, 그리고 우리도 그를 만나 어찌나 즐거웠던지 너희들은 상상도 못할 거야. 그는 아주 친절했단다. 우리는 에밀과 함께 압살론의 무덤과 홀베르그의 관이 있는 교회를 구경했지. 옛날 수도자의 묘비도 보았고, 배를 타고 호수를 건너 '파르나스'까지 갔었지. 평생 잊지 못할 멋진 저녁이었어. 사람들이 이 세상 어딘가에서 시를 써야 한다면 소뢰에서 꼭 써야 한다고 생각할 정도였단다. 이러한 자연의 평화와 찬란함 속에서 써야 한다고 말이야. 그러고 나서 우리는 달빛 속에서 사람들이 '철학자의 길'이라고 부르는 곳을 걸었지. 호수와 달빛이 어우러진 그 멋지고 고독한 시골길을 따라서 크렙스하우제까지 걸었어.

에밀은 우리와 함께 식사했어. 아버지와 어머니는 그가 아주 똑똑하고 건강하다고 생각하셨단다. 그는 우리와 코펜하겐에서 다시 만나자고 약속했어. 때마침 성령 강림절이 있었거든. 소뢰와 크렙스하우제에서 보낸 시간들이야말로 내 생애 가장 아름다운 진주란다.

이튿날 아침 우리는 아주 일찌감치 떠났단다. 로스킬레까지 가려면 꽤 먼 길을 가야만 했기 때문이야. 제 시간에 닿아야만 교회를 구경할 수 있었거든. 또 아버지는 옛날 학교 친구를 만나야 했었지. 다행히 우리는 예정대로 도착했어. 그리고 로스킬레에서 밤을 보내고 다음 날 점심 때는 드디어 코펜하겐에 도착했지. 코르죄르에서 코펜하겐까지는 사흘이나 걸렸단다. 그만큼 길이 험했단다. 이제는 3시간이면 충분하지.

진주들은 더 귀하게 될 수는 없단다. 그건 말도 안 되는 일이지. 하지만 진주를 잇는 줄은 새것으로 멋지게 바꿀 수 있지.

나는 부모님과 함께 3주 동안 코펜하겐에 머물렀어. 에밀과는 일주일 내내 함께 있었고. 에밀은 우리가 핀으로 다시 돌아갈 때는 코르죄르까지 바래다 주었단다. 그리고 헤어지기 전에 우리는 약혼을 했어. 왜 내가 코펜하겐에서 코르죄르에 이르는 길을 아름다운 진주 목걸이라고 하는지 이해할 수 있겠니?

뒷날 에밀이 아센스에서 성직자가 되었을 때 우리는 결혼했단다. 우리는 즐거웠던 코펜하겐 여행에 대해서 많이 이야기했어. 그리고 다시 한 번 여행하기로 했지. 그러나 곧 아이가 생겼단다. 처음에는 너희 엄마가 태어났고 그 다음에 또 아들과 딸을 낳았단다. 아이들을 돌보는 건 몹시 어려운 일이지. 해야 할 것들이 아주 많으니까. 또 에밀은 목사님으로 임명되었지. 그래, 이 모든 것이다 축복이고 기쁨이었지. 그 대신에 여행은 다시 갈 수 없었단다. 코펜하겐 생각을 많이 하면서도 말이야.

이제 나는 너무 늙었어. 기차를 탈 힘조차 없구나. 하지만 아직도 기차를 좋아하지. 기차가 있다는 것은 더없는 행복이란다. 이렇게 빨리 너희가 내게 올 수 있잖니? 이제 오덴세에서 코펜하겐까지는 금방이야. 내 어린 시절의 오덴세에서 니보르그까지에 비하면 말이야. 지금은 코펜하겐에 가는 것보다 더 빨리 이탈리아까지 날아갈 수 있잖니. 그건 굉장한 거란다.

그런데도 나는 여기 머물러 있단다. 이토록 늙어서 너희가 찾아와야만 하지.

하지만 내가 이렇게 가만히 앉아 있다고 해서 우습게 보아서는 안 된다. 나는 너희하고는 다른 큰 여행을 곧 하게 되거든. 기차를 타는 것보다 한결 더 빠른 여행을. 하느님이 부르시면 나는 너희 할아버지가 있는 데까지 여행을 할 거란다. 그리고 너희도 이 축복받은 세상에서 즐거움을 다 누리면 마찬가지로 우리에게 와야 하지. 그때 그곳에서 우리 함께 세상에서 지낸 일들을 재미나게 이야기하자꾸나. 이 말은 믿어도 좋단다, 애들아.

나는 거기서도 오늘처럼 이야기할 테지. 코펜하겐에서 코르쾨르까지. 그래, 그것은 정말 아름다운 진주 목걸이라고 말이야."

096

깃털 펜과 잉크병

Pen og Blækhuus

언젠가 어느 시인의 방 책상에 놓인 잉크병을 누군가 가만히 들여다보고 있었는데, 갑자기 이런 이야기가 들려왔습니다.

"그것 참 이상도 하지, 잉크병에서 온갖 것이 나올 수 있다니 말이야. 이 다음엔 무엇이 나올까? 참 신기하다니깐."

"그래, 도대체 알 수가 없어. 그게 바로 내가 늘 하는 이야기야."

잉크병은 그렇게 말했습니다. 그러고는 깃털 펜과 책상 위에 있는 또 다른 물건들에게 이야기했습니다.

"나에게서 뭐든지 나올 수 있다는 건 참 이상한 일이야. 그래, 그건 도무지 믿을 수 없는 일이야. 인간이 내 몸에서 잉크를 찍을 때 이번엔 무엇이 나오게 될까? 인간이 무엇을 창조하게 될지 정말 나 자신도 모르겠단 말이야. 나 한 방울이면 종이 반 장은 넉넉하게 채우지. 그리고 종이 위에는 모든 것이 표현될 수 있지. 참 신기하다니깐. 작가의 모든 작품이 나한테서 나오거든. 사람들이 '어딘가에서 본 적 있는 걸' 생각할 만큼 생생하게 그려진 인물들, 절절한 감정, 세련된 유머, 그리고 아름다운 자연 묘사 등 이 모든 것들이 말이야. 하지만 난 사실 자연 같은 거 통 모르거든. 그렇지만 그것은 나한테 숨겨져 있어. 살랑거리는 우아한 아가씨들, 콧김을 씩씩 내뿜는 말 위에 탄 용감한 기사들, 장님들과 불구자들 같은 무리들이 모두 나로부터 나온단 말이야. 그래, 나 자신도 이것들이 뭔지 잘 몰라. 당신한테 확실히 말하겠는데, 난 그런 걸 생각한 적도 없다고요."

"확실히 당신 말이 맞아요. 당신은 아무것도 생각하지 않아요. 만일 당신이 생각을 한다면 당신은 그저 액체를 흘려보내고 있을 뿐이라는 것을 알 거예요. 당신은 내게 액체를 주는 거예요. 내 안에 있는 것과 쓰는 것, 그리고 내가 이야기하는 것을 종이 위에 보이도록 말이지요. 쓰는 것은 바로 깃털펜이지요. 거기에 대해서는 아무도 의심하지 않아요. 그런데도 사람들은 낡은 잉크병에도 똑같은 배려를 하지요."

깃털펜이 맞장구 쳤습니다.

"당신은 경험이 모자라는군요. 당신은 일을 한 지 고작 일주일도 안 되었는데, 벌써 반은 닳고 말았잖아요. 당신은 시인이라두 된 마냥 여기지만, 당신은 단지 심부름꾼일 뿐이지요. 그리고 나는 당신이 오기 전에 벌써 당신의 친척들을 여럿 만났어요. 오리 가족 펜도 있었고 영국 공장에서 온 펜도 있었어요. 거위 깃펜도 알고 있고 강철 펜도 알고 있다고요. 나는 일하는 데 있어서 많은 펜들을 가졌고 또 앞으로도 많이 쓰겠지요. 나를 위해 일해 주는 사람이 내 안에서 나오는 것을 적을 때마다 말이에요."

"이런 바보 같은 잉크통 같으니라고!"

깃털 펜은 비웃었습니다.

음악회에 갔던 시인이 밤이 늦어서야 돌아왔답니다. 시인은 아주 훌륭한 바이올린 연주를 듣고 그 연주에 흠뻑 취해서 마음이 감동으로 꽉 차 있었답

니다.

바이올린에서는 놀랄 만한 음조가 홍수처럼 쏟아져 나왔습니다. 때로는 물이 방울방울 떨어지듯이, 진주가 부딪히며 굴러가듯이 울려 왔습니다. 또 때로는 새들이 지저귀는 합창 같았고, 전나무 숲에서 휘몰아치는 폭풍 같았습니다. 마치 제 심장이 흐느끼며 울어대는 듯했습니다. 그것은 한 아름다운 여자의 목소리만이 들려줄 수 있는 멜로디였습니다. 바이올린 현뿐만이 아니라 줄받침과 줄감개와 공명판까지도 울리는 것 같았습니다. 참으로 놀랄 만한 일이며, 틀림없이 어려운 일이었을 겁니다. 그런데도 마치 노는 듯이 활이 현 위를 그저 이리저리 왔다갔다하는 것으로 보일 뿐이었습니다. 누구라도 바로 흉내낼 수 있다고 여겨질 정도였지요. 바이올린은 저절로 울렸고 활도 저절로 연주되는 듯했습니다. 사람들은 그 아름다운 선율에 흠뻑 빠져 바이올린에 삶과 영혼을 불어넣는 연주자는 그만 깜빡 잊고 말았지요. 그러나 시인은 바이올린 연주자를 떠올렸답니다. 시인은 연주자 이름을 중얼거리며 자신의 감상을 다음처럼 적었습니다.

　"어리석게도 활과 바이올린이 서로 자기들 솜씨가 잘났다고 우겨댔으면 이런 음악이 나왔을까? 우리 인간들, 즉 시인, 예술가, 학자, 장군들도 때때로 자기들만 잘났다며 거들먹거린다. 그러나 우리 모두는 오로지 하느님께서 연주하는 악기일 뿐이다. 모든 영예는 하느님께만 주어지는 것이다. 우리는 뽐낼 수 있는 것이 아무것도 없다."

　작가는 그것을 우화로 쓰고 《연주가와 악기》라는 제목을 붙였습니다.

　"보기좋게 당했네요, 잉크병 부인. 제가 적은 것을 시인이 읽는 소리를 당신은 똑똑히 들었겠지요?"

　다시 둘만 남자 깃털 펜이 잉크병에게 말했습니다.

　"그래요, 내가 당신에게 쓰라고 준 것 말이지요. 그건 당신의 거만함을 나무라는 공격이었지요. 당신은 자신이 웃음거리가 된 것도 모르나 보죠? 전 말이죠, 제 진심을 담아 당신을 비웃었다고요."

그러자 깃털 펜이 말했어요.

"잉크 담는 사발 같으니라고!"

잉크병도 맞받아쳤지요.

"뭐라고? 겨우 글씨 쓰는 막대기 주제에!"

그리고 그들은 스스로가 대답을 잘했다고 생각했습니다. 그렇게 생각하니 마음이 후련해져 잠을 푹 잘 수 있었습니다.

그러나 시인은 잠들 수가 없었답니다. 바이올린에서 샘솟는 아름다운 선율처럼 생각이 끊임없이 솟아났거든요. 그 생각은 때로는 마치 진주들이 서로 부딪히듯이 때로는 숲에서 휘몰아치는 폭풍 같았지요. 그리고 시민은 그 안에서 자기 자신의 벅찬 가슴을 느꼈습니다. 모든 영광은 오직 시인 혼자만의 것이었지요!

097
무덤 속 아이
Barnet i Graven

집안에 크나큰 슬픔이 닥쳐왔습니다. 네 살배기 막내아들이 하늘나라로 떠나가 버렸답니다. 부모님의 기쁨이며 미래의 희망이던 아이였지요. 막내 위로는 딸 둘이 있었습니다.

첫째 딸은 마침 올해에 견진 성사를 앞둔 참이었어요. 두 딸 모두 사랑스럽고 착한 소녀들이었습니다. 하지만 죽은 아이가 가장 사랑스러운 법이지요. 게다가 이 아이는 막내였으니까요.

힘든 시련이었습니다. 누나들은 말할 수 없이 너무도 슬퍼했고 아버지는 힘없이 고개를 떨궜으며 어머니는 큰 슬픔으로 넋이 나갔습니다.

어머니는 잠을 설치며 밤낮으로 막내를 돌봤답니다. 막내는 어머니의 일부였기 때문에 막내가 죽어 무덤 속에서 영원히 쉬어야 한다는 사실을 도무지 믿을 수가 없었습니다. 그녀는 아무리 하느님일지라도 막내를 절대로 데려갈 수 없다고 생각했지요. 하지만 가엾게도 막내는 끝내 하느님 곁으로 떠나고 말았습니다. 그녀는 고통으로 가득 차서 말했습니다.

"하느님은 아무것도 모르시면서 이 땅에 비정한 일꾼들을 내려 보내셨어. 그들은 자기들 마음 내키는 대로 행동했어. 내 간절한 기도는 들어주지 않았어."

그녀는 너무 슬픈 나머지 차츰 하느님에게서 멀어졌답니다. 그러자 문득 영원한 죽음에 대한 생각이 떠올랐지요. 인간은 흙에서 태어나 흙으로 돌아가고 그것으로 모든 것은 끝나 버린다는 생각이었지요. 그녀는 자신이 매달릴 수 있는 것을 찾지 못한 채 끝을 알 수 없는 절망 속으로 더 깊이 빠져 들었습니다.

어머니는 이제 울 기운도 없었습니다. 어린 딸들은 물론 남편도 까맣게 잊었지요. 남편의 눈물이 자신의 이마 위에 툭 떨어졌는데도 눈을 들어 남편을 보려들지도 않았답니다. 오로지 죽은 막내만을 생각했습니다. 막내에 대한 추억과 그 천진난만한 아이가 했던 모든 말들 하나하나를 기억 속에서 되살리려 애썼습니다.

마침내 장례식날이 되었습니다. 아이가 죽은 날부터 어머니는 한숨도 자지 못했습니다. 지친 나머지 장례식날 아침에 깜빡 잠이 든 사이에 사람들은 어머니가 잠에서 깰까봐 가만가만 관을 옮겼답니다. 망치 소리도 거의 내지 않고 조심스럽게 관 뚜껑을 덮었습니다.

문득 눈을 뜨자마자 어머니는 막내부터 찾았습니다. 그러자 눈물을 흘리며 남편이 말했지요.

"이미 관을 닫았다오, 어차피 해야 할 일이니까……."

어머니는 소리쳤습니다.

"하느님이 내게 이렇게 혹독하게 대하실진대 다른 사람들에게인들 잘해 주실 리가 있겠어요?"

그녀는 하염없이 눈물을 흘리며 쓰러지고 말았습니다.

관은 무덤으로 옮겨졌습니다. 희망을 잃은 그녀에게는 어떤 위로도 소용없었습니다. 딸들 곁에 앉아 딸들을 멍하니 보고 있는 듯했지만 아들 생각으로 가득 차 실제로는 보고 있지 않았답니다. 바다가 노와 키를 잃은 배를 괴롭히듯이 슬픔이 그녀를 괴롭혔지요. 그렇게 장례식날은 지나갔답니다. 그러나 고통스러운 나날은 이어졌습니다.

가족들은 슬픔에 빠져 기운을 잃어버린 그녀를 안쓰럽게 지켜보았습니다. 어떤 위로의 말도 어머니의 슬픔을 덜어 주지 못했답니다. 사실 그들 자신도

슬픔에서 헤어 나오지 못하고 있었지요.

어머니는 잠을 잊어버린 듯 보였습니다. 오직 잠만이 몸에 기운을 주고 영혼에 휴식을 가져다 줄 가장 좋은 벗이 되었을지도 모르는데 말입니다. 가족들은 그녀를 침대에 눕혔습니다. 그녀는 마치 자는 사람처럼 조용히 누워 있었습니다.

그러던 어느 날 남편은 아내가 고른 숨소리를 내는 것을 듣고는 이제 어느 정도 마음의 안식을 얻었다고 생각했습니다. 그래서 두 손을 모아 기도를 마친 뒤 마음 편히 잠에 들었지요. 아내가 조용히 일어나 집에서 빠져나가는 것도 전혀 알아차리지 못했습니다. 그녀는 밤낮으로 생각했던 무덤으로 가려 했습니다.

어머니는 집에서 나와 밭을 가로질러 걸었습니다. 밭에는 교회 쪽으로 작은 길이 나 있었지요. 그녀를 본 사람은 아무도 없답니다. 그녀 또한 누구의 모습도 보지 못했습니다. 별빛이 반짝이는 아름다운 밤이었습니다. 9월에 접어든 공기는 알맞게 따뜻했습니다.

교회 묘지에 다다른 그녀는 곧장 작은 무덤 곁으로 갔습니다. 무덤은 향기
로운 꽃들로 이루어진 커다란 꽃다발 같았습니다. 그녀는 무릎을 꿇고 앉아
얼굴을 무덤에 대었답니다. 마치 두꺼운 땅 밑의 아들이 보이기라도 하는 것처
럼 말이에요. 그녀는 아들의 미소와 몸져누웠을 때조차도 사랑스러웠던 눈빛
과 표정들을 아직도 생생하게 기억했습니다. 누워 있는 아들 위로 몸을 굽혀
스스로의 힘으로는 움직일 수 없게 된 연약한 아이 손을 잡으면 아들은 많은
말을 담은 듯한 초롱초롱한 눈망울을 빛냈지요.

그녀는 아들의 침대 맡에 앉아 있었던 것처럼 무덤 곁에 앉았습니다. 그녀는
슬픔에 북받쳐 눈물을 흘렸습니다. 그 눈물은 무덤 위로 떨어졌습니다. 그때
갑자기 어떤 소리가 들려왔습니다.

"너는 네 아이가 있는 곳으로 내려가고 싶구나."

소리는 매우 뚜렷하고 깊게 울려 그녀의 가슴에 스며들었답니다.

고개를 들어보니 바로 옆에 장례복으로 온몸을 감싸고 눈이 가려질 만큼 두
건을 깊숙이 눌러쓴 한 남자가 서 있었습니다. 얼굴은 매우 엄숙하면서도 믿음
직스러워 보였습니다. 눈은 젊은이처럼 빛났지요.

"내 아이가 있는 아래로!"

그녀가 대답했습니다. 그 말에는 절망 어린 간청이 깃들어 있었습니다.

"나를 따라올 용기가 있느냐? 나는 죽음의 신이다!"

그녀는 그래도 좋다는 듯이 고개를 끄덕여 보였습니다. 그러자 갑자기 하늘
의 별이 보름달처럼 반짝이더니 바람에 하늘거리는 얇은 비단처럼 부드럽고도
조용하게 땅이 조금씩 꺼져 들어갔습니다. 이윽고 죽음의 신이 새까만 외투를
그녀 주변에 펼쳤습니다. 이제 죽음의 밤이 된 것이랍니다. 그녀는 점점 더 깊
숙이 무덤 파는 삽도 닿지 못할 땅 아래로 내려갔습니다.

그녀는 아주 크고 웅장한 방에 닿았습니다. 주위는 어렴풋하게 희미한 빛이
비쳤지요. 그 순간 무언가가 그녀의 가슴을 바짝 파고들었어요. 바로 죽은 아
들이었답니다. 아들은 미소 짓고 있었습니다. 한 번도 본 적이 없는 아름다운
미소를 짓고 있었습니다. 전보다 키가 더 커진 것 같았지요..

그녀는 깜짝 놀라서 아들을 불렀답니다. 그러나 그 목소리는 조금도 울려
퍼지지 못했습니다. 아주 가깝고도 먼 곳에서 황홀한 음악 소리가 들려왔기
때문입니다. 이제까지 한 번도 들어 보지 못한 축복의 소리였답니다. 그 소리는

어두운 커튼 저편에서 울리고 있었습니다. 커튼은 방과 커다란 영원의 나라를
갈라놓고 있었습니다.

"사랑하는 엄마, 하나밖에 없는 엄마!"

아들은 어머니를 불렀습니다. 어머니는 한시도 잊은 적 없는 그 소리를 똑똑
하게 들을 수 있었답니다. 너무나 익숙한 사랑하는 아들의 목소리였지요. 어머
니는 한없는 행복을 느끼며 아들에게 키스를 퍼부었습니다. 아들은 어두운 커
튼 너머를 가리켰습니다.

"땅 위는 그리 아름답지 않아요. 엄마, 저기에 있는 모든 것을 가슴 깊이 느
껴 보세요. 이게 바로 참된 행복이에요."

그러나 그녀는 아무것도 볼 수 없었답니다. 깜깜한 밤 말고는 아무것도 보
이지 않았습니다. 그녀는 지상의 눈으로 보고 있었기에 하느님의 부름을 받은
아들처럼 보지 못했으며 소리의 울림은 들렸지만 한 마디도 듣지 못했답니다.

"이제 전 하늘을 날 수 있어요. 엄마, 저도 건강한 다른 아이들과 함께 즐겁

게 신에게로 날아갈 거예요. 정말 그렇게 하고 싶어요. 그런데 엄마가 지금처럼 그렇게 구슬피 울면 저는 절대로 엄마 곁을 떠날 수 없어요. 그렇지만 전 꼭 하느님 곁으로 가고 싶어요. 그러면 안 될까요? 엄마도 머지않아 제가 있는 곳으로 오시게 될 거잖아요. 사랑하는 엄마."

"아니, 부디 여기 머물러 있으렴. 제발 잠깐만이라도, 꼭 한 번만이라도 너를 똑바로 보고 싶구나. 너를 내 품에 꼭 껴안아보고 싶단다."

어머니는 아들을 꼭 껴안았습니다. 그때 위에서 누군가가 그녀를 애처로운 목소리로 부르는 소리가 들려왔습니다.

"들려요, 엄마? 아빠가 엄마를 애타게 부르고 있어요."

그리고 이번에는 훌쩍이는 울음소리도 들려왔습니다.

"누나들이에요. 엄마, 누나들을 잊어버린 건 아니죠?"

그녀는 가족들을 생각해 보았답니다. 그러자 덜컥 겁이 났지요. 그녀의 앞에는 사람 그림자들이 늘 떠다니고 있었습니다. 몇몇은 아는 사람들이었지요. 그들은 죽음의 방을 지나 검은 커튼 속으로 사라져 갔습니다.

남편과 딸들도 여기로 오는 것일까요? 아니에요, 가족들의 외침과 울음소리는 지 위에서 들려오고 있었습니다. 가족들은 오지 않을 것입니다. 어머니는 죽은 아이 때문에 하마터면 가족을 잊어버릴 뻔했다는 것을 깨달았습니다.

"엄마, 이제 하늘나라 종소리가 울려요. 그리고 해님도 떠올랐어요."

눈부신 한 줄기 빛이 내려와 그녀를 비추었습니다. 어느새 아들은 사라지고 그녀도 차츰 위로 끌어올려져 갔습니다.

갑자기 몸에 한기가 들었답니다. 고개를 들어 주위를 둘러보니 아들의 무덤가였지요. 하느님은 꿈속에서 발을 받쳐 주는 디딤돌이 되어주고, 깨달음의 등불이 되어 주었던 것입니다.

그녀는 무릎을 꿇고 기도했습니다.

"용서해 주세요, 하느님. 영원한 제 마음대로 영혼을 떠나가지 못하도록 붙잡으려 했던 것, 또 당신께서 제게 주신 사랑하는 사람들에 대한 의무를 잊어버렸던 것을 부디 용서하여 주십시오."

기도를 마친 어머니는 마음이 평화로워졌답니다.

어느새 해님이 떠올랐습니다. 작은 새 한 마리가 그녀 머리 위에서 지저귀고, 아침기도 시간을 알리는 교회종이 울려 퍼지고 있었습니다. 주위의 모든

무덤 속 아이 877

것들이 그녀의 마음처럼 성스럽게 보였답니다. 이제 그녀는 하느님을 깨달았고, 가족에 대한 그리움을 안고서 서둘러 집으로 갔지요. 집에 도착하자 그녀는 자고 있는 남편 위로 몸을 굽혀서 진심어린 따뜻한 키스를 했답니다. 남편이 눈을 떴습니다.

오랜만에 부부는 마음을 열고 가슴에 담아 두었던 이야기를 서로 했지요. 그리고 그녀는 가족들에게 한 가정의 어머니답게 부드럽고 온화하게 말했답니다.

"하느님의 뜻은 언제나 가장 훌륭해요."

그러자 남편의 가슴이 위안의 샘물로 가득 차오르고 마음이 편해졌습니다.

남편이 물었습니다.

"어디서 갑자기 이런 지혜를 얻었소? 이토록 뜻 깊은 위로의 말을 들으니 가슴이 따뜻해지는 걸?"

그녀는 미소를 머금고 남편과 아이들에게 입을 맞추었습니다.

"하느님으로부터 받았어요. 무덤에서 편히 잠들어 있는 막내 덕분에요."

098
마당 닭과 새벽 알리는 닭
Gaardhanen og Veirhanen

수탉 두 마리가 있었습니다. 한 마리는 쌓아올린 거름 더미에 앉아 있었고 다른 한 마리는 지붕 위에 앉아 있었지요. 그런데 둘 다 몹시 거만했답니다. 그렇다면 누가 더 잘났을까요? 당신의 생각을 말해 보세요. 물론, 저도 제 나름의 생각은 있답니다.

판자 울타리로 둘러싸인 닭장은 마당 한 귀퉁이에 들어서 있었습니다. 마당에 쌓인 거름더미에는 커다란 오이가 자라나고 있었지요. 그 오이는 자기가 온상에서 재배되는 식물이라는 것을 잘 알고 있었습니다.

오이는 이렇게 중얼거렸습니다.

"모두가 오이로 태어날 수는 없지. 이 세상에는 오이 말고도 생명이 많거든. 닭, 오리 그리고 이웃 농가의 사람들도 역시 생명이야. 어머! 마당 닭이 판자 울타리로 훌쩍 뛰어 올라갔네. 마당 닭은 기상 닭하고는 다르겠지. 저렇게 높은 데 있으면서도 우는 건 둘째 치고 찍소리도 내지 않는 기상 닭하고는 분명히 다를 거야. 암탉도 없고 병아리도 없는 닭하고는 말이야. 자기 자신만 생각하고 고작 녹청색 땀만 흘리고 있으니 별꼴이지 뭐야. 그래, 마당 닭이야말로 진짜 수탉이야. 걷는 것 좀 봐. 마치 춤을 추는 것 같잖아. 또 울음소리도 마치 음악 같아. 사람들은 마당 닭에게서 트럼펫 연주를 들을 수가 있어. 만약 마당 닭이 내 잎사귀와 줄기를 통째로 먹어서 내가 마당 닭 몸 안으로 들어간다면, 그건 축복 받은 죽음이 될 거야."

밤이 되자 거센 비바람이 휘몰아쳤습니다. 암탉들과 병아리들, 그리고 수탉들까지도 숨을 곳을 찾아다녔지요.

판자 울타리가 요란한 소리를 내며 와르르 무너졌고 기왓장도 떨어져내렸습니다. 그렇지만 기상 닭은 꼼짝도 않고 앉아 있었어요. 빙글빙글 돌리고도 하지 않았지요. 아니, 사실은 돌 수 없었답니다. 바로 얼마 전에 만들어졌기 때문에 기상 닭은 젊었지만 어른처럼 생각이 깊었답니다. 하늘을 날아다니는 참새나 제비와는 달랐습니다. 그래서 그들을 하찮게 여겼답니다.

"짹짹거리는 새들은 정말이지 몸도 보잘것없고 너무 평범해."

또한, 비둘기는 몸집도 크고, 진주빛 깃털이 반짝여서 얼핏 기상 닭으로 보일 수도 있지만 너무 뚱뚱하고 바보 같아서, 그저 배를 가득 채우는 것에만 정신이 팔려 있다고 했지요. 그래서 비둘기들을 친구로 사귀어보았자 재미가 없을 거라고도 했습니다.

많은 철새들이 기상 닭을 찾아왔습니다. 철새들은 낯선 나라와 하늘을 날아다니는 상인들, 그리고 도둑 새를 만나 무서운 일을 겪었던 이야기들을 해 주었지요. 처음에는 새롭고 흥미로웠지만, 같은 이야기를 듣고 또 듣다보니 나중에는 몹시 지루했답니다. 그래서 철새들과 사귀는 것도 곧 싫증이 났습니다. 사귀고 싶은 친구는 어디에도 없었습니다. 모두 하찮아 보였지요.

"세상은 쓸모가 없어. 모든 게 정말이지 시시할 뿐이야."

기상 닭은 자만심이 지나쳤답니다. 만일 오이가 그걸 알았더라면 기상 닭에게 흥미를 가졌을까요. 그렇지만 오이의 눈길은 오로지 마당 닭에게만 쏠려 있었지요. 오이는 마당 닭 곁에 있었답니다. 그때 '우르르 쾅쾅' 천둥이 쳤습니다.

"너희들은 지금 하늘을 날아간 수탉 울음소리에 대해서 어떻게 생각하니?"

천둥 소리를 수탉 소리라고 착각한 마당 닭이 암탉들과 병아리들에게 물어 보았습니다.

"좀 거칠고 우아하지가 않았어요."

암탉들과 병아리들은 그렇게 말하고는 종종걸음으로 냉큼 거름 더미 위로 올라갔습니다. 하지만 마당 닭은 마치 기사처럼 의젓하고 느릿하게 걸어갔어요.

"정원에서 키우는 식물이로군."

마침 오이를 발견한 마당 닭이 말했습니다. 그 말 한마디에 오이는 마당 닭이 해박한 지식을 갖추었다며 감탄했습니다. 자기를 콕콕 쪼아 먹어치울지도 모른다는 사실도 까맣게 잊고 말이지요.

"이것이야말로 오이가 전에 말했던 축복 받은 죽음이겠죠!"

슬금슬금 암탉들과 병아리들이 마당 닭에게 다가왔습니다. 한 마리가 달리

면 다른 녀석들도 함께 따라 달리는 것이었습니다. 그러고는 꼬꼬댁, 삐악삐악 울면서 마당 닭을 올려다보았어요. 그들은 마당 닭이 자기들과 한 종족이라는 것이 참으로 자랑스러웠답니다.

"꼬끼오!"

마당 닭은 자랑스럽게 큰소리로 울었습니다.

"내가 만일 온 세계의 닭장에 명령만 내리면 병아리들은 곧바로 커다란 암탉이 될 거야."

그러자 암탉과 병아리들이 앞다투어 꼬꼬댁, 삐악삐악 울었지요. 그때 마당 닭은 굉장한 새 소식을 알렸습니다.

"수탉도 알을 낳을 수 있다. 그 알 속에 뭐가 있는지 알아? 바로 전설의 괴물이 들어 있어. 인간들은 이미 그 사실을 잘 알고 있지, 이제 너희들도 알아두도록 해. 내 안에 뭐가 자라고 있는지 말이야. 내가 얼마나 대단한 마당 닭인가를 알라고."

그리고 마당 닭은 날개를 푸드덕대더니 볏을 꼿꼿이 세우고 다시 울어댔습니다. 그 소리에 암탉들과 작은 병아리들은 벌벌 떨었습니다. 그러면서도 그들

은 자기 무리 가운데 대단한 존재가 하나 있다는 게 몹시 자랑스러웠지요. 그들은 또 꼬꼬댁, 삐악삐악 울어댔습니다. 기상 닭도 그 소리를 틀림없이 들었답니다. 그러나 기상 닭은 조금도 흔들리지 않았습니다.

"이 모든 것이 무의미해."

기상 닭은 중얼거렸습니다.

"마당 닭은 절대로 알을 낳을 수 없어. 나도 마찬가지고. 하지만 난 바란다면 무정란을 낳을 수 있을 거야. 하지만 세상은 무정란 만큼의 가치도 없어. 모든 것은 무의미해. 나는 더 이상 이렇게 가만히 앉아 있고 싶지 않아."

그래서 기상 닭은 떨어져서 부서졌답니다. 그러나 마당 닭을 쳐서 죽이지는 못했습니다.

"사실은 죽이려고 노렸겠지."

암탉들은 말했어요. 그런데 이 이야기의 교훈은 과연 무엇일까요?

"자만심에 빠져서 부서져버리는 것보다는 새벽을 알리며 우는 것이 더 낫다."

두 가지 아름다움
Deilig

조각가 알프레드. 그래요, 여러분은 그를 알지요? 우리 모두 그를 잘 알고 있습니다. 그는 금메달을 받았고 이탈리아를 여행한 뒤 마침내 고향에 돌아왔습니다. 그때 그는 젊은 청년이었답니다. 이제는 그때보다 10년이나 흘렀지만 그래도 여전히 젊었습니다.

그는 고향에 돌아오자 쉐란 섬 작은 도시를 방문했답니다. 마을 사람들은 이 낯선 사람이 누구인지 잘 알았답니다. 그래서 어떤 부자가 그를 위해서 연회를 마련했습니다. 지위가 있거나 돈 많은 사람은 모조리 초대되었습니다. 그것은 하나의 커다란 사건이었습니다. 북을 치며 알리지 않아도 온 마을 사람들은 알고 있었습니다.

견습 직공들과 가난한 집 아이들, 그리고 몇몇 부모들이 밖에 서서 환하게 불빛이 빛나는 그 집을 바라보았습니다. 문지기가 자신이 이 모임을 여는 주인이라고 상상할 수도 있을 만큼 많은 사람들이 그의 구역에 몰려와서 구경했습니다. 문지기는 아주 흡족하게 웃었지요.

조각가 알프레드는 연회장에 있었습니다.

그는 많은 이야기를 했습니다. 모임에 참석한 사람들은 모두 그의 이야기에 기뻐하고 감동하며 귀를 기울였답니다. 그 가운데서도 해군 장교인 남편을 잃은 한 부인이 알프레드의 말을 하나도 놓치지 않으려는 듯 열심히 귀담아 들었습니다. 그리고 아무것도 쓰여 있지 않은 백지가 물을 흡수해 버리듯이 이야기를 듣자마자 좀 더 많은 것을 들려 달라고 간청했지요. 부인은 착하고 놀랄 만큼 아는 것이 없는 여자 카스파 하우저*¹ 같았습니다.

"전 로마에 가보고 싶어요. 로마는 틀림없이 아주 매력적인 도시겠죠? 로마는 이미 외국에서 온 관광객으로 넘쳐나잖아요. 로마에 대해서 들려주세요."

부인이 알프레드를 바라보며 말했답니다.

"로마를 한마디로 설명하기란 쉽지 않아요. 그곳에는 커다란 광장이 있고, 한

---

*¹ 19세기 초 독일에서 발견된 고아로 발견 무렵 오로지 '몰라요'밖에 하지 못했다.

가운데에는 4천 년이나 된 오벨리스크가 서 있지요."

젊은 조각가가 말했습니다.

"오르간 연주자라고요?"

오벨리스크라는 말을 한 번도 들어 보지 못한 부인이 큰 소리로 되물었습니다. 사람들은 그 말에 하나같이 웃음을 터뜨렸습니다. 하지만 조각가는 나오려던 웃음을 가까스로 삼켰습니다. 그 부인 곁에서 바다처럼 파란 눈을 보았던 거예요. 바로 부인의 딸이었습니다.

어머니는 마르지 않는 질문의 샘이었고, 딸은 그 샘의 요정이었답니다. 참으로 아름다웠지요! 보고 또 봐도 질리지 않았답니다. 그러나 딸은 말을 아끼는지 고작 한두 마디 할 뿐이었습니다.

"교황은 식구가 많나요?"

부인이 다시 물었습니다. 그런데 젊은 조각가는 다른 대답을 하는 것이었습니다.

"아니오, 교황 집안은 그리 대단치 않습니다."

"난 그걸 물은 게 아니고요, 교황도 아내와 자식들이 있냐는 거예요."

"교황은 결혼을 해서는 안 됩니다."

"어쩜. 불쌍도 해라."

부인은 아마도 이보다 똑똑하게 질문하고 이야기를 나눌 수 있었을 겁니다. 하지만 그렇게 묻고 말하지 않았더라면 딸이 어머니 어깨에 기대서 사람을 황홀하게 만드는 미소를 지으며 어머니를 바라볼 수 있었을까요?

조각가는 이어서 화려한 이딜리아에 대해 들려주었습니다. 초록빛 산과 지중해의 새파란 물빛, 파아란 하늘 등 남쪽 나라의 투명한 푸르름에 대해서 말이지요. 그 푸르름은 북쪽 나라에서는 오직 여인의 파란 눈에서만 볼 수 있다고 말했습니다. 이 말은 누군가에게 넌지시 내비친 것이었지만 부인은 깨닫지 못한 눈치였습니다.

"이탈리아!"

몇 사람이 한숨을 쉬었습니다.

"여행을 한다면 얼마나 멋질까!"

다른 사람들도 마찬가지였습니다.

"이탈리아는 참 아름다울 거야!"

그러자 부인이 말했습니다.

"내가 만일 5만 달러 복권에 당첨된다면 딸과 함께 여행을 떠날 거예요. 그러면 알프레드 씨, 당신이 안내해 주시겠어요? 우리 셋이서 함께 여행하는 거예요. 그리고 몇몇 좋은 친구들도 함께요."

그러고는 즐거운 듯이 모두에게 고개를 끄덕여 보였습니다. 사람들은 저마다 자신들이 함께 여행을 떠나는 친구라고 믿어 버렸습니다.

"우리는 이탈리아로 가는 거예요. 하지만 강도가 있을 것 같은 길은 가지 않도록 해요. 안전한 국도를 따라 로마로 가자고요."

딸은 작은 한숨을 내뱉었습니다. 이 작은 한숨은 조각가의 마음속으로 파고들었습니다. 오늘밤 그를 위해 빛났던 파란 두 눈은 보물을 숨기고 있었습니다. 그것은 영혼과 마음의 보물이었고, 로마의 모든 영광처럼 풍요로운 것이었습니다.

조각가는 이 연회가 끝난 뒤 아가씨에게로 다가갔습니다.

조각가는 부인 집에 초대되었습니다. 사람들은 그가 부인을 만나러 간 게 아니라는 것을 잘 알았습니다. 물론 부인과 그는 끊임없이 이야기를 나누었지만, 그는 부인의 딸 때문에 그 집을 찾는 것이 틀림없었습니다. 딸은 이름이 카렌 말레네였지만 두 이름을 합쳐 칼라라고 불렸답니다. 어떤 사람은 그녀가 아름답긴 하지만 늘 졸린 듯 보인다고도 했습니다. 아침에도 늦잠을 즐겼지요.

"어릴 때부터 딸의 습관이에요."

부인이 말했습니다.

"언제나 어린 비너스였답니다. 미녀들은 쉽게 피곤해하는 법이지요. 늦잠을 좀 자긴 하지만 그래서 딸은 이렇게 눈이 맑답니다."

칼라의 맑은 눈에서는 어떤 신비로운 힘이 느껴졌답니다. 바다처럼 파랗고 깊고 조용한 눈. 조각가는 그 깊은 바다에 완전히 퐁당 빠져 버렸답니다.

부인이 청년의 이야기를 듣는 것은 커다란 즐거움이었습니다. 그는 나폴리와 베수비오 화산에 대해서 이야기하고, 덧붙여서 폭발할 때의 모습이 그려진 그림도 보여주었답니다. 부인은 이제까지 그런 이야기를 한 번도 들은 적이 없고 생각해 본 적도 없었지요.

"놀랍군요!"

부인이 말했습니다.

"불을 내뿜는 신이라고요? 사람들이 다치진 않았나요?"

"도시 전체가 멸망해버렸지요. 폼페이와 헤르쿨라네움이요."

"가엾기도 해라. 당신은 그것을 직접 보았나요?"

"아니오, 그림으로만 봤어요. 하지만 제가 본 폭발 모습을 그대로 그린 그림을 보여 드리지요."

그는 연필로 스케치한 그림을 하나 꺼냈습니다. 강렬한 색채의 그림만이 머릿속에 박혀 있던 그녀는 연필 스케치를 보고는 깜짝 놀라서 외쳤습니다.

"당신은 화산이 하얗게 연기를 토해 내는 것을 보았나요?"

한순간 그는 부인에 대한 존경심이 싹 사라져버리는 것을 느꼈습니다. 하지만 그는 칼라를 보고는 부인은 단지 색에 대한 감각이 없을 뿐이라고 생각했답니다. 그대신 부인은 가장 좋은 것, 가장 아름다운 것을 지니고 있었어요. 바로 칼라라는 예쁜 딸이었습니다.

알프레드는 칼라와 약혼했습니다. 마땅한 일이었지요. 사람들은 이 약혼을 매우 흥미롭게 여겼답니다. 약혼 기사가 마을 신문에 실렸습니다. 부인은 신문을 30장이나 사들여서는 약혼 기사만을 오려내 편지 속에 넣어서 친구나 지인들에게 보냈답니다. 당사자들은 물론 부인도 행복했습니다. 부인은 곧 덴마크가 낳은 세계적인 조각가 토르발센과 한 식구가 될 것이기 때문이었습니다.

"너희들은 이제 토르발센의 후계자야."

부인이 말했습니다. 하지만 알프레드는 부인이 정신적인 가계를 말하는 거라고 생각했답니다. 칼라는 여전히 아무 말이 없었지만, 눈은 반짝반짝 빛나고 입가에는 부드러운 미소가 어려 있었습니다. 몸짓 하나하나가 아름다웠습니다. 그 아름다움이란 말로 표현하기가 어려울 정도였습니다.

알프레드는 칼라와 부인의 흉상을 만들기 시작했습니다. 모녀는 알프레드가 부드러운 점토를 정성껏 매만지고 반죽하는 손놀림을 지켜보았습니다.

"우리 때문이구나. 이런 천한 일을 제자에게 시키지 않고 직접 하다니."

부인이 말했습니다.

"그렇지 않아요. 점토를 빚는 건 제가 꼭 해야 할 일이지요."

"자네는 참 겸손하다니깐."

부인이 말했습니다.

칼라는 그의 점토 투성이 손을 살며시 잡았습니다. 알프레드는 그런 둘을

위해서 이 세계 아름다움에 대해 설명했습니다. 어째서 삶이 죽은 이의 위에서 있는지, 광물 위에 식물이, 식물 위에 동물이, 동물 위에 인간이 있는지 말입니다. 정신과 아름다움이 어떤 형태로 드러나는지 조각가의 손에서 찬란한 지상의 형상이 어떻게 그 모습을 드러내는지 말이에요.

칼라는 조용히 앉아 알프레드가 말한 것을 이리저리 헤아려 보고 있었답니다. 부인은 알프레드에게 솔직히 털어놓았습니다.

"자네 말은 너무 이해하기 어려워. 하지만 나는 차근차근 생각해보겠네. 지금은 머릿속이 이리저리 뒤얽혀 있지만 언젠가는 확실히 이해해 보이겠네."

그러나 아름다움은 알프레드를 단단히 사로잡았습니다. 아름다움은 칼라의 모든 모습에서 그녀의 시선, 입가, 심지어 손가락의 움직임에서조차 빛났지요. 그것은 조각가인 알프레드만이 볼 수 있었습니다. 그의 머릿속에는 오직 칼라뿐이었으며 그녀에 대해서만 이야기했답니다. 둘은 하나가 되었답니다. 이제는 칼라도 많은 이야기를 했는데 그건 알프레드가 너무 많은 이야기를 했기 때문이랍니다.

두 가지 아름다움 887

마침내 결혼식 날이 되었습니다. 신부 들러리들이 도착하고 축하 선물이 잔뜩 왔습니다. 어머니는 신혼방의 탁자 앞에 작업복을 입은 토르발센의 흉상을 세워 놓았습니다. 그도 손님이 되어야 한다고 생각한 것이지요.

노래를 부르고 축배도 돌렸답니다. 참으로 즐겁고 만족스러운 결혼식이었으며, 아름다운 한 쌍이었지요.

'피그말리온, 눈부시게 고운 가라테아를 얻었도다'라는 노래가 불렸습니다.

"이건 마치 신화 같구나."

어머니가 말했지요.

다음 날 젊은 부부는 코펜하겐으로 갔답니다. 그곳에 신혼집을 마련했습니다. 어머니도 살림을 도와준다며 따라갔지요. 하지만 사실은 집안일을 도맡아 하기 위해서랍니다. 칼라는 인형처럼 유리 상자 안에 곱게 앉아 있어야 한다는 것이었습니다.

모든 것이 새로웠고 번쩍거렸고 아름다웠습니다. 그 속에 셋이 함께 앉아 있었답니다. 알프레드는, 그래요, 속담을 인용하면 그가 어떻게 앉아 있는지 똑똑히 말할 수 있을 거예요. 그는 거위 둥지의 주교처럼 앉아 있었답니다.

형태라는 마법이 그를 속였답니다. 알프레드가 본 것은 상자에 지나지 않았습니다. 그 안에 담긴 내용물을 본 것이 아니었습니다. 그것은 크나큰 불행입니다. 상자가 너덜너덜해지고 금박이 떨어져 나가면 사람들은 자신이 산 것을 후회합니다. 화려한 모임에서 바지의 멜빵 단추가 두 개나 떨어져 나간 것을 발견하면 몹시 난감하듯이 말이지요. 하지만 그 모임에서 아내와 장모가 어리석기 짝이 없는 말을 듣는 것이 더욱 문제였습니다. 그 어리석음을 말로 무마시킬 좋은 생각이 떠오르지 않아 그는 무척 곤란했습니다.

젊은 부부는 가끔 손을 맞잡고 앉아서 이야기를 나누었습니다. 아내는 한두 마디씩 말을 하기도 했으나, 변함없이 울리는 시계소리처럼 늘 똑같았습니다.

그래서 알프레드는 여자 친구인 소피가 오면 언제나 신선한 산들바람이 집 안으로 불어온 것 같았답니다. 소피는 외모가 아름답지는 않지만 거의 결점이 없었지요.

칼라는 그녀가 좀 고집이 세다고 했지만 그 정도는 아니었습니다. 소피는 매우 이성적인 처녀였답니다. 하지만 자신이 이 집에서 위험한 존재가 될 수 있다는 생각은 꿈에도 생각하지 않았지요. 소피는 인형 상자 안에 불어오는 신선

한 바람이었답니다. 사람들은 누구나 맑은 공기가 필요하지요. 그래서 그들 부부와 장모는 새 공기를 마시기 위해 이탈리아로 여행을 떠났답니다.

"여행은 전혀 즐겁지 않아. 사실 따분하기 짝이 없어. 이렇게 말하는 것을 용서하게. 딸이 곁에 있어도 지루하기는 마찬가지야. 또 여행에는 돈도 참 많이 들지 않나. 너무 많이 들어! 그 많고 많은 미술관하며, 보아야 할 것들이 그렇게도 많다니! 집으로 돌아가서 사람들이 이것저것 물으면 뭔가 이야기도 들려줘야 하고, 기껏 이야기하면 우연히 못보고 지나친 게 가장 아름다운 거였다는 둥 이런 말들이나 해대고 말이야. 어딜 가도 마돈나 마돈나. 이제 마돈나는 질려버렸어. 이러다 내가 마돈나가 될 지경이야."

"음식 또한 말할 것도 없어요."

이번에는 칼라가 말했습니다.

"제대로 된 고기수프 한 번 못 먹어 봤다니까! 요리도 형편없어."

부인도 맞장구쳤습니다.

칼라는 여행으로 지쳐서 병에 걸렸고, 그래서 소피가 와서 간호해 주었답니다.

칼라 어머니는 소피가 집안일은 물론, 예술이나 그 밖의 모든 것에 대해 잘 알고 있어서 높이 인정해야 한다고 말했어요. 게다가 그녀는 매우 주의 깊고 성실하다고 했지요. 소피는 칼라가 세상을 떠났을 때 그것을 아주 잘 보어 주었습니다.

상자만이 전부라면 하다못해 상자라도 단단히 견뎌 주어야 한답니다. 그렇지 않으면 모든 게 끝장나고 말지요. 그런데 상자가 산산조각이 나고 말았습니다. 칼라가 죽었거든요.

어머니는 말했습니다.

"칼라는 아름다웠어. 내 딸은 긁히고 부서진 고대 예술품과는 아주 달랐어. 정말 완벽했지. 그것이 진짜 아름다움이야."

알프레드와 어머니는 깊은 슬픔에 잠겨 검은 상복을 입고 다녔답니다. 어머니는 누구보다도 슬퍼했기에 검은 옷을 가장 오래 입었답니다. 그리고 알프레드가 칼라보다 못생긴 소피와 결혼하자 그 슬픔은 더욱 커졌습니다.

"알프레드는 극단적이야. 그는 가장 아름다운 사람에서 가장 못난 사람에게 달려 나가고 말았어. 자기 아내를 잊어버렸지. 하지만 내 남편은 그러지 않았어. 나보다 먼저 죽긴 했지만 말이야."

어머니는 말했습니다.

"피그말리온은 눈부시게 고운 가라테아를 얻었도다."

알프레드는 말했어요.

"그래, 결혼식 노래가사에 그렇게 쓰여 있었지. 나는 내 팔 안에서 생명을 얻은 참으로 아름다운 조각에 반해 있었어. 하지만 나는 하늘이 내게 보내준 나와 아주 닮은 영혼, 나와 함께 느끼고 생각하며 내가 흔들려 넘어질 때는 일으켜 세워줄 천사 같은 영혼을 얻었어. 소피, 바로 당신이 내게 온 거야. 아름다운 겉모습과 그저 반짝이는 빛이 아닌, 마음이 예쁘고 내게 딱 어울리는 당신이 말이야. 당신이 와서 조각 작품은 오로지 점토라는 것, 그저 먼지일 뿐이라는 것을 조각가인 내게 깨우쳐 주었지. 그리고 조각가가 진정으로 해야 할 일이란 내면의 소중한 것을 드러내는 거라고 가르쳐 주었어. 불쌍한 칼라! 우리들의 이 세상에서의 삶은 여행이었어. 사람들이 공감하면서 함께 살아가는 저

천국에서는 아마 우리는 서로 반쯤은 낯선 사람들이 될 거야.”

“그건 사랑스럽지 못한 말이군요. 그리스도교 신자답지 못해요.”

소피가 말했습니다.

“그건 올바른 생각이 아니에요. 천국에는 어떤 부부 관계도 없지요. 하지만 천국은 당신 말대로 영혼이 서로 끌리며 하나 되는 곳, 모든 아름다운 싹이 활짝 꽃 피우는 그곳에서는, 칼라의 은총으로 충만한 영혼의 소리가 아주 힘차게 울려 나와서 내 영혼의 소리를 덮어 버릴지도 모르죠. 그렇게 된다면 당신은 칼라를 처음 보고 사랑에 빠졌을 때처럼 다시 이렇게 외치겠지요. 아름다워라, 참으로 아름다워라!”

100
모래언덕에서 전해 온 이야기
En Historie fra Klitterne

이 이야기는 유틀란트 반도 모래언덕에서 전해 오는 것입니다. 그러나 이야기는 모래언덕이 아니라 저 멀리 남쪽 나라, 스페인에서 시작된답니다. 두 나라 사이에는 바다가 있지요. 바다는 곧 나라와 나라를 잇는 길이랍니다.

스페인을 떠올려 보세요. 무척 따뜻하고 아름답지요. 거기에는 짙은 월계수 숲 사이사이에 불처럼 새빨간 석류가 자라고 있답니다. 산에서 오렌지 정원으로 신선한 바람이 불고 금으로 꾸며진 둥근 지붕과 아름답게 벽을 칠한 무어식 궁전도 있답니다. 거리에는 촛불을 든 아이들이 깃발을 펄럭이며 행진하고, 그 위로는 별들이 총총 반짝이는 하늘이 펼쳐져 있답니다. 노래와 캐스터네츠가 울리면 처녀, 총각들은 아카시아 나무 아래에서 빙글빙글 돌며 춤을 춥니다. 그런가 하면 한 거지가 매끈한 대리석에 걸터앉아 즙이 가득한 과일로 목을 축이고는 꾸벅꾸벅 졸면서 인생을 꿈꾸고 있습니다.

모든 게 아름다운 꿈결 같습니다. 그리고 그런 꿈에 자신을 고스란히 맡긴다는 것은 한결 아름다운 일일 거예요. 그래요, 갓 결혼한 젊은 부부가 바로 그랬답니다. 부부는 이 세상 모든 보물을 다 가진 듯했답니다. 건강, 행복한 기분,

풍요로움, 명예……

"우리는 누구보다도 행복해."

부부는 참으로 기뻐하면서 말했습니다. 하지만 하느님께서 그들의 몸과 마음을 꼭 닮은 아들을 선물해 주신다면, 부부는 오늘보다 더 높은 행복의 계단에 올라설 수도 있을 거예요.

그 행복한 아이는 더없는 축복을 받으며 태어나 정성스러운 보살핌과 사랑을 받으며 자라나겠죠. 부와 지위가 허락하는 모든 행복을 누리겠지요.

하루하루가 마치 축제날들처럼 흘러갔습니다.

"삶은 신이 주신 은총의 선물이에요. 이루 헤아릴 수 없을 만큼 크나큰 선물이죠!"

아내가 말했습니다.

"그리고 이런 충만한 행복은 천국으로 가면 한결 더 커지고 영원하겠죠."

남편도 말했습니다.

"인간이 영원히 살 거라고 믿는 것은 끔찍한 자만심이야. 하느님처럼 되리라 믿는 것 말이야. 그건 에덴 동산에서 뱀이 했던 말이기도 하잖아? 뱀은 거짓말의 지배자였어."

"당신 혹시 천국에서의 삶에 대해서 의심하는 건 아니겠지요?"

아내가 물었습니다. 햇빛처럼 밝은 얼굴에 어두운 그림자가 드리워졌지요.

남편이 이야기했습니다.

"물론 믿음은 영원한 삶을 약속해 주지. 하지만 이런 행복을 누리는 우리가 이 생명 뒤의 저 세상에서까지 끊임없이 행복하기를 바라는 것은 바로 자만심이고 오만이야. 지금도 우리는 이미 많은 것이 주어진 게 아닐까."

"그래요, 우리는 많은 것들을 누리고 있어요. 그렇지만 세상에는 가난과 병, 그리고 불행에 시달리는 사람들이 수없이 많아요. 그러므로 죽은 뒤에 또 다른 생명이 주어지지 않는다면 세상은 너무나 불공평해요. 그래서는 하느님이 정의로운 분이 아니게 되잖아요."

"저길 봐. 저 밑에 있는 거지가 느끼는 기쁨은 으리으리한 성에서 왕이 느끼는 기쁨과 결코 다르지 않을 거야."

남편은 아내를 바라보며 다시 말을 이었습니다.

"당신은 매 맞고 굶주리며 마차를 끄는 말 또한 인생의 괴로움을 느낄 거라

는 생각이 안 드오? 그 동물들도 저 세상에서 다른 삶을 바랄 수 있지 않을
까? 그리고 다른 훌륭한 동물로 태어나지 못한 것을 원망하지 않을까?"

"예수님은 하느님의 나라에 수많은 집이 있다고 말씀하셨어요. 하늘나라는
하느님의 사랑처럼 끝이 없어요. 동물도 하느님이 만드신 하나의 창조물이니,
어떤 생명도 버려져서는 안 돼요. 모두가 하느님께 저마다 분수에 맞는 넉넉한
행복을 받는다고 믿어요."

"그렇지만 내게는 오늘 이 세상만으로도 너무 행복해."

남편은 그렇게 말하고는 아름답고 사랑스러운 아내를 꼭 끌어안았습니다.
밖에는 오렌지와 카네이션 향기가 가득했습니다. 거리에서는 음악과 캐스터네
츠 소리가 들려왔고 하늘 가득 별들이 반짝였습니다. 아내는 사랑이 넘쳐흐르
는 눈동자로 남편을 지그시 바라보았답니다. 두 눈에 영원한 사랑을 담고 말이
에요.

"바로 이런 순간을 위해 내가 태어난 게 아닐까? 이런 행복을 마음껏 누리
고 그러고 나서 사라지기 위해서 말이야."

남편은 미소 지으며 말했습니다. 아내는 죽음을 입에 올린 남편을 가볍게 나무라는 듯이 손을 올렸습니다. 하지만 얼굴에 드리워졌던 어두운 그림자는 어느새 사라졌답니다. 아내는 더할 수 없이 행복했지요.

젊은 부부는 행복하게 살았답니다. 모든 것이 즐거웠습니다. 한 가지 작은 변화가 있었지만 그것은 아무것도 아니었답니다. 상소만 바뀔 뿐이었지요. 남편이 왕의 명령을 받아 러시아 황제에게 사신으로 가게 되었습니다. 그의 집안과 지식으로 보면 그런 명예스런 직책은 마땅한 일이었습니다.

남편은 재산이 많았습니다. 아내도 마을에서 가장 부자이며 존경받는 상인의 딸로 물려받은 재산이 많았답니다. 남편은 장인의 배 가운데 가장 좋은 것을 타고 아내와 함께 스톡홀름으로 떠났답니다. 배에는 왕궁처럼 모든 것이 갖추어져 있었습니다. 부드러운 양탄자와 화려한 비단, 등 어느 하나라도 훌륭하지 않은 게 없었습니다. 오래전부터 전해 내려오는 영웅의 노래가 있습니다. 덴마크 사람이라면 누구나 그 노래를 알 거예요. 제목은 〈영국에서 온 왕자〉랍니다. 남편은 그 노래처럼 호화로운 배로 여행을 했습니다. 배의 닻은 번쩍번쩍 금이 입혀졌고 돛댓줄은 비단을 꼬아 만들었습니다. 스페인을 떠나가는 이 배를 본 사람들은 자연스레 그 노래를 떠올렸지요. 똑같은 호화로움과 똑같은 이별이 있었으니까요.

"하느님께서 언젠가 우리를 다시 즐겁게 만나게 해 주시리!"

스페인 해안에서 강한 바람이 불어왔습니다. 그래서 작별은 아주 짧았답니다. 이런 바람이라면 몇 주 안에 목적지에 닿을 것 같았습니다. 하지만 넓은 바다로 나가자 바람은 뚝 그치고 바다는 거울처럼 잔잔해지고 반짝거렸지요. 하늘의 별들도 반짝거렸습니다. 호화로운 배 안은 축제의 밤처럼 떠들썩했답니다.

그 상태로 며칠이 계속되자 모두 항해하기 좋은 바람이 불기를 바라게 되었습니다. 그런데 맞바람만 불었지요. 몇 주가 지나고 꼬박 두 달째가 되던 날 비로소 남서쪽에서부터 순풍이 불어왔습니다. 배가 스코틀랜드와 유틀란트반도 한가운데에 있을 때였지요.

바람은 차츰 거세졌습니다. 〈영국에서 온 왕자〉 노래처럼 되었습니다.

거센 폭풍이 휘몰아친다. 구름이 무겁게 드리운다.
그 무엇도 그들을 보호해주지 않으며,
땅도 항구도 보이지 않는다.
그들은 귀중한 닻을 바다에 내리지만,
폭풍은 그들을 덴마크 해안으로 몰고 가네.

아주 먼 옛날의 일입니다. 젊은 크리스티안 7세가 덴마크 왕좌에 올랐답니다.
그 뒤로 많은 일이 일어났습니다. 많은 것이 변했지요. 호수와 늪은 풍요로운
풀밭이 되었고 황야는 잘 일궈진 밭이 되었지요. 그리고 서유틀란트에서는 사
과나무와 장미가 자랐답니다. 날카로운 서풍이 들이치지 않은 곳에서 웅크리
고 있었답니다. 그래서 사람들은 늘 보살펴 주어야 했어요. 어른들은 옛 시대
를 잘 기억할 거예요. 크리스티안 7세가 다스리던 시대를 훨씬 거슬러 올라가
서도요.

오늘도 그때처럼 불그스름한 갈색 황야는 거인족 무덤들과 신비로운 신기루,
십자로 엇갈리는 발이 푹푹 빠지는 모랫길과 함께 수 마일까지 뻗어 있답니다.
커다란 강물이 피오르드와 만나는 끝자락에는 높은 모래언덕과 경계를 이루
면서 풀밭과 늪이 펼쳐졌습니다. 모래언덕 꼭대기는 알프스 산맥처럼 톱니 모
양으로 바다를 향해 솟아 있답니다. 높은 점토 절벽이 모래언덕을 드문드문 끊
어 놓았지요. 이 절벽은 바다가 해마다 그 거대한 입으로 한입 가득 물어뜯는
통에 절벽 가장자리와 꼭대기가 마치 지진에라도 무너진 듯이 깎여져 있답니
다. 그것은 행복한 젊은 부부가 화려한 배 위에서 항해하는 지금도 그렇게 보
인답니다.

9월이 끝나갈 무렵의 어느 일요일, 햇빛이 내리쬐는 화창한 날이었습니다.
교회 종소리가 니슘 피오르드를 따라서 은은히 울려 퍼지고 있었답니다. 교회
건물들은 저마다 잘 다듬어진 한 덩이 화강암 바위처럼 우뚝 서 있었습니다.
북해의 거친 파도가 그 위를 덮친다 할지라도 교회들은 온전할 거예요. 교회
건물에는 탑이 없었고 종은 건물 밖 두 개의 들보 사이에 매달려 있었지요. 예
배를 마친 사람들이 마당으로 나와 무덤으로 들어갔습니다. 무덤에는 예나 지
금이나 나무도 덤불도, 심어 놓은 꽃이나 무덤에 놓인 꽃다발도 볼 수 없습니
다. 보기 흉하게 솟아오른 흙더미가 이곳이 무덤이라는 것을 알려 줄 뿐이었지

요. 매서운 바람에 맞은 뾰족한 풀이 묘지 한편에서 자라고 있었습니다.

그곳에는 부서진 나무로 묘비를 세운 무덤이 있었답니다. 그 나뭇조각은 서쪽 숲에서 사나운 바닷바람을 타고 온 것이랍니다. 거기에는 해안 주민들을 위해서 파도가 통나무와 널빤지, 목재를 육지에 밀어 올려놓은 것들이었습니다. 그러면 바람과 바다 안개가 금세 밀려온 나뭇조각들을 부수어 버리지요. 그런 작은 나뭇조각이 여기 어린 아이가 조용히 누운 무덤에 놓여 있는 것이에요.

교회에서 나온 한 여자가 이 무덤 앞에 멈춰 서서 반쯤 썩은 나뭇조각을 물끄러미 바라보고 있습니다. 곧이어 그녀의 남편도 다가왔습니다. 둘은 아무 말이 없었습니다. 잠시 뒤에 남편이 아내의 손을 잡고서 무덤을 지나 모래언덕 위로 이끌었습니다.

"오늘 설교는 참 마음에 들어요. 하느님을 믿지 않는 사람들은 마음이 가난하다고 했지요."

아내가 말했습니다.

"그래요, 하느님은 우리를 기쁘게도 하고 슬프게도 해요. 모든 게 하느님 뜻이지요. 우리 아이가 지금 살아 있다면 내일이면 5살이 되겠네요."

"이제 와서 그런 말을 한들 무슨 소용이 있겠소? 그 아이는 이 세상의 고통에서 벗어난 거라고 생각합시다. 머지않아 우리도 그곳으로 갈테고."

남편이 말했습니다.

그들은 그 뒤, 입을 다물고 모래언덕 사이에 있는 집에 다다랐답니다. 그때 모래언덕에서 갑자기 바람이 거세게 불어 닥쳤습니다. 고운 모래가루를 하늘로 감아올리는 돌풍이었습니다. 돌풍이 몰아치자 줄에 꿰어 걸린 생선들이 벽을 치며 흔들렸습니다. 바람이 멈추자 주위는 곧 잠잠해졌습니다.

부부는 집 안으로 들어서자 나들이옷을 벗고 헌옷으로 갈아입은 뒤 서둘러 모래언덕으로 갔답니다. 갈대와 귀리의 뚜렷한 청록색 줄기가 하얀 모래 속에서 영롱한 빛을 발하고 있었지요. 이웃들도 모두 나와서 힘을 합쳐 배들을 모래 위로 더 높이 끌어올렸습니다. 바람은 점점 더 세게 몰아쳐 살을 에는 듯했지요. 사람들이 모래언덕을 넘어 집으로 돌아갈 때에는 모래와 날카로운 작은 돌조각들이 바람에 날려와 얼굴을 때렸습니다. 파도는 하얀 거품을 일으키며 솟아올랐고 차가운 바람은 물보라를 여기저기로 튀겼지요.

저녁이 되었습니다. 집 밖에서는 여전히 거센 폭풍이 몰아쳤답니다. 마치 절망에 사로잡힌 유령들이 울부짖는 듯했습니다. 그 소리는 바다가 구르는 소리까지 집어삼켰지요. 모래가 바람에 날려 유리창에 퉁퉁 부딪혀 왔고, 마치 집을 땅 속까지 뒤흔들어 놓으려는 듯한 큰 충격도 있었답니다.

날은 몹시 어두웠지만 그래도 자정쯤 되어서는 달이 떠올랐답니다.

하늘은 차츰 맑아졌지요. 그러나 폭풍은 있는 힘을 다해서 깊고 검은 바다 위로 여전히 휘몰아쳤습니다. 이런 폭풍우 속에서는 도무지 잠을 이룰 수가 없었습니다. 그때 문 두드리는 소리가 나더니 문이 열리고 누군가 소리쳤습니다.

"커다란 배가 암초에 걸려버렸어요."

사람들은 단숨에 잠자리를 박차고 나와 바닷가로 달려 나갔습니다.

달이 밝게 떠 있어서 모래가 날아들어도 눈만 뜨고 있으면 모든 것을 똑똑히 볼 수 있었지요. 사람들은 바람과 싸워야만 했습니다. 그들은 아주 힘겹게 모래언덕 위로 가까스로 기어올라 왔습니다. 모래언덕에는 무서운 돌풍이 끊임없이 일고 있었습니다. 물보라가 백조 날개처럼 바다에서 하늘까지 춤을 추듯 날아올랐고, 바다는 온 하늘 땅을 울리며 소용돌이치며 떨어지는 폭포처럼 해안으로 뒹굴고 있었고요. 바다에 떠 있는 배를 발견하려면 아주 자세히 보아야 했습니다.

그 배는 돛대 두 개를 단 호화로운 배였답니다. 바닷가에서 닻줄 서너 개 거리쯤 되는 곳에 떠 있었지요. 하지만 배는 뭍으로 오려다가 그만 암초에 쿵 부딪히고 말았답니다. 바다가 몹시 사나워 구조 배를 띄워 도울 수도 없었습니다. 파도는 끊임없이 배를 마구 때리고 위로 덮쳐왔답니다. 다급한 외침과 죽음의 공포에 벌벌 떠는 소리들이 들려오는 것만 같았습니다.

그때 다시 바위 덩어리같은 파도가 밀려와 배를 산산조각 내려는 듯이 배 앞머리에 부딪치고는 가버렸습니다. 그 순간 두 사람이 물속으로 뛰어드는 게 보였습니다. 그리고 둘의 모습이 굽이치는 물결 사이로 사라진 듯싶더니 모래언덕으로 구르며 다가온 커다란 파도가 해변에 한 사람을 내던져 놓았지요. 한 부인이었답니다. 사람들은 부인이 이미 죽었다고 생각했습니다. 하지만 몇몇이 뛰어가 찬찬히 살펴보니 다행히도 아직 살아 있었답니다. 사람들은 모래언덕 너머 어부의 집으로 그녀를 옮겼습니다. 부인은 아름답고 고왔답니다. 고귀한 신분임에 틀림없었지요. 어부는 부인을 아마포도 없는 누추한 침대에 눕혔답니다. 덮을 것이라고는 거친 모포뿐이었지만 그럭저럭 몸은 따뜻하게 해 줄 수 있었습니다.

부인은 사람들의 정성어린 보살핌을 받고 깨어났습니다. 그러나 열에 들떠 자신에게 무슨 일이 일어났는지, 어디에 누워 있는지 전혀 알지 못했습니다. 차라리 잘된 일이지요. 왜냐하면 부인이 사랑한 모든 것은 이제 저 깊은 바다 속으로 가라앉아 버렸으니까요. 마치 영웅 노래인 〈영국에서 온 왕사〉처럼 되어 버렸지요.

그걸 바라보는 것은 말할 수 없이 고통스럽다.
배는 산산조각 부서져 버렸구나!

그래요, 그 배에서 오로지 부인 한 사람만이 살아남았답니다. 바람은 아직도 휘이잉 휘이잉 거세게 울부짖으며 해안을 휘몰아쳤습니다. 잠시 평온을 찾았던 부인은 곧 고통과 슬픔으로 왈칵 울음을 터뜨렸습니다. 그러면서 아름다운 눈을 뜨고 몇 마디 중얼거렸지만, 누구도 알아듣지 못했습니다.

그렇게 하루하루가 지났답니다. 그러던 어느 날 부인은 아기를 낳았습니다. 본디대로라면 아기는 비단 커튼이 드리워진 화려한 침대에 누워 세상 모든 축복을 받으며 풍요로운 삶을 누릴 수 있었겠지요. 그러나 하느님은 아기를 세상에서 가장 초라한 바닷가 마을로 보내셨습니다. 아기는 엄마의 따뜻한 입맞춤조차 받지 못했답니다.

어부의 아내는 아기를 제 어머니 품에 안겨 주었답니다. 그러나 아기는 이제 숨소리도 들리지 않는 엄마 품 안에 누워 있게 되었어요. 그녀는 죽고 만 것입니다. 행복 속에 지라야 할 아기는 바다에서 모래언덕으로, 마침내 세상에 내던져버려졌지요. 이제 아기는 운명이라는 시련을 겪어야만 하게 되었답니다.

왕자의 두 뺨에는 눈물이 흘러내린다.
하느님 도와주옵소서.
저는 보브예르그로 떠밀려왔습니다.
이제 제 몸 하나 지킬 수 없는 가혹한 운명에 놓여 있습니다.
아, 제가 부게 영지에 이르자마자,
기사의 부하들이 저에게 달려들겠지요.

니숨 피오르드에서 조금 남쪽으로 내려가서 바닷가에 배가 닿았습니다. 부게가 자신의 영지라고 고집세우는 곳이지요. 이 해안 사람들이 난파한 이들에게 못된 짓을 했다고 노래는 전합니다. 그러나 노래가 불려졌던 무자비한 시대는 이미 오래전에 지나갔답니다. 이곳 사람들은 사랑과 희생정신을 지니고 살아가고 있습니다. 그 따뜻한 마음은 오늘날 가장 고귀한 것으로 높이 빛나고 있지요. 그래서 죽어가는 어머니와 불쌍한 아기도 세심한 보살핌을 받을 수 있었습니다. 그렇지만 가난한 어부의 아내만큼 정성어린 마음으로 그들을 보살핀 사람은 없을 거예요. 어제도 슬픈 마음으로 아기가 묻힌 그 무덤 곁에 서 있었던 부인 말입니다. 그 아기가 살아 있었다면 오늘 다섯 살이 되었을 테죠.

한편 스페인의 부유한 상인은 딸이나 사위로부터 어떤 편지나 연락도 받지 못했답니다. 지난 몇 주 동안 심한 폭풍우가 사납게 불어닥쳤기 때문에 사람들은 안타깝게 마음 졸이며 더더욱 배를 기다렸습니다.

"그들은 오지 않아. 모두 죽어 버린 거야."

사람들은 이제 절망에 빠졌습니다.

그런데 후스비 모래언덕 어부의 집에는 한 작은 소년이 살았답니다. 소년의 이름은 예르겐입니다.

"유태인 아이일 거야."

사람들은 말했습니다.

"피부가 거무스름한 걸로 보아서 틀림없어."

"저 아이는 이탈리아 사람이나 스페인 사람이 아닐까."

목사님은 그렇게 말씀하셨습니다.

어느 나라 아이든지 어부의 부인에게는 중요치 않았습니다. 아이는 하느님의 세례를 받은 하느님의 아들이니까요. 소년에게는 귀족의 피가 흐르고 있어서인지 변변찮은 음식을 먹어도 쑥쑥 자라났습니다. 서유틀란트 사람들은 덴마크 어를 쓰기에 소년도 덴마크 어를 배웠답니다. 소년은 가난한 사람들을 늘 휘감고 있는 배고픔과 추위를 모두 겪어야만 했습니다. 가난한 사람들의 즐거움까지도요.

모든 사람들에게 어린 시절은 인생 전체를 비추는 등불입니다. 소년에게는 즐거움과 놀잇감이 충분했답니다. 조약돌은 산호 같은 빨간색, 호박 같은 노란색, 그리고 새알처럼 둥글고 하얘서 마치 아름다운 모자이크 같았습니다. 이 모든 돌들은 바닷물에 씻기고 닦여 반질반질했지요. 허옇게 바랜 물고기 뼈와 바람에 바짝 마른 해초, 돌 사이에서 살랑거리면서 하얗게 빛나는 바닷말. 모든 것이 소년의 놀잇감이었고 즐거움이었답니다.

소년은 아주 총명했답니다. 거나란 재능이 아이에게 감추어져 있었습니다. 한 번 들은 이야기와 노래는 잊는 법이 없었습니다. 손재주도 좋아서 돌멩이와 조개껍질로 배를 만들고 방을 꾸밀 수 있는 그림을 그렸지요. 생각한 것을 나무조각에 새겨서 멋지게 표현할 줄도 알았답니다. 하지만 소년은 매우 작은 아이였지요.

목소리도 아름다워 늘 노래를 흥얼거렸습니다. 소년의 가슴에는 현악기가 들어 있는 듯했답니다. 조그만 어부의 집이 아닌 다른 집에서 자랐다면 현악기 소리는 넓은 세상에 아름답게 울려 퍼졌을 겁니다.

어느 날 바닷가 마을에 이상한 꽃뿌리가 담긴 상자가 밀려 왔습니다. 사람들은 먹을 수 있지 않을까 싶어 몇 개 주워 갔지요. 가져가지 않은 남은 꽃뿌리들은 화려한 꽃으로 자라나지 못하고 그대로 모래 속에서 썩어 버렸습니다. 예르겐은 과연 어떻게 될까요? 아름다운 꽃을 활짝 피워내는 타고난 운명대로 살아갈까요? 죽어 버린 꽃처럼 될까요? 그래요, 아직 더 자라야만 알 수 있답니다.

바닷가 마을은 들을 것과 볼 것이 매우 많았습니다. 바다는 날마다 새로움을 보여 주는 커다란 책이니까요. 잔잔한 바람, 폭풍 뒤 굽이치는 물결, 멋진 파도를 쉴 새 없이 보여 준답니다. 교회 가는 길은 마치 축제에 가는 듯했습니다. 그리고 가끔 손님이 찾아올 때도 있지요. 1년에 두 번 오는 외삼촌은 늘 환영을 받는답니다. 외삼촌은 보브예르그의 피알트링에서 장사를 하고 있었습니다. 그는 뱀장어를 가득 담은 빨간 수레를 타고 오는데 그 위에는 파랗고 하얀 튤립이 그려져 있답니다. 담황색 소 두 마리가 수레를 끌었습니다. 예르겐은 곧잘 이 수레를 타곤 했답니다.

외삼촌은 매우 좋은 분이랍니다. 언제나 명랑하고 기운이 넘쳤습니다. 그는 늘 마차에 술을 싣고 다니면서 사람들을 만나면 흔쾌히 한 잔씩 따라 주었습니다. 어린 예르겐도 골무로 하나 가득 얻었답니다. 외삼촌은 술을 마시면 소화가 잘 된다고 말했습니다. 그리고 늘 똑같은 이야기만 되풀이했는데 그래도

사람들은 그의 이야기를 들으며 좋아하지요. 이야기는 보통 이런 것이랍니다.

"강에 뱀장어들이 살았단다. 하루는 엄마 뱀장어가 강 위쪽으로 자기들만 가게 해달라고 조르는 딸들에게 말했지.

'멀리 가지 마라, 그렇지 않으면 나쁜 뱀장어잡이들이 와서 너희들을 모두 잡아가버릴 테니까!'

하지만 딸들은 엄마 말을 듣지 않고 너무 멀리 가는 바람에 여덟 딸들 가운데 고작 셋만 돌아올 수 있었지.

'우리들은 아주 조금만 갔어요. 그런데 나쁜 뱀장어잡이가 불쑥 나타나서는 다섯 언니들을 꼬챙이로 찔렀어요.'

'그 아이들은 꼭 다시 돌아올 거야!'

엄마 뱀장어가 말했단다.

'아니에요. 언니들의 껍질을 벗겨서 토막이 났는걸요.'

'꼭 다시 돌아온다니까!'

'사람들이 먹어 버렸는데요.'

'반드시 돌아올 거야.'

'하지만 언니들을 먹은 뒤 브랜디까지 마셨는걸요.'

딸들이 말했어.

'아, 그러면 절대로 돌아오지 않겠구나.'

엄마 뱀장어는 마구 울부짖었어.

'술은 뱀장어를 묻어 버리니까.'

그래서 사람은 언제나 뱀장어를 먹고 술을 한 잔 마셔야 하는 거지."

이 이야기를 듣고 예르겐은 곰곰이 생각했습니다. 예르겐 또한 '강물 위로 조금만' 가고 싶었습니다. 배를 타고 넓은 세상으로 나가고 싶었던 거예요. 비록 엄마 뱀장어 말대로 거기에 나쁜 뱀장어잡이들이 많이 있더라도 모래언덕 밖으로 조금만이라도 나가고 싶었습니다. 꼭 그렇게 하고 싶었답니다. 그리고 즐거운 날들은 곧 다가왔답니다.

어느 날 장례식 뒤의 성찬식에 가게 되었던 것입니다. 어부에게는 잘사는 친척이 있었는데 그 친척이 세상을 떠난 것이었어요. 친척은 바다에서 먼 육지의 안쪽에 살았습니다.

예르겐은 양부모를 따라나섰습니다. 모래언덕과 벌판을 지나 초록 풀밭으로 오니 거기에는 스키예룸 강이 있었습니다. 그 강은 엄마 뱀장어가 딸들과 함께 살았던 강이랍니다. 나쁜 뱀장어잡이가 꼬챙이로 찔러 죽이고 토막낸 그 딸들과 말이에요. 그런데 사람들은 자신과 같은 사람에게도 못된 짓을 한답니다. 옛 노래에서 불리고 있는 기사 부게도 역시 나쁜 사람들에게 살해되었습니다. 부게는 자신은 선하다고 입버릇처럼 말했지만, 자기를 위해 탑과 두꺼운 벽으로 된 성을 세워준 건축가를 자칫하면 죽일 뻔했답니다. 그곳이 마침 예르겐과 양부모들이 서 있는 바로 그곳이지요. 스키예룸 강이 니숨 피오르드로 흘러드는 언저리입니다. 부게는 건축가가 여행을 떠나자 시종에게 말했습니다.

"건축가를 쫓아가서 내 탑이 무너진다고 전하라. 그리고 돌아다보면 그를 죽이고 나한테서 가져간 돈을 찾아와라. 하지만 돌아보지 않으면 그냥 보내주어라."

시종은 명령대로 했답니다. 건축가는 이렇게 말했습니다.

"내가 만든 탑은 무너질 리 없어. 그러나 서쪽에서 온 푸른 망토를 걸친 사내가 와서 무너뜨릴 것이다."

그 말대로 백 년 뒤에 북해가 밀어닥쳐서 탑을 쓰러뜨렸습니다. 그러나 성의 주인인 프레드브예른 길덴스티예르네는 풀밭이 끝나는 곳에 새로운 성을 더욱 높게 세웠습니다. 그 성은 아직도 서 있는데 바로 뇌레 보스보르그입니다.

예르겐은 성을 지나가고 있습니다. 이중으로 된 해자와 무성하게 우거진 나무들 그리고 덤불과 양치식물이 자라고 있는 성벽을 봅니다. 그 가운데 키가 큰 보리수나무들이 가장 멋있었습니다. 보리수나무는 용마루까지 뻗어 올라 달콤한 향기를 가득 채웠지요. 마당 한구석에는 북서쪽으로 꽃이 활짝 핀 관목 한 그루가 서 있었습니다. 그것은 마치 여름의 녹음 속에 있는 겨울 눈 같았답니다. 예르겐은 딱총나무가 그렇게 흐드러진 것은 처음 보았습니다. 딱총나무와 보리수나무는 예르겐의 추억 속에 오랫동안 생생하게 남아 있을 겁니다. 향기와 아름다움이 어린 영혼을 계속 간직하도록 해 줄 거예요.

예르겐은 곧 편안한 여행을 하게 되었답니다. 활짝 핀 딱총나무가 서 있던 뇌레 보스보르그 앞에서 마차를 탈 수 있었거든요. 그 마차는 같은 장례식장으로 가는 길이었어요. 예르겐 가족은 마차 안에 쇠가 박힌 작은 나무상자 위에 걸터앉아야 했지만, 걸어가는 것보다는 한결 나았답니다.

울퉁불퉁한 벌판을 넘어서도 여행은 이어졌답니다. 햇살은 따스했고, 멀리서 하늘하늘 피어오르는 아지랑이를 보는 것은 참으로 멋진 일이었습니다. 아지랑이는 마치 벌판 위에서 빛이 춤추며 구르는 듯했답니다.

예르겐은 지금 동화의 나라를 지나가고 있다 생각했지요. 그렇지만 이건 사실이랍니다. 그건 그렇고 여기는 얼마나 고요한지요.

저 멀리 벌판은 귀한 양탄자처럼 넓게 펼쳐져 있었답니다. 노송나무 같은 푸른 노간주나무와 싱싱한 떡갈나무 잎이 히스 사이에서 꽃다발처럼 나와 있었습니다. 어서 달려오라고 손짓하는 듯했지요.

사람들은 여기에 늑대들이 산다고 말했습니다. 그래서 이 지역이 볼프스부르그(늑대의 성)라고 불린다는 거예요. 마차를 모는 노인은 옛날 이야기를 들려주었습니다. 이 들판에서 말들과 늑대들이 격렬한 싸움을 수없이 벌여왔으며, 어느 날 아침 죽은 늑대 위에 올라 서서 짓밟아 죽이고 있는 말을 보았다고도 했습니다.

이윽고 초상집에 도착했습니다. 마차들이 빼곡히 줄지어 섰고 집 안에는 낯선 사람들이 가득 모여 있었답니다. 집 뒤로는 바닷가 마을에 있는 것과 똑같은 모래언덕이 드넓게 펼쳐졌습니다. 어떻게 여기까지 왔을까요?

바다에서 3마일이나 떨어진 이곳에 어떻게 이처럼 모래언덕이 높고 웅장하게 서 있는 것일까요? 바람이 이곳까지 옮겨 놓은 것이랍니다. 모래언덕은 아마 자신들의 이야기를 간직하고 있을 거예요.

성가대가 합창하자 그 장엄한 노랫소리에 노인들은 눈물을 뚝뚝 흘렸습니다. 예르겐에게 있어서는 그거 말고 모든 것이 만족스럽게 진행되었답니다. 예르겐은 잔뜩 쌓인 음식에서 눈을 떼지 못했습니다. 그 가운데는 통통하게 살이 오르고 기름진 뱀장어도 있었답니다. 그건 브랜디와 같이 먹어야 하는 것이랍니다.

"그러면 뱀장어가 잠잠해지지."

뱀장어 상인은 몸소 뱀장어를 술과 함께 먹었답니다.

예르겐은 날마다 이리저리 돌아다녔습니다. 셋째 날이 되자 이곳이 익숙해져 마치 어린 시절을 보낸 고향집과 모래언덕처럼 느껴졌습니다. 물론 고향과 다른 점도 있었습니다. 이곳 벌판은 온갖 것들로 풍요로웠답니다. 히스꽃이 무성하고 탐스러운 월귤나무와 앵두나무들이 가득했습니다. 그것들은 먹음직스럽게 익어가고 있었답니다.

여기저기에 거인 무덤도 있었습니다. 조용한 대기 속으로 연기 기둥이 피어올랐는데 사람들은 '들불'이라고 불렀습니다. 연기 기둥은 저녁이면 무척 아름답게 빛났습니다.

나흘째가 되어 장례식도 거의 끝나가고 있었습니다. 모두 곧 벌판의 모래언덕에서 바닷가 모래 언덕으로 돌아가야 하지요.

"우리 모래언덕이 진짜지."

아버지는 말했습니다.

"여기 건 힘이 하나도 없어."

사람들은 어떻게 모래언덕이 이곳까지 오게 되었는지 들려주었습니다. 아주 그럴듯했지요.

어느 날 바닷가에서 한 시체가 발견되었는데 농부들이 시체를 교회 묘지에 묻었습니다. 그러자 그때부터 모래폭풍이 휘몰아치고 바다가 사납게 밀려왔다는 거예요. 어떤 사람이 농부에게 관에 사람이 누워 있나 열어 보고, 혹시 엄지손가락을 빨고 있나 보라고 일렀습니다. 만일 그렇다면 그 시체는 선원이니 그를 되찾기 위해서 바다가 밀려들 거라는 것이었지요. 관을 열어보니 시체는 아니나 다를까 엄지를 빨고 있었습니다. 그래서 사람들은 시체를 수레에 싣고는 두 마리 소가 끌도록 했습니다. 그러자 소는 마치 어리호박벌에게 쏘인 것처럼 들판을 가로질러 늪지를 지나더니 쏜살처럼 바다 속으로 뛰어들지 않겠어요? 그러자 모래폭풍은 곧 멈추었답니다. 하지만 모래언덕은 그대로 남아 있게 되었지요.

예르겐은 장례식 성찬의 날들을 가장 즐거운 어린 시절 추억으로 간직했답니다.

새로운 도시와 사람들을 보는 것은 멋진 일이었답니다. 앞으로 가 보아야 할 곳은 참 많이 있었지요. 예르겐은 이제 겨우 열네 살도 채 안된 어린 아이니까요.

예르겐은 선실의 급사가 되어 배를 타고 멀리 나갔답니다. 세상을 보고 싶었거든요. 예르겐은 보잘것없는 음식과 추운 밤, 고약한 날씨, 변덕이 심한 바다, 그리고 거친 사람들을 겪어야만 했습니다. 어려운 일을 겪을 때마다 가슴속에서 무언가가 끓어오르고 불같이 화가 치밀 때도 있었습니다. 그러나 참는 것이 가장 지혜롭다는 것을 곧 깨달았습니다. 그때의 기분은 껍질이 벗겨지고 토막나 냄비에 넣어진 뱀장어의 마음과 꼭 같았습니다.

'하지만 난 뱀장어가 아니니까 꼭 다시 오리라.'

예르겐은 굳게 다짐했습니다. 그러면서 편안함과 행복이 있는 친부모님의 고향인 스페인의 해안을 바라보았답니다. 그러나 예르겐은 스페인이 자신의 고향이며 그곳에 가족이 있다고는 꿈에도 몰랐답니다. 예르겐의 가족들도 마찬가지랍니다.

어느 날 예르겐은 뭍에 올라가도 좋다는 허락을 받았습니다. 선원들이 사들인 물건을 배로 나르기 위해서였습니다. 육지에 배가 머물렀던 마지막 날이었지요.

예르겐은 낡아빠진 옷을 입고 배에서 내렸답니다. 시궁창에서 빨아서 굴뚝 안에서 말린 듯한 더러운 옷이었지요. 모래언덕 토박이가 처음으로 큰 도시를 구경할 수 있었습니다. 높게 솟은 집들이 다닥다닥 붙어 골목은 비좁고 또 사람들은 얼마나 우글거렸던지요. 사람들은 서로 이리 밀리고 저리 밀리며 말 그대로 소용돌이치며 흘러가는 듯했습니다. 그리고 여기저기에서 시끄러운 소리와 외치는 소리, 당나귀와 노새 목에 달린 방울 소리, 교회 종소리가 함께 울렸습니다. 또 망치를 두드리는 소리와 함께 일꾼들이 흥얼거리는 노랫소리가 들려왔답니다.

태양은 이글이글 타오르고 공기도 무더웠지요. 풍뎅이와 투구벌레, 꿀벌과 파리가 윙윙거리며 날아다니는 빵 굽는 가마 속에 들어가 있는 듯했답니다. 그 속에서 예르겐은 자기가 어디로 가고 있는지, 어디에 있는지조차 몰랐습니다.

그때 바로 앞에 웅장한 교회 정문이 우뚝 서 있었습니다. 안에서 불빛이 비쳐 나오고 은은한 향기가 감돌았습니다.

예르겐은 함께 나온 선원과 성스러운 교회로 들어갔답니다. 금빛 바닥에는 다채로운 그림들이 빛나고 있었습니다. 어린 아기 예수님을 품에 안은 성모 마리아가 꽃과 촛불 사이 제단에 서 계셨습니다. 엄숙한 제복을 입은 신부님들은 노래를 불렀고, 예쁘게 차려 입은 성가대 소년들은 은으로 된 향로를 흔들었습니다. 그것은 황홀함과 아름다움 그 자체였고 부모님의 교회와 신앙이 예르겐을 감싸 안아 예르겐의 영혼에 하나의 화음을 울렸습니다. 예르겐은 저도 모르게 눈물을 흘렸습니다.

교회에서 나온 예르겐은 시장으로 가서 필요한 물건과 식료품을 한 보따리나 샀지요. 갈 길은 멀었습니다. 예르겐은 걷는데 지쳐 대리석 기둥과 동상, 넓은 계단이 있는 커다랗고 화려한 집 앞에 주저앉았습니다. 예르겐이 잠시 쉬고 있는데 금띠를 두른 문지기가 오더니 은으로 꾸며진 지팡이를 휘두르며 예르겐을 멀리 쫓아냈습니다. 이 집의 손자인 예르겐을 말이에요. 하지만 그 사실을 아무도 몰랐습니다. 예르겐 자신도 까맣게 모르는 일이고요.

예르겐은 다시 배로 왔답니다. 이번엔 따귀를 얻어맞으면서 심한 욕설을 들어야만 했습니다. 소년은 잠도 제대로 못 자며 날마다 열심히 일했답니다. 시련을 꿋꿋하게 견뎌냈지요. 젊을 때 고생은 사서도 한다고 곧잘 말합니다. 그래요, 그래야 좋은 날들이 오는 법이지요.

예르겐이 일하기로 한 기간이 끝났습니다. 배는 링케빙 피오르드에 닿았습니다. 예르겐은 모래언덕의 집으로 돌아갔습니다. 그런데 안타깝게도 뜻밖에 어머니가 이미 세상을 떠난 뒤였습니다.

혹독한 겨울이 닥쳐왔습니다. 거센 눈보라가 휘몰아쳐서 사람들은 밖으로 한 발짝도 나갈 수가 없답니다. 세상은 장소에 따라 어쩜 이토록 다를까요? 스페인에는 태양의 열기가 타오르는 데 비해 여기에는 얼음장 같은 추위와 눈보라가 있습니다. 그래요, 엄청나게 다르지요. 하지만 예르겐은 백조가 무리를 지어 니슘 피오르드를 거쳐 뇌레 보스보르그로 날아가는 것을 보자, 이곳 모래언덕마을이야말로 세상에서 가장 살기 좋은 곳이라고 여겼답니다. 그리고 여기에도 여름의 황홀함은 있으니까요.

하지만 예르겐은 흐드러진 히스꽃들과 잘 익은 즙이 많은 열매들이 탐스럽게 달린 들판을 잊을 수가 없었답니다. 뇌레 보스보르그의 보리수와 딱총나무도요. 그곳에 다시 한 번 꼭 가 보고 싶었습니다.

어느새 봄이 찾아왔습니다. 이 1년 사이에 예르겐은 어엿하게 자랐답니다. 헤엄도 잘 치고 고기도 척척 잡았습니다. 물 속에서 휙 방향을 바꿀 줄도 알았죠. 예르겐은 고등어 떼를 조심하라는 주의를 자주 들었습니다. 고등어 떼가 헤엄을 가장 잘 치는 사람을 잡아 물속으로 끌고 가서 잡아먹는다는 거예요. 그러면 영영 세상에 나올 수가 없다는 것이지요. 하지만 예르겐은 그런 일은 겪지 않았습니다.

이웃집에는 모르텐이라는 소년이 살았습니다. 예르겐은 그 아이와 가깝게 지냈습니다. 둘은 같은 배에서 일하게 되어 함께 노르웨이를 항해했고 그리고 네덜란드로 가기도 했습니다.

그들은 이제까지 한 번도 싸운 일이 없었습니다. 그렇지만 싸움은 쉽게 일어날 수 있는 것이지요. 예르겐과 모르텐도 별일 아닌 걸 가지고 다투었으니까요. 어느 날 그들은 선실 뒤에 앉아서 질그릇 접시를 가운데에 놓고 밥을 먹고 있었습니다. 그러다가 서로 먼저 먹으려는 다툼이 생겼습니다. 갑자기 예르겐은 잭나이프를 꺼내들고는 모르텐에게 들이댔습니다. 얼굴은 시퍼렇게 날이 섰고, 눈은 분노로 이글거렸습니다.

"그래, 넌 그런 놈이야, 금세 친구에게 나이프를 휘두를 수 있는 친구도 모르는 놈이라고!"

모르텐은 소리를 빽 지르며 뛰쳐나갔지요.

예르겐은 곧 잘못을 깨달았습니다. 그래서 모르텐에게 가서 말했어요.

"나를 한 대 세게 때려 줘. 난 친구도 저버리는 나쁜 놈이야."

그러자 모르텐이 말했습니다.

"아니야, 잘못한 건 나야. 미안해."

그런 일이 있은 뒤 둘은 더욱 가까워졌답니다.

그들은 젊고 건강했으며 강한 팔다리를 지녔습니다. 특히 예르겐의 몸은 더 좋았답니다.

북쪽 노르웨이에서는 농부들이 가축을 언덕에 있는 초원으로 데리고 가서 풀을 먹입니다. 하지만 유틀란트 서해안 어부들은 모래언덕에 난파선 조각들로 오두막을 세웁니다. 오두막 틈서리는 들판의 토탄이나 히스로 메우지요. 침대는 방을 빙 둘러싼 벽에 붙어 있습니다. 이 오두막은 어부들이 늦은 봄부터 옮겨와서 살았습니다. 어떤 오두막에도 식사를 준비하고 시중 드는 처녀가 있었답니다. 처녀들도 많았답니다. 처녀들은 미끼를 만들거나 일을 마치고 돌아온 어부들에게 상을 차려주었지요. 그리고 물고기들을 배에서 끌어내리고 자르는 등 할 일이 참으로 많았습니다.

엘제라는 처녀가 있었습니다. 그녀는 어릴 때부터 예르겐을 잘 알고 있었고 둘은 무척 친했습니다. 그들은 마음이 잘 맞았지요. 또 엘제는 아름다웠답니다. 담황색 머리칼에 하얀 피부가 아주 고왔고 눈은 햇빛을 받아 반짝이는 바닷물처럼 파랗게 빛났지요.

어느 날 엘제는 예르겐에게 말했습니다.

"예르겐! 난 네 곁에 있고 싶어. 너는 친오빠처럼 다정하고 착해. 하지만 나는 모르텐과 약혼한 사이야."

예르겐은 엘제의 따뜻한 눈빛을 보면서 아무 말 없이 고개를 끄덕였습니다. 모래언덕이 발밑에서 허물어진 듯한 생각이 들었습니다. 하지만 모르텐을 생각하면 견딜 수가 없었습니다. 모르텐에게서 엘제를 빼앗는 것이 되니까요. 그 생각은 예르겐을 몹시 괴롭혔습니다. 하지만 엘제는 이미 모르텐에게서 마음이 떠나 있었답니다.

어느 날 거센 바람과 파도가 몰아쳤습니다. 고기잡이를 마치고 돌아오던 배들은 몹시 흔들렸습니다. 어부들은 암초에 부딪히지 않게 주의를 기울이며 노를 조심조심 저었지요.

파도는 배를 삼키려는 듯이 아주 심하게 소용돌이쳤습니다. 파노에 사려 암초가 살 보이지 않아, 자칫하면 부딪혀서 배가 산산이 부서질지도 모를 일이었습니다.

"배가 난파되면 나도 모르텐도 죽고 말겠지."

마침 예르겐은 그때 병드신 양아버지를 보살피고 있었습니다. 하지만 마음은 파도에 휩쓸리는 배로 달려 나가고 있었습니다. 예르겐은 갑판으로 뛰어 나갔습니다. 배는 암초와 부딪칠 것만 같았답니다.

예르겐은 안타까운 마음으로 배를 바라보았습니다. 어부들은 안간힘을 쓰며 힘겹게 노를 저었습니다. 그리고 마침내 무사히 바닷가에 닿았지요. 그제야 예르겐은 안도의 한숨을 내쉬었습니다.

예르겐은 무척 기뻤으나 한편으로는 엘제 때문에 몹시 괴로웠습니다. 모르텐이 이 사실을 알면 어떻게 할지 걱정이 되었습니다. 어부들 가운데는 예르겐의 괴로움을 눈치챈 이도 있었지요. 하지만 아무것도 모르는 모르텐은 전과 다름없이 예르겐을 대했답니다.

예르겐의 양아버지는 이윽고 병이 깊어져 일주일 뒤에 세상을 떠났습니다. 이제 예르겐은 모래언덕의 집을 물려받았습니다. 보잘것없기는 해도 포근한 집이었지요. 그리고 모르텐에게는 아직 집이 없었습니다.

"이제는 다른 마을 배를 타지 말고 우리 곁에 있어라."

한 늙은 어부가 예르겐을 타일렀습니다.

하지만 예르겐은 그러고 싶지 않았습니다. 세상 구경을 좀 더 해보고 싶었지요.

감멜 스카겐 마을에 한 늙은 어부가 살고 있었습니다. 피알트링 뱀장어 상인의 큰아버지였지요. 그는 자기 배를 한 척 가지고 있는 돈 많은 상인이기도 했습니다. 모든 사람들에게 친절했으며 일하는 것을 가장 가치 있게 생각했지요. 예르겐은 '이런 사람 밑에서 일하는 것은 보람 있으리라' 생각했습니다. 감멜 스카겐은 유틀란트의 북쪽 끝에 있답니다. 모래언덕에서 꽤 먼 곳이었지만 예르겐은 오히려 다행이라는 생각이 들었습니다. 예르겐은 더는 모래언덕 집에 머물고 싶지 않았어요. 몇 주 뒤에 있을 엘제와 모르텐의 결혼식을 보고 싶지 않았답니다.

늙은 어부는 떠나는 게 그다지 지혜로운 결정이 아니라고 말했습니다. 예르겐이 집을 가지고 있으니 엘제가 마음을 돌려 그를 택할지도 모른다고 했습니다. 그러고는 엘제를 그의 앞에 데려오는 게 아니겠어요? 엘제는 말했습니다.

"넌 집을 가지고 있다지. 곰곰이 생각 좀 해볼게."

예르겐도 이런저런 일들을 깊이 생각했습니다.

바다는 무서운 파도를 지녔고, 사람은 그보다 더 무서운 것들을 가슴속에 품고 있지요. 수많은 생각이 예르겐을 괴롭혔답니다. 마침내 예르겐은 엘제에게 물었습니다.

"만일 모르텐이 나처럼 집을 가지고 있다면 너는 누구를 택하겠니?"

"그럴 리 없어. 모르텐은 앞으로도 집을 갖지 못할 거야."

"하지만 모르텐이 집이 있다고 한번 생각해 봐!"

"그렇다면 나는 모르텐을 택하겠지, 이미 그렇게 정해져 있었으니까. 하지만 그건 있을 수 없는 일이야."

예르겐은 밤새 잠을 못 이루며 생각을 거듭했습니다. 스스로도 설명할 수 없는 무엇을 가슴에 안고 말이지요. 그러나 엘제에 대한 사랑보다도 더 강한 생각이 있었습니다. 예르겐은 마침내 결심하고 모르텐을 찾아가 자기 생각을 차근차근 털어놓았습니다. 모르텐에게 아주 헐값에 집을 팔고 자기는 다시 배를 타겠다는 것이었어요. 모르텐은 기뻐했습니다. 엘제는 그 말을 듣고 예르겐에게 감사의 입맞춤을 했습니다. 그녀는 모르텐을 더 좋아했던 것입니다.

사실 예르겐은 모르텐을 한 번 더 만나고픈 마음이 있었습니다. 그래서 떠나기 전날 밤 예르겐은 모르텐을 찾아보기로 했습니다. 그런데 길을 가다 모래언덕에서 노인을 만났습니다. 예르겐이 마을을 떠나는 것을 달가워하지 않던 그 늙은 어부였죠.

"저 모르텐 녀석은 오리 입을 바지 속에 꿰매고 돌아다니는 게 틀림없어. 그래서 처녀들이 저렇게 홀딱 빠지는 게지."

예르겐은 노인의 말은 귀담아듣지 않고 작별인사를 한 뒤에 모르텐이 사는 자그마한 오두막집 가까이까지 왔습니다. 하지만 오두막집에서는 여자 목소리가 들려나왔지요.

모르텐은 혼자가 아니었답니다. 엘제도 함께 있었거든요. 예르겐은 망설였습니다. 엘제는 조금도 만나고 싶지 않았으니까요. 그리고 모르텐이 자기에게 다시 고맙다는 말을 하는 것도 내키지 않았습니다. 그래서 예르겐은 발길을 그냥 돌려 버렸답니다.

다음 날 예르겐은 해가 뜨기 전에 조그만 짐을 꾸리고는 모래언덕을 내려가 바닷가로 갔답니다. 그는 뱀장어 상인이 사는 보브예르그의 피알트링으로 떠났습니다. 예전부터 예르겐이 한번 찾아가겠다고 약속을 했었거든요.

바다는 파랗게 반짝였습니다. 모래밭에는 조개껍질들이 아주 많이 널려 있었습니다. 예르겐은 상쾌한 기분으로 소년 시절의 장난감이던 조개껍데기를 자그락자그락 밟으며 길을 걸어갔답니다. 길을 걷다 느닷없이 코피가 쏟아졌습니다. 그리 대단한 일은 아니지요. 그러나 작은 일이 큰일이 되기도 한답니다. 핏방울이 두세 방울 소매 위에 '투둑' 떨어졌습니다. 예르겐은 피를 닦아내고 지혈을 했습니다. 코피를 쏟아선지 오히려 머리도 마음도 전보다 상쾌해진 듯

한 기분이 들었지요.

그 해변에 배추도 피어 있었는데, 예르겐은 그 가지 하나를 꺾어서 모자에 꽂았습니다. 그러자 더욱 신이 나고 마음도 즐거워졌지요. 이렇게 지금 세상으로 나아가고 있다는 게 새삼 실감이 났으니까요. 예르겐은 뱀장어들이 말했던 것처럼 중얼거렸습니다.

"나쁜 사람들을 조심해라, 그들은 너희를 찌르고 껍질을 벗기고 토막쳐서 냄비에 집어넣고 말지."

그러고는 자기도 모르게 미소를 지었습니다. 왜냐하면 예르겐은 껍질이 벗겨지는 일 없이 틀림없이 훌륭하게 세상을 헤쳐나갈 거예요. 세상의 온갖 괴로움을 이겨낼 단단한 용기를 지니고 있으니까요.

해가 머리 위로 높이 솟아올랐을 무렵 니숨 피오르드에 다다랐습니다. 배는 포구 건너편에 있었지요. 예르겐은 배가 올 때까지 기다렸다가 배에 올랐답니다. 그런데 몇몇 사람들이 부둣가에 서서 예르겐이 탄 배를 바라보며 뭐라고 크게 고함치고 있었습니다. 예르겐은 그들이 뭐라고 말하는지 알아들을 수가 없었어요. 하지만 돌아가는 것이 좋을 듯해 스스로 노를 저어 곧 부두로 돌아왔답니다. 그런데 배가 부두에 닿기가 무섭게 사람들이 배 안으로 뛰어들더니 뜻밖에도 예르겐을 밧줄로 꽁꽁 묶는 것이 아니겠어요! 그들은 소리쳤어요.

"이놈! 그런 나쁜 짓을 벌여놓고 달아나다니! 너는 큰 벌을 받아야 해."

예르겐의 죄는 뜻밖에도 살인이었습니다. 모르텐이 칼에 찔려 죽은 채 발견되었다는 것입니다. 어부 한 사람이 엊저녁 늦게 모르텐을 찾아가는 예르겐을 보았다고 했답니다. 게다가 예전에 예르겐이 모르텐에게 칼을 휘두른 일을 사람들이 알고 있었습니다. 살인자로 몰린 예르겐은 링괴빙으로 끌려가야 했지만 그곳까지는 아주 멀었습니다. 마침 바람은 서쪽으로 똑바로 불었습니다. 피오르드를 넘어 스케룸 강에 이르는 데는 반 시간도 채 걸리지 않는데다 거기서 뇌레 보스보르그 성까지는 고작 15마일이었답니다. 그곳은 성벽과 해자로 둘러싸인 견고한 성이었지요. 배에는 성을 지키는 간수의 형제가 함께 타고 있었는데, 그는 예르겐이 한동안 그 뇌레 보스보르그 성 지하실에 갇힐 거라고 말했지요. 집시 여인 '키다리 마르그레테'가 사형당할 때까지 있었던 지하실을 말하는 거죠.

예르겐이 아무리 아니라고 해도 사람들은 그의 말을 믿어 주지 않았습니다. 셔츠에 묻어 있던 두세 방울의 피가 움직일 수 없는 증거가 되었습니다. 예르겐은 할 수 없이 자신의 운명을 하늘에 맡기기로 했습니다.

사람들은 예르겐을 끌고 아주 오래된 성벽으로 올라갔습니다. 그곳에는 기사 부게의 성이 있었지요. 예르겐이 가장 행복했던 어린 시절의 나흘 동안 양부모님과 함께 장례식에 참석하려고 지나갔던 곳이랍니다. 예르겐은 똑같은 길을 따라 풀밭을 넘어 뇌레 보스보르그 성으로 끌려갔습니다. 흐드러지게 핀 딱총나무 꽃과 키 큰 보리수나무는 향기가 가득했지요. 예르겐은 바로 어제 왔었던 것처럼 친숙함을 느꼈습니다.

그 성의 서쪽 건물에는 지하로 내려가는 긴 계단 아래 작은 문이 있었답니다. 문은 천장이 낮고 둥근 지하실로 이어져 있었습니다. 여기에서 키다리 마르그레테가 형장으로 끌려갔답니다. 이 여인은 다섯 아이의 심장을 먹었는데 나머지 심장 두 개만 먹으면 날 수도, 자신의 몸을 보이지 않게 할 수 있다고 믿었습니다. 벽에는 유리가 끼워져 있지 않은 작은 공기구멍이 하나 있었는데, 신선한 공기가 조금도 들어오지 않았습니다. 모든 것이 거칠고 썩어 있었습니다. 구석에 놓인 간이침대는 몹시 딱딱했지요. 그러나 착한 양심은 부드러운 휴식의 베개가 된답니다. 그래서 예르겐은 평온하게 잠들 수 있었습니다.

판자문은 쇠막대기로 단단히 잠겨 있었지요. 열쇠 구멍으로 스산한 바람이 새어 들어왔습니다. 바람은 모르텐의 영혼을 싣고 오기라도 한 듯이 예르겐의 주위를 떠돌았습니다.

예르겐은 가볍게 몸서리를 쳤습니다. 그러나 스며들어온 한 줄기 햇빛을 보고 활짝 핀 딱총나무 꽃과 보리수나무들을 떠올렸습니다.

예르겐은 이곳에 오래 머물지 않았습니다. 곧 링쾨빙으로 옮겨졌으니까요. 그곳의 감옥도 이곳과 마찬가지로 으스스하답니다.

그 시대는 요즘과는 많이 달랐답니다. 가난한 사람들은 영주의 통치를 받으면서 힘들게 살아야만 했습니다. 영주의 마부와 하인들은 마치 관리처럼 굴었습니다. 그들은 가난한 사람들이 조그마한 잘못이라도 저지르면 재산을 빼앗거나 벌을 줄 수도 있었답니다. 이곳에서는 아직도 그런 사람들이 있었지요. 특히 유틀란트처럼 왕이 계시는 코펜하겐에서 멀리 떨어진 지역에서는 법을 제멋대로 해석하는 나쁜 사람이 많았습니다. 예르겐의 재판이 한없이 늦춰지는 일은 아무것도 아니지요.

예르겐은 추위로 오들오들 떨었습니다. 이 일은 언제 끝이 날까요? 죄도 없이 고통과 비참함 속에 내던져진 예르겐, 그것이 그의 운명이었답니다. 예르겐은 이 세상이 대체 자기에게 무엇을 주었는지 곰곰이 생각해 보았습니다. 예르겐은 왜 이런 처지에 놓이게 된 것일까요? 그래요, 그것은 틀림없이 우리를 기다리고 있을 저 세상의 삶에서 깨달을 수 있을 거예요. 이러한 신앙은 모래언덕의 가난한 집에서 단단히 그의 마음에 뿌리를 내렸습니다. 밝게 빛나는 스페인의 태양과 풍요로움 아래에서 그의 아버지의 마음속에 아무리 해도 비치지 않았던 빛이 추위와 어둠 속에서 예르겐에게 위로의 빛이 되었습니다. 이것은 틀림없는 신의 선물이지요.

어느덧 봄 폭풍이 다가오고 있었습니다. 폭풍이 가라앉으면 북해가 구르는 소리가 멀리 떨어진 곳까지 들려옵니다. 그것은 마치 마차 수백 대가 거친 길을 달리는 것처럼 들려왔습니다. 예르겐도 감옥에서 이것을 들을 수 있었답니다. 그 소리는 마음을 어지럽혔지요. 어떤 그리운 옛노래도 이보다 더 깊게 예르겐의 마음에 들어올 수가 없을 거예요. 구르는 바다, 자유로운 바다, 그 바다 소리가 바람과 함께 날아왔습니다.

그 소리를 듣고 있자니 모래언덕과 조그마한 집, 어린 시절의 기억들이 하나 둘 떠올랐지요.

그렇게 1년이 지났습니다. 사람들은 닐스 디프라는 사기꾼을 잡았습니다. 이것은 예르겐에게는 아주 잘된 일이었답니다.

링괴빙 피오르드의 북쪽에서 술집을 하는 어느 가난한 상인의 가게에서 닐스 디프와 모르텐은 만났습니다. 예르겐이 고향을 떠나기 하루 전날 오후였지요. 술이 몇 잔 오가자, 모르텐은 취하지도 않았는데 흥에 겨워 이것저것 떠들어댔습니다. 자신에게 집이 생겼으며 결혼을 앞두고 있다는 이야기를 말이지요. 그러고는 자랑스럽게 주머니를 보여 주었답니다.

"바로 이 주머니에 돈이 있지. 있어야 할 곳에 말이야."

다름 아닌 이 허풍 때문에 모르텐은 목숨을 잃고만 것이랍니다.

닐스는 돈을 훔치기로 마음먹고 집으로 돌아가는 모르텐의 뒤를 몰래 따라가서 칼로 목을 푹 찔렀습니다. 하지만 모르텐은 돈은 있지도 않았답니다.

억울한 누명을 벗은 예르겐은 곧 풀려 나왔습니다. 시장님은 오랫동안 감옥에서 고통을 겪은 예르겐에게 여비 10마르크를 주었습니다. 시민 몇 사람도 좋은 음식을 대접하며 그를 위로했습니다. 그렇습니다, 도시에는 이따금 좋은 사람도 있었습니다. 모든 사람들이 다 찌르고, 껍질을 벗기고, 냄비에 집어넣는 것은 아니었습니다. 더욱이 때마침 예르겐이 꼭 1년 전에 만나려고 했던 스카겐의 상인 브뢰네가 링쾨빙에 와 있었습니다. 브뢰네도 이 모든 일을 들어서 잘 알고 있었지요. 그는 예르겐이 겪은 일을 따뜻한 가슴으로 공감했답니다. 그래서 예르겐에게 뭔가 좋은 일을 해주고 싶었지요. 예르겐 곁에도 좋은 사람이 있다는 사실을 보여주고 싶었답니다.

예르겐은 자유와 사랑을 알게 되었답니다. 오직 쓰디쓴 슬픔으로만 채워진 인생의 잔이란 없다는 것을 깨달았지요. 선량한 사람이라면 아이에게 쓰라린 괴로움을 주려하지 않지요. 하물며 모든 것을 사랑하시는 하느님이 그러실 리는 없겠지요?

"이제 자네를 위해 모든 것을 잊게."

브뢰네는 말했습니다.

"우리 지난 일은 모두 털어 버리자꾸나. 그리고 친절하고 축복받은 스카겐으로 여행을 가자. 육지의 한구석에 지나지 않지만 축복받은 곳이란다. 저 넓은 세상을 향해 기회가 창문처럼 활짝 열려 있지."

그것은 참으로 멋진 여행이었습니다. 차가운 감옥에서 따뜻한 햇빛 속으로 들어가 마음껏 신선한 공기를 마실 수 있었으니까요. 벌판은 히스 꽃들로 무성했답니다. 꽃으로 만든 양탄자처럼 말이에요. 양치는 소년은 거인 무덤 위에 걸터앉아서 양의 뼈로 만든 피리를 불고 있었습니다. 사막에 나타나는 아름답고도 황홀한 신기루가 정원이나 숲의 풍경을 하늘에 떠오르게 했습니다. 사람들은 그것을 보고 '양 떼를 모는 로키'라고 불렀지요.

여행은 림 피오르드까지 계속 되었답니다. 벤넬브르를 거쳐서 스카겐까지 말이에요. 긴 수염을 가진 랑고바르드 족은 그곳에서 이주해왔었지요. 굶주림과 고통만 주었던 스니오 왕 치하에서 벗어나기 위해서였습니다. 품격 있는 감바룩 부인은 젊은이들이 고향을 떠나야 한다고 했습니다. 예르겐은 책에서 읽어서 그 사실을 잘 알고 있었답니다. 높은 알프스의 뒤 랑고바르드를 모른다고 하더라도 그곳이 어떻게 생겼는지 상상이 갔답니다. 예르겐은 어린 시절 남쪽 나라 스페인에 있었으니까요. 예르겐은 거기서 산더미처럼 쌓여 있는 과일들과 빨갛게 흐드러진 석류꽃을 보았지요. 커다란 도시에서 바쁘고 떠들썩하게 살아가는 사람들과 종소리를 아직도 잊지 않고 있습니다. 하지만 가장 아름다운 것은 고향이랍니다. 예르겐의 고향 덴마크 말이지요.

예르겐은 벤딜스카가에 도착했습니다. 여기저기에 넓은 모래언덕과 모래밭이 뻗어 있었답니다. 바람은 성긴 모래를 빙빙 휘돌리고 있었고, 갈매기와 제비갈매기와 백조가 요란하게 울었습니다. 그곳에서 1마일 떨어진 남서쪽 언덕에 아름다운 집이 있었습니다. 상인 브뢰네의 집이랍니다. 예르겐은 여기에서 지내게 되었습니다.

집은 타르로 칠해졌답니다. 배를 거꾸로 엎어 지붕을 얹은 작은 건물들도 보였지요. 난파선 널조각들로 돼지우리를 지었고, 울타리는 없었습니다. 딱히 지켜내야 할 것이 없으니까요. 하나에서 다른 하나로 길게 줄지어 있는 끈들에는 배를 가른 생선들을 걸어놓고 바람에 말렸습니다. 바닷가는 청어들로 뒤덮여 있었습니다. 바닷물에 그물을 넣기만 하면 청어가 한 무더기씩 잡힌답니다. 너무 많이 잡혀서 사람들은 바다에 청어를 다시 던져넣기도 하고, 그 자리에 쌓아두어서 썩히기도 했습니다.

상인의 아내와 딸 그리고 집안 모든 사람들이 브뢰네를 마중 나왔답니다. 악수하며 서로 부둥켜안고는 환호를 올렸지요. 딸은 아주 예뻤습니다. 특히 눈동자가 아름다웠습니다.

집은 아늑하고 넓었습니다. 곧 식탁이 차려졌답니다. 임금님도 깜짝 놀랄 만큼 먹음직스러운 가자미도 나왔고 스카겐 산 포도주도 있었습니다.

식구들은 예르겐이 누명을 썼었다는 말을 듣고는 지금보다도 한결 부드러운 눈길로 예르겐을 바라보았습니다. 브뢰네의 딸인 귀여운 처녀 클라라의 눈이 이루 말할 수 없이 누구보다 부드럽게 빛났습니다. 그 눈빛은 예르겐의 가슴을 따스하게 해주었답니다. 예르겐의 가슴은 많은 것을 겪었지요. 쓰디쓴 사랑의 바다도 경험했습니다. 이런 시련은 사람의 마음을 딱딱하게 만들어 버리거나 눈물이 많아지게 하지요. 하지만 예르겐의 가슴은 아직도 부드럽고 젊답니다. 채워지지 않은 가슴 한구석이 있었습니다.

그걸 생각하면 3주 뒤에 클라라가 배를 타고 노르웨이 크리스티안산으로 가게 된 것은 예르겐에게 틀림없이 기쁜 일이었습니다. 클라라는 그 마을 작은 어머니 댁에서 겨울을 나려는 참이랍니다.

출발 전에 식구 모두는 성찬식을 히러 교회로 갔답니다. 교회는 크고 화려했습니다. 스코틀랜드 사람들과 네덜란드 사람들이 수백 년 전에 지은 것이랍니다. 교회까지 가는 길은 깊은 모래밭을 오르락내리락 걸어야 하는 힘든 길이었지만 사람들은 교회에 가기 위해서 그런 어려운 일쯤은 기꺼이 참아냈지요.

교회는 림 피오르드 북쪽 지방에서 가장 컸답니다. 아기 예수는 성모 마리아 품에 편안히 안겨 있었습니다. 성가대석에는 성스러운 사도들이 조각되어 있었고, 벽에는 스카겐의 옛 시장들과 시의회 의원들의 초상화가 가문 문장과 함께 걸려 있었습니다. 해가 교회 안으로 환하게 쏟아져 들어와 번쩍이는 놋쇠 샹들리에와 천장에 매달린 작은 모형 배를 비추었습니다. 예르겐은 어린아이처럼 순수한 감정에 사로잡혔답니다. 어릴 때 스페인의 호화로운 교회에 서 있었을 때와 똑같았습니다. 하지만 여기에서는 자신이 교구의 신자라고 확실히 의식했답니다. 성찬식이 시작되어 예르겐도 다른 사람들과 함께 무릎을 꿇고 빵과 포도주를 받았습니다. 그 옆으로는 클라라가 앉아 있었어요. 그러나 예르겐은 오로지 하느님과 하느님의 성스런 일만 생각하느라 클라라가 곁에 있는지 까맣게 몰랐답니다. 클라라가 몸을 일으켰을 때야 비로소 자기 옆에 누가 있는지 알게 되었지요. 그때 클라라의 눈에서 굵은 눈물이 뚝뚝 떨어지는 것을 보았습니다.

이틀 뒤에 클라라는 노르웨이로 떠났답니다. 예르겐은 집에서 일하거나 밖에서 고기잡이를 했는데, 물고기들을 많이 잡았습니다. 고등어 떼는 어두운 밤에도 반짝거리며 어디로 움직이는지를 보여 주었고 물고기 성대는 쫓기고 있을 때면 울부짖는 듯한 신음 소리를 냈으며, 게는 구슬프게 울었습니다. 물고기들은 결코 사람들이 말하듯이 벙어리가 아니랍니다. 오히려 예르겐이 가슴속 괴로움을 말하지 못했습니다. 하지만 언젠가 그 모든 것을 밖으로 꺼내겠지요.

예르겐은 일요일마다 교회에 갔습니다. 교회에서는 늘 제단에 있는 성모 마리아 그림을 뚫어지게 쳐다보았답니다. 그리고 자신과 클라라가 나란히 꿇어 앉아 있었던 자리를 바라보며 생각에 잠겼습니다. 그녀가 자기에게 얼마나 따뜻하게 해 주었는가를 떠올리는 것이랍니다.

가을에는 많은 비가 내려 스카겐 거리를 온통 잠기게 했지요. 길을 다닐 때도 보트를 타거나 물속을 저벅저벅 걸어가야만 했습니다. 비와 함께 눈도 내렸고, 모래폭풍도 불었답니다. 모래가 휘몰아쳐 집 주위를 메우는 바람에 사람들은 밖으로 나가려면 굴뚝 속으로 나아가야만 했습니다. 이곳에서는 흔히 볼 수 있는 일이랍니다.

하지만 방 안은 따뜻했습니다. 난로 속에서 토탄과 난파된 배의 널빤지가 탁탁 소리를 내며 탔습니다. 상인 브뢰네는 방에서 덴마크 왕자 햄릿에 대한 책을 소리 내어 읽고 있었지요. 햄릿은 영국에서 이곳 보브예르그로 건너와 전쟁을 벌였습니다. 그래서 무덤은 람메에 있답니다. 뱀장어 상인이 살던 곳에서 얼마 떨어지지 않은 곳에 있지요. 상인 브뢰네도 교회에 있는 햄릿의 무덤에 가본 일이 있답니다. 브뢰네는 그거 말고도 옛 시대에 대해서, 이웃에 대해서, 영국 사람과 스코틀랜드 사람들에 대해서 이야기를 했습니다. 그리고 이번에는 예르겐이 〈영국 왕자〉라는 노래를 부릅니다. 화려하게 꾸며진 그 배에 대한 노래를 부릅니다.

뱃전과 뱃전 사이는 모두 금으로 칠해졌고
그 위에는 주님의 말이 적혀 있다네.

뱃머리에 그려진 것은
어머니를 팔에 안은 왕자라네.

예르겐이 이 시구를 진심을 담아 노래할 때마다 그의 눈은 별처럼 빛난답니다.

상인 브뢰네의 집은 편안하고 포근했습니다. 그리고 모든 것이 잘 정돈되어 있지요. 찬장에는 잘 닦인 주석 접시가 번쩍이고 천장에는 햄과 소시지가 한가득 매달려 있었습니다. 그래요, 우리는 오늘도 이런 광경을 서유틀란트 반도의 농가에서 볼 수 있답니다. 넉넉한 먹을거리, 깨끗하고 정돈된 방, 행복한 사람들을 말이에요.

예르겐은 어릴 때 나흘 동안의 장례식 만찬 말고는 한 번도 이렇게 즐거운 시간을 가졌던 적이 없었답니다. 하지만 클라라는 이제 멀리 떨어져 있습니다. 그래도 예르겐은 늘 클라라를 생각했습니다.

4월에 노르웨이로 배가 떠나는데 예르겐도 함께 가게 되었습니다. 예르겐은 아주 기뻤습니다. 기분도 한결 밝아졌고 풍채도 좋아졌지요. 그런 예르겐을 바라보는 것은 너무나 즐거운 일이라고 브뢰네 부인은 말했습니다.

"그리고 당신을 보는 것도."

늙은 상인도 말했습니다.

"예르겐은 우리 겨울 저녁에 생명을 불어넣어 주었어. 그리고 당신에게도. 당신은 훨씬 젊어졌어. 더욱 건강하고 예뻐 보여. 당신은 비보르크에서는 가장 아름다운 아가씨였지. 좀 지나쳤나. 어쨌든 나한테 그 마을 처녀들은 늘 특별히 아름답게 보인다니까. 내가 거기서 세상에서 가장 아름다운 처녀를 발견했으니까."

예르겐은 거기에는 아무 말도 하지 않았습니다. 진심이 담기지 않은 말은 할 수 없었거든요. 대신에 그는 스카겐에서 가장 아름다운 한 처녀를 떠올렸답니다. 이제 예르겐은 그녀에게 가는 것이지요. 배는 순풍을 타고 반나절만에 무사히 크리스티안산에 도착했습니다.

어느 날 아침 상인 브뢰네는 등대로 나갔습니다. 등대는 그레네의 감멜 스카겐에서 멀리 떨어져 있었어요. 등대에 닿았을 때는 해가 하늘 높이 솟았습니다. 가장 높은 언덕에서 바라보면 멀리 떨어진 곳에 암초들이 떠 있는 게 보였습니다. 배들도 많이 보였는데 이것들 가운데에 딸이 탄 배가 있으리라 생각했답니다. 망원경으로 들여다보니 아니나다를까, 상인의 배인 '카렌 브뢰네'가 있었습니다. 그 배에는 지금 클라라와 예르겐이 나란히 갑판에 서 있었습니다. 그들에게는 스카겐의 등대와 교회 탑이 푸른 바다 위에 떠 있는 왜가리와 백조처럼 보였습니다. 클라라는 한껏 들떠 모래언덕이 차츰 다가오는 것을 보고 있었어요. 바람이 이대로 바뀌지 않는다면 이제 한 시간 정도면 고향에 이르겠지요. 기쁨에 푹 빠진 그들 마음은 어느새 고향 언덕으로 힘차게 달려 올라가고 있었답니다. 그리고 그만큼 죽음과 죽음의 불안에도 다가가고 있었습니다.

그때 느닷없이 파도가 거세게 휘몰아치면서 갑판 한쪽이 부서졌답니다. 그 안으로 바닷물이 왈칵 밀려들어왔습니다. 선원들은 구멍을 막으며 펌프로 물을 퍼내려 애썼습니다. 모든 돛을 있는 힘껏 펴고 위험을 알리는 깃발을 올렸습니다. 육지까지는 아직 1마일쯤 남았습니다. 고깃배가 보이긴 했지만 너무 멀리 떨어져 있었습니다. 바람이 육지 쪽으로 불고 파도도 도와주었지만 충분하지는 않았습니다. 이윽고 배는 가라앉기 시작했습니다. 예르겐은 두 팔로 클라라를 꼭 감싸 안았습니다.

예르겐이 하느님을 부르며 클라라와 함께 바다로 뛰어들었습니다. 그녀가 어떤 눈길로 예르겐을 바라보았을까요. 클라라는 비명을 질렀지요. 하지만 그녀의 눈동자는 예르겐이 자기를 놓치지 않으리라는 굳은 믿음을 드러내고 있었습니다.

옛 노래를 들어보세요.

뱃머리에 그려진 것은
아내를 팔에 안은 왕자라네.

공포와 위험의 시간에 예르겐은 바로 이 노래처럼 행동했답니다. 예르겐이 헤엄을 잘 치는 것이 지금이야말로 큰 도움이 되었습니다. 예르겐은 한 팔로는 클라라를 꼭 안고 두 발과 한 팔을 부지런히 움직인 끝에 마침내 물 위로 떠올랐답니다. 예르겐은 잠시 물결 위에서 호흡을 가다듬으며 뭍까지 갈 수 있는 힘을 내려고 애썼습니다. 그때 클라라가 가는 목소리로 신음했지요. 그녀의 몸이 부들부들 떨리는 게 전해져왔습니다. 예르겐은 클라라가 애처로워 더욱 힘껏 끌어안았답니다.

파도는 그칠 줄 몰랐습니다. 예르겐과 클라라는 파도에 휩쓸려 이리저리 떠다녔습니다. 한순간 저 밑에서 번쩍이는 고등어 떼가 보이는 듯했습니다. 어쩌면 그것은 그들을 삼켜 버리려는 바다의 괴물인지도 모르지요. 구름은 물 위에 그림자를 던지고 있었습니다. 그리고 눈부시게 아름다운 햇빛도 비쳐 왔습니다. 새들이 커다랗게 무리를 지어 그들 머리 위에서 날고 있었습니다.

예르겐은 차츰 힘이 빠져왔습니다. 자신도 느꼈지요. 육지는 아직도 밧줄 길이로 몇 번을 거듭해야 할 만큼 멀리 떨어져 있었습니다. 문득 사람들을 구조하려고 다가오는 배가 한 척 보였습니다. 그러나 그때 예르겐은 자기를 뚫어지게 바라보는 하얀 형체를 똑똑히 보았습니다. 다시 파도가 일었습니다. 파도에 휩쓸려 그 하얀 것이 다가왔습니다. 그때 쾅! 무언가에 부딪히는가 싶더니 모든 것이 눈앞에서 금세 사라졌지요.

모래 언덕에 난파선 조각이 이리저리 흩어졌습니다. 그 조각들은 바다도 온통 덮었지요. 하얀 뱃머리 장식이 닻 위에 올라왔습니다. 그 날카로운 쇠가 바로 물 위로 튀어나와 있었습니다. 예르겐은 바로 거기에 부딪힌 것이랍니다. 그리고 파도가 아주 센 힘으로 예르겐을 앞으로 밀어냈습니다. 예르겐은 의식을 잃고 쓰러졌습니다. 다시 파도가 일면서 그와 젊은 처녀를 물결 위로 올렸습니다.

어부들이 예르겐과 클라라를 발견해 배로 옮겼답니다. 예르겐의 얼굴에서는 피가 흘러내렸고 마치 죽은 것 같았습니다. 하지만 예르겐은 클라라를 가슴에 꼭 끌어안고 있었답니다. 어부들은 그 둘을 떼어내느라 아주 힘이 들었습니다. 클라라는 죽은 듯이 창백한 모습이었지요. 배는 스카겐의 곶으로 나아갔습니다.

어부들은 클라라를 살려내려고 갖은 애를 썼지만 그녀는 이미 죽어 있었답니다. 예르겐은 죽은 클라라를 끌어안은 채 오랫동안 안간힘을 써서 헤엄친 겁니다. 하지만 예르겐은 아직 숨을 쉬고 있었습니다. 어부들은 예르겐을 곧 모래언덕에서 가장 가까운 집으로 옮겼답니다. 마침 그 자리에 있던 일종의 외과의—평소에는 마을 대장간이나 행상을 하고 있습니다—가 예르겐에게 응급처치를 해주었습니다. 그 다음 날에는 회링에서 의사가 왔습니다. 예르겐은 마치 정신이 나간 사람 같았답니다. 조용히 누워 있다가도 갑자기 사납게 소리를 지르기도 했지요. 그리고 사흘째 되는 날에는 의식을 잃었답니다. 이제 예르겐의

생명은 한 가닥 실오라기에 매달린 듯했답니다. 의사는 그 실이 끊어지는 편이 예르겐에게 좋을 거라고 말했습니다.

"천국으로 구원되기를 하느님께 기도합시다. 다시는 온전한 사람이 되지 못할 거예요."

그러나 생명은 예르겐을 떠나지 않았답니다. 실은 끊어지지 않았지요. 오로지 기억의 실만이 툭 끊어져 나갔습니다. 정신의 모든 끈들이 끊어진 겁니다. 그것은 참으로 무서운 일이랍니다. 육체만 살아 있는 것이지요. 육체만이 건강을 되찾은 겁니다.

예르겐은 상인 브뢰네의 집으로 옮겨졌습니다.

"예르겐은 고칠 수 없는 병에 들고 말았어. 내 딸 클라라를 구하려 했기 때문이지."

브뢰네는 말했습니다.

"예르겐은 이제 우리 아들이야."

사람들은 예르겐을 백치라고 불렀답니다. 하지만 그것은 올바른 표현이 아니었습니다. 예르겐은 줄이 느슨해져서 더는 소리를 내지 못하는 악기와도 같았습니다. 아주 짧은 순간 몇 분 동안 그 줄들이 팽팽해지면 하나 둘 박자를 맞추며 그의 입에서 옛날 가락들이 울려 나오지요. 어떤 장면이 눈앞에 떠오른 것일까요? 그러다가 희미해지면 다시 아무 생각 없이 가만히 앉아 멍하니 하늘을 바라봅니다. 반짝이던 검은 눈은 빛을 잃고 흐려진 유리처럼 되어 버렸습니다.

"불쌍한 바보 예르겐!"

사람들은 그렇게 말했답니다. 이것이 바로 예르겐의 모습이랍니다. 어머니의 뱃속에 있었을 때는 그렇게도 풍요롭고 행복한 지상에서의 삶을 맞을 것 같았던 바로 그 소년 예르겐이었습니다. 이 세상에서 넘쳐나는 행복을 누리고 있으니 저 세상의 생명을 바라거나 믿는 것은 오만이라 했던 그 사람의 아이였습니다. 영혼 속에 숨겨진 위대한 능력은 모두 사라져버린 것일까요? 예르겐에게는 이제 힘든 나날과 고통과 환멸만이 주어졌습니다. 아름다운 꽃을 피울 수 있는 꽃뿌리가 비옥한 토지에서 뿌리째 뽑혀 모래밭에 내던져져 썩어가는 것이 그의 운명이었습니다. 하느님을 본떠 만들어진 이 인간에게 아무런 가치가 없는 것일까요? 이 모든 것은 그저 우연의 장난인 것일까요? 그렇지 않습니다. 사랑 그 자체인 하느님은 틀림없이 저세상에서 다른 삶과 함께 고난과 고통에서 벗어날 수 있는 희망을 주실 겁니다.

"주는 만인에게 인자하시며, 그 인자하심은 영원하리라."

신앙심 깊은 늙은 상인의 아내는 이 다윗의 말을 확신하며 말했습니다. 주님이 어서 예르겐을 구원해 주시길. 예르겐이 주님의 부르심을 받아 영원한 생명을 얻길 진심으로 기도했습니다.

클라라는 교회 무덤에 묻혔습니다. 예르겐은 그 일을 모르는 것 같았습니다. 그의 머릿속에는 부서진 배 조각과 거센 파도만이 있으니까요. 예르겐은 일요일마다 가족을 따라 교회에 갔지만 아무 생각 없이 조용히 앉아 있기만 했습니다. 그러던 어느 날 성가대의 합창을 듣던 예르겐이 한숨을 내뱉었지요. 한순간 예르겐의 눈이 번쩍 빛나더니 제단을 뚫어지게 바라보았습니다. 그곳은 클라라와 함께 무릎 꿇고 앉아 기도하던 자리였습니다. 예르겐은 클라라의 이름을 중얼거리듯 나지막이 불렀어요. 구슬 같은 눈물이 그의 뺨을 타고 흘러내렸습니다.

사람들이 예르겐을 도와 밖으로 데리고 나갔습니다. 그러자 그는 사람들에게 이제 편안하다고 말했답니다. 아무것도 모자라는 것이 없다고 말했지요.

오렌지와 월계수 나무 향기가 은은히 감돌고 늘 노래와 캐스터네츠 소리가 울려 퍼지는, 스페인의 어느 화려한 집에 아이 없는 나이 든 부자 상인이 살고 있답니다. 노인은 지금 거리에서 아이들이 촛불과 깃발을 들고 행진하는 모습을 보고 있습니다. 자식이 없는 노인은 아이를 가지는 것이 소원이랍니다. 딸이나 딸의 아이를 되찾을 수만 있다면 재산 따위 얼마든지 써도 좋다고 생각했지요. 그 아이는 아마 한 번도 세상의 빛을 보지 못했는지 모릅니다. 영원의 빛, 낙원의 빛은 말할 것도 없고요. 불쌍한 아이!

그래요, 가엾은 아이! 아이는 어느새 서른 살이 되었습니다. 감멜 스카겐에서 예르겐은 벌써 그렇게 나이를 먹었지요.

바람에 휩쓸려온 모래가 무덤 위에 두껍게 쌓였습니다. 교회 벽도 묻혀버릴 것만 같았지요. 그래도 무덤에 묻힐 사람들은 먼저 간 사람들 옆에, 친척들과 사랑하는 사람들 곁에 묻히기를 바랐습니다. 그래서 상인 브뢰네와 그의 부인도 클라라 곁에 누워 있답니다.

이른 봄은 폭풍의 계절입니다. 모래언덕에는 바람이 몰아치고 바다에는 높은 파도가 일었습니다. 두려움에 떨던 철새는 마치 폭풍 속 구름처럼 커다란 무리를 이루더니 놀란 듯 소리를 지르면서 모래언덕 너머로 날아갔습니다.

어느 날 예르겐은 홀로 방에 앉아 있었답니다. 그런데 갑자기 머릿속에 한 줄기 빛이 비치더니 밝아지는 것이었어요. 불안한 감정이 마치 그의 어린 시절처럼 예르겐을 모래언덕과 벌판으로 내몰았거든요.

"고향으로, 고향으로 가자!"

예르겐이 소리쳤습니다. 그 말은 누구도 듣지 못했지요. 그러고는 집 밖으로 나가서 모래언덕으로 올라갔답니다. 모래와 작은 돌들이 회오리바람을 일으키며 예르겐을 둘러쌌지요. 예르겐은 교회까지 비틀거리면서 걸어갔습니다. 교회도 온통 모래로 뒤덮였습니다. 벽은 모래에 묻혀버렸고, 창문도 반쯤 가려졌지요. 하지만 정면 교회 문은 모래에 묻혀 있지도 잠겨 있지도 않았답니다. 예르겐은 조용히 문을 열고 안으로 들어갔습니다.

바람은 울부짖는 듯이 휘이잉휘이잉 소리를 내며 불었습니다. 누구도 겪은 적 없는 어마어마한 폭풍이었지요. 하지만 예르겐은 하느님의 집 안에 서 있었습니다. 주위는 몹시 어두웠지만 그의 마음은 환했지요. 그것은 한 번도 꺼진 적이 없는 영혼의 불빛이니까요.

어디선가 날카로운 소리와 함께 그의 머리를 짓누르던 무거운 돌이 깨지는 소리가 들렸답니다. 예르겐에게는 그 소리가 마치 풍금이 울리는 것처럼 들려왔습니다. 그러나 그것은 폭풍과 뒹구는 거친 바다 소리였습니다. 예르겐은 교회로 들어가 가만가만 의자에 앉았습니다. 그러자 촛불이 켜졌어요. 한 자루 다시 또 한 자루, 이윽고 무수히 많은 촛불이 켜졌습니다. 그것은 예르겐이 스페인에서 보았던 그런 풍요로움이었습니다. 의회 의원들과 시장들의 초상화들이 모두 되살아났습니다. 그리고 그림 속 사람들이 수십 년 동안 서 있던 벽에서 걸어 나오더니 성가대석으로 가서 앉는 것이었습니다. 뒹구는 바다처럼 성가대의 합창이 울려 퍼졌지요. 그때 교회의 문이란 문이 한꺼번에 열리더니 죽은 사람 모두가 외출복을 차려입고 들어와 저마다 자리에 가 앉았습니다. 후스비 모래언덕의 양부모님들과 늙은 상인 브뢰네와 그 부인도 있었습니다. 그리고 그들 곁에, 사랑스런 클라라가 보였습니다.

클라라는 예르겐에게 손을 내밀었습니다. 그러고는 예전에 둘이 무릎을 꿇고 나란히 앉아 있던 제단으로 이끌었지요. 신부님이 그들의 손을 포개 놓고 둘의 사랑을 축복해 주었습니다. 니팔 소리가 울려 퍼져 왔습니다. 어린아이의 목소리처럼 동경과 즐거움으로 가득찬 신비한 소리였답니다. 그 소리는 풍금 소리에 맞춰 점점 커지더니 어느덧 폭풍처럼 웅장해졌지요. 축복의 소리는 다정하게 사람 마음을 위로해 주면서 무덤의 비석을 깨뜨리기에 충분할 만큼 굉장함을 느끼게 했습니다.

성가대석 천장에 걸렸던 작은 배가 두 사람 앞에 내려왔습니다. 배는 비단 돛과 금칠 된 활대를 가진 배였어요. 옛 노래에 씌 있듯이 닻은 붉은 빛이 도는 금으로 되어 있었고, 모든 돛댓줄은 비단으로 만들어져 있었습니다.

신랑 신부는 갑판으로 올라갔답니다. 교회의 모든 사람들이 그 뒤를 따랐습니다. 배 위에는 모두를 위한 훌륭한 자리가 마련되어 있었답니다. 교회의 벽과 둥근 천장은 딱총나무와 향긋한 내음을 풍기는 보리수나무로 가득 찼습니다. 가지와 초록 잎들은 부드럽게 살랑살랑 날리고 있었어요. 배는 사람들을 태우고 바람을 뚫고 바다를 건너갔습니다. 모든 교회 불빛은 하나하나의 작은 별들이 되었고 바람은 음악이 되어 모든 사람이 함께 노래했습니다.

"사랑 속의 찬란함으로! 영광의 길로! 어떤 생명도 사라지지 않으리! 기쁘고 행복하도다 할렐루야!"

이 말은 세상에서 예르겐의 마지막 말이 되었답니다. 불멸의 영혼을 잡고 있던 줄이 툭 끊어진 겁니다. 차가운 육체만이 어두운 교회 안에 조용히 누워 있답니다. 폭풍이 휘몰아치고 모래바람이 소용돌이치는 이 세상에 말이지요.

일요일이 되었습니다. 사람들이 예배를 보기 위해 교회로 왔습니다. 폭풍 때문에 한 걸음도 앞으로 나아가지 못할 지경이었지만요. 교회 앞에는 커다란 모래언덕이 쌓여 있었답니다. 신부님이 기도를 하고는 말했습니다. 하느님이 이 문을 잠가 버리셨으니 다른 곳에 새로운 교회를 지어야 한다고 말입니다.

예르겐은 찾을 수 없었답니다. 스카겐에도, 또 모래언덕 사이 어느 곳에서도 찾을 수가 없었지요. 그래서 사람들은 파도에 휩쓸려 갔을 거라고 말했습니다.

하지만 예르겐의 몸은 아직도 교회에 누워 있답니다. 하느님은 폭풍이 불던 밤, 예르겐을 묻었습니다. 교회라는 커다란 무덤에 말이에요.

모래는 웅장한 둥근 천장을 뒤덮었답니다. 교회 위로 산사나무와 들장미가 자라났습니다. 교회의 탑은 모래 위로 우뚝 솟아 올랐습니다. 마치 무덤의 웅장한 비석처럼 말이에요. 어떤 왕도 그보다 더 화려한 무덤을 갖지는 못할 거예요. 아무도 죽은 이의 평화를 방해하지 못한답니다. 이제까지 어느 누구도 무덤의 장소를 알지 못합니다. 다만 모래언덕을 휘몰아치는 폭풍만이 그것을 노래하며 우리들에게 들려주고 있답니다.

101

인형 놀이사
Marionetspilleren

증기선 갑판 위에 나이 지긋한 한 남자가 아주 흐뭇한 얼굴로 서 있었습니다. 그 표정이 거짓이 아니라면 그는 세상에서 가장 행복한 사람일지도 모릅니다. 사실은 그도 그렇다고 대답했지요.

그는 덴마크인이며 극장 감독인데, 여러 곳 떠돌며 공연을 하고 있답니다. 그리고 커다란 상자에 단원들을 데리고 있었습니다. 그는 바로 인형 조종사였거든요.

그의 명랑한 성격은 한 공과대학 학생 덕분이라고 합니다. 공과대학 학생이 한 실험이 그를 행복하게 만들었다는 것입니다. 저는 그의 말을 이해하지 못했습니다. 그러자 그는 저에게 모든 이야기를 자세하게 하나하나 설명해 주었습니다. 이것이 바로 그 이야기입니다.

슬라겔세에서였어요. 저는 기차의 정거장 앞에서 공연을 했습니다. 좋은 극장으로 많은 관객들이 왔지요. 몇 명의 나이 든 부인들 빼고는 모두 견진성사 전의 아이들이었습니다. 그런데 갑자기 학생처럼 보이는 검은 옷을 입은 사람이 들어와 앉더군요. 그는 우스운 대목에서는 큰 소리로 웃었답니다. 그리고 박수도 열심히 치지 않겠어요? 그는 흔치 않은 관객이었지요. 저는 그가 누구인지 무척 궁금했습니다.

사람들에게 물어서 저는 그가 공과대학 학생이라는 사실을 알게 되었습니다. 그는 시골 사람들을 가르치기 위해서 이곳에 왔다고 하더군요. 8시에 공연은 곧 끝이 났지요. 아이들은 제시간에 잠자리에 들어야 하고 관객들도 집으로 돌아가야 하니까요.

밤 9시에 그 학생은 강의와 실험을 시작했답니다. 그리고 이제는 제가 그의 청중이 되었지요. 그것은 참으로 이상한 강의였답니다. 제 상상을 뛰어 넘었지요. 그런데도 저는 거기서 많은 것을 생각했습니다. 우리 인간들이 저런 것들을 발명해 낼 수 있다면 좀 더 오래 살 수 있겠다 싶었지요. 그가 한 것들은 그야말로 작은 기적들이었습니다. 그런데도 모든 것들은 매끄럽고 자연스럽게

진행됐습니다.

모세와 예언자의 시대에는 저 공과대학 학생 같은 사람은 나라의 현자 가운데 하나였으리라 생각했습니다. 중세였다면 그는 화형당했을 거예요.

저는 밤새도록 잠을 이루지 못했답니다. 그리고 다음 날 저녁 공연을 할 때였어요. 객석에 그 학생이 다시 보이자 저는 저절로 기운이 솟아났지요.

저는 어느 배우에게서 연인 역할을 할 때에는 오직 한 여자 관객만을 생각한다는 말을 들었습니다. 오로지 그녀만을 위해 연기하고 그 밖의 모든 사람은 잊어버린다나요.

그 공과대학 학생이 바로 저의 '그녀'이자 유일한 관객이었습니다. 저는 그녀를 위해 공연했지요. 공연이 끝났을 때 모든 인형들이 인사를 하기 위해 무대로 나갔어요.

그리고 저는 그 공과대학 학생의 초대를 받았습니다. 포도주를 마시며 그는 제 연극에 대해, 저는 그의 학문에 대해 이야기를 나누었습니다. 저는 우리가 서로 만나면 아주 커다란 즐거움을 느낀다고 생각했지요. 그렇지만 저는 그 말을 마음속에다 그냥 담아 두었답니다. 그리고 그에게는 그로서도 설명을 할 수 없는 수많은 이야기들이 있었습니다.

예를 들면 철 조각을 코일에 통과시키면 자석이 된다는 것이죠. 왜 그럴까요? 바로 생명이 코일 위로 온 것이죠. 그러면 그 생명은 대체 어디에서 온 걸까요? 이 세상에 인간들이 태어나는 것과도 같습니다. 저는 그렇게 생각해요. 하느님은 인간을 시간이라는 코일에 통과시키지요. 그러면 생명은 인간 위로 오는 거예요. 그래서 나폴레옹이 태어나는 것이지요. 또 루터나 다른 사람들이 있게 되는 거고요. 이 세상 전체가 기적인 셈입니다.

"하지만 우리들은 익숙해져서 그것들을 일상적이라 부르지요."

그는 이렇게 설명했습니다.

저는 머리가 혼란스러워졌답니다. 그래서 그에게 솔직하게 고백했습니다. 내가 이렇게 늙지만 않았다면, 나는 곧장 공과대학으로 갔을 거라고요. 이 세상의 비밀을 꿰뚫어볼 수 있는 법을 배울 거라고 말했답니다. 비록 제가 가장 행복한 사람들 가운데 하나라고 하더라도 말이에요.

"가장 행복한 사람 가운데 하나라고요?"

그가 무척 놀라워했습니다. 그리고 그는 마치 그것을 시험해 보고 싶어 하는 듯했습니다.

"당신은 행복하십니까?"

그가 물었습니다.

"물론이지요!"

저는 대답했지요.

"저는 행복해요. 제 작은 친구들과 함께라면 어떤 도시에서도 환영받거든요. 물론 가끔 악귀처럼 저를 불쑥 찾아오는 하나의 소망이 있기는 하지요. 제 좋은 기분을 산산조각 내버리는 악몽처럼 말이에요. 저는 살아 있는 극단원을 가진 극장 감독이 되고 싶어요. 사람들의 연극단 말이에요."

"당신은 인형들에 생명을 불어넣어 주고 싶어 하는군요. 딩신은 인형들이 사실은 연극배우들이고 당신 자신은 그들의 감독이 되기를 바란단 말이지요?"

그가 말하더군요.

"그러면 당신은 온전히 행복해질 수 있다고 믿으십니까?"

그는 그것을 믿지 않았습니다. 그렇지만 저는 믿고 싶었지요. 그리고 우리는 이런저런 이야기를 나누었습니다. 의견이 서로 다른 때도 있었지만 이윽고 마음이 맞아 우리들은 함께 잔을 부딪치고 건배했습니다. 포도주는 아주 맛

있었어요. 거기에는 마법의 약이 들어 있었을 거예요. 왜냐하면 늘 기분좋게 취했었는데 그때만은 그렇지 않았거든요.

제 눈은 오히려 맑아졌어요. 공과대학 학생의 눈은 마치 방 안을 비추는 햇빛처럼 빛났습니다. 저는 그의 눈을 보며 영원한 젊음으로 이 땅 위를 거닐었다는 신들을 생각했지요.

저는 그에게 이 이야기를 했답니다. 그러자 그는 미소를 지어 보였습니다. 저는 그가 변장한 신이나 또는 그 집안들 가운데 하나라고 맹세할 수도 있었을 겁니다. 그가 제 가장 큰 소망이 이루어질 거라고 했기 때문이죠. 인형들에게는 생명이 불어넣어질 것이며 저는 그들의 극단 감독이 될 거라는 말이죠.

우리는 소원이 이뤄지는 오늘을 축하하기 위해 잔을 부딪치고 포도주를 마셨습니다. 그는 인형들을 모두 나무 상자에 담아서 저의 등 뒤에 동여맸습니다. 그러고는 저를 한 코일 속으로 들어가도록 했답니다.

저는 쿵! 소리를 들었습니다. 그리고 저는 땅바닥에 쓰러져 있었지요. 그건 틀림없어요. 그리고 인형들이 모두 상자에서 튀어나왔습니다. 그들 모두에게 생명이 불어넣어진 것이지요.

인형들은 훌륭한 예술가들이 되어 있었습니다. 그들 스스로가 그렇게 말했답니다. 그리고 저는 감독이 되었고요. 이미 첫 번째 공연을 할 수 있도록 모든 것이 준비되어 있었답니다. 공연이 시작되기 전, 단원들은 저마다 저와 이야기 나누려고 했습니다. 춤추는 여자는 자기가 한 다리로 서 있지 않으면 극장이 무너질 거라고 했습니다. 자기 재능이 매우 뛰어나다고 말하며 그만큼의 대우를 해달라고 우겼지요.

왕비 역할을 맡았던 인형은 무대 밖에서도 왕비로 대접받으려 했습니다. 그렇지 않으면 왕비 연기하는 법을 잊어버리고 만다나요.

편지 한 장 달랑 들고 나오는 역할에만 필요한 인형은 자기가 인기 많은 남자 주인공처럼 굴었지요. 예술 작품에서는 작은 역할도 큰 역할이나 마찬가지로 중요하기 때문이라나요. 남자 주인공은 자기가 막이 끝날 때만 나와야 한다고 주장했습니다. 그래야만 박수갈채를 받을 수 있기 때문이라는 말이었습니다.

여자 주인공은 오로지 붉은 조명 아래서만 연기하겠다고 우겨댔어요. 그게 그녀에게 어울리기 때문이라는 것이있지요. 파란 불빛 아래에는 절대로 서지 않으려고 했답니다. 단원들은 마치 유리병 안에 들어간 파리들처럼 윙윙거렸고, 저는 그 병 속 한가운데 있었답니다. 감독이었으니까요. 숨을 쉴 수조차 없었으며 곧 정신을 잃을 것만 같았답니다. 너무나 슬프고 비참했습니다. 제가 바랐던 것은 이런 게 아니었으니까요. 저는 인형들을 다시 상자 안에 가두고 싶어졌습니다. 제가 감독이 아니기를 바랐습니다.

저는 그들에게 다가가면서 말했습니다. 당신들은 인형일 뿐이라고 밑에요. 그랬더니 그들은 저를 죽지 않을 만큼 심하게 때리더군요.

정신을 차려보니 저는 제 방 침대에 누워 있었습니다. 제가 어떻게 공과대학 학생의 방을 나와 제 방 침대에 누워 있게 되었는지를 기억하려고 애썼지요. 그러나 아무런 기억도 나지 않았습니다.

달님이 바닥을 환하게 비추고 있었습니다. 바닥에는 인형 상자가 뒤집혀 있었지요. 크고 작은 인형들이 어지럽게 섞여서 바닥에 누워 있었답니다. 저는 게으른 사람이 아닙니다. 얼른 침대에서 나와서 인형들을 모두 상자에 집어넣

었습니다. 어떤 것들은 거꾸로, 어떤 것들은 똑바로 넣었지요. 저는 뚜껑을 닫
아 버리고 상자 위에 걸터앉았습니다.

그건 이제 지난 일이랍니다. 여러분은 그 광경을 상상할 수 있나요?

"이제 너희들은 그 안에 머물러 있어. 그리고 나는 두 번 다시 너희들이 생
명을 갖도록 빌지 않을 거야!"

그러자 제 마음이 한결 가벼워졌어요. 저는 세상에서 가장 행복한 사람이
랍니다. 공과대학 학생이 저를 깨우쳐 주었지요. 저는 더없이 기쁜 마음으로
상자에 걸터앉은 채 잠이 들고 말았습니다.

다음 날 아침—아니 그건 사실 그날 낮이었지요. 저는 이날 정말 멋지게
늦잠을 자버렸거든요—저는 여전히 상자 위에 앉아 있었습니다. 그리고 제
소망이 바보 같은 것이었다는 것을 깨달았지요. 그래서 참으로 행복했답니다.

저는 공과대학 학생을 찾아갔습니다. 하지만 그는 벌써 떠나버리고 말았더
군요. 마치 그리스와 로마의 신들처럼 말이에요. 그때부터 저는 이 세상에서

가장 행복한 사람이 되었답니다.

저는 행복한 감독이에요. 배우들은 이제 전혀 불평을 하지 않아요. 관객들도 마찬가지죠. 제 생활은 모든 게 만족스러워요. 저는 작품을 마음대로 만들 수 있게 되었답니다. 여러 연극 가운데서 제 마음에 드는 가장 좋은 것을 골랐습니다. 그 누구도 불평하지 않았어요. 커다란 극장에서는 눈길도 주지 않지만 저는 30년 전 관객들이 보고 눈물 흘렸던 그런 작품들을 골랐습니다. 그리고 그런 작품들을 어린 손님들에게 보여 주었습니다. 어린 손님들은 그들의 엄마와 아빠가 그러했던 것처럼 울었답니다. 저는 〈요한나 몽포콘〉과 〈디베케〉를 연극에 올렸어요. 그렇지만 아이들은 장황한 사랑 이야기를 좋아하지 않기 때문에 내용을 줄여서 공연해야만 했습니다.

오늘까지 덴마크 구석구석을 여행했습니다. 전 이런저런 사람들을 알고 그들은 저를 반긴답니다. 스웨덴에도 가려는 참입니다. 거기서 행운이 함께 한다면 큰돈을 벌 수 있겠지요. 그러면 저는 스칸디나비아의 유명인이 될 거예요. 제 고향 사람이니까 당신에게만 이야기해드리는 겁니다.

그리고 전 이 이야기를 고향 사람들에게 전하기 위해 있는 그대로 말하는 것입니다.

102

두 형제

To Brødre

보리밭과 너도밤나무숲 가운데 옛 법정이 우뚝 서 있었습니다. 그곳은 덴마크의 한 섬에 있는 작은 도시였습니다. 그 도시 작은 집들은 빨간 기와로 덮여 있었답니다.

한 집에는 이글거리는 석탄 난로 위에서 이상한 것이 끓고 있었습니다. 그것은 유리병 속에서 끓었는데 물기가 사라지면 절구에서 곱게 약으로 빻아졌습니다. 한 나이 든 남자가 그 일을 하고 있었지요.

"사람은 올바른 것을 알아야 해. 그래, 올바른 것 말이야. 맞는 것, 모든 창조된 것 안에 있는 진실을 사람들은 알아야 해. 또 그것들을 지켜야만 하지."

그가 말했습니다.

부지런한 그의 아내 곁에는 두 아들이 앉아 있었답니다. 아들들은 아직 어린 소년이었지만 생각은 꽤 깊었습니다. 어머니는 아이들에게 올바른 것과 진실에 대해서 늘 이야기했답니다. 진실은 하느님의 얼굴이기 때문이라고도 했지요.

형은 고집이 세고 장난꾸러기처럼 보였습니다. 형이 좋아하는 것은 자연이었습니다. 말하자면 해님과 별에게 배우는 것이지요. 어떤 동화도 그보다 더 아름답지 않았답니다. '돌아다니면서 뭔가를 찾아낸다면 얼마나 기쁠까? 새 날개 같은 것을 만들어서 하늘을 날 수 있다면 얼마나 행복할까! 그래, 그걸 발견해낸다는 게 바로 올바른 것일 거야. 아버지 말씀도 옳고 어머니 말씀도 옳아, 이 세상은 진실이 지켜 주는 거야.' 이렇게 소년은 생각했답니다.

동생은 조용했고 책 속에 늘 흠뻑 빠져 있었습니다. 동생은 책에서 양가죽을 덮어쓰고 에사우로 가장한 야곱이 상속권을 빼앗는 대목을 읽고 있었지요. 그 정의롭지 못한 행동이 못마땅한 동생은 작은 주먹을 불끈 쥐었답니다. 동생은 독재자 이야기나 이 세상의 정의롭지 못한 일들과 악랄함에 대한 이야기를 읽으면 언제나 참지 못했습니다. 정의와 진실은 반드시 승리해야 한다고 믿었기 때문입니다.

어느 날 저녁 동생은 잠자리에 들 준비를 하고 있었습니다. 창문을 타고 달빛이 소리 없이 비쳐들어 왔지요. 동생은 책 한 권을 들고 와서 침대에 누웠습니다. 솔론의 이야기를 끝까지 다 읽으려고 했던 것이지요.

생각의 날개를 펴면 침대는 돛을 활짝 펼친 배가 된답니다. 꿈을 꾸는 걸까요?

동생은 물결 치는 바다 위로 미끄러져 들어갔답니다. 시간의 위대한 바다로 말입니다. 거기서 솔론의 목소리가 들려왔습니다. 알아들을 수 있을 것 같은 낯선 외국말로 덴마크의 구호가 울려왔습니다.

"나라는 법으로 세워야 한다."

그러고는 솔론이 다가오더니 낡은 침대에 누운 소년의 이마에 입맞춤을 해 주었습니다.

"훌륭한 명성을 얻어라. 인생의 싸움에 힘차게 맞서라! 그리고 가슴속에 진실을 안고 진실의 나라로 날아가라."

형도 아직 잠들지 않았답니다. 형은 지금 창가에 서서 아지랑이를 보고 있었지요. 아지랑이는 풀밭에서 피어오르고 있었습니다. 풀밭에서 춤추는 것은 사람들 말처럼 요정이 아니었습니다. 소년은 잘 알았습니다. 공기보다 따뜻한 탓에 지면에서 올라가는 수증기였답니다. 그때 유성 하나가 꼬리를 길게 늘어뜨리며 떨어졌습니다. 소년의 생각은 그 순간, 피어오르는 아지랑이에서 하늘에서 빛나는 유성으로 옮겨갔습니다. 별들은 아름답게 반짝거렸습니다. 마치 긴 황금줄이 하늘에서 땅 위까지 드리워진 것만 같았습니다.

"나랑 함께 날아가자!"

그런 노랫소리가 형의 가슴속으로 울려 퍼져왔지요. 그러고는 인간을 지켜주는 정령이 새보다도 빨리, 화살보다 빨리, 땅 위의 날 수 있는 어떤 것보다 빨리 소년을 우주로 데리고 갔답니다. 거기에는 별에서 별까지 이르는 빛들이 천체를 서로서로 묶고 있었습니다. 우리 지구는 얇은 공기 속에서 돌고 있었지요. 그때 우주공간 속에서 이런 소리가 울려 왔습니다.

"정신의 강력한 수호신이 너를 들어 올릴 때 가까운 것도 먼 것도 없으리!"

형은 여전히 창가에 서서 밖을 바라보고 있었습니다. 동생은 아직도 침대에 누워 있었어요. 그때 어머니가 두 형제를 불렀답니다.

"안더스야, 한스 크리스티안아!"

덴마크는 이 형제를 알고 있지요. 그리고 세계도 그 외르스테드 형제를 잘 알고 있답니다.

103
낡은 교회종

Den gamle Kirkeklokke

실러 기념집을 위해서 쓰임

독일 뷔르츠부르크의 마르바하 시에는 아카시아가 쭉 이어진 길을 따라 활짝 핀답니다. 가을이 되면 사과나무와 배나무에는 잘 익은 과일이 주렁주렁 열리는 축복받은 땅입니다. 그곳은 아주 작은 도시지만 무척 아름다운 네카 강가에 있었답니다. 그 강은 마을 앞으로 옛 기사의 성과 초록의 포도산을 따라 흐르면서 도도한 라인 강으로 흘러 들어갔습니다.

늦가을이었습니다. 포도 덩굴에는 빨갛게 물든 포도잎이 달려 있었습니다. 소나기가 쏟아져서 찬바람이 점점 더 세차게 불어 왔답니다. 가난한 사람들은 마음이 무거워졌습니다. 날은 차츰 어두워져서 낡고 작은 집들의 그림자보다도 더 어두워졌습니다.

그 가운데 한 집은 낮은 창문이 달려 있었답니다. 합각지붕을 거리 쪽에다 둔 그 집은 몹시 누추하고 초라해 보였답니다. 그 집 식구들 또한 그러했습니다. 하지만 그들은 꿋꿋했고 부지런했습니다. 게다가 가슴의 보물 창고에는 신에 대한 존경심을 한 아름 지니고 있었어요. 하느님은 오늘 그들에게 또 하나의 아이를 선사하려는 참이었습니다.

어머니가 고통을 꾹 참으며 누워 있었어요. 그때 교회탑에서 종치는 소리가 어머니에게 들려왔답니다. 종소리의 울림은 너무나도 깊고 장엄했습니다. 마침 기도 시간이었습니다. 기도하는 어머니의 마음은 신을 생각하는 깊은 생각과 믿음으로 가득 찼답니다. 그런 어머니의 마음은 보이지 않게 하느님께 닿았던 것입니다. 그때 어머니는 아들을 낳게 되었고 한없는 기쁨을 느꼈습니다. 탑의 종은 그녀의 기쁨을 도시와 시골 너머로 알렸습니다.

아기의 맑은 두 눈이 어머니를 보고 있었습니다. 그리고 아기의 머리카락은 마치 황금처럼 번쩍번쩍 빛났습니다. 아기는 어두운 11월에 교회 종소리와 함께 이 땅에 태어난 것입니다. 엄마와 아빠는 아기에게 입맞춤하고 그들의 성경책에 이렇게 썼습니다. '1759년 11월 10일 하느님이 우리에게 아들을 선물하시다.' 그리고 나중에 그 아이가 요한 크리스토프 프리드리히라는 이름으로 세례를 받았다는 것이 거기에 덧붙여졌답니다.

마르바하에서 태어난 그 가난한 아이는 어떻게 되었을까요? 그래요, 그때는 아무도 몰랐습니다. 옛 교회 종마저 몰랐지요. 그렇게 높은 곳에서 가난한 아기를 위해서 가장 먼저 아름다운 '종의 노래'를 불러 주었던 그 종마저도 몰랐답니다. 하지만 이 아기는 뒷날 가장 아름다운 '종' 노래를 만들지요.

아이는 무럭무럭 건강하게 자라났습니다. 세상도 그와 함께 자라났습니다.

세월이 흘러 아이와 가족들은 다른 도시로 이사를 갔답니다. 그러나 사랑하는 친구들은 여전히 마르바하에 남아 있었습니다. 그래서 어느 날 어머니는 아들을 데리고 고향을 찾아갔습니다. 아이는 이제 겨우 여섯 살이었습니다. 그러나 아이는 벌써 성경에 나오는 이야기 일부와 찬미가 몇 곡을 알고 있었답니다. 그리고 저녁마다 귀여운 등의자에 앉아 아버지가 겔레르트의 우화나 클롭슈톡의 〈메시아〉 읽어 주는 것을 듣곤 했습니다. 아이와 두 살 위인 누나는 우리 모두를 위해 십자가에서 고통 받다 돌아가신 예수님을 위해 뜨거운 눈물을 흘리기도 했습니다.

처음으로 고향에 왔을 때, 이 작은 도시는 그렇게 많이 변하지는 않았습니다. 그들이 이사 간 지 얼마 되지 않은 때였거든요. 집들은 전과 마찬가지로 뾰족한 합각지붕을 하고 있었지요. 벽은 여전히 기울어졌고 창문은 나지막했답니다. 하지만 교회 묘지에는 새로운 무덤들이 생겼습니다. 묘지 돌담 곁에는 옛 종이 아무렇게 놓여 있었습니다. 그 종은 자기가 있던 높은 탑에서 떨어진 탓에 금이 가서 더 이상 울릴 수 없게 되었던 것입니다. 새 종이 대신 그 자리에 매달려 있었습니다.

어머니와 아들은 교회 묘지로 들어섰어요. 그들은 옛 종 앞에 섰습니다. 그리고 어머니는 어린 아들에게 이 종이 어떻게 수백 년 동안 사람들을 위해 울렸는지를 들려 주었습니다. 아이의 세례, 결혼식, 장례식들이 있을 때마다 울려 퍼졌던 종에 대해서 말이죠. 어머니는 축제의 즐거움, 위급함 그리고 곤경에 대해서 이야기했습니다. 그래요, 이 종은 인간의 한 생애를 노래해 왔던 것입니다.

아이는 어머니가 이야기해 주는 것을 절대로 잊어버리지 않았습니다. 그것은 아이가 어른이 되어 그 이야기를 시로 만들어 노래할 때까지 아이의 가슴속에서 울렸답니다. 어머니는 또한 자기가 어린 아들을 얻기 위해 불안과 고통에 떨고 있을 때, 이 낡은 종이 얼마나 큰 위안과 즐거움이 되었는가도 이야기해 주었습니다. 아이는 경외심을 가지고 크고 낡은 종을 그윽히 바라보더니 몸을 굽혀 종에 입 맞추었답니다. 이렇게 낡고 금이 간 채 잔디와 쐐기풀 사이에 버려진 종에게 말이에요.

그 아이에게 낡은 종은 마음속에 경건하게 자리잡았습니다. 아이는 가난 속에서도 무럭무럭 자라나서 붉은 머리의 키가 크고 늘씬한 소년이 되었습니다. 그리고 얼굴에는 주근깨가 났습니다. 그래요, 하지만 그는 호수처럼 맑은 두 눈을 지니고 있었지요.

소년은 어떻게 지냈을까요? 그래요, 그의 인생은 아주 순탄했습니다. 그를 아는 모든 사람들이 질투할 만큼 일이 술술 잘 풀렸습니다. 소년은 큰 은총을 받아 사관학교에 들어가게 되었습니다. 게다가 고귀한 신분의 자녀들이 모여 있는 반에 들어갔지요. 그것은 영광이고 행복한 일이었습니다. 소년은 긴 부츠를 신고 빳빳한 옷깃에다 가루를 뿌린 가발을 썼답니다. 소년은 많은 지식을 얻게 되었는데 그것들은 이런 명령들과 함께였지요.

"행진! 정지! 차렷!"

이런 교육을 받은 소년은 반드시 미래에 뛰어난 인물이 되리라 여겼습니다.

오래된 교회 종은 그대로 사람들에게서 잊혀 버렸지만 언젠가는 용광로 속으로 보내지겠지요. 그러면 거기서 뭐가 나오게 될까요? 글쎄요, 그것은 미리 말할 수는 없답니다. 또한 소년의 가슴속에 간직한 종이 어떻게 될 것인가에 대해서도 마찬가지겠지요. 하지만 소년의 가슴속 청동 종은 늘 울렸습니다. 언젠가 이 울림은 넓디넓은 세상으로 퍼져 나아가겠지요.

그리고 학교 담장 안이 더 좁아지고 "행진! 정지! 차렷!" 구령 소리가 엄하게 울릴수록, 청년의 가슴속에서 종소리는 더욱 힘차게 울렸답니다. 그 종소리를 청년은 친구들에게 노래해 주었고, 그 울림은 국경을 넘어서 널리 울려 퍼져 나아갔습니다.

하지만 그가 그런 노래 때문에 학교를 아무런 대가도 내지 않은 채 다니고 옷과 음식을 얻게 된 것은 아닙니다. 그는 정확하게 커다란 시계 장치 속의 부품 하나가 되어 갔지요. 사실, 우리 모두 또한 저마다의 역할을 하면서 이러한 시계 장치에 속해 있는 게 아닐까요? 우리는 우리 자신을 잘 알지 못합니다. 그런데 어떻게 다른 사람들이—가장 똑똑한 사람이라고 할지라도—우리를 늘 완전히 이해할 수가 있겠어요? 그러나 보석은 밖에서 강한 힘을 만나 만들어집니다. 이 학교에도 강한 힘이 있지요. 언젠가 세상이 이 학교에서 나온 보석을 알아볼 날이 오겠지요?

어느 날 그 나라 수도에서 커다란 축제가 벌어졌습니다. 수천 개의 등불이 켜지고 불꽃이 불을 뿜으며 하늘높이 쏘아 올려졌습니다. 사람들은 그 광채를 오랫동안 기억하지요. 슬픔의 눈물을 흘리며 남몰래 이웃나라로 달아나려 했던 이 젊은이 때문이지요. 그는 고국과 어머니, 모든 사랑하는 사람들과 등져야만 했답니다. 그러지 않았다면 하잘것없이 흘러가는 하루하루에 묻혀버리고 말았을 거예요.

그 오래된 종은 어떻게 되었을까요? 그것은 마르바하의 교회 돌담 곁에 아무렇게나 놓여진 채 거의 잊혔습니다. 바람이 종 위를 스쳐 지나가면서 그 청년이 태어날 때 울렸던 종에게 그에 대해 이야기해 주었을지도 모르지요.

청년은 이웃 나라 숲에서 미래의 희망이자 전재산인 〈피에스코〉 원고를 든 채 기진맥진하여 땅바닥에 쓰러지고 말았습니다. 그때 바람은 자기가 얼마나 차갑게 그 위로 불었는지 이야기할 수 있겠지요. 바람은 또한 그의 유일한 후원자들에 대해서도 이야기할 수 있을 거예요. 그를 후원한다던 많은 예술가들이 그가 원고를 읽고 있을 때 볼링을 치기 위해 살그머니 빠져 나갔다는 것도요. 바람은 창백한 얼굴을 한 도망자에 대해서도 이야기할 수 있을 겁니다. 그는 몇 달 동안이나 초라한 여관에서 살았답니다. 그곳에서 그는 앞으로 펼쳐질 희망을 노래했습니다. 그러나 여관은 날마다 주인이 술에 취해 고래고래 소리를 지르고 사람들이 야단법석을 떠는 그런 곳이었어요. 힘들고 암울한 나날이었습니다. 마음속에서는 희망을 노래했지만 괴로움을 견뎌내야만 했습니다.

낡은 종 위로도 어두운 낮과 추운 밤들이 지나갔지만 종은 아무것도 느끼지 못했겠지요. 그러나 사람 가슴속에 있는 종은 자신의 괴로움을 느낄 수 있답니다.

종은 어떻게 되었을까요? 그래요, 종은 더 머나먼 곳으로 가게 되었답니다. 사람들이 예전에 매달았던 높은 탑 위에서 울린다 해도 누구도 들을 수 없을 만큼 멀리 가버렸습니다.

그리고 그 젊은이는요? 그래요, 그의 가슴속 종은 그가 발을 내딛고 내다볼 수 있는 것보다 더 멀리 울려 퍼져갔습니다. 그것은 울리고 또 울렸습니다. 그래서 바다를 넘어 온세계에 울려 퍼졌고, 오늘도 울리고 있답니다.

먼저 종에 대해서 들어 보세요. 그것은 마르바하에서 왔었지요. 낡은 종은 구리로 팔려서 바이에른 용광로 속으로 들어가게 되었습니다. 종이 언제 어떻게 거기로 가게 되었을까요? 그래요, 종이 설명할 수 있다면 자세히 이야기하겠지만 그건 중요한 게 아니에요. 확실한 것은 종이 이제 바이에른의 왕이 사는 도시로 가게 되었다는 것이랍니다. 종이 탑에서 떨어진 뒤로 몇 년이 흘러갔습니다. 이제 그것은 녹여졌지요. 그리고 독일 국민과 국가의 위대한 기념 동상의 주물과 함께 섞였답니다. 세상에는 참으로 아름답고 훌륭한 일이 일어나기도 합니다.

덴마크 초록 섬에 너도밤나무가 자라고 있었습니다. 많은 거인 무덤이 우뚝 솟아 있는 그곳에 가난한 소년이 살았습니다. 그 소년은 나막신을 신고 있었어요. 소년은 해군 조선소에서 배를 만들기 위해 나무를 깎는 아버지에게 낡은 보자기에 싼 도시락을 날라다 드리곤 했답니다. 이 가난한 소년은 자라서 나라의 자랑거리가 되었습니다. 수많은 대리석상을 조각해서 세상을 놀라게 했습니다(덴마크의 조각가 토르발센을 말함). 그리고 그 조각가가 바이에른의 왕에게 점토로 틀을 만들어 청동으로 위대하고 아름다운 동상을 만들어 내라는 명예로운 위임을 받게 된 것이었어요. 바로 그의 동상이었습니다. 마르바하에서 아이가 태어났을 때 그의 아버지가 언젠가 성경책에 그 이름을 써 넣었던 그 사람이 서 있는 동상 말이에요. 요한 크리스토프 프리드리히.

시뻘겋게 녹은 청동은 틀 속으로 흘러 들어갔습니다. 오래된 교회 종은—그래요, 아무도 종의 고향이나 울려 퍼지던 종소리를 생각하지 않지요—틀 속으로 흘러 들어가서 동상의 머리와 가슴을 만드는 데 사용되었습니다. 지금 옛 성 앞의 광장에 서 있는 그 모습처럼 말이에요. 그 동상의 주인공은 세상살이에 힘들어하면서도 노력을 거듭하여 힘차게 이 광장을 걸어갔을 것입니다. 마르바하에서 온 소년, 칼스슐레의 학생, 도망자, 독일의 위대한 불멸의 작가였습니다. 그는 스위스의 해방자 빌헬름 텔과 신의 계시를 받은 오를레앙의 소녀 잔다르크를 노래했던 것입니다.

아름답고 따뜻한 일요일이었습니다. 왕이 사는 슈투트가르트의 탑과 지붕들에서는 깃발이 바람에 펄럭펄럭 나부꼈고, 종들은 축제와 기쁨을 노래했습니다. 그러나 단 하나의 종만 침묵하고 있었답니다. 대신에 밝은 햇빛 속에 영광스러운 동상의 얼굴과 가슴이 빛나고 있었어요. 바로 이 날이, 마르바하에서 아이를 낳으려고 진통을 겪던 어머니에게 위로와 기쁨을 가져다주며 종이 울렸던 그날로부터 꼭 1백 년이 되는 날이었습니다. 그는 가난한 집에서 태어났지만 세계를 축복해 주는 풍요로운 사람이 되었답니다. 고귀한 작가인 그는 바로 요한 크리스토프 프리드리히 폰 실러입니다.

104
역마차에서 내린 열두 사람
Tolv med Posten

살을 에는 듯한 추운 겨울날이었습니다. 깊고 푸른 하늘에는 별이 초롱초롱하고 바람 한 점 없는 날씨였습니다.

"쿵!"

사람들이 화분을 이웃집 문에 던졌습니다.

"펑 펑!"

불꽃놀이 소리도 들려왔지요. 그날은 새해맞이 밤이었습니다. 그래서 사람들이 이렇게 갖가지 방법으로 새해를 축하하는 것이랍니다. 때마침 시계가 막 열두 번을 쳤습니다. 그러자 덜컹덜컹 소리를 내며 커다란 마차가 성문 앞에 이르렀습니다. 마차는 열두 사람을 태우고 왔기 때문에 더는 사람을 태울 수가 없었습니다. 자리가 모두 찼던 것입니다.

"해피 뉴 이어!"

집집마다 사람들이 기쁨에 넘쳐 함성을 질렀습니다. 잔을 들고 행복한 새해맞이 건배를 했습니다.

"새해를 위해 건배!"

사람들은 서로에게 말했습니다.

"행복하고 건강하기를! 사랑스럽고 귀여운 부인을 맞기를! 올해는 돈 많이 벌기를! 모든 일이 잘 이루어지기를!"

그렇습니다. 사실 사람들은 새해에도 좋은 일들이 많기를 바라며 서로 잔을 부딪치고 있었습니다. 그때 열둘의 여행자를 태운 마차가 성문 앞에 딱 멈췄습니다.

그들은 도대체 어떤 사람들일까요? 열둘 여행자는 모두 여권과 짐을 가지고 있었답니다. 그렇습니다. 사실, 그들은 이 도시의 모든 사람들을 위해 선물을 가지고 왔던 것입니다. 낯선 이 사람들은 과연 누구일까요?

"새해 복 많이 받으세요."

그들은 성문 앞 파수병에게 말했습니다.

"새해 복 많이 받으세요."

파수병도 열둘의 여행자에게 인사했지요. 시계가 벌써 열두 시를 쳤기 때문입니다.

"당신 이름은? 직업은?"

파수병이 처음으로 마차에서 내린 사람에게 물었습니다.

"여권을 봐주세요. 나는 나입니다!"

처음으로 마차에서 내린 사람은 곰가죽 옷을 입고 털장화를 신은 당당한 사나이었습니다.

"사람들은 나에게 매우 큰 희망을 걸고 있지. 내일 나한테 오라구, 그러면 좋은 새해 선물을 얻게 될 테니! 나는 실링과 달러를 여기저기 뿌리며 사람들에

게 선물을 하지. 무도회도 열고. 하지만 오로지 31번뿐이야. 나에게는 그보다 더 나누어 줄 밤은 없거든. 내 배는 얼음 속에 갇혀있었지만, 내 사무실은 따뜻하고 아늑하다오. 나는 도매상인이며 1월이라고 불리지. 나는 장사치답게 늘 계산서를 잔뜩 가지고 다닌다오."

그러고 나서 두 번째 여행자가 마차에서 내렸습니다. 그는 극장 감독이었습니다. 희극이나 가장 무도회를 마련하여 즐거움을 주었지요. 그의 짐은 커다란 통뿐이었어요.

"우리는 카니발을 맞이해 통에서 고양이보다 멋진 걸 꺼내보이는 쇼를 준비하려 하지."

극장 감독이 다시 말했습니다.

"난 사람들에게 즐거움을 주고 싶어. 가족들 중에서 가장 짧은 삶을 살거든. 내가 살아 있는 시간은 겨우 28일이지. 가끔 사람들이 하루를 더 보태줄 때도 있지만 거기서 거기지. 만세!"

"그렇게 크게 소리치면 안 됩니다."

파수꾼이 주의를 주었습니다.

"그렇지만 나는 떠들어도 괜찮아. 나는 떠들썩해야 하는 카니발의 왕자고 2월이라는 이름의 여행자이거든."

이번에는 세 번째 사람이 마차에서 내렸습니다. 그는 살아 있는 사순절 같았어요. 그렇지만 그는 아무리 배가 고파도 머리를 단정하면서도 꼿꼿이 세웠답니다. 그는 '40명의 기사'들과 친척이고 날씨 예언자이기 때문이지요. 하지만 날씨 예언은 그다지 돈이 되는 일이 아닙니다. 그래서 단식하는 그는 사순절을 그토록 찬양하는 것이지요. 가난한 그가 몸에 장식하고 있는 것은 단추 구멍에 꽂힌 제비꽃 다발뿐이었습니다. 그것도 아주 작았지요.

"3월, 행진! 3월, 초소 안으로 행진해. 거기에 과일주가 있어. 술냄새가 난단 말이야."

네 번째 사람이 소리치면서 세 번째 사람을 밀어버렸습니다.

그러나 술이 있다는 그의 말은 사실이 아니었습니다. 만우절 장난을 쳐서 3월을 속이려 한 거지요. 네 번째 사람이 세 번째 사람을 빨리 안으로 들여보내려는 꾀였어요. 그래야 네 번째 남자의 삶이 시작되기 때문이지요. 네 번째 사람은 매우 건강해 보이는데도 일하려 들지 않고 빈둥빈둥거렸습니다. 그에게는 휴일이 아주 많았지요.

"기분은 오르락내리락 하는 거야."

그가 말했습니다.

"비가 오고 해가 비치고, 이사 가고 이사 오고! 나는 이사하는 날의 감독관이자 장례날을 알리는 사람이지. 나는 울다가도 웃을 수도 있어. 그리고 내 가방에는 여름옷들이 가득하지. 그렇지만 내가 이런 4월에 여름옷을 입으면 정말 바보짓이지. 나는 멋쟁이답게 계절에 걸맞는 옷을 입을뿐더러, 모양을 내고 싶으면 비단 양말과 토시로 치장하거든."

그때 마차에서 한 여자가 내렸습니다.

그녀는 5월 아가씨였습니다. 5월 아가씨는 여름옷을 입고 덧신을 신고 있었어요. 너도밤나무 잎과 같은 초록의 비단옷이었죠. 머리에 아네모네 꽃을 단 그녀에게서 숲의 요정 같은 향기가 퍼져와 파수꾼은 재채기를 했어요.

"행복하세요."

이것이 그녀의 인사였지요. 그녀는 아주 사랑스러울 뿐만 아니라 뛰어난 가수였습니다. 무대에서가 아닌 싱그러운 초록의 숲을 거닐면서 마음껏 노래를 불렀지요. 그녀는 주머니에 크리스티안 빈터의 시집 〈목판화〉를 넣어서 가지고 다녔는데 그 시집들은 너도밤나무와 같았어요. 그리고 시집 〈리하르트의 작은 이야기〉도 가지고 있었는데 그것들은 바로 숲의 요정 같았죠

"이제 젊은 부인 차례야."

마차 안에 있던 사람들이 소리쳤습니다. 그러자 젊고 귀여운 부인이 내렸답니다. 그녀가 '잠자는 7인의 성자'를 축하하기 위해 태어났다는 것은 어느 누가 봐도 바로 알 수 있었습니다. 일년 중 가장 긴 날, 그녀는 커다란 모임을 열지요. 손님들을 배불리 느긋하게 먹이기 위해서랍니다. 그녀는 멋진 자기 마차가 있지만 다른 사람들과 함께 역마차를 타고 왔어요. 자기가 거만하지 않다는 것을 보여 주고 싶었기 때문이지요. 그리고 그녀는 혼자가 아니라 어린 동생 7월을 데리고 왔습니다.

7월은 건강한 젊은이였어요. 여름옷을 입고 파나마 모자를 썼지요. 그는 짐이 조금밖에 없었습니다. 더울 때는 짐이 성가신 법이지요. 가지고 있는 것은 수영복과 수영모자뿐이었습니다. 이 쯤이면 무겁지 않을 테니까요.

이제 어머니인 8월이 나타났습니다. 그녀는 과일 도매상을 하는 상인이었지

요. 옷자락이 남는 치마를 입은 시골 아줌마로 , 뚱뚱했고 더위를 잘 탔습니다. 그리고 부지런히 직접 들에 있는 일꾼들에게 맥주를 날라다 주었지요.

"사람은 열심히 일을 해서 땀을 흘려야 빵을 먹을 수 있는 거야."

그녀가 말했습니다.

"성경에 그렇게 적혀 있어. 땀 흘리고 나서야 숲에서 축제를 열고, 추수의 성찬을 즐길 수 있는 거지."

그녀는 성실한 가정주부였습니다.

그리고 다섯 번째 남자가 나왔습니다. 직업은 화가였어요. 바로 색깔의 마술사 9월이었거든요. 숲은 9월이 화가임을 알고 있습니다. 그래서 잎들은 9월이 원하면 그들의 색깔을 바꾸지요. 숲은 곧 빨강, 노랑, 갈색으로 물들었어요. 화가는 손재주가 있었습니다. 녹갈색의 홉 덩굴로 자기의 맥주 단지를 휘감았는데, 매우 멋있었지요. 멋있게 보이게 하는 것이 그의 특기거든요. 그는 물감 단지만을 들고 서 있었어요. 그것이 그가 가진 짐의 전부니까요.

그 뒤를 따라 땅의 주인이 나타났답니다. 그는 들판에 씨를 뿌리고 가꾸는 것만 생각했습니다. 사냥의 즐거움에 대해서도 조금은 생각하지요.

10월은 사냥개와 총을 갖고 있습니다. 주머니에는 호두도 들어 있구요. 주머니 속에서 딱, 딱, 소리가 났거든요. 그는 엄청나게 많은 짐을 가지고 있었습니다. 그 안에는 영국 쟁기도 있었지요. 그는 농업에 대해 많은 이야기를 했답니다. 그러나 끊임없이 기침을 하면서 숨이 차서 헐떡거리는 뒷사람 때문에 사람들은 그가 무슨 말을 하는지 도무지 알아들을 수가 없었습니다.

기침을 하는 그 사람이 11월이었어요. 그는 아주 지독한 콧물감기에 걸려 있었습니다. 감기가 심해 그는 손수건 대신 침대시트를 사용하고 있었습니다. 그런데도 그는 새로 일히게 된 처녀들을 따라가야 한다고 고집을 부렸어요. 자기는 나무 베는 일을 하게 되면 감기 따위 곧 나을 거라 말하면서요. 그는 책임감 강한 벌목조합 감독이었기 때문이지요. 저녁이 되면 그는 스케이트를 만드는 일로 시간을 보낸답니다. 매우 즐거워하는 표정으로 말이에요. 몇 주 후면 이 신발이 필요하다는 것을 그는 알기 때문이지요.

마침내 마지막으로 불 단지를 든 할머니가 나타났습니다. 그녀는 몸이 꽁꽁 얼어 있었지만 눈은 맑은 별처럼 반짝반짝 빛났답니다. 그리고 그녀는 작은 소나무가 심어져있는 화분을 들고 있었습니다.

"난 이 소나무를 잘 돌볼 테야. 성탄절 밤까지 자랄 수 있도록 말이지. 소나무가 바닥에서 천장까지 닿도록 말이야. 그러면 거기에 환한 등불과 금빛 사과, 여러 가지 장식들을 달 수 있을 거야. 내가 가진 불 단지는 마치 난로처럼 따뜻해. 나는 주머니에서 동화책을 꺼내서 그것을 크게 읽어 주지. 그러면 방 안의 아이들이 모두 조용해지고 나무에 달린 인형들은 살아난단다. 그리고 그때 나무 끝에 있는 양초로 만든 작은 천사가 금박의 날개를 활짝 펼치지. 그러고는 초록나무에서 내려 와서 방을 돌며 입맞춤을 한단다. 또한, 천사는 밖에서 베들레헴의 별을 찬양하는 성탄 노래를 부르는 가난한 이들에게도 입을 맞춰 주지."

"자, 이제 마차는 가도 좋소."

파수병이 말했습니다.

"이제 열둘이 다 모이게 되었지. 새 여행 마차를 달리게 하라구!"

"먼저 그 열둘을 성 안으로 들여보내도록."

당직을 서고 있는 중대장이 말했습니다.

"차례차례 말이지. 여권은 내가 보관하겠소. 기간은 저마다 한 달씩 해당되는 거요. 기한이 오면 여러분이 한 일을 기록하겠소. 자, 1월 씨, 안으로 들어오실까요."

그러자 1월이 들어갔습니다.

1년이 지나가게 되면 난 여러분들에게 말하겠습니다. 이 열둘이 여러분과 우리 모두에게 무엇을 가져왔는지를 말이에요. 난 아직은 그걸 모르거든요. 그리고 열둘의 여행자들도 아직은 몰라요. 우리들이 살고 있는 '시간'은 매우 신비로우니까요.

105
풍뎅이의 여행
Skarnbassen

어느 날 임금님의 말은 임금님에게서 황금 신발을 받았답니다.

왜 말은 황금 신발을 얻게 되었을까요?

임금님의 말은 이보다 완벽할 수 없는 아름다운 동물이었습니다. 늘씬한 다리와 영리해 보이는 눈, 그리고 부드러운 갈기를 가진 동물이었지요. 그 갈기는 그의 목 위에 마치 비단 베일처럼 드리워져 있었습니다. 어느 날, 전쟁터에 나간 말은 자기 주인인 임금님을 태우고 화약 연기와 빗발치는 총탄을 뚫고 다녔습니다. 그는 총알들이 바람을 가로지르며 소리를 들었지요. 그는 스스로와 임금님을 위해 열심히 싸웠답니다. 적들이 그에게 몰려들었을 때, 그는 적에게 달려들어 물고 늘어시거나, 힘찬 뒷발로 걸어차면서 싸웠습니다. 또한, 임금님을 태운 채로 쓰러진 적의 말을 단숨에 뛰어넘어가 임금님의 황금 왕관을 되찾기도 했습니다. 그리고 황금보다도 고귀한 임금님의 목숨을 구한 적도 있었지요. 그래서 임금님의 말은 황금 신발을 얻게 된 것이랍니다.

이 이야기를 들은 풍뎅이가 대장간으로 기어 들어왔습니다.

"큰 것들 먼저, 그리고 나서 작은 것들 차례라고 하지만 그러나 크기가 전부는 아니지요."

풍뎅이는 이렇게 말하면서 자신의 가는 다리를 쭉 내밀었습니다.

"뭘 가지고 싶으니?"
대장장이가 물었습니다.
"황금 신발이요."
풍뎅이가 대답했지요.
"제정신이니? 너도 황금 신발을 가지고 싶다구?"
"그래요, 황금 신발이요."
풍뎅이가 말했습니다.
"나도 빗질 잘 된 저 커다란 말만큼 훌륭하지 않나요? 왜 모두들 저 녀석만 소중히 여기고, 저 녀석에게만 풍족하게 음식을 주죠? 나도 임금님의 마구간에 사는 소중한 짐승이라구요."

"넌 말이 무엇 때문에 황금 신발을 얻게 되었는지 알고나 있니?"

대장장이가 물었습니다.

"알고 있느냐구요? 모두가 나를 우습게 여긴다는 것쯤은 잘 알지요. 그게 얼마나 마음을 상하게 하는지 몰라요. 이런 데는 이제 진절머리가 나요. 그래서 나도 이제 넓은 세상으로 나갈 거예요."

풍뎅이가 말했습니다.

"썩 나가!"

대장장이가 소리쳤습니다.

"너무해요!"

풍뎅이는 소리치며 밖으로 날아가다, 우연히 작고 아담한 정원에 도착했어요. 정원에는 장미와 라벤더 꽃의 향긋한 향기가 났습니다.

"여기 참 멋지지?"

작은 무당벌레들 가운데 하나가 풍뎅이 곁에 다가와 말했습니다. 무당벌레들은 까만 점을 가진 빨간 방패처럼 생긴 단단한 날개를 퍼득이며 이리저리 날아다니고 있었습니다.

"여기는 너무나 향기로워! 또, 얼마나 아름다운지!"

"나는 여기보다 훨씬 좋은 곳에서 살았어. 너희들 겨우 이걸 가지고 아름답다고 하는 거니? 여기는 두엄더미도 없잖아!"

풍뎅이가 말했습니다.

그리고 풍뎅이는 하얀 제비꽃 그늘 아래로 기어 들어갔습니다. 그런데 거기에는 배추벌레가 기어 다니고 있었답니다.

배추벌레는 말했어요.

"세상은 얼마나 아름다운지 몰라. 해님은 저렇게 따뜻하고 모든 게 다 만족스러워. 그리고 사람들이 말하듯이 나는 한잠 푹 자고 나면 아름다운 날개를 가진 나비가 되어 다시 깨어날거고."

풍뎅이가 말했습니다.

"꿈 같은 소리 좀 하지마. 네가 나비가 되어 날아다닌다구? 나는 임금님의 마구간에서 왔어. 그렇지만 거기서는 임금님의 말도 그런 망상은 안 해. 임금

님의 말은 내가 신던 낡아빠진 황금 신발을 신고 있지. 날개가 돋아난다고? 그럼 어디 한번 날아보렴! 그래, 우리 이제 나비처럼 날아볼까?"

풍뎅이는 날아갔습니다.

"나는 짜증부리고 싶지 않아. 그렇지만 짜증 나 죽겠네!"

그리고 나서 풍뎅이는 커다란 잔디밭에 쿵 떨어졌습니다. 잔디밭 위에서 얼마 동안 누워 있다가 깜박 잠이 들고 말았지요.

갑자기 거센 소나기가 쏴아쏴아 쏟아져내렸습니다. 풍뎅이는 주룩주룩 하는 소리에 깜짝 놀라 잠에서 깼습니다. 그리고 비를 피하려고 빨리 땅속으로 숨으려 했지요.

하지만 그렇게 할 수 없었습니다. 풍뎅이는 이리저리 나뒹굴면서 버둥거려 보았지만 날개가 젖어버려 난다는 것은 생각도 할 수 없었습니다. 풍뎅이는 이 작은 구덩이에서 영원히 빠져 나올 수 없을 것만 같았어요. 결국 지쳐서 풍뎅이는 구덩이 안에 가만히 누워 있었습니다.

그 사이에 빗줄기가 수그러들자 풍뎅이는 눈을 깜박거려 물을 털어 냈습니다. 그러자 무엇인가 하얀 것이 눈앞에 어른거리는 것이 보였어요. 그것은 하얀 아마천이었습니다. 풍뎅이는 젖은 아마천의 주름 안으로 꾸물꾸물 기어 들어갔습니다. 그곳은 마구간의 따뜻한 말똥 속과는 전혀 달랐답니다. 그렇지만 여기서는 아마천보다 더 나은 것은 없었지요. 풍뎅이는 하루 밤을 줄곧 거기서 보내야만 했습니다. 비가 계속 내렸거든요. 풍뎅이는 아침이 되어서야 겨우 기어 나올 수 있었습니다. 그는 날씨 때문에 몹시 속상했답니다.

그때 아마천 위에 두 마리의 개구리가 앉아 있는 것이 보였습니다. 그들의 눈은 즐거움으로 가득 차서 반짝거렸어요.

"정말 멋진 날씨야."

개구리 한 마리가 말했습니다.

"얼마나 상쾌한지 몰라. 그리고 아마천은 물을 정말 딱 적당하게 빨아들이네. 내 뒷다리가 수영하고 싶다고 근질근질거리는데"

다른 개구리가 말했지요.

"나는 정말 궁금해. 저 멀리 날아가는 제비가 외국 여기저기를 여행하면서 우리나라보다 날씨가 더 좋은 나라를 보았는지 말이야. 너무 즐거워. 이 비! 이 축축함! 이건 마치 질척질척한 웅덩이에 들어와 있는 것 같아. 이게 즐겁지 않다면 자기 나라를 사랑하지 않기 때문일 거야."

"너희들은 한 번도 임금님의 마구간에 가 본 일이 없구나."

풍뎅이가 불쑥 끼어들었습니다.

"그 곳은 축축하면서도 따뜻해. 또 좋은 냄새가 나지. 내 고향 날씨는 참으로 좋지. 그렇지만 여행길에 고향을 들고 올 수는 없잖아. 여기 정원에는 온실이 없니? 나처럼 귀하신 몸이 고향을 느낄 수 있는 곳 말이야."

그러나 개구리들은 그의 말을 못 들은 척했어요.

"난 절대로 두 번 물어보지는 않아."

사실은 풍뎅이가 세 번을 물어보았는데도 개구리들에게서 아무 대답이 없자 이렇게 말한 거였지요. 풍뎅이는 다시 날아갔습니다. 그러다 깨진 화분 조각에 부딪치게 되었습니다. 그곳은 집게벌레들의 피난처였어요. 화분 조각 아래에는 많은 집게벌레들이 살고 있었지요. 그들은 여럿이 모이는 것을 즐겁게 여겼습니다. 그리고 부인들은 자기 자식들이 세상에서 가장 예쁘고 똑똑하다고 생각하고 있었답니다.

"우리 아들이 약혼했어요."

한 어머니가 말했습니다.

"얼마나 순진한지 몰라요. 그 애의 가장 큰 소망은 언젠가 목사님의 귀 안

으로 기어 들어가는 거예요. 아직도 어린아이 같지요. 게다가 이제 약혼도 했으니 더 이상 엄마 속 썩일 일도 안할 거구요. 요즘 엄마로서 너무 행복하답니다."

"우리 아들은 말이에요."

다른 엄마가 말했습니다.

"이제 겨우 알에서 나왔는데 벌써 장난을 치지 뭐예요. 마치 불꽃이 튀는 것처럼 사방으로 돌아다닌다니까요. 그 애를 보고 있으면 얼마나 행복한지 몰라요. 안 그래요, 풍뎅이 씨?"

집게벌레들은 생김새를 보고 풍뎅이를 알아본 것이지요.

"두 분 말씀이 맞아요."

풍뎅이는 말했어요. 그들은 친절하게도 풍뎅이를 화분 조각 방으로 초대했습니다.

"내 새끼들을 좀 보세요."

다른 어머니들이 말했어요.

"아이들이 얼마나 사랑스러운지 몰라요. 이 아이들 때문에 제 인생이 즐거워졌습니다. 그런데 저 나이에는 자주 배앓이를 한답니다."

어머니들은 저마다 제 아이들에 대해 자랑을 늘어놓았습니다. 그런데 그 사이 아이들은 꼬리에 달린 작은 집게로 풍뎅이의 수염을 잡아 뽑으려고 했답니다.

"이 아이들은 항상 일거리를 찾는다니까요, 요 귀여운 개구쟁이들 같으니!"

이렇게 말하는 엄마의 얼굴에는 사랑이 가득 담겨 있었습니다. 그러나 풍뎅이는 몹시 지루했지요. 그는 온실이 어디에 있는지 물었습니다.

"그건 세상 끝에 있어요. 개천 밖에 있지요."

한 집게벌레가 말했습니다.

"우리 아들은 그렇게 멀리 가지는 말아야 할 텐데. 밖은 너무 위험하거든요."

"아무리 멀어도 나는 가보겠어요."

풍뎅이는 집게벌레들에게 작별인사도 하지 않고 그곳을 떠났습니다. 그건 정말 예의없는 행동이었죠.

한참을 날아다니며 풍뎅이는 개천에서 많은 친척 풍뎅이들을 만났습니다.

"우리는 여기서 살아요."

그들이 말했습니다.

"이곳은 매우 아늑하지요. 우리가 당신을 끈끈한 진흙탕으로 초대해도 될까요? 여행 때문에 틀림없이 지치셨을 테니까요."

"물론이지요."

풍뎅이는 말했습니다.

"나는 아마천 사이에 있었어요. 거기는 참 깨끗했지요. 여행을 하다 화분 조각 아래에 구부리고 있느라 날개에 관절염이 생겼답니다. 친척들과 함께 있게 되니 너무 좋아요."

"당신은 온실에서 오셨나 보지요?"

가장 나이 많은 풍뎅이가 물었습니다.

"그보다 더 좋은 곳에서 왔어요."

풍뎅이는 우쭐대며 말했어요.

"나는 임금님의 마구간에서 왔어요. 거기서 나는 황금 신발을 신고 있었지요. 비밀 임무를 띠고 여행을 하는 중이니 더 이상 물어보면 곤란해요. 대답할 수 없거든요."

그러고 나서 풍뎅이는 친척들이 말한 대로 끈끈한 진흙탕으로 들어갔습니다. 그런데 거기에는 세 마리의 젊은 풍뎅이 처녀들이 앉아 수줍게 웃고 있는 것이었습니다. 모르는 남자 앞에서 무슨 말을 해야 좋을지 몰랐기 때문이지요.

"이 아이들은 아직 약혼하지 않았어요."

어머니가 말하자 그녀들은 다시 수줍게 웃었습니다. 당황해서 웃는 것이지요.

"나는 임금님의 마구간에서도 이토록 예쁜 아가씨들은 보지 못했어요."

여행 중인 풍뎅이가 말했습니다.

"우리 딸들에게 농담하지 마세요. 진지한 마음이 없으시다면 그 애들과 이야기하지 마세요. 그렇지만 당신은 진정이신 것 같으니 원하신다면 제 딸과의 결혼을 허락하겠어요."

"만세!"

다른 풍뎅이들이 모두 입을 모아 소리쳤습니다. 그러고 나서 풍뎅이는 약혼을 했고 곧 결혼도 했습니다. 더 기다릴 필요가 없었기 때문이지요.

그 다음날은 아주 잘 지냈답니다. 그리고 그 다음날도 마찬가지였구요. 그러나 셋째 날이 되자 결혼한 풍뎅이는 아내와 태어날 아이들을 위해서 먹을 것을 구해야만 했지요.

"이거 아무래도 당한 거 같아. 그렇다면 나도 당한 만큼 돌려줘야지."

풍뎅이는 말했습니다.

그리고 그는 정말 그렇게 했지요. 집을 나가버린 것이지요. 그는 밤이 되도록 돌아오지 않았지요. 그의 아내는 결국 과부가 되어버렸습니다. 다른 풍뎅이들은 그 풍뎅이가 진짜 몹쓸 건달이라고 말했답니다. 그의 아내는 이제 웃음거리가 되었지요.

"내 딸은 처녀로서 계속 살아갈 수 있어."

어머니가 말했습니다.

"그리고 내 딸이니까 계속 여기 있으면 돼. 내 딸을 떠난 그 보기 싫은 풍뎅이 따위는 영원히 사라져버리라고 해."

그 사이에 풍뎅이는 계속해서 여행했습니다. 그는 배추 잎사귀를 타고 개천을 흘러갔답니다. 아침이 되자 두 사람이 개천에 나타나 풍뎅이를 보게 되었습니다. 그들은 풍뎅이를 잡아서 이리저리 뒤집었지요. 둘 다 호기심 많은 아이들이었습니다. 특히 그 가운데 한 소년이 그랬어요.

"알라 신은 검은 바위 속의 검은 풍뎅이를 본다. 그런 말이 코란에 써 있지 않니?"

한 소년이 다른 소년에게 말했습니다. 그리고 풍뎅이의 이름을 라틴어로 번역해서 종류와 본디 성격에 대해 줄줄이 설명을 늘어놓았지요. 나이 많은 학생은 풍뎅이를 집에 가지고 가는 것을 반대했습니다. 뭐, 집에는 더 좋은 풍뎅이가 있다나요. 풍뎅이는 참 예의도 없이 말한다고 생각했지요. 그리고 그의 손에서 쏙 빠져나와 날아갔습니다. 이제 날개는 다 말라 있었으니까요. 그러다 마침내 그는 온실에 도착하게 되었습니다. 온실의 창문 하나가 마침 열려 있어서 풍뎅이는 얼른 안으로 들어가 신선한 똥 속에 파묻힐 수 있었답니다.

"아! 기분 좋아!"

풍뎅이는 말했습니다.

배가 부른 풍뎅이는 금세 잠이 들었고 꿈을 꾸었습니다. 임금님의 말이 죽어서 풍뎅이가 황금 신발을 얻게 되는 꿈이었어요. 나머지 두 개도 더 주겠다는 약속을 받는, 매우 기분 좋은 꿈이었지요. 풍뎅이는 깨어나서 주변을 둘러보았습니다. 풍뎅이는 온실이 얼마나 호화스러운지 눈이 휘둥그레졌지요. 그곳에는 커다란 야자나무가 뻗어 있었습니다. 해님은 눈이 부시도록 환하게 빛나고 있었으며, 그 아래로는 푸른 나무들이 가득했지요. 푸른 나무 사이에는 불꽃처럼 빨갛고 호박처럼 노랗고 금방 내린 눈처럼 하얀 꽃들이 웃고 있었습니다.

"이건 정말 무엇과도 비교할 수 없는 멋진 식물들이군. 이것들이 모두 썩으면 얼마나 맛이 있을까?"

풍뎅이는 입맛을 쩝쩝 다시며 말했습니다.

"여기는 정말 훌륭한 음식 창고야. 여기에는 틀림없이 친척 가운데 누군가가 살고 있을 거야. 사귈 수 있는 친구가 있나 살펴봐야지. 아, 행복해!"

그리고는 풍뎅이는 온실 여기저기를 날아다녔습니다. 죽은 임금님의 말과 황금 신발을 생각하면서 말이에요.

그때 갑자기 어떤 손이 풍뎅이를 잡아서 누른 뒤 뒤집어 놓았습니다.

정원사의 어린 아들이 친구와 함께 온실에 들어왔던 거예요. 풍뎅이를 발견한 아이는 장난을 하려고 잡은 거지요. 포도 잎에 싸인 풍뎅이는 아이의 따뜻

한 바지 주머니로 들어가게 되었습니다. 풍뎅이는 마구 바둥거려 보았지만 그럴수록 아이의 손이 주머니로 들어와서 그를 꼼짝 못하게 눌렀지요. 아이는 풍뎅이를 데리고 정원 끝에 있는 커다란 호수로 갔습니다. 호수에서 풍뎅이는 낡아서 발등 부분이 떨어져 나간 나막신 위에 태워졌습니다. 젓가락 하나가 돛대로 매어졌지요. 풍뎅이는 털 실로 돛대에 단단히 묶여 졌구요. 뱃사공이 되어서 배를 타고 가야 하는 것이었습니다.

그곳은 커다란 호수였습니다. 배가 물결을 따라 멀리 흘러가자 한 아이가 얼른 바지를 걷고는 물 안으로 걸어 들어왔습니다. 그리고 배를 다시 돌려놨어요. 그런데 배가 다시 멀리 떠내려 가게 되었을 때 어디선가 아이들을 부르는 소리가 들려왔어요. 아이들은 서둘러서 호수에서 사라졌습니다. 그리고 나막신 배만 물 위에 남겨 두었답니다. 신발은 점점 더 호숫가에서 멀어졌습니다. 풍뎅이에게는 너무나 끔찍한 일이었습니다. 돛대에 꽁꽁 매어 있어서 도저히 날 수가 없었거든요.

바로 그때 파리 한 마리가 날아왔습니다.

"오늘 날씨 참 좋지요."

파리가 먼저 인사를 했습니다.

"여기서 잠시 쉬면서 햇빛을 쬐도 될까요. 정말 기분 좋네요. 당신도 그렇죠?"

"바보 같은 소리 하지 마요. 내가 여기 이렇게 묶여 있는 게 안 보여요?"

"하지만 나는 묶여 있지 않은 걸요."

파리는 약만 올리고는 곧바로 날아가 버렸습니다.

"이제 나는 세상을 알았어."

풍뎅이는 슬픈 목소리로 말했습니다.

"이 얼마나 형편없는 세상인가! 이 세상에서 나 혼자만이 제대로야. 처음에 사람들은 나에게 황금 편자를 주려고 하지 않았어. 그리고 나는 젖은 아마천에 누워 있어야 했지. 그리고는 마침내 나를 여자에게 묶어 놓았어. 그러나 나는 얼른 세상 밖으로 도망쳤지. 그런데 장난꾸러기가 나타나 나를 꽉 묶어서 거친 호수 한가운데로 내보냈어. 내가 이러고 있는 동안에도 임금님의 말은 황금 신발을 신고서 거만을 떨고 있겠지. 그게 가장 속상해. 남이 날 알아주기를 이 세상에서는 기대할 수 없어. 내 삶은 몹시 흥미롭지만, 아무도 그것을 알아주지 않으면 무슨 소용이람. 아니, 이 세상은 그것을 나의 가치를 알 자격이 없어. 그런 자격이 있었다면 벌써 나에게 임금님의 마구간에서 황금 신발을 주어야 했지. 말이 다리를 내밀고 황금 신발을 박을 때 말이야. 황금 신발을 얻을 수 있었다면 나는 마구간을 빛낸 눈부신 명예가 되었을 거야. 이제 나는 마구간을 잃었고 세상은 나를 잃었어. 이제 모든 게 끝난 거야."

하지만 아직 모든 게 끝난 것은 아니었습니다. 몇몇 소녀들을 태운 배가 풍뎅이가 묶여 있는 나막신 배 가까이 노를 저어 왔기 때문이지요.

"저기 나막신이 흘러오고 있어."

한 소녀가 소리쳤습니다.

"어머! 불쌍한 작은 곤충이 묶여 있네."

다른 소녀도 말했습니다. 소녀들은 나막신에 가까이 다가왔습니다. 소녀들 가운데 하나가 주머니에서 가위를 꺼내서는 풍뎅이를 묶은 털실을 잘라 주었습니다. 풍뎅이가 다치지 않게 조심하면서 말이에요. 그리고 호숫가에 도착하

자 소녀들은 풍뎅이를 잔디밭에 살포시 내려놓았습니다.

"어서 기어가렴. 기어가라구! 날 수 있으면 날아 보렴, 날아가!"

그들은 말했습니다.

"자유는 참 소중한거야."

풍뎅이는 얼른 날아갔지요. 그러다가 열린 창문을 통해 커다란 건물로 들어가게 되었습니다. 지친 풍뎅이는 우연하게도 임금님의 말의 곱고 부드러운 긴 갈기 위에 떨어졌어요. 말과 풍뎅이의 집인 마구간에 있던 임금님의 말의 갈기에 말이에요. 풍뎅이는 갈기에 꼭 달라붙었습니다. 한동안 꼼짝 안하고 쉰 다음 기운을 차렸지요.

"나는 여기 임금님 말의 갈기에 기수가 되어 당당히 앉아 있어. 내가 뭐라고 했어. 이제 분명히 알았어. 이건 정말 대단한 깨달음이야. 왜 말이 황금 신발을 얻었냐고 대장장이도 물어보았지. 이제 알았어, 말은 내 덕분에 황금 신발을 얻게 된 거야."

이제 풍뎅이는 기분이 아주 좋아졌습니다.

"여행을 하면 머리가 맑아지는구나."

풍뎅이는 말했습니다.

해님이 풍뎅이 위를 비췄지요.

"세상은 그렇게 나쁘지 만은 않아. 올바로 받아들일 줄 안다면 말이야!"

풍뎅이는 이렇게 말했습니다. 세상은 참으로 아름다웠어요. 임금님의 말은 풍뎅이를 태우기 위해 황금 신발을 얻은 것이니까요.

"이제 나는 다른 풍뎅이들에게 날아가서 사람들이 나를 위해 얼마나 많은 일을 해 주었는가를 이야기해 주어야지. 나는 그들에게 내가 여행하는 동안 즐겼던 기분 좋은 일에 대해 남김없이 말해 줄 거야. 그리고 분명하게 말할 거야. 이제는 말의 신발이 다 닳을 때까지 집에 있을 거라고!"

106

영감이 하는 일은 언제나 옳아요

Hvad Fatter gjør, det er altid det Rigtige

이제 너에게 이야기 하나를 해 주려고 한단다. 이것은 내가 아주 어렸을 때 들은 것이지. 그리고 내가 이 이야기를 할 때마다 이야기는 매번 더욱 아름다운 이야기가 되었단다. 그것은 마치 사람이 나이가 들수록 점점 의젓해지고 더 아름다워지는 것과 비슷하단다. 얼마나 즐거운 일인지!

너는 시골집에 가 본 일이 있지? 그리고 거기서 짚으로 된 지붕을 얹은 오래된 농가를 본 적이 있겠지? 그곳에는 이끼와 약초들이 저절로 자란단다. 용마루 위에는 황새의 둥지가 있어. 황새는 으레 농가에 있는 법이지. 벽들은 기울어졌고 창문은 낮았어. 창문 중에서 그나마 열 수 있는 창문은 단 하나밖에 없었지.

아궁이는 작고 뚱뚱한 배처럼 불뚝 나와 있었고 무성한 말오줌나무는 울타리에 걸려 있단다. 울타리 옆에는 울퉁불퉁한 버드나무가 있는데 그 바로 아래에 오리와 그 새끼들이 놀고 있는 물웅덩이가 있어. 또 줄에 묶인 개가 있지. 그 개는 아무에게나 짖어댄단다.

바로 이러한 농가가 시골에 있었단다. 거기에는 나이 든 부부가 살고 있었어. 농부와 그의 아내였지. 그들은 가진 게 별로 없었어. 그런데도 부부에게는 없어도 될 것이 하나 있었단다. 바로 시골길의 도랑 옆에서 풀을 뜯어 먹고 있는 말이었지. 늙은 농부는 시내로 나갈 때면 이 말을 타고 갔단다. 가끔은 이웃 사람들도 늙은 부부에게 돈을 주고 말을 빌리곤 했지. 그렇지만 이 말을 팔아서 돈을 마련하거나 필요한 다른 것과 바꾸는 게 더 이로울 것 같았단다. 그렇지만 무엇과 바꾸어야 할까?

"그건 당신이 가장 잘 알지요, 영감!"

부인이 말했단다.

"오늘은 마침 시내에 장이 서잖아요. 영감이 가서 말을 팔아 돈으로 만들던지 다른 좋은 것과 바꾸세요. 당신이 하는 일은 언제나 옳지요. 어서 장으로 가세요."

그러고 나서 부인은 남편에게 목도리를 묶어 주었지. 그것을 두 번 묶으면 남편이 아주 화려해 보인다는 걸 잘 알고 있었기 때문이란다. 또한 그녀는 손바닥으로 남편의 모자의 먼지를 털고 나서 남편의 입에 따뜻하게 입맞춤했지. 그 뒤에 남편은 말 위에 올라타고 집을 나섰단다.

해님이 쨍쨍 내리쬐고 있었어. 푸른 하늘에는 구름 한 점 없었지. 많은 사람들이 길을 오갔기 때문에 길에는 먼지가 일었단다. 사람들은 마차나 말을 타기도 하고 또 걷기도 했지.

그때 어떤 사람이 암소 한 마리를 끌고 가고 있었단다. 그것은 아주 예쁜 암소였어.

"이 암소에게는 신선한 우유가 나올 테지. 이건 아주 좋은 거래가 될 거야."

농부가 혼자말로 중얼거렸지. 그리고는 암소 주인을 불러세웠어.

"나와 이야기 좀 하지 않겠소? 내 생각에 말이 암소보다 더 값이 나갈 것이오. 그러나 내게는 상관없어요. 나에게는 암소가 더 쓸모 있으니까. 우리 서로 바꾸지 않겠소?"

"좋아요."

암소 주인이 얼른 승낙하자 그들은 말과 암소를 바꾸었단다.

그때 농부는 집으로 돌아올 수도 있었을 거야. 일을 마쳤으니까. 그러나 어차피 나온 김에 시장에 가보기로 했지. 그냥 한번 둘러만 보려고 소를 끌고 걸어갔어. 그러다가 양을 끌고 가는 어떤 남자를 만나게 되었지. 양은 토실토실 살이 쪘으며 털이 곱고 윤기가 났지.

'저 양이 무척 좋아보이는걸.'

농부가 생각했단다.

'우리 도랑가에 있는 풀은 저 양을 먹이기에 충분할 거야. 그리고 겨울에는 헛간에서 기르면 되고. 사실 우리 부부에게는 암소보다 양을 키우는 것이 더 나을 거야.'

"내 암소와 당신의 양을 바꾸지 않겠소?"

양을 가지고 있던 남자는 물론 반가워했지. 그래서 교환이 이루어지고 농부는 양을 데리고 시골길을 계속 걸어갔단다. 그때 길이 네거리로 엇갈리는 곳에서 농부는 팔로 커다란 거위를 안고 가는 한 남자를 보게 된 거야.

"거위가 참 무거워 보이네요."

농부가 먼저 말했단다.

'저 거위는 튼실한 날개와 기름진 살을 가지고 있군. 우리집 마당에 줄로 묶어 두면 물웅덩이에서 잘 지낼거야. 음식 찌꺼기를 줄수도 있고. 할멈은 자주 말했지, 우리가 거위를 가졌다면 좋겠다고. 할멈의 소원을 이뤄주고 싶은걸.'

"그 거위를 내 양과 바꾸지 않겠소?"

상대는 기꺼이 그러자고 했겠지? 농부는 거위를 얻게 되어서 신이 났단다.

시장 근처로 오자 매우 복잡하고 사람들도 많았지. 떠들썩한 곳을 피할 생각으로 농부는 도랑을 따라서 길을 갔단다. 그 길은 문지기의 감자밭으로 이어져있었지. 거기에는 암탉이 매어져 있었단다. 그 암탉은 눈을 느릿느릿 껌벅거리고 있었는데, 농부에게는 그 모습이 귀여워 보이는 게 아니겠니?

"꼬꼬댁"

암탉이 울자 농부는 이런 생각을 했어.

'이건 내가 본 암탉 가운데 가장 잘생겼어. 목사가 갖고 있는 알을 품는 암탉보다 훨씬 더 잘생겼군. 저게 몹시 탐이 나는 걸. 암탉은 언제나 모이를 쉽게 잘 찾아 기르는 데 손이 많이 가지 않으니 거위보다 나을 거야.'

"이보시오. 거위와 암탉을 바꾸지 않겠소?"

농부가 물었지.

"바꾸자구요?"

문지기가 회들짝 놀라며 말했단다.

"그래요, 그거 나쁘지 않겠군요."

그러고 나서 문지기는 거위를 얻고 농부는 암탉을 얻었단다.

농부는 시장까지 오는 길에 많은 일을 한데다 날씨가 더웠기에 몹시 지쳐 있었어. 그는 술 한 모금과 빵 한 조각이 생각나서 선술집으로 갔단다. 막 안으로 들어가려고 할 때 그 집 일꾼이 밖으로 나오려고 하지 않겠니? 일꾼은 무언가로 가득 찬 자루를 하나 들고 있었어.

"그게 무엇이오?"

농부가 궁금해 하며 물었단다.

"썩은 사과예요. 돼지에게 줄 거지요."

일꾼이 대답했지.

"그것 참 굉장한 양이군. 저걸 할멈에게 보여 주어야겠는걸. 우리는 작년에 숯가게 옆에 있는 오래된 나무에서 겨우 사과 하나밖에 얻지 못했다오. 매우 소중한 사과였지. 그래서 완전히 썩을 때까지 서랍장 위에 놓아두었는데, 할멈은 참 행복하다고 말했어. 그러니, 이렇게 많은 걸 보여 주면 할멈은 더 많이 행복할 거야. 그래, 할멈에게 그런 것쯤 못해 주겠어. 젊은이, 사과를 나에게 주시오."

"당신은 썩은 사과 대신 나에게 뭘 줄 건가요?"

일꾼이 물었지.

"이 암탉을 주겠소."

암탉과 바꾼 썩은 사과자루를 매고 농부는 선술집 안으로 들어갔어. 농부는 자루를 난로 곁에 두었단다. 난로의 불이 위험하다는 걸 깜박했단다. 거기에는 많은 손님들이 있었어. 그 가운데 두 명의 영국인이 있었는데 그들의 돈주머니는 불룩했단다. 그들은 여기서 내기를 하게 되었지. 그들이 무슨 내기를 했는지 잘 들어보렴.

"지직! 지직!"

난로에서 도대체 무슨 소리가 났을까? 그래, 썩은 사과가 불에 구워지기 시작한 거야.

"저게 도대체 뭐지?"

그들은 궁금해 했지. 농부는 난로에서 자루를 치우며 말과 바꾼 암소부터 썩은 사과에 이르기까지 오늘 겪은 모든 이야기를 사람들에게 해 주었어.

"당신은 집에 도착하면 할멈에게 흠씬 두드려 맞을 거야. 그리고 부부싸움을 하게 되겠지!"

영국인이 자신 있게 말했단다.

"나는 주먹질이 아니라 입맞춤을 받게 될 거요."

농부도 자신 있게 큰 소리를 쳤지.

"우리 할멈은 말할 거요. 영감이 하는 일은 언제나 옳다고."

"그러면 우리 내기 할까요?"

영국인들이 말했어.

"금 덩어리를 통으로 계산하도록 합시다. 100파운드가 한 통이오."

"한 말로 해요."

농부가 말했단다.

"왜냐하면 나에게는 사과 한 말밖에 없소. 그러나 깎아서 한 말이 아니라 수북하게 담은 한 말이오."

"좋습니다."

그렇게 해서 내기가 이루어졌어.

음식점 주인의 마차에 영국 사람들이 타고 농부도 올랐지. 썩은 사과를 싣고 모두 함께 농부의 집으로 갔단다.

"내가 왔소. 할멈!"

"어서 오세요. 영감!"

"말을 팔고 다른 걸 가져왔어."

"그래요, 참 잘하셨어요."

부인은 남편의 목을 부드럽게 끌어안으며 반겼어. 사과 자루나 낯선 사람들에게는 관심도 두지 않고 말이야.

"나는 말을 소하고 바꿨다오."

"좋아라, 맛있는 우유를 얻을 수 있겠네요! 이제 식탁에 크림수프와 버터, 치즈를 올려놓을 수 있겠네요. 참 잘 바꿨어요."

"그래, 하지만 암소를 다시 양하고 바꿨지."

"정말 그게 더 낫겠군요! 영감은 정말 생각이 깊어요. 양을 위한 풀밭은 얼마든지 있으니까요. 이제 우리는 양의 젖과 양 치즈, 털양말, 그래요, 털잠옷까지 가실 수 있겠네요. 암소에서는 그런 것들을 일을 수 없지요. 딩신은 정말 사려 깊은 남편이에요."

"그렇지만 양을 거위하고 바꿨지!"

"어머! 올해에는 성 마르틴 축제 때 거위 요리를 먹게 되겠군요. 영감, 당신은 언제나 나를 기쁘게 하신다니까요. 거위를 묶어 두고 잘 먹이면 마르틴 축제까지는 살이 더 오를 거예요."

"그렇지만 나는 거위를 암탉과 바꿨어."

"그건 정말 잘 바꾼 거예요. 암탉이 알을 낳고 그 알이 부화하면 우리는 병아리를 잔뜩 얻게 되겠죠. 그러면 그때 닭장을 쳐요. 나는 늘 닭장을 만드는 게 소원이었어요."

"그래, 그런데 암탉을 썩은 사과 한 자루와 바꿔 버렸는걸."

"어머나! 이제 진짜 입맞춤을 해 드려야겠군요. 고마워요, 사랑하는 당신! 이제 내 말을 들어 보세요. 당신이 나가고 나서 당신을 위해 나는 어떤 식사를 준비할까 생각했지요. 잘게 썬 부추를 곁들인 계란빵이 생각났어요. 계

란은 있었지만 부추가 없었지요. 마침 학교 선생 집에 있는 부추밭이 떠오르
더군요. 그래서 그 집으로 가서 나는 부인에게 부추를 조금만 빌려달라고 했
지요. 하지만 그 부인은 구두쇠 늙은이였어요.

'빌려 달라고?' 부인은 말했어요.

"우리 마당에는 아무것도 자라지 않아요. 썩은 사과조차도요. 난 썩은 사과
하나도 빌려 줄 수가 없다고요."

이제 난 부인에게 썩은 사과 10개를, 아니 한 자루를 통째로 빌려 줄 수가
있게 됐어요. 참 재미있지 않나요? 영감!"

그러고 나서 그녀는 남편에게 입을 맞추었지.

"정말 재미있군. 이 정도면 돈을 낼 가치가 충분한걸."

영국인들은 이렇게 말하며 주먹질이 아니라 입맞춤을 받은 농부에게 금 한
말을 주었답니다.

그래, 그건 가치 있는 일이야. 부인이 남편을 믿고 남편이 하는 일은 언제나
옳다고 생각하는 것 말이야.

그래, 이제 이야기는 끝났단다. 난 그걸 어릴 때 들었지. 그리고 알게 되었단
다. 남편이 하는 일은 언제나 옳다는 것을.

눈사람

Sneemanden

"몸이 으스스하군, 여긴 참 추운데 그래." 눈사람이 말했습니다.

"바람이 생명을 불어넣어 준 걸 거야. 그런데 저기 이글거리는 게 나를 뚫어지게 쳐다보네."

눈사람이 말한 것은 이제 막 서산으로 뉘엿뉘엿 넘어가려고 하는 해님이었습니다.

"저게 나를 눈부시게 해서는 안 되는데. 하지만 아무리 눈부셔도 내 눈은 잘 붙어 있지."

눈사람은 두 개의 삼각 기와 조각으로 된 눈을 갖고 있었습니다. 입은 낡은 갈퀴로 되어 있어 이빨도 갖고 있는 셈이었지요. 눈사람은 사내아이들의 환호성 소리와 함께 태어났어요. 썰매 종소리와 채찍 소리로 환영의 인사도 받았습니다.

그때 해님은 지고 달님이 솟았습니다. 푸르스름한 어둠 속에서 나타난 둥근 달님이 아름답게 빛났습니다.

"이제 당신은 다른 쪽에서 나왔네요."

눈사람이 말했습니다. 하늘에 뜬 달을 사라졌다 다시 나타난 해님이라고 생각했던 거예요.

"하지만 당신은 이글거리는 눈으로 날 노려보는 건 그만뒀네요. 지금처럼 높은 곳에서 내가 나를 볼 수 있도록 환히 비춰 주세요. 그런데 어쩜 모두들 하나같이 잘도 움직이네. 어떻게 하면 나도 한 자리에서 벗어날 수 있을까! 나는 정말 움직이고 싶어. 내가 움직일 수 있다면 얼마나 좋을까! 사내아이들처럼 나도 얼음 위에서 저기 아래로 신나게 미끄러질 수 있을 텐데. 그렇지만 나는 움직이는 방법에 대해서는 아무것도 몰라."

"멍! 멍!"

줄에 묶인 늙은 개가 짖었습니다. 개는 목소리가 조금 쉬어 있었어요. 난로 옆에 서 있던 시절이 지나고부터는 쉰 목소리였지요.

"해님이 너에게 멀리 나아가는 방법을 가르쳐 줄 거야. 난 너의 선배에게서

벌써 그걸 보았는걸. 멀리, 멀리, 멀리 그들은 모두 사라졌어."

"무슨 말인지 하나도 모르겠어."

눈사람은 고개를 갸우뚱거리며 말했습니다.

"저 위에 있는 해님이 나에게 멀리 가는 방법을 가르쳐 줄거라고?"

사실 눈사람이 가리킨 것은 달님이었습니다.

"그래, 저건 내가 낮에 가만히 쳐다보고 있자 앞으로 갔어. 그리고 이제는 다른 쪽에서 살며시 올랐어."

"아무것도 모르는구나! 그럴 수도 있지. 너는 방금 태어났으니까. 네가 지금 보는 것은 달님이야. 그리고 아까 가버린 것이 해님이지. 해님은 내일 다시 나올 거야. 그 해님이 아마 너에게 담벽 도랑으로 흘러 들어가는 법을 가르쳐 줄 거야. 그리고 곧 날씨가 바뀔 거야. 난 그걸 내 왼쪽 뒷다리로 느낄 수 있어. 날씨가 변할 때면 거기가 콕콕 쑤셔오거든."

"무슨 말인지 하나도 모르겠어. 그러나 뭔가 좋지 않은 느낌이 드는 걸. 해님이 나를 뚫어지게 쳐다보긴 하지만 해님도 내 친구는 아닌 것 같아."

"멍! 멍!"

그때 사슬에 묶인 개는 다시 짖었습니다. 그리고 제자리에서 세 바퀴 돌더니 잠자기 위해 자기 집에 들어가 몸을 눕혔어요.

개가 말한 대로 날씨는 정말 달라졌답니다. 아침에 깔린 짙고 축축한 안개는 낮이 되면서 걷히기 시작했어요. 겨울이라 바람은 차가웠고 서리는 얼어붙었습니다. 그러나 해님이 솟아오를 때엔 얼마나 굉장했는지 모른답니다. 나무들과 덤불들은 온통 얼음으로 뒤덮였어요. 나뭇가지들이 반짝이는 하얀 꽃으로 뒤덮여 마치 하얀 산호숲 같았습니다. 고운 나뭇가지들이 셀 수 없이 많았지요. 여름에는 잎사귀에 가려서 보이지 않았거든요. 마치 모든 나뭇가지에서 눈부신 하얀 빛이 쏟아져 나오는 것 같았습니다. 늘어진 자작나무가 여름날의 싱싱한 나무들처럼 바람에 흔들렸어요. 그들 속에 생명이 살아 있는 것 같았습니다. 그 무엇과도 비교할 수 없이 화려했지요. 해님이 비쳤을 때 그 모든 것들은 정말 얼마나 멋지게 빛을 냈는지! 온통 다이아몬드 가루를 뿌려 놓은 것 같았답니다. 땅바닥에 쌓인 눈은 커다란 다이아몬드처럼 빛나고 있었어요. 사람들은 어쩌면 수많은 작은 다이아몬드들이 바닥에서 눈부시게 빛나고 있는 것이라고 믿을지도 몰라요.

"너무나 아름다워!"

한 아가씨가 말했습니다. 그녀는 젊은 청년과 함께 정원으로 들어서고 있었답니다. 그리고 바로 눈사람 앞에 와서 걸음을 멈추었어요. 그들은 거기서 반짝이는 나무들에게 사로잡혔던 거예요.

"이런 아름다움은 여름에는 볼 수 없는 광경이야."

아가씨의 눈은 반짝반짝 빛났습니다.

"여름에는 이런 아름다움을 볼 수 없지."

청년은 눈사람을 손가락으로 가리키며 말했습니다.

"정말 잘 만들었네."

아가씨는 웃으며 눈사람에게 고개를 끄덕였어요. 그리고 두 사람은 춤을 추며 눈 위를 지나갔습니다. 눈은 두 사람의 발아래에서 밀가루 위에서 걷는 것처럼 뽀드득뽀드득 소리를 냈습니다.

"저 두 사람은 누구지? 너는 나보다 마당에 오래 있었잖아. 누군지 아니?"

눈사람은 사슬에 묶인 개에게 물었습니다.

"물론이지. 그녀는 나를 쓰다듬어 주었고, 저 청년은 나에게 뼈다귀를 주었거든. 그래서 난 절대로 저들을 물지 않아."

"이곳에서 뭘 하는 걸까?"

"저들은 신랑과 신부야. 그들은 아마 한 오두막으로 들어가서 즐겁고 행복하게 지낼 거야. 멍! 멍!"

"저들도 우리처럼 중요하니?"

"그들은 주인님이야. 너는 태어난 지 얼마 안 되어서 정말 조금도 아는 게 없구나. 나는 나이도 있고 아는 것도 많아. 이 집의 모든 사람을 알지. 그리고 나는 추위와 사슬에 묶여 있지 않았던 그 시절도 안단다. 멍! 멍!"

"추위는 좋은 거야. 하지만 네가 춥지 않았다고 하는 그 시절 이야기 좀 해 줘. 그리고 사슬을 가지고 그렇게 짤랑거리지 좀 마. 몸에 진동이 전해져서 내가 부스러질 것 같아."

"멍! 멍! 그때 나는 작은 개였어. 작고 귀엽다고 그들이 말했지. 그때엔 집 안에 있는 벨벳 의자에 앉아 있었어. 주인님 품에도 안겼지. 그들은 나에게 입맞춤해 주고 내 앞발을 수놓은 손수건으로 닦아 주었어. 나를 '예쁜이'나 '귀여운 복슬이'라고 불렀지. 그런데 내가 너무 커버리자 그들은 나를 가정부에게 보냈어. 그래서 지하실 방으로 오게 되었지. 저기 내려다보이는 저 방 말이야. 작은 방이었지만 그래도 매우 아늑했어. 아이들에게 끌려다니며 시달릴 일도 없었지. 음식은 전과 같이 배 터지게 먹을 수도 있었고, 난로 옆에 드러누울 수도 있었지. 그게 가장 좋았어. 난로 앞에 엎드려 있으면 녹아버릴만큼 황홀했거든. 나는 아직도 그 난로에 대한 꿈을 꾼단다. 멍! 멍!"

"난로라는 건 그렇게 예쁜 거니? 나랑 비슷해?"

"너하고는 전혀 반대야. 난로는 석탄처럼 까맣고 긴 목과 놋쇠로 된 몸통을 가졌어. 장작을 먹고는 입에서 불을 토하지. 그 옆에 있으면 그렇게 아늑할 수가 없단다. 네가 서 있는 데서 창문을 들여다보면 아마 보일 거야."

눈사람은 얼른 창문을 들여다보았답니다. 그리고 정말 까맣고 번쩍거리는 놋쇠로 된 물체를 보았지요. 불은 난로 아랫부분에서 빛나고 있었습니다. 눈사람은 몹시 이상한 기분이 들었답니다. 뭐라 설명할 수 없는 느낌이었죠. 그러나 사람들은 모두 알고 있는 느낌이었을 거예요.

"그런데 왜 난로 곁을 떠났어?"

눈사람이 물었습니다. 눈사람은 난로가 틀림없이 여자일 거라고 생각했거든요.

"어쩔 수 없어. 사람들이 나를 내쫓고는 여기에 사슬로 묶어 버렸거든. 내가 어린 귀공자의 발을 꽉 물어 버렸기 때문이지. 그 녀석이 내가 빨아먹고 있는 뼈다귀를 발로 차 버렸거든! 뼈에는 뼈라고 나는 생각해! 그러나 사람들은 그걸 이해하지 못하더군. 그 뒤로 나는 사슬에 묶여 맑은 목소리를 잃었지. 들어봐, 내 목이 얼마나 형편없이 쉬어버렸는지. 멍멍!"

하지만 눈사람은 더는 개의 말을 듣고 있지 않았습니다. 가정부의 지하실 방을 들여다보고 있었거든요. 쇠로 된 네 다리로 서 있는 난로는 마침 눈사람과 비슷한 크기였어요.

"이상하게 내 안에서 탁탁 소리가 나! 저기 들어가 볼 수 없을까? 나는 저 안에 들어가야만 해. 난로에 몸을 기대고 싶어 견딜 수가 없어. 창문을 부수는 한이 있어도 말이야."

"안 돼! 너는 저 안에는 절대로 들어갈 수 없어. 그리고 난로에 가까이 가면 너는 녹아 없어져 버릴걸. 끝장이라고!"

"녹아버려도 상관 없어. 나는 지금 가슴이 터져버릴 것만 같은걸."

　눈사람은 온종일 창문 안을 들여다보았습니다. 해님이 지는 시간이 되자 그 방은 더욱 멋져 보였지요. 난로에서는 달빛도 햇빛도 아닌 온화한 빛이 비쳤습니다. 오직 난로만의 빛이었어요. 창문으로 새어나온 불꽃은 밖에 서있는 하얀 눈사람의 얼굴과 가슴을 빨갛게 물들이며 빛났어요.

　"더는 참을 수가 없어. 어쩜 저렇게 아름다울까!"

　밤은 매우 길었지만 눈사람에게는 짧게만 느껴졌답니다. 그는 아름다운 난로 생각에 깊이 빠져 있었으니까요.

　아침이 되자 지하실 방의 창문이 얼어붙어 유리에 눈사람이 매우 좋아하는 아름다운 눈꽃이 피었어요. 하지만 하얀 눈꽃이 창문을 가리는 바람에 눈사람은 난로를 들여다 볼 수 없었답니다. 눈꽃이 좀처럼 녹지 않아서 눈사람은 애가 탔지요. 방 안에서는 타닥타닥 소리만 들릴 뿐이었어요. 눈사람이 기뻐할만큼 추운 날씨였지만, 그는 조금도 기쁘지 않았답니다.

　"그건 아주 나쁜 병이야. 나도 그 병 때문에 꽤나 고생을 했었지. 그렇지만 나는 그것을 잘 이겨냈어. 멍! 멍! 이제 곧 날씨가 바뀔 거야."

　묶여 있는 개가 눈사람에게 말했답니다. 그리고 정말 새로운 날씨가 왔어요. 그것은 얼음이 녹을 만큼 따뜻한 날씨였습니다. 얼음이 녹으면서 눈사람도 점점 줄어들었지만, 그는 불평하지 않았습니다. 무엇인가 알고 있는 듯 했지요.

어느 날 아침 눈사람은 마침내 무너져버렸습니다. 눈사람이 서 있던 곳에는 부지깽이가 우뚝 솟아 있었어요. 아이들은 부지깽이에 눈을 뭉쳐서 눈사람을 만들었던 것이랍니다.

"이제 눈사람이 어째서 난로를 사랑했는지 이해할 수 있겠군. 눈사람은 몸 안에 부지깽이를 가지고 있었던 거야. 그의 몸 안에서 마음 움직였던 게 바로 저거였어. 이제야 알았네, 멍! 멍!"

그리고 얼마 안 있어서 봄이 찾아왔답니다.

"멍! 멍!"

묶인 개가 짖었어요. 마당에서는 소녀들이 노래를 불렀습니다.

숲의 주인 초록아!
어서 싱그러운 싹을 틔우렴.
버드나무야, 털장갑을 벗으렴.
종달새와 뻐꾸기야, 즐겁게 노래하렴.
2월의 끝은 곧 봄이지.
나도 함께 노래할게. 뻐꾹! 뻐꾹!
사랑스런 해야, 어서어서 나오너라.

이제 아무도 눈사람을 생각하지 않았습니다.

108
오리 마당
I Andegaarden

포르투갈에서 오리 한 마리가 왔습니다. 스페인에서 왔다고도 하지만 그건 중요하지 않아요. 어쨌든 그 오리는 포르투갈 오리라고 불렸답니다. 하지만 마침내 알을 낳고는 잡혀서 요리가 되어버리고 말았지요. 그것이 이 오리의 일

생이었어요. 그 알에서 나온 오리들 역시 모두 포르투갈 오리라고 불렸지요. 포르투갈 오리는 꽤 많았지요. 그러나 이제 오리 마당에는 오직 오리 한 마리만 남게 되었답니다. 그 마당에 암탉과 수탉이 들어와서 거들먹거렸지요.

"닭들의 울음소리는 끔찍해. 나를 미치게 하지. 그러나 잘생겼어. 오리가 아닌 게 옥의 티지만 말이야. 그리고 닭들은 좀 우아할 줄도 알아야 해. 우아하다는 것은 예술이야. 그건 높은 교양을 기르면 생기지. 옆집 정원 보리수 위에서 노래하는 작은 새들은 우아한 게 뭔지 알고 있어. 얼마나 사랑스럽게 노래하는지! 작은 새들의 노래에는 마음을 움직이는 무언가가 있어. 나는 그걸 포르투갈가락이라고 불러. 나에게도 그런 자식이 있다면, 나는 기꺼이 그 새에게 사랑스럽고 좋은 엄마가 되어 줄텐데. 내 피 속에는 다정하고 친절한 포르투갈 기질이 흐르고 있다구!"

포르투갈 오리가 이렇게 이야기하고 있을 때였습니다. 작은 새 한 마리가 지붕에서 쿵 하고 떨어졌습니다. 고양이 한 마리가 그 뒤를 쫓고 있었어요. 새는 도망치다가 날개가 부러지는 바람에 오리 마당에 떨어지고 말았답니다.

"고양이는 늘 저런다니까! 못된 녀석같으니! 나는 작은 새끼였을 때부터 고양이를 보아왔어. 지붕 위를 어슬렁거리며 돌아다니던 그 모습을 말이야. 포르투갈이었다면 저런 악당이 돌아다니게 내버려두지 않았을 텐데."

포르투갈 오리는 작은 새가 가엾게 여겨졌지요. 다른 오리들과 새들도 몰려와 모두들 그 새가 가엾다고 말했답니다.

"노래하는 작은 새야. 우리들은 노래를 잘하지는 못하지만, 소질은 있어. 우리는 우리의 소질을 드러내서 자랑하지는 않지만 모두가 그걸 알고 있어."

그들 가운데 하나가 말하자 나머지들이 맞장구를 쳤습니다.

"드러내놓고 말할게. 나는 노래에 소질이 있어. 그리고 나는 저 새를 도와줄 거야. 그게 내 의무라고."

포르투갈 오리가 위엄 있는 목소리로 말했답니다. 그리고 물통 속으로 들어가 날개를 파닥거려 사방에 물을 튀겼지요. 그 때문에 작은 새는 쏟아진 물에 흠뻑 젖어 거의 죽을 것만 같았어요. 그렇지만 일부러 그런 것은 아니랍니다.

"이렇게 하는 게 예의지. 다른 새들도 이걸 배우렴."

포르투갈 오리가 말했습니다.

그러나 한쪽 날개를 다친 작은 새에게는 몸을 턴다는 것이 무척 어려웠답니다. 그래도 이 목욕이 자신을 위한 일이라는 것을 아주 잘 알고 있었지요.

"당신은 마음씨가 따뜻하군요."

작은 새가 힘겹게 말했습니다. 그러나 목욕하는 것을 더 이상 원하지는 않았지요.

"나는 내 성격에 대해서는 한 번도 생각해 보지 않았어. 그러나 내가 모든 생명들을 사랑한다는 것쯤은 잘 알지, 물론 고양이는 예외지만. 난 고양이가 정말 싫어. 내 아이를 둘이나 잡아먹었거든. 그러니 작은 새야 너는 여기를 네 집인 것처럼 편안히 생각하렴. 그렇게 할 수 있을 거야. 나도 낯선 고장에서 왔거든. 내 몸가짐과 깃털을 보면 알 수 있을 거야. 내 남편은 토종이란다. 내 피는 한 방울도 섞이지 않았지. 그렇지만 난 거만하지는 않아. 그래서 이 마당에서 누군가 너를 잘 이해한다면, 그건 바로 나일 거야."

"부인 머릿속에는 온통 포르투락(쇠비름풀 이름)뿐일 거야."

재치 있는 평범한 오리 새끼가 말했어요. 그리고 다른 평범한 오리들도 '포르투락'이라는 말을 아주 재미있다고 생각했습니다. 그건 마치 '포르투갈'처럼 들렸거든요. 그들은 서로 박수치며 꽥꽥거렸습니다. 너무나 우스웠기 때문이지요. 그리고 그들은 작은 새와 인사를 나누었어요.

"포르투갈 오리는 누구보다도 말을 잘하지. 우리들 부리로는 그렇게 대단한 말들을 할 수 없을 거야. 그렇지만 우리들도 너에게 관심을 가지고 있단다. 비록 너를 위해 아무 것도 하지는 않더라도 말이지. 우리는 가만히 있는 것이 가장 좋다고 생각하거든."

그들이 말했답니다.

"너의 목소리는 참으로 사랑스러워. 너처럼 다른 이들을 기분 좋게 해줄 수 있다면 얼마나 즐거울까. 하지만 난 그럴 수 없지. 그래서 입을 다물고 있어. 그래도 다른 오리들처럼 바보 같은 말을 하는 것보다는 훨씬 낫지 않니?"

가장 나이 많은 오리가 말했습니다.

"그 아이를 너무 괴롭히지 마! 지금은 안정과 보살핌이 필요하니까. 노래하는 작은 새야, 내가 다시 물을 첨벙첨벙 튀겨 줄까?"

포르투갈 오리가 말했답니다.

"아, 아니에요. 그냥 내버려 두세요."

작은 새가 부탁했습니다.

"목욕이 내게는 큰 도움이 되던데. 기분을 좋아지게 하는 건 정말 좋은 일이거든. 이제 곧 이웃 닭들이 놀러올 거야. 그 가운데 두 마리의 중국 암탉들은 호위병을 거느리고 있어. 또 교양 수준도 높아서 난 그들을 존경하지."

포르투갈 오리의 말처럼 암탉들이 왔습니다. 그리고 수탉도 한 마리 있었는데 아주 예의바르게 행동했어요.

"당신은 진짜 노래하는 새군요. 그 조그만 목소리로 아름다운 소리를 내는군요. 그렇지만 목소리가 기관차처럼 크고 우렁차야 모두들 수컷이라는 것을 알 수 있지요."

수탉이 말했습니다.

중국 암탉 두 마리는 노래하는 새에게 홀딱 반해서 그 옆에 서 있었어요. 새는 물을 뒤집어쓴 바람에 후줄근해 보였는데, 암탉들에게는 그 모습이 중국 병아리와 비슷하게 보였던 거지요.

"어쩜, 이렇게 귀여울 수가!"

암탉들은 새에게로 가까이 다가갔지요. 그리고 상류층 중국인들처럼 소곤거리는 목소리로 말했습니다.

"우리는 당신과 같은 무리에 속한답니다. 포르투갈 오리나 다른 오리들은 헤엄치는 새에 속하지요. 당신은 우리를 잘 모를 거예요. 하지만 도대체 누가 우리를 제대로 알까요? 우리를 알기 위해 노력하는 이들은 아무도 없어요. 그 수컷 닭조차 우리를 위해 노력하지 않아요. 우리는 다른 닭들보다 더 높은 디딤판에 앉도록 태어났는데도 말이지요. 그렇지만 그건 아무래도 좋아요. 우리는 다른 닭들 사이에서 조용히 우리의 길을 갈 뿐이니까. 우리는 근본 바탕이 그들과는 달라요. 그래서 우리는 오직 좋은 쪽만 보고, 좋은 것만 이야기하지요. 물론 아무것도 없는 데서 무언가를 발견한다는 것이 그리 쉬운 건 아니지만요. 우리 둘과 수탉을 빼면 재능있고 예의바른 이는 아무도 없어요. 오리마당의 식구들도 마찬가지이지요. 당신에게 알려 주겠어요, 노래하는 작은 새여! 꼬리가 뭉툭한 새를 믿지 마세요. 그녀는 몹시 음흉하답니다. 날개에 비뚤어진 점이 있는 저 얼룩이는 지기 싫어하는 말싸움쟁이로 절대로 남에게 양보하지 않아요. 심지어 자기가 틀리면서도 말이지요. 저기 있는 뚱뚱한 오리는 늘 트집을 잡지요. 우리 기질과는 도무지 맞지 않아요. 우리는 좋은 것을 말할 수 없다면 아예 입을 다물어 버리거든요. 포르투갈 오리는 그나마 교양을 갖추고 있어서 교제할 수 있는 유일한 새지요. 그렇지만 그녀는 너무 정열적이고 포르투갈 이야기를 좀 심하게 한답니다."

"저 중국 닭들의 속삭임은 너무 지겨워. 그래서 우리는 저들과 이야기를 하지 않아."

오리들 가운데 몇 마리가 입을 삐죽거리며 말했습니다.

그때 수컷 오리가 왔어요. 그는 이 노래하는 새를 참새라고 생각하고 있었습니다. 참새라고 말했다가 다른 새들이 지적하자 대꾸했습니다.

"그게 그거지 뭐가 다르다는 거야. 어차피 장난감처럼 취급받는 건 마찬가지인 걸."

"그가 하는 말에 너무 마음 쓰지마. 그는 일밖에 모르거든. 이제 나는 좀 쉬어야겠어요. 휴식이 필요해. 통통하게 살찌는 게 우리의 임무니까."

포르투갈 오리가 속삭였습니다. 그리고는 햇빛이 잘 비치는 곳에 누워 한쪽 눈을 껌벅거렸어요. 어느 새 포르투갈 오리는 누워서 편안하게 잠들었답니다. 노래하는 작은 새는 부러진 날개를 끌어당겼습니다. 친절한 포르투갈 오리 곁에 바짝 눕기 위해서였죠. 해님이 따뜻하고 아름답게 비쳤어요. 아늑한 곳이었지요.

이웃 닭들은 여기저기 돌아다니면서 파헤쳤습니다. 사실 그들은 먹이 때문에 오리 마당에 온 것이었거든요. 중국 닭들이 가자 다른 닭들도 모두 가 버렸어요. 재치 있는 오리 새끼는, 포르투갈 오리가 곧 아기 오리가 될 거라고 말했습니다. 그러자 다른 오리들이 낄낄대며 웃었지요.

"오리 새끼같이? 정말 웃긴다."

그리고는 그들은 전에 농담 삼았던 말도 되풀이했지요.

"포르투락!"

그들에게 그건 너무 재미있는 말이었거든요. 그리고는 모두들 마당에 누워 낮잠을 잤답니다.

그들은 한동안 누워 있었어요. 털썩! 그때 무엇인가 먹을 것이 오리 마당에 던져졌습니다. 잠자고 있던 이들이 모두 한꺼번에 일어나서, 날개를 파닥거렸습니다. 포르투갈 오리도 놀라서 눈을 떴지요. 그 바람에 노래하는 작은 새를 꽤 세게 짓밟았답니다.

"짹짹! 아! 아파요, 부인."

"왜 내가 갈 길에 누워 있는 거야? 네가 너무 예민한 거 아니니? 나도 좀 예민한 편이야. 하지만 나는 아직 한 번도 너처럼 짹짹거려 본 적은 없어."

"죄송해요. 그렇게 화내지 마세요. 짹짹 소리는 제 부리에서 그냥 나오는 거예요."

하지만 포르투갈 오리는 작은 새의 말을 듣지 않았습니다. 그 대신에 맛있는 모이가 있는 곳으로 달려갔답니다. 식사가 끝나고 다시 누웠을 때였어요. 노래하는 작은 새가 포르투갈 오리 곁에 와서 사랑스럽게 노래를 시작했습니다.

랄라라 짹짹!
당신의 착한 마음씨를 찬양하며
나는 언제나 노래할 거예요.
하늘을 멀리, 멀리, 날면서.

"배불리 먹고 난 뒤에는 좀 쉬고 싶어. 여기 있고 싶다면 너도 이곳 규칙을 지켜야 해. 이제 난 좀 자야하니까 조용히 해줘."

노래하는 작은 새는 어이가 없었습니다. 포르투갈 오리를 즐겁게 해 주려고 부른 노래였기 때문이지요. 포르투갈 오리가 깨어나자 작은 새는 다시 그녀 곁으로 다가갔습니다. 자기가 찾은 낟알 하나를 물고 말이에요. 그리고 그것을 포르투갈 오리 앞에 내려놓았어요. 그러나 포르투갈 오리는 잠을 푹 자지 못했습니다. 그래서 기분이 좋지 않았지요.

"이런 건 병아리에게나 줘버려. 내 길을 그렇게 가로막지 말라고."

"나한테 화나셨군요. 내가 뭘 잘못했나요?"

"뭘 잘못했냐구? 그런 표현은 세련되지 못한 거야. 앞으로는 잘 기억해두는 게 좋을 걸."

"어제는 햇빛이 비쳤어요. 그런데 오늘은 어둡고 축축하네요. 너무 슬퍼요."

"너는 시간도 제대로 못 보니? 하루가 아직 지나가지 않았어. 거기 그렇게 바보같이 서 있지 말고 저리 비켜."

"그렇지만 당신은 화가 난 눈으로 나를 보고 있잖아요. 내가 마당에 떨어졌을 때 나를 보던 무서운 고양이처럼 말이에요."

"어쩜, 뻔뻔스럽기도 해라, 도둑고양이와 나를 비교하다니! 나에게는 나쁜 피가 한 방울도 섞이지 않았어. 내가 너를 받아들였으니 예의를 확실히 가르쳐야겠군."

그리고 포르투갈 오리는 노래하는 작은 새의 머리를 물어뜯었지요. 작은 새는 그만 쓰러져 죽어버렸답니다.

"아니, 그걸 못 견디다니! 그래 작은 새는 어차피 이 세상과는 맞지 않았던 거야. 하지만 나는 그 아이에게 엄마처럼 잘 대해 주었지. 난 그걸 알아. 내 가슴은 따뜻하니까."

그때 이웃 수탉이 고개를 마당 안으로 디밀고 기관차처럼 힘찬 소리로 꼬꼬댁 울었습니다.

"당신은 그 울음 소리로 나를 죽이려고 하는군요. 이건 모두 당신 탓이에요. 당신 때문에 작은 새는 머리를 잃었고, 이제 나까지 죽을 지경이라고요!"

"작은 새 한 마리 죽은 걸 갖고 야단을 떠는군."

수탉이 말했습니다.

"바보 같은 소리 하지 마세요! 이 아이는 아름다운 목소리를 지니고 있었으며, 노래를 잘했고 높은 교양을 갖추고 있었어요. 사랑스럽고 마음씨가 착했다고요. 그런 것은 사람들은 물론 동물에서도 좀처럼 보기 힘든 것이에요."

모든 오리들이 죽은 새를 위해 모여들었습니다. 오리들은 불처럼 뜨거운 감정을 갖고 있었습니다. 남을 시샘하거나 가엾게 여기는 마음을 말이지요. 그러나 이제는 시샘할 것이 모두 없어졌기 때문에 그들은 작은 새가 가엾게 느껴졌답니다. 그리고 두 마리 중국 암탉도 마찬가지였지요.

"그렇게 아름답게 노래하는 새를 우리는 두 번 다시 볼 수 없을 거야. 작은 새는 마치 중국새 같았어."

중국 암탉들은 꼬꼬 하고 울었습니다. 그러자 다른 모든 닭들도 꼬꼬 하고 구슬프게 울었지요. 또한 오리들은 눈이 빨개진 채 마당을 돌아다녔습니다.

"우리들의 가슴은 따뜻해. 아무도 이걸 부정할 수는 없을 거야."

눈이 빨갛게 된 오리들이 입을 모아 말했습니다.

"따뜻한 가슴! 그래, 우리는 모두 그렇지. 포르투갈에서와 마찬가지로."

포르투갈 오리도 한 마디 했지요.

"자! 우리 이제 먹을 걸 생각합시다. 그게 더 중요한 거니까. 장난감이 하나 부러졌을 뿐인 걸. 장난감은 얼마든지 널려 있다구."

수컷 오리가 말했답니다.

109
새로운 세상 시의 여신
Det nye Aarhundredes Musa

아주 머나먼 뒷날의 아이들은 새로운 세기의 시의 여신을 알게 될 거예요. 시의 여신은 언제 모습을 드러낼까요? 그리고 어떻게 생겼을까요? 또 무엇을 노래할까요?

우리가 살고 있는 바쁜 시대에 이런 여러 가지 질문을 한다고 해도 무슨 의미가 있을까요? 지금 시대는 심지어 시가 방해물로까지 여겨지고 있습니다. 하지만 시인들은 꼭 필요하다고 외치지요. '불멸!' 소리 높여 외치지만, 어쩌면 미래에는 겨우 감옥의 차가운 벽에 목탄으로 쓴 문자로만 남아 호기심 많은 소수의 사람들만 보거나 읽게 될 거예요.

시는 적극적으로 쓰여야 합니다. 온갖 다툼이 있는 곳에 시가 착한 도움을 주어야 합니다. 이것은 내 생각일뿐이라고 여러분은 생각할지 모릅니다. 우리 시대에 시는 이미 잊혀지지 않았다고 말할지도 모릅니다. 아직도 성월요일이면 시를 읽고 싶어 하는 사람이 있다면서요. 하지만 그러한 사람은 영혼의 갈증을 느끼면 당장 하인을 보내 서점에서 시를 사오게 합니다. 그것도 비평가들의 추천을 가장 많이 받은 시를 말입니다. 그리고 어떤 이는 부록으로 붙어 있는 시집으로 충분하다고 하는 사람도 있고, 종이봉지에 쓰여 있는 시 한 편으로 만족하는 사람도 있습니다.

이것은 손쉬운 방법입니다. 그러나 이런 바쁜 시대에는 '손쉬움'을 고려하지 않을 수 없지요.

이러한 욕구는 우리들 가까이에 있는 것으로 향해집니다. 그건 그거대로 좋습니다. 미래의 시라는 것은 미래의 음악처럼 돈키호테적입니다. 그러므로 그것에 대해 이야기하는 것은 천왕성으로의 탐험여행을 이야기하는 것과 똑같습니다.

우리가 살고 있는 세상의 시간들은 정말이지 너무 짧습니다. 하지만 그 짧은 시간은 아주 귀중하답니다. 이제 우리는 정말로 진지하게 어떤 이야기를 하려고 합니다. 그것은 바로 시에 대한 이야기지요.

시란 무엇일까요? 감정에서 우러나오는 표현이라구요? 아니에요. 시는 단지 우리의 몸을 이루고 있는 마음의 흔들림이지요. 학자들은 시를 그렇게 말한답니다. 감동, 기쁨, 고통 그 모두가 신경의 흔들림이라구요. 우리 한 사람 한 사람이 현악기인 셈이지요.

그렇다면 현악기는 누가 연주할까요? 무엇이 현악기를 떨리게 할까요? 그것이 바로 하느님의 정신이랍니다. 현을 통해 하느님의 감정과 생각을 연주한답니다. 이 세상에 아름답게 울려 퍼지도록 말이지요. 그리고 그것은 인류의 위대한 발전과 자유의 의식 속에서 영원히 사라지지 않을 거예요.

모든 시대마다 사람들은 시를 노래했습니다. 또 시에서 가장 위대한 표현을 찾아냈지요. 그리고 시는 전 시대가 끝나갈 무렵에 태어나 새롭게 시작되는 시대를 지배했답니다.

우리가 살고 있는 지금 이 시대에도 시의 여신이 있답니다. 우리는 시의 여신에게 따스한 인사를 보내지요. 시의 여신도 우리가 보내는 인사를 받는답니다.

우리 시대 시의 여신은 아주 커다란 '현대'라는 공장에서 태어났답니다. 증기가 힘차게 열기를 뽑고 있고, 밤이나 낮이나 열심히 땀을 흘리는 기술자가 일하고 있는 공장에서지요.

시의 여신은 성전의 불을 지키는 베스타 여신처럼 위대하고 사랑스러운 심장을 가지고 있습니다. 수천 년 동안 변화하는 프리즘의 색깔을 통해서 모든 것을 이해할 수 있는 지성의 빛을 가지고 있지요. 그리고 화려한 백조 깃털을 두르고 있습니다. 학문을 그 백조 깃털로 짜면 그 무엇보다도 강한 힘이 돋아나지요.

시의 여신의 아버지는 민중이지요, 그래서 그 뜻과 생각은 건강하고, 눈은 정직하고 입에는 유머가 넘친답니다. 어머니는 많은 학문을 연구한 귀족의 딸이랍니다. 시의 여신은 어머니에게서 말과 행동의 기품과 엄격함, 황금빛으로 빛나는 로코코 양식에 대한 추억을 물려받았습니다. 시의 여신은 아버지와 어머니의 피와 영혼을 함께 지니고 있습니다.

시의 여신의 요람에는 생일날 받은 화려한 선물이 놓여져 있습니다. 자연의 감추어진 수수께끼가 그 해답과 함께 잔뜩 뿌려져 있어요. 종 모양의 잠수 기구는 깊은 바닷속에서 나온 아름다운 장난감을 쏟아냅니다. 시의 여신이 덮고 있는 담요에는 저마다 하나의 세계를 지닌 수만 개의 섬과 고요한 바다, 그리고 하늘이 그려져 있습니다. 해님은 시의 여신을 따사롭게 비추며 그림을 그려 줍니다.

유모는 여신에게 아이빈트 스칼데시필러와 휘르두지의 노래를 들려준답니다. 또 음유 시인들의 노래도 불러 주고, 하이네가 젊었을 때 순수하게 노래한 영혼의 노래도 들려주지요. 또 유모의 할머니 시절부터 내려오던 무시무시한 피와 복수에 관한 이야기도 해주었습니다. 거기에는 저주가 피묻는 날개를 털고 있었지요. 아라비안 나이트도 15분 만에 다 들려주었습니다.

시의 여신은 아직 어린애랍니다. 그렇지만 요람을 박차고 나왔답니다. 그리고 아직은 자기가 뭐가 될지 모르기에 강한 의지를 가지고 있습니다.

시의 여신은 지금도 커다란 어린이 방에서 놀고 있습니다. 수많은 예술품으로 가득찬 방에서요. 그곳에는 그리스 비극과 로마와 희극도 대리석으로 조각되어 있고, 벽에는 각 나라의 민요가 말린 꽃처럼 걸려 있습니다. 말린 꽃들은 입을 맞추면 싱싱하게 부풀어올라 향긋한 향기를 퍼뜨렸답니다. 또 베토벤과

글루크, 모차르트 그리고 모든 위대한 음악가들의 영원한 화음도 연주되었습니다. 그녀의 책장에는 영원히 사라지지 않을 수많은 책들이 꽂혀 있습니다.

시의 여신은 정말 지독하게 많은 책을 읽었답니다. 굉장히 많이 읽었지요. 그리고 그녀의 책장에는 많은 책이 있었지만 아직 빈 공간도 많았습니다. 우리는 전신기를 통해 불멸이라는 책의 이름을 듣고 있지만. 곧 전보와 함께 사라지게 될 것입니다. 아주 많은 것이 잊혀져야 한답니다. 그래요, 시의 여신은 잊는다는 것을 곧 배우게 될 거예요.

시의 여신은 앞으로 다가올 새로운 시대에 살아 있을 노래는 생각하지 않는답니다. 모세의 시가 살아 있는 것처럼, 또 여우의 꾀와 행운에 대한 비드파이스의 훌륭한 우화같이 살아남을 노래들 말이지요. 자기의 사명이나 미래에 대해서는 생각하지 않고 단지 놀고 있을 뿐이랍니다. 그 사이에도 하늘을 뒤흔드는 전쟁은 계속 일어나고 있지요. 깃털 펜과 대포로 된 울림을 사방에서 그려내고 있습니다. 그 풀기 어려운 수수께끼 문자를 말이에요.

시의 여신은 가리발디의 모자를 쓰고서 때때로 셰익스피어를 읽는답니다. 그러고는 머지않아 자기가 크면 그걸 연기해 보리라 생각하지요. 칼데론은 그의 영광과 결의로 장식된 자신의 작품으로 만든 묘비에 누워 쉬고 있습니다. 시의 여신은 세계적입니다. 그녀는 몰리에르와 플라톤과 폴라우투스와 아리스토파네스를 읽었지요. 그 가운데에서도 몰리에르를 가장 즐겨 읽는답니다.

시의 여신은 불안으로부터 언제나 자유롭답니다. 그렇지만 그녀의 영혼은 영양이 소금을 찾는 것처럼 항상 진실한 삶을 열심히 찾고 있지요. 시의 여신의 가슴에는 평온함이 숨쉬고 있습니다. 그것은 별이 빛나는 고요한 초록 평원에 살고 있는 유목민들의 평온함 같은 것이지요. 그렇지만 노래를 부를 때는 그리스 시대의 용사들보다 더 뜨거운 가슴으로 부풀어 오른답니다.

그녀의 기독교는 어떤 것일까요? 시의 여신은 세계관의 기본원리를 배웠지요. 이제 젖니가 빠지고 새로운 이가 나왔지요. 그녀는 요람에 있는 동안 지식의 과일을 먹고 현명해졌답니다. 그래서 영원한 생명이 인류의 가장 행복한 생각이 되어 그녀의 눈앞에 섬광처럼 빛나고 있습니다.

시의 새로운 세기는 언제 올까요? 시의 여신은 언제 모습을 드러내게 될까요? 그녀의 목소리를 언제 듣게 될까요?

아름다운 봄날 아침 시의 여신은 달리는 용 기관차를 타고, 바다 위를 콧김을 내며 씩씩거리는 돌고래를 타고, 또 몽골피에식 열기구를 타고서 땅으로 내려왔을 것입니다. 그러고는 성스러운 목소리로 처음으로 인류에게 인사를 하겠지요. 시의 여신이 처음으로 노래를 부른 그곳은 어디일까요? 콜럼버스가 새로이 찾아낸 자유의 나라일까요? 그곳에는 원주민들이 쫓겨나고, 아프리카 사람이 노예가 되며, '하이어워사의 노래'가 들려온 곳이 아닌가요? 아니면 지구 반대편에 있는 남태평양의 황금의 나라, 우리나라가 밤일 때 정반대로 낮이 되는 나라, 검은 백조가 미모사 가득한 숲에서 노래하는 나라일까요? 거대한 멤논의 동상 소리가 울려퍼지는 나라일까요?

그러나 우리는 사막에서 노래하는 그 스핑크스를 이해할 수 없을 테지요. 아니면 엘라자베스 시대의 셰익스피어로 유명한 석탄의 나라 영국일까요? 고향에 있을 수 없었던 티코 브라헤의 조국 덴마크일까요? 아메리카 삼나무가 고개를 높이 쳐들고 우뚝 서 있는 캘리포니아의 신비로운 나라일까요?

여신의 이마 위에 있는 별은 언제 빛날까요? 그 꽃잎에는 이 세상 모든 아름다움이 색깔과 형태와 향기가 아로새겨져 있을 거예요.

"시의 여신의 계획은 무엇이지요? 여신은 뭘 원하시는 거죠?"

노련한 정치가들은 분명히 그렇게 물을 거예요. 하지만 그런 질문을 하지 마세요.

그건 어리석은 질문이거든요.

시의 여신은 결코 사라진 시대 유령으로는 등장하지 않을 거예요. 시의 여신은 아무리 화려해도 시대에 뒤쳐진 무대에서 드라마를 만들려고는 하지 않는답니다. 시의 여신은 아름다운 대리석으로 꾸민 원형 극장으로 오는 그리스 비극의 시조인 테스피스의 마차를 타고 올 거예요. 또한 절대로 시를 귀족으로, 산문을 평민으로 내세우지는 않을 겁니다. 그것들은 나란히 화음과 충만함 속에 힘차게 서 있을 거예요. 그리고 시와 산문으로 된 시의 여신의 노래는 짧고 명쾌하며 풍요로울 거예요.

그러면 언제 새로운 시대가 오게 될까요? 그건 아직도 이 시대에 살고 있는 우리한테는 긴 시간이 될 거고, 우리보다 앞서 살았던 사람들에게는 짧은 시간이 될 거예요.

이제 얼마 있으면 중국 만리장성은 무너질 것이고, 유럽의 기차는 아시아에 닿을 거예요. 그러면 두 문화의 강이 서로 만나게 되지요. 깊은 울림을 가진

하나의 폭포가 우레처럼 굉음을 내며 소용돌이치며 떨어지겠지요. 그 힘찬 곡조를 들으며 옛 신들은 잊혀질 거예요. 그래요, 모든 삶은 그렇게 다 똑같답니다. 비록 다른 옷을 걸치고 있지만 말이에요. 유대인의 모습은 성경에서 빛나고 있고, 그리스인들은 일리아드와 오디세이아에서 빛나고 있지요.

우리들의 모습은 어디에서 빛나고 있을까요? 시의 여신에게 물어 보세요. 새로운 세계가 거룩한 그 모습을 드러내면 말이에요.

증기 기관의 힘과 기술자들이 이 시대를 이끌어가는 것처럼 보이지만 사실은 노예에 지나지 않을 뿐이랍니다. 큰 잔치를 위해서 상을 차리는 노예 말이지요. 그래요, 바로 그 식탁에서 아이들의 순수함과 소녀의 감격과 주부의 침착함과 지혜를 가진 시의 여신이 시의 등불을 높이 치켜든답니다. 신들의 불꽃을 지닌 풍요롭고 충만한 인간의 심장을 말이지요.

새로운 세상 시의 여신이여, 그대를 환영합니다. 우리들의 인사는 찬가가 되어 하늘 높이 울려 퍼질 거예요. 그리고 새로운 봄이겠죠. 시의 여신의 노래는 새로운 시대의 축복이 될 거예요. 새로운 세상 시의 여신이여, 그대를 환영합니다.

얼음 공주

Iisjomfruen

1. 작은 루디

자, 이제 우리는 스위스로 가서 가파른 바위벽을 따라 나무들이 쭉쭉 뻗어 있는 멋진 숲을 구경해볼까요. 이제 녹지 않는 만년설이 아름답게 빛나는 눈 벌판을 넘어 푸른 초원으로 내려가 봅시다.

크고 작은 강물과 샘물은 바다에 이르러 어서 빨리 모습을 감추고 싶은 듯 쏴아쏴아 소리를 내며 끊임없이 흘러갑니다. 깊은 골짜기를 비추는 해님은 높게 쌓인 눈더미 위로 뜨겁게 내리쬐고 있지요. 햇볕에 녹아내리는 눈들은 시간이 흐르면 반짝이는 얼음 덩어리가 되어 눈사태를 일으키거나 높이 솟은 빙하가 되기도 한답니다.

높은 산봉우리 '공포의 불'과 '벼락의 불' 사이에 두 빙하가 펼쳐져 있습니다. 작은 산의 도시 그린덴발트 가까이입니다. 여름이면 수많은 사람들이 빙하를 보기 위해 이곳으로 옵니다. 그들은 눈 덮인 높은 산을 넘어 오기도 하고, 깊은 골짜기를 따라 힘겹게 올라오기도 한답니다. 몇 시간이나 산을 오르다 보면 골짜기는 점점 더 깊어집니다. 그곳에서 아래를 내려다보면 마치 커다란 풍선을 매단 기구를 탄 느낌이랍니다.

맑고 하얀 구름은 산봉우리를 둘러싸고 마치 두꺼운 커튼처럼 걸려 있습니다. 갈색 통나무집들이 여기저기 흩어진 계곡에는 사뭇 따뜻한 햇살이 비치고 빛나는 초록색 땅이 투명하게 드러나 있습니다. 아래쪽에서는 물이 거품을 일으키며 소용돌이쳐 흘러내려 오는데 마치 은색 리본이 바위를 따라 팔랑팔랑 내려오는 듯이 보입니다.

집들은 산길을 따라 두 갈래로 늘어섰고 집집마다 감자밭이 있습니다. 감자밭은 그들에게 없어서는 안 되는 아주 소중한 보물이랍니다. 왜냐하면 여느 집에나 많은 식구들이 살기에 감자를 먹어야 하는 아이들이 많았기 때문입니다. 아이들은 마을에 여행자들이 찾아오면 모두 집 밖으로 뛰어 나와 반갑게 그들을 맞이합니다. 장사를 해야 하기 때문이지요. 아이들은 마을의 집들을 본떠 만든 작고 예쁜 조각품을 팔았는데, 비가 오든 눈이 내리든 쉬지 않고 언

제나 길에 나와 장사를 했답니다.

스무 해 즈음 전에 한 소년이 오늘처럼 기념품을 팔았습니다. 소년의 이름은 루디였지요. 루디는 늘 다른 아이들과 조금 떨어진 곳에서 장사를 했습니다. 진지한 표정으로 상자를 놓치지 않으려 두 손으로 꼭 움켜쥐고서 말이에요. 여행자들은 어린아이가 이렇게 열심히 장사하는 모습을 보며 애처롭게 여겨 물건을 많이 사주었습니다.

훨씬 높은 산 위에는 루디 할아버지가 살았습니다. 할아버지는 늘 섬세하고 귀여운 집을 조각했답니다. 낡은 진열장에는 호두까기 인형, 칼, 포크, 멋진 나뭇잎 무늬 장식품과 뛰어오를 듯한 영양 등 조각품을 담은 상자가 가득 쌓여 있었습니다. 아이들의 눈을 즐겁게 해주는 것은 모두 다 있습니다.

그러나 루디는 그 조각품들에는 관심이 없었습니다. 늘 호기심어린 눈망울로 대들보 밑에 걸린 낡은 총을 올려다볼 뿐이지요. 할아버지는 루디에게 언젠가는 그 총을 너에게 주마 말씀하셨답니다. 하지만 그 전에 먼저 튼튼하게 자라야 한다고 덧붙이셨습니다.

루디는 아직 어렸지만, 벌써부터 염소를 돌보았습니다. 만일 염소들과 함께 높은 곳을 잘 기어 올라가는 사람이 뛰어난 목동이라고 한다면 루디는 참으로 훌륭한 목동이라 말할 수 있을 거예요. 루디는 염소를 몰고 높은 곳으로 아주 잘 올라갔으니까요. 특히 나무 꼭대기에 올라가 새둥지를 떼어오는 일을 좋아했습니다. 이토록 루디는 대담했지만 좀처럼 웃지 않았습니다. 쏴쏴 소리를 내며 떨어지는 폭포 옆에 서거나 눈사태가 계곡을 울리는 소리를 들을 때 겨우 미소를 짓곤 했지요.

루디는 한 번도 다른 아이들과 어울리지 않았습니다. 장사를 하기 위해 마을로 내려왔을 때만 다른 아이들과 더불어 있었지요. 하지만 그럴 때마저도 아이들과 오래도록 함께 있지 않았습니다. 루디는 아이들과 어울리기보다 홀로 산속을 돌아다니거나 할아버지 옆에 앉아 옛날 이야기나 할아버지의 고향 마이링겐족 이야기 듣기를 더 좋아했습니다. 마이링겐족은 조상님들이 살았던 스웨덴의 북쪽에서 이주해 왔지요. 루디는 그들 역사를 잘 알았습니다. 매우 지혜로웠지요. 게다가 루디는 동물들에게서 많은 것을 배우면서 한결 더 똑똑해졌습니다. 아버지가 기르던 아올라라는 커다란 개가 있었습니다. 수컷 고양이도 한 마리 길렀습니다. 모두 소중한 친구들이었지요. 루디는 고양이에게서 기어오르는 법을 배웠거든요.

"우리 지붕에 함께 올라가자."

고양이가 루디에게 말했습니다. 그것도 아주 분명하고 똑똑히 말했지요. 사람은 누구나 말을 하지 못하는 아기 때에는 닭과 오리, 고양이와 개의 말을 알아들을 수 있답니다. 동물들은 우리에게 엄마, 아빠처럼 알기 쉽게 이야기를 하지요. 아주 어릴 때는 할아버지의 지팡이까지 머리와 다리, 그리고 꼬리를 가진 말이 되어 히히힝! 우는 소리를 들을 수가 있답니다. 어느 이이들은 이런 능력이 다른 아이들보다 훨씬 늦게 사라지기도 하지요. 그런 아이들에게 어른들은 뒤쳐졌다, 언제까지 아기로 있을 거냐 말한답니다. 그래요, 어른들은 그렇게 말합니다.

"이리와, 루디야, 어서 지붕으로 올라가자."

고양이가 말했습니다. 루디가 세상에 태어나서 처음으로 알아들은 고양이 말이었습니다.

"아래로 떨어질지 모른다고 겁먹지 마. 겁만 내지 않으면 떨어지지 않을 거

야. 한 발 먼저 이렇게 놓고 다른 발을 여기에 놓으렴. 손으로 앞을 꽉 잡아. 눈으로 잘 보면서 손발을 부드럽게 구부려봐. 갈라진 틈이 있으면 이렇게 건너뛰면 돼. 그리고 꽉 잡는 거야. 자, 어떻게 하는지 보여 줄게."

루디는 고양이가 가르쳐 준 대로 따라했습니다. 가끔 고양이와 함께 용마루 위나 나무 꼭대기에 올라앉기도 했습니다. 때로는 고양이가 가지 않는 바위 끝에 오르기도 했습니다.

"더 높이! 더 높이!"

나무와 덤불들이 말했습니다.

"어때, 우리가 얼마나 높이 올라갈 수 있는지 봐. 이렇게 꽉 잡으면 뾰족한 바위 끝 가장 높은 곳까지도 올라갈 수 있어."

루디는 해가 뜨기도 전에 누구보다 먼저 산꼭대기에 올라갔습니다. 언제나 몸을 튼튼하게 해 주는 신선한 공기를 마셨지요. 그 공기는 오직 신만이 만들 수 있답니다. 사람들은 공기의 처방전을 읽을 수 있습니다. 산의 약초들과 계곡의 박하, 그리고 백리향의 신선한 향기에 대해서 말이에요. 하지만 루디는 더 많은 것을 알고 있답니다. 무겁게 가라앉은 향기를 산꼭대기에 걸린 구름이 빨아들이고, 바람은 그 구름을 전나무 숲으로 몰아갑니다. 그러면 산의 정기가 뿜어내는 향기는 한결 가볍고 상쾌한 공기가 되고 시간이 흐르면 흐를수록 점점 더 상쾌해진답니다. 그것이 바로 루디의 아침 음료수였지요.

축복을 가져오는 해님의 딸들인 햇빛은 루디의 볼에 입을 맞추었습니다. 그 덕분에 낭떠러지를 내려다 볼 때마다 늘 어지러움이 옆에 숨어 루디를 노렸지만, 더 이상 가까이 다가가지 못한답니다. 할아버지 집에는 일곱 개가 넘는 제비집이 있는데, 그 제비들이 염소와 루디 위로 날아와 노래를 불렀습니다.

"우리와 너희들! 너희와 우리들!"

그러고는 집의 안부와 닭들의 소식을 전해 줍니다. 하지만 루디는 닭들과는 친하지 않습니다.

루디는 어렸지만 여행을 많이 다녔습니다. 아이에게는 여행이 아무래도 쉬운 게 아니었지요. 루디는 저 산 너머 칸톤 월리스에서 태어나 몇 개의 산을 넘어서 이곳으로 왔습니다. 얼마 전에 물보라 폭포까지 걸어서 다녀온 일이 있습니다. 이 폭포는 눈부시게 하얀 눈으로 덮인 융프라우가 앞에 펼쳐졌고 은색의 베일처럼 쏟아져내립니다. 루디는 그린델발트 근처 큰 빙하에도 가보았지요. 하지만 아주 슬픈 일이 있었습니다. 그곳에서 엄마가 돌아가셨거든요. 할아버지가 말씀하셨듯이 거기서 루디는 즐거움을 모두 잃어 버리고 말았거든요. 루디가 아직 한 살도 안 되었을 때 엄마가 쓴 편지를 보면 루디는 늘 밝게 웃는 아이였대요. 그런데 큰 빙하에 다녀온 뒤부터 아주 다른 아이가 되어버렸습니다. 누구도 그 이야기를 꺼내지 않지만 산마을 사람들은 모두 알고 있었습니다.

우편배달부였던 루디의 아버지는 강아지 아올라와 함께 짐플론에서 제네바 호수까지 여행을 했습니다. 칸톤 월리스의 로네탈에는 오늘도 아버지 형 그러니까 루디의 삼촌이 살고 있습니다. 그는 유능한 영양 사냥꾼이며 이름난 길잡이였습니다.

아버지가 돌아가셨을 때 어머니는 이제 막 한 살이 된 어린 루디를 데리고 베르너 오버란트에 가려 했답니다. 그린델발트에서 몇 시간 안 되는 곳에 루디 외할아버지가 살고 계셨거든요. 일을 하시기에 외할아버지는 조금 넉넉한 생활을 하셨습니다. 어머니는 6월 루디를 팔에 안고 두 영양 사냥꾼과 함께 그린델발트를 넘어 고향으로 갔습니다. 많은 계곡을 넘어 드디어 눈 쌓인 벌판에 이르자 여기저기 통나무집들이 흩어진 그리운 고향 계곡이 보였습니다. 이제 꽁꽁 얼어붙은 빙하를 넘어가기만 하면 되었지요. 끊임없이 내리는 눈 때문에 얼음판에 생긴 금이 보이지 않았습니다. 얼어붙은 강물이 갈라진 곳을 크레바스라고 하는데 이 크레바스는 무척 깊어서 사람 키를 훌쩍 넘을 만큼 깊은 곳도 있었습니다. 어머니는 루디를 안고 조심조심 걷다가 그만 미끄러져 크레바스에 빠지고 말았습니다. 어린 루디의 울음소리만 골짜기 깊숙이 울려 퍼졌지요. 다행히 어머니와 함께 길을 나섰던 두 사냥꾼이 가까운 집으로 달려가 구조 요청을 했습니다. 안타깝게도 그들이 구하러 왔을 때는 이미 한 시간이나 지났습니다. 사람들은 다 죽어가는 두 사람을 구해냈지요. 루디는 겨우 살아났지만 어머니는 돌아가시고 말았습니다. 그렇게 해서 할아버지가 루디를 키우게 되었습니다. 루디는 잘 웃는 아이였다고 하는데, 이제 지난날 이야기가 되었답니다. 이런 변화는 꽁꽁 얼어붙은 강에 생긴 보이지 않는 깊은 틈새의 차갑고 불가사의한 얼음세상 속에서 일어난 일입니다. 스위스 사람들은 그 균열 속에 저주 받은 영혼들이 마지막 심판날까지 갇혀 있다고 믿었습니다.

얼어붙은 푸른 유리 덩어리가 되어버린 거센 물살처럼 빙하가 펼쳐졌습니다. 커다란 얼음 덩어리가 자꾸만 굴러와 쌓였습니다. 그 아래 깊은 곳에서는 눈과 얼음이 녹아 무섭게 쏴아! 쏴아! 소리를 내며 흘렀습니다. 깊은 동굴과 커다란 균열도 입을 벌리고 있었습니다. 그곳은 그야말로 황홀한 얼음 궁전입니다.

이 얼음 궁전에는 얼음 공주 빙하의 여왕이 살았습니다. 목숨을 빼앗고 모든 걸 파괴하는 얼음 공주는 반은 공기의 딸, 반은 강의 강력한 지배자랍니다. 그녀는 영양처럼 날렵하게 눈산의 가장 높은 꼭대기까지 올라갈 수 있습니다. 용맹한 호랑이도 미끄러지지 않기 위해 얼음에 계단을 만들어야 하는 곳에 말입니다. 얼음 공주는 가냘픈 전나무 가지에 앉아 쏜살같이 흐르는 강물을 타고 내려가지요. 또한 바위 사이를 건너뛸 때 눈처럼 하얀 머리카락과 청록색 기나긴 옷을 흩날리는데, 그 모습이 마치 깊은 호수처럼 반짝거렸답니다.

"부서버려라, 꼭 붙잡아. 모든 힘은 나의 것."

얼음 공주는 날카로운 목소리로 외쳤습니다.

"못된 사람들이 아름다운 소년을 나에게서 빼앗아 갔어. 내가 그 아이에게 힘껏 입 맞추었지만 죽을 만큼은 아니었어. 그 아이는 이제 산 위에서 염소를 돌보고 있어. 언제나 높은 곳으로 기어 올라가 다른 사람들에게서 멀리 떨어지려고 해. 하지만 내게서는 멀리 떠날 수 없어. 그 아이는 내 거야. 그 아이를 꼭 다시 데려오고 말겠어.”

얼음 공주는 낭떠러지에 숨은 어지러움에게 자기 부탁을 들어달라고 했습니다. 이곳은 여름이 되면 몹시 무더워지지요. 얼음 공주는 더위 때문에 힘을 쓸 수 없었습니다. 어지러움에게는 많은 형제들이 있었습니다. 그래서 큰 무리를 이루었지요. 얼음 공주는 어지러움의 형제들 가운데 가장 힘센 이들을 뽑았습니다. 그들은 계단 손잡이 위나 탑의 난간에 앉아 있기도 하고, 다람쥐처럼 달리기도 하고 공기를 밟기도 하면서 사람들을 꾀어내지요. 그러고는 절벽 아래로 떨어뜨린답니다. 이런 방법으로 어지러움과 얼음 공주는 인간들을 잡아갑니다. 마치 히드라가 자기를 건드리는 모든 것들을 잡아채듯이 말이에요. 어지러움은 루디를 잡아와야만 했습니다.

“그래 나의 친구 어지러움아, 루디를 꼭 잡아다 내게 주렴.”

그러자 어지러움은 어두운 표정으로 얼음 공주에게 말했습니다.

“내 힘으로는 소용없을 거야. 못된 고양이 녀석이 루디에게 자기 기술을 가르쳐 주었거든. 그래서 그 아이는 나를 물리칠 힘을 갖게 되었지. 그 애가 나뭇가지 위나 절벽에 매달려 있을 때 나는 그 조그만 녀석에게 다가갈 수가 없었어. 내가 그 아이를 하늘로 날려 버릴 수만 있다면 얼마나 좋을까. 하지만 난 그럴 힘이 없는 걸. 얼음 공주, 너도 잘 알고 있잖아?”

“우리는 할 수 있어. 너 아니면 내가! 그래 내가, 내가 직접 하겠어!”

얼음 공주가 말했습니다.

바로 그때 어디선가 이상한 소리가 들려왔습니다.

“아니야, 아니야.”

산울림처럼 들렸지만 사실 노래 소리였습니다. 자연의 요정들이 어울려 노래하는 소리였답니다. 부드럽고 사랑스러운 해님의 딸들이 부르는 노래였습니다. 그들은 날마다 해가 질 때면 산꼭대기에 빙 둘러 서서 장밋빛 날개를 펼쳤습니다. 그 날개는 해넘이와 함께 차츰 더 빨갛게 불타올라 높은 알프스를 붉게붉게 물들였습니다. 사람들은 이것을 알프스 불꽃이라 불렀답니다. 그들은 해가 지면 바위 꼭대기 하얀 눈 안으로 스며들었다가 다시 해님이 떠오를 때 기지개를 켜며 나온답니다. 그들은 꽃과 나비와 사람들을 좋아했습니다. 수많은 사람들 가운데서도 루디를 가장 좋아했답니다.

"너희들은 루디를 잡아가지 못 해. 잡아가지 못 한다고!"

해님의 딸들이 날카로운 목소리로 말했습니다.

"흥! 나는 그 아이보다 더 크고 힘센 것도 잡을 수 있어."

얼음 공주도 지지 않고 말했습니다.

그러자 해님의 딸들은 고집불통 얼음 공주에게 나그네의 옷을 벗겨 날려 보낸 바람에 대한 이야기를 노래로 불렀습니다.

"바람은 나그네가 걸친 외투는 가져갈 수 있었지만 그를 데려갈 수는 없었어. 힘이 센 너희들은 루디를 잡을 수는 있지만, 데리고 갈 수는 없지. 루디는 우리들보다 더 강하고 생각도 깊거든. 그리고 우리 어머니 해님보다 더 높이 올라갈 수도 있어. 또 바람과 물을 묶어둘 수 있는 요술 주문을 알지. 그래서 바람과 물은 루디의 말을 들어야만 해. 너희들이 무겁게 짓누르는 힘만 없다면 루디는 더 높이 올라갈 수 있어!"

이렇게 종소리 같은 햇살의 합창이 울려 퍼졌답니다.

햇살은 날마다 해가 뜨면 하나밖에 없는 창문으로 조용히 잠든 루디를 포근하게 비추었습니다. 해님의 딸들은 그에게 입을 맞추지요. 깊은 얼음 틈새에서 돌아가신 엄마 품에 안겨 있던 루디를 구하려 얼음 공주의 차디찬 입맞춤을 따스한 햇살이 녹여 없애주었답니다.

2. 새로운 고향으로 여행

루디는 이제 여덟 살이 되었습니다. 산 너머 로네털에 사는 큰아버지는 루디를 데려가고 싶어 했지요. 로네털에서는 그 어느 곳보다 더 잘 배울 수 있고, 더 훌륭한 사람이 될 수 있다고 말했습니다. 할아버지도 그 사실은 아주 잘 알았습니다. 그래서 루디를 떠나보내기로 결정했습니다.

루디는 떠나기 전 할아버지 말고도 작별인사를 해야 할 친구들이 너무 많았습니다. 먼저 늙은 개 아올라가 있었지요.

"네 아버지는 우편 배달부였고 나는 우편배달차 개였어."

아올라가 말했습니다.

"네 아버지와 나는 셀 수 없을 만큼 많은 산을 오르내렸단다. 그래서 산 너머 사람들과 개들을 많이 알아. 난 평소에는 말을 아끼지 않지만 네가 떠나면 언제 또 말할 기회가 올지 모르니까 오늘은 이야기를 하나 들려줄게. 내가 오

래전부터 깊이 생각했던 이야기란다. 나는 이 이야기를 아직까지도 이해할 수가 없는데, 이야기를 들으면 너도 이해하지 못할지도 몰라. 하지만 아무래도 좋아. 이 세상은 공평하지 않으니까. 사람은 물론이고 개도 마찬가지야. 모두가 편안하게 품에 안겨 우유를 마시게 태어나지는 않는단다. 옛날에 우편마차를 타고 가는 한 개를 보았는데, 그 개는 사람이 앉는 자리에 앉아 있었어. 그 개의 주인인 여자는, 아니 어쩌면 그 여자는 하녀였을지도 모르지만, 그 여자는 개에게 우유를 주었지. 그리고 케이크를 주자 먹을 생각도 안 하고 킁킁 냄새만 맡는 거야. 그러자 여자가 그 케이크를 먹더군. 나는 지친 몸을 끌고 마차 옆에서 달리고 있었는데, 그때 몹시 배가 고팠단다. 어느 봄날이었는데 길은 눈이 녹아서 온통 진흙탕이었지. 나는 그저 배고픈 개에 지나지 않았어. 골똘히 생각해 보았어. 무엇인가 잘못되었다고 말이야. 하지만 잘못된 것은 이 세상에 너무나도 많단다. 너도 가슴에 안겨서 편안히 마차를 타고 가면 좋겠지? 하지만 마음대로 되지 않아. 난 아무것도 할 수가 없었어. 멍멍 짖어도 소용없었고 낑낑대며 울어 봐도 소용없었지."

루디는 아올라의 목을 끌어안고 젖은 코에 입을 맞추었습니다. 그 다음에는 고양이를 안았습니다. 그런데 고양이는 안기는 걸 싫어했지요. 고양이는 털을 빳빳이 곤두세웠어요.

"루디! 너는 너무 세. 하지만 너에게 발톱을 세우고 싶지 않아. 산을 열심히 올라가렴. 내가 기어 올라가는 방법을 가르쳐 주었지? 아래로 떨어질 거란 생각은 아예 하지 마. 그러면 너는 떨어지지 않을 거야."

고양이는 친절하게 말하더니 어디론가 뛰어가 버렸습니다. 눈물 맺힌 눈동자를 루디에게 보이고 싶지 않았기 때문이에요.

두 마리 닭이 마당을 이리저리 왔다 갔다 했습니다. 그 가운데 한 마리는 꼬리가 없었습니다. 지나가던 사냥꾼이 독수리인줄 알고 닭의 꼬리를 총으로 쏘아 날려 버렸기 때문이지요.

"루디는 산 너머로 갈 거야."

한 닭이 말했습니다.

"루디는 언제나 바빠." 다른 닭이 대꾸했지요.

"나는 작별 인사가 너무 싫어. 몹시 슬프니까."

두 닭은 시큰둥한 표정으로 먹이를 찾아 종종걸음을 치며 사라져 버렸습니다.

루디는 무척 슬픈 목소리로 염소들에게 작별인사를 했습니다. 염소들도 시끄럽게 울었습니다.

"음매! 음매! 음매에!"

마침 유능한 길 안내사 두 사람이 산 너머에 일이 있어서 가는 김에 루디를 데리고 가주기로 했습니다. 어린 루디에게는 힘든 여행길이겠지만 지칠 줄 모르는 힘과 용기가 있었습니다.

루디가 걸음을 떼자 제비들도 함께 길을 나서며 노래를 불러주었습니다.

"너와 우리가 함께! 너희와 우리가 함께!"

길은 세차게 흐르는 강 너머로 나 있었습니다. 이 강은 그린델발트 빙하의 검은 틈새에서 흘러나온 수많은 작은 냇물줄기들로 이루어졌지요. 보잘것없던 나무둥치와 돌조각들이 훌륭한 징검다리가 되었습니다. 루디는 오리나무 숲 위쪽에서 산을 오르기 시작했습니다. 때로는 빙하를 넘거나 그 주위를 돌아갔습니다.

루디는 이토록 험한 길을 걷거나 기어가야 했답니다. 하지만 즐거움으로 두 눈은 반짝반짝 빛났습니다. 지나온 길에 표시를 남기려고 걸음을 옮길 때마다 철못이 박힌 등산화를 신은 발로 힘껏 얼음을 밟아 기다란 꼬리를 만들었습니다. 산꼭대기에서 눈이 녹아 흘러내릴 때 함께 쓸려 내려온 검은 흙덩이가 빙하를 뒤덮었습니다. 하지만 자세히 보면 여기저기 흙더미 사이로 청록색 유리 같은 얼음이 아른거렸습니다. 그들은 높이 솟은 얼음 덩어리로 막힌 작은 호수를 돌아가기 위해 커다란 돌이 있는 곳을 지나가게 되었습니다. 얼음판 끝에서 위태롭게 흔들리던 그 돌은 갑자기 균형을 잃고 넘어지면서 깊은 빙하 틈 속으로 빠지며 커다랗게 메아리쳤습니다.

그들은 계속해서 위로, 점점 위로 올라갔습니다. 가파른 바위 사이에서 움츠러든 빙하는 마치 홍수로 넘친 얼음 덩어리처럼 사납게 펼쳐져 있었습니다. 루디는 그 순간, 예전에 엄마와 함께 저 아래 깊고 추운 곳에 떨어졌었다던 말이 떠올랐습니다. 하지만 그 이야기가 더는 사실처럼 다가오지 않았어요. 그것은 루디가 들었던 다른 모든 이야기들처럼 그저 하나의 이야기일 뿐입니다. 산을 오르다가 가파른 언덕이 나오면 함께 가던 어른들은 루디가 힘들 거라 생각해 손을 내밀어주었답니다. 그러나 험한 길에서도 루디는 지치지 않았습니다. 미끄러운 얼음 위에서도 루디는 날렵한 영양처럼 거침없이 뛰어다녔습니다.

그들은 이끼가 뒤덮힌 바위 사이를 걸었습니다. 키 작은 소나무 사이를 걸어가다 보면 어느새 다시 푸른 초원 위로 나오곤 했습니다. 이렇게 주변이 언제나 새로운 모습으로 바뀌었답니다.

새하얗게 눈이 덮인 산들이 빙 둘러싸고 있었습니다. 루디는 그 지역 아이들이 그렇듯이 융프라우, 뫼히, 아이거를 비롯한 많은 산들의 이름을 모두 알고 있습니다. 루디는 여행을 떠나기 전에는 한 번도 이렇게 높은 곳에 와 본 적이 없었고, 넓게 펼쳐진 눈바다를 밟아보지도 못했습니다. 눈바다는 움직이지 않는 눈파도를 치며 펼쳐져 있었답니다. 가끔 바람이 세차게 불어와 그 파도를 눈가루로 만들어 날려 보내곤 했습니다. 빙하는 마치 서로 손을 잡고 있기라도 한 듯 이어져 있었습니다. 모든 얼음은 사람을 잡아가려 벼르는 얼음 공주의 유리 궁전이었습니다.

해는 뜨겁게 타올랐습니다. 햇빛을 받은 눈은 마치 청백색으로 번쩍이는 다이아몬드를 뿌려 놓은 것만 같았지요. 눈 속에는 셀 수 없이 많은 나비와 벌이 흩뿌려진 듯 죽어 있었답니다. 그 곤충들은 바람에 휩쓸려 와서 추위 속에서 얼어 죽고 만 것이겠지요.

구름은 당장이라도 폭풍을 쏟아낼 듯 사나운 기세로 산꼭대기에 젖은 솜

이불처럼 시커멓게 앉아 있었습니다. 만일 구름이 터져서 사나운 소리를 내며 폭풍이 시작되면, 산 위의 숙소, 수많은 길과 협곡들이 모두 무너져 내려 루디의 가슴 속에 잊을 수 없는 기억으로 남게 될 테지요.

눈바다 저 편 한 외딴 돌집이 밤을 보낼 수 있게 루디와 두 안내인의 피난처가 되었습니다. 석탄과 전나무 가지도 있었답니다. 따스한 불을 지폈고, 그런대로 괜찮은 잠자리가 준비되었습니다. 어른들은 모닥불 옆에 빙 둘러앉아 따뜻하고 향기로운 와인을 마시며 담배를 피웠지요. 루디도 함께 말이에요. 그리고 알프스에 사는 신비한 존재들에 대해 이야기했습니다. 깊은 호수의 어마어마하게 크고 이상한 뱀 이야기였습니다. 또 잠든 사람을 하늘로 들어 올려 바다 위에 떠 있는 도시 베니스로 데려간다는 유령들 이야기나 사나운 짐승 떼가 울부짖으며 검은 양들을 몰고 간다는 무서운 이야기도 했습니다. 루디는 호기심 가득한 표정으로 귀를 쫑긋 세우고 열심히 이야기를 들었답니다. 하지만 조금도 무섭지 않았습니다. 루디는 본디 무서움이란 걸 모르거든요. 그런데 이야기를 듣는 동안 멀리서 이상한 짐승 소리가 들리는 것만 같았습니다. 그 소리는 차츰 커지더니 분명해졌습니다. 어른들도 그 짐승 소리를 들었습니다. 그들은 곧 이야기를 멈추고 귀를 기울였습니다. 그러고는 루디에게 잠들어서는 안 된다고 말했습니다.

그 소리는 바로 알프스 폭풍이었습니다. 이 폭풍은 산에서 계곡 쪽으로 불며 엄청난 힘으로 갈대를 꺾듯 쉽게 큰 나무들을 부러뜨릴 거라 말했습니다. 그리고 이리저리 장난감을 옮기듯 집들을 번쩍 들어서 이쪽 강가에서 저쪽 강가로 가볍게 날려 버리기도 한답니다.

폭풍은 한 시간쯤 거세게 불어오다 그쳤습니다. 어른들은 루디에게 이제 자도 좋다고 말했습니다. 그 소리를 듣자마자 루디는 곧 잠에 곯아 떨어졌어요. 힘든 여행을 하느라 매우 지쳐 있었기 때문이지요.

그들은 아침 일찍부터 서둘렀습니다. 해님은 루디를 위해 새로운 산과 빙하, 눈벌판을 밝게 비추어주었습니다. 그들은 이제 칸톤 월리스로 들어섰지만 새로운 고향은 아직도 멀었답니다. 게다가 이제까지 보아 온 것과 다른 산의 계곡과 초원, 숲, 바위길이 그들 앞에 나타났습니다. 집 모양도 아주 달랐고 사람들도 다른 옷을 입고 있었습니다. 루디는 이 모든 것을 매우 흥미롭게 바라보았습니다.

루디 일행이 거리를 지날 때였습니다. 마을 여기저기에서 사람들이 몰려나와 기분 나쁜 눈으로 루디 일행을 바라보았습니다. 루디는 낯선 경험을 하게 되었습니다. 사람들은 지나치게 뚱뚱하거나 무서워 보였으며, 누렇게 뜬 얼굴이었지요. 바로 크레틴 병에 걸린 사람들이었습니다. 그들은 발을 질질 끌며 걸었고 낯선 사람들을 멍한 눈으로 바라보았습니다. 여자들은 더욱 끔찍하게 보였습니다. 새로운 고향의 이웃 사람들도 이런 모습이면 어쩌지? 루디는 걱정이 되었습니다.

3. 아저씨

루디가 들어간 아저씨 집 사람들은 다행스럽게도 한 소년만 빼고는 모두 보통 사람들과 똑같이 생겼습니다. 크레틴 병 환자인 그 아이는 가엾은 바보였습니다. 이렇게 병을 앓는 가난한 사람들은 친척들의 도움을 받아 일 년에 몇 달씩 그 친척들과 함께 지낸답니다. 불쌍한 자페를리는 마침 루디가 왔을 때 그 집에서 머물고 있었습니다.

아저씨는 여전히 훌륭한 사냥꾼이었답니다. 그리고 통 만드는 일에도 조예가 깊었지요. 그의 부인은 작지만 활기 넘치는 분이었습니다. 새 같은 얼굴에 독수리처럼 번득이는 눈을 지녔는데, 길쭉한 목은 솜털로 덮여 있었습니다.

루디에게는 모든 것이 새로웠습니다. 옷은 물론 예절과 풍습도 달랐고 더욱이 쓰는 말까지 달랐습니다. 그래도 어린 루디는 곧 그들의 말을 이해할 수 있었습니다. 게다가 할아버지 집보다는 모든 것이 풍족해 보였습니다. 방도 한결 컸고, 벽에는 아저씨가 잡았으리라 여겨지는 영양의 뿔과, 잘 닦여 번쩍번쩍 거리는 총이 당당히 걸려 있었습니다. 문 위에는 성모 마리아 모습이 담긴 액자가 걸렸는데 그 아래에는 싱싱한 알프스 장미와 불타는 등잔이 놓여 있었어요.

아저씨는 이 고장 뛰어난 사냥꾼들 가운데 한 사람이며 여전히 노련하고 훌륭한 길 안내자였답니다. 루디는 곧 이 집에 없어서는 안 될 귀염둥이가 되었습니다. 사실 이 집에는 귀염둥이가 하나 더 있는데 바로 눈 멀고 귀 먹은 늙은 사냥개입니다. 이제는 나이가 들어 더 이상 날렵하게 움직이지는 못하지만 전에는 훌륭한 사냥개였지요. 사람들은 지난날 이 개가 보여 주었던 뛰어난 재주를 잊지 않고 어엿한 식구로 좋은 대접을 해주었습니다. 루디는 사냥개를 쓰다듬었습니다. 하지만 사냥개는 예전처럼, 낯선 사람에게 친근하게 굴지 않았습니다. 루디는 낯선 사람이었지만 얼마 지나지 않아 그 집과 그 집 사람들의 가슴에 뿌리를 내렸습니다.

"이곳 칸톤 월리스는 그렇게 나쁜 곳이 아니란다."

아저씨가 말씀하셨습니다.

"이곳엔 영양이 살아. 영양은 야생 염소보다 오래 살지. 월리스는 옛날보다 한결 살기 좋아졌어. 물론 옛날을 더 좋아하는 사람도 아직 많이 있지만. 주머니에 구멍이 생긴 것처럼. 계곡에 새로운 바람이 불어온 거지. 떨어지는 나뭇잎보다 새싹이 더 보기 좋은 것과 같은 이치란다. 낡아빠진 것이 사라지면 늘 더 좋은 게 오기 마련이거든."

아저씨는 이야기를 하다가 신이 날 때면 어린 시절 이야기를 많이 들려주었습니다. 이야기는 아저씨의 아버지가 열심히 일했던 시절까지 거슬러 올라가기도 했지요. 그 시절 월리스는 아저씨 말처럼 꽉 붙들어 맨 주머니 같았고, 온통 아픈 사람들로 가득 차 있었대요.

"어느 날 프랑스 군인들이 이 마을에 쳐들어왔지. 군인들은 사람들을 많이 죽였단다. 하지만 병도 물리쳐주었지. 프랑스 사람들은 어떻게 해야 정복할 수 있는지 여러 방법을 알고 있어. 그들은 산과 싸우고, 돌하고도 싸워서 이겼단다. 바위를 부숴서 심플론 거리를 만들었지. 이제는 겨우 세 살밖에 안 된 아이에게도 '이탈리아로 가 봐. 이 길만 따라가면 어린아이라도 이탈리아로 갈 수 있단다.' 그렇게 큰 소리 칠 수 있지. 참, 프랑스 여성들도 싸움을 잘한단다."

아저씨는 프랑스 출신인 자기 부인을 바라보며 고개를 끄덕이며 웃었습니다. 그러고 나서 아저씨는 프랑스 노래를 부르면서 이렇게 외쳤습니다.

"나폴레옹 보나파르트 만세!"

루디는 그때 처음으로 프랑스와 리옹에 대해 들었답니다. 리옹은 론 강가에 있는 커다란 도시입니다. 아저씨는 그곳에 가본 적이 있다고 말했습니다. 아저씨는 루디에게 소질이 있어서 몇 년 안에는 날쌘 영양 사냥꾼이 될 수 있으리라 말하며 루디에게 총을 어떻게 잡고 어떻게 조준해서 쏘는지 친절하게 가르쳐 주었습니다. 아저씨는 사냥철이면 늘 루디를 데리고 산으로 갔습니다. 그럴 때마다 루디에게 따뜻한 영양의 피를 마시게 했는데, 그 피는 어지러움증을 없애주었습니다. 아저씨는 햇빛에 따라 눈사태가 언제 일어나는지 알 수 있는 방법을 루디에게 가르쳐 주었습니다. 그리고 영양들이 움직일 때마다 주의 깊게 살펴서 뛰는 법을 보고 배우라 했지요. 영양들처럼 잘 뛰어다니고, 똑바로 설 수 있도록 연습해야 한다고 했습니다. 만일 절벽에서 발 디딜 곳이 없다면 팔꿈치로 버티며, 허벅지나 장딴지 힘으로 붙잡아야 합니다. 심지어는 목덜미로도 바위를 꼭 잡고 버틸 수 있어야 한다는 것이었습니다. 영양은 영리해서 보초를 세워둡니다. 그래서 사냥꾼은 영양보다 더 똑똑해야 하고, 영양이 사냥꾼 냄새를 맡지 못하도록 해야 하지요. 아저씨는 영양들을 속이는 방법도 잘 알았습니다. 옷이나 모자를 등산 지팡이에 걸어 놓으면 영양은 그것을 사람이라 여긴답니다. 루디는 아저씨를 따라 사냥을 다니면서 이 방법을 써보았습니다.

산길은 몹시 좁아 길이라고 할 수도 없었습니다. 현기증이 날 만큼 높은 절벽에 작고 가느다랗게 눈이 쌓여 튀어나와 있는 것에 지나지 않았거든요. 그 길은 눈이 반쯤 녹아서 한 걸음 한 걸음 걸을 때마다 돌들이 굴러 떨어졌습니다. 그래서 아저씨는 배를 깔고 엎드려서 기어갔지요. 돌들은 천길만길 깊은 절벽 아래로 떨어지면서 바위에 부딪치더니 위로 튀어 올랐습니다. 바위벽에서 바위벽으로 돌은 몇 번씩이나 굴렀습니다. 그러다가 저 아래 시커먼 심연에 떨어져 조용히 가라앉았습니다.

루디는 단단하고 뾰족한 바위 끝에서 아저씨 뒤로 백 걸음쯤 떨어진 곳에 서 있었습니다. 그런데 난데없이 독수리 한 마리가 나타나 아저씨 머리 위로 날아왔습니다. 그 독수리는 힘이 무척 세고 사나워서, 커다란 양의 반쯤 되는 무게는 거뜬히 부리로 물고 날아갈 수 있는 새였습니다. 독수리는 날개를 활짝 펴고 날아와 벌레처럼 기는 아저씨를 절벽 아래로 떨어뜨리려고 했습니다. 하지만 아저씨는 저쪽 절벽에서 새끼와 함께 있는 영양에게만 정신이 팔려 있었습니다. 루디는 독수리에게 눈을 떼지 않고 똑바로 쳐다보며 총을 쏘려고 준비했습니다. 그때 영양이 펄쩍 뛰어올랐고 그와 동시에 아저씨가 총을 쏘았습니다. 영양은 총에 맞아 쓰러졌지만, 새끼는 달아났습니다. 오랫동안 위험에 맞닥뜨리면 필사적으로 도망가는 법을 연습했기 때문입니다. 총 쏘는 소리에 놀란 독수리는 얼른 다른 쪽으로 날아갔습니다. 아저씨는 자신이 위험에 처했던 사실을 몰랐습니다. 루디 이야기를 듣고서야 그 사실을 알게 되었습니다.

집으로 돌아오는 길에 아저씨는 기분이 좋아 휘파람으로 어린 시절 즐겨 부르던 노래를 흥얼거렸습니다. 그때 갑자기 가까운 곳에서 이상한 소리가 들려왔습니다. 아저씨와 루디는 이리저리 살피며 어디서 소리가 나는지 찾아보았습니다. 저 멀리 높고 가파른 바위벽에서 눈더미가 들썩거렸습니다. 마치 지나가던 바람이 하얀 리넨 식탁보를 펼쳐 흔드는 것처럼 물결을 일으키며 요동쳤지요. 그러더니 눈덩이가 곧 파도처럼 무너지면서 대리석이 깨지듯 산산조각이 되어 산 옆으로 굴러 떨어졌습니다. 아래로 곤두박질치는 눈더미에서 커다란 천둥소리가 나는 것만 같았습니다. 눈사태였습니다. 다행히 눈사태는 루디와 아저씨를 덮치지는 않았지만 너무나 가까운 곳에 쏟아져 내렸습니다.

"꼭 잡아라, 루디야!"

아저씨가 소리쳤습니다.

"온 힘을 다해서 꼭 잡아!"

루디는 가까이 있는 나무둥치를 꽉 붙잡았습니다. 아저씨는 나무로 기어 올라가 굵은 가지에 꼭 달라붙었지요. 그 사이 눈사태는 두 사람으로부터 얼마 되지 않은 곳으로 떨어졌습니다. 눈사태가 만들어 낸 공기의 힘과 바람이 주위 나무들과 덤불들을 마치 마른 갈대인 양 꺾고 부수며 여기저기 던져 버렸습니다. 루디도 짓눌려서 땅바닥에 쓰러졌습니다. 루디가 꼭 붙잡았던 나무둥치는 미처 톱질이라도 한 것처럼 잘려져 나가 있었지요. 그리고 나뭇가지는 멀리 날아가 나뒹굴었습니다. 아저씨는 부러진 나뭇가지들 사이에서 머리를 다친 채 쓰러져 있었습니다. 나뭇가지를 붙잡은 아저씨 손은 아직 따뜻했지만 얼굴은 알아볼 수 없을 만큼 피로 잔뜩 뒤덮여 있었습니다. 루디는 어찌할 줄 몰라 하얗게 질린 얼굴로 몸을 덜덜 떨었습니다. 그게 루디가 태어나 처음으로 겪은 놀라움과 공포였습니다.

루디는 저녁 늦게 집에 도착했습니다. 아저씨가 죽었다는 소식을 가지고서 말이에요. 집안은 온통 슬픔에 휩싸였습니다. 부인은 넋을 잃어 아무 말 없이 눈물도 흘리지 못한 채 그 자리에 힘없이 서 있었습니다. 다음 날 사람들이 아저씨를 옮겨온 뒤에야 억눌렀던 울음이 부인의 입에서 터져 나왔습니다.

가엾은 자페를리는 온 하루 제 침대에 누워 모습을 보이지 않았습니다. 저녁이 되자 루디에게 와서 말했습니다.

"날 위해 편지 한 장만 써줘. 난 편지를 쓸 줄 모르지만 우체국에 편지를 가져갈 수는 있어."

그러자 루디가 물었습니다.

"널 위해 편지를 써달라고? 누구에게 보낼 거야?"

"예수님께!"

자페를리가 말했습니다.

"뭐? 누구라고?"

반쯤 머리가 이상한 듯 이 소년은 두 손을 모아 장엄하고 경건하게 말했습니다.

"예수 그리스도님! 자페를리가 편지를 보낼게요. 자페를리를 대신 죽게 하시고, 부디 이 집의 아버지를 돌려주세요. 제발 부탁드려요."

루디는 자페를리의 두 손을 꼭 잡아주었습니다.

"편지는 부칠 수 없어. 편지를 쓴다고 해도 예수님은 우리에게 아저씨를 되돌려주지 않을 거야."

루디는 자페를리에게 아저씨가 되살아오는 게 불가능하다고 설명하기가 너무나 힘들었습니다.

"이제는 네가 이 집 가장이란다."

루디의 숙모가 말했습니다. 그날부터 루디가 그 집의 가장이 되었습니다.

4. 바베테

칸톤 월리스에서 가장 뛰어난 사냥꾼은 누구일까요? 그래요, 영양이라면 모두들 그게 누구인지 잘 알고 있지요.

"루디를 조심해."

영양들은 그렇게 말했습니다.

"누가 가장 멋진 사냥꾼이지?"

"그건 바로 루디야!"

아가씨들도 말했지요.

하지만 아가씨들은 "루디를 조심해!" 말하지는 않았답니다. 그런 말은 엄격한 어머니들조차도 하지 않았습니다. 루디는 젊은 아가씨들을 대하는 것처럼 그들에게도 아주 친절했으니까요.

루디는 대담하고 밝은 성격을 지녔습니다. 검게 그을린 볼과 새하얗고 가지런한 이, 그리고 검은 석탄처럼 빛나는 두 눈을 가진 잘생긴 청년이 되었습니다. 이제 막 스무 살이 되었습니다. 루디는 수영도 잘했는데, 얼음물에서 헤엄을 쳐도 하나도 차갑게 느끼지 않았습니다. 물속에서는 마치 물고기처럼 움직였고, 산에서는 달팽이처럼 바위벽에 바짝 달라붙을 수 있었지요. 게다가 어느 누구도 따라올 수 없을 강한 근육과 힘줄을 가지고 있었답니다. 특히 그가 펄쩍 뛸 때면 그것을 잘 알 수 있었지요. 처음에는 고양이가 가르쳐주었지만 나중에는 영양에게 배웠습니다.

루디는 이제 누구보다 훌륭하고 믿음직스러운 길 안내자가 되었습니다. 그리고 일을 하며 많은 돈을 모을 수 있었지요. 그렇지만 아저씨가 가르쳐주신 통 만드는 일은 재미가 없었습니다. 루디에게는 영양을 사냥하는 일만 즐거웠습니다. 그 일도 많은 돈을 벌 수 있도록 해 주었지요. 사람들은 그런 루디를 훌륭한 신랑감이라고 말했답니다. 아가씨들은 밤마다 루디와 춤을 추는 꿈을 꿀 정도였습니다. 루디는 춤도 잘 추었으니까요. 어떤 아가씨들은 루디와 춤을 췄다고 착각하기도 했답니다.

"춤출 때 그가 내게 입맞춤했어."

학교 선생님의 딸 아네테가 가장 친한 친구에게 말했습니다. 하지만 아네테는 가장 친한 친구라 할지라도 그런 말은 하지 않는 편이 좋았어요. 이런 비밀은 숨기는 게 힘든 법이거든요. 마치 구멍 뚫린 주머니에 넣은 모래처럼 흘러나가 버리고 마니까요. 사람들은 곧 그토록 예의바르고 성실한 루디가 춤출 때 입맞춤했다는 사실을 알게 되었습니다. 하지만 루디는 안타깝게도 누구보다 입을 맞추고 싶은 사람에게는 아직 그렇게 해보지 못했답니다.

"조심해!"

늙은 사냥꾼이 말했습니다.

"루디가 아네테에게 입 맞추었대. 'A'자가 들어가는 아이와 입을 맞추기 시작했으니 알파벳 순서대로 다른 아이들에게도 입 맞출 거야."

남 이야기하길 좋아하는 사람들이 루디에 대해 할 수 있는 이야기라곤 입맞춤이 전부였습니다. 루디는 아네테에게 입 맞추었지요. 그렇지만 아네테는 루디에게 있어 가슴속에 품은 어여쁜 꽃이 아니었답니다.

저 아랫마을 벡스에 커다란 호두나무들 사이를 졸졸 흐르는 작은 시냇가에 부유한 방앗간 주인이 살았습니다. 작은 탑이 있는 그 집은 나무 지붕과 양철 지붕을 씌운 4층짜리 큰 건물이었지요. 이 집 지붕은 해와 달이 비추면 반짝반짝 빛났답니다. 게다가 탑들 가운데 가장 큰 탑에는 바람의 방향을 알려주는 번쩍이는 황금빛 화살이 하나 달렸는데, 그것은 사과를 꿰뚫고 있답니다. 그 화살을 보면 사과를 쏘아 맞춘 빌헬름 텔이 떠오르지요. 방앗간은 예쁘고 아늑하게 생겼답니다. 어떻게 생겼는지 그려볼 수도 말할 수도 있지요. 그러나 방앗간 집 딸은 그렇게 할 수 없답니다. 적어도 루디는 그렇게 말할 거예요. 루디의 가슴속 깊이 그녀의 모습이 새겨져 있으니까요. 그녀의 두 눈은 루디의 마음속에서 반짝반짝 빛나며 마치 불꽃처럼 그의 가슴을 활활 태우고 있습니다. 그 불꽃은 다른 모든 불꽃처럼 갑자기 불타오르기 시작했습니다. 그런데 놀라운 것은 방앗간 집 딸, 사랑스러운 바베테는 그 사실을 전혀 모른다는 거예요. 그녀와 루디는 아직 한 번도 이야기를 나누어 본 적이 없거든요.

방앗간 주인은 부자였습니다. 그래서 바베테는 높은 곳에 있어 다가가기 힘들었습니다. 하지만 루디는 자기 자신에게 말했습니다. 오를 수 없는 높은 곳은 없다고 말이지요. 기어올라가 보자! 떨어진다는 생각만 하지 않는다면 떨어질 일이 없다고 생각했습니다. 루디는 고향에서 그렇게 배웠기 때문입니다.

어느 날 루디는 벡스에 가야 할 일이 생겼습니다. 기차가 아직 없었기 때문에 벡스까지는 힘든 여행을 해야만 했습니다. 샘플롱 고개 옆으로 나란히 펼쳐진 로네 빙하에서 자주 변하는 많은 산꼭대기들까지는 넓은 윌리스 계곡이 웅장한 론 강과 함께 펼쳐져 있답니다. 그 강은 자주 넘쳐서 들과 길을 덮고, 모든 것을 파괴합니다. 두 도시, 시온과 생모리스 사이 계곡은 마치 팔꿈치처럼 굽어 있습니다. 모리스 아래쪽으로 아주 좁아지면서 찻길이 겨우 있을 뿐입니다. 강을 사이에 두고 이곳에는 오래된 탑이 칸톤 윌리스의 보초처럼 서서 벽돌 다리 너머 다른 쪽 세상을 바라보고 있지요. 거기서부터 칸톤 바트가 시작되고, 멀리 떨어지지 않은 다음 도시가 바로 벡스랍니다. 이곳은 발걸음이 닿는 곳마다 풍요로움이 넘쳐서 마치 밤나무와 호두나무 과수원에 와 있는 것만 같습니다. 여기저기서 실측백나무와 석류나무가 서 있었으며, 마치 이탈리아처럼 따뜻했습니다. 루디는 벡스에 이르자 먼저 자기 일을 보았답니다.

그리고 도시를 돌아다녔지만 방앗간 사람은 단 한 명도 만나지 못했습니다. 바베테는 더더욱 말이지요. 저녁이 되자 백리향과 활짝 핀 보리수나무 향기가 가득 피어올랐습니다. 녹색 숲에 둘러싸인 산은 눈앞에서 어른거리는 푸른 베일 자락이 둘러싸고 있는 것만 같았습니다. 주변은 고요했지만 죽음 같은 조용함은 아니랍니다. 마치 자연이 잠시 숨을 멈추고 있는 것만 같았지요. 푸른 하늘을 배경으로 사진을 찍기 위해서 자연이 멈춘 것처럼 말이에요. 푸른 들 여기저기에 나무 기둥들이 세워져 있었는데 거기에는 조용한 계곡을 따라 들어온 전선이 매달려 있었습니다. 바로 전봇대였습니다.

한 전봇대 근처에 무엇인가가 가만히 기대어 있습니다. 마치 썩은 나무 둥치처럼 보였지요. 바로 루디였어요. 자연 속에 스며들 듯 서 있었습니다. 자고 있는 걸까요? 아니면 죽은 걸까요? 전선을 통해 세상의 커다란 사건들과 개인들의 생사가 달린 한 순간이 흘러도 전선은 조금의 떨림이나 한 마디 말도 없이 흐르듯, 루디는 이 전선처럼 오늘 한 여인을 변함없이 머릿속에 그리고 있답니다. 끊임없이 말이에요.

루디는 나뭇잎 사이를 뚫고 나오는 한 빛을 뚫어지게 바라보고 있습니다. 그것은 바로 바베테의 집 거실에서 나오는 불빛이지요. 사람들이 이런 루디의 모습을 보면 아마 루디가 영양을 노린다고 생각할지도 모릅니다. 하지만 이 순간 루디 자신이 바로 영양 같았습니다. 바위에서 떨어져 몇 분 동안 가만히 서 있다가 돌이라도 하나 구르면 갑자기 달아나 버리는 영양 말이에요.

한 생각이 루디 머릿속에 스쳤습니다.

"절대로 포기하지 말자. 방앗간을 찾아가 주인에게 그동안 어떻게 지내셨는지 인사하고 바베테에게도 잘 지냈냐며 말을 건네 보는 거야. 떨어진다는 생각만 하지 않으면 절대로 떨어지지 않는 법이야. 내가 바베테의 남편이 될 운명이라면 그녀도 날 만나주겠지."

자신감을 되찾은 루디는 크게 웃었습니다. 그러고는 용기를 내어 방앗간으로 갔답니다. 물론 바베테를 만나기 위해서지요.

누런 강물이 쫘쫘 소리를 내며 흐르고 버드나무와 보리수나무가 서두르는 물살에 가지 끝을 늘어트리고 있었습니다. 루디는 노래를 흥얼거리며 방앗간으로 걸어갔습니다.

그가 방앗간으로 갔을 때는 아무도 없었어요.

오직 고양이와 쥐만 있었어요.

고양이가 현관 계단에 서서 등을 둥글게 말고는 "야옹" 울었습니다. 하지만 루디는 대꾸하고 싶지 않았어요. 그가 문을 두드렸지만 아무도 문을 열지 않았습니다.

"야옹!" 고양이가 다시 울었습니다. 만일 루디가 어린아이였다면 고양이가 "집에 아무도 없어" 이렇게 말하는 걸 알아들었을 거예요.

루디는 물레방아 쪽으로 가서 물어보기로 하였습니다. 그곳에서 집주인이 멀리 인터라켄이라는 도시로 여행을 떠났다는 소식을 들을 수 있었습니다. 학교 선생님인 아네테의 아버지께서 인터라켄은 호수의 사이라는 뜻이라고 알려주셨던 게 생각났습니다. 그렇게 먼 곳으로 바베테와 그녀의 가족들이 떠난 것이었습니다. 인터라켄에서는 내일부터 일주일 동안 독일어를 쓰는 모든 지역에서 스위스인이 모이는 사격대회가 열리기 때문입니다.

가엾은 루디. 하필이면 바베테를 찾아간 날, 그들이 여행을 떠나다니요. 루디는 생 모리스와 시온을 거쳐 다시 자신의 집으로 돌아왔습니다. 그러나 실망하지는 않았답니다. 다음 날 아침 태양이 높이 떠오르자 그의 기분도 다시 하늘 높이 두둥실 떠올랐습니다. 루디의 마음은 결코 가라앉는 법이 없으니까요.

"바베테는 여기서 며칠은 더 걸어가야 하는 인터라켄에 있어."

루디는 혼잣말을 하더니 잠시 생각했습니다.

"만일 넓은 길로 간다면 거기까지 굉장히 먼 거리지. 하지만 산을 넘어가면 그렇게 멀지는 않아. 그리고 그 길은 나 같은 사냥꾼에겐 안성맞춤인걸. 전에도 그 산을 넘은 적이 있어. 저 너머는 바로 내가 어릴 때 살았던 할아버지 집이야. 내 고향이라고! 인터라켄에서 열리는 사격대회! 나는 거기서 우승하고 말 테야. 그러면 그녀의 마음을 사로잡을 수 있겠지."

루디는 나들이옷과 총 그리고 사냥포대가 든 가벼운 배낭을 메고 산을 올랐습니다. 짧은 길이라고 해도 꽤 멀었지요. 사격대회는 오늘부터 시작되어 일주일 넘게 열립니다. 그동안 바베테는 아버지와 함께 인터라켄의 친척 집에 머무르지요. 루디는 산을 넘어 그린델발트로 갔습니다.

루디는 힘차고 밝은 기분으로 신선한 산 공기를 마시며 길을 걸어갔답니다. 계곡은 가면 갈수록 점점 더 깊어졌고 시야는 차츰 넓어졌습니다. 여기저기 눈으로 덮인 산들이 우뚝 서 있었고 머지않아 반짝반짝 빛나는 하얀 알프스 산맥이 눈앞에 나타났습니다. 루디는 이 눈 덮인 산들을 아주 잘 알고 있답니다. 루디는 슈렉호른 산으로 걸어갔습니다. 하얀 눈에 덮인 돌은 손가락처럼 저 높은 푸른 하늘로 뻗어 있었습니다.

산등성이를 벗어나자 그리운 고향 계곡 사이로 초원이 보이기 시작했습니다. 루디의 마음은 가벼운 공기처럼 한결 가뿐해졌답니다. 산과 계곡은 꽃과 나무로 가득했고, 그의 가슴은 어릴 때 추억으로 흘러넘칠 만큼 가득 차올랐지요. 행복한 사람은 늙지 않는 법. 삶을 누리고 쟁취하고 마음껏 즐기자! 루디의 마음은 새처럼 자유롭고 경쾌했습니다. 제비가 날아가면서 어린 시절에 들었던 노래를 불렀습니다.

"너와 우리들! 너와 우리들!"

모든 것이 경쾌하고 즐거웠답니다.

계곡을 빠져나오자 비단처럼 푸른 초원이 펼쳐져 있었습니다. 밤색 통나무 집들이 드문드문 서 있고 더러운 회색빛 눈이 빙하를 덮었습니다. 루디는 푸른 유리 같은 빙하 모서리와 그 사이사이로 깊이 펼쳐진 벼랑을 바라보았습니다. 가장 높은 빙하와 가장 낮은 빙하를 보았습니다. 루디가 고향에 돌아온 것을 환영이라도 하듯 어디선가 교회 종소리가 들려옵니다. 그 소리에 루디의 가슴은 더욱 세차게 뛰며 넓어졌습니다. 루디의 마음은 온통 추억으로 가득 차 이 순간만큼은 바베테마저 머릿속에서 잠시 사라졌습니다.

루디는 어릴 때 다른 아이들과 함께 집 조각을 팔던 곳으로 가보았습니다. 전나무 뒤에는 여전히 할아버지 집이 있었습니다. 이제는 낯선 사람들이 살고 있지만요. 마을 아이들은 변함없이 낯선 여행자를 따라다니며 물건을 팔고 있었습니다. 한 아이가 건네는 알프스 장미를 받으며 루디는 좋은 징조라 여기며 사랑하는 바베테를 떠올렸답니다. 이윽고 그는 길을 벗어나 두 강물이 하나가 되는 곳에 걸린 다리 위에 이르렀습니다. 나뭇잎이 빽빽하게 달린 호두나무가 그늘을 드리워주었지요. 드디어 빨간 바탕에 하얀 십자가가 그려져 바람에 나부끼는 스위스와 덴마크 깃발이 보였습니다. 그 바로 앞이 인터라켄이지요.

루디는 인터라켄이 다른 어떤 도시보다도 호화로운 도시라고 생각했습니다. 나들이옷을 맵시 있게 차려입은 사람들로 가득 찬 스위스의 도시였습니다. 다른 도시들과는 달리 무거운 돌로 만든 집들로 가득 차 있지도 않고, 위엄 있고 고상한 도시가 아니었습니다. 그래요, 이곳은 다른 도시들과 전혀 달랐습니다. 통나무집들은 마치 산꼭대기에서 미끄럼을 타듯 빠르게 흘러내리는 맑은 강을 따라 초록 계곡으로 내려와 줄지어 나란히 길을 만든 것만 같았습니다. 마을길은 울퉁불퉁했지만요. 마을에서 가장 훌륭한 길은 루디가 어릴 때는 없었던 길입니다. 할아버지가 만들어서 진열장 가득 채워두었던 귀여운 나무집들이 나란히 늘어서 있는 것만 같았습니다. 집들은 아름다운 창문과 베란다마다 예쁘게 깎아 만든 목공예품으로 장식된 호텔이었습니다. 햇빛을 가리기 위해 앞으로 튀어나온 지붕이 그렇게도 예쁘고 귀여울 수가 없었어요. 또 집들마다 넓게 포장된 국도까지 예쁜 정원으로 꾸몄답니다. 집들은 한쪽에만 늘어섰는데, 그렇지 않았다면 신선한 초록 풀밭을 모두 가리고 말았을 거예요. 풀밭에는 목에 종을 하나씩 단 소들이 떼를 지어 돌아다녔는데 그 종소리가 높은 알프스 목초지를 가볍게 흔들었습니다. 목장은 높은 산들로 빙 둘러싸여 있었습니다. 그 산들 가운데 눈으로 덮여 반짝이는 하얀 산은 보고 또 보아도 참으로 아름다웠습니다. 그 산은 스위스 산들 가운데 가장 아름다운 모습을 지닌 융프라우였지요.

다른 나라에서 멋지게 차려입은 신사와 숙녀들이 얼마나 많이 모여들었던지요. 게다가 여러 지방에서 온 사람들로 거리는 온통 북적였습니다. 사수들은 저마다 참가번호를 모자 꽃장식에 달고 있었답니다. 음악과 노래, 악기 소리와 사람들 외침으로 시끌벅적했고, 집과 다리는 시구와 대회 참가단체 문장들로 꾸며져 있었습니다. 그리고 수많은 깃발과 국기들이 펄럭이며 한두 발 총소리가 울립니다. 루디 귀에는 그 모든 소리가 함께 어우러져 아름다운 음악처럼 들렸습니다. 활기찬 사격대회 분위기 속에서 루디는 그만 바베테를 완전히 잊어버렸답니다. 그녀를 찾아 이곳에 온 것인데도 말이지요.

마침내 사수들이 우승을 차지하기 위해 과녁 앞으로 나왔습니다. 루디도 그들 가운데에 끼어 있었습니다. 루디는 다른 선수들보다 뛰어나고 운이 좋은 사수였습니다. 한 번도 실패하지 않고 과녁을 명중시켰기 때문이지요.

"저기 혈기왕성한 사냥꾼은 누구지?"

루디를 처음 본 사람들은 호기심에 수군거리며 서로 물었습니다.

"칸톤 월리스 지방 프랑스 사투리를 쓰더라고. 그리고 독일어도 제법 하던데."

누군가 그렇게 말했습니다.

"어릴 때 여기 그린델발트에서 살았다는데?"

그들 가운데 하나가 루디에 대해 아는 듯이 말했습니다.

루디는 늘 기운 넘치고 반짝이는 눈동자에 빛을 잃은 적이 없었습니다. 게다가 실력도 무척 뛰어났지요. 용기는 행운을 불러온답니다. 루디 만큼 용기 있는 사람도 없을 겁니다. 낯은 사람들이 루디 주위로 몰려와 곧 이런저런 친구들을 사귈 수 있었지요. 사람들은 모두 그런 루디를 우러러보았습니다. 루디의 머릿속에서는 어느새 바베테의 모습이 사라지고 없었습니다. 그때 누군가 루디의 어깨를 가볍게 쳤습니다. 그러더니 조금 거친 목소리로 말을 건넸습니다.

"당신, 칸톤 월리스에서 왔소?"

루디는 몸을 돌려 얼굴이 발그레하고 뚱뚱한 남자를 바라보았답니다. 그런데 이게 웬일인가요? 말을 건네온 사람은 바로 벡스에서 온 돈 많은 방앗간 주인이 아니겠습니까. 커다란 그의 가슴팍 너머로 곱고 귀여운 바베테가 루디를 보려고 발끝을 들고 서 있었습니다. 그녀는 생기 넘치는 빛나는 검은 눈동자로 루디를 바라보았습니다. 같은 지방에서 온 사냥꾼이 이곳에서 총도 가장 잘 쏘고 모든 사람들에게 존경을 받으니 돈 많은 방앗간 주인 눈에 띄었던 것이랍니다. 보세요, 루디는 정말 행운의 사나이지요? 험한 길을 왔지만 잠깐의 기쁨에 젖어 그만 바베테를 잊어버리고 말았는데 생각지도 않게 그녀가 그를 찾아왔으니까요.

사람들은 멀리 떨어진 곳에서 한 고향 사람을 만나면 금세 친해진답니다. 루디의 사격 솜씨는 이곳에서 가장 뛰어났지요. 방앗간 주인이 벡스에서 가장 부자인 것처럼 말입니다. 이 둘은 고향에서는 한 번도 나눈 적 없던 악수를 낯선 도시에서 하게 되었습니다. 그리고 바베테도 진심을 담아 루디에게 손을 내밀었습니다. 루디는 손을 잡으며 바베테의 눈을 빤히 들여다보았답니다. 그래서 바베테는 그만 얼굴이 빨개져버리고 말았습니다.

방앗간 주인은 여기까지 오는 길에 보았던 많은 도시들에 대해 신나게 이야기해 주었습니다. 무척 흥미로웠습니다. 그들은 배를 타고 호수를 건너 기차와 우편마차를 타고 꽤 힘들게 그곳까지 왔다고 말했습니다.

“저는 지름길로 왔습니다.”

루디가 말했습니다.

“산을 넘어 왔거든요. 사람이 넘지 못할 산은 없으니까요.”

“그러다 잘못하면 목이 부러질 수도 있다오. 당신은 꼭 그렇게 보이는군요. 언젠가 한 번 목이 부러질 것처럼 말이오. 그리 무모하게 굴다가는 언젠가 큰 사고를 당할 수도 있거든.”

방앗간 주인이 말했습니다.

“아닙니다, 절대로 떨어지지 않는다고 스스로 믿는 한 떨어지지 않는 법입니다.”

루디가 힘주어 말했습니다.

방앗간 주인과 바베테가 머무르는 친척 집 주인이 잠시라도 좋으니 집으로 놀러오라며 루디를 집으로 초대했답니다. 자신의 친척과 아는 사이인데다가 그리운 고향에서 온 루디를 반갑게 여기고 좋게 생각했기 때문이지요. 루디에게는 더할 수 없이 고마운 일이었습니다. 행운이 따라온 것이지요. 행운은 늘 준비하고, 자신을 믿으며 그렇게 되리라 생각하는 사람에게 반드시 찾아오는 법이랍니다.

"하느님은 우리에게 호두를 주시지만, 우리를 위해 그걸 까주시지는 않는다."

루디는 초대받은 집 식구가 되기라도 한 것처럼 앉았습니다. 사람들은 가장 훌륭한 사수의 건강을 기원하며 잔을 들었습니다. 물론 바베테도 함께 건배했습니다. 루디는 축배를 들면서 사람들에게 감사 인사를 전했습니다.

저녁을 먹은 뒤, 루디는 사람들과 함께 오래된 호두나무가 늘어섰고, 예쁜 집들이 모여 있는 아름다운 길을 따라 걸었습니다. 그런데 많은 사람들이 루디를 알아보고 밀치고 몰려들어와 혼잡해지는 바람에 바베테가 넘어질 뻔했습니다. 루디는 얼른 바베테의 팔을 잡아 주어야만 했습니다. 루디는 와트에서 온 사람들을 만나게 되어 기쁘다며 와트와 윌리스는 사이좋은 이웃 마을이라고 말했습니다. 그러면서 바베테를 만나게 되어 참으로 기쁘다고 고백했답니다. 바베테는 마음 깊은 곳에서 우러나온 루디의 진심을 듣자 감사의 표시로 그의 손을 꼭 잡아 주었지요. 그들은 마치 오래전부터 알고 지냈던 친구처럼 나란히 걸었습니다.

바베테는 밝은 성격을 가졌습니다. 작고 귀여운 아가씨였지요. 루디는 외국에서 온 부인들의 옷과 태도를 보면서 우스운 점과 이상한 점을 발견하고 무척 재미있어하는 바베테가 그녀다워서 매우 아름답다고 생각했습니다.

바베테가 말했습니다.

"나는 결코 그들을 놀리는 게 아니에요. 외국 사람들 가운데는 정직하고 친절한 좋은 사람들이 많아요. 그건 제가 너무나도 잘 알아요. 저의 대모는 아주 품위 있는 영국 부인이었거든요. 18년 전 제가 세례를 받을 때 대모는 벡스에 있었어요."

바베테의 옷깃에는 대모가 선물로 준 고급스런 황금빛 핀이 딜려 있었습니다.

"대모는 두 번 편지를 보내셨어요. 여기 인터라켄에 대모가 딸들을 데리고 오신다며 만나자는 내용이었어요. 대모의 딸들은 곧 서른 살이 되지만 아직 결혼하지 않았답니다."

바베테는 이제 겨우 열여덟 살이었습니다.

바베테의 귀엽고 작은 입은 잠시도 가만히 있지 않았습니다. 그런 그녀의 모든 말은 루디에게 아주 중요하게 여겨졌습니다. 루디도 말할 기회가 오면 자기가 얼마나 자주 벡스에 갔었는지, 물방앗간을 얼마나 잘 아는지, 그리고 바베테를 얼마나 자주 보았는지 이야기했답니다. 하지만 바베테는 조금도 눈치 못 챘을 거란 말도 했습니다. 루디는 사격대회가 열리기 바로 전에 그동안 말하지 못했던 마음을 전하려 용기를 내서 방앗간을 찾아갔던 일도 이야기했습니다. 물론 그녀와 가족들이 이미 벡스를 떠나고 없었다는 말도 했습니다.

"당신은 벌써 멀리 떠나고 없었어요. 아주 멀리 떠난 뒤였어요. 당신이 간 곳으로 가는 길은 멀리 돌아가는 길과 곧바로 가는 가까운 길, 둘이었어요. 그래서 나는 빨리 가는 길을 골라 산을 넘어왔지요."

그래요, 참으로 많은 이야기를 했습니다. 그리고 루디는 자신의 마음을 솔직하게 고백했답니다. 바베테를 사랑한다는 것과 이 마을에 온 이유도 사격대회에 참가하기 위해서가 아니라 바베테를 찾아왔다는 것을 말이지요. 바베테는 아무 말없이 루디를 가만 가만 바라보았습니다. 루디의 고백이 너무나 벅차 말을 할 수 없었던 것이랍니다.

두 사람이 이야기를 나누며 걷는 동안 해는 높은 바위벽 뒤로 넘어갔습니다. 가까운 산들의 초록 화관에 둘러싸인 융프라우가 햇빛을 받아 눈부시게 빛났습니다. 많은 사람들이 멈춰 서서 해가 지는 모습을 바라보았습니다. 루디와 바베테도 장엄한 경치를 바라보았지요.

"여기보다 아름다운 곳은 세상 어디에도 없을 거예요."

바베테가 말했습니다.

"그 어느 곳에도!"

루디도 말했답니다. 그러고는 바베테를 바라보았습니다.

"난 내일 떠나야만 해요."

루디는 잠깐 머뭇거리다가 말했습니다.

"벡스에 오시면 우리 집에 놀러 오세요. 아버지께서 매우 기뻐하실 거예요."

바베테가 작은 목소리로 속삭이듯 이야기했습니다.

5. 집으로 돌아가는 길

이튿날 아침, 루디는 높은 산을 넘어 집으로 돌아갈 때 꽤나 많은 짐을 들고 가야만 했습니다. 그래요, 그는 은잔 세 개와 두 자루의 훌륭한 총, 은으로 만든 커피 주전자를 선물 받았습니다. 커피 주전자는 가정을 꾸리게 된다면 바로 유용하게 쓸 수 있는 것이지요. 하지만 루디는 값어치를 따질 수 없을 만큼 아주 소중한 선물을 받았답니다. 루디가 얻은 소중한 물건들은 그가 높은 산을 가뿐히 넘어갈 수 있는 힘이 되어 주었습니다.

날씨는 무척 나빴습니다. 하늘은 회색 구름이 잔뜩 뒤덮였으며 곧 비가 내릴 듯 음침하고 무거웠습니다. 구름은 검은 베일처럼 산꼭대기에서 늘어져 내려와 산언덕을 감싸고 있었습니다. 숲속에서는 나무꾼들이 도끼로 나무를 찍어대는 소리가 꿍꿍 울리더니 곧이어 산비탈을 따라 통나무들이 데구루루 굴러 내려가는 소리도 들렸습니다. 나무들은 높은 곳에서 보면 마치 이쑤시개처럼 가늘게 보이지만 가까이에서 올려다보면 키가 크고 우람한 돛대처럼 보인답니다. 강물은 단조로운 화음을 내며 흘렀고 바람은 무섭게 윙윙거렸으며 구름은 날아가듯 빠르게 달려갔습니다.

그때 마침 루디의 바로 옆으로 한 젊은 여인이 지나갔습니다. 루디는 그녀가 다가오는 것을 조금 전까지도 전혀 알아채지 못했지요. 그녀도 산을 넘으려 했습니다. 그런데 그녀의 눈은 무언지 모를 이상한 힘을 가지고 있어서 루디는 그 눈을 계속 들여다보지 않을 수 없었습니다. 그녀의 두 눈동자는 신비한 유리처럼 맑았고, 바닥이 보이지 않을 정도로 깊었습니다.

"당신은 좋아하는 사람이 있나요?"

루디가 물었습니다. 루디는 지금 바베테를 만나고 싶은 생각으로 머릿속이 꽉 차 있었거든요.

"아니요, 없어요."

여인은 싱긋 웃으며 답했습니다. 그러나 루디에게는 어쩐지 그 말이 거짓말처럼 들렸습니다.

"가까운 길을 두고 돌아가지 말아요. 왼쪽 길로 가요. 그 길이 더 빨라요."

그 여인이 말했습니다.

"얼음 절벽으로 떨어지고 싶으면 그렇게 하세요. 길도 잘 모르면서 길 안내를 할 생각은 마세요."

루디가 말했어요.

"아니오, 난 이 길을 그 누구보다 잘 알아요."

여인은 화가 난 듯이 말했습니다.

"게다가 난 길눈도 밝다고요. 당신은 저 산 아래에 마음을 두고 온 것만 같

아요. 산을 오를 때마다 얼음 공주를 떠올려야 하는 걸 잊지 마세요. 사람들
은 얼음공주를 만나면 무서운 일을 당할 거라고 늘 말했어요!"

"난 얼음 공주 따위는 전혀 무섭지 않아요."

루디는 용감하게 말했습니다.

"내가 어렸을 때도 얼음 공주는 나를 무사히 보내 줘야만 했어요. 그리고 이
제 나는 더 이상 어린아이도 아니에요. 그녀는 감히 나를 상대할 생각조차 못
할 거예요."

어둠이 깊어지며 갑자기 비가 마구 쏟아지더니 곧 함박눈이 내렸습니다. 산
은 순식간에 눈으로 하얗게 뒤덮이면서 온 세상을 가려버렸습니다.

"자, 내 손을 잡아요. 올라가는 것을 도와 줄 테니."

정체모를 여인은 얼음처럼 차가운 손을 루디에게 내밀었습니다.

"당신이 나를 도와준다고? 난 산을 오를 때 한 번도 여자의 도움을 받아 본

일이 없어요."

루디는 이렇게 말하고는 빠른 걸음으로 그녀보다 앞서 걸어갔습니다. 눈보라는 베일처럼 루디를 감싸며 바람은 계속 윙윙 불었습니다. 그때 바로 뒤에서 여인이 웃으면서 노래하는 소리가 들려왔습니다. 아주 신비롭게 울려 퍼졌습니다.

'어쩌면 저 여자는 얼음 공주의 시녀일지도 몰라.'

루디는 속으로 중얼거렸습니다. 루디가 어릴 때 산을 넘어가면서 안내인들에게 얼음공주에 대한 이야기를 들어서 아주 잘 알고 있었습니다. 고향을 떠나 이곳에서 밤을 지낼 때 들은 이야기입니다.

어느새 눈발이 가늘어졌습니다. 루디는 뒤를 돌아보았습니다. 아무도 보이지 않았습니다. 하지만 여전히 웃음소리와 노랫소리가 들려왔습니다. 그 소리는 아무리 생각해 보아도 사람에게서 나오는 소리 같지가 않았습니다.

루디는 마침내 가장 높은 산꼭대기에 이르렀습니다. 거기서부터 산길을 타고 내려가면 로네탈에 이르게 되지요. 샤모니 쪽으로 맑고 푸른 하늘이 펼쳐져 있고 커다란 별 두 개가 반짝반짝 빛났습니다. 루디는 그 별들을 보면서 바베테와 함께 했던 행복한 시간들을 떠올렸습니다. 그러자 어느새 루디의 몸과 마음은 따뜻해졌습니다.

6. 방앗간에 들러서

"루디야, 우리 집안에 영광이 될 귀한 것들을 가져왔구나. 네 아버지와 삼촌이 매우 기뻐하시겠다."

나이 든 양어머니는 독수리 같은 두 눈을 반짝이며 긴 목을 쭉 펴서 깜짝 놀란 모습으로 말했습니다. 이토록 귀한 물건들을 처음 보았기 때문이죠.

"넌 참으로 운이 좋구나. 루디야, 이리오렴. 칭찬의 뜻으로 한 번 안아주고 싶구나."

그녀는 루디를 꼭 안고 볼에 입 맞추었습니다. 루디는 아무 말 없이 양어머니의 칭찬을 받았습니다. 그러나 표정은 마땅히 해야 할 일을 했을 뿐이라 말하고 있었습니다.

"넌 참 훌륭하게 자랐구나! 정말 자랑스럽다, 루디야!"

나이 지긋한 양어머니가 다시 말했습니다.

"별 것 아니에요. 제가 어머니께 더 감사드려요."

루디는 그렇게 말하며 쑥스러운 듯 웃었지만, 한편으로는 기분이 매우 좋았습니다.

"오, 아니란다. 루디, 너는 참으로 복이 많은 아이야."

양어머니가 웃으며 말했습니다.

"네, 맞아요. 저도 그렇게 생각해요!"

루디는 바베테를 떠올리며 그렇게 소리쳤습니다.

'바베테도 지금쯤이면 집에 도착했겠지. 그녀가 집으로 떠난 지 벌써 이틀이나 지났으니까. 어서 벡스로 가야겠어.'

루디는 이 순간만큼 그 깊은 골짜기가 그리웠던 적은 없었습니다.

그는 곧 벡스에 갔습니다. 방앗간 주인은 집에 돌아와 있었지요. 루디는 성대한 환영을 받았습니다. 그리고 인터라켄 친척들에게서도 안부 인사를 받았습니다. 바베테는 예전에 만났을 때처럼 말을 많이 하지는 않았지만 눈으로 많은 이야기를 전했습니다. 루디는 그것만으로도 충분했답니다. 다른 때 같으면 말하기를 좋아하는 성격이라 이야기를 이끌어가며 사람들을 웃게 했던 방앗간 주인이 오늘은 오히려 루디의 사냥 이야기를 듣고 싶어 했습니다. 루디는 높은 바위 꼭대기에서 견뎌내야 하는 어려움과 위험, 바람과 눈보라를 어떻게 헤치고 위험한 바위를 기어가야 하는지, 그리고 깊은 벼랑 위로 눈보라가 세차게 불 때 어떻게 건너가야 하는지 이런 일들을 재미나게 이야기했습니다. 사냥꾼의 생활, 영양의 영리함, 모진 날씨, 눈사태 같은 이야기를 하는 동안 루디의 눈은 반짝반짝 빛이 나며 아주 용감하게 보였습니다. 그리고 루디는 새로운 이야기를 할 때마다 방앗간 주인이 점점 더 흥미를 가질 수 있게 신경 썼습니다. 특히 대머리 독수리와 용맹스러운 검독수리 이야기가 그의 마음을 끌었습니다.

이곳에서 그리 멀지 않은 곳에 독수리 둥지가 하나 있었습니다. 그 둥지는 앞으로 툭 튀어나온 바위 끝 아래에 튼튼하게 달려 있었지요. 둥지에는 새끼 새가 있었지만 누구도 잡을 엄두를 내지 못했습니다.

며칠 전 한 영국 사람이 루디에게 그 새끼 독수리를 산채로 잡아다 주면 많은 돈을 주겠다고 제안했지만 루디는 정중하게 거절했습니다.

"모든 일에는 한계가 있어요. 새끼 독수리는 잡을 수 없어요. 그런 높은 곳에 올라가는 건 바보 같은 짓이라고요."

사람들은 포도주를 마시며 사냥 이야기를 들었습니다. 루디의 이야기를 듣느라 그들은 시간 가는 줄 몰랐답니다. 그러다 루디는 입이 마르고 혀가 꼬여서 더는 이야기를 할 수가 없었습니다. 작별 인사를 나눌 때는 어느덧 자정이 훌쩍 지난 시간이었지요.

창문에서 흘러나온 불빛이 푸른 나뭇가지를 비추었습니다. 열린 채광창에서 안방 고양이가 나왔습니다. 지붕 홈통을 따라 부엌 고양이도 나왔지요.

"너 얼마 전에 방앗간에서 일어난 일을 아니?"

안방 고양이가 가만히 속삭이며 물었습니다.

"이 집에서 비밀리에 약혼한 사람이 있어. 주인 아저씨는 아직 그걸 몰라. 루디와 바베테는 저녁 내내 탁자 밑으로 몰래 서로 발을 맞대고 있었단다. 그 발에 나도 꼬리를 두 번이나 밟혔는걸. 그렇지만 나는 '야옹' 소리를 내지 않았어. 그러면 사람들이 무슨 일인가 관심을 가질 테니까."

"나라면 소리를 냈을 텐데."

부엌 고양이가 말했습니다.

"그래서 부엌에서 일어난 일은 안방에는 어울리지 않는다고 하는 거야. 방앗간 주인이 이 약혼 소식을 들으면 뭐라고 할지 너무 너무 궁금해."

그래요, 방앗간 주인이 뭐라 할지 루디도 무척이나 궁금했답니다. 그리고 그것을 알 때까지 루디는 가만히 참고 기다릴 수가 없었어요. 며칠 뒤 루디는 월리스와 와트를 잇는 로네 다리를, 덜컹거리며 달리는 마차를 타고 지났습니다. 언제나처럼 유쾌한 기분으로 말이지요. 오늘 저녁에 결혼 허락을 받아야겠다고 생각했습니다. 밤이 되어 마차는 왔던 길을 다시 돌아갔습니다. 루디는 그 마차 안에 앉아 있었습니다. 방앗간에서는 안방 고양이가 집 안을 이리저리 뛰어다니며 새로운 소식을 전하고 있었지요.

"부엌 고양이야, 아까 무슨 일이 일어났는지 알고 있니? 방앗간 주인은 이제 모든 것을 알았단다. 하지만 이야기가 참 이상하게 흘러갔어. 루디가 이른 저녁 이곳에 찾아왔단다. 루디와 바베테는 방앗간 주인 방 앞 통로에 서서 오랫동안 귓속말로 소곤거렸지. 내가 바로 발아래에 있었는데도 두 사람은 나에게 눈길 한 번 주지 않았어. '나는 당신 아버지께 곧장 가서 말하겠소. 이건 진지한 이야기니까!' 그러자 바베테가 물었어. '나도 함께 갈까요? 당신에게 용기를

주고 싶어요.' 그러자 루디가 말했어. '지금 나에게 용기는 충분히 있소. 그렇지만 당신이 내 옆에 있으면 당신 아버지께서는 승낙을 하시든 안 하시든 크게 화를 내시지는 않으실 거야.' 그러고는 함께 안으로 들어갔지. 루디는 내 꼬리를 아프게도 밟았단다. 정말로 무례하지 뭐니! 내가 '야옹' 크게 소리를 지르며 울었지만 루디나 바베테 둘 다 나 따위는 아랑곳하지 않았어. 그들이 문을 열고 안으로 들어갈 때 나도 재빨리 들어가 냉큼 의자 위로 뛰어 올라갔지. 루디가 또 걷어찰지 몰랐으니까. 그런데 그런 걱정은 하지 않아도 되었어. 이번에는 방앗간 주인이 루디를 세게 걷어차버렸으니까. 이 집 문을 나가 저기 보이는 산꼭대기 위까지 말이야. 이제 루디는 산 위에서 영양이나 사냥해야 해. 우리 바베테 아가씨는 넘볼 수도 없게 되었지."

"그런데 대체 무슨 말이 오갔던 거니?"

부엌 고양이가 물었습니다.

"무슨 말이 오갔냐고? 보통 사람들이 결혼 허락을 받을 때 하는 모든 말들이 오갔지. 늘 정해져 있는 흔한 말이란다. '나는 바베테를 사랑하고 바베테도 나를 사랑해요!' 그러자 방앗간 주인이 말했어. '자네는 눈이 너무 높군. 오르지 못할 나무를 바라보고 있네. 자네는 바베테에게 어울리지 않아. 자네 따위는 아무리 발버둥 쳐도 오르지 못할 황금으로 된 곡식더미 위에 앉아 있다고. 이해가 돼? 루디, 자네는 절대로 올라갈 수 없다고.' 루디가 말했어. '어떤 것도 사람이 오르지 못할 만큼 높은 것은 없어요. 마음만 먹으면 어디든 올라갈 수 있다고요!' 매우 큰 목소리로 말이야. 하지만 방앗간 주인도 지지 않았지. '자네는 언젠가 높은 바위 아래 사는 독수리는 잡아올 수 없다고 말하지 않았는가. 바베테는 그보다 더 높이 앉아 있어. 자네 손이 닿을 수 없는 곳이지.' '나는 그 둘 모두 가질 거예요!' 루디가 말했어. '그래? 그렇다면 자네가 새끼 독수리를 산채로 잡아 오면 이 결혼을 허락하겠네' 방앗간 주인은 크게 웃으며 말했지. 너무 웃어서 눈물이 나올 만큼 말이야. '어쨌든 이렇게 찾아와 주어서 고맙군. 내일 다시 오더라도 만나주지 않을 걸세. 아니, 아무도 없을 걸세. 앞으로 우리 집에 오지 말게. 잘 가게, 루디!' 바베테도 작별 인사를 했지. 그녀는 마치 엄마를 잃은 작은 새끼 고양이 같았어. '남자의 약속이야' 루디가 바베테에게 말했지. '울지 마, 바베테. 내가 새끼 독수리를 꼭 잡아 올게.' 그 말을 들은 주인이 웃음을 멈추더니 말했어. '난 자네가 목이라도 부러졌으면 좋겠어. 그러면 자네를 떼어 버릴 수 있을 테니.' 내가 걸어찼다고 한 건 바로 이 말이야. 루디는 그렇게 떠났고 바베테는 주저앉아 울었어. 방앗간 주인은 독일어로 노래를 불렀지. 여행에서 배운 독일어로 말야. 나는 하나도 슬프지 않네. 나와는 아무 상관도 없는 일이니까.”

“하지만 아직 희망은 있어.”

부엌 고양이가 말했습니다.

7. 독수리 둥지

누군가 아주 힘차게 노래를 부르는 소리가 들려옵니다. 몹시 흥겨운 목소리여서 노래 부르는 사람이 무척 기분이 좋다는 게 느껴집니다. 바로 루디가 부르는 노랫소리였습니다. 친구 베지난트를 만나러 가는 길이랍니다.

“나를 좀 도와줘. 라글리도 데려가자. 저 바위 끝에 사는 새끼 독수리를 잡아야 하거든.”

“독수리보다 달에 사는 토끼를 잡는 게 어때? 그게 더 쉬울 테니까. 그런데 단단히 마음먹은 것처럼 보이는데?”

베지난트가 말했습니다.

“그래, 결혼식을 올리려고 하거든. 이제 농담은 그만두고 진지하게 이야기하자. 내 형편이 어떤지 알려줄게.”

잠시 뒤 베지난트와 라글리는 루디가 무엇을 하려는지 알게 되었답니다.

"너 정말 겁 없는 녀석이로구나!"

친구들이 말했습니다.

"그건 절대 안 돼. 잘못하면 목이 부러지고 말거야."

"사람은 스스로를 믿으면 절대 아래로 떨어지지 않아!"

루디는 말했습니다.

그들은 깊은 밤, 장대와 사다리, 밧줄을 가지고 떠났습니다. 수풀과 덤불숲을 지나 손끝으로 바위를 더듬으면서 어둠을 헤치고 위로 올라갔습니다. 아득히 먼 발 아래에서는 강물이 흐르는 소리가 들려오고, 머리 위로는 작은 폭포가 만들어 내는 노랫소리가 기분좋게 울려퍼집니다. 하늘에는 잔뜩 물을 머금은 축축한 구름이 드리워졌습니다. 마침내 그들은 가파른 바위 절벽에 이르렀는데, 이곳은 더욱 어두웠답니다. 바위벽들이 거의 맞부딪칠 만큼 무척 가까웠기 때문에 높이 보이는 좁은 바위 틈새로 겨우 하늘빛이 들어왔지요. 그들 바로 옆 발밑에는 물거품을 일으키며 깊은 낭떠러지로 물이 흐르는 소리가 들렸습니다.

셋은 그곳에 조용히 웅크리고 앉아 있었답니다. 독수리가 둥지에서 나오는 새벽까지 기다려야 하거든요. 새끼 독수리를 잡으려면 먼저 어미 독수리를 총으로 쏘아 맞혀야 한답니다. 루디는 마치 바위와 하나가 된 듯이 꼼짝 않고 앉아 있었습니다. 가슴에는 독수리가 보이면 바로 총을 쏠 수 있도록 준비해 놓고 쭈그려 앉아 가장 높은 절벽을 뚫어지게 바라보았습니다. 그곳 튀어나온 바위 아래에 독수리 둥지가 숨어 있었습니다. 세 사냥꾼은 지루해질 만큼 무척이나 오랜 시간 기다렸습니다.

갑자기 하늘 높은 곳에서 무시무시하게 커다란 소리가 들렸습니다. 그와 함께 그림자로 어두워졌지요. 커다란 독수리가 하늘 높이 날아오른 것이었습니다. 두 사냥꾼이 총구멍을 독수리 쪽으로 겨누었습니다. 그 가운데 하나가 세찬 소리를 내며 당겨지는 순간, 넓게 펼쳐진 독수리 날개가 움찔하더니 커다란 몸과 넓게 펼친 날개로 벼랑 틈 전체를 뒤덮으면서 천천히 떨어지기 시작했습니다. 마치 사냥꾼들을 채어 가려는 듯이 말이지요. 독수리가 계곡으로 떨어지면서 부딪힌 나뭇가지들과 덤불들이 뚝뚝 소리를 내며 부러졌습니다.

이제 부지런히 움직여야만 합니다. 먼저 가장 긴 사다리 세 개를 묶어 벼랑 끝에 세워보았지만 둥지가 있는 곳까지 닿지 않았습니다. 둥지가 숨어 있는 바위벽은 아주 미끄러워 기어 올라갈 수도 없었습니다. 그들은 잠시 의논한 뒤에 사다리 두 개를 이어서 갈라진 바위틈에 걸쳐놓고, 그것을 아래에다 세워 놓은 사다리와 잇는 수밖에 없다고 생각했습니다. 그들은 두 개를 묶은 사다리를 힘겹게 위로 끌고 가 밧줄에 단단히 묶었습니다. 사다리들은 튀어나온 바위에 부딪혀 이리저리 흔들리면서 절벽 아래로 걸려 있었습니다.

얼음처럼 차가운 구름 안개가 피어나는 계곡에서 맞이하는 아침이었습니다. 루디는 맨 아래 사다리 디딤단에 앉아 있었습니다. 사다리는 마치 둥지를 지으려던 새가 높은 굴뚝 끝에서 놓쳐 버린 지푸라기처럼 위태롭게 매달려 있었지요. 만일 지푸라기가 떨어진다면, 작은 벌레들은 날아가버리면 그만이지만, 루디는 사람이어서 목이 부러지고 말겁니다. 바람은 쌩쌩 소리를 내며 루디를 휘감고, 저 아래 계곡에는 얼음 공주의 궁전에서 나온 물이 쏜살같이 흐르며

요란한 소리를 내고 있었어요.

루디는 그네를 타는 듯이 사다리에 몸을 맡겨 흔들흔들 움직였습니다. 사다리는 루디의 무게를 견디기 힘든 듯이 출렁거렸습니다. 그럴수록 루디는 긴 실끝에 매달린 거미처럼 사다리를 꼭 붙잡았습니다. 사다리는 튼튼하게 연결되어 있었지만 문에 달린 경첩처럼 몹시 흔들거렸답니다.

루디는 네 번째 시도만에 3단으로 연결된 사다리 꼭대기에 닿았고, 힘을 내어 2단과 3단, 두 사다리를 묶었습니다. 이렇게 둥지가 있는 곳까지 닿게 된 사다리는 절벽에 기대어 흔들리는 갈대처럼 보였습니다. 이제 가장 위험한 단계가 남았습니다. 고양이가 기어 올라가듯 둥지가 있는 곳까지 올라가야 하지요. 하지만 그런 건 루디에게는 식은 죽 먹기였습니다. 고양이가 잘 가르쳐 주었으니까요. 루디는 하나도 어지럽지 않았습니다. 어지러움은 루디를 따라와 자꾸만 건드리려 했지만요.

이제 루디는 사다리에서 가장 높은 디딤단에 올랐습니다. 하지만 둥지 안을 들여다보기에는 아직 충분치 않습니다. 손만 겨우 닿았지요. 루디는 둥지 바닥을 이루고 있는 가지들이 얼마나 튼튼하게 박혀 있는가 시험해 보았습니다. 가지들이 흔들리지 않고 튼튼한 것을 확인한 루디는 훌쩍 재빠르게 사다리에서 가지로 뛰어올랐답니다. 그러고는 둥지 안으로 머리를 쑥 디밀었지요. 둥지 안에는 썩은 양, 영양, 새들이 갈기갈기 찢어진 채 놓여 있어 시체 썩는 냄새가 코를 찔렀습니다. 사다리에서 루디를 건드릴 수 없었던 어지러움은 이번에는 독을 품은 악취를 그의 얼굴에 불어넣어 정신을 잃게 만들려 했습니다. 저 아래에 쩍하고 까맣게 입을 벌린 채 빠르게 흐르는 계곡물 위에는 긴 백록색 머리를 늘어뜨린 얼음 공주가 앉아 있었습니다. 그녀는 총구멍 같은 죽음의 눈으로 루디를 지그시 바라보고 있었답니다.

"이번에야말로 널 꼭 잡을 테야."

아직 날 수 없는 새끼 독수리는 둥지구석에 웅크리고 앉아 있었습니다. 루디는 새끼 독수리를 눈으로 쫓으며 한 손으로 자신의 몸을 필사적으로 받치고 온 힘을 다해 올가미를 던졌답니다. 새끼 독수리 다리가 올가미에 걸리자 루디는 올가미를 어깨 너머로 힘껏 잡아챘습니다. 새끼 독수리는 산채로 밧줄에 묶여 그의 어깨에 대롱대롱 걸려 있었습니다. 그렇게 루디는 밧줄을 잡고 손끝이 사다리 꼭대기에 닿을 때까지 조용히 내려갔습니다.

"꼭 붙잡아, 떨어질 거라고 생각하지 마. 그러면 안 떨어져."

루디는 고양이의 가르침대로 침착하게 행동했습니다. 사다리를 꼭 붙잡고 기어 내려가면서 절대로 떨어지지 않으리라 확신했답니다. 그래서 루디는 떨어지지 않았습니다.

머지않아 힘차고 즐거운 노랫소리가 울려 퍼졌습니다. 루디는 새끼 독수리를 어깨에 매고 단단한 바위 위에 우뚝 섰답니다.

8. 안방 고양이가 가져온 새 소식

"여기 말씀하신 것을 가져왔어요."

루디는 벡스의 방앗간에 들어서며 주인에게 말했답니다. 바닥에 커다란 바구니를 놓더니 그 위에 덮여 있던 보자기를 걷었습니다. 바구니 안에는 노란 눈동자에 까만 테를 두른 새끼 독수리가 주인 아저씨를 매섭게 노려보고 있었습니다. 모든 것을 활활 불태워 버리려는 듯 불꽃을 튀기며 사납게 바라보고 있었지요. 짧고 강한 부리는 금방이라도 쪼아서 삼킬 듯 무섭게 벌려져 있었고 목덜미는 빨간 솜털로 덮여 있었어요.

"정말 새끼 독수리잖아!"

방앗간 주인이 자신도 모르게 크게 소리쳤습니다. 바베테는 비명을 지르며 뒤로 물러섰지만 루디에게서도 독수리에게서도 눈을 뗄 수가 없었답니다.

"자네는 겁도 없지만 포기라는 건 아예 모르는군!"

방앗간 주인이 말했습니다.

"당신은 언제나 약속을 지키시지요. 그렇지 않나요?"

루디가 말했습니다.

"그런데 어떻게 목이 부러지지 않고 무사히 돌아올 수 있었지?"

방앗간 주인이 그렇게 말하더니 웃었습니다.

"꼭 붙잡고 있었으니까요. 지금도 난 바베테를 꼭 붙잡고 있는걸요."

루디가 대답했어요.

방앗간 주인은 웃음을 터뜨렸습니다. 바베테는 그것이 좋은 징조라는 것을 알아챘습니다.

"새끼 독수리를 먼저 광주리에서 꺼내도록 하지. 보기만 해도 기분이 나쁘니까. 저렇게 뚫어지게 노려보는 것 좀 봐! 자, 이제 이걸 어떻게 잡았는지 말해 보게."

루디는 독수리를 사냥한 이야기를 했습니다. 방앗간 주인은 루디의 이야기를 들으며 점점 더 놀라 두 눈을 동그랗게 떴습니다.

"자네의 그런 용기와 행운이 있다면 부인이 셋이라도 거뜬히 먹여 살리겠어."

방앗간 주인이 드디어 루디를 인정하며 말했습니다.

"감사합니다. 정말 감사합니다."

루디는 재빨리 큰 소리로 대답했습니다.

"그래, 하지만 완전히 허락한 건 아니니 너무 좋아하지는 말게."

방앗간 주인은 농담 삼아 젊은 독수리 사냥꾼 어깨를 툭 치며 말했습니다.

"너 방앗간의 새로운 소식은 들었니?"

안방 고양이가 부엌 고양이에게 말했지요.

"루디는 새끼 독수리를 잡아와서 바베테를 얻었단다. 그들은 방앗간 주인이 보는 앞에서 서로 입을 맞추었지. 약혼의 의미로 말이야. 주인 아저씨는 이번에 아무 말도 하지 않고 낮잠을 자러 나갔어. 두 사람이 앉아서 즐거운 시간을 가질 수 있도록 말이야. 무슨 할 이야기가 그렇게 많은지 모르겠어. 아마 성탄절까지도 끝나지 않을 거야."

그들의 이야기는 정말 성탄절 때까지 끝나지 않았답니다. 바람은 갈색으로 변한 나뭇잎을 높이 날려 보내 나무들이 옷을 벗겨 추위에 떨게 만들었습니다. 눈은 높은 산과 계곡에 마구 휘몰아쳤습니다. 얼음 공주는 겨울을 맞아 더욱 크고 위풍당당해진 성에 앉아 있었습니다. 바위벽은 차가운 얼음으로 뒤덮였고, 장작보다 두껍고 코끼리만큼 무거운 고드름을 달고 있었습니다. 환상적인 아름다움을 자랑하는 얼음 꽃들은 눈가루를 뿌린 전나무 위로 햇빛을 받아 반짝였습니다.

얼음 공주는 윙윙거리는 바람을 타고 가장 깊은 골짜기 너머로 달려갔습니다. 눈으로 만들어진 양탄자가 벡스까지 온통 하얗게 덮고 있어서 얼음 공주는 어디든 쉽게 갈 수 있었습니다. 얼음 공주는 방앗간 창문으로 따뜻한 방안에서 바베테와 함께 앉아 있는 루디를 보았습니다. 전에는 늘 밖으로만 돌아다니던 사람이었는데 말이죠. 둘은 여름이 되면 결혼식을 올리기로 했답니다. 친구들은 만나기만 하면, 모두들 이 행복한 연인의 이야기부터 꺼냈습니다. 두 사람 귀에 딱지가 앉을 정도였습니다. 마침내 봄이 찾아왔습니다. 방앗간에는 햇빛이 환하게 비추고 가장 아름다운 알프스 장미가 불타는 것처럼 붉게 피었답니다. 행복한 미소를 지은 바베테는 봄의 어떤 것보다 아름다웠습니다. 모든 새들이 여름에 있을 결혼식에 대해 노래를 불렀습니다.

"저 두 사람은 어쩌면 저렇게 날마다 서로 머리를 기대고 앉아서 알 수 없는 말들을 속삭일 수 있을까?"

안방 고양이가 심술이 나서 말했습니다.

"내가 아무리 야옹거려도 쳐다보지도 않고 말이야. 아이, 심심해!"

9. 얼음 공주

봄은 호두나무와 밤나무의 윤기 나는 초록빛 잎들을 활짝 펼치도록 했습니다. 한껏 부풀어 오른 초록 이파리는 성 모리스 다리에서 제네바 호수까지 론 강을 따라 뻗어 있습니다. 론 강은 얼음 공주가 사는 얼음 궁전 초록빛 빙하 아래에서 흘러 내려온 것이지요. 얼음 궁전에 사는 얼음 공주는 매서운 바람을 타고서 가장 높은 눈벌판 위로 올라갔답니다. 강렬한 햇빛이 비추는 눈의 자 위에 앉아 넓은 시야로 깊은 계곡을 내려다보고 있었습니다. 사람들은 해가 비치는 바위 위에서 개미처럼 부지런히 움직이고 있었습니다.

"정신력이라고? 해의 아이들은 너희들을 그렇게 부르지."

얼음 공주는 말했습니다.

"하지만 너희들은 벌레와 마찬가지야. 내가 마음만 먹으면 눈뭉치 하나를 떨어뜨려 너희 집과 도시를 산산이 부숴버릴 수 있다고."

그녀는 거만한 표정으로 고개를 한결 높이 들어 죽음이 번쩍이는 눈으로 이쪽저쪽을 내려다보았습니다. 계곡에서는 우르르 꽝 소리가 나면서 바위가 폭파되고 있습니다. 사람들이 기찻길을 놓기 위해 철로와 터널을 만드는 것이지요.

"두더지 놀이를 하는구나."

얼음 공주가 말했습니다.

"굴을 파는 거야. 그래서 이렇게 시끄러운 소리가 들리지. 하지만 내가 성을 옮기면 천둥보다 더 요란한 소리가 날걸."

골짜기에서 연기가 펄럭이는 베일처럼 바람에 흔들리며 끊임없이 올라옵니다. 팔랑팔랑거리는 깃털 장식을 단 기관차가 새로 이어진 철도 위로 기차를 끌고 갑니다. 기차는 구불구불 길다란 뱀처럼 많은 차들이 이어져 있습니다. 화살같이 빠르게 달려가고 있었습니다.

"저들은 저 아래서 주인 노릇을 하고 있어. 정신력을 가졌다면서 말이야!"

얼음 공주는 화를 내며 말했습니다.

"하지만 세상을 지배하는 것은 자연의 힘이야."

그러고는 웃으며 노래를 불렀지요. 그녀의 노래는 골짜기 아래 가득 울려 퍼졌습니다.

"저기 봐, 눈사태가 났다!"

골짜기 아래에 있던 사람들이 깜짝 놀라 소리쳤습니다.

그러나 해님의 아이들은 더욱 크고 힘찬 목소리로 인간의 생각을 노래했답니다. 인간의 생각은 바다를 정복하고 산을 움직이며 계곡을 메웁니다. 인간의 생각이야말로 자연을 움직이는 주인이지요. 바로 그때 얼음 공주가 앉아 있는 눈벌판으로 여행자들이 왔습니다. 그들은 서로의 몸을 밧줄로 묶었지요. 매끄러운 얼음 절벽이나 깊은 낭떠러지에 떨어지는 것을 막기 위해 하나가 되었던 것입니다.

"벌레 같은 놈들! 감히 자연의 주인이 되려고 하다니!"

얼음 공주는 그들에게서 눈을 돌려 버렸습니다. 그러고는 기차가 씩씩거리며 달리는 깊은 계곡을 차가운 눈길로 내려다보았어요.

"생각의 힘이 저기 앉아 있군. 나는 한 명 한 명 모두 볼 수 있지. 한 녀석은 마치 왕처럼 거만하게 앉아 있군. 혼자서! 나머지는 뭉쳐서 서로 엉켜 앉아 있어. 그 가운데 반은 자고 있군. 증기를 뿜는 뱀이 멈추면 모두 내려서 저마다 제 갈 길을 걸어가지. 그들 생각이 저 먼 세계로 뻗어 나아가게 되는 거야."

그리고 그녀는 크게 웃었습니다.

"저기 또 눈사태가 일어나요."

저 아래 계곡에 있는 사람들이 온 힘을 다해 소리쳤습니다.

"걱정하지 마. 여기까지는 오지도 못 해."

증기를 뿜는 뱀 등에 앉아 있는 두 사람이 말했습니다. 그들은 비록 몸은 둘이지만 마음은 하나인 루디와 바베테였습니다.

"나는 짐이로군. 그저 필요하기 때문에 들고 다니는 물건일 뿐이야."

방앗간 주인도 옆에 앉아 그들에게 말했습니다.

"저기 그 두 사람이 앉아 있구나."

얼음 공주가 말했습니다.

"나는 수많은 영양들을 날려 버렸지. 수백만 송이 알프스 장미를 꺾어 버리기도 했어. 뿌리마저 남아 있지 않아. 나는 저들을 모두 쓸어버릴 테야. 생각하는 것들을, 정신력의 소유자들을!"

그리고 그녀는 또다시 크게 웃었습니다.

"큰일 났어요. 또 눈사태가 나요."

사람들이 겁에 질려 소리쳤습니다.

10. 대모

클라렌스, 베르텍스, 크린은 제네바 호수 북동쪽을 둘러싸고 있는 마을들입니다. 그 가운데 가장 가까운 마을인 몽트뢰에는 바베테의 대모인 우아한 영국 부인이 딸들과 젊은 친척 총각과 함께 살았습니다.

방앗간 주인은 이미 대모를 찾아가 바베테의 약혼 소식을 알렸답니다. 루디가 잡은 새끼 독수리에 대해, 인터라켄 방문에 대해, 그러니까 한마디로 말해 이제까지 있었던 모든 이야기를 다 들려 주었습니다. 비록 짧고 간단하게 이야기했지만 대모는 아주 즐거워하며 기뻐했답니다. 그리고 세 사람에게 꼭 한 번 자기 집으로 찾아와달라고 했지요. 그래서 셋은 바베테의 대모를 만나기 위해 몽트뢰로 갔답니다.

 빌레뇌브의 작은 도시 제네바 호수 끝에 증기기선이 정박했습니다. 그 배를 타면 삼십 분 만에 몽트뢰 아래에 있는 베르넥스에 도착합니다. 시인들은 그곳 해안을 주제로 많은 노래를 만들었답니다. 바이런은 깊고 검푸른 호숫가 호두나무 그늘에 앉아 바위성 칠론의 아름다움에 대한 시를 썼습니다. 클라렌스가 수양버들과 함께 맑은 물에 비치는 그곳에서 루소는 엘로아제에 대한 꿈을 꾸며 산책했답니다.

 론 강은 사보엔의 눈 덮인 높은 산 아래로 고요하게 흘러나갑니다. 호수와 맞닿는 가까운 곳에는 작은 섬이 하나 있는데, 너무 작아서 해안에서 보면 마치 바다에 뜬 배처럼 보였답니다. 100년 전에 한 부인이 이 바위섬에 돌로 울타리를 치고 흙을 덮어서 세 그루의 아카시아 나무를 심었습니다. 그 뒤 크게 자라난 아카시아 나무들이 섬 가득 그늘을 드리우고 있습니다. 바베테는 이 작은 땅에 매혹되었습니다. 그녀는 이 아름다운 땅에 꼭 가보고 싶어 했어요. 그곳보다 더 아름다운 곳은 없을 거라고 말하기도 했습니다. 그러나 증기기선은 그곳을 그냥 지나쳐 도착하기로 되어 있는 베르넥스에 닿았답니다.

 그들은 작은 산악도시 몽트뢰의 포도밭을 둘러싸고 반짝이는 빛을 받는 하얀 성벽 사이를 걸어 올라갔습니다. 무화과나무가 농부의 집에 그림자를 느리우고, 정원에서는 월세수와 실측백나무가 무럭무럭 자랍니다. 대모는 그 위 산중턱에 있는 집에 살았습니다.

 대모는 그들을 매우 따뜻하게 맞아 주었답니다. 해님처럼 밝게 웃는 얼굴로 다정하게 말이지요. 젊었을 때 틀림없이 따스한 라파엘 천사 같은 얼굴이었을 겁니다. 그녀는 오늘도 나이 든 천사 같은 얼굴에 풍성하고 굽실굽실한 은백색 머리를 가지고 있습니다. 딸들도 마찬가지로 귀여운 얼굴에 고상하고 날씬했어요. 함께 사는 젊은 사촌은 머리끝에서부터 발끝까지 하얀 옷을 입었는데, 금발 머리와 금색 구레나룻 수염을 길렀습니다. 그의 구레나룻은 세 신사에게 나눠줄 수 있을 만큼 굉장히 많았답니다. 그는 곧 작고 귀여운 바베테에게 큰 관심을 보였습니다.

책상에는 두껍게 장정된 책들과 악보, 그리고 그림들이 어지러이 흩어져 있고, 아름답게 멀리 이어지는 호수가 펼쳐진 발코니 문은 활짝 열려 있었습니다. 잔잔한 호수는 사보엔의 눈 덮인 산과 작은 도시들을 거꾸로 비추며 반짝반짝 빛을 냈습니다.

여느 때 같으면 삶의 즐거움으로 가득 차서 당당했을 루디였지만, 웬일인지 이곳에 도착하고 나서는 전혀 그답지 않았답니다. 마치 미끄러운 바닥에 깔린 콩 위를 걷기라도 하듯이 조심조심 걸었습니다. 그래요, 루디는 시간이 얼마나 지루하게 가는지 몰랐습니다. 모든 게 자유롭지 못했습니다.

그들은 산책을 하자고 했습니다. 루디에게는 산책도 지루했지요. 루디는 다른 사람들과 보조를 맞추기 위해 두 걸음 앞으로 갔다가 한 걸음 뒤로 물러나야만 했습니다. 그들은 암초 위에 있는 악명 높은 오래된 감옥을 구경하기 위해 성으로 내려갔습니다. 바위벽에 녹슨 사슬과 죄수들을 벌주는 쇠몽둥이, 절벽으로 난 문을 구경했답니다. 그 문을 통해서 불행한 사람들이 바다로 떨어져 감춰진 철로 된 말뚝에 박혀 죽어갔지요. 다른 사람들은 모두 그걸 보며 즐거워했습니다. 그것은, 바이런의 노래 때문에 시 세계에서 주목받은 형장에 지나지 않았는데 말이지요. 하지만 루디는 형장의 공포를 느낄 수 있었습니다. 루디는 커다란 돌로 된 창문틀에 기대 저 아래 깊은 청록색 물과 아카시아 숲이 무성한 작고 외로운 섬을 바라보았답니다. 그는 수다를 떠는 사람들에게서 자유롭게 벗어나 그 섬으로 가고 싶었습니다. 이런 루디의 마음과 다르게 바베테는 정말 즐거워했습니다. 산책길에서 돌아오자 사촌을 정말 완벽한 사람이라고 했어요.

"그래, 말할 필요 없을 만큼 완벽한 바보 멋쟁이지."

루디는 퉁명스럽게 대꾸했습니다. 처음으로 루디가 바베테 마음에 들지 않는 말을 한 겁니다. 그 사촌은 바베테에게 칠론에 온 추억으로 작은 책 한 권을 선물했답니다. 바이런 시집 〈칠론의 죄수〉였지요. 프랑스어로 옮겨져 있었기 때문에 바베테가 읽을 수 있었습니다.

"좋은 책일 수도 있겠지."

루디가 말했습니다.

"하지만 그걸 당신에게 선물한 머리를 잘 손질한 그 녀석은 왠지 재수가 없단 말이야."

"텅 빈 밀가루 푸대 자루 같더군."

방앗간 주인은 구레나룻이 긴 사촌을 그렇게 표현했지요. 그러고는 멋진 유머였다고 스스로 만족해하며 낄낄 웃어댔습니다. 루디도 함께 따라 웃었습니다. 딱 어울리는 말이라고 생각했으니까요. 딱 어울리는 말이라고 생각했으니까요.

11. 사촌

루디는 며칠 뒤 방앗간을 찾아갔습니다. 그런데 젊은 사촌이 와 있는 게 아니겠어요? 바베테는 막 삶은 연어를 내놓는 중이었습니다. 더 먹음직스러워 보이라고 파슬리로 예쁘게 장식한 것만 같았어요. 필요 없는 일인데도요. 사촌은 왜 여기에 왔을까요. 바베테에게 친절한 대접을 받기 위해서일까요?

루디는 질투가 났습니다. 그의 질투는 바베테를 즐겁게 했지요. 루디의 강한 모습, 약한 모습 이런 여러 모습을 보는 게 좋았던 거지요. 그녀에게 있어 아직 사랑은 즐거운 놀이일 뿐이었답니다. 그녀는 루디의 마음을 가지고 장난을 쳤시요. 하시만 이것은 잊으면 안 됩니다. 그녀에세 있어서 루디만이 삶의 유일한 즐거움이며 행복이고, 이 세상에서 가장 훌륭하고 멋진 존재라는 걸요. 하지만 루디가 어두운 표정으로 쳐다보면 볼수록 그녀의 눈은 더 많이 웃었답니다. 바베테는 루디가 화가 나서 뛰쳐나가는 것을 볼 수만 있다면 금발의 구레나룻 수염 사촌에게 입맞춤이라도 했을 거예요. 그런 루디의 행동은 루디가 자신을 얼마나 사랑하는지 보여 주는 증거일 테니까요. 물론 그런 행동은 올바르지 못하답니다. 바베테는 지혜롭지 못한 행동이라는 걸 알지 못했나 봐요. 그녀는 이제 겨우 열아홉 살인걸요. 바베테는 아직 자기의 행동이 다른 사람에게 어떻게 보일지 생각하지 못했답니다. 영국의 젊은 사촌이 자신을 철이 없고, 경솔하게 본다는 것을 예상하지도 못하고 있었지요.

눈 덮인 바위 언덕 아래로 국도가 달리고 있었는데, 그 지방 말로 디아블렛츠라고 불렀답니다. 그 길을 따라 방앗간이 있지요. 방앗간은 쏜살같이 흐르는 계곡 물에서 멀지 않은 곳에 있었습니다. 계곡을 흐르는 물은 마치 막 옷을 세탁한 물을 휘저어 놓은 것 같이 희끄무레했어요. 이 물이 방아를 돌리는

게 아닙니다. 커다란 물레방아는 강 다른 편 작은 바위에서 떨어지는 조그만 물줄기로 천천히 돌아갔고, 폭이 넓은 물받이에 흐르는 물은 언제나 넘쳐흘렀답니다. 그 때문에 방앗간이 있는 쪽으로 빨리 돌아가려면 이 축축하고 미끄러운 길을 떨어질 각오로 건너야만 했습니다. 그 길은 물에 젖어 늘 미끄러웠지요.

한 젊은이가 지름길로 갈 생각에 지나가다 그만 미끄러져 물받이로 떨어졌는데 그 젊은이는 바로 그 사촌이었어요. 방앗간 집 일꾼처럼 하얀 옷을 입은 사촌은 바베테의 거실 창문에 비치는 불빛에 이끌려 저녁에 위로 기어올라 건너가다가 그만 물에 빠졌답니다. 그는 홀딱 젖어 더러워진 모습으로 바베테 방 창문 아래로 와서는 보리수나무로 기어 올라가 부엉이 울음소리를 냈답니다. 다른 새소리는 흉내 낼 수 없었거든요. 바베테는 그 소리에 얇은 커튼 사이로 밖을 내다보았습니다. 하얀 남자를 보고 그가 누군지 눈치 챈 순간, 바베테의 가슴은 공포와 두려움으로 두근거렸습니다. 바베테는 얼른 불을 끄고 창문을 꼭꼭 걸어 잠갔지요. 사촌이 부엉이 소리를 내면서 울부짖도록 그냥 내버려둔 채 말이에요.

그때 루디가 방앗간에 있었다면 아마 끔찍한 일이 벌어졌을 거예요. 하지만 더 끔찍하게도 루디는 바로 바베테 방 창 아래에 있었습니다. 큰 소리가 오가 더니 분노로 부들부들 떨리는 목소리가 들려왔습니다. 몸싸움이 벌어질 것만 같았습니다. 어쩌면 누군가 죽을지도 몰랐었지요.

몹시 겁이 난 바베테는 창문을 열고 루디의 이름을 부르며 제발 돌아가 달라고 부탁을 했어요. 바베테는 루디가 거기 있는 것을 참을 수 없다고 말했지요.

"내가 여기 있는 걸 참을 수가 없다고?"

루디는 화가 잔뜩 난 목소리로 소리쳤습니다.

"둘이 몰래 만나기로 약속을 했나보군 그래. 너는 나보다 더 좋은 사람을 기다리고 있었단 말이지? 부끄러운 줄 알아!"

"꼴도 보기 싫어. 너무해요!"

바베테가 울며 소리쳤어요.

"가, 가버리란 말이야!"

"내가 뭘 잘못했단 말이냐!"

루디는 온몸이 분노로 불처럼 시뻘겋게 달아올라 그렇게 말하더니 씩씩거리며 가버렸지요. 바베테는 침대에 엎드려 엉엉 소리 내어 울었습니다.

"난 널 그토록 사랑하는데, 루디! 어떻게 나를 그렇게 나쁘게 생각할 수가 있지?"

바베테는 몹시 화가 났습니다. 하지만 그것은 다행이었습니다. 그렇지 않았다면 너무 슬펐을 테니까요. 한참을 울고 난 바베테는 간신히 편안하게 잘 수 있었습니다. 곧 기운을 차릴 수 있게 도와주는 잠속으로 빠져들 수 있을 거예요.

12. 악마의 힘

루디는 벡스를 떠나 집으로 돌아가는 길에 답답한 가슴을 식혀줄 신선하고 차가운 공기로 가득한 산을 올랐습니다. 그곳은 얼음 공주가 지배하는 눈이 가득 쌓인 곳이지요. 그 아래 활엽수림은 감자 잎처럼 보였습니다. 전나무와 수풀들이 점점 작아지고 알프스 장미가 눈 옆에 얼굴을 내밀었습니다. 마치 흰 옷에 여기저기 묻은 얼룩처럼 자라고 있었지요. 바로 옆에 파란 용담이 피어 있었는데, 루디는 갑자기 꽃을 총으로 세차게 내리쳐 버렸습니다.

그때 마침 산 위에 영양 두 마리가 나타났습니다. 루디의 눈이 반짝 빛났습니다. 영양을 잡을 생각에 새로운 힘이 불끈 솟아났습니다. 그러나 총을 쏘기에는 너무 멀었기 때문에 루디는 영양이 있는 산꼭대기로 올라갔습니다. 영양은 억센 풀이 자라는 거친 들을 지나 눈벌판을 느긋이 거닐고 있었지요. 루디는 어서 영양을 잡고 싶은 욕심에 서둘러 걸었습니다. 그런데 짙은 안개구름이 루디를 둘러싸는 바람에 한 치 앞도 보이지 않았습니다. 한참을 걷다가 문득 정신을 차려보니 눈앞에 불쑥 가파른 벼랑이 나타났습니다. 루디는 벼랑 끝에 서 있었던 겁니다.

갑자기 비가 세차게 내리기 시작했습니다. 루디는 타는 듯이 목이 너무도 말랐고, 머리에는 열이 났지만 손과 발은 차가웠습니다. 사냥용 물병을 열어보았지만 물은 한 방울도 없이 텅 비어 있었답니다. 미처 물병이 비어 있다는 생각을 하지 못했던 거예요. 지금까지 산을 오르면서 이런 적은 단 한 번도 없었습니다. 게다가 여태껏 아픈 적이 한 번도 없었는데 오늘은 아플 것만 같은 느낌이 들었어요. 그리고 몸이 너무나 지쳐서 아무 데나 벌러덩 누워 쿨쿨 자고 싶었지만 누울 만한 곳은 어디에도 보이지 않았습니다. 루디는 몸을 추스르려 노력했지만 눈앞에 보이는 세상이 마치 물에 떠내려가는 것처럼 이상하게 흔들거렸지요. 그 순간 지금까지 한 번도 본 적 없던 집이 나타났습니다. 커다란 바위 옆 문 앞에 젊은 처녀가 서 있었습니다. 루디는 그 여인이 학교 선생님의 딸 아네테라 생각했지만 아니었답니다. 그래도 어디선가 만난 적이 있는 사람 같았어요. 사격대회가 열렸던 인터라켄이나 돌아오는 길에 들렀던 그린델발트에서 보았는지도 모르지요.

"넌 어디서 왔니?"

루디가 물었습니다.

"여기가 우리 집이야. 나는 염소를 돌보고 있어."

"염소라고? 어디서 풀을 먹이는 거야? 여기에는 눈과 바위밖에 없는데."

"집 뒤로 조금 더 깊이 들어가면 아주 멋진 풀밭이 있어. 내 염소들은 거기에 있지. 나는 염소를 한 마리도 잃어버린 적이 없단다. 한 번 내 것이 되면 영원히 내 것이니까."

"너 참 대담하구나!"

"너도 대담해!"

"우유가 있으면 좀 나누어 줄래? 지금 견딜 수 없을 만큼 매우 목이 마르거든."

"난 우유보다 더 좋은 걸 가지고 있어. 그걸 나누어줄게. 어제 많은 여행자들이 여기 왔었는데 먹다가 남긴 포도주를 놔두고 갔어. 아마 한 번도 맛보지 못한 고급 포도주일 거야. 여행자들은 이 포도주를 찾으러 오지 않을 거야. 게다가 나는 포도주를 싫어해. 그러니까 네가 다 마셔."

여인은 냉큼 포도주를 가져와 나무로 만든 잔에 가득 부어 루디에게 선뜻 건네주었습니다.

"우아, 이거 참 좋은 술인데 그래! 난 한 번도 이렇게 몸을 녹여주는 불같은 포도주를 마셔 본 적이 없어."

포도주를 마신 루디의 눈은 초롱초롱 빛이 나며 모든 게 황홀하게 보였습니다. 걱정과 근심이 안개처럼 사라진 것 같았어요. 그리고 넘치는 기운과 함께 가슴이 마구 불타오르기 시작했지요.

루디는 즐거워 소리쳤습니다.

"너는 선생님의 딸 아테네인 게 분명해. 그렇지? 어서 내게 입맞춤해줘!"

"그래, 그럴게. 대신 네가 손가락에 끼고 있는 예쁜 반지를 내게 줘. 그럼 키스해줄게."

"내 약혼반지를?"

"그래, 바로 그거!"

수수께끼 여인은 다시 잔에 포도주를 가득 따라 루디 입술로 가져갔어요. 루디는 그 술을 아주 달게 마셨답니다. 삶의 기쁨이 온몸으로 퍼져나갔지요. 세상이 모두 자기 것처럼 보였습니다. 이렇게 기쁘고 즐거운데 겨우 바베테 하나 때문에 낑낑거리며 속상할 필요가 없었어요. 모든 것은 우리들을 즐겁게 하기 위해 만들어진 것이다! 삶은 기쁨의 강물이니 거기에 몸을 맡겨 함께 흐르고 어디든 마음대로 데려가도록 내버려 두는 것, 그것이 바로 행복이라고 생각했지요.

루디는 젊은 여인을 바라보았지요. 그녀는 아네테 같기도 하고 아닌 것도 같았답니다. 그린델바트 거리에서 만난 유령은 더욱더 아니었어요. 산 위에 있던 이 여인은 금방 내린 눈처럼 깨끗했으며, 사과꽃처럼 풍성하고 새끼 영양처럼 가벼웠어요. 하지만 아담의 갈비뼈로 만들어진 루디와 같은 사람이었답니다.

루디는 두 팔로 여인을 감싸 안고 그녀의 아름다운 눈을 들여다보았답니다. 그건 겨우 일 초 동안의 일이었지만 그 잠깐 동안은 무슨 말로도 설명할 수 없을 정도였습니다. 그때 루디를 가득 채운 것은 정신의 힘이었을까요, 아니면 죽음의 힘이었을까요. 루디는 하늘 높이 떠올려졌는지 아니면 죽음을 부르는 얼음의 깊은 틈새에 잠기고 있는지 도무지 알 수가 없었습니다. 그래요, 루디 깊은 얼음 계곡으로 떨어지고 있었습니다. 눈앞에는 검푸른 잔디 같은 빙벽 곳곳으로 끝없는 심연의 틈새가 입을 벌리고 있었고, 물방울이 종소리처럼 뎅뎅 울리면서 떨어지고 진주처럼 푸르스름한 불꽃이 빛나고 있었습니다. 얼음 공주는 루디에게 다가가 입을 맞추었지요. 그 입맞춤은 루디의 온몸을 차디차게 얼어 버리게 했답니다. 루디는 너무나 고통스러워 비명을 지르며 얼음 공주를 뿌리치더니 그만 정신을 잃고 쓰러졌습니다. 모든 것이 밤처럼 깜깜했습니다.

루디는 다시 눈을 떴답니다. 알프스의 수수께끼 여인은 어느새 어디론가 사라지고 없었지요. 작은 집도 보이지 않았어요. 벌거벗은 바위벽 사이로 물이 졸졸 흘렀고, 주위는 변함없이 새하얀 눈으로 덮여 있었습니다.

루디는 몸이 축축히 젖은 채 추위에 몸을 덜덜 떨었습니다. 그런데 바베테가 준 약혼반지가 보이지 않았어요. 총은 눈 속에 깊이 파묻혀 있었지요. 루디는 총을 들어 쏘려 했지만 눈에 젖어 발사되지 않았습니다. 시커먼 구름은 단단한 눈덩어리처럼 하늘을 떠다녔고 절벽에 숨은 어지러움은 힘없는 먹이를 노리고 있었어요. 깊은 절벽에서 바윗덩이가 떨어지는 소리가 들렸습니다. 바위는 길을 가르며 자신의 앞을 막는 모든 것을 부서뜨릴 것만 같았습니다.

이 순간 방앗간에서는 바베테가 아직도 울고 있었습니다. 루디는 벌써 엿새나 바베테를 찾아오지 않았거든요. 루디를 너무나 사랑하는 자신의 마음을 확인한 바베테는 사과하러 오지 않는 루디를 원망했습니다.

13. 방앗간에서

"아, 사람들이란 참으로 정신이 없어."

안방 고양이가 부엌 고양이에게 말했습니다.

"바베테와 루디에게 또 문제가 생겼어. 바베테는 지금 울고 있단다. 루디는 이제 더 이상 그녀 생각이 나지 않나 봐."

"어머나, 그거 큰일이잖아!"

부엌 고양이가 말했습니다.

"나도 그렇게 생각해. 그렇지만 난 안타까워 하지 않을 테야. 바베테는 금발 구레나룻 수염의 신부가 될 수 있을 테니까. 그런데 그 사촌도 루디와 싸운 뒤로는 한 번도 오지 않았어."

안방 고양이가 말했습니다.

루디는 악마의 힘이 자신의 주변과 마음속에서 장난치고 있다는 것을 느꼈습니다. 그래서 루디는 반성했습니다. 그 절벽 위에서 제 마음을 스치고 지나 갔던 것은 무엇이었을까요? 실제로 일어났던 일이었을까요, 아니면 머리에 난 열 때문에 꾼 꿈이었을까요? 루디는 이제껏 한 번도 펄펄 열이 나 본 적이 없었습니다. 루디는 바베테를 비난함과 동시에 자신의 마음을 들여다보았습니다. 루디는 지금까지 있었던 모든 일을 바베테에게 고백하고 용서받을 수 있을 까요? 하지만 그는 반지를 잃어버렸습니다. 바베테를 떠올릴 때마다 루디의 심장은 마구 두근거리고 터질 것만 같았습니다. 많은 기억들이 떠올랐어요. 밝고 생기 넘치며 장난꾸러기 같던 바베테가 마치 눈앞에 있는 것처럼 웃고 있었지요. 그녀가 했던 다정한 말들이 따스한 햇살처럼 루디의 가슴을 뚫고 날아들었습니다. 그리고 루디의 마음은 따뜻한 햇빛으로 가득 차올랐습니다. 그래요, 루디는 고백을 하기로 했어요. 그래야만 하니까요.

루디는 방앗간으로 갔습니다. 그리고 마침내 바베테에게 고백을 했답니다. 그것은 입맞춤으로 시작해서 루디가 사과하는 것으로 끝이 났어요. 루디의 가장 큰 잘못은 바베테의 마음을 의심한 일입니다. 그것은 정말 혐오스러운 행동이었어요. 그러한 불신이 그들을 불행으로 떨어뜨렸으니까. 그래요, 그건 분명합니다. 바베테는 루디에게 잔소리를 늘어놓았습니다. 그녀에게 가장 사랑스럽게 어울리는 잔소리를 말이에요. 그렇지만 한 가지는 루디가 옳았답니다. 대모의 사촌은 정말 멍청이였어요. 그래서 바베테는 사촌에게 선물받은 책을 불태우려고 했습니다. 그를 떠올리게 하는 물건은 하나라도 가지지 않겠다고 하면서요.

"이제 모든 게 깨끗하게 해결됐어."

안방 고양이가 말했습니다.

"루디는 다시 돌아왔고 두 사람은 서로를 더욱 깊이 이해하게 되었어. 그것이 가장 큰 행복이라고 그들은 말했지."

"난 어젯밤 쥐들에게서 이런 말을 들었어."

부엌 고양이가 말했습니다.

"가장 큰 행복은 수지양초를 삼키거나 썩은 베이컨을 잔뜩 먹는 거래. 누구를 믿는게 좋을까, 쥐들, 아니면 연인들?"

"둘 다 아니라는 건 확실하지."

안방 고양이가 말했습니다.

이제 가장 큰 행복이 루디와 바베테를 기다리고 있답니다. 가장 행복한 날이 될 결혼식이 기다리고 있었지요.

결혼식은 벡스에 있는 교회도 아니고 방앗간도 아닌 다른 곳에서 치르기로 했습니다. 대모가 결혼식만큼은 꼭 보겠다고 말했거든요. 대모는 몽트뢰의 아름다운 교회에서 결혼식을 처러야 한다고 했어요. 방앗간 주인은 대모의 소원을 들어주어야 한다고 했지요. 대모야말로 신혼부부를 진심으로 걱정해주는 사람이라는 걸 알았거든요. 이런 대모의 마음은 두 사람에게 결혼 축하 선물이었으며 소중한 것이었죠.

결혼식 날짜도 정해졌습니다. 그들은 아침 일찍 배를 타고 몽트뢰로 가려 결혼식 전날 저녁에 먼저 빌뇌브로 갔습니다. 그러면 대모의 딸들이 신부를 아름답게 꾸며줄 시간이 충분하기 때문이지요.

"그 다음 날에는 이 집에서 피로연을 열겠지. 만일 이곳에서 하지 않으면 나는 야옹! 날카롭게 소리 지르며 울어버리겠어."

안방 고양이가 말했습니다. 부엌 고양이도 말했지요.

"진수성찬이 화려하게 차려질 거야. 오리와 비둘기는 벌써 잡았고 사슴도 통째로 요리될 거래. 많은 고기들이 벽에 걸려 있는 걸, 그걸 보고 있으면 난 벌써 이가 근질근질해. 내일은 신랑신부 여행이 시작될 거야!"

그래요, 드디어 내일이 결혼식입니다! 루디와 바베테는 약혼자로서 마지막 밤을 방앗간에 앉아 보냈습니다.

밖에는 저녁놀에 알프스가 붉게 타오르고 있었지요. 그때 마침 종소리가 은은하게 울려 퍼졌습니다. 해의 딸들이 노래를 불렀습니다.

"세상에서 가장 기쁘고 행복한 날이 온다!"

14. 밤의 얼굴들

해가 지자 구름은 높은 산을 감싸는 계곡 속으로 슬그머니 가라앉았답니다. 아프리카에서 온 남쪽 바람은 어느 틈에 높은 알프스 너머로 몰려갔지요. 바람이 가버리자 잠깐 산은 매우 조용해졌습니다. 잘게 찢어지고 흩어졌던 구름은 신비로운 모습들을 만들면서 숲으로 덮인 산들 사이로 흐르는 론 강 위로 걸렸지요. 마치 사람의 형상처럼, 원시 시대의 바다 괴물처럼, 공중을 떠도는 독수리처럼, 늪에서 뛰어오르는 개구리의 모습을 했습니다. 그리고 쏜살같이 흐르는 강물 위로 슬쩍 가라앉았다가 물결을 타고 달리더니 다시 하늘로 흘러갔습니다. 강물에 실려 떠내려가는 뿌리 뽑힌 전나무 앞으로 소용돌이가 보였어요. 소용돌이는 못된 어지러움이 만들어낸 것이지요. 달님은 산꼭대기에 쌓인 눈과 어두운 숲을 그리고 신비로운 모양의 하얀 구름을 비추고 있었습니다. 이 하얗고 신비로운 모양의 구름이야말로 밤의 환상이며 자연의 힘이었지요. 산에 사는 사람들은 구름들이 무리를 지어 저 아래 얼음 공주에게로 달려가는 것을 창문으로 보았다고 합니다. 얼음 궁전에서 나온 얼음 공주는 부서진 배처럼 떠내려가는 전나무 위에 내려앉았습니다. 강물은 얼음 공주를 탁 트인 호수까지 데리고 갔지요.

"결혼식 손님들이 몰려온다!"

크게 소리치는 목소리와 흥겨운 노랫소리가 하늘에서도 물속에서도 아름답게 들려왔습니다.

바베테는 이상한 꿈을 꾸었답니다. 루디는 영양 사냥을 나갔고 바베테는 혼자 집에 있었지요. 그런데 그녀의 곁에 금발 구레나룻 수염을 한 젊은 사촌이 앉아 있는 게 아니겠어요? 그의 눈빛은 매우 뜨거웠고 말에는 마력이 담겨 있었습니다. 사촌이 손을 내밀자 바베테는 뿌리칠 수가 없었어요. 두 사람은 손을 잡고 함께 집을 나섰지요. 그녀는 가슴속에 무거운 짐을 안고 있는 것 같았어요. 그것은 점점 더 무거워졌습니다. 그것은 바로 루디에 대한 죄책감이자 하느님에 대한 죄책감이었어요. 바베테는 갑자기 버려져서 혼자 있었습니다. 옷은 가시넝쿨에 갈기갈기 찢겨져 있었고, 머리는 회색으로 변해버렸지요. 바베테는 슬픔에 고통스러워하며 위를 바라보았습니다. 바위 끝에 루디가 서 있었지요. 그를 향해 팔을 뻗었지만 감히 소리쳐 부르거나 도움을 청할 용기가 없었습니다. 그리고 부탁한들 아무런 소용도 없었을 거예요. 그는 루디가 아니었거든요. 그것은 지팡이에 걸린 사냥꾼의 윗옷과 모자였습니다. 사냥꾼들이 영양을 속이기 위해 그렇게 세워 놓은 것이지요. 바베테는 깊은 슬픔에 가득차 신에게 기도했습니다.

"오, 내가 차라리 결혼식 날에 죽어 버렸다면! 하느님, 가장 행복한 날에 죽는 것이 큰 은총이고 행복이었을 겁니다. 그럴 수만 있었다면 루디와 저는 세상에서 가장 행복한 사람들이 되었을 겁니다."

그녀는 루디에 대한 죄책감을 안고 하느님으로부터 버림받았음에 괴로워하며 깊은 바위절벽 아래로 뛰어내렸습니다. 어디선가 슬픈 음악이 흘러나왔습니다.

바베테는 깜짝 놀라 잠에서 깨어났지요. 꿈은 지나갔어요. 그제야 바베테는 지금까지 그동안 만나지 않은 젊은 사촌의 꿈을 꾸었다는 것을 깨달았습니다. 사촌을 몇 달 동안이나 보지 못했고, 생각도 하지 않았는데 말이에요. 그는 몽트뢰에 있을까요? 결혼식에서 사촌을 보게 될까요? 어두운 그림자가 희미하게 그녀의 고운 입술 위로 스쳐지나갔습니다. 하지만 곧 그녀의 눈은 밝아졌고 입가에는 환한 웃음까지 띠었지요. 밖에는 해님이 아주 아름답게 비쳤습니다. 내일은 바로 결혼식 날이랍니다.

루디와 바베테는 아버지와 함께 빌뇌브로 떠났습니다. 두 사람은 말할 수 없이 행복했지요. 입가에는 밝은 웃음이 떠나지 않았고, 둘은 무척 기분이 좋아 즐겁게 노래를 흥얼거렸습니다. 아버지 또한 두 사람처럼 덩달아 신이 나 기뻐하며 세상에 둘도 없는 착하고 좋은 아버지가 되어 그들에게 친절하게 대했습니다.

"이제는 우리가 주인이다!"
안방 고양이가 말했습니다.

15. 홀로 남겨진 바베테

세 사람은 행복에 가득 찬 모습으로 빌뇌브에 도착했지요. 날은 아직 어두워지기 전이었답니다. 저녁식사를 한 뒤, 방앗간 주인은 파이프를 손에 든 채 의자에 등을 대고 누웠다가 깜빡 잠이 들었습니다. 젊은 신랑 신부는 팔짱을 끼고 도시로 나들이를 나갔어요. 깊은 청록빛 호수를 따라 덤불들이 무성히 자라는 바위 아래의 찻길을 걸었답니다. 음울한 시옹성의 회색 벽과 무거운 탑은 맑은 호수에 담긴 듯 비쳤습니다. 세 그루의 아카시아 나무가 울창한 작은 섬이 가까이 보입니다. 그 섬은 마치 호수 위의 꽃다발처럼 보였지요.

"저 섬은 틀림없이 사랑스러운 곳일 거예요."

바베테가 말했습니다. 그녀는 또다시 섬으로 건너가고 싶은 욕심이 생겼어요. 이 소원은 바로 이루어졌답니다. 호숫가에 배가 하나 있었거든요. 그 배를 묶어 두었던 노끈은 쉽게 풀렸습니다. 주변에 아무도 없는 것을 확인한 뒤 그들은 살짝 배에 올라탔습니다. 노를 젓는 일도 잘하는 루디는 힘차게 노를 젓기 시작했습니다.

노는 물고기 지느러미처럼 스르륵 물을 가르며 앞으로 나아갔습니다. 물살은 젓기 쉬우면서도 한편으로는 거세서 어떨 때는 단숨에 배를 삼켜 버릴 것 같았습니다. 부드럽게 미소 짓다가 무섭게 변하기도 했지요. 배가 지나간 뒤쪽으로는 새하얀 거품이 일어 흔적을 남겼습니다. 두 사람은 무사히 섬에 닿았습니다. 그 섬은 두 사람이 겨우 춤출 수 있을 만큼 매우 작았습니다.

루디와 바베테는 두세 번 춤을 춘 뒤 아가시아 나무 아래 작은 의자에 앉았지요. 둘은 손을 꼭 맞잡고 서로의 눈을 바라보았습니다. 주위 모든 사물이 노을빛을 흠뻑 맞아 빛나고 있었습니다. 전나무는 넓게 펼쳐진 황야의 관목처럼 자홍빛으로 물들었지요. 나무숲을 벗어나 바위가 솟아 있는 곳은 마치 유리처럼 비칠 듯 번쩍거리고 투명한 빛을 냈습니다. 하늘의 구름은 붉게 불처럼 타오르고, 호수는 불붙은 장미 꽃잎 같았어요. 그러다 어둑어둑한 그림자가 눈 덮인 산 위로 조금씩 생기더니 금세 산을 검푸르게 물들였습니다. 그렇지만 가장 높은 꼭대기는 빨간 용암처럼 빛나고 있었지요. 바위의 영혼이 땅의 가슴 속에서 이글거리며 불을 내뿜으며 아직 꺼지지 않는다는 듯이 말이에요. 루디와 바베테는 그런 알프스 노을은 이제까지 한 번도 본 적이 없었답니다. 눈 쌓인 산 봉우리는 수평선 위 보름달처럼 밝은 빛을 뿜고 있었습니다.

"이렇게나 많은 아름다움과 큰 행복을 함께 가질 수 있다니!"

두 사람은 마치 합창하듯이 말했습니다.

"이제 나는 더 이상 바랄 게 없어."

루디가 말했습니다.

"이렇게 아름다운 저녁은 삶을 몽땅 줘야 한데도 아깝지 않아. 지금처럼 행복한 순간은 예전에도 있었지. 그럴 때마다 지금 생이 끝난다 해도 나는 정말 행복했어. 이 세상은 정말 얼마나 멋진 곳인지! 오늘이 지나가면 다시 새로운 날이 시작될 거야. 새로운 날은 더 아름답겠지. 하느님은 참으로 좋은 분이야. 바베테!"

"나도 얼마나 행복한지 몰라."

바베테도 말했습니다.

저녁을 알리는 종소리가 사부이와 스위스 산에서 메아리치며 울려 퍼졌습니다.

서쪽에서는 금빛 광채 속에서 검푸른 유라 산맥이 솟아 있었지요.

"하느님이 당신에게 가장 멋지고 좋은 것만 내려 주시기를!"

바베테가 자신의 모든 마음을 담아 루디에게 말했습니다.

"하느님은 꼭 그렇게 하실 거야. 바로 내일 나는 멋지고 좋은 것을 받게 되지. 내일 우리가 결혼하면 너는 나의 작고 귀여운 부인이 될 테니까."

"어머, 배가!"

바베테가 크게 놀라며 갑자기 소리쳤습니다. 그들이 타고 온 배가 묶어두었던 줄이 저절로 풀리면서 섬에서 멀리 떠내려가고 있었습니다.

"내가 끌어 올게."

루디는 그렇게 말하며 재빨리 옷과 신발을 벗어 던지고 호수 속으로 뛰어들었지요. 그는 배를 향해 빠른 속도로 힘차게 헤엄쳐 갔습니다.

빙하에서 녹아내린 맑은 청록색 물은 매우 차고 깊었답니다. 루디는 언뜻 물속에서 잃어버린 약혼 반지를 보았습니다. 반지는 둥실 떠오르면서 점점 커지더니 번쩍이는 동그라미가 되었습니다. 그 안에서 맑은 빙하가 빛나고 그 주변에서는 끝없이 깊은 심연이 입을 벌렸습니다. 청백색 불꽃을 내뿜는 물은 실로폰처럼 딩동댕 소리를 내며 흘러내렸습니다.

루디는 그 안에서 이루 말로 할 수 없을 만큼 많은 것을 보았습니다. 젊은 사냥꾼들과 젊은 처녀들, 남자들과 여자들, 언젠가 빙하의 심연 속으로 떨어졌던 많은 사람들이 그곳에 살고 있었습니다. 저 아래에 커다란 도시가 가라앉아 있었지요. 그 도시에서는 교회 종소리가 울렸고, 사람들은 교회에서 무릎을 꿇고 앉아 있었습니다. 계곡물이 고드름으로 이루어진 파이프 오르간에 닿자 아름다운 음악이 흘러나왔지요. 밝고 투명한 바닥에는 얼음 공주가 앉아 있었답니다. 그녀는 루디가 있는 곳으로 떠올라와 그의 발에 입 맞추었지요. 얼음처럼 차가운 죽음의 공포가 마치 전기가 오듯 루디의 온몸을 훑고 지나갔습니다.

"너는 내 거야."

루디의 주변과 머릿속에서 목소리가 울려 퍼졌습니다.

"난 네가 어릴 때 너에게 입을 맞추었지. 이제 너의 발가락에 입 맞추었으니, 이것으로 너는 고스란히 내 것이 된 거야."

루디는 그 소리와 함께 맑고 파란 물속으로 사라졌습니다.

모든 것이 조용해졌지요. 교회 종소리도 뚝 그쳐버렸습니다. 마지막 소리는 빨간 구름 위 빛과 함께 사라져버렸어요.

"너는 내 거야."

소리는 깊은 물속에서 들려왔습니다.

"너는 내 거야."

끝없이 높디높은 하늘에서 울리는 소리는 점점 작아지더니 마침내 들리지 않게 되었답니다.

그때 현의 줄 하나기 툭 끊어졌습니다. 슬픈 노래가 울려퍼지고 죽음이 루디에게 차가운 입맞춤을 했습니다. 서곡은 끝났습니다. 불협화음은 아름다운 화음 속으로 사라졌습니다.

여러분은 이 이야기가 슬픈 이야기라고 생각하세요?

가엾은 바베테! 그녀에게는 상상할 수조차 없는 끔찍한 공포의 시간이었습니다. 배는 점점 더 멀리 떠내려갔고, 신랑 신부가 이 작은 섬에 갔다는 것을 아무도 몰랐습니다. 구름이 점점 낮게 내려앉고 어둠이 다가오자 절망한 바베테는 혼자 남겨진 채로 울면서 호수를 바라보았지요. 폭풍우가 마구 몰아치더

니 번개가 유라 산맥과 스위스와 사부이 산 위로 무섭게 내리쳤습니다. 곳곳에서 번개가 번쩍거리고 천둥이 치며 쉴 새 없이 우르릉 꽝꽝 오싹하게 사나운 소리를 냈습니다. 번개가 칠 때는 세상이 한낮의 햇빛처럼 밝아져서 포도나무 한 그루 한 그루가 또렷이 보일 정도였습니다. 하지만 금세 모든 것이 어둠 속에 묻혔지요. 번개는 계속 지그재그로 선을 그리며 호수에 내리치고 천둥소리는 날카롭게 메아리치며 점점 더 커졌습니다. 빌뇌브에서는 배를 모두 물가로 끌어왔고 살아 있는 생명들은 피할 곳을 찾아 두리번거렸어요.

"이런 험악한 날씨에 두 사람은 어디로 간 거야."

방앗간 주인은 몹시 걱정했습니다. 이번에는 비가 앞이 보이지 않을 만큼 세차게 내리기 시작했습니다.

바베테는 두 손을 모아 무릎에 올린 뒤 고개를 숙이고 조용히 웅크려 앉아 있었습니다. 그녀는 너무 슬픈 나머지 눈물도 나오지 않았습니다.

"루디는 저 아래 깊은 물속에 있어, 빙하 아래에 있는 게 분명해."

바베테는 어릴 때 빙하에서 구조되었던 루디 이야기를 떠올렸습니다.

"얼음 공주가 또다시 그를 잡아간 거야."

그 순간 새하얀 구름 위에서 번개가 태양빛처럼 눈부시게 번쩍였습니다. 바베테는 벌떡 뛰어올라 앞으로 걸어갔어요. 눈 깜짝할 사이에 호수는 빛나는 빙하처럼 솟구쳐 올랐습니다. 거기에는 푸르스름하고 창백한 얼음 공주가 서 있었어요. 그녀의 발치에 루디의 시체가 쓰러져 있었습니다.

"루디는 내 거야."

얼음 공주가 엄숙한 목소리로 말했습니다. 그리고 주위는 또다시 어두워지더니 똑똑 물방울 떨어지는 소리만 낮게 들려왔습니다.

"안 돼!"

바베테는 울며 크게 소리쳤습니다.

"너무 잔인해요. 무슨 잘못을 했다고 루디가 행복한 날에 죽어야 하지요? 하느님, 제발 알려 주세요. 어두운 제 가슴을 환하게 밝혀 주세요. 저는 당신의 뜻을 도무지 헤아릴 수가 없습니다. 저는 당신의 전지전능함과 현명함 앞에 어찌할 바를 모르고 힘없이 주저앉을 뿐입니다."

절망의 목소리를 들은 하느님은 바베테의 가슴을 밝혀 주셨답니다. 번개 같은 생각과 은총의 빛이 그녀의 머릿속을 뚫고 지나갔습니다. 전날 밤 꾸었던 꿈이 하나하나 또렷이 떠올랐지요. 꿈속에서 자신이 했던 말들도요. 자신과 루디를 위해 원했던 일이 일어났습니다.

"아, 슬프구나! 내 꿈이 미래를 나타낸 거란 말인가? 나를 구하기 위해서 생명의 실이 끊어져야만 했던 거였구나. 오, 안 돼."

바베테는 슬픔에 가득 차 컴컴한 어둠 속에 한참을 앉아 있었답니다. 깊은 고요 속에서 루디의 마지막 말이 그녀에게 들려오는 것만 같았습니다.

"이제 나는 더 이상 바랄 게 없어."

그 말은 넘쳐 흐르는 기쁨 속에서 외친 소리였지만 지금은 깊은 고통 속에 끊임없이 되풀이되었습니다.

그로부터 몇 년이 흘렀습니다. 호수는 변함없이 맑은 미소를 지었고 포도 줄기는 달고 먹음직스러운 포도를 맺었지요. 기선은 펄럭이는 깃발을 달고 그 위로 달려갑니다. 돛단배는 하얀 나비처럼 거울같이 맑고 깨끗한 물 위로 미끄러져 가지요. 칠론을 지나 로네탈까지 가는 기차가 드디어 개통되었습니다. 정거장마다 낯선 사람들이 내립니다. 칠론을 찾은 여행자들은 빨간 표지의 여행 책자를 들고 바다 가운데 있는 세 그루의 아카시아 나무가 심어진 작은 섬을 보러 갑니다. 그리고 안내책자를 펴서 1956년 어느 날 저녁 그 작은 섬에서 신랑을 잃어버린 신부의 이야기를 읽는답니다. '사람들은 그 다음 날 아침에야 호숫가에서 절망에 찬 신부의 외침 소리를 들었다' 이런 이야기를요.

하지만 그 책에는 그 뒤 바베테의 조용한 삶에 대해서는 쓰여 있지 않답니다. 방앗간에는 지금 낯선 사람이 살고 있지요. 바베테는 정거장 근처 아름다운 집에서 아버지와 살고 있어요. 그녀는 아직도 저녁이 되면 밤나무길 밑에서 루디가 뛰어다녔던 눈 덮인 산을 바라본답니다. 알프스 노을을 바라보면 해님의 아이들이 회오리바람과 나그네에 대한 노래를 부르지요. 회오리바람이 나그네의 외투를 잡고서 데려가려 했지만 바람이 데려간 것은 그가 아니라 외투였다는 그 노래를요.

눈 덮인 산은 장밋빛으로 반짝였습니다. 어느 사람의 마음속에나 장밋빛이 빛나고 있지요.

"하느님은 우리를 위해 가장 좋은 일이 일어나게 해 주신다."

이러한 믿음이 언제나 마음속에서 반짝반짝 빛난답니다. 그렇지만 바베테가 미래에 대한 꿈을 꾸었던 것처럼 그것은 우리에게 언제나 보이지는 않습니다.

111
나비
Sommerfuglen

신부를 찾아 날라다니는 나비가 있었답니다. 나비는 예쁜 꽃 가운데서 신부를 고르려 했습니다. 나비는 꽃들을 유심히 살펴보았습니다. 모든 꽃들은 저마다 약혼하기 전 처녀처럼 조용하고 다소곳한 모습으로 품위 있게 얌전히 꽃대 위에 앉아 있었습니다. 하지만 꽃들이 너무 많아 고르기가 어려웠습니다.

나비는 고민 끝에 데이지 꽃으로 날아갔습니다.

프랑스 사람들은 데이지를 마거리트라고 부른답니다. 이 꽃으로 미래를 점칠 수 있다고 믿었지요. 신부들은 이 꽃잎을 하나하나 뜯으면서 사랑하는 사람에 대해 묻는답니다.

"그가 나를 진심으로 사랑할까? 열렬히? 미친 듯이? 매우 많이? 아니면 조금? 전혀?"

저마다 묻는 내용이 다르답니다.

그렇듯이 나비도 데이지에게 물으러 찾아왔습니다. 나비는 꽃잎을 하나씩 뜯지 않고, 다정하게 입을 맞추었습니다. 친절하게 대하는 게 더 효험이 있을 것 같아서였답니다.

"착한 마거리트 데이지님! 당신은 모든 꽃들 가운데 가장 현명하고 아름다운 부인이세요. 게다가 당신은 점을 쳐서 미래를 내다볼 수도 있다면서요. 부디 말씀해 주세요. 전 누구와 결혼하게 될까요? 알려주신다면, 곧바로 날아가 청혼을 하겠어요."

그러나 마거리트는 입을 꼭 다문 채 대답하지 않았습니다. 나비가 자기를 부인이라 불러서 화가 났던 것입니다. 그녀는 결혼한 부인이 아니라 아직 데이트 신청 한 번 받아보지 못한 처녀였기 때문입니다.

나비는 거듭 물었지만, 단 한마디 대답도 듣지 못했습니다. 그러자 더 이상 묻고 싶은 마음이 사라져서 그곳을 떠나 곧장 신부를 구하러 날아갔습니다.

이른 봄입니다.

크로커스와 눈풀꽃이 잔뜩 피어 있었지요. 나비도 그 꽃들을 보았습니다.

"정말 귀엽군. 이제 견진 성사를 받을 나이가 된 정말 사랑스러운 꼬마 아가씨들이야. 하지만 너무 어린걸."

다른 젊은 남자들처럼 나비도 좀 더 나이가 든 아리따운 아가씨들에게 눈을 돌렸습니다. 그래서 아네모네에게 날아갔습니다.

아네모네는 좀 무뚝뚝했고, 제비꽃은 몽상적이었으며 튤립은 너무 도도했습니다. 그리고 수선화는 서민적이고, 보리수 꽃은 너무 작은데다가 가족이 많았습니다. 또 사과꽃은 겉보기엔 장미꽃처럼 보였지만, 오늘 피었다 바람이라도 불면 금세 내일이라도 떨어질 것 같이 약해보였습니다.

'그러면 결혼 생활이 너무 짧아져.'

나비는 생각했습니다.

나비는 그 많은 꽃들 가운데 완두콩 꽃이 가장 마음에 들었습니다. 이 꽃은 붉고 하얀색을 지니고 있었으며, 사랑스럽고 점잖은 데다가 아름다워 보였습니다. 그리고 무엇보다 부엌일을 잘하는 가정적인 아가씨였지요.

나비가 완두콩 꽃에게 청혼을 하려 했을 때였습니다. 바로 옆에 시든 꽃을 달고 있는 콩꼬투리가 눈에 띄었습니다.

"이건 누구세요?"

나비가 물었습니다.

"제 언니에요."

완두콩 꽃이 대답했습니다.

"그래요? 그럼 아가씨도 나중엔 이렇게 되겠네요."

깜짝 놀란 나비는 서둘러 그곳을 떠나 버렸습니다.

울타리 너머로 인동덩굴꽃이 피어 있었습니다. 얼굴이 길고 살결이 누런 아가씨들이 많았지요. 나비는 그런 생김새가 마음에 들지 않았답니다.

그렇다면 대체 어떤 꽃이라면 그의 마음에 들까요?

봄이 가고, 여름이 가고, 가을이 되었습니다. 나비는 그때까지 아무런 소득도 없이 이리저리 날아다니기만 했습니다.

꽃들은 찬란한 옷으로 갈아입었습니다. 그러나 나비에겐 아무런 소용이 없었지요. 그들에겐 신선하고 향기로운 젊은 마음이 없었습니다.

나이가 들수록 좋은 향기를 바라는 게 세상입니다. 하지만 달리아와 접시꽃은 별다른 향기가 나지 않았습니다. 그래서 나비는 박하에게 갔습니다.

아, 그런데 웬일입니까?

'박하는 꽃은 아닌데 꽃처럼 느껴지는구나. 뿌리 끝에서 맨 꼭대기까지 좋은 향기로 가득 차 있어. 잎사귀 하나하나마다 향긋한 향기가 나는구나. 그래, 박하를 신부로 삼자.'

마침내 나비는 박하에게 청혼했습니다. 그러나 박하는 굳은 표정으로 가만히 선 채 아무 말도 하지 않습니다. 그러다 끝내 입을 열었습니다.

"우리 그냥 좋은 친구로 지내요. 그 이상은 싫어요. 나는 나이가 꽤 들었고, 당신도 늙었으니 서로 의지하며 잘 지내요. 이런 나이에 결혼한다는 것은 참으로 어리석은 짓이에요."

그래서 나비는 결혼하지 못했습니다. 너무나 오래 찾아다닌 바람에 늙은 홀아비가 되고 말았습니다. 그래서는 안 된답니다.

가을이 깊어졌습니다. 비가 내리는 외롭고 쓸쓸한 날씨가 계속되었지요. 바람이 버드나무 등에 차갑게 불어와 삐걱삐걱 소리나게 했습니다. 이런 날씨에 밖에서 여름옷을 입은 채 날아다니면 감기에 걸리기 쉽지요. 이럴 때는 사랑을 찾아다닐 마음도 사라져 버린답니다. 나비도 이제 더는 밖으로 날아다니지 않았습니다.

나비는 따스한 난롯불이 피워진 집 안으로 들어갔습니다. 마치 여름처럼 무더워서 나비가 살기에 아주 적당했지요.

'하지만 밥만 먹고 살아가기에는 삶이 행복하지 않아. 햇빛과 자유와 그것을 함께 누릴 작은 꽃이 있어야 해.'

그렇게 깨달은 나비는 유리창 쪽으로 힘차게 날아갔습니다. 그 순간 방에 있던 사람이 나비를 보고 말았습니다. 너무나 고운 나비였거든요. 사람은 얼른 나비를 잡아 등에 핀을 꽂더니 진열장 속에 넣었습니다. 나비에게 그 이상 좋은 대접은 없었을지도 모릅니다.

‘이제 나도 꽃처럼 막대기 위에 앉게 되었구나! 하지만 이렇게 꼼짝 못하고 앉아 있으니 그렇게 좋지만은 않군. 아마 결혼이란 것도 이럴 거야. 가만히 앉아 있자.’

나비는 스스로를 달랬습니다.

"그건 가난한 사람의 자기만족이네요."

방 안에 놓인 화분 속 꽃이 말했습니다.

‘화분 속 꽃의 말은 귀담아 들을 필요 없어. 저들은 사람들과 자주 어울리거든.’

나비는 그렇게 생각을 했습니다.

112
프시케
Psychen

장밋빛으로 붉게 물든 새벽하늘에 커다랗고 밝은 샛별 하나가 반짝였습니다. 수천 년에 걸쳐 지구 위 곳곳에서 본 수많은 이야기를 하얀 벽 위에 새기려는 듯, 샛별의 빛이 하얀 벽 위에서 넘실거립니다.

자, 이제부터 샛별이 본 수많은 이야기를 가운데 하나를 들어 볼까요.

내 별빛은 얼마전에 별빛의 ‘얼마 전’은 우리 인간들에게는 ‘수백 년’과 같지요. 한 젊은 예술가를 비추었습니다. 이곳은 교황의 나라이자 세계적인 도시 로마였습니다.

시간이 흐르면서 이 도시는 많이 변했지만, 갓난아이가 세월이 흘러 노인이 되는 것처럼, 빠르지 않았습니다.

그 때도 카이사르 궁전은 지금처럼 폐허였습니다. 무너진 대리석 기둥 사이로 보이는, 아직도 벽이 금빛으로 찬란하게 빛나는 무너진 목욕탕 안에서 월계수와 무화과나무가 자라고 있었습니다. 콜로세움도 폐허가 되었지요.

교회에서는 종소리가 은은하게 울리고 그윽한 향기가 피어났으며, 장례 행렬이 등불과 화려한 관을 들고 거리를 지나갔습니다.

여기는 교회 안처럼 매우 신성했으며, 예술은 고귀하고 성스러웠습니다. 로마에는 세계적으로 위대한 화가 라파엘과 그 시대 최초의 조각가인 미켈란젤로가 살았습니다. 교황까지 이 두 사람에게 경의를 표했으며, 직접 찾아오기도 했지요. 예술은 존경받았습니다. 그렇다고 해서 뛰어난 재능을 가진 예술가가 모두 인정을 받았다는 것은 아닙니다.

좁은 골목길에는 예전에 사원이었던 낡은 집 한 채가 있었습니다. 이곳에 가난하고 인정받지 못한 젊은 예술가가 살았습니다.

그는 자기 또래의 젊은 친구들이 많았는데, 그들은 모두 마음이 순수하며 높은 이상을 가진 희망에 찬 젊은 예술가들이었습니다. 친구들은 그에게 재능과 솜씨는 대단하지만 그걸 인정하지 못하는 바보라고 말했습니다.

친구들 말처럼 그는 자신의 작품에 만족하지 못했습니다. 그리고 한 번도 완성된 작품을 만들어 내지 못했지요. 돈을 벌기 위해서는 꼭 완성된 작품을 만들어 관심과 인정을 받아야 하는 데도 말이지요.

친구들은 입을 모아 말했습니다.

"자넨 몽상가야! 그게 자네의 불행일세. 자네가 인생을 아직 많이 경험하지 못했고 즐기지도 못했다는 증거지. 인생을 즐겨야 해. 자네는 조금도 즐기지 못했어. 그래서 자넨 불행한 거야. 젊을 때는 마음이 내키는 대로 삶을 살아야 해. 교황이 존경하고 세상까지 경탄하는 위대한 거장 라파엘을 보라고. 그도 포도주와 빵을 즐겨먹었어. 심지어 그는 빵집 여자와도 즐겼지. 그 사랑스러운 포르나리나 말이야."

그들 가운데 가장 밝은 친구 안젤로가 말했습니다.

그렇습니다. 그들은 모두 지마다 젊음과 지혜 속에서 생각을 거침없이 이야기했습니다. 친구들은 이 젊은 예술가를 즐겁고도 거친 자기들의 삶 속으로 끌어들이려 했습니다.

그도 때로는 그 말에 흥미를 느꼈습니다. 뜨거운 피와 왕성한 상상력을 가진 젊은이였기 때문이지요. 즐거운 대화에 어울리며 함께 떠들고 큰 소리로 웃기도 했습니다.

하지만 그들이 '라파엘의 즐거운 삶'이라 불렀던 일상도, 그 위대한 거장의 그림에서 배어 나오는 신성한 광채 앞에 서면 아침 안개처럼 조용히 사라져

버렸습니다.

그리고 바티칸에서 수천 년 전 거장들이 대리석 덩어리로 조각한 아름다운 작품들을 보자 그의 심장은 몹시 두근거렸고 가슴속에서는 무언가 고귀하고 신성하며 위대한 선한 것이 느껴졌습니다.

그도 대리석으로 자신의 마음속에서 무한을 향해 용솟음쳐 오르는 형상을 만들어 내기로 마음먹었습니다. 그러나 어떻게, 어떤 모양으로 만들어야 할까요? 부지런히 손을 놀려 부드러운 점토로 아름다운 형상을 만들었습니다. 그러나 이튿날이면 여지없이 그것을 부수어 버렸습니다.

그러던 어느 날, 그는 로마의 무수히 많은 커다랗고 화려한 저택 앞을 지나가게 되었지요. 활짝 열린 문 앞에 서서 잘 꾸며진 작은 정원을 들여다보았습니다. 정원에는 수많은 아름다운 장미꽃들이 찬연하게 빛나고 대리석 분수에서 튀어 오르는 물방울은 윤기 나는 초록빛 잎사귀가 달린 커다랗고 하얀 네덜란드 토란이 떠 있는 대리석 받침대로 똑똑 떨어지고 있었습니다.

그곳에서 그의 눈앞으로 아른아른 스쳐 지나가는 하나의 형상이 있었습니다. 바로 이 저택에 사는 영주의 딸이었지요. 그녀는 너무나도 섬세하고 아름다웠습니다. 지금까지 한 번도 이렇게 아리따운 여인을 본 적이 없었습니다. 그 여인은 라파엘이 로마 궁전에 그린 프시케 같았습니다. 프시케는 그림에 불과하지만 여기 그녀는 살아서 유유히 발걸음을 옮기고 있었습니다.

그는 마음속에 그녀를 생생하게 담아 초라한 자기 방으로 돌아와 점토로 프시케를 만들기 시작했습니다. 그러고는 태어나서 처음 흐뭇한 마음으로 자신의 작품을 바라보았습니다. 그 작품은 그에게 참으로 의미가 있었습니다. 바로 그 여인이었으니까요.

작품을 본 친구들은 크게 환호성을 질렀습니다. 이 작품이야말로 친구들이 오래전부터 알고 있었던 그의 위대한 예술적 재능이 드러난 것이었기 때문이지요. 이제 세상도 그의 재능을 인정하게 될 것입니다.

비록 점토로 빚어진 작품이었지만, 마치 살아 있는 것처럼 너무나도 생생했습니다. 그러나 대리석처럼 흰 살결과 영원함을 갖지는 못했지요. 프시케는 대리석으로 생명을 얻어야 했습니다.

마침 그는 여러 해 동안 뜨락에 놓여 있던 부모님의 진귀한 대리석을 가지고 있었습니다. 유리 조각과 잡초, 그리고 무성한 엉겅퀴로 뒤덮인 채 먼지를 뒤집어썼지만, 그 안의 대리석은 산 위의 눈처럼 하얗고 투명했습니다. 바로 이 대리석에서 프시케가 나와야 합니다.

어느 날이었습니다. 밝은 별빛은 보지 못했기에 이야기해 주지 않았지만 우리는 이미 알고 있는 일이 일어났습니다. 고귀한 신분을 가진 로마 사람들이 이 좁고 초라한 골목에 나타났던 것이지요.

마차가 그의 집 앞에 멈춰 서더니, 이 젊은 예술가의 작품을 구경하기 위해 사람들이 내렸습니다. 우연히 작품에 대한 소문을 들었기 때문이었죠.

이 고귀한 방문객들은 누구였을까요? 가련한 젊은이, 아니면 너무나 행복한 사람이라 불러야 할까요? 바로 그 아리따운 소녀가 방 안에 서 있었습니다.

"그렇군, 이게 바로 너로구나! 네가 그대로 살아 있는 것만 같아."

그녀의 아버지가 말하자, 그녀는 말로 표현할 수 없을 만큼 아름다운 미소를 지으며 그를 바라보았습니다. 젊은 예술가를 바라보는 그녀의 황홀한 눈빛은 조각에 새겨 넣을 수도 그림 그릴 수도 없습니다. 그녀의 눈빛은 너무나 품위 있고 우아해서 예술가는 압도당하는 듯한 기분이었습니다.

"프시케는 대리석으로 만들어야 하네."

돈많은 귀족이 말했습니다. 이 말은 생명 없는 점토와 무거운 대리석 덩어리에게 숨을 불어 넣어주는 말이 되었습니다. 아리따운 소녀의 수줍은 미소가 희망을 잃었던 젊은이에게 생명을 주었듯이 말이에요.

"이 작품이 완성되면 내가 사겠네."

품위 있는 귀족이 말했습니다. 초라한 작업실이 삶의 기쁨으로 환히 빛나기 시작했습니다.

빛나는 샛별은 젊은 예술가가 일하는 모습을 지켜보았지요. 소녀가 작업실에 다녀간 뒤, 점토에 혼이 불어넣어진 것만 같습니다. 그는 그녀의 실제 모습처럼 정성을 다해 점토를 빚었습니다.

"이제야 인생이 뭔지 알 것 같아! 그건 사랑이야. 장엄한 것에 대한 찬양이며, 아름다움에 대한 헌신이지. 친구들이 말하는 즐거운 인생이란 부풀어 오르는 효모 속 거품처럼 사라져 버릴 허망한 것에 불과해. 삶의 제단에 바칠 천상의 순결한 포도주는 아니지."

커다란 대리석 덩어리가 곧게 세워지고, 그는 끌로 커다란 덩어리를 때로는 힘차게 때로는 조심스럽게 파내기 시작했습니다. 대리석을 측정하고, 점과 선을 그리며 석공들처럼 일을 했습니다. 이윽고 돌덩이는 차츰 여인의 아름다운 몸으로, 프시케로 변해 갔습니다. 동정녀 마리아의 뱃속에 들어 있던 아기 예수처럼 아름답고 찬란하게 말이지요.

마침내 무거운 돌덩이가 경쾌하게 춤이라도 추듯, 공기처럼 가볍고 우아한 프시케로 변했습니다. 젊은 조각가의 마음에 새겨진 하늘나라의 티 없이 순진한 미소를 띤 프시케가 탄생된 것이지요.

장밋빛으로 빛나는 아침 별은 젊은이 마음속에 싹트는 것이 무엇인지 확실히 알게 되었답니다. 신이 주신 것을 재창조하는 동안, 달아오른 그의 두 뺨과 두 눈에 빛나는 광채를 보았습니다.

"자네는 그리스 시대 거장들과 같은 사람이네. 머지않아 온 세계가 자네의 프시케를 경탄하게 될 걸세."

그의 프시케에 매혹된 친구들이 앞을 다투어 소리쳤습니다.

"나의 프시케? 그래, 프시케는 내 거야. 사라져 버린 위대한 예술가들처럼 나도 예술가야. 하느님은 내게 은총의 선물을 주시고, 나를 위인들처럼 드높여 주셨어."

이렇게 외친 젊은 예술가는 무릎을 꿇고 울면서 신에게 감사 기도를 올렸습니다. 그러나 그는 금세 흰 눈으로 빚어 놓은 듯 아침 햇살을 받아 붉게 물든 프시케에게 정신이 팔려 하느님을 잊고 말았습니다. 이제 그는 음악처럼 아름다운 그녀의 목소리와 생생하게 살아 움직이는 그녀를 두 눈으로 똑똑히 볼 수 있습니다. 젊은 예술가는 프시케가 완성되었다는 소식을 전하기 위해 귀족의 저택으로 서둘러 달려갔습니다.

넓은 뜰을 지나 대리석으로 만들어진 분수대 안에서는 돌고래 입에서 물이 찰방찰방 흘러내리고, 네덜란드 토란이 피어 있었으며, 신선한 장미꽃이 꽃망울을 활짝 터뜨렸습니다.

커다랗고 높은 현관으로 들어가니 벽과 천장은 문장과 알록달록한 그림들로 휘황찬란하게 빛났습니다.

단정하게 차려 입은 하인들이 마치 이 집의 주인이라도 되는 듯이 나무 의자 위에 온몸을 길게 늘어트리고 느긋하게 누워 있었습니다.

그가 하인에게 방문한 용건을 말하자, 하인은 그를 부드러운 양탄자가 깔리고 양옆에 조각이 세워진 반들거리는 대리석 계단으로 안내했습니다. 벽에는 그림들이 걸려 있고, 바닥이 빛나는 모자이크로 된 화려한 방들을 지나갔습니다. 그 찬란함과 광채가 호흡마저 곤란하게 했지만 얼마 안 있어 마음이 가벼워졌습니다.

나이 많은 귀족은 몹시 반가워하며 친절하게 젊은 예술가를 맞이했습니다. 서로 이야기를 나누다 예술가가 떠나려하자 딸을 만나 달라 부탁했습니다. 그녀가 그를 보고 싶어 했답니다. 하인이 호화찬란한 방과 홀을 지나 그녀의 방으로 젊은 예술가를 안내했습니다.

그 방에서 가장 찬란하고 훌륭한 장식은 바로 그녀였습니다. 그녀가 그에게 말을 건넸습니다. 다윗의 시편이나 찬송가도, 그녀의 목소리만큼 마음을 부드럽게 녹여 주고 영혼을 드높이지는 못했을 것입니다.

젊은 예술가는 그녀의 손을 잡고 손등에 입술을 갖다 댔습니다. 그 어떤 장미꽃도 이처럼 부드럽지는 않을 것입니다. 그녀의 손은 그의 마음을 뜨겁게 불타오르게 했습니다.

이 불타오르는 마음과 감격이 젊은 예술가를 온통 휘저어 놓았습니다. 그의

혀에서는 자신도 몰랐던 달콤한 말들이 거침없이 쏟아져 나왔습니다. 분화구에서 시뻘건 용암이 뿜어져 나오는 것처럼 말입니다.

그는 그녀에게 사랑을 고백했습니다. 그녀는 깜짝 놀라더니 모욕을 당한 듯 거만하게 비웃으며, 못 박힌 듯 가만히 서 있었습니다. 마치 축축하고 징그러운 두꺼비를 만지기라도 한 듯한 표정으로 말이에요. 그녀의 두 뺨은 붉게 물들고, 입술은 창백해졌으며, 두 눈은 활활 타올랐지만 이내 캄캄한 밤처럼 어두웠습니다.

"미쳤군! 썩 꺼져. 나가."

그가 깜짝 놀랄 만큼 그녀는 크게 소리를 질렀습니다. 그러고는 쌀쌀맞게 등을 돌려 버렸지요. 아름다운 그녀의 얼굴이 냉혹한 뱀처럼 차갑게 굳어 버렸습니다.

그는 기가 꺾여 핏기 없는 얼굴로 계단을 내려와 비틀비틀 거리로 나왔습니다. 마치 몽유병환자처럼 걸어서 집으로 돌아왔습니다. 그는 미칠 듯한 괴로움 속에서 하얗게 밤을 지새웠습니다.

이튿날 잠에서 깬 젊은 예술가는 망치를 높이 치켜들더니 그 아름다운 대리석 상을 부수려 했습니다. 친구 안젤로가 바로 옆에 서 있는 것도 몰랐습니다.

놀란 안젤로가 있는 힘껏 그의 팔을 꽉 붙들었습니다.

"자네 미쳤나, 대체 왜 이러는 거야?"

두 사람은 엎치락뒤치락했습니다. 끝내 안젤로의 힘을 이겨 내지 못한 젊은 예술가는 한숨을 깊이 내쉬더니 의자에 털썩 주저앉아 버렸지요.

"무슨 일인가? 자, 진정하고 말해 보게."

안젤로가 물었습니다. 그러나 그가 무슨 말을 할 수 있겠어요. 뭐라 말해야 좋을까요? 안젤로는 그가 입을 열지 않자 더 이상 묻지 않았습니다.

"자네는 언제나 허황된 꿈 때문에 피가 단단하게 굳어 숨통을 막는 걸세. 자네도 다른 이들처럼 그냥 평범한 사람이야. 이상 속에서만 살면 미쳐 버린다네. 포도주를 마시고 좀 취해 보게. 그러면 모든 괴로움을 잊고 편안히 잠이 들 거야. 어여쁜 아가씨가 자네를 위로해 줄 걸세. 캄파니아(로마 교외에 있는 평원) 아가씨들도 이 대리석 공주처럼 예쁘지. 모두 이브의 딸이네, 천국에선 구별조차 할 수 없을 거야. 자네는 내가 하는 말을 믿고 따르게나. 자네도 늙고 몸이 말을 듣지 않는 날이 곧 올 걸세. 모두가 웃고 환호하는 어느 화창한 일요일에 자넨 더 이상 자라지 않는 시든 풀줄기처럼 힘없이 누워 있겠지. 목사들이 죽음 저편에도 삶이 있다고 지껄이는 걸 난 믿지 않네. 그건 아름다운 상상일 뿐이지. 어린아이들에게 들려줄 아주 유쾌한 동화 같은 거란 말일세. 그러나 사람은 상상 속에 살지 않아. 현실을 살고 있지. 자, 나와 함께 가세나. 자네도 인간처럼 한번 살아 보라고."

안젤로는 그를 끌고 밖으로 나갔습니다.

젊은 예술가의 피 속에선 불꽃이 타오르고, 마음에는 변화가 일어났습니다. 낡고 익숙한 모든 것에서 자신을 떼어 내려는 충동, 예전의 자아에서 벗어나고 싶은 충동을 느꼈던 것이죠. 그는 안젤로를 따라갔습니다.

로마 변두리에는 예술가들이 자주 찾아오는 허름한 주막이 있었습니다. 그 주막은 무너진 목욕탕 자리에 세워져 있었습니다. 검푸르게 빛나는 나뭇잎 사이로 크고 노란 레몬들이 주렁주렁 달려 낡고 누르스름한 담벼락을 가리고 있었습니다.

주막은 높고 둥근 움막으로 되어 있어서 마치 폐허 속 동굴 같았습니다. 성모 마리아 그림 앞에 등불이 있었습니다. 부뚜막에는 불꽃이 일렁였는데, 이곳에서 요리를 하고 고기를 구웠습니다. 밖에는 레몬나무와 월계나무 아래에 테이블이 몇 개 놓여 있었습니다.

두 사람은 친구들에게 성대한 환영을 받았습니다. 그들은 음식은 조금밖에 먹지 않았지만 술은 거하게 마셔댔습니다. 술로 인해 즐거움이 더욱 커졌지요. 누군가는 흥에 겨워 노래를 부르고, 기타를 연주하고, 살타렐로(이탈리아 및 스페인의 활발한 무곡)가 울려 퍼지자 경쾌한 춤이 시작되었습니다.

예술가들의 모델인 젊은 로마 아가씨들 몇몇이 춤추는 젊은이들 사이로 슬그머니 끼어들어 함께 춤을 추기도 했습니다.

사랑스러운 바커스의 두 여사제들. 그녀들은 프시케의 모습도 아니고, 품위 있고 아름다운 장미꽃은 아니었지만 신선하고 활기차게 빛나는 카네이션이었습니다.

이 날은 날씨가 얼마나 뜨거웠던지, 해가 진 뒤에도 한참 동안 더위가 스러지지 않았습니다. 피 속에 흐르는 뜨거운 불길과 공기를 가득 채운 불길, 모든 사람들 눈빛 속에 이글거리는 불길들! 바람은 황금과 장미꽃 속에 일렁였고, 삶은 바로 황금과 장미꽃이었습니다.

"이젠 자네도 우리의 동료가 되었군. 물처럼 흐르는 세월에 그냥 자신을 맡겨버리게."

"예전에는 이렇게 즐겁고 유쾌한 적이 없었어. 자네가 옳아. 자네들이 옳다고. 난 바보이며 몽상가였어. 사람은 현실을 살아야지 환상 속에서 살아선 안 돼."

젊은 예술가는 이렇게 말했습니다.

노래를 부르고 기타를 치며 신나게 놀던 젊은이들은, 맑고 밝은 별빛이 비쳐올 저녁 무렵 주막을 나와 좁은 골목길로 몰려갔습니다. 두 송이 사랑스러운 카네이션인 캄파니아의 딸들도 그들과 함께였습니다.

안젤로의 작업실에는 이리저리 그리다 만 스케치들이 흐트러져 있고 아무렇게나 내던져진 조각품과 그림들이 있었습니다. 그것들 사이에서 부드럽지만 열정적인 목소리는 아직도 불꽃 같았습니다. 그러나 즐거운 것 같지는 않았습니다.

마룻바닥에도 여러 장의 그림이 놓여 있었는데, 그 그림들은 화려한 아름다움을 지닌 캄파니아의 딸들과 비슷했습니다. 하지만 실제 그녀들이 그림보다 훨씬 더 아름다웠지요.

가냘픈 여섯 개의 램프에서 양초 심지가 활활 타오르며 불을 밝히고 있었습니다. 불꽃 속에서는 사람의 모습이 신이 되어 희미하게 떠올랐습니다.

"아폴로여, 제우스여! 저를 하늘의 영광 속으로 데려가 주십시오. 이 순간 내 마음속에선 인생의 꽃이 활짝 피어나고 있습니다."

그렇습니다. 인생의 꽃은 활짝 피어나더니 뚝 부러져 떨어져 버렸습니다. 지독한 악취가 맴돌며 소용돌이치듯 에워싸더니, 그의 얼굴을 가리고 생각마저 마비시켜 버렸지요. 감각의 불꽃이 스러지고, 마침내 캄캄한 어둠이 찾아들었습니다.

젊은 예술가는 집으로 돌아와 침대에 털썩 주저앉아 정신을 가다듬었습니다.

'젠장' 소리가 그의 입술에서, 마음속 깊은 곳에서 터져 나왔습니다. 그리고 고통스럽고 깊은 한숨이 새어 나왔지요.

"썩 꺼져, 나가."

그가 사랑한 프시케의 칼날 같은 말이 그의 가슴속과 입술에서 흘러 나왔습니다. 머리를 베개에 아무리 깊숙이 묻어도 그의 머릿속은 혼란스럽기만 했지요. 그러다 간신히 잠이 들었습니다.

날이 샐 무렵, 그는 자리에서 벌떡 일어나 정신을 가다듬었습니다. 그녀의 말, 주막을 찾아간 일, 캄파니아의 자줏빛 카네이션 아가씨들과 저녁을 보낸 것이 다 꿈이었을까?

아닙니다. 모든 게 다 현실이었습니다. 여태껏 그가 알지 못했던 현실이었습니다.

보라빛 하늘에 뜬 맑은 별이 젊은 예술가와 대리석 프시케를 밝게 비추었습니다. 그는 영원한 대리석으로 만든 프시케를 바라보며 가늘게 몸을 떨었습니다. 자신의 눈이 더럽혀진 것처럼 느껴졌기 때문입니다. 그는 프시케를 천 조각으로 덮어버렸습니다. 그러나 다시 한 번 천 조각을 벗겨 보려 했지만 그는 프시케를 똑바로 쳐다볼 용기가 없었습니다.

젊은 예술가는 음울하게 깊은 생각에 몰두한 채 오랫동안 앉아 있었습니다. 그의 귀에는 아무 소리도 들리지 않았지요. 이 젊은이의 가슴에서 어떤 일이 일어나고 있는지 아무도 몰랐습니다.

여러 날이 지났습니다. 한 해 가운데 밤이 가장 긴 날, 반짝이는 별 하나가 젊은 예술가를 보았답니다. 얼굴이 파리하고 열에 몸을 떨면서, 침대에서 일어나 대리석 프시케에게 다가가는 그를요.

젊은 예술가는 덮개를 씌운 대리석 조각을 힘겹게 정원 밖으로 끌고 갔습니다. 그곳에는 다 말라 버려 동굴처럼 변해버린 우물이 있었습니다. 그는 대리석으로 만든 프시케를 그곳에 던져 버린 다음 그 위에 흙을 뿌려 덮었습니다.

"꺼져, 사라져버려."

젊은 예술가가 프시케 무덤에 던진 마지막 인사였습니다.

별은 이 모든 광경을 지켜보았습니다. 별빛은 열병에 걸려 주검처럼 파리해진 젊은이의 두 뺨에 커다란 두 줄기 눈물이 되어 흘러내렸습니다.

젊은 예술가가 병으로 드러눕자, 사람들은 그가 죽을병에 걸렸다고 말했습니다.

수도사 이그나티우스가 그를 찾아 왔습니다. 이그나티우스는 이 젊은 예술가에게 친구이며 의사였습니다. 이그나티우스는 위로의 말을 건네며 교회의 평화와 행복, 인간의 죄와 신의 은혜 그리고 평화에 대해 이야기했습니다. 이그나티우스의 말은 습기 찬 마룻바닥에 떨어지는 따스한 햇살처럼 느껴졌습니다. 그 순간 방바닥에서 수증기가 피어오르더니, 안개구름을 만들고 상상의 그림이 그려졌습니다. 아주 구체적인 그림이었죠.

예술가는 이 '떠도는 섬'들 속에서, 사람들의 삶을 들여다보았습니다. 그들의 삶은 그 자신이 저질렀던 것처럼, 실수와 거짓투성이였습니다. 예술은 우리를 허영과 지상의 쾌락으로 이끄는 마녀였던 것입니다. 우리는 우리 자신과 친구들에게, 그리고 신에게 잘못을 저지르고 말았습니다. 뱀은 우리를 늘 이렇게 유혹합니다.

'먹어 봐, 그럼 신처럼 될 거야.'

이제야 비로소 젊은 예술가는 진리를 이해하고 평화에 이르는 길을 찾은 것 같았지요. 교회에는 하느님의 빛과 순수함이 있었고, 수도사의 방에는 인간이라는 나무가 영원 속에서 자랄 수 있는 평안이 깃들여 있었습니다.

수도사 이그나티우스는 젊은 예술가의 생각에 힘을 실어 주었습니다. 마침내 젊은 예술가는 굳은 결심을 했습니다. 그는 세상을 버리고 수도원으로 들어가 교회의 사제가 되기로 마음먹었습니다.

수도사들은 그를 따뜻하게 맞이했고, 그를 위한 사제 서품식이 장중하게 거행되었습니다. 이제 젊은 예술가에게 하느님은, 교회에 내리는 햇살과, 성화, 그리고 십자가에서 찬란히 빛나는 것처럼 보였습니다.

예술가는 해가 질 무렵이 되면 조그만 자신의 방 안에서 조각처럼 우뚝 서서 열린 창 너머로 옛 로마와 파괴된 사원, 그리고 웅장하지만 황폐한 콜로세움을 바라보았습니다. 봄이 되면 아카시아 꽃들이 앞다투어 피어나고, 노루발풀은 싱싱했으며, 장미꽃은 꽃망울을 활짝 터뜨리고, 레몬과 오렌지나무가 노란 빛을 한껏 내뿜으며 빛나고 있었지요. 종려나무는 실낱 같이 가느다란 바람에도 하늘하늘 흔들립니다. 그는 예전에는 결코 느껴 보지 못했던 감동과 충만함을 맛보았습니다. 드넓게 펼쳐진 고요한 캄파니아 평원과, 하얗게 눈으로 뒤덮인 푸른 산이 하늘을 물들이며 저 멀리까지 뻗어 있었지요. 아, 모든 것이 하나의 꿈과 같았습니다!

맞습니다. 이 세상은 한낱 꿈에 불과했고, 그 꿈이 시간을 다스리며 지속되고 있었습니다. 그러나 수도원의 삶은 기나긴 세월동안 계속되겠지요.

언제나 인간을 불순하게 만드는 것은 자신의 내면에서 나오는 법입니다. 그는 그것을 고백해야 했지요. 이따금 그를 휘젓고 다니는 것은 어떤 불길이었을까요. 원하지 않는 데도 끊임없이 솟아나는 악의 근원은 대체 무엇이었을까요?

그는 자신의 육신에게 벌을 주었지만, 악은 끊임없이 내면에서 솟아 올라왔습니다. 사악한 마음은 그를 뱀처럼 부드럽게 휘감아, 전능한 사랑의 외투 아래에 숨어 달콤한 말로 속삭이지요. 성인들과 성모님이 우리를 위해 기도하고, 그리스도가 우리를 위해 피를 바쳤다며 위로했습니다. 그렇다면 이 젊은 예술가를 성직자의 길로 들어서게 한 것은 어린 마음이나 경솔한 젊음이 아니었을까요? 아닙니다. 그는 은총에 몸을 맡기고 나서야 비로소 자신이 경건해짐을 느꼈으며, 그에게 닥친 수많은 어려움을 넘어서려고 애썼습니다. 그는 이 세상의 허무를 뿌리치고 진정한 교회의 아들이 되었습니다.

여러 해가 지난 어느 날, 젊은 예술가였던 그는 자신을 한눈에 알아본 옛 친구 안젤로와 다시 만나게 되었습니다.

"아니! 이거 오랜만이군. 그래 이젠 행복한가? 자넨 신에게 큰 죄를 지었어. 은총의 선물을 던져 버리고, 이 세상에 주어진 자네의 천직을 조롱했지. 달란트를 맡긴 성경 비유를 읽어 보게. 그걸 이야기한 성인은 진리를 알았던 게 분명해. 자네는 무얼 얻고 무얼 찾았나? 자신의 인생을 꿈이라 생각하지 않았나? 자네는 종교가 모든 걸 다 해결해 주리라 마음대로 종교를 해석한 건 아닌가? 그 모든 게 한낱 꿈이고 환상이고, 그저 멋진 생각에 불과하다면 말일세."

"사탄아, 어서 물러가라."

수도사는 크게 소리쳐 말하더니 안젤로에게서 등을 돌려 버렸습니다.

"마귀로군! 인간의 모습을 한 저 마귀를 나는 똑똑히 보았지."

그리고 수도사는 또 이렇게 중얼거렸습니다.

"언젠가 내가 그에게 손가락을 내밀자 그는 내 손을 꽉 움켜쥐었지. 아니야, 내 안에는 악이 숨어 있어. 그리고 저 인간 속에도 그렇고. 그러나 사악함은 그를 굴복시키지 못했어. 그는 자유롭게 자기의 행복을 즐기고 있어. 난 종교로 위안을 얻고 행복을 찾았지만 그게 그저 위안에 지나지 않는다면? 이 모든 게 아름다운 상상에 지나지 않는다면? 가까이 다가서면 사라지는 이 멋진 황혼녘의 붉은 구름처럼, 멀리 보이는 둥근 산의 푸름처럼 모든 게 환상이라면? 영원함이여, 그대는 파도치는 커다란 비다와 다름없구나. 그대는 호기심과 예감으로 우리를 가득 채운다. 하지만 그곳에 발을 내디디면 우리는 가라앉아 사라져 버리지. 그래, 죽는 거야. 존재하는 것을 멈추게 되지. 속이지 마라, 환상아. 꺼져! 가버리란 말이야!"

그러고는 눈물도 흘리지 않은 채 깊은 생각에 잠겨 딱딱한 침상에 앉아 무릎을 꿇었습니다. 누구 앞에 무릎 꿇은 것일까요? 벽에 걸린 돌 십자가에게일까요? 아닙니다. 그는 습관적으로 이런 자세를 취했을 뿐입니다.

수도사는 자기 자신을 깊이 들여다볼수록 점점 더 암울한 기분이 되었습

니다.

"안팎이 온통 허무로 가득하구나! 나는 인생을 허비하고 있었어."

이 생각은 눈덩이처럼 점점 커져서 순식간에 그를 무너뜨리고 뿌리째 흔들었습니다.

"나는 누구에게도 이런 슬픔을 털어놓아선 안 돼. 그 누구도 내 속을 갉아먹고 악으로 나를 병들게 하는 벌레에 대해 알아서는 안 돼! 누군가가 알게 된다면 내가 아무리 달아난다 해도 이 벌레에게서 도망칠 수 없을 거야."

그의 마음속에서는 이렇게 믿음과 불신이 서로 치열하게 싸웠습니다. 그는 절망 속에서 간절하게 부르짖었습니다.

"주여, 오, 주여! 자비를 베푸소서. 제게 믿음을 주소서. 이 몸은 당신의 은총을 저버리고, 저의 사명도 다하지 못했나이다. 제겐 더 이상 힘이 없습니다. 당신은 제게 그런 힘을 주시지 않았나이다. 제 마음속에 있는 영원, 나를 불행하게 만든 나의 여인 프시케. 제발 내 안에서 사라지시오! 가장 빛나는 내 삶의 빛줄기였던 저 대리석 프시케처럼 무덤에서 다시는 일어나지 말지어다!"

장밋빛으로 물든 하늘에서 별이 아름답게 빛났습니다. 영혼들이 살아 빛나는 동안, 그 별은 스러지고 사라져 갈 것입니다. 반짝이는 별빛이 하얀 벽을 비췄지만, 이 사제의 가슴속에 울리는 하느님의 영광과 은총, 전능하신 사랑에 대해서는 한 자도 적지 않았지요.

"저의 가슴속에서는 프시케가 영원히 죽지 않은 채 마음속에 살아 있습니다. 이런 이상한 일이 존재할 수 있나요? 그래요. 하지만 전 제 자신조차도 잘 모릅니다. 오, 주님! 당신의 세계는 신비합니다. 힘과 영광의 기적, 사랑이여!"

그의 두 눈이 빛나더니 다시 희미해졌습니다. 교회의 종이 나지막이 울렸습니다. 죽어 가는 그에게 들린 마지막 소리였습니다. 그는 위대한 조상들의 유해가 묻힌 예루살렘에서 가져온 흙 속에 함께 묻혔습니다.

여러 해가 지난 뒤, 사람들은 관습대로 그의 유골을 꺼내 모자 달린 갈색 수도복을 입히고, 손목에 진주 팔찌를 채웠습니다. 수도원 지하 납골당에 사람의 뼈로 만든 벽 틈에 놓여졌습니다. 밖에서는 햇살이 빛나고, 안에서는 향을 피운 가운데 미사가 집전되었습니다.

그로부터 다시 여러 해가 지났습니다. 유골은 산산이 부서졌고 알아볼 수 없을 만큼 뒤죽박죽 섞였습니다. 해골들이 쌓여서 교회의 벽이 되었습니다. 거기엔 그 젊은 수도사의 해골도 뜨거운 태양을 받았습니다. 이루 헤아릴 수 없이 많은 해골들이 있었지만, 이제 그 누구도 그들의 이름을 아는 사람은 없었습니다. 그의 이름도 마찬가지였지요.

그런데 보십시오. 햇살이 비치자 두 눈구멍 속에서 무언가 살아 움직이는 모습이 보입니다. 그것은 무엇일까요? 도마뱀 한 마리가 반짝이는 등을 내보이며 텅 빈 해골 속에서 뛰어다니다 커다란 눈구멍으로 획 나왔다가 재빨리 들어가 버렸습니다.

그것은 이 해골 속에 살아 있는 유일한 생명체였습니다. 예전에 이 머리에선 위대한 생각과 빛나는 꿈, 예술과 영광에 대한 사랑이 끝없이 피어올랐고, 뜨거운 눈물이 구슬처럼 흘러내렸으며, 영원한 희망이 밝은 빛으로 살아 있었습니다.

도마뱀은 풀쩍 뛰어오르더니 이내 사라져 버렸습니다. 그 순간 해골은 산산

이 부서져 흙 속의 먼지가 되었지요.

또 다시 수백 년이 흘렀습니다. 그러나 별은 변함없이 크고 드맑게 빛나고, 하늘은 떠오른 해로 장미꽃처럼 신선하고 피처럼 붉게 타올랐습니다. 옛 사원의 잔해가 남은 좁은 골목길에는 수녀원이 들어섰습니다.

사람들은 수녀원 정원에 무덤 하나를 만들었습니다. 젊은 나이에 죽은 수녀를 묻기 위해서였지요. 그때 삽에 무엇인가 부딪혔습니다. 그것은 다름 아닌 눈부시게 빛나는 하얀 대리석이었습니다.

둥근 대리석이 차츰 드러나더니, 어깨의 형태가 드러났습니다. 다시 조심스럽게 삽질을 하자 여자의 머리가 나타났습니다. 그리고 나비같은 날개를 달고 있었습니다. 사람들은 젊은 수녀가 묻히게 될 무덤에서 하얀 대리석으로 조각된 아름다운 프시케를 발견했습니다.

"정말 아름답구나. 완벽해. 최고의 작품이야!"

사람들은 말했습니다.

하지만 이 작품을 조각한 거장이 누구인지는 수천 년에 걸쳐 빛나는 밝은 별 말고는 아무도 몰랐습니다. 별은 모든 걸 알고 있습니다. 이 세상에서 그 예술가가 겪었던 삶과 시련, 그리고 그의 나약함을 말이죠. 그도 그저 한 인간에 지나지 않았음을 별은 너무나 잘 알고 있었습니다.

하지만 모든 것은 죽어서 먼지처럼 사라집니다. 그러나 그가 쏟아 부은 노력의 성과이며, 신이 그에게 준 가장 찬란한 프시케는 남았습니다. 그 프시케는 결코 죽지 않았지요. 프시케는 젊은 예술가를 영원한 거장으로 빛나게 했으며, 이 지상에 남아 인정받고 모두에게 경탄을 자아내게 했습니다. 그리고 많은 사랑을 받았습니다.

장밋빛 하늘에서 빛나는 새벽별이, 그 반짝이는 빛으로 프시케를, 대리석으로 조각된 영혼을 바라보며 경탄하는 사람들 위로 내려앉았습니다. 행복하게 미소 짓는 입술과 눈동자 위에 말이죠.

땅 위의 모든 것은 언젠가 스러지고 잊히는 법입니다. 무한을 살아가는 별만이 그것을 알고 있지요. 천상의 예술품은 그것을 만든 이가 죽은 뒤에도 자손 대대로 빛납니다. 비록 그 젊은 예술가의 이름이 잊혔다 해도, 프시케가 언제까지나 생생하게 살아 있는 것처럼.

113
달팽이와 장미나무

Sneglen og Rosenhækken

개암나무로 이루어진 울타리가 빙 둘러진 정원이 있었습니다. 정원 밖에는 밭이 펼쳐져 있고 암소와 양떼들이 사는 목장도 있었지요. 정원 한가운데에는 한창 아름다운 꽃을 피운 장미나무 한 그루가 서 있었습니다. 그 장미나무 위에 달팽이 한 마리가 가만히 앉아 있었습니다.

달팽이는 껍질 속에 뭔가를 간직한 듯 몸을 잔뜩 웅크리고 있었습니다.

"때가 올 때까지만 기다려 주세요. 장미꽃이 활짝 핀다든가 개암나무에 열매가 주렁주렁 달리든가 또 암소나 양들처럼 젖을 만들어 내는 것보다 더 나은 일을 내가 해보일 테니까요."

달팽이가 말했습니다.

"무척 기대되네요. 그게 언제쯤일까요?"

장미나무가 말했습니다.

"나는 서두르지 않아요. 그러나 당신은 늘 서두르는군요. 그럼 기다리는 재미가 없잖아요."

달팽이가 말했지요.

그 이듬해 달팽이는 여전히 장미나무 위 햇살이 따스히 비치는 그곳에 있었습니다. 그동안에 장미 나무는 다시 봉오리를 맺고, 언제나 새롭고 싱싱한 장미꽃을 피웠습니다. 달팽이는 반쯤 몸을 내밀고 더듬이를 내밀더니 어느새 다시 오므려 버렸습니다.

"모든 게 작년과 똑같아. 아무런 발전도 없고, 장미나무는 여전해."

여름이 가고 가을도 지났지만 장미나무는 변함없이 봉오리를 맺고 꽃을 피웠습니다. 눈이 내려 날씨가 습하고 거칠어질 때까지 말이지요.

겨울이 오자 장미나무는 땅으로 머리를 숙였고, 달팽이는 땅 속으로 기어 들어갔습니다.

그리고 또다시 새로운 한 해가 시작되었습니다. 장미꽃은 활짝 피어나고 달팽이도 땅 속에서 느릿느릿 나왔습니다.

"이제 당신도 늙은 장미나무가 되었군요. 머잖아 시들어 죽게 된다는 걸 알아야 해요. 당신은 당신이 가진 모든 걸 이 세상에 주었죠. 그게 의미 있는 일이었는지는 모르겠지만, 당신은 당신 자신의 내면을 발전시키는 일은 조금도 하지 않았다는 건 알 수 있죠. 조금이라도 자신을 위해 투자를 했다면 아마 지금 다른 모습으로 서 있을 텐데. 내 말에 하고픈 말이 있나요? 내 말 듣고 있어요? 이제 당신은 곧 한낱 나무 막대기에 지나지 않게 될 거예요. 무슨 말인지 알겠어요?"

달팽이가 말했습니다.

"정말 끔찍해요! 그런 건 꿈에도 생각해 보지 못했어요."

장미나무는 말했습니다.

"그렇겠죠. 당신은 생각과는 담을 쌓고 지냈으니까요. 왜 꽃을 피우는지, 어떻게 꽃이 피는지 단 한 번이라도 깊이 생각해 본 적 있어요? 왜 그렇게 되고 꼭 그렇게 되어야만 하는지를 말이에요."

"아뇨. 난 기쁨 속에서 꽃을 피웠어요. 다른 건 생각할 필요도 없으니까요. 햇살은 따스하게 나를 비추고, 공기도 무척 깨끗했어요. 나는 맑은 이슬과 시원한 빗줄기를 마음껏 받아 마시며 숨 쉬고 생명을 느꼈지요. 그러면 흙 속에서 어떤 강한 힘이 내 안으로 솟아올랐고, 위에서도 알 수 없는 힘이 내려왔어요. 늘 새롭고 커다란 행복을 느꼈지요. 그래서 난 언제나 예쁘게 꽃을 피우지 않을 수 없었어요. 이것이 내 일생이니까 달리 어쩔 수 없었지요."

장미나무가 말했습니다.

"당신은 참으로 편안하게 살았군요."

달팽이가 말했습니다.

"물론이에요. 저에게는 모든 게 그냥 주어졌으니까요. 그렇지만 당신은 나보다 훨씬 더 많은 것을 받았어요. 생각할 수 있는 머리가 있고, 지혜로우며, 세상을 놀래킬 수 있는 엄청난 재능을 가지고 있잖아요."

장미나무가 말했습니다.

"난 그런 생각을 이제껏 한 번도 해본 적이 없어요. 이 세상은 나와 아무런 상관도 없어요. 나는 내 자신만으로도 충분해요. 이미 충분히 가졌으니까요."

달팽이는 말했습니다.

"하지만 우리는 자신이 가진 가장 좋은 것을 다른 이에게 주고, 저마다 할 수 있는 일을 해야 하지 않을까요? 물론 내가 당신에게 줄 수 있는 것이라곤 장미꽃뿐이지만요. 그렇게 풍부한 재능을 갖춘 당신은 이 세상이 무엇을 줬지요? 앞으로 당신은 무엇을 주실 건가요?"

"무엇을 주었고, 무엇을 줄 거냐고요? 난 세상에다 침을 뱉어 주겠어요. 세상이란 아무 쓸모도 없어요. 나하고는 전혀 상관이 없지요. 당신은 계속 장미꽃이나 피우세요. 그것 말고는 아무것도 할 수 없으니까요. 개암나무는 열매를 맺고, 암소와 양들은 젖을 내주면 되는 거예요. 각자 제 몫이 있지요. 나야 내 자신 안에 그걸 가졌으니까 껍질 속에 들어앉으면 그만이에요. 세상은 나와는 아무런 상관도 없어요."

달팽이는 이렇게 말하고는 자기 집으로 쏙 들어가 문을 굳게 닫아 버렸습니다.

"참으로 슬픈 일이야! 난 아무리 내 자신 속으로 들어가고 싶어도 그럴 수 없어. 난 늘 밖으로 나 자신을 드러내야 하고, 꽃도 피워야 해. 하지만 계절이 바뀌면 꽃잎은 지고, 바람결에 날아가 버리지. 그래도 장미꽃 한 송이가 어느 어머니의 찬송가 책 책갈피로 끼워져 있는 것을 보았어. 내 장미꽃 한 송이가 젊고 아리따운 아가씨의 가슴에 꽂힌 일도 있었고, 어떤 장미는 기쁨에 가득 찬 아이의 입술로 키스를 받은 적도 있었어. 나는 정말 행복했지. 진정한 축복이라고 생각했어. 그것이 나의 삶이야."

장미나무는 천진난만하게 계속 꽃을 피우고, 달팽이는 제 집 안에서 한결같이 느긋하게 누워 지냈습니다. 세상은 달팽이와 아무런 상관이 없었지요.

세월은 변함없이 흘러갔습니다. 달팽이와 장미나무는 모두 흙이 되었습니다. 찬송가 책 속에 끼워져 있던 추억의 장미꽃도 시들고 말았지요. 그러나 정원에서는 다시 새로운 장미나무가 꽃을 피우고, 어린 달팽이가 자랐습니다. 이 달팽이도 제 집 속에만 들어박혀 오로지 침을 내뱉을 뿐입니다. 세상은 달팽이와 아무런 상관이 없었으니까요.

이 이야기를 처음부터 다시 시작해 볼까요? 그러나 그렇다 해도 달라지지는 않을 겁니다.

114

도깨비불이 시내에 있다고 늪의 마녀는 말했습니다
Lygtemændene ere i Byen, sagde Mosekonen

옛날에 이야기를 많이 아는 한 남자가 있었습니다. 이야기들은 늘 그의 집으로 찾아와 문을 두드렸습니다.

그런데 어찌된 일일까요? 알아서 찾아오던 이야기들이 더 이상 오지 않았습니다. 이제 문을 두드리지도 않았지요. 왜 이야기가 오지 않을까요? 사실, 참으로 오래전부터 이 남자는 이야기가 찾아와 문을 두드렸다는 것을 생각하지도, 기다리지도 않았답니다. 세상에는 전쟁이 일어났고, 전쟁이 몰고 온 재난과 굶주림으로 사람들은 모두 고통 받고 있었기 때문입니다.

황새와 제비들이 긴 여행에서 돌아왔습니다. 그들은 위험이 기다리고 있을 것이라곤 상상도 못했지요. 둥지도, 사람들 집도 모두 불에 타 버리고 목장과 가축우리도 다 망가져 있었습니다. 보금자리는 엉망이 되거나 완전히 사라져 버리기도 했지요. 적의 말발굽이 오래된 무덤을 짓밟았습니다. 어둡고 가혹한 시절입니다. 그러나 그 시절도 언젠가는 끝나고 말지요.

"이제야 끝났군."

사람들은 이렇게 말했습니다. 그런데 이야기는 여전히 문을 두드리지도 아무런 소식도 없었습니다.

그로부터 1년이 지났습니다. 남자는 여전히 이야기를 그리워했지요.

"이야기는 언제 다시 찾아와 문을 두드릴까?"

그리고 그를 찾아왔던 온갖 이야기들을 생생히 떠올렸습니다. 이야기는 때때로 봄처럼 싱싱하고 사랑스러우며 어여쁜 작은 소녀로 찾아왔습니다. 머리엔 화관을 쓰고, 손에는 나뭇가지를, 두 눈은 맑은 햇살이 내리쬐는 깊은 호수처럼 빛났지요. 또 어떤 때는 방물장수 모습으로 찾아왔습니다. 이야기는 거실 바닥에 털썩 주저앉아 방물 상자를 열더니 시가 씌어 있는 곱디고운 실크리본을 꺼내놓기도 했습니다. 그러나 무엇보다 늙은 할머니 모습으로 올 때가 가장 재미있었지요. 은빛머리에 커다랗고 지혜로운 눈빛을 가진 할머니는 먼 옛날이야기를 들려주었습니다. 공주님들이 황금 물레로 실을 잣고, 용들이 문 밖에서 성을 지키던 시절보다 더 오래된 이야기였지요. 할머니가 너무나 실감나게 이야기를 했기 때문에 그 이야기를 듣다 보면 눈앞이 어두컴컴해지고 마룻바닥은 사람들의 피로 검게 물드는 것만 같았습니다. 듣기에도 보기에도 끔찍했지만 또 그만큼 재미있었지요.

"이야기들이 이제 다시는 문을 두드리지 않을까?"

남자는 문을 뚫어져라 쳐다보았습니다. 그러자 그의 눈앞에 검은 점이 나타나더니 마룻바닥 위에 검은 얼룩이 나타났습니다.

"아마도 이건 피가 아닐 거야. 그저 지나간 날의 어둡고 암울한 검은 베일일 거야."

남자가 중얼거렸습니다. 한참을 그렇게 앉아 있으니 한 생각이 떠올랐습니다. 이야기가 옛날 동화에 나오는 성의 공주님처럼 숨어 버린 게 아닐까. 자기를 찾아 줄 누군가를 기다릴지도 모른다는 생각이 들었습니다. 찾아내기만 한다면 이야기는 틀림없이 예전보다 더욱 찬란하고 아름답게 빛날 것만 같았습니다.

"누가 알겠어? 어쩌면 이야기는 누군가 우물가에서 놀다가 떨어트린 지푸라기 속에 숨어버린 걸지도 모르잖아. 조심해야 돼, 조심해. 저기 책장의 커다란 책 속에 끼워진 마른 꽃잎에 숨어 있을지도 몰라."

남자는 책장으로 걸어가 새로운 책 한 권을 펼쳤습니다. 꽃잎은 하나도 없고, 오직 홀거 단스케에 대해 쓰여 있을 뿐이었습니다. 단스케는 프랑스의 수도사가 쓴 덴마크어 소설에 등장하는 상상의 인물이었습니다. 홀거 단스케 이야기는 〈빌헬름 텔〉처럼 꾸며낸 이야기입니다. 사람들은 끊임없이 홀거 단스케를 존경하며 다시 돌아오리라 믿었지만 상상 속의 인물은 살아 움직인 적이 없으니 돌아올 수도 없습니다. 이 책에는 풍부한 지식을 바탕으로 설명되어 있었습니다.

"그래, 이제 난 내가 믿고 싶은 것만 믿을 거야. 사람의 발길이 닿지 않는 곳엔 질경이도 자라지 않는 것처럼."

그는 책을 덮어 책장에 넣고는, 창문턱에 놓인 싱싱한 꽃들에게 성큼성큼 걸어갔습니다. 황금빛 테두리를 가진 붉은 튤립이나 싱싱한 장미, 혹은 빛나는 동백나무 속에 이야기가 숨어 있을지도 모릅니다. 그러나 잎사귀 사이로 햇살이 스며들어도 그 어디에도 이야기는 보이지 않았습니다.

"슬픈 시대에 핀 꽃들이 훨씬 그윽하고 아름다웠지. 그러나 그 꽃들은 남김

없이 꺾여서 모두 화환으로 엮어 관 속에 던져졌어. 그 위에는 깃발을 덮었지. 아마 이야기도 그 꽃들과 함께 묻혔을 거야! 꽃들은 그걸 알고 있어. 관이나 흙도, 솟아나는 작은 풀들도 전부 들었을 걸. 그리고 이야기했을 거야. 그래, 이야기는 결코 죽지 않아. 바로 여기에 이야기가 있었어. 문을 두드렸을 거야. 하지만 어느 누가 그 소리에 귀 기울일 생각이나 했겠어. 사람들은 몹시 침울하고 우울했지. 봄의 햇살과 새의 지저귐, 그리고 초록빛을 뽐내는 들에게도 화를 낼 만큼 모두 다 힘들었으니까. 사람들은 즐거운 옛 민요가 들려오는 것조차 견디지 못할 만큼 침울했어. 그래서 조용히 묻고 말았겠지. 우리 마음을 기쁘게 해 주었던 수많은 것들처럼 말이야. 틀림없이 이야기는 문을 두드렸지만, 우리가 그것을 듣지 못하고 어서 오라는 말도 못했던 거야. 그래서 이제 찾아 오지 않는 거야. 내가 가서 찾아야겠어. 저 시골과 숲속, 드넓은 해변에서."

시골에는 붉은 담장과 뾰족한 맞배지붕(지붕의 완각이 수직으로 잘려진 지붕)이 씌어진 낡은 저택이 있었습니다. 탑 위에는 펄럭이는 깃발이 걸려 있었지요. 총총하게 술처럼 잎이 무성한 너도밤나무 가지에 앉아 노래를 부르던 꾀꼬리가, 한창 고운 꽃을 피운 정원의 사과나무를 바라보았습니다. 새들은 사과꽃을 장미꽃이라고 생각했지요.

여름의 뜨거운 햇볕 속에서 쉬지 않고 부지런히 일하는 꿀벌들도 있습니다. 꿀벌들은 붕붕 노래하며 여왕벌 주위로 몰려들었습니다. 가을 폭풍우는, 거센 비바람 치는 밤에 사냥하는 마왕의 전설과, 인간의 운명과 숲의 나뭇잎들에 대해 이야기를 합니다.

성탄절 무렵이면 야생 백조들이 넓은 바다에서 노래하는 소리가 들려왔고, 사람들은 오래된 저택 벽난로 곁에 모여 앉아 노래와 전설을 들으려 했지요.

어스름 녘이었습니다. 야생 밤나무들이 가로수처럼 늘어선 넓은 길에 이야기를 찾는 남자가 걸어갔습니다. 사람의 마음을 끄는 오래된 정원 아래쪽으로 가고 있었지요. 나무들 사이로 바람이 불어와 마왕 발데마르 다에와 그 딸들의 이야기를 흥얼거렸습니다. 예전엔 여기서 나무의 정령이며 이야기의 어머니가 늙은 떡갈나무의 마지막 꿈을 그에게 들려주었지요.

남자의 할머니가 살던 때에는 여기에 나무로 둘러싸인 울타리가 있었지만, 지금은 고사리와 쐐기풀만이 무성하게 자라 오래된 석상을 뒤덮었습니다. 그 석상의 눈에서는 이끼가 자랐지만, 예전처럼 잘 볼 수 있었지요. 그러나 이야기를 찾는 남자는 더 이상 이야기를 보지 못했습니다. 이야기는 어디에 있었을까요?

수백 마리 까마귀들이 갑자기 나타나 남자와 오래된 나무 위로 짝을 지어 날아가며 외쳤습니다.

"까아악 까악. 저기 있어, 저기."

그는 정원에서 나와 오리나무 숲으로 들어갔습니다. 그곳에는 양계장과 오리장을 가신 육각형 모양의 작은집이 한 채 있었습니다.

방 한복판에는 살림살이를 모두 맡아보는 나이든 부인이 앉아 있었지요. 그 부인은 낳은 지 얼마 안된 알들은 물론이고 알에서 깨어난 병아리 한 마리 한 마리에 대해 모두 자세히 알고 있었습니다. 그녀는 장롱 안에 넣어 두었던 기독교 세례 증서와 예방 접종 증서를 꺼내 보였지만, 그가 찾던 재미난 이야기는 아니었습니다.

이 집에서 그리 멀지 않은 곳에 붉은 서양 산사나무와 금작화가 자라는 언덕이 있었습니다. 거기에는 여러 해 전에 상업 도시 교회 묘지에서 옮겨 온 낡은 묘석이 하나 우뚝 서 있었지요. 그 도시의 명예로운 시의원을 기념하는 값진 비석이었습니다. 그 주변에는 돌로 깎은 시의원의 부인과 다섯 딸의 조각이, 하나같이 주름 잡힌 옷깃을 세우고 두 손을 마주 잡은 채 서 있었습니다. 그 묘석을 오래 바라보고 있으면, 조각이 마치 이야기를 찾는 남자에게 옛날이야기를 들려주려는 것만 같았습니다.

남자가 이곳으로 왔을 때, 그는 시의원의 차가운 묘석 위에 앉은 눈부신 나비 한 마리를 보았습니다. 나비는 날개를 팔락이며 조금 멀리 날아가더니, 지친 듯 다시 날아와 묘석 위에 내려앉았습니다. 마치 거기에 무언가 자란다고 보여 주려는 듯이 말이에요. 그곳에는 네잎클로버가 일곱 개나 자라고 있었습니다.

"행운이 무더기로 찾아왔어."

남자는 네잎클로버를 따서 주머니에 넣었습니다.

"행운이란 황금과 다름없이 좋은 것이야. 하지만 새롭고 재미있는 이야기가 훨씬 더 낫지."

그 남자는 실망하며 말했습니다. 그는 이곳에서도 이야기를 찾아내지 못했습니다. 커다란 붉은 태양이 가라앉았습니다. 초원에서는 안개가 피어오르고, 늪의 마녀가 늪을 부글부글 끓어오르게 했지요.

어느 늦은 저녁입니다. 그는 방 안에 서서 정원과 초원 너머의 늪, 그리고 해변을 바라보았습니다. 달은 밝게 빛나고, 초원에는 안개가 피어올랐습니다. 마치 은으로 만든 쟁반 같은 호수였지요. 전설에 따르면 정말 호수가 있었다고 합니다. 달빛은 그 전설을 증명해 보이듯 밝게 빛나고 있습니다. 남자는 예전에 읽었던 빌헬름 텔과 홀거 단스케를 떠올렸습니다. 그들은 사람의 마음속에 여전히 살아 있습니다. 전설의 호수와 그 안에 살아 있는 사람들처럼 말이죠.

그때, 무언가가 창문을 세차게 쾅쾅 두드렸습니다. 새나 박쥐, 아니면 부엉이였을까요? 하지만 그들이 아무리 문을 세게 두드린다 해도 안으로 들어오게 해서는 안 됩니다. 그런데 갑자기 창문이 슬그머니 열리더니, 어느 나이든 부인이 그를 쳐다보는 게 아니겠습니까!

"무슨 일이죠? 누구십니까? 제 방은 2층인데 창문으로 들여다보시다니, 사다리 위에라도 서 계신 건가요?"

남자는 매우 놀란 데다가 믿기지 않아 눈을 둥그렇게 뜨고 물었습니다.

"당신 주머니에 네잎클로버를 갖고 있지? 어이구, 일곱 개나 갖고 있구먼. 한 개는 잎이 여섯 개네."

"아주머니는 누구세요?"

"나는 늪의 할멈이라네. 부글부글 끓어오르는 늪의 마녀라고. 난 늪에서 맥주를 끓이고 있었지. 그런데 늪에 사는 개구쟁이 꼬마 녀석이 맥주 통 마개를 뽑아 집어던졌지 뭐야. 그게 당신 창문에 부딪혔어. 그 바람에 맥주가 통 밖으로 새어 나왔지. 이젠 아무짝에도 쓸모가 없게 되어 버렸네."

"제발, 조금 더 이야기해 주세요."

"그럼, 잠시 다녀올 테니, 여기서 꼼짝 말고 기다리게. 다른 할 일이 있거든"

늪의 마녀는 이렇게 말하더니 바람처럼 사라져 버렸습니다.

그가 막 창문을 닫으려는 순간 그녀는 벌써 돌아왔습니다.

"이제 끝났네. 내일도 날씨가 맑으면 맥주를 반통 더 끓일 거야. 자네가 내게 물어본 게 뭐였지? 그것 때문에 이렇게 다시 찾아왔다네. 난 늘 내가 한 말을 지킨다니까. 참, 자네는 네잎클로버를 주머니에 일곱 개나 갖고 있지, 하나는 잎이 여섯 개야. 그걸 가지고 있으면 존경을 받지. 그건 자연이 만든 메달 가운데 하나야. 그렇다고 누구나 발견하는 것은 아니지. 내게 물어볼 게 대체 뭐였지? 그렇게 바보처럼 서 있지 말게나. 난 어서 맥주 마개와 맥주 통을 보러 가봐야 해."

그 남자는 자신이 찾는 이야기에 대해 물었습니다. 오는 길에 이야기를 보았는지를 물었던 것이죠.

"맙소사, 그 잘난 이야기 타령이군. 자넨 아직도 이야기가 필요한가? 많은 사람들이 이미 충분히 갖고 있어서 더는 필요 없단 말이야. 우리가 해야 할 일들 가운데 이야기보다 더 소중한 것들이 많이 있지. 아이들조차 그렇게 되어 버렸어. 어린 소년에게는 차라리 담배를 주고, 소녀들에겐 숙녀들이 입는 멋진 치마를 주어 보게. 그들은 그런 걸 더 마음에 들어 할걸. 아이들이 이야기를 듣는다고? 아니지. 더 중요한 일들은 따로 있어."

마녀가 소리 내어 웃으며 말했습니다.

"무슨 말인가요? 세상에 대해 무얼 알고 있나요? 당신은 그저 개구리와 도깨비불만 볼 뿐이잖아요."

"그래, 도깨비불을 조심해. 도깨비불이 밖으로 나왔거든. 자유로워졌다고. 도깨비불에 대한 이야기를 해 주겠네. 늪에 있는 우리 집으로 오게. 늪에선 내가 꼭 필요하거든. 거기서 모든 이야기를 들려주겠네. 서두르게. 여섯 잎 클로버가 섞인 네잎클로버 일곱 개가 시들기 전에 빨리. 저 위에 달이 솟아 있을 때 말이야."

이렇게 말하고 늪의 마녀는 사라졌습니다.

탑에서, 종소리가 열두 번 들려왔습니다. 마지막 종소리가 울리기 전에 그는 정원을 빠져 나와 서둘러 초원으로 달려갔습니다. 안개는 가라앉았습니다. 늪의 할멈은 맥주 만들기를 멈추었습니다.

"자네는 오는 데 시간이 꽤 걸리는군. 마녀는 인간들보다 훨씬 빨리 다니지. 내가 마녀로 태어난 게 무척 기쁘구먼."

늪의 할멈이 말했습니다.

"말해 준다는 게 무엇입니까? 이야기에 대한 것인가요?"

남자가 물었습니다.

"그거 말고는 물어볼 게 없나?"

"아니면 앞으로 쓰일 시에 대해 말씀해 주실 건가요?"

"교만하지 말게. 그럼 대답해 주지. 자네는 그저 시만 생각하면서 이야기에 대해 묻는군. 이야기가 꼭 세상 모든 것의 여주인이라도 되는 것처럼 말이야. 이야기는 분명 가장 오래되어도 늘 새롭게 보이지. 난 이야기를 잘 알아. 나도 젊었을 때는 사랑스러운 꼬마 요정이었어. 다른 요정들과 함께 달빛 아래서 춤을 추고, 꾀꼬리 노랫소리를 들으며 숲으로 가서 늘 그곳을 떠돌아다니는 이야기 아가씨를 만났지. 그 아가씨는 반쯤 피어난 튤립이나 아네모네 속에 잠자리를 깔거나 때로는 교회로 살금살금 들어가 제단 불빛 아래 걸린 검은 베일 속에 몸을 숨기기도 했어!"

"당신은 굉장한 이야기를 많이 알고 있네요!"

"물론 나도 당신만큼 많이 알고 있어. 이야기와 시라. 그래, 그것들은 본디

한 나무에 달린 두 개의 가지와 같지. 그들은 원하기만 하면 어디든 찾아갈 수 있어. 사람들은 그것들을 흉내내서 새롭게 빚은 뒤 더 좋은 것으로 만들어내지. 너는 내게서 그걸 그냥 얻을 수 있어. 내 장롱 속에 있는 병에는 시가 가득 들어 있거든. 시 가운데서도 가장 멋진 것이지. 달콤하면서도 쓰디쓴 양념들 말이야. 난 인간들이 시에서 필요로 하는 모든 것을 병 속에 넣어뒀어. 축제날이면 손수건에 조금 꺼내 그 향기를 맡곤 하지."

"정말 놀라운 이야기로군요. 시를 병에 담아 놓았다고요?"

"당신이 원하는 것보다 더 많지. 새 구두를 더럽히지 않으려고 빵 위를 걸어간 소녀의 이야기를 알고 있나? 그 이야기는 이미 글로 써서 출판되었지."

"제가 그 이야기를 썼어요."

남자가 눈을 반짝이며 말했습니다.

"그래? 그럼, 그 소녀가 내가 사는 땅 밑 늪 속으로 가라앉았다는 것도 잘 알겠구먼. 바로 도깨비 할멈이 맥주 만드는 모습을 구경하려고 나를 찾아왔을 때였어. 도깨비 할멈은 그 소녀를 보자 방문 기념으로 그녀를 주춧돌로 만들고 싶으니 달라고 했어. 그래서 나는 아무 망설임없이 주었지. 도깨비 할멈이 원하던 대로 말이야. 그 대가로 난 아무짝에도 쓸모없는 선물을 하나 받았어. 여행용 구급 상자였어. 병에 시가 기득 찬 장롱이 바로 그거야. 도깨비 할멈은 꼭 필요한 곳에 장롱을 놓아야 한다고 말했어. 한번 보게. 자네는 주머니에 네잎클로버 일곱 개를 가지고 있으니 마음만 먹으면 잘 볼 수 있을 거야."

정말로 늪 한가운데 오리나무 그루터기 같은 것이 있었습니다. 바로 도깨비 할멈이 주었다는 장롱이었지요. 늪의 할멈은 나라와 시대에 상관없이, 그 장롱은 어디에 있는지 알기만 하면 누구에게나 열려 있다고 말했습니다. 장롱은 앞이나 뒤, 위나 바닥이나 옆면 할 것 없이, 심지어 모시리도 열 수 있는 참으로 진귀한 예술품이었습니다.

전 세계의 시인들, 특히 덴마크 시인들의 시가 모두 장롱 안에 들어 있었습니다. 사색하고 비평하며, 개선하고 집중하는 그들의 정신이 그 양념병 같은 병에 담겨 있었지요. 도깨비 할멈은 어떤 천재라도 따라갈 수 없는 위대한 재능으로 이런 저런 시인들의 맛을 자연에서 뽑아내어 마법의 양념을 조금 섞어 놓았습니다. 그러면 언제까지고 보관할 수 있는 시가 담긴 병 통조림이 만들어집니다.

"한번 보여주세요."

"그래, 보여주지. 하지만 귀 기울여 잘 듣고 기억해야 할 중요한 게 있다네!"

늪의 마녀가 말했습니다.

"하지만 우리는 지금 장롱 옆에 있잖아요. 여러 병들이 있네요. 이 병 속엔 뭐가 있죠? 그리고 저 병 속에는요?"

남자는 병을 기웃거리며 말했습니다.

"이 병은 '5월의 향기'라 부르지. 아직 써 보지 않았지만 뭐가 들었는지는 알고 있어. 이 병 속에 든 향기를 숲에 몇 방울 떨어뜨리기만 하면 순식간에 수련과 야생 네덜란드 박하가 핀 아름다운 호수가 생긴다네. 형편없이 낡아빠진 작문 책에 두 방울만 떨어뜨려도, 그 책은 완벽하고 향기로운 희곡이 되지. 그래서 멋진 연극이 상연될 수도 있고, 아니면 너무 지루해서 관객을 잠에 곯아 떨어지게 할 수도 있다네. 향기가 무척 진하거든. 병에 이름이 씌어 있다네. '늪의 마녀 술' 이건 나에 대한 존경을 나타내는 게야.

도깨비불이 시내에 있다고 늪의 마녀는 말했습니다 1085

이 병의 이름은 스캔들이라네. 그냥 더러운 물처럼 보이지만, 마을 소문으로 만든 두 가지 재료가 들어 있다네. 30그램의 거짓말과 0.12그램의 진실을 자작나무 가지로 저어 만드는 거야. 이 나뭇가지는 소금물에 절였다가 죄인을 매질하던 피 묻은 채찍도, 교장 선생님의 회초리도 아니야. 바로 배수로를 쓰는 빗자루에서 가져왔지.

찬송가 같은 경건한 시를 담은 병도 있다네. 한 방울 한 방울에 지옥문의 삐걱거리는 소리를 내며 징벌의 피와 땀으로 만들어졌지. 몇몇 사람들은 그저 비둘기 담즙이라고 말하지만 비둘기는 가장 경건한 새이며 담즙은 없다네. 그건 새를 모르는 사람들이 지어낸 이야기일 뿐이야."

그리고 일상적인 이야기를 담은 큰 병들이 장롱의 반을 채우고 있었습니다. 이 병은 조금이라도 이야기가 새어나가지 않도록 돼지가죽과 방광으로 꽉 묶었습니다. 어떤 나라 사람들이라도 이 병을 돌리기만 하면 방향에 따라 자기 나라의 수프를 얻을 수 있었지요. 옛 독일의 도둑만두가 들어 있는 '피 수프'와 뿌리처럼 박힌 진짜 궁정 고문관이 들어 있는 '가장 수프'도 있었습니다. 그 위엔 철학적인 기름이 둥둥 떠다니고 있었지요. 또 한쪽에는 영국 '여자 교사 수프'와 덴마크 어로 '캉캉 수프'라 부르는 닭 뼈와 참새 알로 만든 프랑스 '닭 포타주 수프'도 있었습니다. 그러나 최고의 수프는 '코펜하겐 수프'였습니다. 사람들이 그렇게 말했지요.

퐁 소리가 나는 샴페인 병에는 비극이 들어 있었습니다. 그리고 희곡은 사람들의 눈에 뿌리기 위해 고운 모래로 만들었지요. 이것은 산뜻한 희곡이었고, 좀 더 거친 희곡도 있었습니다. 하지만 그것은 오로지 미래 광고 문안으로 구성되어 뛰어난 제목만 가졌습니다. 〈네 작품에 침 뱉어도 돼〉, 〈한 명을 뒤에서 앞으로〉, 〈귀여운 짐승〉, 〈그 여자는 취했다〉 등이었습니다.

남자는 깊은 생각에 잠겨 병 하나하나에 코를 대고 세심하게 살펴보았습니다. 늪의 마녀는 이제 이야기를 끝맺고 싶었습니다. 하지만 더 중요한 이야기가 아직 남아 있습니다.

"자네는 장롱 안의 병들을 실컷 보았으니 저 안에 뭐가 있는지 잘 알았겠지. 하지만 더 중요한 게 있다는 것도 알아야 해. 아직 자네는 그것을 모르고 있구먼. 도깨비불이 시내에 있단 말이야! 시와 이야기보다 그것이 더 중요한 거야. 사실 그건 자네에게 가르쳐줘선 안돼. 그건 신의 섭리이고 나의 운명이기

도 하지. 그 운명이 내 목구멍까지 올라와 더는 참을 수가 없군. 이것 봐, 도깨비불이 시내에 있단 말이야. 이제 도깨비불이 풀려났다고. 그러니까 너희 인간들은 조심해야 해."

"무슨 말씀인지 한마디도 모르겠는데요."

그가 말했습니다.

"자, 조심해서 장롱 위에 앉게나. 실수로 내 병들을 떨어뜨려 산산조각 내지 말라고. 그 안에 뭐가 들었는지 알고 있지? 이제 엄청난 사건에 대해 이야기해 주겠네. 바로 어제 일어난 일이야. 전에도 있었던 일이지만 아직 363일 남았어. 1년이 며칠인지는 알고 있지?"

늪의 마녀가 이야기를 시작했습니다.

"어제 이 늪에서 굉장한 일이 있었어. 이곳에 어린 도깨비불이 태어났거든. 12명이나 태어났지. 그 아이들은 원하기만 하면 어느 때든 인간으로 모습을 바꿀 수도 있고, 사람들 사이에서 마음대로 돌아다니며 그들을 저들 뜻대로 다스릴 수 있도록 허락을 받았어. 이것은 늪에서 일어난 큰 사건이지. 도깨비불들은 남녀 할 것 없이 어린아이들처럼 늪과 초원에서 이리저리 몰려다니며 춤을 추었지. 자네, 여자 도깨비가 있다는 말 들어 봤나? 난 그때 장롱 위에 앉아 있었어. 장롱 서랍에는 새로 태어난 도깨비불이 들어 있었지. 이 아이들은 개똥벌레처럼 반짝반짝 빛나면서 껑충껑충 뛰어오르기 시작했어. 그러더니 1분마다 커졌어. 15분이 채 지나기도 전에 아빠와 삼촌만큼 커지는 거야. 어제처럼 달이 빛나고 바람이 불면, 마침 그 시간에 태어난 모든 도깨비불들은 인간이 될 수 있어. 게다가 예부터 타고난 권리와 특혜가 주어진 그 아이들은 1년 동안 방방곡곡을 돌아다니며 자기 힘을 마음껏 발휘할 수 있다네. 도깨비불은 나라 안 뿐만 아니라 온 세계를 돌아다닐 수 있어. 하지만 호수에 빠지거나 심한 폭풍우에 휩쓸리는 것에 대한 두려움은 있지. 불이 꺼질 수도 있으니까 말이야. 도깨비불은 인간 속으로 들어가 인간처럼 말하고 원하는 대로 움직일 수가 있지. 그러나 반드시 1년에 365명의 인간을 옳지 못한 길로 빠지게 해야 한다네. 진실과 정의로부터 많은 사람을 데려와서 나쁜 길로 빠트려야 한다는 거지. 그렇게 한 도깨비불은 가장 높은 자리에 서게 돼. 마귀 대장님 마치 기장 앞에서는 전령이 되어 번쩍이는 황금빛 옷을 입고 목에서 불꽃을 뿜을 수 있게 되는 거지.

하지만 이런 생각으로만 꽉 찬 도깨비불에게는 위험과 큰 어려움이 뒤따르는 법이거든. 만일 도깨비불이 인간의 눈에 띄면, 인간들은 도깨비불을 후 불어 버리지. 그러면 도깨비불은 늪으로 돌아와야만 해. 1년이 채 가기 전에, 도깨비불이 가족들 곁으로 돌아가고 싶은 마음에 사로잡혀 자신을 포기해버리면 그 또한 끝이지. 그는 결코 불다오를 수 없으며 금세 꺼져 버려 다시는 불을 붙일 수 없게 되는 거야. 이렇게 1년이 가서 도깨비불이 365명의 인간을 진실과 선, 훌륭한 모든 것으로부터 데려오지 못하면, 썩은 나무토막에 갇혀 꼼짝도 못하는 벌을 받게 돼. 이것은 살아 있는 도깨비불에겐 가장 혹독한 벌이야.

난 이 모든 것을 경험으로 잘 알고 있었어. 그래서 내 장롱 서랍에 들어 있던 기쁨으로 넋이 나간 12명의 꼬마 도깨비불들을 무릎에 앉혀 놓고 이것을 모두 말해 주었지. 명예를 포기하고 아무것도 하지 않는 게 가장 안전하고 편

도깨비불이 시내에 있다고 늪의 마녀는 말했습니다 1089

안한 길이라고 말이야. 하지만 그들은 그걸 바라지 않았어. 이미 번쩍이는 황금빛 옷을 입고 목에서 불을 뿜어 낼 생각에 온통 들떠 있었으니까. 몇몇 노인들은 말했지.

'우리 곁에 그냥 있어라.'

다른 이들도 말했어.

'인간들을 조롱해라. 인간들이 우리 초원을 파헤쳐 말려 죽이고 있거든. 앞으로 우리 후손들은 어떻게 되겠어?'

'우린 빛나고 싶어요, 빛나고 싶단 말이에요!'

새로 태어난 도깨비불들은 너도나도 이렇게 외쳤지. 더 이상 말할 필요도 없었다네.

1분간 무도회가 열렸네. 그 무엇도 이보다 더 빠를 수는 없을걸! 요정들은 오만하게 보이지 않으려고 여러 도깨비불들과 빙글빙글 돌며 춤을 추었지. 그러지 않았다면 그들끼리 멋지게 춤을 추었을 텐데 말이야. 대부들이 선물을 나눠 주는 시간이 왔지. 선물들은 늪 위를 부싯돌처럼 획획 바람을 타고 날아갔어. 소녀 요정들은 베일 조각을 선물로 주었지. 그러고는 이렇게 말했어.

'받아, 그럼 넌 가장 어려운 춤도 출 수 있을 거야. 멋지게 추면 상류 사회에 얼굴을 내밀 수도 있어.'

다른 도깨비들은 꼬마 도깨비불들에게 말하는 법을 가르쳤는데, 이것이야말로 가치 있는 큰 선물이었어. 또한 그들은 부엉이와 황새들이 뭔가를 떨어뜨렸지만, 그것에 대해 말하면 가치가 없어진다고 했어. 그래서 우리들도 그것에 대해서는 말하지 않아.

발데마르 마왕의 식구들이 막 늪 위를 지나갔다네. 그들은 훌륭한 개 두 마리를 보냈지. 그 개들은 바람의 냄새만으로도 사냥감을 추적할 수 있으며 도깨비불 셋을 등에 태울 수 있었지. 말을 타는 것으로 먹고사는 늙은 마녀 둘도 이 무도회에 참가했는데, 이들은 마치 문이 열려 있는 것처럼 열쇠 구멍으로 미끄러져 들어가는 기술을 가르쳤지. 말하자면 잠겨 있는 문이라도 열쇠 구멍을 통해 들어갈 수 있는 기술이야. 또 꼬마 도깨비불들을 자신들이 잘 아는 도시로 데려가 주겠다고 제안했어. 여느 때 같으면 긴 머리카락을 끈으로 단단히 묶고 바람을 가르며 말을 달려야 할 그들이 사냥개 위에 냉큼 올라타더니, 인간들을 유혹하고 혼란시켜야 할 도깨비불들을 내 품에서 빼앗

듯 데려갔어. 이 모든 일이 바로 지난밤에 일어났지. 지금쯤은 도깨비불들이 시내에서 어설프게 일을 시작하고 있을지도 몰라. 하지만 어디서 어떻게 하고 있을지는 모르네. 그걸 자네가 말해줄 수 있겠나? 지금 내 엄지발가락이 마구 쑤시는 걸 보면 무슨 일이 일어난 게 분명해."

"이건 세상에 둘도 없는 완벽한 이야기예요."

남자가 외쳤습니다.

"그렇고말고. 그러나 아직 시작에 불과해. 내게 이야기해 줄 수 있겠나? 도깨비불들이 인간을 옳지 못한 길에 빠지게 하려고 어떻게 돌아다니며, 어떤 모습으로 나타나 어떻게 행동하는지 말일세."

할멈이 말했습니다.

"도깨비불에 대해 정리하면 소설을 한 권쯤 쓸 수 있겠어요. 12부로 12명의 도깨비불 저마다의 이야기를 쓰면 좋겠어요. 아니면 모든 사람들이 즐길 수 있는 희곡으로 만들어도 좋겠군요."

남자가 말했습니다.

"자네가 희곡을 쓰든가 아니면 차라리 그냥 놔두는 것도 좋아."

그녀가 말했습니다.

"네, 쓰지 않고 가만히 있는 게 더 편하기는 하죠. 소설을 쓴다면 신문에 오르내리며 구경거리가 될 테니까요. 그건 정말 힘든 일이에요. 썩은 나무토막에 누워 빛을 낼 뿐 한마디도 할 수 없는 도깨비불처럼 말이죠."

"자네가 쓰든 안 쓰든 상관없어. 차라리 다른 사람이 쓰게 하게. 그 사람에게 내 낡은 마개 하나를 주겠네. 이것으로 시가 담긴 병이 있는 장롱을 열 수 있어. 그러면 부족한 것을 얻을 수 있지. 이보게, 젊은이. 자네 손가락은 이미 잉크에 잔뜩 물들었구먼. 이젠 해마다 이야기를 찾아 돌아다니지 않아도 될 만큼 나이가 들지 않았나. 더욱이 이곳에는 훨씬 더 중요한 일들이 많다네. 여기서 무슨 일이 일어났는지 잘 알아들었겠지?"

"도깨비불이 시내에 있다는 것 말이죠? 그런데 제가 어떻게 해야 하나요? 사람들에게 '보세요, 저기 좋은 옷을 입은 남자가 도깨비불이에요' 말하면 저는 사람들에게 실컷 두들겨 맞을 겁니다."

"도깨비불은 모자 안에도 들어가지. 어떤 모습으로도 변할 수 있으며 어디에나 나타날 수 있거든. 한번은 교회 안에 들어갔어. 자비로운 하느님을 위해서가 아니라 목사 머릿속으로 들어갔을지도 몰라. 목사는 선거일이 되면 늘 떠들지만 그건 나라를 위한 말이 아니라 자기 욕심을 채우기 위한 것이었네. 때로는 도깨비불들이 물감통이나 극장으로 들어가 예술가 행세를 하기도 하지. 그들이 힘을 기르면 인간들의 예술 따위는 끝장나 버리고 말걸. 말을 많이 한 거같아. 하지만 내 목 안에 걸려 있던 말들은 다 쏟아내야지. 가족들을 위한 일은 아니지만 말이야. 도깨비불도 따지고 보면 내 사촌들이거든. 이제 난 인간의 구세주가 되었어. 난 스스로를 포기한 것도 상을 바라고 한 일도 결코 아니야. 내가 할 수 있는 가장 엉뚱한 짓을 한 거지. 이제 이 사실을 시인에게 말했으니 온 도시에 소문이 퍼지겠군."

"하지만 도시 사람들은 아무도 이 일을 신경 쓰지 않을 거예요. 단 한 사람도 걱정하지 않을 겁니다. 제가 그들에게 진지하게 '도깨비불이 시내에 있다고 늪의 할멈이 말했어요. 주의하세요! 이렇게 소리쳐봤자 모두들 제가 동화 같은 이야기나 한다고 생각할 테니까요."

115
풍차
Veirmøllen

나지막한 언덕배기에 멋진 풍차가 우뚝 서 있었습니다. 그 풍차는 사람들이 보기에도 스스로도 무척 자부심을 가지고 있었습니다.

"난 절대로 잘난 척하지 않아요. 그렇지만 안팎으로 밝은 빛을 받는답니다. 밖으로는 해와 달의 빛을 받고, 안으로는 스테아린 초와 어유 램프 그리고 수지로 만든 양초로 빛을 받지요. 또 나는 생각할 줄도 알고 몸도 멋지게 잘 만들어졌답니다. 내 가슴에는 곡식을 곱게 빻는 물레방아가 있고, 머리 위 모자 바로 아래엔 날개가 네 개나 달려 있지요. 하늘을 나는 새들도 날개가 두 개밖에 없는 데다가 등에 달려 있는데 말이에요. 그리고 난 자랑스러운 네덜란드 토박이지요. 내 형태를 보면 알 수 있어요. 전설적인, 방황하는 네덜란드 인이랍니다. 우리는 인공적인 사물로 분류되지만 저는 지극히 자연적이랍니다. 내 배 속에는 구불구불한 계단이 있고, 몸 아래쪽엔 내 생각이 사는 집이 있지요. 명령하고 지배하는 가장 힘센 생각은 다른 생각들에게 '물레방앗간 주인'이라 불린답니다. 그는 자신이 무엇을 해야 하는지 알고 있어서 밀가루와 거친 보리 낟알들 위에 서 있지요. 그에게는 '어머니'라고 부르는 동반자도 있지요. 그녀는 바로 마음이랍니다. 하지만 그녀는 마음대로 움직이지 않아요. 늘 계획하고 뜻이 있는 일을 하지요. 자신이 무엇을 원하는지 무엇을 할 수 있는지 잘 알기 때문입니다. 그녀는 산들바람처럼 부드럽고 때로는 폭풍처럼 강하답니다. 어떤 것을 주의 깊게 다룰 수도 의지를 관철시킬 줄도 알지요. 나의 부드러운 성격은 어머니를, 거친 성격은 아버지를 닮았습니다. 그래서 둘이지만 하나이기에 서로를 '나의 반쪽'이라 부른답니다. 이들에게는 어린 사내아이가 있는데, 그 아이는 앞으로 크게 자랄 작은 생각이랍니다. 어린아이들이 얼마나 못된 장난을 치는지 여러분도 잘 알지요?

얼마 전에 물레방앗간 주인과 그 동료들이 내 목과 내 가슴을 검사했습니다. 내 안에서 뭔가가 제대로 돌아가지 않았기 때문이었어요. 난 무엇이 잘못됐는지 알고 싶었지요. 그럴 때는 머뭇거리지 말고 냉큼 조사해 봐야 한답니다. 물레방앗간 주인이 나를 검사하는데 어린아이들이 버릇없이 뛰어다니며 끔찍하게 깍깍 소리를 질렀어요. 그러면 사람들은 얼른 달려와서 무슨 일이 있는지 한 번쯤 알아봬야 하는 거 아니에요? 내가 말하고 싶은 것은 어린아이들이 와서 끔찍한 장난을 쳤다는 것입니다.

가장 어린 꼬마는 심지어 내 모자 위까지 기어올라 와서 뛰고 소리를 지르며 빙글빙글 돌았습니다. 그래서 얼마나 간지러웠는지 모른답니다.

작은 생각들은 자랄 수 있지요. 작은 생각들이 자란다는 사실은 이미 저도 알고 있습니다. 물론 밖에서 생각들이 오기도 하지만, 내 친척들은 아닙니다. 단 한 명도 보지 못했지요. 나 말고는 말이에요. 그런데 물레방아 소리가 들리지 않는 날개 없는 집들에도 생각들은 살고 있습니다. 그 생각들이 내 생각에게 와서 약혼하자고 했어요. 정말 놀랄 만한 일이지요. 그 밖에도 놀라운 일들은 많이 있답니다. 그런 일은 내 속에서 일어나기도 하지요. 물레방앗간 주인이 나를 변화시킨 것 같습니다. 그건 마치 아버지가 자기 반쪽을 바꾼 것 같았지요. 내 반쪽은 더 부드럽고 사랑스러워졌답니다. 괴로웠던 일은 사라지고 저는 한결 편해졌습니다.

환하고 즐거운 세상을 향해 여러 날들이 지나갔습니다. 기다리던 그날이

왔습니다. 그걸 여러분에게 이야기해 줄게요. 그날 난 끝이 났답니다. 완전히 죽은 것이 아니라 새롭고 더 멋있게 변하기 위해 허물어져야 했습니다. 난 죽었지만 계속 살아 있었습니다.

마침내 난 새롭고 완전히 다른 것이 되었습니다. 이 사실을 받아들이기가 처음엔 나조차 쉽지 않았지요. 해와 달 그리고 스테아린 초, 어유 램프, 수지 양초를 가진 교양 많은 나조차 말입니다. 예전의 내 방과 물레방아는 쓰레기 더미로 가는 신세가 되었지요. 나는 물레방아 속 아버지, 어머니, 자라나는 어린아이들, 내가 전체라 부르는 식구들을 모두 내 곁에 두고 싶었어요. 그들은 하나이면서도 서로 다른 완전한 생각들이 모인 작은 사회였지요. 난 그들 없이는 살아갈 수가 없을 것만 같았습니다. 그래도 난 나 자신으로 남아 있어야 했지요. 가슴속에는 물레방아, 머리 위에는 날개, 그리고 구불구불한 계단과 함께 말입니다. 그러지 않고선 나 자신을 찾을 수가 없을 것 같았지요. 다른 사람들도 나를 알아볼 수 없게 될 거예요. 그리고 앞으로는 이렇게 말하지도 못하겠지요.

'야, 언덕 위에 풍차가 있구나, 멋진데. 하지만 절대로 잘난척은 하지 않는 것 같아.'

풍차는 훨씬 더 많은 이야기를 했지만, 이것이 가장 중요한 이야기였습니다.

그렇게 여러 날이 흘러갔습니다. 그러던 어느 날, 풍차에게 마지막 날이 다가왔습니다.

바로 그날 풍차에 불이 나고 말았습니다. 불길이 높이 치솟아 오르더니, 안 팎으로 넘나들며 대들보와 널빤지를 때리고 남김없이 먹어 치웠습니다. 물레 방아는 폭삭 주저앉아 잿더미 속에서 연기로 뒤덮였습니다. 한참 뒤에야 바람이 뿌연 연기를 멀리 데리고 갔지요.

풍차 안에 살던 것들은 다행히도 피해를 입지 않았습니다. 오히려 이 일로 한마음을 가진 풍차 식구들은 큰 이득을 얻게 되었지요. 그들은 쓸모 있고 아름다운 풍차를 새로 지었습니다. 이 풍차는 예전의 것과 아주 비슷했습니다. 사람들은 이렇게 말했지요.

"야, 저 언덕 위에 풍차가 서 있어. 멋진데!"

하지만 이 풍차는 더 좋은 시설을 갖춘 현대적인 것이었습니다. 시간은 앞으로 나아가는 거니까요.

낡은 대들보들은 벌레가 먹어 구멍이 뚫린 채로 먼지 속에 누워 있습니다. 풍차의 몸은 그의 생각대로 일어서지는 못했습니다. 말 그대로 시대가 바뀐 거지요. 모든 일을 말 그대로 받아들여서는 안 되지만 말입니다.

116
은화
Sølvskillingen

반짝반짝 빛이 나는 은화가 하나 있었습니다.

은화는 넓은 세상으로 나가게 되었답니다.

"신난다! 난 이제 넓은 세상으로 간다고!"

동전은 너무나 기뻐서 뛰어오르며 소리를 질렀습니다.

　은화를 쥐는 손은 저마다 다릅니다. 아이는 따스한 손으로 꼬옥 쥐었고 욕심쟁이는 차갑고 축축한 손으로 잡았지요. 노인은 손 안에서 동전을 이리저리 돌렸으며 청년은 때굴때굴 굴러가게 했습니다.

　은화는 구리가 아주 조금 섞인 은으로 만들어졌는데 한 해 동안 세상 밖을 이리저리 돌아다녔습니다. 세상이란, 동전이 만들어진 나라를 말하는 것이지요.

　어느 날 은화는 외국 여행을 떠나게 되었습니다.

　여행을 하는 주인의 돈지갑에 들어 있던 고향 나라의 마지막 동전이었던 것입니다. 그런데 주인은 돈지갑에 손을 넣기 전까지 이 은화를 가지고 있다는 사실을 알지 못했습니다.

　"아직도 우리나라 은화가 한 개 남아 있었네. 이 동전과 함께 여행을 해야겠구나."

　그 말을 듣자 은화는 기쁨으로 짤랑 소리를 내며 뛰어올랐습니다. 주인이 그를 다시 돈지갑에 넣었을 때 말입니다.

　이곳에서 그는 잠깐 머물렀다가 다시 지나가는 낯선 친구들과 함께 지냈습니다. 외국 동전들은 지갑 밖으로 나가 세상을 돌아다니는데 은화만은 언제나 돈지갑 안에 남아 있었습니다. 은화는 어쩐지 쓸쓸한 기분이었습니다.

여러 주가 지났습니다.

은화는 여전히 먼 곳을 여행했지만, 자신이 어디에 있는지는 알지 못했습니다. 그는 다른 동전들에게서 그들 나라에 대한 이야기를 듣곤 했지요. 프랑스 동전이나 이탈리아 동전을 만났습니다. 또 어떤 동전은 이 도시, 다른 동전은 저 도시에서 왔다고 했지만, 은화는 모두 어떤 곳인지 상상조차 할 수 없었습니다. 늘 지갑 속에만 있으니 세상에 대해 아무것도 모르는 법이지요. 은화가 바로 그랬습니다.

그렇게 여느 때처럼 돈지갑 안에 있던 어느 날이었습니다.

은화는 돈지갑이 닫혀 있지 않은 것을 알아차리고 밖을 내다보려 열린 틈새까지 기어갔습니다. 하지만 그러지 말았어야 했지요. 그는 강한 호기심 탓에 벌을 받게 되었답니다. 그만 바지 주머니 속으로 미끄러져 떨어지고 말았습니다.

저녁에 주인이 돈지갑을 꺼냈을 때, 주머니 속에 있던 은화는 옷과 함께 현관 바닥에 남겨지고 말았습니다. 주머니에서 굴러나왔지만 누구도 그것을 보지도 듣지도 못했지요.

그 다음 날 주인은 다른 옷으로 갈아입고 여행을 떠났습니다. 은화는 따라가지 못하고 말았지요. 그러나 그는 곧 다른 이에게 발견되었고 다시 쓸모 있어졌습니다. 다른 세 동전들과 함께 바깥 세상으로 나가게 된 깃입니다.

'세상을 둘러보는 건 참 멋지구나. 다른 사람들을 보고 다른 풍습을 배우는 것도 아주 재미있어.'

은화는 홀로 생각했습니다. 그 순간 이런 말이 들려왔습니다.

"이건 뭐야? 우리나라 동전이 아니잖아! 가짜야, 쓸모가 없어."

자, 이제 은화의 남은 이야기를 마저 들어 볼까요?

"가짜며 쓸모가 없다는 말은 내 가슴을 깊이 후벼팠어. 난 내가 훌륭한 은으로 만들어졌고 맑은 소리가 나며, 진짜 각인이 새겨져 있는 것을 알고 있었

는데 말이야. 틀림없이 그 사람들이 착각한 거야. 나를 두고 한 말일 리가 없어. 아냐, 아냐. 그들이 가짜라고 한 것은 분명 나였어. 난 쓸모가 없나봐! 나를 발견한 남자는 어두워지면 몰래 써야겠다고 말했어. 끝내 난 몰래 쓰여졌고, 다시 세상이 밝아지자 가짜야, 쓸모가 없다는 욕을 얻어 먹었지.”

은화는 계속 비밀리에 거래되었고, 그럴 때마다 늘 손가락 사이에서 불안에 몸을 떨어야만 했습니다.

“아, 난 왜 이리 불쌍한 은화일까! 아무리 훌륭한 은이라도 진짜 동전이라는 각인도 아무런 소용도 없구나. 양심의 가책을 느끼면서 옳지 못한 길을 이리저리 몰래 돌아다녀야 하다니. 아, 얼마나 끔찍한 일인가! 난 아무런 잘못이 없는데 사람들이 가짜라 여기는 바람에 이런 기분을 맛보아야 하다니!”

나를 끄집어 낼 때마다 요모조모 살펴보는 사람들의 눈길이 무서웠습니다. 거짓말쟁이처럼 욕을 먹으며 책상 위에 내던져질 거라는 걸 알고 있었기 때문입니다.

언젠가 가난하고 늙은 부인에게 가게 되었습니다. 고된 노동의 대가로 받은 것이었지요. 하지만 그녀는 나를 쓸 수가 없었어요. 누구도 받으려고 하지 않았기 때문이지요. 그녀에게는 불행한 일이었답니다.

“정말 어쩔 수 없이 누군가를 속일 수밖에 없구나. 가짜 은화를 언제까지나 지닐 수는 없어. 빵집에 가서 써봐야지. 빵집 주인은 부자니까 괜찮을 거야. 하지만 이건 나쁜 일이야. 내가 이런 짓을 하다니!”

그녀가 말했답니다. 이제 나는 이 가엾은 부인의 양심까지 괴롭히게 된 것입니다.

그 부인은 빵집 주인에게 갔습니다. 하지만 그는 쓸 수 있는 동전들을 아주 잘 알고 있었지요. 나는 그곳에 머물 수 없었습니다.

빵집 주인은 부인 얼굴에다 나를 집어던졌어요. 그녀는 한 조각의 빵도 얻지 못했습니다. 나는 내가 다른 사람들을 화나게 한다는 사실이 무척 가슴 아팠습니다. 젊은 시절에는 꽤 신용도 있었고, 은으로서의 가치와 진짜 화폐라는 사실을 인정받았는데 말이지요.

나는 불쌍한 은화가 될 수밖에 없다는 사실에 무척 우울했답니다. 아무도 나를 갖고 싶어 하지 않았으니까요.

그 부인은 다시 나를 집으로 가져와, 다정하고 부드럽고 친절하게 이리저리 돌려보더니 말했습니다.

"이제 너를 써서 누구도 속이지 못하게 해야겠다. 네가 가짜라는 걸 누구나 알 수 있게 네 몸에 구멍을 뚫으면 되겠지. 널 행운의 은화로 만들어줄게. 구멍을 뚫고 거기다 끈을 매달아 이웃집 아이 목에 걸어주는 거야."

마침내 그 부인은 내 몸에 구멍을 냈습니다. 자기 몸에 구멍이 뚫린다는 건 정말 기분 좋은 일은 아니지요. 아무리 좋은 의도에서 그랬다 하더라도 말입니다. 여러분은 그런 걸 견딜 수 있나요?

이윽고 끈이 매달려 나는 메달이 되었습니다. 그리고 이웃집 아이의 목에 걸리게 되었지요. 그 꼬마는 내게 미소 지으며 입맞춤했습니다. 나는 그 아이의 따스하고 순수한 가슴에서 밤새 푹 쉴 수가 있었지요.

다음 날 아침, 아이의 엄마가 나를 손가락 사이에 끼우고는 이리저리 살펴보았습니다. 기발한 생각이 막 떠올랐던 것이지요. 난 그녀의 생각을 바로 알아차렸습니다. 그녀는 가위를 가져오더니 내 몸에 매달렸던 끈을 싹둑 잘라 버렸습니다.

"행운의 은화? 그렇다면, 곧 그 행운이 얼마나 되는지 알게 되겠군."

이렇게 말하고 그녀는 내가 완전히 푸른색이 될 때까지 식초 속에 담갔습니다. 그 다음에는 뚫린 구멍을 막고 내 몸을 문지르기 시작했습니다. 해질녘이 되자 그녀는 행운을 가져다준다는 복권을 사러 갔습니다.

기분이 얼마나 나빴던지요! 몸이 부서지는 것처럼 몹시 답답했습니다. 난 알고 있었습니다. 곧 가짜라 불리며 내동댕이쳐질 거라는 사실을요. 그것도 각인과 위신을 가진 수많은 은화와 구리 동전들 앞에서 말이에요.

그런데 웬일일까요?

복권 판매소에는 사람들이 무척 많았고 판매인은 너무 바빠서 나를 그냥 받고 말았습니다.

나는 짤그랑 짤그랑 소리를 내며 상자 안에 떨어져 다른 은화들과 섞이게 되었습니다. 아이의 어머니가 복권에 당첨됐는지는 알 수 없었어요. 하지만 다음 날이면 위조 은화로 드러나 옆으로 밀쳐질 것이고, 사람들을 속이기 위해 이곳저곳으로 보내지리라는 것은 알았습니다. 성격이 정직하다면 그런 일은 견딜 수 없을 거예요. 난 정직한 성격이니까요.

오랫동안 나는 손에서 손으로 이집 저집으로 돌아다녔습니다. 늘 욕을 먹으며 서러움을 맛보았답니다. 아무도 나를 믿지 않았습니다. 그리고 나 또한 더는 세상을 믿지 않고 나 자신조차 믿지 못했습니다. 참 힘든 시절이었습니다.

그러던 어느 날 한 여행객이 왔습니다.

그는 나를 건넨 사람에게 속을 만큼 마음씨가 좋은 사람이었지요. 그런데 그가 나를 쓰려고 하자, 다시 그 소리가 들려왔습니다. 쓸모없어! 이건 가짜야.

그러더니 그는 나를 꼼꼼하게 살펴보았습니다. 갑자기 그의 얼굴에 웃음이 가득 번졌습니다. 그 얼굴은 이제까지 나를 자세하게 바라보던 그 어떤 얼굴과도 달랐습니다.

"아니, 이게 뭐지! 이건 우리나라 은화잖아. 이렇게 귀한 동전에 구멍을 뚫고 다들 가짜라고 부르다니. 참 재미있군. 잘 간직했다가 집으로 가져가야지."

나는 기쁨으로 온몸이 부르르 떨렸습니다. 그는 나를 귀한 은화라고 불렀습니다. 이제 다시 모두가 나를 아는 고향으로 돌아갈 수 있었지요. 내가 훌륭한 은으로 만들어졌고 진짜 각인이 새겨졌다는 걸 알아주는 고향으로 말입니다. 나는 너무 기뻐서 불꽃이라도 튀기고 싶었지만 그런 건 내게 어울리지 않는답니다. 강철이라면 몰라도 은으로 된 나는 할 수 없는 일이었죠.

그는 다른 동전들과 섞이지 않고 잃어버리지 않으려고 나를 곱고 하얀 종이에 정성껏 쌌습니다. 그러고는 한 고향 사람들을 만날 때마다 나를 꺼내 보여

주었답니다.

그들은 나에 대해 좋게 이야기를 했고, 흥미롭다고도 했습니다.

마침내 난 다시 고향으로 돌아왔습니다! 이제 고난이 끝나고 기쁨이 시작되었습니다. 나는 훌륭한 은으로 만들어졌고, 진짜 각인이 되어 있습니다. 가짜로 보이게 하려 내 몸에 뚫린 구멍도 결코 단점이 되지 않았답니다.

사람들이 아니라고 해도 아무 상관이 없습니다. 참고 견뎌야 합니다. 모든 것은 시간이 지나면 밝혀지니까요. 그것은 이제 나의 믿음이 되었답니다.

117
뵈르크룸 주교와 그의 친척들
Bispen paa Børglum og hans Frænde

우리는 이제 황폐한 늪지라 불리는 빌트모어 북쪽 유틀란트 서해안에 있습니다. 이곳에서 해안에 부서지는 북해의 파도 소리가 들려옵니다. 오랜 세월 익숙하게 보아 왔던 커다란 모래 언덕도 우리 앞에 솟아 있습니다.

우리는 언제나 마차를 타고 깊은 모래사장을 천천히 지나 언덕으로 갑니다.

모래 언덕 위에는 웅장하고 낡은 뵈르크룸 수도원이 있습니다. 가장 큰 건물은 오늘도 교회로 쓰여집니다.

어느 청명한 날의 늦은 저녁 우리는 그곳으로 올라갔습니다. 이 날은 밤에도 밝은 백야라서 아주 멀리까지 두루 볼 수 있었지요. 들판과 늪을 지나 알보우의 피오르드 해안도 보이고 황야와 초원 너머의 검푸른 바다도 보였습니다.

성 안뜰에는 긴 담장을 따라 보리수나무들이 줄지어 서 있습니다. 보리수나무들은 무성하게 자라 그 나뭇가지들이 창문을 거의 뒤덮을 정도입니다. 긴 담장이 바람을 막아 주기 때문에 아주 잘 자랐지요.

성 안의 구불구불한 돌계단을 올라가 높은 천장 아래로 난 긴 복도를 따라가면, 바람이 쏴쏴 소리를 내며 불어옵니다. 안에서 나는 소리인지 밖에서 나는 소리인지 모를 만큼 무척 기이한 바람 소리랍니다. 이 소리를 듣고 있으면 나 자신이 어디에 있는지도 잊게 된답니다.

이럴 때 사람들은 다른 사람들에게 겁을 주려고 무서운 이야기를 합니다. 그렇습니다. 사람들은 이제까지 보지 못했던 것들을 보게 되고, 전설을 떠올리며 이야기하게 됩니다.

전설에 따르면 오래 전에 죽은 신부들이 미사가 열리는 교회 안으로 슬그머니 미끄러지듯 들어온다고 합니다. 바람 소리에 섞여서 들어오기에 이런 소리가 들려온다는 것이죠. 그럴 때면 사람들은 참으로 묘한 기분에 사로잡히게 되고 옛 일을 떠올린답니다. 그러면 마치 옛날로 돌아간 듯한 기분이 들게 되지요.

해안에 난파된 배 한 척이 있습니다. 주교의 신하들은 이 해안으로 내려갔습니다. 그들은 가까스로 바다에서 살아 남은 뱃사람들을 용서 없이 죽였습니다.

파도의 물결이 으스러진 머리에서 흘러나온 붉은 피를 씻어 냅니다.

파도에 밀려 떠밀려온 난파선의 재물들은 모두 올라프 글로브 주교의 것이 되었습니다. 파도 물결을 따라 큰 통들이 굴러오면, 수도원의 지하실에선 그 속에 들은 귀한 포도주를 가득 옮겨 담습니다. 이곳에는 맥주와 꿀술도 헤아릴 수 없이 많았습니다.

부엌에는 사냥한 짐승의 고기뿐만 아니라 햄과 소시지도 가득했습니다. 수도원 바깥 연못에는 살찐 잉어와 반질반질 윤이 나는 붕어들이 헤엄치며 떠다녔습니다.

뵈르크룸의 주교는 강력한 군주였습니다. 수많은 영지도 다스리고 있었지요. 주교는 무척 욕심이 많았기 때문에 모두가 올라프 글로브 주교의 발아래 무릎을 꿇어야 했습니다.

어느 날 다른 지방에 사는 부유한 그의 사촌이 죽었습니다. 홀로 남게 된 사촌의 아내는 많은 재산을 물려받게 되었습니다. 하지만 친척의 가장 못된 적은 친척이라는 사실을 깨닫게 됩니다. 사촌이 죽자마자 주교가 교회의 이름으로 그의 땅을 모두 빼앗아버렸습니다. 그녀의 남편은 살아 있을 때 나라를 다스렸지만, 성직자의 영토는 간섭하지 않았습니다.

그 무렵 그녀의 아들은 외국 풍습을 배우기 위해 어린 나이에 나라를 떠나 있었습니다. 그러나 여러 해 전 그의 소식은 완전히 끊기고 말았지요. 아마도 오래 전에 죽었을 겁니다. 그래서 이제는 자신의 어머니가 다스리는 나라를 이어받으려 고향으로 돌아오는 일은 결코 없을 터였죠.

"왜 여자가 이 땅을 다스려야 하는가"

주교가 말했습니다.

주교는 사자를 보내 그녀를 법정으로 불러들였습니다. 무슨 속셈이었을까요? 그녀는 단 한 번도 법을 어기지 않았습니다. 물론 법정에서 떳떳하지 못할 이유도 없었지요.

뵈르크룸 올루프 주교의 계획은 무엇이었을까요? 반들반들한 양피지에 무얼 썼을까요? 그리고 그것을 먼 로마 교황 도시까지 가져가라고 기사와 시종을 보낸 까닭은 무엇이었을까요?

낙엽이 떨어지는 늦가을, 배들이 가장 많이 난파되는 시기였습니다. 가을이 지나면 곧 살얼음처럼 추운 겨울이 찾아올 것입니다.

두 번의 겨울이 지나서야 주교의 하인들이 고향으로 돌아왔습니다. 그들은 교황의 친서를 갖고 로마에서 돌아왔습니다. 그리고 감히 경건한 주교를 모독한 과부의 파문장도 함께 가지고 왔지요.

"그녀와 그녀의 모든 재산을 저주한다! 교회와 공동체에서 추방하라! 누구도 그녀에게 도움의 손길을 내밀지 말 것이며, 친척과 친구들은 그녀를 페

스트와 나병처럼 멀리할지어다. 이를 따르지 않는 자는 죽음을 면치 못할 것
이다!"

뵈르크룸의 주교가 선포했습니다.

"굽히지 않으면 부러지지."

뵈르크룸 주교는 미소 지으며 말했습니다.

모두 그녀의 곁을 떠났습니다. 하지만 그녀는 하느님을 떠나지 않았습니다.
하느님은 그녀에게 하나뿐인 방패이자 피난처였습니다.

이제 그녀 곁에는 늙은 하녀 하나만 남았습니다. 그녀는 하녀와 함께 밭을
갈았습니다. 그 땅은 교황과 주교에게 저주를 받았지만, 그럼에도 보리는 아주
잘 자랐답니다.

주교가 무섭게 소리쳤습니다.

"지옥의 자식! 나는 나의 의지를 실현하겠노라. 교황의 이름으로 말하노니,

재판을 받고 형벌을 받을지어다!"

그리하여 그녀는 마지막으로 남은 황소 두 마리를 마차에 단단히 매고, 하녀와 함께 마차에 올라탔습니다. 그들은 황야를 지나 덴마크 땅을 떠났습니다.

이윽고 그들은 낯선 말을 쓰는 익숙지 않은 땅에 이르렀습니다. 풍습도 생소했습니다. 멀고 긴 여행이었지만 이 낯선 땅에도 푸른 언덕과 산들이 높이 솟아 있고 탐스러운 포도송이가 먹음직스럽게 영글어 있었습니다.

그녀들은 이곳을 지나가는 한 무리 장사꾼들을 만났습니다. 그들은 짐을 가득 실은 과부의 마차를 불안하게 바라보며, 강도를 만나지 않을까 걱정했습니다. 하지만 두 마리 검은 황소가 끄는 초라한 마차에 탄 가련한 두 여인은 겁도 없이 무서운 골짜기와 울창한 숲을 무사히 지나갔습니다.

마침내 그들은 독일 서남쪽 프랑켄 지방에 들어서게 되었습니다. 이곳에서 두 여인은 무장한 시종 열둘을 거느린 위엄 넘치는 기사와 우연히 만났습니다. 그는 멈춰 서서 마차를 몰고 가는 두 여인을 한참 동안 바라보았습니다.

그는 여인들에게 여행의 목적지가 어디이며, 어느 나라에서 왔는지 물었습니다. 부인은 덴마크의 티 지방에서 왔다고 말했습니다. 그리고 이제까지 겪었던 고통과 비참한 곤경에 대해서도 털어놓았습니다

자비로우신 하느님이 이들을 이끌었을까요?

이제 그 모든 어려움이 사라지게 되었습니다. 놀랍게도 바로 이 기사가 그녀의 아들인 옌스 글로브였던 것입니다. 그는 어머니를 두 팔로 꼭 껴안았습니다. 오랫동안 입술만 깨물 수밖에 없었던 어머니는 그제야 마음껏 울음을 터뜨렸지요. 그녀의 가슴에서는 비로소 뜨거운 피가 돌기 시작했습니다.

또다시 낙엽이 지는 늦가을이 돌아와 배들이 난파되는 시기가 되었습니다. 파도 물결을 따라 뭍으로 밀려 온 포도주 통들은 여전히 주교의 지하실로 옮겨졌습니다.

밖은 물이 꽁꽁 어는 몹시 추운 겨울이었습니다. 주교의 부엌에서는 꼬챙이에 꿴 짐승 고기가 불 위에서 맛있게 구워지고, 방에는 따스한 온기가 감돌았습니다.

새로운 소식이 들려왔습니다. 다른 지방의 기사 옌스 글로브가 어머니와 함께 고향으로 돌아와 교회법과 나라 법에 따라 주교를 고소했다는 것이었습니다.

"아무 소용 없어! 기사 옌스쯤이야, 재판에서 이기는 것은 식은 죽 먹기지."

주교는 자신만만했습니다.

이듬해에도 낙엽이 지고 배들이 난파되는 늦가을이 지나자, 얼어붙는 듯한 겨울이 어김없이 돌아왔습니다. 하얀 꿀벌들이 떼 지어 이리저리 몰려다니며 꿀이 녹아내릴 때까지 매서운 추위는 사람들 얼굴을 찔러댔지요.

"오늘은 날씨가 상쾌한데!"

사람들이 돌아오며 말했습니다.

옌스 글로브는 밖에서 깊은 생각에 잠겨 들어오지 않았습니다. 기다란 웃옷이 햇볕에 그을리다 못해 피부가 타더라도 모를 지경이었습니다.

"뵈르크룸의 주교여, 당신을 굴복시키고야 말리라! 교황의 보호 아래서 법을 피할 수 있을지는 몰라도 나 옌스 글로브는 용서 못한다!"

그는 이렇게 다짐한 뒤에, 잘링에 있는 의형제 올루프 하제 경에게 편지를 썼습니다. 성탄절 저녁에 휘드베르크 교회로 와 달라고 부탁했지요. 이 교회에서 뵈르크룸의 주교가 미사를 집전하게 되어 있었습니다. 그래서 주교는 티 지방으로 와야만 했습니다. 옌스는 이 사실을 미리 알고 있었습니다.

초원과 늪지대는 온통 새하얀 눈과 얼음으로 뒤덮였습니다. 말을 탄 기사들과 한 무리 병사들이 지나가고 본당 신부와 시종을 거느린 주교도 지나갔습니다. 그들은 갈대를 짓밟으며 지름길로 달려갔습니다. 길 위로는 바람이 몹시 슬프게 불었습니다.

"여우털 옷을 입은 나팔수여, 놋쇠 나팔을 불어라. 맑은 하늘에 울려 퍼지니 소리가 좋구나."

그들은 황야와 늪을 지나 말을 타고 달렸습니다. 늪은 마치 사막의 신기루 속 거대한 정원처럼 보였습니다. 그들은 말을 타고 남쪽으로 떠났습니다. 모두들 휘드베르크의 교회로 가는 길입니다.

바람이 나팔 소리처럼 웅웅 거세게 불었고 돌풍을 몰고 오기도 했지요. 사나운 폭풍우가 엄청난 기세로 몰아닥쳤습니다.

성전 위로 성난 번개와 비가 내립니다. 하지만 성전은 여전히 굳건하게 서 있었습니다.

무서운 폭풍우가 벌판과 늪을 지나고 피오르드 해안과 바다를 지나왔습니다. 뵈르크룸의 주교가 교회에 이르면 뒤에 올루프 하제 경도 숨가쁘게 달려와 가까스로 교회에 도착할 것입니다. 옌스 글로브를 도우려고 피오르드 해안 저편에서 그의 부하들과 함께 올 것입니다. 이제 주교는 하느님의 심판을 받겠지요. 성전은 심판의 무대가 되고, 제단은 심판대가 될 것입니다. 무거운 놋쇠 촛대마다 촛불이 환하게 타오르며 분노의 강풍이 고발장을 소리 높여 읽어 심판할 것입니다.

온 하늘을 뒤덮으며 황야와 늪을 지나 우르릉거리는 파도를 지나 거센 폭우가 울부짖는 모습을 보세요. 어떤 배라도 이 성난 폭풍우를 뚫고 피오르드 해안을 건너지는 못할 것입니다.

마침내 올루프 하제 경이 오트 해협에 왔습니다. 여기서 그는 함께 온 신하들에게 말과 갑옷을 나누어 주며 집으로 돌아가라고 은혜를 베풀었습니다. 아내에게 안부를 전해달라며, 신하들과 헤어졌습니다. 그는 홀로 목숨 걸고 넓고 험한 바다를 건너려 했습니다. 그러나 옌스 글로브가 휘드 베르크 교회에서 힘없이 쓰러질 때, 하제 경이 무죄임을 밝히기 위해서는 그의 신하들이 증인이 되어야 했습니다. 충성스러운 신하들은 결코 그를 떠나지 않았습니다.

그들은 험한 파도가 몰아치는 바다로 들어가 앞으로 나아갔습니다. 그들 가운데 10명은 파도에 휩쓸려 죽고, 올루프 하제와 신하 둘만 겨우 건너편 해안에 이르렀습니다. 그러고도 4마일을 더 달려가야 했지요.

한밤이 지나고 성탄절 아침이 밝자 거세게 불던 바람도 가라앉고, 교회에는 불이 환하게 밝혀졌습니다. 불빛이 창문을 넘어 초원과 황야로 뻗어 나갔습니다. 미사는 오래 전에 끝났고, 조용한 정적만이 성전을 감싸고 있었습니다. 촛농이 돌바닥 위에 떨어지는 소리가 유난히 크게 들렸습니다.

마침내 올루프 하제가 성전에 도착했습니다. 옌스 글로브는 성전 문 앞까지 나와 하제를 반갑게 맞으며 급히 말했습니다.

"막 주교와 타협을 했네!"

"타협했다고? 그렇다면 자네도 주교도 살아서 이 교회 밖으로 나가지 못할 걸세!"

하제는 몹시 화가 나서 칼을 칼집에서 빼더니 문을 쾅 닫았습니다. 옌스도 그들 사이에 있던 교회 문을 쾅 닫았지요. 그 바람에 교회 문에 질러져 있던 널빤지가 산산조각이 나고 말았습니다.

"이보게 그만하게! 내 말부터 좀 들어보게. 내가 주교와 그의 신하들을 모조리 죽여버렸다네. 다시는 그들이 이 소송에 대해 한 마디도 못하게 말야. 그러니 나는 더 이상 어머니가 당한 일에 대해 아무 말도 하지 않으려네."

제단에서 타오르는 촛불의 붉은 불꽃보다도 성전 바닥은 더 붉게 빛났습니다. 주교의 이마가 바스러져 바닥을 흥건하게 적셔 놓았지요. 그의 시종들도 모두 죽임을 당했습니다. 성스러운 성탄절은 쥐죽은 듯 고요했습니다.

성탄절이 지나고 3일 뒤 저녁 무렵, 뵈르크룸 수도원에서 죽은 이를 애도하는 종소리가 울려 퍼졌습니다.

주교와 시종들의 시신은 꽃으로 싼 촛대가 놓인 검은 관뚜껑 아래 안치 되었습니다. 은빛 비단옷을 입고 목자임을 상징하는 자루가 굽은 지팡이를 힘없이 쥔 채, 한때는 강력한 군주였던 주교가 죽어서 누워 있습니다.

그윽한 향이 피어오르는 가운데 수도사들은 애도의 노래를 불렀습니다. 노래는 분노와 저주에 찬 심판의 노랫가락 같았습니다.

이곳에서는 계속 바람이 불어옵니다. 바람은 때로 침묵했다가도 언제나 다시 일어나 자신이 아는 노래를 부릅니다. 그리고 오늘날까지도 부르고 있습니다. 뵈르크룸의 주교와 그의 냉혹한 친척에 대해서 말이죠.

이 노래는, 한밤 뵈르크룸 수도원으로 난 험한 모래 길을 지나가는 겁 많은 농부에게도 들립니다. 때로는 두꺼운 담장이 둘러쳐진 수도원에서 잠 못 이루고 살며시 엿보는 사람들에게도 들리겠지요. 수도원의 교회로 가는 텅 빈 긴 복도에서 한숨 쉬듯 획획 스쳐 지나가는 소리로 들릴 테니까요.

교회 입구는 오래 전에 막혀버렸지만 미신을 믿는 사람들의 눈길까지 막지는 못했습니다. 그 눈길은 변함없이 문을 바라봅니다. 그러면 문이 열리고 교회 벽에 걸린 놋쇠 촛대에서 촛불들이 환히 빛나며 향내가 그윽하게 피어오르기 시작하지요. 교회는 화려했던 옛날처럼 빛나고, 사제들은 참살당한 주교를 기리며 미사를 올립니다. 주교는 은빛 비단옷을 입고 목자임을 상징하는 자루가 굽은 지팡이를 힘없이 손에 쥔 채 이곳에 누워 있습니다. 그의 넓고 창백한 이마에서는 피 묻은 상처가 지옥의 불꽃처럼 새빨갛게 빛나고 있습니다.

이 모든 것이 꺼져가는 세상을 의미합니다.

옛날의 섬뜩한 기억들이여, 무덤 속에 묻혀버려라.
어둠과 망각 속에 파묻혀라.
우르릉거리는 파도 소리보다 더 거센 돌풍 소리를 들어 보라.
저 밖에서 폭풍우가 일어나도
인간들은 여전히 자기들의 생활을 즐긴다.

오늘도 바람은 넘실거리는 바다 위로 소리치며 사납게 불어옵니다. 시간이 흘러도 바다는 변하지 않습니다. 밤에는 모든 것을 삼켜버릴 듯이 무서운 모습을 보이지만 날이 밝으면 자신을 돌아볼 수 있는 맑은 눈빛을 가지게 될 것입니다. 우리가 묻어 버린 저 옛날처럼 말입니다. 자, 안녕히 주무세요!

이제 아침이 밝았습니다.

새로운 시대의 햇살이 방안으로 스며 들어옵니다. 바람은 여전히 불어오고, 그 옛날처럼 난파선 소식이 들려옵니다.

지난 밤 저 아래쪽 뢰켄 지방의 한 자그마한 어촌에 배 한 척이 떠밀려 왔습니다. 여기에서 창문으로 내다보면 마을의 붉은 지붕들이 보입니다. 비록 배

는 난파되었지만 다행히도 구조를 요청하는 불화살이 난파선과 육지를 잇는 다리 위에 떨어졌습니다. 갑판에 있던 사람들은 모두 구조되었으며 육지에는 그들의 숙소도 마련되었습니다.

오늘 그들은 뵈르크룸 수도원에 초대를 받았습니다. 아늑한 방에서 그들은 따뜻한 환대를 받고 친절한 눈빛을 가진 사람들을 만나 그들의 모국어로 인사를 할 것입니다. 피아노에서는 고향의 그리운 노랫가락이 흘러나오다가 차츰 잦아집니다. 다른 편에서는 조용하지만 빠르고 확실하게 난파선이 떠나온 고향은 물론 낯선 지방에까지 사고 소식을 전하고 모두 무사하다는 것도 아울러 전합니다. 그러면 모두의 마음은 한결 가벼워지게 되니까요.

저녁에는 뵈르크룸 수도원 회당에서 그들을 위한 축제가 벌어지고 사람들은 춤을 출 것입니다. 이 지방 사람들은 폴카와 왈츠를 추고 싶어 하지요. 그러다 덴마크 민속 가락이 낯선 가락과 어우러져 서로 내기라도 하듯 울려 퍼질 것입니다.

축복 받을지어다, 그대, 새로운 시대! 여름날 투명한 바람을 가르며 말을 타고 가 보라. 뜨거운 햇살을 가슴과 마음에 비추어라. 그러면 잔혹했던 시절의 암울한 기억이 지워져 밝게 빛날 것이리라!

118

아이들 방에서

I Børnestuen

엄마 아빠, 언니 오빠들은 모두 연극을 보러 극장에 가고 집에는 어린 안나와 할아버지만 남았습니다.

"우리도 연극을 해 볼까? 바로 시작할 수 있단다."

할아버지가 말했습니다.

"극장도 없고 배우도 없는걸요. 내 인형들은 낡고 너무 못나서 배우가 될 수 없어요. 그렇다고 새 인형의 멋진 옷을 구길 순 없잖아요."

어린 안나는 우는 소리로 말했습니다.

"생각만 잘하면 배우는 쉽게 구할 수 있단다. 자, 먼저 극장을 만들어 보자. 여기 책을 한 권 세우고, 그래, 비스듬히, 나란히. 자, 여기 또 한 권, 다시 한 권을 세우는 거야. 그리고 반대쪽에 세 권을 세우면 무대가 되는 거지! 이 낡은 상자는 무대 배경이 된단다. 이렇게 상자 바닥을 밖으로 돌리면 되는 거야. 무대는 방이라는 걸 누구나 알아 볼 수 있지. 이제 배우를 정할 차례로구나. 장난감 상자 안에 뭐가 들어 있는지 잘 보렴. 먼저 인물을 정해야 한단다. 그러면 내용은 저절로 만들어지지. 멋지지 않니? 여기 파이프의 머리와 장갑이 한 짝 있구나. 이걸로 아빠와 딸을 만들 수 있을 거야."

"그럼 배우가 둘뿐이잖아요. 여기 동생의 낡은 조끼가 있는데, 이것도 배우가 될 수 있을까요?"

"그럼, 될 수 있고말고. 이 조끼에게는 남자친구 역을 맡기자. 조끼 주머니가 비었으니까 힘든 사랑을 하게 되겠구나. 아무것도 없지. 아주 재미있구나! 이 조끼는 불행한 짝사랑을 하게 될 거야. 여기에는 박차가 달린 장난감 호두까기 장화도 있구나. 멋지구나, 마주르카를 추네. 이 장화는 가슴을 펴고 발을 탁탁 구를 수 있지. 이것은 아가씨에게 호감을 얻지 못한 가여운 구혼자 역할로 삼자. 자, 넌 어떤 연극을 하고 싶니? 슬픈 연극이 좋을까, 온 가족이 다 볼 수 있는 가정극이 좋을까?"

어린 안나가 말했습니다.

"가정극요. 다른 사람들도 그런 연극을 무척 좋아해요. 할 수 있어요?"

"그럼. 백 가지라도 할 수 있고말고!"

할아버지가 말했습니다.

"가장 인기 있는 건 프랑스 연극이란다. 하지만 꼬마 아가씨들에겐 어울리지 않아요. 그러니까 분위기가 좋은 것들 가운데 하나를 골라 보자. 모두 비슷하단다. 자, 이제 이야기보따리를 풀어 볼까? 수리 수리 마수리 나와라 뚝딱! 자 놀라운 이야기가 만들어졌다. 여기 연극 광고를 읽어 볼까."

그러고 나서 할아버지는 신문을 들고 광고를 읽는 시늉을 했습니다.

연극 제목은 '파이프 머리와 좋은 머리'입니다. 이 가정극은 1막짜리였습니다.

〈나오는 사람들〉

파이프 머리 : 아버지

장갑 아가씨 : 딸

조끼 : 남자친구

장화 : 구혼자

"자, 그럼 시작해 볼까. 막이 오른다. 아, 참. 우린 막이 없구나. 그럼 막은 이미 오른 것으로 하자. 인물들이 모두 무대 위에 있으니까 다 함께 연극을 시작해 보자꾸나.

내가 아버지 파이프 머리를 맡으마. 그는 오늘 무척 화가 났단다. 파이프에서 연기가 풀풀 나오는 걸 보면 알 수 있지."

'뭐, 뭐, 뭐라고! 난 이 집의 주인이야! 그리고 내 딸의 아버지란 말야. 내 말을 좀 들어봐요. 장화는 거울처럼 반짝반짝 본받을 만한 분이야. 위에는 모로코 가죽을, 그리고 아래엔 박차를 달았지. 내 딸은 그에게 시집가야만 해요!'

"안나야, 조끼를 보렴!"

할아버지가 말했습니다.

"이제 조끼가 대사를 시작한단다. 조끼는 둥근 칼라를 달고 있지. 그는 아주 겸손하단다. 하지만 제 장점을 잘 알고 있어서 이렇게 말할 권리도 있단다.

'전 한 점의 얼룩조차 없어요! 사람들은 먼저 자신의 자질에 대해 깊이 따져봐야 해요. 전 진정한 비단으로 만들어졌고, 가장자리에는 멋진 끈도 달려 있답니다.'

하지만 파이프 머리는 이렇게 말했지.

'결혼식 날은 머지않았어. 자네는 세탁을 하면 색이 바래질 거야! 장화는 물에 잘 견디고, 가죽도 튼튼한데다 멋있기까지 해. 따각따각 소리도 나지. 박차에서는 찰칵찰칵 소리가 난다고. 이탈리아 사람처럼 말야.'

파이프는 조끼를 사윗감으로 인정하지 않았단다."

"시처럼 말하면 어떨까요? 그렇게 하는 게 멋있을 거예요!"

어린 안나가 말했습니다.

"관객이 바란다면 그렇게 해야지. 작은 장갑 아가씨가 손가락을 펼치는 모습을 잘 보렴.

'이 장화에게 시집 가야 한다면,
차라리 저 혼자 살겠어요.

아, 저는 더 이상 참지 못하겠어요,
제 가죽이 찢어지는 소리를 말이에요. 찌익!'

'말도 안 돼!'
이렇게 말한 건 아버지 파이프 머리였단다. 그러자 조끼가 말했어.

'사랑하는 장갑 아가씨, 사랑스런 그대!
그대가 스페인에서 태어났다 하더라도 난 당신을 택하겠어요. 홀거 단스케
의 이름으로 맹세합니다.'

이때 장화가 떠나면서 찰칵찰칵 박차 소리를 울리고 무대 장치로 세운 책
세 권을 뻥! 걷어차는 거야."
"정말 멋있어요!"
어린 안나가 외쳤습니다.
"조용, 조용히! 박수만 치거라. 그래야 네가 특별석에 앉은 교양 있는 관객이
라는 걸 보여줄 수 있지. 이제 장갑아가씨가 노래할 차례다. 아리아가 큰 소리
로 울려 퍼져.

'나는 말을 할 수 없네.
목이 쉬어 날카로운 소리를 낼 뿐.
끼이익 소리가 이 집을 울리네.'

"안나야, 이제부터 긴장감이 감돈단다. 연극에서는 가장 중요한 부분이지. 보렴, 조끼가 단추를 열고 박수를 받으려 너에게 말을 던지는구나. 하지만 그냥 가만히 있으렴. 그게 더 멋지단다! 비단이 바스락거리는 소리를 들어보렴.

'우린 마지막 방법을 선택할 거예요!
조심하세요! 이제 음모꾼이 오는군요.'
당신은 파이프 머리이고 나는 좋은 머리를 가졌지.
어, 별안간 사라져 버렸어요!'

"안나야, 보았니?"
할아버지가 말했습니다.
"배우들의 연기와 무대가 참 뛰어나지 않니? 조끼가 늙은 파이프 머리를 잡아 자기 주머니에 넣었어. 그런 뒤 조끼가 이렇게 말을 하지.

'지금 당신은 주머니에 속에 있어요.
아주 깊은 주머니 속에요.
당신의 딸, 왼쪽 장갑 아가씨를
저에게 주겠다는 약속을 하시기 전에는 나오지 못합니다.'"

"굉장해요!"
어린 안나가 말했습니다.
"그제야 늙은 파이프 머리가 대답했단다."

'머리가 어지럽다. / 세상이 변했구나.
내 즐거운 기분은 어디로 갔나?
텅 빈 내 파이프 관도 사라졌구나.
아, 나는 이런 바보가 아니었는데.
나를 꺼내다오.
그러면 자네를 내 딸과 결혼시킨다고 약속하겠네.'"

"벌써 끝났어요?"
어린 안나가 물었습니다.
"그럴 수야 없지! 장화만 역할이 끝난 거야. 연인들은 무릎을 꿇고 노래한단다. 한 사람이 이렇게 노래하지.

'아버지!'

또 다른 사람이 노래한단다.

'주머니에서 나와 당신의 아들과 딸을 축복하소서.'

그들은 축복을 받으며 결혼식을 올렸단다. 그때 가구들이 합창을 하는 거야.

'뚝, 딱, 딱! 감사합니다. 연극은 모두 끝났어요.'

그러면 우리도 박수를 치는 거야. 배우들을 모두 무대로 불러 내자꾸나. 가구들까지도 말야. 그건 마호가니로 된 가구란다."
"이 연극은 우리 식구들이 극장에 가서 본 연극만큼 좋은가요?"
"우리 연극이 한결 낫지! 이건 더 간단하고, 돈도 안 들잖아. 차 한 잔 마실 시간밖에 안 걸리니 말야."
할아버지가 말했습니다.

119
황금 단지
Guldskat

북 치는 사람의 아내가 교회에 갔습니다.
그녀는 교회에서 많은 그림과 천사들이 조각된 새 제단을 보았지요. 말할 수 없이 아름다웠습니다. 캔버스에 알록달록 그려진 후광이 비치는 그림과 나무에 새겨 금빛으로 칠한 천사 또한 아름다웠습니다. 천사의 머리카락은 마치 황금과 햇살처럼 눈부셨습니다. 그러나 하느님의 햇살은 더욱 눈부시고 찬란하답니다.
해가 질 때면, 햇살은 어두운 나무들 사이를 지나 더욱 밝고 짙붉게 빛났습니다. 하느님의 얼굴을 보는 것은 얼마나 큰 축복인가요.
북치는 사람의 아내는 붉은 태양을 바라보며 열심히 소원을 빌었습니다. 황새가 데려다 줄 아이를 기다리고 있었던 것이죠. 그녀는 아이를 생각하자 무척 기뻤습니다. 태어날 아이가 이런 밝은 빛을 안고 태어나기를 해님을 바라보며 빌고 또 빌었습니다. 아니면 적어도 제단에 그려진 빛나는 천사와 닮기를 간절하게 바랐습니다.
어느덧 시간이 흘러 드디어 아기가 태어났습니다.
그녀는 조그마한 아기를 두 팔에 안고 남편이 볼 수 있도록 높이 들어 올렸습니다. 아기는 머리칼이 황금빛으로 빛나는 교회의 천사처럼 보였습니다. 눈부신 저녁 햇살이 비치고 있었거든요.

"오, 우리 황금보물, 우리 복덩이, 우리 태양!"

어머니는 아기의 빛나는 곱슬머리에 입맞춤했습니다. 북 치는 사람 집에서는 행복에 겨운 말소리가 마치 음악 소리처럼 들려왔습니다. 기쁨과 활기와 감격으로 넘쳤습니다. 북 치는 사람은 북을 둥둥 쳤습니다. 빠르게 기쁨의 연주를 했습니다.

북이 울렸습니다. 브란트 북(화재가 났을 때 울리는 북으로, '브란트'는 불이라는 뜻)이 소리쳤습니다.

"빨간 머리야! 내 사랑하는 빨간 머리 아가야. 엄마 말은 믿지 말고 나를 믿어라. 두두둥둥, 두두둥둥!"

그리고 이 도시 사람들은 브란트북이 한 말을 그대로 따라했습니다.

아기는 무럭무럭 자라 어느덧 소년이 되었습니다. 소년은 교회에서 세례를 받게 되었죠. 아직 소년에겐 이름이 없었답니다. 소년의 세례명은 피터가 되었습니다.

북치기가 그랬듯이 사람들은 그를 빨간 머리 피터라고 불렀습니다. 하지만 피터의 어머니만은 그 빨간 머리칼에 입을 맞추며 '황금보물' 이렇게 불렀답니다.

많은 사람들이 산골짜기 바위에 기념으로 자신의 이름을 새겼습니다. 북치는 사람도 자기와 아들의 이름을 새겨 넣었지요.

봄이 되자 제비들이 돌아왔습니다. 제비들은 긴 여행길에서 힌두스탄의 암벽과 사원의 담벼락에 새겨진 오래된 글씨들을 보았답니다. 위대한 왕들의 업적과 그들의 이름을 기록한 것이었지요. 그러나 이제는 너무 오래 되어 누구도 읽거나 그 이름을 부르지 않았습니다.

제비들이 산골짜기에 집을 만들며 구멍을 뚫었습니다. 비와 바람에 이름들이 씻겨져 희미해졌습니다. 북치는 사람과 그 아들의 이름도 마찬가지였지요.

"하지만 피터의 이름은 1년 반이나 남아 있었어!"

아버지는 자랑스럽게 말했습니다.

브란트 북은 그런 북치기가 바보 같다고 말했지만, 둥둥둥, 두두둥둥 북 소리로만 들릴 뿐이었습니다.

북치기 아들 피터는 언제나 즐거움과 활기가 넘치는 소년입니다. 피터의 목소리는 무척 고왔답니다. 마치 숲속 새처럼 노래를 불렀지요.

"피터는 성가대원이 되어 교회에서 노래를 불러야 한단다. 자신과 닮은 아름답고 금빛 찬란한 천사들 아래에서 말야!"

피터의 어머니가 말했습니다.

"불같은 암코양이 같으니!"

유머 감각 있는 사람들은 이렇게 수군거렸습니다. 브란트 북도 이웃집 여자들이 하는 이야기를 들었지요.

"피터야, 집에 가지 마! 만일 네가 다락방에서 잠들면 맨 위층에서 불이 날 거야. 그럼 브란트 북이 울리겠지."

골목길에서 다른 아이들은 피터를 따라다니며 놀려 댔습니다.

"너희들이나 북채에 맞지 않도록 조심해."

피터가 말했습니다. 비록 덩치는 작았지만 그들에게 씩씩하게 맞섰습니다. 바로 앞에 있던 소년을 주먹으로 쳤지요. 그 소년은 벌렁 넘어지고 말았답니다. 그러자 다른 소년들은 슬금슬금 꽁무니를 빼더니 재빨리 도망쳐 버렸습니다.

한편 고귀한 집안에서 태어난 우아하고 품위있는 음악가가 이 도시에 살았습니다. 그는 왕실의 은을 관리하는 시종의 아들이었지요. 그는 피터를 무척 마음에 들어 했습니다. 그래서 피터를 자주 자기 집에 데려가기도 하고, 바이올린 연주하는 법도 가르쳤지요. 바이올린은 마치 피터의 손 안에서 저절로 움직이는 듯했습니다.

피터는 아버지보다 더 뛰어난 음악가가 되고 싶었답니다. 하지만 그것도 잠깐이었지요.

"나는 군인이 되겠어요."

피터는 군인도 되고 싶었습니다. 아직 어린 사내아이에 지나지 않았으니까요. 총을 메고 하나 둘, 하나 둘! 행진하며 단정한 제복을 입고 긴 칼을 차는 군인이 이 세상에서 가장 멋있게 보였던 것입니다.

"넌 내가 하는 말에 귀를 기울여야 해. 두두둥둥, 어서 와, 어서 와!"

브란트 북이 말했습니다.

"아, 피터가 장군이 될 수만 있다면, 하지만 그러려면 전쟁이 일어나야 하

는데."

북치기가 말했습니다.

"주여! 전쟁에서 우리를 지켜주소서."

어머니가 말했습니다.

"우린 잃어버릴 게 아무것도 없어."

아버지가 소리를 질렀습니다.

"아니에요. 우리에겐 피터가 있잖아요!"

어머니도 목소리를 높였습니다.

"하지만 우리 아들이 장군이 되어 돌아온다면?"

아버지는 말했습니다.

"만일 다리나 팔을 잃고 돌아온다면요. 아뇨, 절대 그럴 순 없어요. 나는 내 황금보물이 더없이 소중하단 말이에요."

둥둥둥!

브란트 북이 큰소리로 울렸습니다. 다른 북들도 모두 울렸습니다. 정말 전쟁이 일어났습니다. 군인들은 전장으로 나갔습니다. 북 치는 사람의 아들도 그들 뒤를 따라갔습니다.

"빨간 머리, 내 황금보물이 전쟁터로 갔어요."

어머니는 흐느껴 울었습니다. 아버지는 아들이 널리 알려지리라는 생각에 젖어 자랑스런 모습을 상상했습니다. 바이올린을 가르쳐준 음악가는 피터가 전쟁터에 나가지 말고 자신의 곁에서 음악을 공부해야 한다고 생각했습니다.

군인들은 피터를 빨간 머리라 불렀습니다. 그럴 때면 피터는 그저 가만히 웃었답니다. 그러나 몇몇 군인들이 "이봐, 여우털!" 이렇게 부를 때면 그는 입술을 꽉 깨물고 먼 하늘을 바라볼 뿐이었지요. 어떤 험담도 그는 신경쓰지 않았습니다.

피터는 민첩하고 영리했으며, 유머가 풍부하고 붙임성이 좋았습니다. 나이든 동료 군인들은 피터를 최고의 물통이라고 말했지요. 그는 폭풍우가 몰아칠 때도 흠뻑 젖은 채 바깥에서 밤을 보내야 하는 날이 많았습니다. 그러나 피터의 마음은 언제나 밝았으며, 신나게 북채로 북을 두드렸습니다.

두둥둥! 모두 기상.

확실히 그는 타고난 북치기였습니다.

전투가 벌어졌습니다. 태양은 아직 떠오르지 않았지만 아침은 왔습니다. 바람은 차고 전투는 뜨거웠습니다. 공기엔 안개보다 화약 연기가 더욱 짙게 피어올랐습니다. 총알과 유탄들이 병사들 머리 위로 날아가고 머릿속이나 몸 또는 팔과 다리를 스쳐 지나갔지요. 전투는 끝날 줄 몰랐습니다.

이곳저곳에서 병사들이 털썩 무릎을 꿇으며 쓰러졌습니다. 관자놀이에서는 피가 흐르고 얼굴은 하얀 분필처럼 무척 창백했습니다. 하지만 북치는 피터의 혈색은 건강했습니다. 아직 부상을 당하지 않았으니까요. 그는 즐거운 얼굴로 이리저리 뛰어다니는 연대의 맹견들을 바라보기도 했습니다. 개들은 마치 전쟁 따위는 모두 거짓이라는 듯 획획 날아오는 총알도 그저 장난감처럼 즐거워했습니다.

"행진! 앞으로!"

사령관이 명령을 내렸습니다. 명령은 바뀌면 안되지만 상황에 따라 바꿀 수도 있습니다.

이번에는 다른 명령이 떨어졌습니다.

"퇴각!"

그런데 북치기 소년은 '행진! 앞으로' 외치며 북을 계속 쳤습니다. 피터는 행진하라는 명령으로 잘못 알았기 때문입니다. 병사들은 북 소리를 따랐습니다. 힘찬 북소리였지요. 이 북소리는 퇴각하려던 병사들의 사기를 북돋아 전쟁에서 승리하게 만들었습니다.

이 전쟁에서 많은 사람들이 죽거나 다쳤습니다. 포탄에 맞아 살점이 떨어져 나가기도 했습니다. 부상자들은 발을 질질 끌며 걸어가 몸을 누인 짚 더미에 유탄이 떨어져 불이 붙기도 했습니다. 목숨을 지키기 위해 몇 시간 동안 치료를 받던 짚더미 위에 말입니다.

하지만 그런 것을 생각한들 무슨 소용이 있습니까?

그렇지만 저 먼 평화로운 도시 사람들은 그런 걱정을 했답니다. 북 치는 사람과 그의 아내도 마찬가지였습니다. 그 부부의 사랑하는 아들 피터가 전쟁터에 있었으니까요.

"참담한 광경을 질리도록 보았어."

브란트 북이 말했습니다.

전쟁터에서는 똑같은 날들이 되풀이되었습니다. 태양은 아직 떠오르지 않았지만 전쟁터에는 어김없이 아침이 찾아왔습니다. 북 치는 사람과 그의 아내는 밤새 잠을 이루지 못했습니다. 아들이 걱정되어서였지요.

피터는 비록 집 밖에 있었지만 늘 하느님의 손길 안에 있었답니다.

아버지는 꿈을 꾸었습니다. 전쟁이 끝나 병사들이 집으로 돌아오고 피터는 가슴에 은빛 십자 훈장을 달고 있었습니다.

어머니도 꿈을 꾸었습니다. 그녀는 교회에 들어가 아름다운 그림들과 찬란한 금빛 머리 천사들을 바라보고 있었습니다. 그녀의 황금보물, 진정으로 사랑하는 아들이 하얀 옷을 입고 천사들 가운데 서 있었습니다. 아들은 천사처럼 노래를 부르다 이윽고 천사들과 함께 밝은 빛 속으로 올라가며 어머니에게 다정하게 고개를 숙여 인사했습니다.

"내 황금보물!"

그녀는 아들을 부르며 잠에서 깨어났습니다.

"자비로우신 하느님께서 우리 아들을 데려가셨구나!"

그녀는 두 손을 모아 기도했습니다. 그러고는 침대휘장에 머리를 기대 울었습니다.

"내 아들은 어디에 있을까? 전쟁터에서 죽은 사람들이 함께 묻힌 큰 구덩이에 있을까? 아니면 깊은 늪 속에 있을까? 아무도 아들이 묻힌 곳을 모르다니. 이제는 내 아이에게 하느님 말씀을 읽어 주지도 못하겠구나!"

그녀의 입술에서 주기도문이 나지막이 흘러나왔습니다. 그녀는 머리를 푹 숙였습니다. 그러다 지쳐 잠이 들었지요.

현실에서도 꿈속에서도 세월은 흘러간답니다.

어느 저녁이었습니다. 전쟁터 들판에 뜬 무지개는 숲과 깊은 늪지까지 걸렸습니다. 사람들은 무지개 끝에는 금은보화가 잔뜩 묻혀 있다고 믿습니다. 피터의 어머니는 아들이 무지개 끝에 있으리라 생각했답니다. 그래서 어머니는 아들의 꿈을 꾸었지요.

현실에서도 꿈속에서도 세월은 흘러간답니다. 그동안 피터는 머리카락 한가닥도 다치지 않았습니다.

"쿵쿵! 쿵쿵! 피터가 살아 있다!"

북이 말을 할 수만 있다면 어머니에게 이런 소식을 전했을 터이고 어머니는 무척 기뻐했을 겁니다.

전쟁이 끝나 평화 조약이 체결되었습니다. 만세를 외치고 노래를 부르며 승리의 깃발을 들고 병사들이 집으로 돌아왔습니다. 맹견은 연대 앞에서 폴짝폴짝 큰 동그라미를 그리며 세바퀴나 돌았습니다.

그 뒤로 여러 날이 지나갔습니다.

마침내 피터도 집으로 돌아왔습니다. 피부는 건강한 구릿빛으로 변해 있었고, 두 눈은 맑았으며, 얼굴은 햇살처럼 환히 빛났습니다.

어머니는 아들을 꼭 끌어 안고 입술과 눈과 붉은 머리칼에 입을 맞추었습니다. 아들이 그녀에게 다시 돌아왔습니다. 비록 아버지가 꿈꾸었던 은빛 훈장은 가슴에 없었지만 다행이도 어머니 걱정과 달리 그의 팔과 다리는 무사했습니다. 마침내 평화가 찾아왔습니다. 그들은 서로 끌어안고는 웃고 울었습니다.

피터는 낡은 브란트 북을 팔로 껴안았습니다.

"낡아도 북 모양은 여전한데!"

그러자 아버지가 빠르게 연주하기 시작했습니다.

"마치 여기에 불이 활활 타오르는 것만 같아. 지붕에도 마음속도 온통 불길이야, 타타닥 타타닥!"

그 다음엔 어떻게 되었을까요? 음악가에게 물어볼까요.

"피터는 아버지보다 한결 뛰어난 사람이 될 거야. 그리고 나보다도 더 커지겠지."

음악가는 궁정 시종의 아들입니다. 그러나 그가 이제까지 배웠던 모든 것을 피터는 반년 만에 모두 익힌 것입니다.

피터는 싱그러운 젊음과 착한 마음을 지녔습니다. 두 눈과 머리카락도 반짝반짝 빛났지요.

"피터는 머리를 물들이는 게 좋겠어. 경찰관 집 딸도 머리를 물들이고 나서야 약혼을 할 수 있었지."

이웃집 여자가 말을 이었습니다.

"그런데 그 애 머리는 좀개구리밥처럼 초록색이 되었다지 뭐야. 그래서 늘 염색을 해야 한다더군. 피터도 할 수 있어. 그 아이는 귀족들 집에 가게 될 거야. 시장 집에도 말야. 거기서 로테 아가씨에게 피아노를 가르치겠지."

피터는 피아노를 연주할 수 있었습니다. 그는 악보에도 없는 훌륭한 곡들을 참 많이 연주했답니다. 바로 마음에서 우러나온 노래들이었지요. 그는 저녁이나 캄캄한 밤에도 연주를 쉬지 않았습니다. 그렇게 연주만 하면 오래 버틸 수 없을 거라고 이웃집 여자가 말했습니다. 브란트 북도 그렇게 생각했지요.

그는 열심히 연주했습니다. 아름다운 선율이 머릿속에서 자꾸만 떠오르고 거대한 미래의 계획이 솟아 나왔습니다.

"나는 유명해질 거야!"

어느 날이었습니다. 시장의 딸 로테가 피아노 앞에 앉아 있었습니다. 그녀의 섬세한 손가락이 건반 위에서 춤을 춥니다. 그 피아노 소리는 곁에 있는 피터의 가슴속으로 파고들었습니다. 이번만이 아니라 여러 번 계속해서 이런 일이 일어났지요.

그러던 어느 날, 피터는 로테의 섬세한 손가락에 입을 맞추었습니다. 그러고 는 그녀의 커다란 갈색 눈을 바라보았지요. 이때 피터가 그녀에게 무슨 말을 했는지는 신만이 아신답니다. 우리도 짐작이 가긴 하지만요.

로테는 목에서 어깨까지 온통 발그레 물이 든 채, 한마디 말도 하지 못했습니다. 바로 그때 친구들이 들어왔습니다. 친구들 가운데 추밀원 고문관의 아들도 있었지요. 넓은 이마를 가진 추밀원 고문관 아들이 로테의 등 뒤로 바짝 다가갔습니다. 그의 가슴이 그녀의 목덜미에 거의 닿을 듯했습니다. 그런데도 피터는 오래도록 그녀의 곁에 앉아 있었습니다. 그녀도 부드러운 눈길로 그를 바라보았습니다.

그날 저녁, 피터는 집에서 넓은 세상과 그에게 있어 소중한 황금보물 같은 바이올린에 대해 이야기했습니다.

"피터는 유명해질 거야! 두두둥둥, 두두둥둥, 둥둥 둥둥! 앞으로 피터에게 굉장히 멋진 일이 많이 생길 거야. 난 믿어, 활활 타오를 거라고."

브란트 북이 말했습니다.

다음 날 어머니가 시장에 갔습니다.

"피터야, 새로운 소식이 있단다. 정말 굉장한 일이야. 로테 아가씨가 추밀원 고문관 아들과 약혼했단다. 바로 어제 저녁에 말야."

시장에서 돌아온 어머니가 숨 돌릴 겨를도 없이 말했습니다. 깜짝 놀란 피터는 의자에서 벌떡 일어났습니다.

"안 돼!"

"정말이라니까."

어머니는 말했습니다. 이발사 부부가 시장에게 직접 들었다는 것이었습니다.

피터는 순식간에 죽은 사람처럼 창백해지더니 의자에 주저 앉았습니다.

"오! 애야, 무슨 일이냐?"

어머니가 물었습니다.

"괜찮아요! 그냥 내버려두세요"

피터가 소리 질렀습니다. 그의 볼 위로 굵은 눈물이 흘러내렸습니다.

"오, 사랑하는 내 아들. 내 황금보물!"

어머니도 함께 울었습니다. 브란트 북은 마음속으로 나지막이 노래했습니다.

'로테는 죽었어. 로테는 죽었어! 그래, 이제 노래는 끝났어!'

노래는 끝나지 않았습니다. 노래는 여전히 아름답고 수많은 이야기를 담고 있었고 인생의 보석들이 남아 있었습니다.

"그 여자는 참으로 멍청해요! 온 세상이 그 편지를 읽게 될 텐데. 그녀의 황금보물 피터가 보낸 편지들을 말야. 신문들이 피터와 그의 바이올린에 대해 온 하루 떠드는 걸. 피터는 그녀에게 많은 돈을 보내지. 남편이 죽고 혼자 남은 과부에게는 돈이 필요하니까."

이웃집 여자가 말했습니다.

"피터는 황제와 왕들 앞에서 연주를 해. 내게는 그런 행운이 주어지지 않았는데 말야. 하지만 그는 내 제자니까 스승을 잊지 않을 거야."

마을 음악가가 말했습니다.

"예전에 그 아이 아버지는 피터가 가슴에 은빛 십자 훈장을 달고 전쟁터에서 돌아오기를 꿈 꾼 적이 있었어요. 비록 훈장을 받지는 못했지만 말이에요. 전쟁에서 훈장을 받는다는 건 무척 어려운 일이거든요. 그런데 드디어 우리 피터가 기사 십자 훈장을 받았대요. 이 소식을 피터 아버지가 살아서 들었으면 얼마나 기뻐했을까!"

"정말 유명해졌어!"

브란트 북이 말했습니다.

피터가 자란 고향에서도 사람들은 그의 이야기를 했습니다.

"북 치는 사람의 아들, 빨간 머리 피터가 유명해졌대. 나무 신발을 신고 북 치던 꼬마 피터, 커서는 겨우 춤곡이나 연주했던 그 피터가 말야."

"피터? 그는 왕들 앞에서보다 우리 앞에서 먼저 연주한 사람이야! 그때 피터는 우리 로테에게 홀딱 반해 있었어. 그 주제에 너무 눈이 높았던 거지. 그 때만 해도 피터는 좀 건방진데다 어처구니없는 말만 늘어놓았거든. 남편은 그때 피터의 그런 허무맹랑한 이야기를 듣고는 웃고 넘겼어. 이미 로테는 추밀원 고문관의 부인이 되어버렸지!"

시장 부인이 말했습니다.

북 치는 작은 소년. 그 가여운 소년의 마음과 영혼 속에는 황금보물이 깃들어 있었습니다. 행진! 앞으로! 후퇴하려는 병사들을 격려하는 북을 칠 때마다 보물은 그의 마음속에서 반짝였습니다. 그것은 소리의 힘입니다. 바람이 불듯 시냇물이 흐르듯, 그의 바이올린에서는 아름다운 연주 소리가 흘러 나왔습니다. 그 안에 마치 커다란 오르간이 들어 있기라도 하듯이, 악기의 현은 여름밤 요정들이 춤을 추듯이 소리가 났습니다. 어떤 때는 개똥지빠귀소리처럼, 또 어떤 때는 사람의 맑은 음성이 들리는 것만 같았습니다.

그의 바이올린 소리는 사람들 마음속에 메아리쳤고 온 나라에 피터의 이름이 울려 퍼졌습니다. 그것은 커다란 감격의 불길이었습니다.

"피터는 참으로 멋진 남자야!"

젊은 부인들이나 늙은 부인들 모두 입을 모아 말했습니다. 그 가운데 가장 나이 든 부인은 유명한 사람들의 곱슬머리를 모아 앨범에 간직했습니다. 부인은 그 젊고 부유한 바이올린 연주자, 황금보물의 머리카락을 자기 앨범에다 끼워 넣었습니다.

어느 날, 북 치는 사람의 초라한 방에 왕자님처럼 멋있고 임금님처럼 당당하게 그의 아들이 나타났습니다. 피터의 두 눈은 별빛처럼 맑았고 얼굴은 햇살처럼 환히 빛났습니다. 그가 어머니를 두 팔에 안자, 어머니는 따스한 그의 입술에 입을 맞추었습니다. 사람들이 너무 기쁘면 오히려 눈물을 흘리듯이, 어머니도 이루 말할 수 없이 행복해서 울음을 터뜨렸습니다.

피터는 방 안 정겨운 가구들에게도 눈인사를 던졌습니다. 찻잔과 꽃병이 놓여 있는 탁자와 어릴 때 잠들던 침대에게까지 말입니다. 그러고는 낡은 브란트 북을 꺼내 와 방 한가운데 놓고는 북과 그의 어머니에게 다정하게 말했습니다.

"아버지라면 오늘 같은 날엔 아주 빠른 연주를 하셨을 거예요. 이제 제가 대신 북을 쳐 보겠어요."

피터는 번개가 치듯, 천둥이 울리듯 빠르게 북을 치기 시작했습니다. 북 가죽이 터질 듯 쿵쿵! 울려 댔지요. 북은 아주 자랑스러웠습니다.

"참으로 훌륭한 연주구나! 난 영원히 피터를 잊지 못할 거야. 어머니가 그녀
의 황금보물 덕분에 기뻐하는 걸 보게 되었으니까."

브란트 북이 말했습니다.

120
폭풍은 간판을 달고 이사를 한다
Stormen flytter Skilt

예전에 할아버지가 아주 어린 소년이었을 무렵, 할아버지는 붉은 반바지에 붉은 윗옷을 입고 허리에는 화려한 장식이 달린 띠를 두르고 모자에는 깃털을 꽂고 돌아다녔습니다. 그 때엔 아이들이 꽤나 멋을 부렸지요.

그 시절은 요즘과 여러 가지 면에서 아주 달랐습니다. 오늘날은 거리에서 퍼레이드를 거의 볼 수 없지만 그때는 그런 행사가 곧잘 펼쳐졌습니다. 무엇보다도 할아버지께 이런 옛날이야기를 듣는다는 것은 정말 재미있습니다.

구두장이들이 이사를 갈 때 간판을 가져가는 모습은 정말 즐거운 구경거리였습니다.

맨 앞에서는 번쩍번쩍 빛이 나는 비단 깃발이 바람에 나부꼈고, 그 깃발에는 커다란 장화와 머리가 둘 달린 독수리 한 마리가 그려져 있었습니다.

젊은 장인들이 붉고 하얀 레이스 소맷자락을 펄럭이며, 서류함과 큰 잔들을 옮겼고, 늙은 장인들은 검 끝에 레몬을 달았습니다.

거리 곳곳에서는 음악이 울려 퍼졌습니다. 그 가운데서 으뜸인 악기는 '새'라 불리는 막대기였답니다. 그 커다란 막대기에는 반달 모양 장식이 있고 여러 개의 딸랑이가 주렁주렁 달렸는데, 그 막대기를 높이 들어 올려 흔들면 터키 음악이 울려 나왔답니다. 그 소리는 매우 멀리까지 퍼져 나갔습니다. 그리고 햇살이 비출 때면 금과 은 그리고 놋쇠는 사람들의 눈이 시릴 만큼 반짝반짝 빛났답니다.

이 행렬 맨 앞에는 얼굴에 검은 칠을 하고 색색의 헝겊으로 기운 옷을 입은 채 썰매를 끄는 말처럼 머리엔 방울을 단 어릿광대가 달려갑니다.

어릿광대는 가끔 딱딱이로 사람들을 때렸는데 그때마다 찰싹 소리는 났지만 아프지 않았지요. 사람들은 서로 이리저리 밀치다 뒤로 피했다가 곧 다시 나타나곤 했습니다. 소년소녀들이 서로의 발에 걸려 허둥대다가 도랑에 빠져 넘어지기라도 하면 잔뜩 얼굴을 찌푸린 늙은 부인들이 팔꿈치로 그들을 밀치며 욕을 해 댔습니다.

계단 위에서, 창문 곁에서, 심지어는 지붕 위에서까지 사람들이 웃고 재잘거렸습니다. 햇살이 빛나지만 비가 조금씩 뿌리는 그런 날이었습니다. 이곳 사람들에겐 더없이 좋은 날씨였답니다. 흠뻑 젖을 만큼 많이 내리면 오히려 농부들에겐 축복이었습니다.

어린 소년이었을 때 할아버지는 휘황찬란했던 축제를 많이 보았답니다. 조합에서 가장 나이가 많은 사람이 간판이 걸린 단상 위에서 마치 시처럼 노래하듯 연설했습니다.

이 연설문은 나이 든 세 사람이 만들었답니다. 그들은 노래하듯 멋지게 연설하려고 과실주를 한 주전자나 마셨습니다. 연설이 끝나자 사람들은 환호성을 질렀답니다. 하지만 어릿광대가 받는 환호성과는 비교가 되지 않았어요. 어릿광대가 무대에서 온갖 흉내를 내면 사람들은 즐겁게 웃으며 더 크게 환호성을 질렀습니다.

어릿광대는 훌륭한 연기를 펼치면서 작은 브렌디 잔으로 꿀술을 단숨에 들이킨 다음, 그 잔을 사람들에게 던집니다. 그러면 사람들은 날아오는 잔을 재빨리 잡았지요. 할아버지는 예전에 어떤 미장이가 잡아서 선물한 잔을 아직도 가지고 있었습니다. 정말 재미있었답니다. 그런 뒤 꽃과 풀잎으로 꾸민 간판을 조합 건물에 새로이 걸었습니다.

"아무리 나이가 들어도 화려했던 그 축제는 결코 잊히지 않는구나."

할아버지는 늘 이렇게 말씀하시곤 했습니다.

할아버지는 살아오면서 수없이 많은 찬란한 광경들을 보았지만 그날의 모습만은 잊지 못했답니다. 할아버지가 들려 준 이야기들 가운데 무엇보다 진귀했던 광경은 큰 도시에서 열린 깃발 옮기기 축제였습니다.

어렸을 때 할아버지는 부모님을 따라 큰 도시로 여행을 가게 되었습니다. 그때까지는 그렇게 커다란 도시는 한 번도 본 적이 없었답니다.

도시 거리에는 사람들이 많아서 할아버지는 간판을 옮기는 행사라도 열린 걸까 생각했는데, 실제로 간판들이 많이 옮겨지고 있었습니다. 만일 간판을 밖에 걸지 않고 방 안에 걸었다면, 간판 그림만으로도 100개가 넘는 방을 가득 채울 수 있을 만큼이었답니다.

재단사 집에는 온갖 옷이 그려진 그림이 걸려 있습니다. 재단사는 옷감을 마름질하고 촌스러운 작업복에서 화사한 드레스에 이르기까지 각양각색의 옷을 만들 수 있습니다. 담배가게 간판에는 마치 살아 움직일 것만 같은 담배 피우는 귀여운 소년들이 그려져 있습니다. 버터와 훈제 청어를 그린 간판, 목사들을 위한 주름이 있는 옷깃 장식 간판과 관이 그려진 간판도 있었답니다. 가게에는 저마다 특색있는 간판들이 걸려 있었습니다.

간판 그림들을 구경하면서 거리를 이리저리 돌아다니다 보면 금세 하루가 저물었답니다. 그리고 간판 그림을 보면 그 집에 어떤 사람들이 사는지도 알게 된답니다. 가게 주인들이 직접 간판을 내걸었으니까요.

"큰 도시에 누가 사는지 안다는 건 좋은 일이란다. 배울 점도 많았지."

할아버지가 말했습니다.

할아버지는 도시에 갔을 때 일어난 간판 사고에 대해 생생하게 이야기 해 주었답니다. 어머니가 말했듯이 할아버지는 꾸며낸 이야기를 사실처럼 말할 때에도 장난기라곤 통 보이지 않았습니다. 오히려 아주 믿음직스럽게 보였지요.

할아버지가 도시에서 보낸 첫날 밤, 무서운 폭풍우가 몰아쳤습니다. 이제까지 신문에서도 읽은 적이 없는 그런 날씨였지요. 그곳 주민들도 한 번도 겪어보지 못한 지독한 폭풍우었습니다.

기왓장이 떨어져 나가 공중으로 날아다니고 낡고 두꺼운 널판지들이 넘어졌으며 손수레들이 저절로 거리를 굴러갔습니다. 하늘에서는 난폭한 바람이 윙윙 소리를 지르며 울부짖고 온 땅이 마구 요동쳤습니다. 끔찍한 폭풍우었답니다. 더욱이 운하의 물이 방파제 위로 넘쳐흘렀지요.

폭풍우는 도시를 덮쳐 굴뚝들을 무너뜨렸습니다. 높이 솟은 오래된 교회탑들도 허리가 꺾였지만 폭풍우는 좀처럼 수그러들지 않았습니다.

나이 많은 소방관 집 옆에는 초소가 있었습니다. 불이 나면 언제나 가장 늦게 소화기를 가져왔던 소방서장이었지요. 폭풍은 그 작은 초소마저도 가만히 내버려두지 않았습니다. 초소는 굴러온 큰 통에 맞아 무너지고 거리를 미끄러져 내려가 가난한 목수의 집 앞에 멈추었답니다. 무척 신기한 일이지요. 그 목수는 얼마 전에 화재가 났을 때 세 사람의 목숨을 구했습니다. 그러나 초소가 그런 일을 알았을 리는 없겠지요.

커다란 놋쇠 쟁반 같은 이발소 간판도 떨어져 법원 창문 틀로 날아왔습니

폭풍은 간판을 달고 이사를 한다 1133

다. 이웃 사람들은 벌을 받았다고 말했습니다. 법률 고문관의 부인은 면도날이라 불렸는데, 그녀는 너무나 똑똑해서 다른 사람들에 대해 이러쿵저러쿵 떠들어댔기 때문이죠.

마른 대구포가 그려진 간판이 신문 편집자가 사는 집 문 위로 날아갔습니다. 신문 기자에게 장난을 쳐서는 안된다는 걸 미처 생각하지 못한 폭풍의 지나친 농담이었던 거죠. 그는 자신의 신문과 의견을 내세우는 데는 황제나 다름없으니까요.

이웃 사람들은 풍향계가 심술궂게 건너편 지붕 위로 날아가더니 우스꽝스럽게 처박혔다고 말했답니다.

커다란 통이 그려진 간판은 여성복 가게에 떨어졌고 문가에 매달려 있던 검은 테를 두른 식당 메뉴판은 극장 문앞에 떨어졌습니다. 아무도 가지 않던 극장에 '서양 고추냉이 수프와 양배추 건더기'라는 우스꽝스러운 간판이 생겼습니다. 이제 사람들이 그곳으로 우르르 몰려가겠지요.

모피업자의 값비싼 여우 털 간판이 접은 우산 같은 옷을 입고 다니는 젊은 남자 집 설렁줄에 걸렸습니다. 그는 날마다 새벽 예배에 다니고 하느님 말씀을 따랐으며, 그의 숙모가 말했듯이 매우 모범스러운 청년이었습니다.

'수준 높은 교육 시설'이린 긴판은 당구 클럽에 떨어지고 학원 건물에는, '이곳에서는 우유로 아이들을 기릅니다'라는 간판이 매달리게 되었습니다. 좀 심했지요. 폭풍우가 이런 일을 벌여도 사람들은 어찌할 도리가 없었습니다.

마침내 끔찍한 밤이 지나갔답니다. 상상해 보세요. 아침에 보니 도시 간판들이 우스운 모습으로 모두 뒤바뀐 풍경을 말입니다.

할아버지는 이 광경을 자세히 이야기해 주지 않았지만, 속으로는 웃고 계셨음을 알 수 있었지요. 할아버지에게도 장난기가 있었답니다.

큰 도시 사람들은 아주 당황했습니다. 특히 이곳에 처음 온 낯선 사람들은 더욱더 어쩔 줄 몰라 했지요. 그들이 간판을 보고 길을 찾았다면 더 혼란스러웠을 거예요.

중요한 문제를 진지하게 다루는 모임에 가려던 몇몇 사람들은 초등 학교로 가고 말았지요. 아이들이 책상과 의자 위로 뛰어오르고 야단법석인 그런 학교로 말입니다. 교회와 극장을 착각한 사람들도 있었답니다. 정말 아수라장이었지요. 이런 폭풍우는 우리가 사는 동안에는 한 번도 불지 않았습니다. 오직 할아버지만이, 그것도 아주 어릴 때 겪은 일이었지요.

아마 우리는 이런 폭풍우를 보지 못할 것입니다. 하지만 우리 손자들은 겪게 될지도 모르지요. 또한 우리는 폭풍이 간판을 짊어지고 다른 곳으로 이사할 때면, 손자들이 집에 얌전히 있어 주기를 바라게 될 것입니다.

121
찻주전자
Theepotten

자기 몸이 도자기로 이루어졌다는 사실과 긴 주둥이와 넓은 손잡이를 자랑스러워하며 뽐내기 좋아하는 찻주전자가 있었습니다.

그는 시간만 나면 자기 자랑을 늘어놓았지만 뚜껑에 대해서는 한 마디도 하지 않았답니다. 뚜껑은 금이 가 아교로 붙여 놓아서 보기에 무척 흉했기 때문이지요. 그것이 찻주전자의 하나뿐인 결점이었습니다. 누구나 자신의 단점은 잘 이야기하지 않는 법이랍니다. 오히려 다른 사람들이 더 많이 떠들어 대곤 하지요. 찻잔들이나 크림통, 설탕통들이 금이 간 뚜껑을 더 잘 기억했습니다. 찻주전자는 그들이 주전자의 예쁜 손잡이나 주둥이보다 뚜껑에 대해 더 많이 이야기한다는 것을 잘 알고 있었답니다.

"난 그들을 잘 알고 있어. 그리고 나의 결점도 충분히 잘 알지. 그래서 난 겸손할 수 있다고. 하지만 나는 뛰어난 재능도 있어. 찻잔에겐 손잡이만 있고, 설탕통엔 뚜껑만 있지만, 내겐 둘 다 있거든. 더구나 그들에게 없는 주둥이까지 가지고 있지. 이것 때문에 나는 차 테이블에서 여왕 대접을 받지. 설탕통과 크림통은 좋은 맛을 거들어 주는 하인이지만, 난 향긋한 차를 따라주는 주인이지. 목마른 이들에게 은혜를 베풀거든. 내 몸은 중국산 찻잎들이 아무 맛없이 따뜻하기만 한 물속에서 좋은 향기를 내도록 할 수도 있거든."

어떤 근심도 없던 어린 시절에 찻주전자가 했던 이야기입니다.

어느 날, 찻주전자가 차 테이블 위에 놓여 있는데 어느 고운 손길이 그를 집어 들었답니다. 그런데 찻주전자를 너무 서투르게 잡는 바람에 그만 바닥에 떨어뜨리고 말았습니다. 찻주전자는 주둥이가 부러지고 손잡이도 부러졌답니다. 뚜껑은 말할 것도 없고요. 이 이야기는 앞에서 많이 했었죠.

찻주전자는 힘없이 바닥에 내동댕이쳐졌습니다. 뜨거운 물이 마구 쏟아져 흘러나왔습니다. 그리고 바닥에 세게 부딪치는 바람에 기절하고 말았답니다. 무엇보다도 비참했던 일은 모두들 실수를 한 그 서투른 손길이 아니라 그를 비웃었다는 것입니다.

"난 이 일을 절대로 잊지 못할 거야!"

찻주전자가 뒷날 자신의 인생을 이야기할 때면 늘 하던 말이랍니다.

"그 뒤로 사람들은 나를 쓸모없는 것이라 불렀어. 그리고는 구석에 치박았다가 다음 날 고기를 구걸하는 어떤 여자에게 나를 줘버리고 말더군. 그때부터 난 가난 속으로 떨어지고 만 거지 뭐. 아무런 희망도 목적도 없이 그저 거기에 있었지. 그런데 바로 그곳에서 더 멋진 삶을 시작하게 된 거야. 내가 주전자였다는 건 변하지 않지만, 아주 다른 일을 하게 될 수도 있는 거야.

누군가가 내 몸 속에 흙을 집어넣었어. 처음엔 나를 묻어 버리는 줄 알았어. 흙 속에 꽃뿌리노 깊이 넣어 주더라고. 하지만 난 몰라. 내게 흙을 넣은 사람이 누구인지, 꽃뿌리를 함께 넣어 준 사람이 누구인지를 말야. 그건 중국산 찻잎과 따뜻한 물이나 부러진 손잡이와 주둥이 대신 내게 새로이 주어진 선물이었던 거지. 꽃뿌리가 흙 속에, 바로 내 몸 안에 있었어. 나는 살아 있는 심장을 가지게 되었어. 예전엔 꿈도 꾸지 못했던 일이었지. 내 몸 속에 생명이 살아 숨 쉬다니. 활기와 힘이 넘치고 맥박이 고동치고, 꽃뿌리가 싹을 틔우고, 내게 물을 뿌려주는 듯했지.

꽃 속에서 생각과 느낌이 일어나기 시작했어. 난 그것을 뿌리까지 실어 나르면서 그 아름다움에 취해 내 자신마저 잊어버리고 말았어. 다른 것에 몰두해 자기 자신을 잊는 자여, 복 받을지어다! 꽃은 내게 감사하다는 말을 하지 않았고, 나를 생각하지도 않았어. 그녀는 그저 감탄과 찬미를 받을 대상이었거든. 하지만 난 그게 무척 기뻤어.

그런데 어느 날, 꽃을 더 좋은 화분으로 옮긴다는 말을 듣고 말았지. 누군가가 내 등을 쳐서 두 동강을 내고 말았어. 정말 끔찍하게 아팠지. 마침내 꽃은 더 좋은 화분으로 가게 되었고, 난 이렇게 마당에 버려져 쓸모없는 파편으로 남게 됐어. 하지만 내겐 추억이 있어. 그 누구도 이걸 빼앗아 갈 수는 없어!"

122
민요의 새
Folkesangens Fugl

어느 겨울날, 땅 위에는 눈이 소복소복 덮여 마치 하얀 대리석을 깔아 놓은 세상 같았답니다. 하늘은 맑고, 바람은 요정들이 벼린 칼날처럼 매서웠지요. 나무들은 새하얀 산호나 꽃이 활짝 핀 편도나무 가지처럼 서 있었습니다. 알프스의 드높은 산 위에서처럼 공기는 매우 상쾌했지요. 수많은 별들은 오로라를 받아 찬란히 빛났습니다.

폭풍우가 몰려오고 구름들이 일어나 백조의 솜털 같은 눈송이들을 흔들어 댔습니다. 그러자 눈송이들은 허둥대며 산비탈과 지붕을, 확 트인 벌판과 그 사이로 난 길들을 새하얗게 덮었습니다.

우리는 따뜻한 방 안에서 이글거리는 난로 곁에 앉아 서로 옛날이야기를 주고 받았습니다. 자, 이제부터 옛 전설을 들을 겁니다.

넓은 바다에 거인의 무덤이 있었습니다. 한밤이면 그곳에 묻혔던 영웅의 영혼이 나와 무덤 위에 앉았지요. 예전에 그는 왕이었답니다.

강철 옷을 입은 왕의 이마에는 금빛 왕관이 빛나고 머리카락은 바람결에 흩날렸습니다. 그는 수심에 가득 차 고개를 숙이며 깊은 고통의 한숨을 내쉬었습니다. 불행하고 가엾은 영혼처럼 말이죠. 그때 배 한 척이 돛을 단 채 유유히 지나갔습니다. 선원들은 닻을 내리고 뭍으로 올라왔습니다. 그 가운데는 스칼데(고대 스칸디나비아의 음유시인)도 있었습니다. 스칼데는 왕에게 다가가 물었습니다.

"어찌하여 그토록 슬퍼하며 괴로워하고 계십니까?"

그러자 왕의 영혼이 말했습니다.

"어느 누구도 내 인생의 행적을 노래해 주지 않았소. 죽고나니 사람들에게서 그대로 잊히고 말았지. 나의 행적은 노래로 만들어져 온 나라 안에 알려지지도 않았고, 사람들의 마음속에 옮겨지지도 않았소. 그래서 내겐 안식도 평화도 없다오."

그러고는 전쟁에서 용감히 싸웠던 자신의 위업과 행적에 대해 이야기했습니다. 비록 노래로는 불려지지 않았지만, 사람들은 빛났던 그의 행적과 위업을 잘 알고 있었습니다. 하지만 그 시대엔 음유 시인이 없었습니다.

그러자 머리가 하얗게 센 음유 시인이 하프 줄을 튕기며 노래하기 시작했습니다. 영웅의 패기와 담력과 선행의 위대함을 노래했지요. 그 노래를 들은 왕의 얼굴은 달빛이 스며든 구름의 가장자리처럼 빛났습니다. 찬란한 광채 속에 있던 왕은 환희에 넘친 표정으로 일어서더니 어느 사이에 오로라처럼 사라졌습니다.

사람들 눈에는 그저 푸른 잔디가 덮인 언덕만이 보였으며, 그 언덕에는 아무 것도 씌어져 있지 않은 비석이 있었을 뿐이지요.

하프가 마지막 음을 냈을 때, 작은 새 한 마리가 마치 하프에서 튀어 나온 듯 날갯짓을 하며 언덕 위로 날아올랐습니다. 무척 아름다운 목소리로 노래하는 이 새는 개똥지빠귀의 풍부한 음색과 인간의 깊은 영혼의 소리, 철새가 여행하면서 들은 고향의 노랫소리를 모두 지녔습니다.

노래하는 새는 산과 골짜기를 넘어, 들판과 숲을 지나 날아갔습니다. 이 새는 영원히 죽지 않는 민요의 새였습니다.

우리는 그 노래를 듣습니다. 저 밖에서는 거센 눈발이 하얀 꿀벌들처럼 무리지어 날아다니고, 폭풍우가 강하게 밀려오고 있지요. 그런 겨울 밤에 우리는 따뜻한 방 안에서 노래를 듣습니다.

새는 영웅들의 위업 뿐만 아니라 달콤하고 부드러운 사랑 노래나 북쪽 나라 사람들의 변치않는 마음에 대해서도 노래합니다. 새는 말과 울림 속에 동화를

담고 있답니다. 죽은 사람의 혀 밑에 마법의 룬 문자를 놓으면 그의 고향에 대해 노래합니다.

이교도 바이킹들이 살던 시절에 이 새는 음유 시인의 하프에 둥지를 틀었습니다. 창을 든 기사들이 정의였고 진정한 정의보다는 힘이 앞선 시대, 농부와 개 한 마리의 목숨이 같은 값이었던 시대, 노래하는 새는 어디에서 안식을 찾았을까요? 거칠고 어리석은 사람들은 이 새의 말에 귀 기울이지 않았답니다.

기사의 성 꼭대기에는 앞으로 불쑥 튀어 나온 창이 있었습니다. 그 창안에서 기사의 부인이 양피지 앞에 앉아 노래와 전설로 전해오는 민요를 썼습니다. 그녀 곁에는 오두막집 아낙과 떠돌이 방물장수가 긴 의자에 앉아 두런두런 이야기를 주고받았습니다. 그럴 때면 머리 위로 새가 날아와 날갯짓을 하며 퍼덕거렸습니다. 영원히 죽지 않는 새가 지저귀며 노래를 불렀지요. 잠시 쉴 수 있는 조그만 땅이 있는 한 결코 죽지 않는 새입니다.

이제 이 새가 우리에게 날아와 노래합니다.

밖은 캄캄한 밤이며 눈보라가 휘몰아치고 있습니다. 새가 우리 혀 아래에 룬 문자를 갖다 놓으면 우리는 고향이 어디인지 알게 된답니다.

하느님은 우리가 들을 수 있는 말로 민요의 새 목소리로 우리에게 이야기합니다. 아스라한 기억들이 깨어나고 희미하게 바랜 색채들이 되살아나며 전설과 노래가 축복을 주는 묘약으로 섞이고 느낌과 생각들이 고개를 들면, 저녁은 성탄절처럼 즐거워집니다.

눈보라는 거세어지고 얼음이 꽁꽁 얼고 폭풍우가 몰아칩니다. 폭풍우가 명령을 합니다. 이제는 그가 주인입니다. 하지만 하느님은 아니랍니다.

겨울입니다. 바람은 요정들이 벼린 칼끝처럼 매섭습니다. 이미 여러 날 거센 눈보라가 몰아쳐 온 도시가 눈으로 하얗게 묻혔지요. 이것은 겨울밤의 슬픈 꿈이랍니다. 모든 것은 눈 아래에 파묻혔고 신앙을 상징하는 교회의 금빛 십자가만이 눈 무덤 위로 솟아나 맑은 햇살과 푸르른 하늘 가운데 빛납니다. 묻혀 버린 도시 위 하늘에서는 크고 작은 새들이 날아옵니다. 새들은 마치 노래라도 하듯이 쉴새없이 부리로 지저겁니다.

맨 먼저 한 무리의 참새들이 날아옵니다. 참새들은 거리와 골목길, 둥지와 집안에서 일어난 하찮은 일들을 찍찍 이야기합니다. 이들은 앞집과 뒷집에서 일어난 일들을 잘 알고 있지요.

참새들이 알려 줍니다.

"우리는 눈에 묻혀 버린 도시를 알고 있어. 그 도시엔 살아 있는 모든 게 피프스(새의 혀에 나는 병)에 걸렸지. 피프스, 피프스에 걸렸어!"

까마귀들이 하얀 눈 위를 날아가며 소리 지릅니다.

"무덤이다, 무덤이야! 저 아래 배를 채울 만한 게 있어. 배가 부른 게 가장 중요해. 저 아래 땅 위에 사는 많은 사람들도 나와 똑같은 생각일 거야. 아주 솔직한 생각이지."

다음으로 백조들이 날개를 퍼덕이며 날아와 노래합니다. 눈 덮여 고요한 도시 사람들의 마음과 생각에서 우러난 위대한 영광에 대해 노래합니다.

거기에서는 죽음 대신 생명이 자라납니다. 생명이 자라는 소리가 마치 노랫가락처럼 들리지요. 교회 오르간 소리처럼 울려 퍼지고, 엘펜 언덕(덴마크의 민중 담시에 나오는 언덕) 노래처럼, 오시안(3세기 경의 고대 켈트 족의 전설적인 시인) 노래처럼, 푸드덕거리는 날갯짓의 발키리(북구 신화에 나오는 전쟁의 여신으로 전사자를 천국으로 인도함) 처럼 우리를 사로잡습니다.

이루 말할 수 없이 참으로 아름답게 어우러지는 가락입니다. 이 선율은 우리 마음속에서 가만히 속삭이며 생각을 일깨웁니다. 우리가 듣고 있는 것은 민요의 새소리입니다.

바로 이 순간 하늘에서 하느님의 따스한 입김이 불어오고 만년설로 뒤덮인 산이 펼쳐지고 햇살이 쏟아져 내립니다. 봄이 오고 새들은 다시 돌아오지요. 새로운 새들이지만 똑같은 고향의 노래를 부릅니다. 영웅의 노래도 들려온답니다.

이것은 한 해의 이야기입니다. 엄청난 눈보라가 휘몰아치는 밤, 이 모든 것이 영원히 죽지 않는 민요새의 노래 속에서 사라졌다가 다시 시작됩니다.

123
녹색 옷을 입은 작은 병사들
De smaa Grønne

창가에 장미나무가 한 그루 있습니다. 얼마 전까지만 해도 싱싱했었는데 오늘은 병에 걸렸는지 시들시들 하답니다. 무언가 일이 벌어진 것입니다.

그 장미나무에는 점잖은 녹색 제복을 입은 병사들이 살았습니다. 바로 장미나무를 갉아먹는 병사들이었지요.

나는 그 가운데 한 병사와 이야기를 나누었습니다. 그는 태어난 지 고작 3일밖에 되지 않았지만 벌써 증조할아버지가 되었습니다.

여러분, 그가 무슨 말을 했는지 궁금하죠? 그가 한 이야기는 모두 사실이랍니다. 그는 자기 자신과 병사들에 대해 이야기했지요.

"우린 이 땅 위에 사는 생물 가운데서 가장 특이한 연대를 꾸렸어. 우리는 따뜻한 계절이면 씩씩한 사내아이들을 기르지. 화창한 날에 서둘러 약혼하고 결혼식도 재빨리 해치우지. 추운 계절에는 알을 낳고 그 작은 아이들은 따뜻하게 누워서 한겨울을 보낸단다. 지혜로운 개미들은 우리를 연구하고 평가했어. 하지만 우린 개미들을 아주 조심해야 해. 개미들은 우리를 바로 잡아먹지는 않지만, 우리 알들을 빼앗아서 개미집 안에다 놓아둔단다. 맨 아래층에다 우리 알들을 번호 순으로 나란히 층을 쌓아 놓아두는 거지. 날마다 알에서 새로운 아이가 태어나면 외양간에 갖다놓고 뒷다리를 꼭 조인다음 젖을 짜는 거

야. 개미들은 이 일을 참 재미있어 하지.

'달콤한 작은 젖소' 개미들이 우리에게 붙여준 멋진 이름이야. 다른 동물들도 우리를 그렇게 불러. 사람들만 빼고 말야. 사람들이 우리를 부르는 이름은 정말 모욕적이야. 그건 우리를 모독하는 거야. 자네, 이것에 대한 글을 써 보지 않겠나? 사람들에게 우리를 그렇게 부르는 것은 잘못된 거라고 말야.

사람들은 우리를 멍청하다고 여기며 매서운 눈으로 쳐다보지. 우리가 장미나무 이파리를 남김없이 갉아 먹어 치운다는 거야. 자기들은 채소이든 꽃이든 살아 있는 온갖 것들을 몽땅 먹어 치우면서 말야. 그들은 우리에게 가장 치욕적인 이름을 붙여 줬어. 정말 메스꺼운 이름이었지. 난 그걸 입에 담지도 못하겠어. 후유, 모든 기억이 되살아나는군. 하지만 그걸 다 말할 수는 없네. 적어도 이 제복을 입고서는 말야. 물론 언제나 제복을 입고 있지만.

난 장미나무 이파리에서 태어났어. 나를 비롯한 모든 연대가 장미나무를 먹고 살지. 하지만 우리들 덕분에 고귀한 생물들이 살아갈 수도 있어. 이상하게도 인간들은 우리가 여기에 사는 꼴을 못 참아해. 그러기에 우리가 보이기만 하면 비눗물로 죽여 버리려고 들지. 그 지긋지긋한 비눗물! 말만 해도 냄새가 나는 것 같아. 씻긴다는 건 정말 끔찍해 씻으면 안되도록 태어난 우리를 비눗물로 씻어버리다니.

세상에! 자네 비눗물이 눈에 들어가면 얼마나 쓰라린지 한번 떠올려보게. 우리 처지를 한 번 생각해 보란 말일세. 알을 낳고, 그 아이들을 키우는 우리의 능력을 생각해 보란 말야. 우린 '자손을 낳아 많아지거라'는 축복을 받았어. 우린 장미나무에서 태어나고 장미나무에서 죽어 갈 거야. 이렇듯 우리 삶은 한 편의 시라네. 그러니까 메스껍고 구역질나는 그 이름으로 우리를 부르지 말게. 정말 난 그 이름을 말하고 싶지 않아. 입에 올리고 싶지도 않네. 개미들이 우리를 부르듯 달콤한 작은 젖소나, 장미나무 연대, 녹색 옷을 입은 작은 병사들이라 부르게."

나는 창가에 서서 장미나무와 녹색 옷을 입은 작은 병사들을 바라보았습니다. 조금 전 그 병사의 말처럼 사람들이 붙여 준 이름으로 부르고 싶지 않았습니다. 장미나무에 사는 시민이며 알과 씩씩한 아이들을 키우는 그들을 모독하지 않기 위해서죠.

사실 난 그들을 비눗물로 씻어 버리려고 했습니다. 나쁜 마음을 품고 비눗물을 갖고 왔던 것이죠. 하지만 이제는 가져온 비눗물로 거품을 내어 비눗방울을 만들어 불며 그 영롱한 색깔들을 바라봅니다.

어디에나 재미있는 동화는 있는가 봅니다.

비눗방울이 커지면서 오색영롱한 빛깔로 바뀌었습니다. 마치 그 속에 은빛 진주라도 하나 들어 있는 것만 같았습니다. 비눗방울은 흔들기리며 이리저리 떠돌다가 바닥에 닿아 터져 버렸지요.

그때 갑자기 문이 열리더니 동화 할머니가 들어왔습니다.

"그래, 이제 나보다 동화 할머니가 녹색 옷을 입은 작은 병사들에 대한 이야기를 더 잘 들려줄 겁니다."

"진딧물이야! 진딧물! 모든 사물은 올바른 이름으로 불러야 해. 아무리 그렇게 부르지 말라 해도 동화 속에서는 그래도 된단다."

동화 할머니가 짓궂게 말했습니다.

124

집 요정과 채소밭 아주머니
Nissen og Madamen

여러분은 집의 요정을 아십니까? 채소밭 아주머니는요?

채소밭 아주머니는 책을 아주 많이 읽었고 또 많은 시도 외울 수 있답니다. 그녀에게 시짓기는 무척 쉬웠지요. 아주머니가 연달아 울리는 벨소리라 부르는 운율들도 어렵지 않게 만드는 재주를 가지고 있었습니다. 말을 잘했고, 쓰는 재주도 있었지요. 좋은 목사가 될 수 있었으며, 적어도 목사 부인이 될 수 있었을 것입니다.

"화려한 옷으로 갈아 입은 이 땅은 너무나 아름답구나!"

그녀가 말했습니다. 그러더니 생각을 가다듬어 연달아 울리는 벨소리 운율에 붙여 노래를 만들어 냈습니다. 정말 아름답고 긴 노래였지요.

신학교 학생 키세롭―사실 이름은 그리 중요하지 않지만―은 아주머니 남편의 조카입니다.

키세롭이 아주머니네 집에 놀러 왔습니다. 그는 그녀의 시를 듣고 무척 좋은 느낌을 주는 시라고 생각했습니다.

"아주머닌 재능이 있어요!"

"쓸데없는 말 하지 마라. 집안일하는 아내는 그런 생각을 하면 안 돼. 모름지기 여자란 몸이 튼튼해야 하는 거야. 일을 오랜 시간 잘할 수 있는 몸 말이다. 그리고 오트밀이 타지 않게 냄비나 잘 보면 되는 거지."

채소밭을 가꾸던 남편이 말했습니다.

"잘 보고 있다고요. 오트밀이 타면 옆으로 치워버리면 되요. 까맣게 탄 당신은 제가 뽀뽀해 드리죠. 다른 사람들은 당신이 그저 양배추와 감자만 생각한다고 여기지만, 꽃을 좋아하잖아요, 그렇죠?"

이렇게 말하면서 그녀는 남편에게 입을 맞추었습니다. 그러면서도 중얼거리는 것을 잊지 않았습니다.

"꽃들은 영혼이야!"

"냄비나 잘 보라고."

남편은 그렇게 말하고는 채소밭으로 가 버렸습니다. 채소밭은 그의 냄비였기 때문입니다. 그는 그 냄비를 매우 잘 돌보았습니다.

키세륨은 아주머니 곁에 앉아 함께 이야기를 나누었습니다. 그는 '이 땅은 아름다워'라는 노래에 대해 자기 생각을 이야기하기 시작했습니다.

"숙모님의 시처럼 이 땅은 참으로 아름답습니다. 하느님께서 말씀하셨지요. 땅을 정복하라고 말이에요. 그래서 우리는 이 땅의 주인이 되었습니다. 어떤 사람은 정신적으로, 또 다른 사람은 물리적으로 주인이 되었지요. 어떤 사람은 놀람의 느낌표로, 또 다른 사람은 줄표로 이 세상에 태어났습니다. 그렇다면 사람들은 여기서 무엇을 해야 하는지 질문을 하게 됩니다. 어떤 사람은 주교가 되고 또 다른 사람은 그저 가난한 학생이 되는 것이죠. 모든 것이 슬기롭게 질서가 잡혀 있습니다. 이 땅은 아름답습니다. 늘 화려한 옷을 입고 있습니다. 아주머니의 말은 생각을 일깨우는 시예요. 풍부한 감정이 담긴 지리학적 시랍니다."

"키세륨, 너도 재능이 있단다. 정말 감성이 풍부해. 난 그걸 알 수 있어. 너와 이야기를 하니까 마음이 맑아지는 것 같구나."

그들은 계속 즐겁게 이야기를 나누었습니다. 그런데 부엌에서도 이들처럼 이야기를 하는 사람이 있었답니다. 바로 이 집의 요정이었지요. 회색 옷을 입고 빨간 모자를 쓴 작은 요정이었습니다.

그 모습을 한번 상상해 보세요!

요정은 부엌에 앉아 말을 했습니다. 하지만 그의 말에는 아무도 귀를 기울이지 않았습니다. 부인이 '크림 도둑'이라 부르는 커다란 검은 고양이 말고는요. 그는 부엌일을 참견하는 요정이었답니다.

요정은 아주머니에게 잔뜩 화가 났습니다. 그녀가 요정의 존재를 믿지 않았기 때문이죠.

아주머니는 요정을 한 번도 본 적이 없었지만 책을 그렇게나 많이 읽었으니 요정이 존재한다는 것은 알 텐데 말입니다. 그러니 조금은 요정에게 신경써야 했습니다. 성탄절 저녁에 오트밀을 한 숟갈이라도 떠서 그를 위해 놓아두어야 한다는 생각 같은 것은 하지도 않았으니까요. 요정의 조상들은 전혀 학식이라곤 없는 부인들에게서도 모두 오트밀을 얻어 먹었는데 말입니다. 그것도 버터와 크림을 녹인 맛있는 오트밀을 말이지요.

오트밀 이야기가 나오자 고양이는 군침을 흘리며 수염을 핥았습니다.

"아주머니는 내 존재를 인정하지 않아! 그저 인간들의 상상일 뿐이라고 여겨. 지난번에 하는 이야기를 들었거든. 그런데 오늘도 난 그 소리를 또 들었어. 순교자인 척하는 신학생과 둘이서 속삭이나 하고 말야. 참다못해 그녀의 남편이 말한 것처럼 냄비나 잘 보라고 말했지만 그녀는 들은 척도 하지 않았어. 그래, 냄비를 끓어 넘치게 해 주지."

집 요정은 냄비 아래 불에 훅훅 입김을 불어 넣었습니다. 불은 깜박거리다 곧 활활 타올랐습니다. 그러자 냄비가 순식간에 끓어 넘치기 시작했습니다.

"흥, 이번에는 방 안에 들어가 아저씨 양말에 구멍을 내버려야지."

요정은 심술궂게 이죽거렸습니다.

"발가락이랑 뒤꿈치에 구멍을 뻥 뚫어 놓아야지. 그러면 꿰매느라 시를 지을 시간이 없겠지? 어디 구멍 난 양말을 한 번 꿰매 보실라우?"

그때 고양이가 재채기를 했습니다. 고양이는 늘 털옷을 입고 돌아다니는데도 감기에 걸렸습니다.

요정이 고양이에게 말했습니다.

"내가 찬장 문을 열어 놓았어. 그 안엔 죽처럼 걸쭉한 크림이 있단다. 만일 네가 먹지 않겠으면, 내가 먹어버릴 거야!"

"어차피 죄를 뒤집어쓰고 매를 맞아야 한다면, 크림이라도 핥아 먹게 해줘!"

고양이가 말했습니다.

"얼른 가서 먹고 잽싸게 달아나. 나는 신학생이 있는 방에 들어가서 바지 멜빵은 거울에 걸고 양말은 세숫대야에 넣을게. 그럼 그는 독한 펀치(럼주, 설탕, 레몬, 차, 물 등 다섯 종류로 만든 오색주)를 마셔서 머리가 뒤죽박죽 된 거라고 생각하겠지. 어젯밤 난 개집 옆에 있는 장작더미 위에 앉아 있었어. 쇠사슬에 묶인 개를 놀리는 건 너무 재미있어. 나는 발을 늘어뜨리고 흔들었어. 개가 높이 뛰어올랐지만 내 발을 잡을 수는 없었어. 그래서 화가 나서 짖고 또 짖어 댔지. 재미있어서 난 더욱 이리 저리 발을 흔들어 댔어. 정말 볼만했지! 그럴 때 신학생이 잠에서 깬 거야. 그는 세 번이나 일어나 밖을 내다 보았지만 안경을 끼고 있었는데도 나를 보지 못했어. 잠을 잘 때도 그는 늘 안경을 걸치고 있더군."

"요정아, 부인이 오면, 야옹하고 말해줘. 오늘 난 아파서 잘 듣지 못하거든."

고양이가 말했습니다.

"넌 맛있는 게 먹고 싶어서 병에 걸린 거야. 자주 맛있는 것을 먹어야 해. 먹고 나면 수염에 크림이 묻지 않게 잘 닦으렴. 난 응접실에 가서 둘이 무슨 이야기를 나누는지 가만히 엿들어 볼게."

요정이 말했습니다.

요정은 반쯤 열린 문틈으로 들여다보았습니다. 방안에는 부인과 신학생밖에 없었지요. 그들은 신학생이 재능이라고 부른 것에 대해 이야기를 나누었습니다. 재능이란 어디서든 냄비와 프라이팬보다는 우위에 두어야 한다고 말했습니다.

"키세룹, 이 기회에 그 누구에게도 보여 주지 않았던 것을 네게 보여 줄게. 남편에게도 보여주지 않았어. 내가 지은 짧은 시들이지. 물론 그 가운데 몇 편은 길기도 해. 난 그 시들에다 〈어느 덴마크 아낙의 시집〉이라는 이름을 붙였단다. 난 아낙 같은 옛날 말들을 무척이나 좋아하거든."

"그럼요! 외래어는 되도록 안 쓰는 게 좋아요."

신학생이 맞장구를 쳤습니다.

"단 한 번도 내가 '콤폿(설탕에 절인 과일. 후식으로 먹는 것으로, 프랑스어에

서 유래함)'이라 말하는 것을 듣지 못할 거다. 대신에 잼이라고 말하지."

채소밭 아주머니는 엷은 녹색 표지의 필기장을 책상 서랍에서 꺼냈습니다.

"여기엔 내가 진심으로 지은 시들이 담겨 있단다. 난 슬픔을 가장 깊이 느껴. 여기 제목들을 좀 봐. 〈어두운 밤의 한숨〉, 〈나의 저녁 식사〉, 〈내가 남편 클레멘젠을 얻었을 때〉 이 가운데 가장 잘 지은 것은 〈주부의 의무〉란 시야. 모든 게 다 비극적이야. 바로 이 점이 내 장점이기도 해. 딱 한 편 해학적이고 즐거운 생각들을 담고 있는 시도 있어 매우 재미있단다. 이것은 한 여류 시인에 대한 내용이지. 바로 나 자신을 말하는 거야. 이 사실을 책상 서랍만 알고 있었는데, 이제 너도 알게 되었구나. 키세룹, 난 이 시를 매우 사랑한단다. 시는 나를 덮쳤고, 다스리며 조종하지. 난 이런 생각들을 〈작은 집 요정〉이라 표현한단다. 아마 너도 알지 모르겠구나. 옛날 농부들은 집에 요정이 산다고 믿었어. 집안 어디선가 그 존재를 드러내지 않고 돌아다니며 심술궂게 장난을 친다는 집 요정 말이야. 그래서 난 생각했지. 나 자신이 바로 집이고, 내 시와 느낌들이 집 요정이며, 이 모든 것을 지배하는 정신이라고 말야. 그런 요정의 힘과 위대함을 〈작은 집 요정〉에서 노래했단다. 하지만 이걸 누구에게도, 남편에게도 절대로 말하지 않겠다고 손가락 걸고 약속해 주렴. 그리고 이 글들을 소리내 읽어 주려무니, 내가 들을 수 있게."

그러자 신학생은 그 시를 읽었고 부인은 귀기울여 들었습니다. 작은 요정도 열심히 귀를 기울였지요. 몰래 엿들었던 거랍니다. 요정은 〈작은 집 요정〉을 읽고 있을 때, 방 안으로 들어왔거든요.

"나에 대한 시야. 그녀가 어떻게 나에 대해 쓸 수 있었지? 좋아 못살게 굴어야겠어. 달걀과 병아리를 훔칠 거야. 송아지 고기에서 기름을 빼 버리겠어. 조심해, 아줌마!"

요정은 입을 삐쭉 내밀면서도 귀를 쫑긋 세워 열심히 들었습니다. 요정의 힘과 위대함, 그리고 그 힘이 아주머니를 다스리는 능력에 대한 이야기를 들으면 들을수록—여러분도 알겠지만, 이건 아주머니가 생각한 시였어요. 하지만 요정은 제목에만 신경 썼지요—그는 차츰 미소 짓기 시작했습니다.

기쁨이 두 눈에서 빛나고 기분이 좋아 발뒤꿈치를 높이 들어 발가락 끝으로 서서 키를 1인치나 더 높였습니다. 그는 아주머니가 요정에 대해 쓴 시를 듣느라 정신을 못차렸지요.

"아주머니에게는 참으로 놀라운 재능이 있어! 교양도 있고 말야. 그런데 나는 아주머니에게 못된 짓을 너무 많이 했어. 아주머니는 나를 〈시집〉에까지 넣어 주셨는데 말야. 이 책은 출판되어 많은 사람들에게 읽힐 거야. 이제부터는 내가 나서서 고양이가 크림을 먹지 못하도록 해야겠어. 앞으로는 아주머니를 존경해야지!"

"저 요정은 사람이 변했어. 하지만 아주머니가 귀여워하는 건 고양이야. 요정도 곧 생각이 바뀔 거야, 아주머니는 변덕스럽거든. 아주머니, 내 말이 맞지요?"

늙은 고양이가 말했습니다.

하지만 정말 변덕스러운 것은 부인이 아니라 요정이었답니다. 마치 사람처럼 마음이 바뀌어 버렸으니까요.

여러분, 이 이야기를 이해할 수 있나요? 만약 이해되지 않는다면 물어보세요. 그렇지만 요정이나 부인에게는 물어봐도 소용없을 겁니다.

125

파이터와 피터와 피르
Peiter, Peter og Peer

이제는 너무나 흔해서 누구나 아는 이야기이지만, 황새가 우물이나 물레방아 연못에서 아이를 꺼내 부모들에게 데려다 준다는 이야기를 들은 적이 있나요?

요즘 아이들은 이런 이야기를 믿지 않습니다. 하지만 이 이야기는 정말이랍니다.

아이들은 어떻게 우물이나 물레방아 연못 속에 있는 걸까요? 그래요, 누구도 알지 못하지만 몇몇 사람들은 알고 있답니다.

여러분은 별들이 반짝반짝 빛나는 맑은 밤하늘을 자세히 올려다 본 적이 있나요? 수많은 별똥별들을 바라본 적은요? 별이 하늘에서 떨어져 어디론가 사라지는 것처럼 보이지요! 아무리 뛰어난 학자라도 자신이 모르는 것은 설명할 수 없는 법이랍니다.

작은 크리스마스 촛불이 하늘에서 떨어져 사라지는 듯이 보입니다. 별똥별은 땅으로 내려오는 자비로운 하느님의 영혼이 깜박이는 것이랍니다. 하느님의 영혼은 우리들의 답답하고 무거운 공기 속으로 내려오는 동안 그 빛을 잃어버리고, 우리 눈에 보이지 않게 됩니다. 이것이 바로 하느님이 이 땅으로 내려 보낸 날개 없는 작은 천사, 사람이 될 아기 천사랍니다.

천사가 하늘에서 사뿐히 미끄러져 내려오면 바람이 아이를 꽃 속으로 데려갑니다. 난초나 민들레, 또는 장미꽃이나 끈끈이주걱 속으로 말이죠.

작은 천사는 공기처럼 가벼워서 파리 등에 업혀 날아갈 수도 있답니다. 꽃 속에 있노라면, 꿀벌들이 번갈아 찾아와서는 달콤한 꿀을 찾습니다. 하늘의 아이가 그들에게 방해되지만 벌들은 아이를 밖으로 던져 버리지 않고 햇살이 내리쬐는 수련 잎 위에 살며시 옮겨다 놓지요.

하늘의 아이는 수련 잎 위에서 버둥거리다 물속으로 기어 들어갑니다. 그리고 그곳에서 잠을 자면서 자라난답니다. 황새가 아이를 바라는 가족에게 자신을 데려다 줄 때까지 말이에요.

아이가 얼마나 예쁜지는 맑은 샘물을 마시고 자랐는지, 아니면 진흙과 좀개구리밥이 가득한 물을 마시고 자랐는지에 따라 달라진답니다. 그러면 이 땅 위의 아이들처럼 되지요.

황새는 누구든 차별하지 않고 가장 먼저 눈에 띈 아이를 데리고 날아갑니다.

어떤 아이는 훌륭한 부모가 있는 좋은 집안에 가게 됩니다. 하지만 어떤 아이는 가난하고 성격이 거친 사람들에게 가기도 하지요. 그런 집에 가는 것보다 차라리 물레방아 연못에 그대로 남아 있는 게 한결 나은 그런 집안에 말이에요.

아이들이 자라면 수련 잎 아래 물속에서 꿈꿨던 일을 기억하지 못합니다. 개구리들이 개골개골 들려주던 달콤한 자장가는 물론, 어떤 꽃에 누워 있었는지, 또 그 꽃은 어떤 향기가 났었는지 아무것도 기억하지 못합니다.

그러나 아이들이 어른이 되면 무언가가 마음속에서 속삭이지요.

"난 이 꽃이 제일 좋아!"

바로 그거예요! 그 꽃이 하늘의 아이였을 때 누워 있던 꽃이랍니다.

황새는 무척 오래 삽니다. 그는 자신이 데려다 준 아이들이 세상에 어떻게

나오는지, 그리고 어떻게 자라나는지 늘 관심을 갖고 살핀답니다. 그렇지만 황새가 아이들을 위해 해줄 수 있는 일은 아무것도 없지요. 황새는 자기 가족을 돌봐야 하니까요. 하지만 생각만은 언제나 아이들 곁을 떠나지 않는답니다.

학식이 풍부하고 정직한 늙은 황새가 있었습니다. 그는 수많은 아이들을 사람들에게 데려다 주었지요. 그래서 아이들 이야기를 많이 알고 있었습니다. 나는 이 황새에게, 파이터젠 집안 한 아이의 작은 삶에 대해 이야기해 달라고 부탁했습니다. 그러자 황새는 세 아이들 이야기를 들려주었습니다. 그 아이들이 자란 물방앗간 연못에는 늘 좀개구리밥과 진흙이 조금 섞여 있었습니다.

파이터젠 집안 사람들은 매우 친절했습니다. 아버지는 그 마을에 사는 서른 두 장로 가운데 한 사람이었습니다.

어느 해 황새가 파이터젠 집안에 어린 아이를 놓고 갔습니다. 그 아이는 파이터라는 이름을 갖게 되었습니다. 그 이듬해 또 황새가 어린 아이를 데려 왔지요. 이웃 사람들은 그 아이를 피터라고 불렀습니다. 그리고 마지막 세 번째 아이는 피르라 이름 붙였습니다.

이렇게 해서 파이터, 피터, 피르는 파이터젠 가족이 되었습니다. 별똥별 세 개가 형제가 된 거죠. 물론 그들은 모두 꽃 속에서 잠잘 때 물레방아 연못 수련 잎 아래에 누워 있을 때, 황새가 마을 모퉁이에 사는 파이터젠 가족에게 데려다 준 것입니다.

아이들의 몸과 마음은 무럭무럭 자라났습니다. 그들은 마을의 서른 두 장로보다 더 훌륭한 사람이 되고 싶어 했습니다.

파이터는 유명한 '도적'이 되길 원했습니다. 희극 〈디아볼로 수도사〉를 보고, 도적이 이 세상에서 가장 멋진 직업이라 생각한 겁니다. 피터는 '청소부'가 되고 싶었고 귀엽고 통통하고 예의 바르지만 손톱을 깨무는 버릇이 있는 피르는 '아버지'가 되고 싶다고 말했습니다. 사람들이 커서 어떤 사람이 되고 싶으냐 물어보면, 그들은 언제나 자신 있게 이렇게 대답했습니다.

어느덧 무럭무럭 자라난 삼형제는 학교에 들어가게 되었습니다.

맏이는 일등을 했고, 둘째는 중간이었으며, 막내는 꼴찌였습니다. 그러나 부모님은 삼형제 모두 착하며 똑똑하다고 말했습니다. 그들은 다른 아이들과 함께 공놀이도 하고, 아무도 보지 않을 때면 슬며시 짓궂은 장난도 하며 지식과 깨달음을 차츰 넓혀 갔습니다.

자라서 도적이 되고 싶었던 파이터는 어릴 때부터 싸움을 좋아했으며 장난도 심했습니다. 그래서 엄마는 악동의 뱃속에는 언제나 회충이 잔뜩 꼬인다며 파이터를 타이르곤 했지요.

그런데 어느 날 파이터는 고집스럽고 버릇없는 성격 때문에 엄마의 새 비단 드레스를 더럽히고 말았습니다.

"탁자에 부딪히지 않도록 조심하거라, 위에 차가 있잖니. 크림통이 떨어지면 내 비단 새 드레스에 쏟아진단다."

그러자 이 '어린 양'은 자그마한 손으로 크림통을 집어 들더니 엄마 옷자락에 쏟아 버렸습니다. 엄마는 너무 놀라 이렇게 말할 수밖에 없었죠.

"어린 양, 어린 양, 왜 이런 못된 짓을 하는 거야."

물론 파이터는 잘못을 뉘우치기는커녕 처음부터 그럴 생각이었기에 재미있어 했습니다. 엄마도 이 사실을 인정해야만 했지요. 그리고 고집이 센 만큼 뭔가 이룰 수 있을 성격이라 믿었습니다.

파이터는 도적이 되지는 않았습니다. 구겨진 모자를 쓰고 긴 머리를 풀어

헤쳐 마치 도적처럼 이곳저곳을 다녔지만 사실 그는 예술가였습니다. 비록 재능이 없긴 했지만요.

그런 파이터는 꼭 접시꽃처럼 보였는데, 그가 그린 그림 속의 사람들도 모두 기다란 접시꽃 같았습니다. 파이터는 그 꽃을 좋아했던 거죠. 황새는 파이터가 하늘의 아이였을 때, 틀림없이 접시꽃 위에 누워 있었을 거라고 말했습니다.

피터는 노란 버터 같은 민들레꽃 위에 누워 있었습니다. 입가엔 끈적끈적한 게 묻어 지저분했고, 피부색도 노래서 그의 뺨을 베어 내면 버터가 뚝뚝 떨어질 것만 같았습니다. 버터 장사꾼이 되면 아주 잘 어울렸을 겁니다. 하지만 그는 쓰레기를 치우는 청소부가 되겠다고 마음속으로 다짐했습니다.

피터는 파이터젠 집안 음악가이기도 했습니다. 이웃 사람들도 그의 연주에 칭찬을 아끼지 않을 정도였죠. 1주일 만에 폴카를 17곡이나 만들고 트럼펫과 탬버린을 위한 오페라도 하나 만들었거든요. 그 오페라는 참으로 아름다웠습니다.

피르는 하얀 피부와 붉은 입술을 가진, 작고 평범한 아이였습니다. 그가 하늘의 아이였을 때 아마도 데이지꽃 위에 누워 있었을 겁니다. 다른 아이들이 마구 때려도 그는 한 번도 맞받아치지 않고, "나는 가장 이성적인 사람이며 이성적인 사람은 늘 양보한다" 이렇게 어른스럽게 말하곤 했습니다.

피르는 무언가를 모으는 것을 좋아했습니다. 처음에는 석필을, 그 다음엔 도장을 모았으며 표본 상자도 만들었습니다. 표본 상자에는 큰 가시고기의 뼈와 태어날 때부터 눈이 먼 생쥐 세 마리 그리고 박제한 두더지 한 마리가 있었습니다.

피르는 자연 과학에 깊은 관심이 있었고 자연을 매우 주의 깊게 관찰했습니다. 학교에 가서 공부하는 것보다 숲에 가는 것을 더 좋아했지요.

이렇게 피르가 열심히 물새알을 수집하며 사는 동안 그의 형제들은 모두 약혼을 했습니다. 그러나 피르는 형들을 부러워하지 않았습니다. 자연 속 생활을 통해 인간들의 사랑보다 동물들의 사랑을 더 높이 평가하게 된 것입니다.

나이팅게일 암컷이 알을 품고 있으면 수컷이 밤새도록 그 곁에 앉아 자기 아내에게 "힘내, 꾀꼴! 힘내, 꾀꼴!" 노래 불러 주지요. 또 엄마 황새가 새끼 황새들과 함께 둥지에 누워 있으면 아빠 황새는 한 다리로 용마루에 서서 밤새 가족을 지킨답니다. 피르는 만일 자신이라면 한 시간도 서 있지 못할 거라고 생각했습니다.

피르가 결혼을 포기하게 된 중요한 까닭은 무엇보다도 거미를 관찰하고 난 뒤 느낀 충격 때문이었습니다. 젊었든 늙었든, 혈기가 왕성하든 빼빼 말랐든 남편 거미는 거미줄을 쳐서 날아든 파리를 잡아 자기 식구를 먹여 살리려고 애를 쓰며 살아가지만 거미 부인은 그렇지 않았습니다.

그녀는 오로지 남편을 사랑하기 위해 살아갑니다. 순전히 사랑 때문에 남편을 잡아먹습니다. 남편의 심장과 머리 그리고 몸을 차례로 먹어 치웁니다. 온 가족을 위해 양식을 걱정하며 거미줄을 치던 남편 거미에게 남은 것이라곤 가늘고 긴 다리뿐입니다.

이것이 바로 피르가 자연 세계에서 얻은 진리였습니다. 그는 이 모든 것을 보고 깊이 생각했습니다.

'아내에게 깊은 사랑을 받는 것, 너무 지나친 사랑으로 송두리째 먹혀 버리는 것, 이것이 바로 사랑인가! 아냐, 사람은 다를지도 몰라. 그렇다면 어떤 게 진정한 사랑이란 말인가?'

피르는 절대로 결혼하지 않기로 결심을 굳혔습니다. 뿐만 아니라 입맞춤도

주고받지 않기로 했습니다. 입맞춤이란 결혼을 약속하는 첫걸음일 수 있기 때문이었죠. 그러나 딱 한 번 입맞춤을 받고 말았습니다. 우리 모두 언젠가 받게 되는 죽음의 입맞춤을 말이에요.

우리가 충분히 오래 살았다고 생각되면 죽음은 "이별의 입맞춤을 해라!"는 명령을 받습니다. 사람은 누구든 그 입맞춤을 받으면 곧 떠나게 됩니다.

자비로우신 하느님이 번쩍이는 강렬한 햇빛을 내려 보내 사람의 눈을 멀게 하면 별똥별처럼 땅으로 내려왔던 영혼은 다시 별똥별처럼 저 멀리 날아가게 됩니다. 그러나 이번에는 꽃 위에서 쉬거나 수련 잎 아래서 꿈을 꿀 수 없습니다.

이제 영혼은 크나큰 영원의 나라로 날아갑니다. 그곳이 어디에 있는지, 어떻게 생긴 나라인지는 누구도 말할 수 없습니다. 그곳에 가본 사람은 아무도 없기 때문이지요. 황새가 아무리 멀리 내다보고 많이 안다 해도, 그들 또한 단 한 번도 그곳에 가본 적이 없었습니다.

황새도 피르에 대해 더 이상 알지 못했습니다. 파이터와 피터에 대해서는 많은 이야기들을 알고 있었지만요.

여러분도 삼형제에 대해 많은 이야기를 들었지요? 그 이야기를 듣고 난 뒤 나는 황새에게 감사의 말을 전했습니다. 그런데 황새는 이 작고 평범한 이야기를 들려 준 대가로 개구리 세 마리와 뱀 한 마리를 요구합니다. 먹이를 달라는 것이죠.

여러분이라면 어떻게 하겠어요? 전 주지 않았습니다. 개구리도 뱀도 없었거든요.

126

간직한 것은 잊히지 않는 법

Gjemt er ikke glemt

아주 낡은 성이 한 채 있었습니다.

성 주위에는 진흙투성이 도랑이 있었고, 그 도랑 위에는 한쪽 끝을 들어올릴 수 있는 나무다리가 놓여 있었습니다. 그 다리는 올라가 있을 때가 많았습니다. 성을 찾아오는 손님들이 모두 착한 사람들만은 아니었기 때문입니다. 성벽 위에는 대포를 쏠 수 있는 구멍이 뚫려 있습니다. 적이 가까이 다가오면 그곳으로 총을 쏘기도 하고 끓는 물과 뜨겁게 녹인 납을 쏟아 붓기 위해서였죠.

성 안에는 나무로 짠 평평한 천장이 있었는데, 그 천장은 아주 높아서 축축하게 젖은 장작을 태워도 굴뚝으로 치솟는 연기가 잘 빠져 나갔습니다. 그리고 벽에는 갑옷으로 무장한 남자들과 주렁주렁 무거운 옷을 입은 부인들의 그림이 걸려 있었습니다.

그 가운데 가장 우아해 보이는 부인은 실제로 이 성에 살았습니다. 바로 이 성의 주인인 메테 모겐스 부인입니다.

어느 날 저녁, 도적 떼가 성으로 쳐들어왔습니다. 그들은 하인을 셋이나 죽이고 사슬에 묶여 있는 개마저 죽이더니 그 사슬로 메테 부인을 묶어서 개 집 옆에 세워 두었습니다. 그러고는 위층에 앉아 지하실에서 꺼내 온 좋은 맥주와 포도주를 게걸스럽게 마셔 댔습니다.

메테 부인은 사슬에 꽁꽁 묶여서 움직일 수도 없었고 겁에 질려 작은 소리조차 지를 수 없었습니다.

그때 도둑 하나가 다른 도둑들이 눈치채지 않게 슬그머니 부인 곁으로 다가왔습니다. 만일 다른 도둑들이 이 사실을 알았다면 그를 때려 죽였을 것입니다.

"메테 모겐스 부인, 당신 남편이 살아 있을 때, 우리 아버지에게 벌로 나무로 만든 말을 타게 했던 일을 기억하시오? 그때 당신은 우리 아버지를 위해 남편을 말렸지만, 아무 소용이 없었죠. 끝내 아버진 그 나무 말을 타다 불구가 되었소. 하지만 당신은 오늘의 나처럼 아버지에게 살그머니 다가가 발아래에 작은 돌을 넣어두어, 아버지가 몸을 받칠 수 있게 해 주었소. 누구도 그 돌을 보

지 못했지. 당신은 정말 아름답고 자비로운 부인이었다고 우리 아버지가 늘 말씀해 주었소. 난 지금도 당신에게 고마운 마음을 잊지 않고 있소. 이번에는 내가 당신을 풀어 드리리다, 메테 모겐스 부인!"

도둑과 부인은 마구간에 있던 말을 타고 그곳에서 빠져나왔습니다. 사나운 비바람을 뚫고 말을 달려 친구들에게 도움을 청하러 갔지요.

"당신 아버지에게 베푼 작은 일 덕분에 내가 살아나게 되었네요."

메테 모겐스 부인이 말했습니다.

"마음속 깊이 간직한 것은 잊히지 않는 법이지요!"

도둑이 말했습니다.

그 성에 남아 있던 다른 도둑들은 모두 잡혀 참수형을 당했답니다.

낡은 성이 한 채 있었습니다.

이제 이 성은 메테 모겐스 부인이 아닌 신분 높은 다른 귀족의 성이 되었습니다.

　탑 꼭대기에는 금빛 햇살이 비치고 호수 위에 떠 있는 작은 섬들은 마치 꽃다발처럼 보입니다. 백조들은 그런 호수에서 헤엄치며 놀고 정원에는 장미꽃이 활짝 피어 있습니다.

　성의 여주인은 그 가운데 가장 고운 장미 꽃잎입니다. 그녀는 좋은 시절에 감사하며 기쁨으로 가득차 빛나고 있습니다. 겉으로 드러나 보이지는 않지만 마음속 깊은 곳에서 빛나고 있습니다. 마음속 깊이 간직한 것은 잊히지 않는 법이지요.

　성의 여주인은 성을 나와 들에 있는 농부의 작은 오두막으로 갔습니다. 이 오두막에는 불쌍한 절름발이 소녀가 살았답니다.

　작은 방 창문은 모두 북쪽으로 나 있어 햇빛도 들지 않았습니다. 소녀는 높은 산으로 둘러싸인 작은 밭만 바라봐야 했지요.

　그런데 오늘은 이곳에 따스하고 아름다운 햇빛이 비쳤습니다. 전에 담장이었던 곳에 새로 창문을 만들었는데, 그 창문으로 햇빛이 들어온답니다. 그 햇빛은 물론 남쪽에서 온 것이겠죠?

　절름발이 소녀는 따스한 햇살을 받으며 숲과 호수를 바라보며 앉아 있었습

니다. 숲은 무척 넓고 아름다웠지요. 성의 친절한 여주인 장미꽃이 들려준 한 마디 말 때문에 모든 것이 아름답게 보였습니다.

"장미꽃의 말은 매우 아름답고 유쾌해. 행동은 우아하고 기품이 넘치지. 그녀가 내게 베풀어 준 기쁨은 말할 수 없이 큰 축복이야!"

소녀는 기쁨에 들떠 있었습니다. 그 뒤 소녀는 좋은 일을 많이 했습니다.

가난한 집이든, 부유한 집이든 나름대로의 근심 걱정은 있게 마련이지요. 하지만 그것을 어떻게 생각하느냐가 중요합니다.

자신이 가난하거나 불행하다고 생각하세요? 하지만 희망을 가지세요. 자비로우신 하느님은 늘 우리를 잊지 않고 계시니까요.

낡은 성이 한 채 있었습니다.

큰 상업 도시에 있는 그 성에는 많은 방과 거실들이 있습니다. 그러나 방이나 거실보다 먼저 부엌으로 가보기로 해요.

부엌은 밝고 따스하며 말끔하게 정돈되어 있습니다. 구리 그릇들은 반짝 반짝 빛나고 탁자는 양초로 문질러 닦은 듯 매끄러우며 개수대는 방금 씻은 듯 깨끗합니다.

부엌 한쪽에 한 여자가 앉아 있습니다. 일을 다 마쳤는데도 시간이 남았기 때문이지요. 마치 교회갈 듯한 단정한 차림새입니다. 그녀는 목에 검정 나비 리본을 매었습니다. 누군가가 죽었나 봅니다. 하지만 우습게도 그녀에겐 슬퍼해야 할 아무런 이유가 없습니다. 아버지도 어머니도, 친척도 남편도 없는 가련한 하녀일 뿐이니까요.

언젠가 그녀는 가난한 청년과 약혼했지만 얼마 지나지 않아서 취소되었습니다. 처음에 그 둘은 서로 깊이 사랑했습니다. 그런데 어느 날 청년이 이렇게 말했습니다.

"우리 두 사람은 아무것도 가진 게 없어! 꺼내기 어려운 말이지만, 저 건넛마을에 사는 부잣집 과부가 내게 솔깃한 말을 해 왔지. 결혼하자는 거야. 그러나 내 마음속엔 늘 당신뿐이야. 어떻게 해야 좋을지 모르겠어."

그녀는 약혼자가 흔들린다는 사실을 알자 마음이 아팠습니다. 그래도 담담하게 말했습니다.

"당신이 바라는 대로 하세요. 그게 우리 모두가 행복한 거라면 말이죠. 그녀를 많이 사랑해 주세요. 그리고 헤어지는 이 순간부터 우리 둘은 다시는 만나서 안 돼요."

그 뒤, 몇 년이 흘렀습니다.

그녀는 거리에서 친구이자 약혼자였던 옛 남자를 만나게 되었습니다. 그는 몹시 아프고 불행히 보였습니다. 그녀는 무척 마음이 아팠지만 그저 아무렇지 않게 "잘 지내요?"물을 수밖에 없었습니다.

그러자 그가 말했습니다.

"누구나 나름대로 잘 지내지. 그 여자는 착해. 나에게도 무척 잘 대해주지. 그러나 여전히 내 마음속에는 당신뿐이야. 그것 때문에 몹시 괴로워. 하지만 곧 이 싸움도 끝이 나! 이제 우리는 하느님 나라에서 만나게 될 거야."

그 뒤 1주일이 지났습니다. 그녀는 아침 신문에서 그가 죽었다는 기사를 보았습니다. 부인과 의붓자식 셋을 남기고 말이죠.

그래서 그녀는 그 남자를 위해 상복을 입었습니다.

검정 나비 리본은 상을 당했다는 것을 뜻합니다. 그러나 그녀의 얼굴은 이 나비 리본보다 더 많은 이야기를 담고 있었습니다. 그 이야기는 여자의 마음속

에 간직되어 영원히 잊히지 않을 것입니다.

보세요. 이 세 편의 이야기가 마치 하나의 줄기에 달린 이파리 세 장처럼 매달려 있지요. 여러분은 이런 클로버 잎을 더 많이 가지고 싶나요?

이처럼 마음의 책갈피에 담긴 수많은 클로버 잎은 결코 잊히지 않는 법이랍니다.

127
문지기의 아들
Portnerens Søn

한 집에 두 가족이 살고 있었습니다. 장군은 2층에, 문지기 가족은 지하실에서 살았습니다. 두 가족 사이에는 계급과 일층이라는 커다란 벽이 있었습니다. 하지만 두 가족 모두 한 지붕아래 살았고 같은 정원을 바라보았습니다.

정원은 잔디로 덮였고, 그 위로 총총히 심어진 아카시아 나무에는 꽃이 한창 피어납니다.

그럴 때면 아카시아 나무 아래에는 장군의 딸, 에밀리가 고운 옷을 입고 유모와 함께 앉아 있곤 했습니다. 그 옆에서는 문지기의 아들이 커다란 갈색 눈을 반짝이며 검은 머리를 나풀거리고 그들 앞에서 맨발로 춤을 추었습니다.

에밀리는 춤을 추는 문지기 아들에게 미소 지으며 조그만 두 손을 내밀었습니다. 그러면 그는 고개를 끄덕이며 "정말 예뻐, 에밀리"말했습니다.

장군의 아내는 무척 어려 보였습니다. 마치 장군의 딸처럼 보일 정도였지요. 그녀는 한 번도 정원을 내다보지는 않았지만, 자신의 딸과 문지기의 아들이 함께 놀고 있다는 것을 알았습니다. 그래서 그녀는 문지기 아들이 에밀리 앞에서 춤을 추는 것은 괜찮지만 딸의 몸에 손을 대지 못하게 하라는 명령을 내렸습니다. 유모는 그 말을 철저하게 지키겠다고 했지요.

햇빛은 2층에도 지하실에도 따스한 빛을 비추었습니다. 아카시아 나무에는 꽃이 피었다가 지고, 이듬해에 다시 새 꽃이 피어났습니다. 나무에 물이 오르듯 문지기의 어린 아들도 활짝 피어났습니다. 그는 마치 싱싱한 튤립처럼 보였습니다.

그와 달리 에밀리는 연분홍빛 아카시아 꽃잎처럼 가냘프고 창백했습니다. 그녀는 가끔 아카시아 나무 아래로 오기도 했지만 신선한 공기를 마시기 위해 마차를 타고 밖으로 나가야만 했습니다.

에밀리는 엄마와 함께 마차를 탈 때면 배웅하는 문지기의 아들, 조지에게 고개를 끄덕여 인사하거나 때로는 손으로 입맞춤을 보내기도 했습니다. 엄마가 손으로 입맞춤을 보내기엔 이제 나이가 들었다고 말할 때까지는 말이에요.

집으로 배달된 편지와 신문을 장군에게 가져다주는 일은 조지의 몫이었습니다.

어느 날 아침, 조지는 편지와 신문을 가지고 계단을 올라가 놀이용 모래판이 있는 방문 앞을 지나갔습니다. 안에서 갑자기 삐악삐악 소리가 들려왔습니다. 그는 길을 잃은 병아리일 거라고 생각했지요. 그런데 이게 어찌된 일일까요. 에밀리가 레이스 달린 화려한 옷을 입고 앉아 삐악삐악 소리를 내고 있었습니다.

"아빠, 엄마에게는 말하지 마, 틀림없이 화내실 거야."

"무슨 일이에요, 꼬마 아가씨?"

"모든 게 불에 타고 있어. 활활 타고 있단 말야!"

조지는 꼬마 아가씨의 방문을 활짝 열었습니다. 창문 커튼은 거의 다 타 버렸고, 커튼을 지탱하는 막대기도 불꽃에 휩싸여 있었습니다. 그는 재빨리 뛰어

올라 막대기를 끌어내리고 소리쳐 사람들을 불렀습니다. 만일 그가 아니었다면 집은 온통 불에 타 버렸을 것입니다. 장군과 그의 부인은 어린 에밀리에게 자세히 캐물었습니다. 에밀리는 잔뜩 주눅이 들어 겨우 대답했습니다.

"성냥개비 한 개를 벽에 그었는데 금세 불이 붙고 말았어요. 커튼에도 옮겨 붙었고요. 불을 끄려 커튼에 침을 뱉었는데, 아무리 해도 침이 잘 나오지 않았어요. 그래서 도망가서 숨었어요. 아빠와 엄마가 화를 내실 게 뻔하니까요."

"침을 뱉다니!"

장군이 탄식하며 말했습니다.

"그게 무슨 말이냐? 아빠와 엄마가 침 뱉는 것을 본 적이 있니? 지하실 가족들에게서 배운 게로구나!"

큰 불을 막은 조지는 상으로 4실링 동전 한 개를 받았습니다. 그 돈으로 군 것질을 하지 않고 그대로 저금통에 넣었습니다. 차곡차곡 돈을 넣어 곧 저금통이 불어났습니다. 조지는 그렇게 모은 돈으로 물감을 사서 그림을 그렸습니다. 그리고 싶은 것이 무척 많았지요. 그의 붓과 손가락에선 끊임없이 그림이 나왔습니다.

조지는 그림 물감으로 처음 색을 칠한 그림을 어린 에밀리에게 선물했습니다.

"멋있군!"

그 그림을 보고 장군은 감탄했습니다. 다른 사람들도 마찬가지였지요. 소년이 상상한 그림들을 모든 사람들이 보게 되었습니다.

"조지는 천재야!"

사람들의 말을 듣고 흥분한 문지기의 아내가 지하실에서 말했습니다.

장군과 그의 아내는 신분이 높은 사람들이었습니다. 그들의 마차에는 문장(紋章)을 그린 두 개의 방패가 달려 있었는데, 하나는 장군의 문장이고 다른 하나는 마님의 문장이었지요.

마님이 가진 모든 물건에도 문장이 새겨져 있었습니다. 빨랫감에도, 잠잘 때 쓰는 모자에도, 잠옷에도. 그 문장은 그녀의 아버지가 값비싼 은화를 주고 만들었습니다. 그녀의 아버지는 문장을 가진 집안에 태어나지 못했거든요. 그녀도 마찬가지였지요. 그녀가 태어나고 7년이 흐른 뒤에야 그녀의 집안은 문장을 갖게 되었습니다.

장군의 문장은 크고 오래됐습니다. 그 문장을 가슴에 달면 몸이 휘청거릴 정도였지요. 거기다 마님의 문장까지 달아야 했습니다. 그녀가 화려하게 꾸미고 궁정 무도회에 갈 때면 옷에 단 문장이 너무 무거워 늘 휘청거렸습니다.

장군은 머리가 하얗게 세고 나이가 들었지만 말을 매우 잘 탔습니다. 말을 탄 모습은 참으로 늠름했으며 장군도 그 사실을 잘 알았습니다. 그는 날마다 적당한 간격을 두고 마부가 자신을 뒤따라오게 하면서 말을 타고 밖으로 나갔습니다.

장군은 다른 사람들과 함께 말을 탈 때면 꼭 그들을 이끄는 우두머리처럼 보였습니다. 훈장을 많이 달고 있었기 때문이죠. 마치 뽐내는 듯이 보여 그다지 좋은 모습은 아니었지만 그를 탓할 수만은 없습니다.

그는 젊을 때 군대에 들어 갔습니다. 그때는 아주 평화로운 시기였지요. 군대의 대규모 가을 기동 훈련에도 많이 참가했습니다. 그 시절 재미있는 일이 있었습니다.

부하 하사관이 한 왕자를 포위해 붙잡았다고 합니다. 이 왕자는 다른 병사들과 함께 포로가 되어 장군 뒤에 서서 도시로 들어가야만 했지요. 이 일은 장군이 여러 번 이야기할 만큼 잊을 수 없는 사건이었습니다.

그가 이 이야기를 할 때마다 꼭 빼놓지 않고 하는 말이 있습니다. 왕자에게서 빼앗았던 단검을 다시 건네주며 했던 말이지요.

"고귀한 당신을 포로로 붙잡은 것은 내 하사관이지 내가 아니라오!"

이 말에 왕자는 이렇게 대답했답니다.

"정말 훌륭한 분이시군요!"

장군은 실제로 전쟁에는 단 한 번도 나간 적이 없었습니다. 하지만 다른 나라로 진군할 때 외교적인 공로를 세웠습니다. 프랑스 어를 어찌나 잘했던지 모국어를 깜빡 잊어버릴 정도였으며, 춤을 잘 추고 말도 잘 탔지요. 그래서 그의 가슴에는 자꾸만 훈장이 늘어갔습니다. 아름다운 아가씨가 그의 앞에 나타나 아내가 된 그날까지.

그들 부부는 천사처럼 아주 귀엽고 사랑스러운 아이를 얻었습니다. 그리고 에밀리라는 이름을 지어 주었죠.

에밀리가 사물을 조금씩 분별하기 시작했을 때, 문지기의 아들은 에밀리 앞에서 춤을 추었고, 자기가 그린 그림들을 모두 주었습니다. 어린 에밀리는 그 그림들을 바라보며 즐거워했지만, 찢어 버리고 말았습니다. 에밀리는 기품 있으면서도 예뻤습니다.

장군의 아내는 에밀리에게 늘 이렇게 말했습니다.

"내 장미꽃! 넌 왕자님을 만나기 위해 태어났단다."

바로 그 왕자님이 벌써 문 밖에서 있었는데 사람들은 그걸 몰랐습니다. 인간들에게는 문지방 너머가 잘 보이지 않는 법입니다.

"그저께 우리 아들이 버터 빵을 에밀리 아가씨와 나눠 먹었다는군요. 치즈나 고기가 올려진 빵도 아니었는데, 아가씬 소고기를 먹듯이 맛있게 먹었다지 뭐예요. 장군님 부부기 그 모습을 보았다면 크게 혼났을 거예요. 다행히도 보지 못했지만요."

문지기의 아내가 말했습니다.

조지는 어린 에밀리와 버터 빵을 나누어 먹었습니다. 에밀리가 즐거워 하는 일이라면, 그는 자기 심장이라도 나눠 주었을 겁니다.

조지는 활발하고 영리하며 착한 청년이었습니다. 그림을 제대로 배우기 위해 야간 미술 학교에 다녔습니다.

어린 에밀리도 많은 것을 배웠습니다. 그녀는 프랑스 어를 말할 수 있게 되었으며, 무용도 열심히 배웠습니다.

"조지는 이번 부활절에 견진 성사를 받아야 해요."

문지기의 아내가 말했습니다. 조지가 벌써 그럴 나이가 된 것입니다.

"그러면 조지에게 견습 수업을 시켜야겠어. 좋은 직업이 꼭 필요하니 말이오. 그러려면 조지는 집을 떠나 뛰어난 기술자 밑에서 일을 배워야만 해."

"그렇더라도 잠은 집에서 자야 해요. 재워줄 방을 가지고 있는 기술자를 찾기란 어려워요. 우리 집엔 잠자리도 있잖아요. 옷도 마련해 줄 수 있고요. 게다가 음식 걱정도 없어요. 삶은 감자 몇 알만 있어도 조지는 행복해 할 거예요. 조지가 집에 머물면서 자기 길을 가게 해요. 당신도 알겠지만, 우린 그 애를 보면서 기쁨을 얻잖아요. 교수님도 그렇게 말했어요.”

어머니도 지지 않았습니다. 조지는 그들의 하나뿐인 귀여운 아들이었으니까요.

견진 성사 때 입을 옷이 모두 만들어졌습니다. 어머니가 손수 바느질했고, 마름질은 재단사가 했습니다. 재단사는 마름질을 썩 잘했습니다. 문지기의 아내는 생각했지요.

‘이 재단사가 좀 더 알려져서 작업장과 종업원을 거느린 훌륭한 궁정 재단사가 된다면 좋으련만.’

마침내 옷이 완성되었고 견진 성사를 받을 조지도 준비를 마쳤습니다.

견진 성사를 받던 날, 조지는 커다란 네덜란드 황동 시계를 후견인에게 선물받았습니다. 친척들 가운데 가장 부유했던 삼베 천을 파는 나이 든 상인이 그의 후견인이 되어 주었죠.

시계는 오랫동안 사용한 것이어서 늘 빨리 갔습니다. 늦게 가는 것보다는 나았지만요. 어쨌든 귀한 선물임에는 틀림없었습니다.

장군 부부가 모로코 가죽으로 만든 찬송가집을 보내왔습니다. 조지가 그림을 선물했던 작은 아가씨가 보낸 것이었습니다. 맨 첫 장엔 그와 그녀의 이름이 나란히 적혀 있었습니다. 그리고 ‘마음속 깊이 후원하는 후원자로부터’ 이렇게 씌어 있었습니다. 그건 아가씨가 마님이 불러준 것을 그대로 받아 적은 것이었죠. 장군도 그걸 읽어 보고 흐뭇해했답니다.

“주인님은 정말 고상하면서 친절도 하시지.”

문지기의 아내가 말했습니다. 그녀는 조지에게 견진 성사 옷을 입고 찬송가집을 들고 위층에 가서 감사 인사를 드리라고 말했습니다.

마님은 지루할 때면 언제나 심한 두통에 시달렸습니다. 조지가 인사하러 들어갔을 때도, 그녀는 머리가 아파서 담요로 몸을 감싸고 있습니다.

조지를 보자 아주 다정하게 인사했지만, 아픈 내색을 하지 않았습니다.

장군은 커다란 술이 달린 모자에 빨간 러시아 장화를 신고 잠옷을 입은 채 이리저리 돌아다녔습니다. 그는 생각에 깊이 잠겨 세 번이나 방 안을 왔다갔다

했습니다. 그러다 멈춰 서더니 이렇게 말하는 것이었습니다.

"조지도 이제 어엿한 기독교인이 되었군! 착하고 정직한 사람이 되어야 하네. 또 국가를 존중할 줄도 알아야 하고. 나중에 자네가 나이가 들면 내가 이런 말을 했다고 다른 사람들에게 자랑하게 될 것이네."

장군은 평소에 하던 연설보다 좀더 길게 말했습니다. 그러고는 다시 자기만의 생각에 빠져 들었습니다. 여느 때의 품위 있는 모습으로 되돌아간 것이죠.

그러나 조지가 위층에서 보고 들은 것들 가운데 가장 또렷하게 기억하는 것은 작은 에밀리 아가씨였습니다. 에밀리는 너무나 우아하고 부드러웠으며, 날렵하고 고왔습니다. 그녀를 화폭에 담는다면 비눗방울에나 그릴 수 있을 듯했습니다.

싱싱하게 피어난 한 떨기 장미꽃처럼 에밀리의 옷과 물결치는 금빛 머리칼에서는 좋은 향기가 났습니다. 언젠가 자신이 나누어 준 버터 빵을 아주 맛있게 먹으면서 두 입 먹을 때마다 조지에게 고개를 끄덕이던 에밀리의 모습이 머릿속에 떠올랐습니다.

에밀리는 그 일을 기억하고 있을까요? 꼭 기억하고 있을 것입니다. 그러니 아름다운 찬송가집을 선물했겠지요.

새해 첫날, 첫 초승달이 떠오르자 조지는 빵 한 덩어리와 1실링, 그리고 찬송가집을 들고 밖으로 나왔습니다. 그리곤 찬송가집을 펼쳐 어떤 노래가 나오는지 맞히는 놀이를 했습니다. 사람들은 찬송가집을 아무 생각 없이 펼쳤을 때 나오는 찬송가가 그 사람의 한 해 운을 말해준다고 믿었습니다. 하느님을 칭송하는 노래와 감사하는 노래가 나왔습니다.

그리고 에밀리 아가씨 운세는 어떨지 알아보려고 다시 책을 펼쳤습니다. 장례식에서 부르는 노래가 나오지 않도록 조심했습니다. 그런데 그만 죽음과 무덤 노래 사이를 펼치고 말았지요. 물론 이런 미신을 믿을 필요는 없습니다. 그러나 조지는 놀라지 않을 수 없었습니다. 얼마 지나지 않아 사랑스러운 아가씨가 정말로 병에 걸리고 말았던 것입니다. 날마다 의사의 마차가 집 앞에 오게 되었습니다.

"아가씨를 잃을지도 몰라! 아냐, 자비로우신 하느님은 누구를 데려가야 하는지 알고 계시겠지. 우리 아가씨를 데려가지는 않을 거야."

문지기 아내가 말했습니다.

많은 사람들이 걱정한 덕분인지 에밀리는 다행스럽게도 곧 다시 건강을 회복했습니다.

조지는 그림을 그려서 에밀리에게 보냈습니다. 모스크바에 있는 옛 크렘린 궁전이나 황제의 성을 진짜처럼 그렸지요. 탑과 둥근 지붕들은 마치 거대한 황금빛 오이처럼 보였습니다.

이 그림들은 에밀리를 아주 기쁘게 했습니다. 조지는 건물을 그린 그림들을 날마다 에밀리에게 보내 주었습니다. 에밀리는 방안에서 조그만 창문 밖 세상만 볼 수 있었지만, 조지의 그림들을 보면서 온갖 풍경들을 상상했습니다.

조지는 층마다 아름다운 음악 소리가 울리는 종이 달린 17층짜리 중국집, 가느다란 대리석 기둥과 그 주위에 계단이 있는 그리스 사원을 그렸습니다. 또 노르웨이의 교회도 그렸지요. 정교하게 다듬고 특이하게 짜 맞춘 둥근 기둥이 세워진 교회였는데 층들은 마치 요람처럼 보였습니다.

그러나 무엇보다도 아름다웠던 그림은 그가 '에밀리 아가씨의 성'이라고 이름 붙인 그림이었습니다. 에밀리가 성에서 사는 모습을 상상하며 그린 것이죠. 조지는 자신이 아는 건물들 가운데 가장 아름답다고 느낀 부분들을 모아 이 성에 그려 넣었습니다.

노르웨이 교회처럼 잘 다듬어진 둥근 기둥과 그리스 사원의 대리석 기둥, 그리고 층층마다 음악 소리가 아름답게 울리는 종이 달려 있었습니다. 게다가 맨 위에는 황제의 크렘린 궁전처럼 황금빛 둥근 지붕이 있었습니다. 정말 어린 아이들을 위한 성이었지요. 그리고 창문 아래에 방의 쓰임새를 적어 놓았습니다. '에밀리가 잠자는 방', '에밀리가 춤추는 홀', '에밀리가 손님들과 노는 곳'이렇게 말이죠. 그림을 구경한 사람들은 누구나 재미있어 했습니다. 장군 또한 감탄했답니다.

이 고장엔 장군보다 더 높은 귀족인 나이 든 백작이 살았습니다. 백작은 성과 넓은 영지를 가진 엄청난 부자였습니다. 그는 문지기의 아들이 상상으로 그렸다는 그림을 보고도 아무 말도 하지 않았습니다. 조지는 이제 더 이상 아이가 아니었고, 이미 견진 성사도 받은 어엿한 기독교인이었기 때문에 섣불리 그림을 평가하기가 조심스러웠습니다. 백작은 그 그림들을 이모저모 살펴보고는 곰곰이 생각에 잠겼습니다.

날씨가 무척 흐리고 비가 조금씩 내리던 어느 날이었습니다. 하늘은 어두웠지만 그날은 조지에게 가장 밝고 아름다운 날들 가운데 하나가 되었습니다. 미술 학교 교수님이 조지를 불렀습니다.

"조지야, 들어 보아라. 하느님이 네게 뛰어난 재능과 좋은 사람까지 보내 주셨구나. 바로 모퉁이에 살고 계신 백작님이지. 그분과 내가 너에 대해 이야기를 나눴단다. 나도 네가 그린 그림들을 보았지만 그 그림들 이야기는 지금 하지 않으마. 고칠 부분이 무척 많으니까! 그리고 이제부터 일주일에 두 번씩 학교에 나오너라. 어떻게 하면 그림을 더 잘 그릴 수 있는지 알게 될 거다. 너는 화가보다 건축가가 될 자질이 더 많은 것 같구나. 이 점을 깊이 생각해 보렴. 모퉁이에 살고 계신 백작님께 가보렴. 그분을 만나게 해 주신 하느님께도 감사드리도록 해라."

백작의 집은 모퉁이에 있었습니다. 창가에 코끼리와 혹이 하나인 낙타 조각상이 세워져 있었는데, 모두 옛날 것이었습니다. 그러나 백작은 현대적인 것을 더 좋아했습니다. 그래서 2층이나 지하실, 다락방 등, 어디서 나왔든 현대적인 것들을 좋아했습니다.

"사람은 지위가 높을수록 겸손한 것 같아요. 백작님은 친절한 데다가 우리와 같은 말투를 쓰세요. 장군님 부부는 그렇게 할 수 없어요. 어제 조지도 백작님의 환대에 감격한 나머지 완전히 넋을 잃었잖아요. 틀림없이 그 아이도 느꼈을 거예요. 오늘은 저도 그 고귀하신 분과 이야기를 나눴는데, 정말 감격했답니다. 조지를 견습공으로 보내지 않은 게 얼마나 다행이에요? 그 아이에겐 다른 자질이 있어요."

조지의 어머니가 감격해서 남편에게 말했습니다.

"하지만 다른 사람의 도움을 받아야만 하잖아."

조지의 아버지가 안타까워하며 말했습니다.

"그 아이는 이미 도움을 받았어요. 백작님이 단단히 약속해 주셨다고요."

"그래, 정말 고마운 일이야. 그렇지만 이런 행운의 시작은 장군님 부부 덕분이었어. 그분들에게도 감사드려야 해."

"물론 그렇지요. 하지만 그렇게 많이 감사할 필요는 없다고 생각해요. 전 자비로우신 하느님께 감사드릴 거예요. 또 에밀리 아가씨가 병이 나은 것에 대해서도 감사를 드리겠어요."

시간이 흘렀습니다. 조지는 학교에서 작은 은메달을 받았고, 그 다음해에는 더 큰 메달을 받을 수 있었습니다. 그러나 조지의 부모들은 마냥 기쁘지만은 않았습니다. 조지가 건축 공부를 하기 위해 로마로 가야 했기 때문이었지요.

"조지가 직공이 되기 위해 기술자 밑에 들어 갔다면 더 좋았을 것을! 그럼 우리는 그 아이를 떠나보내지 않았어도 될 텐데. 앞으로 우리 아이 혼자 로마에서 어떻게 살까요? 그 아이가 다시 돌아올 때까지 우리는 살아 있을까요? 어쩌면 고향에 돌아오지 않을지도 모르잖아요. 내 사랑하는 아들아!"

어머니는 마침내 울음을 터뜨렸습니다.

"하지만 그것은 그 아이에게 행운이고 명예인걸!"

아버지가 말했습니다.

"그래요, 저도 감사하고 있어요. 하지만 당신은 속마음과는 다르게 말하시는군요. 실은 당신도 저처럼 슬프시잖아요."

아버지가 슬픈 것도, 조지가 떠나야 하는 것도 모두 사실이었습니다. 그러나 다른 사람들은 조지가 행운을 잡았다며 몹시 부러워했습니다.

마침내 조지가 떠나는 날이 되었습니다. 장군님 가족과도 작별 인사를 나누었습니다. 그런데 마님이 보이지 않았습니다. 그녀는 심한 두통에 시달렸지요. 장군은 헤어지는 순간에도 포로로 잡은 왕자님과의 대화를 잊지 않고 들려주었답니다. 에밀리는 몹시 우울한 얼굴로 조지에게 손을 내밀었습니다. 하지만 누구보다도 우울한 사람은 조지 자신이었습니다.

사람들이 일을 하든 하지 않든, 시간은 흘러갑니다. 시간이 길다고 해서 무조건 좋은 것만은 아닙니다. 그러나 조지에게는 그 시간이 매우 유익했고, 전혀 길게 느껴지지도 않았습니다. 고향을 생각할 여유가 없을 만큼 말이죠.

조지가 고향을 잊고 공부에만 열중하는 동안 고향집 위층과 아래층 사람들에게 어떤 일이 있었을까요?

그들에 대해서는 걱정하지 않아도 됩니다. 어머니가 보낸 편지로 고향에서 일어난 소식을 모두 들었으니까요. 편지 한 장에 수많은 이야기를 담을 수 있습니다. 밝은 햇살과 어둡고 암울한 날들에 대해서도 말이죠.

조지가 로마에서 공부하는 동안 아버지는 돌아가셨고 어머니만 홀로 남았습니다. 그리고 에밀리는 천사처럼 어머니를 위로하러 찾아왔습니다. 그리고 어머니는 여전히 문지기 일을 하게 됐다고 덧붙였습니다.

마님은 일기를 썼습니다. 사교계에서 있었던 일들과 그녀가 참석했던 무도회, 그리고 그녀를 찾아왔던 수많은 방문객들에 대해 쓴 일기장이었습니다. 그 일기장은 외교관과 높은 귀족들의 명함으로 꾸며졌습니다. 그녀는 일기장을 매우 자랑스럽게 여겼습니다.

궁정 무도회가 점점 더 많이 열릴수록 마님의 일기장은 두터워졌고, 그럴수록 마님의 두통은 더욱 심해져 갔습니다.

에밀리가 처음으로 궁정 무도회에 가게 되었습니다. 에밀리의 어머니는 검정 레이스가 달린 장밋빛 드레스를 입었습니다. 스페인풍 의상으로 보였습니다. 에밀리는 하얀 드레스를 입었는데 무척 투명해 눈이 부실 지경이었습니다. 머리에 얹은 하얀 수련 화관 아래 물결치는 금발 사이로 초록빛 비단 리본이 갈대처럼 이리저리 나풀거렸습니다. 그녀의 두 눈은 파랗고 밝았으며, 입술은 가냘프고 붉었습니다. 마치 작은 인어 공주 같았지요. 우리가 상상할 수 있는 것보다 훨씬 아름다웠습니다.

왕자님 셋이 그녀와 번갈아 차례차례 춤을 추었습니다. 마님은 그 뒤 일주일이나 두통이 말끔히 가라앉았습니다.

에밀리는 무도회가 열릴 때마다 초대를 받았지만 자꾸만 열리는 무도회를 견디지 못했습니다. 그녀는 여름이 가져다주는 평화와 신선한 공기를 더 좋아했답니다.

그러던 어느 날, 에밀리네 가족은 백작 성에 초대를 받았습니다.

성에는 드넓은 정원이 있었는데, 볼거리가 참으로 많았습니다. 정원 한쪽은 옛날 그대로의 모습을 간직했습니다. 짙푸른 산나무가 비스듬한 울타리를 만들어 주어서, 마치 창이 나 있는 푸른 병풍 사이로 걸어가는 듯한 느낌을 주었답니다. 회양목과 주목들이 별과 피라미드 모양으로 늘어섰고, 조가비로 아름답게 꾸민 인공 동굴에서는 물이 뿜어져 나왔습니다. 그 둘레로 사람 얼굴 같기도 하고, 옷 모양 같기도 한 온갖 기이한 돌들이 가득 쌓여 있었습니다.

꽃밭들은 모두 저마다 나름대로의 특색이 있었습니다. 물고기나 방패 모양, 또는 알 수 없는 글씨처럼 보이는 프랑스식 정원이었지요.

이곳을 빠져 나가면 나무들이 울창하게 자라는 푸른 숲이 보였고, 거닐 수 있는 잔디밭도 있었습니다. 잔디는 고르게 잘 가꿔졌는데, 이것은 영국식 정원입니다. 백작이 말했습니다.

"이곳은 옛날과 현재가 한데 어울려 섞여 있지요. 이제 두 해만 지나면 이 성

은 완전한 모습을 갖추어 더 아름답고 멋있게 변할 테지요. 이곳을 그린 건축
가와 설계도를 여러분께 보여 드리겠습니다. 오늘 낮에 건축가가 여기로 온답
니다."

"훌륭하군요."

장군이 말했습니다.

"이곳은 마치 천국 같군요. 저곳은 기사의 성인가요?"

장군의 아내가 물었습니다.

"아닙니다. 그 성은 새들이 사는 곳입니다. 탑에는 비둘기, 2층에는 칠면조가
살지요. 엘제 할머니가 1층을 관리하는데, 곳곳에 알을 품고 있는 암탉들을 위
한 방과, 병아리와 암탉들이 함께 지내는 방이 있습니다. 오리들을 위해서 물가
로 이어지는 문도 만들어 놓았지요."

"참으로 멋있군요!"

장군은 감탄한 나머지 자꾸만 되풀이해서 말했습니다.

그들은 모두 이 멋진 곳을 구경하려 들어갔습니다. 나이 든 엘제 부인이 방
한가운데 서 있었고, 그 곁에는 건축가 조지가 앉아 있었습니다. 오랜만에 그
와 에밀리 아가씨가 새들의 성에서 다시 만나게 되었습니다. 참으로 꿈만 같은

문지기의 아들 1175

일이죠!

조지는 훌륭하게 변했습니다. 표정은 당당하고 확신에 차 있었으며 머리카락은 까맣게 빛났습니다. 입가엔 미소가 감돌았는데, 마치 에밀리에게 이런 말을 하는 것만 같았지요.

'그대를 속속들이 알고 있는 장난꾸러기 녀석이 여기 앉아 있소.'

엘제 부인은 귀한 손님들에게 경의를 표하기 위해 나무 신발을 벗고 양말을 신은 채 서 있었습니다. 닭들이 꼬꼬댁거리자 오리들은 마치 그에 대답이라도 하듯 꽥꽥거리며 뒤뚱뒤뚱 걸어다녔습니다.

어린 시절 친구였던 가냘프고 창백한 에밀리는 아름다운 뺨을 장밋빛으로 엷게 물들인 채 가만히 서 있었습니다. 두 눈을 커다랗게 뜨고 입술을 달싹거렸지만 단 한마디도 못했습니다.

조지가 에밀리에게서 받은 소리없는 인사는, 친척도 아니며 함께 춤을 춘 적도 없는 한 젊은이가 아름다운 아가씨에게서 바랄 수 있는 가장 축복받은 인사였습니다. 그래요, 그녀와 이 건축가는 이제껏 단 한 번도 함께 춤을 춘 적이 없었습니다.

백작이 조지와 악수를 나눈 뒤 그를 다른 사람들에게 소개했습니다.

"여러분, 이 청년이 낯설지는 않지요? 우리의 젊은 친구 조지입니다."

장군의 아내가 허리를 숙여 점잖게 인사했습니다. 에밀리는 악수를 하려 그에게 손을 내밀 뻔했지만 다시 거두어들였지요.

"오, 조지 군! 우리의 오랜 친구지. 아주 멋있어졌군!"

장군이 반갑게 말했습니다.

"당신은 이탈리아 사람이 다 되었네요. 이제 말도 그곳 사람들처럼 하시나요?"

마님이 말했습니다.

식탁에서 조지는 에밀리 오른쪽에 앉았습니다. 장군이 딸을 거기에 앉혔습니다. 백작은 마님을 자리로 안내했습니다. 조지는 여러 가지 이야기를 들려주었습니다. 말을 매우 잘했습니다. 백작도 여러 이야기를 하며 분위기를 이끌었지만 아무래도 조지가 식탁의 주인공이었지요. 백작은 그가 마음껏 말할 수 있도록 지켜보기만 했습니다. 에밀리는 아무 말 없이 앉아 있었지만, 그녀의 두 눈은 환히 빛났습니다.

식사를 마친 뒤 꽃들이 활짝 핀 베란다로 에밀리와 조지가 함께 나왔습니다. 장미꽃 울타리가 그들을 숨겨 주었습니다. 마침내 조지가 입을 열었습니다.

"제 어머니에게 베풀어 주신 친절에 감사드립니다. 전 알고 있습니다. 당신이 제 아버지가 눈을 감으시던 그날 밤 내내 어머니 곁에 있어 주었다는 것을. 정말 감사드립니다!"

그는 에밀리의 손에 입을 맞추었습니다. 그것이 조지가 할 수 있는 최선이었습니다. 그녀의 얼굴은 놀라서 붉게 물들었지만, 그의 손을 놓지 않았습니다. 그러고는 푸른 눈을 들어 그를 다정하게 바라보았습니다.

"당신의 어머니는 친절한 분이셨어요. 얼마나 아들을 사랑하셨는지 몰라요. 당신이 보낸 편지를 모두 읽어 주셨답니다. 그래서 전 당신이 잘 아는 사람처럼 느껴져요. 제가 어릴 때 무척 친절하게 대해 주셨지요. 아름다운 그림도 보내 주셨고요."

"하지만 당신은 그 그림들을 찢어 버렸잖아요."

"아니에요, 다 찢어버리지 않았어요. 지금도 저의 성을 그린 그림은 간직하고 있는 걸요."

"그렇다면 정말로 그 성을 지어야겠네요."

그의 마음이 따스해졌습니다.

방에서는 장군 부부가 조지에 대해 이야기를 나누고 있었습니다. 그가 사람들과 잘 어울리며, 예술과 지식을 훌륭하게 표현할 줄 안다는 이야기였습니다.

"그는 훌륭한 가정 교사가 될 수 있을 거야!"

장군이 말했습니다.

"재능도 있지요."

그러나 마님은 더 이상 아무 말 하지 않았습니다.

아름다운 여름이 되자 조지는 자주 백작의 성에 왔습니다. 어쩌다 그가 오지 않는 날이면 사람들이 그를 그리워했습니다.

"자비로우신 하느님이 당신한테 다른 사람들보다 얼마나 많은 재능을 주셨는지! 당신도 그렇게 생각하시죠?"

에밀리가 말했습니다.

조지는 아름다운 소녀가 자신을 존경의 눈빛으로 바라보는 것이 말할 수 없이 기뻤습니다. 그녀 또한 뛰어난 재능을 갖고 있을 거라 생각했지요.

장군은 차츰 더 확신하게 되었습니다. 조지가 문지기의 아들일 리가 없다는 것을 말이죠. 그래서 이런 푸념을 늘어놓았습니다.

"그의 어머니는 정말 착한 여자였지! 무덤 비석에 이 말을 새겨야 하는데 말이야……."

여름이 지나고 겨울이 왔습니다. 모든 사람들이 조지를 존경했습니다. 사람들은 어디서든 그를 반갑게 대했고, 상류 사회에서도 좋은 대접을 받았습니다. 장군도 궁정 무도회에서 그를 만날 수 있었습니다.

어느 날 장군 집에서 에밀리 아가씨를 위한 무도회가 열렸습니다. 조지도 초대받을 수 있을까요?

"왕에게도 초대를 받는 사람인데 마땅히 초대해야지."

장군이 말했습니다.

조지도 무도회에 초대를 받았습니다. 왕자들과 백작들도 왔습니다. 그들은 다른 사람들보다 춤을 아주 잘 추었습니다.

　에밀리는 딱 한 번만 춤을 추고 그 뒤로는 가만히 있었습니다. 실수로 발을 헛디뎌 그만 발목을 다쳤기 때문입니다. 크게 다치지는 않았지만 아팠기에 한 번밖에 추지 못하고 자리에 가만히 앉아서 다른 사람들이 춤 추는 모습을 바라만 보았지요. 그녀 곁에는 건축가 조지가 함께 앉아 있었습니다.

　"자네는 에밀리에게 성 베드로 성당을 통째로 선물할 건가?"

　그들 앞을 지나가던 장군이 따스한 미소를 지으며 말했습니다. 장군은 며칠 뒤 조지가 찾아 왔을 때도 마찬가지로 따스한 미소를 지으며 그를 반갑게 맞았습니다. 조지는 무도회에 초대해 준 것에 감사 인사를 드리기 위해 왔다고 말했습니다. 그가 달리 무슨 말을 할 수 있었겠습니까.

　그런데 정말 놀라운 일이 벌어졌습니다. 믿지 못할 일이! 조지가 어처구니없는 말을 했습니다.

장군은 제 두 귀를 믿을 수가 없었습니다. 조지가 상상도 못할 헛소리를 했기 때문입니다. 참으로 믿을 수 없는 일이었어요. 조지가 에밀리 아가씨에게 구혼을 한 것입니다!

"아니, 뭐라고!"

장군은 노여움에 얼굴이 붉으락푸르락해졌습니다.

"난 도무지 자네를 이해할 수 없네. 이게 무슨 말인 건가. 원하는 게 뭐야. 그래서 내 집에 발을 들여놓은 건가!"

장군은 말을 마치더니 침실로 들어가 문을 잠궈 버렸습니다. 조지를 거실에 홀로 남겨두고서 말이죠. 조지는 한참을 가만히 서 있다 몸을 돌렸습니다. 복도에는 에밀리가 서 있었지요.

"아버지가 뭐라고 말씀하셨나요?"

이렇게 묻는 그녀의 목소리는 가늘게 떨렸습니다. 조지는 그녀의 손을 잡았습니다.

"당신 아버지는 나를 피해서 방으로 들어가 버리셨어요. 그러나 너무 걱정하지 말아요. 반드시 좋은 때가 올테니까."

에밀리의 눈에선 눈물이 흘러내렸습니다. 하지만 젊은이의 두 눈은 자신감과 용기로 가득 차 있었습니다. 창문으로 들어온 햇살이 두 사람 위로 쏟아져 내려 그들을 축복해 주었습니다.

장군은 끓어오르는 화를 삭이려 자기 방에 가만히 앉아 있었습니다. 그러나 화는 점점 더 끓어올라 마침내 폭발하고 말았습니다.

"기가 막히는군! 문지기 아들놈이 단단히 미쳤어!"

마님은 남편의 입에서 그 이야기를 듣자 시간이 멈추는 것만 같은 충격을 받았습니다. 마님은 에밀리를 소리쳐 불렀습니다. 딸과 단둘이 이야기를 나누었지요.

"가엾은 내 딸, 그놈이 너를 모욕했어 우리 집안을 무시한 거야! 눈물까지 흘렸구나. 그래, 실컷 울어라. 넌 눈물을 흘리면 더 예뻐 보인단다. 꼭 결혼식 날 나를 닮았구나. 실컷 울고 훌훌 털어버리렴."

"네, 그럴 거예요. 엄마와 아빠가 우리의 결혼을 허락하지 않으시니까요."

에밀리가 말했습니다.

"아니, 애야. 너 어디 아프니? 그런 헛소리를 다 하는구나! 또 끔찍한 두통에 시달릴 것만 같아. 우리 집안에 이런 불행이 닥쳐오다니! 이 어미를 죽게 할 작정이니? 에밀리야. 넌 이 엄마가 없었으면 좋겠니?"

이렇게 말하는 마님의 두 눈은 눈물로 젖어들었습니다. 자신의 죽음까지 생각하니 참을 수 없었던 것입니다.

신문에 조지가 5등급 고문관 교수로 임명되었다는 기사가 실렸습니다.

"그의 부모가 모두 무덤에 묻혀 있어서 이 신문을 읽을 수 없다니 참 안됐어요."

장군 댁 지하실에 사는 새로운 문지기 부부가 말했습니다. 그들은 그 교수가 자신들이 사는 이 방에서 태어나고 자랐다는 것을 알고 있었습니다.

"이제 그도 높은 사람들만 내는 세금을 내야 하겠군."

남편이 말했습니다.

"그래요, 가난한 집 아이로 태어나 그런 대단한 자리에까지 올라가다니."

부인이 말했습니다.

"해마다 금화로 18달러나 내야 해! 엄청난 금액이지."

“아뇨, 전 돈이 아니라 높은 지위를 말하는 거예요. 이제 돈 걱정은 하지 않아도 되잖아요? 그보다 백배는 더 벌 수 있을 거예요. 게다가 부잣집 여자와 결혼도 할 수 있어요. 여보, 우리가 아이를 가지면, 그 아이도 교수나 건축가가 될 수 있겠지요.”

마을 사람들은 지하실에 살던 시절의 조지에 대해서도, 지금 2층에 살고 있는 조지에 대해서도 무척 좋게 말했습니다. 백작님이 그렇게 살 수 있도록 해 주었지요.

어린 시절의 그림이 이렇게 성공한 계기가 되었습니다. 그런데 어떻게 해서 이야기를 하게 된 걸까요? 그들은 러시아와 모스크바 이야기를 하다가 어린 조지가 에밀리 아가씨를 위해 그렸던 크렘린 궁전 그림 이야기를 했습니다.

조지는 수많은 그림을 그렸지만, 백작이 그 가운데 아직도 잊지 않고 기억하는 그림은 ‘에밀리 아가씨의 성’이라는 그림이었습니다. 그녀가 자고 춤추고 손님들과 놀 수 있도록 그려진 성이지요.

“건축가 교수는 아주 유능하신 분입니다. 그는 진정으로 사랑하는 여인에게 성을 지어 주고 난 뒤, 교수회 고문관으로 삶을 마치겠지요. 이것은 충분히 있을 수 있는 일입니다.”

백작이 말했습니다.

“참으로 기분 좋아 하시네요.”

백작이 떠나자 마님이 이렇게 말했습니다. 장군은 잠시 생각하다가 고개를 흔들더니, 말을 타고 떠났습니다. 알맞은 간격을 두고 마부도 함께 말을 타고 장군을 따라 갔습니다. 말을 탄 장군의 모습은 예전보다 더 당당해 보였습니다.

에밀리의 생일이 되었습니다. 많은 꽃과 책들, 편지와 명함들이 배달되었지요. 마님은 그녀의 입술에 입맞춤을 했고 장군은 이마에 입을 맞추었습니다. 사랑이 넘치는 부모님이었죠.

그리고 귀한 손님을 맞아들였습니다. 왕자님 두 분이었습니다. 손님들은 무도회와 연극, 외교적인 사명, 제국과 여러 나라의 통치에 대해 이야기를 나누었습니다. 그리고 이 나라의 유능한 사람들에 대해서도 이야기했습니다. 화제는 자연히 젊은 교수 건축가에게로 옮겨갔습니다.

“그 교수는 아주 오랜 세월 건물을 지을 거야!”

“그는 틀림없이 우리나라에서 가장 좋은 집안 따님과 맺어질 거야!”

사람들 사이에서 이런 이야기가 오고 갔습니다.

"우리나라에서 가장 좋은 집안이라고? 어떤 집안을 두고 하는 말이지?"

장군이 몹시 놀라며 말했습니다.

"누구를 이야기하는지 전 알아요. 하지만 차마 그걸 제 입으로 말하지 못하겠네요. 생각하기도 싫다고요. 물론 하느님의 뜻이겠지만 정말 놀랄 일이야!"

통명스런 마님의 대답을 듣고 장군은 고개를 갸웃거렸습니다.

"난 전혀 모르겠는걸."

그는 비록 수심에 찬 얼굴이긴 했지만 어떤 기대감에 빠져 있었습니다.

세상에는 저 위에서 오는 자비의 샘물처럼 왕실과 하느님의 은혜 속에서 나오는 힘이 있는 법입니다. 그건 말로 표현할 수 없는 힘이지요. 이 모든 은혜와 자비를 조지가 받게 되었습니다.

아, 참! 에밀리의 생일을 잊어버리고 있었군요.

에밀리의 방은 친구들이 가져온 꽃들이 내뿜는 향기로 가득했습니다. 탁자에는 인사차례와 기념으로 받은 멋진 선물들이 가득 있었고요. 하지만 단 한 가지 조지의 선물은 없었습니다. 그는 이 집에 들어와서는 안 되었으니까요. 하지만 꼭 선물을 할 필요는 없었답니다. 온 집안이 그를 기억하니까요.

계단 아래 놀이용 모래판에서도 추억의 꽃이 살며시 피어났습니다. 이곳에서 에밀리는 커튼에 불이 붙었을 때 맨 처음으로 소화기를 가져왔던 조지를 살며시 엿보았습니다.

창문과 아카시아 나무는 행복했던 어린 시절을 떠오르게 했습니다. 꽃잎과 나뭇잎들은 이미 떨어졌지만, 나뭇가지에는 마치 커다란 산호 가지처럼 하얀 얼음이 덮여 있었습니다. 달은 그 나뭇가지들 사이로 맑고 커다랗게 떠올랐습니다. 모든 것이 변한다 해도 그것만은 변함이 없었습니다. 조지가 에밀리 아가씨에게 버터 빵을 나누어 주던 그 옛날처럼.

에밀리는 책상 서랍에서 황제의 성과 자신의 성이 그려진 그림들을 꺼냈습니다. 조지가 그려준 그림이었습니다. 그 그림들을 가만히 바라보니 수많은 생각들이 그녀의 마음속에 떠올랐습니다. 어머니와 아버지가 눈치 채지 못하게 문지기 부인에게 내려갔던 그날이 떠올랐습니다.

조지의 어머니는 죽음을 맞이할 준비를 끝냈습니다. 에밀리가 곁에 앉아 손을 잡아 주자 그녀의 마지막 말이 가냘프게 들려왔습니다.

"조지가 부디 행복하기를…"

어머니는 마지막 순간까지도 아들을 생각했습니다. 에밀리는 그 말의 의미를 가만히 가슴속에 새겨 넣었습니다. 그런데 놀랄 만한 일이 일어났습니다.

조지가 에밀리의 생일에 찾아온 것입니다. 정말로 찾아왔습니다! 다음 날도 에밀리 집에는 사람들이 모였습니다. 이 집에 또 생일이 찾아왔으니까요. 바로 장군의 생일이었지요. 그는 딸의 생일보다 하루 늦게 태어났습니다. 물론 여러 해 전에 말입니다. 또다시 많은 선물들이 왔는데 그 가운데 잘 만들어진 화려한 안장이 있었습니다. 편안하고 값비싼 안장은 왕자님이나 가질 법한 것이었습니다. 누가 이 안장을 보냈을까요?

장군은 무척 황홀했습니다. 안장 안에는 작은 메모도 함께 있었습니다. 아마 '어제의 초대에 진심으로 감사드리며'이렇게 씌어 있었을지도 모르지요. 그렇다면 우리는 이 안장을 보낸 사람을 다른 사람으로 생각할 수도 있었을 것입니다. 그러나 메모에는 이렇게 씌어 있었습니다.

'장군님이 모르는 사람으로부터.'

"이 나라에 내가 모르는 사람이 있다니. 난 모든 사람을 알고 있다고."

그는 곰곰이 생각했습니다. 사교계 사람들을 하나하나 떠올려 보았지만 그가 모르는 이는 아무도 없었지요. 마침내 한 가지 생각에 이르렀습니다.

"옳지! 안장을 보낸 건 내 아내가 분명해. 나를 놀라게 해주려고 보낸 거지! 이런 장난꾸러기 같으니라고."

그러나 아내는 장난을 즐길 만한 나이가 아니었습니다. 그렇게 시간이 지나가 버렸습니다.

다시 축하 파티가 열렸습니다. 이번에는 장군의 집이 아닌 어느 왕자님의 성에서 열린 가장 무도회였습니다.

장군은 목에 짧은 주름이 달린 스페인 옷을 입고 긴 칼을 찬 멋있는 루벤스로, 마님은 목까지 높이 올라오는 검정 벨벳 드레스로 따뜻하게 차려 입은 루벤스 부인으로 변장하고 나타났습니다. 커다란 주름이 맷돌처럼 목에 매달린 부인의 의상은, 장군이 갖고 있는 네덜란드 그림을 그대로 흉내낸 것이었습니다. 특히 그림에 그려진 손가락이 놀랄 만큼 고왔는데, 마님의 손가락도 그림과 크게 다르지 않았습니다.

에밀리는 한창 피어나는 아름다운 여신 프시케 차림을 했습니다. 고요히 헤엄치는 한 마리 백조처럼 너무나 아름다웠지요. 날개는 달지 않았지만, 마치 프시케처럼 날개를 달고 있는 듯 보였습니다.

왕자님의 성은 빛나는 광채와 화려함, 찬란한 빛과 꽃들, 온갖 산해진미가 가득했습니다. 루벤스 부인의 아름다운 손가락은 눈에도 띄지 않을 정도로 볼거리도 아주 많았어요.

모자에 아카시아 꽃을 달고 검은 도미노(가장 무도회에서 입는 두건 달린 외투)를 입은 사람이 프시케와 춤을 추었습니다.

"저 사람은 누굴까요?"

장군부인이 물었습니다.

"악수를 했는데 저분은 틀림없이 국왕 폐하일 거야."

장군이 들떠서 말했습니다. 그러나 마님은 미심쩍어 했지요. 루벤스 장군은 아무런 의심 없이 검은 도미노에게 다가가서 그의 손바닥에 왕이라는 글자를 썼습니다. 하지만 그 사람은 왕이 아니었습니다. 어리둥절한 장군에게 그가 속삭였습니다.

"안장과 함께 보낸 메모를 보셨지요. 당신이 모르는 사람이라는 메모를요, 장군님."

"그렇다면 난 당신을 알아요. 당신은 왕자님 가운데 한 분임에 틀림없어요. 제게 안장을 보내셨잖아요."

장군이 말했습니다. 도미노를 입은 사람은 이만 물러 가겠다는 표시로 손을 살짝 들어 올리더니 사람들 사이로 홀연히 사라졌습니다.

"너와 함께 춤을 춘 저 검은 도미노를 입은 사람은 누구냐, 에밀리?"

장군 부인이 물었습니다.

"이름은 물어보지 못했어요."

에밀리가 대답했습니다.

"누군지 알고 있으니까 물어보지 않았겠지. 그는 교수야! 백작님, 당신이 사랑하는 제자가 여기에 있죠? 아카시아 꽃을 달고 검은 도미노를 입은 그 사람이죠?"

마님은 가까이 서 있던 백작에게 몸을 돌리며 물었습니다.

"그럴 수도 있겠지요, 부인. 하지만 왕자님 한 분도 같은 의상을 입으신 걸요."

백작이 미소지으며 말했습니다.

"나는 악수만 해봐도 누군지 딱 알아. 왕자님이 안장을 보내신 게 틀림없어! 그 분을 식사에 초대해야겠군."

"그렇게 하시지요. 왕자님이라면 꼭 오실 겁니다! 하지만 다른 사람이라면 오지 않겠지요."

백작이 웃으며 말했습니다. 장군은 왕과 이야기 나누는 검은 도미노 사내에게 다가갔습니다. 그러고는 그에게 서로를 알 수 있는 기회를 마련해 초대하고 싶다며 매우 공손하게 말했습니다. 장군은 자신이 초대하는 사람이 왕자라고 확신했기 때문에 미소를 지으며 큰 소리로 똑똑히 말했지요. 그러자 그 사람은 도미노 가면을 벗었습니다. 그는 바로 조지였지요.

"초대한다고 다시 한 번 말씀해 주시겠습니까, 장군님?"

장군의 몸이 뻣뻣해지더니 차렷 자세를 취했습니다. 그러고는 두 걸음 뒤로 물러났다 다시 한 걸음 앞으로 나왔습니다. 마치 미뉴에트 춤 스텝을 밟을 때처럼 말이지요. 장군의 얼굴은 엄숙해졌습니다. 그 품위 있던 장군의 얼굴에는 미묘하고 복잡한 표정이 떠올랐습니다.

"나는 한 번 내뱉은 말은 결코 번복하지 않습니다. 당신을 초대하겠소, 교수님."

이렇게 말한 장군은 이 모든 것을 지켜보던 왕을 힐끗 보고는 그에게 허리를 굽혀 인사를 했습니다.

이렇게 해서 조지는 장군 저택에서 점심 식사를 하게 되었습니다. 손님은 늙은 백작과 그의 아끼는 제자인 조지 두 사람뿐이었지요..

'식사 자리에 발을 들여놓았으니 이제 반쯤 성공한 거나 다름없어.'

조지는 이렇게 생각했습니다. 화려한 축제는 이제부터 시작입니다. 조지는 훌륭한 집안 출신처럼 이야기를 잘했습니다. 그것도 몹시 새미있게 말해서 장군은 그의 입버릇인 "정말 멋지군"을 자꾸만 말하며 감탄할 수밖에 없었지요. 마님은 이날 점심 식사에 대해 여러 사람에게 자랑을 늘어놓았습니다. 심지어는 성에 있는 사람에게까지도 이야기했지요. 그 말을 들은 성에서 일하는 사람이, 다음번에 교수가 오면 자신도 초대해 달라고 간절하게 부탁했기 때문에 조지는 다시 장군의 집에 초대되었습니다. 그가 오자 장군은 또 다시 "멋있어"를 자꾸만 말할 수 밖에 없었으며, 조지와 함께 장기까지 두었습니다.

"조지는 지하실 출신이 아니라 분명 뛰어난 집안의 아들일 거야. 지하실에서 태어난 게 그의 책임은 아니지."

교수는 이제 장군의 집에 언제든 올 수 있게 되었습니다. 장군 집에서는 그가 지하실에서 자라났다는 것에 대해 어느 누구도 따지려 하지 않았습니다. 마을사람들만 이 사실을 이러쿵저러쿵 떠들어댈 뿐이었죠.

조지는 마침내 높은 자리에까지 올라갔습니다. 자비의 이슬이 하늘 위에서 떨어졌던 것이지요! 마침내 조지 교수는 추밀원 고문관이 되었고 에밀리는 그의 부인이 되었습니다. 이는 전혀 놀라운 일이 아니었습니다.

"인생은 비극 아니면 희극이야. 비극 속에서는 둘 다 죽고, 희극 속에선 서로 결혼하게 돼."

이 말은 장군이 한 말입니다. 그의 말처럼 그들은 결혼했습니다. 그리고 튼튼한 아이 셋을 차례차례 얻게 되었답니다.

귀여운 아이들은 할아버지인 장군 집에 갈 때면, 방과 거실을 돌아다니며 목마를 타고 놀았습니다. 그러면 장군도 함께 목마를 탔지요. 손자들 뒤를 따라다니면서 말이에요.

"자, 꼬마 추밀원 고문관 기수가 나가신다!"

장군 부인은 소파에 앉아 그 모습을 바라보며 미소 지었습니다. 여전히 심한 두통에 시달리면서 말이죠.

여기까지가 조지가 들려준 이야기입니다. 여러분들이 이 이야기를 다른 이들에게 전하지 않는다면, 문지기 아들에 대한 이야기는 아무런 의미를 가지지 못할 것입니다.

128
이삿날
Flyttedagen

여러분은 아직 탑지기 올레를 기억하고 있나요?

언젠가 그에게 들었던 두 가지 이야기를 들려드린 적이 있지요. 오늘 말할 이야기는 바로 세 번째로 들은 것이랍니다. 하지만 이번이 마지막은 아닙니다.

새해 첫 날이 되면 나는 언제나 탑으로 올라갔습니다. 하지만 이번에는 이삿 날에 찾아갔습니다.

저 아래 도시의 거리는 몹시 지저분했습니다. 쓰레기와 유리 조각들, 그리고 잡동사니들이 잔뜩 쌓여 있었기 때문이지요. 짚으로 만든 다 낡아 빠진 침대도 있었는데 속을 헤집고 다닐 수 있을 만큼 움푹 패여 있었답니다.

그런 거리를 따라 내려가는데 버려진 통 속에서 두 아이들이 잠자기 놀이를 하는 게 보였습니다. 아이들은 잠자기 놀이에 필요한 것들을 쓰레기 더미에서 찾아냈습니다. 그리고 짚더미 속으로 기어들어가 낡은 커텐을 이불삼아 덮었습니다.

"정말 멋진데!"

아이들은 이렇게 말하며 즐거워했지요. 그렇지만 내겐 그 말이 터무니없게 느껴졌습니다. 그래서 서둘러 그 자리를 떠나 올레가 있는 탑으로 올라갔답니다.

"오늘은 이사 가기 좋은 날이야!"

올레가 말했습니다.

다음은 올레가 들려 준 이삿날 이야기입니다.

거리와 골목이 온통 쓰레기통이야. 아주 커다란 쓰레기통이 되어 버렸어! 쓰레기는 겨우 내 수레 하나를 가득 채웠는데 말이야. 성탄절 다음 날도 그랬어. 거리를 따라 아래쪽으로 내려갔지.

날이 축축하고 으스스해서 감기 걸리기에 딱 좋은 날씨였지. 청소부가 쓰레기로 가득 찬 수레를 끌고 가는 모습은 이사철 코펜하겐 거리에서 흔히 볼 수 있는 풍경이야. 그 수레에는 크리스마스 트리용 전나무도 실려 있었는데, 그때까지도 나뭇잎은 푸르고 가지마다 번쩍번쩍 빛나는 금박이 붙어 있었어. 거리에 버려져 있는 걸 청소부가 수레에다 실은 거지. 그 광경은 우스꽝스러우면서도 어쩐지 슬퍼보였지. 어떻게 생각하느냐에 따라 느낌이 달라지지. 난 수레 안에 뭐가 실려 있을까 생각해보았어. 거기엔 찢어진 숙녀용 장갑 한 짝이 있었지. 장갑이 무슨 생각을 하는지 내가 한번 말해 볼까? 장갑은 거기 누워서 작은 손가락으로 전나무 위를 가리키면서 이렇게 불평을 했겠지.

'이 나무를 보니까 왠지 서글퍼! 나도 한때는 반짝이는 샹들리에 불빛아래

열린 화려한 무도회에 참석했었는데! 내 삶은 무도회 밤을 위해 존재했어. 그런데 악수를 하다가 잘못해서 찢어지고 말았지! 그 뒤로 내 기억은 멈춰 버리고 말았어. 이제 내게 남은 건 아무것도 없어. 무엇을 위해서 살아가야 하지!'

장갑은 이렇게 생각했을 거야. 아니면 더 무엇을 생각하겠니.

도자기 조각들은 전나무가 멍청하다고 생각했어. 깨진 도자기 조각들은 언제나 모든 것이 멍청하다고 생각하지.

'쓰레기 수레에 실렸으면 금박으로 꾸미거나 자랑하면 안 돼. 우리는 세상에 도움이 되는 일을 할 거야. 예전에도 전나무보다 더 쓸모가 있었다고.'

여러 조각으로 쪼개진 도자기 조각들은 이렇게 말했어. 하지만 전나무는 참 보기 좋았지. 쓰레기더미 위에서도 한 편의 시 같았어. 이삿날 거리에는 이런 시들이 많아.

저 아래로 난 길은 무척 가팔라서 다니기 힘들어 보였어. 그래서 난 탑에 올라앉아 저 아래를 내려다보기로 했지.

착한 사람들이 '집 바꾸기'놀이를 하고 있었어. 자질구레한 일상 용품들을 끌어냈지. 집 요정도 통 속에 들어가 함께 이사를 갔어. 집안은 온통 시끌벅적 했어. 식구들이 소란스레 왔다갔다 했고, 걱정과 근심도 함께 옛 집에서 새 집 으로 옮겨 갔지. 그런 일을 해서 우리에게 득이 되는 건 뭘까? 아주 오래된 격 언에 이런 구절도 있지.

"죽음이라는 엄숙한 이삿날을 생각하라!"

이는 결코 가벼이 해서는 안될 생각이지만, 이런 말을 듣는 걸 불쾌하게 여 기지 않았으면 해. 죽음은 수많은 일을 하지만, 늘 가장 믿음직한 전령이지. 이 런 걸 한 번이라도 깊이 생각해 본 적 있니?

죽음은 버스 운전사이며 여권을 만드는 사람이라 우리들의 신분 증명서에 서명을 하지. 죽음은 삶이라는 커다란 은행의 지배인이야. 이걸 이해할 수 있 겠니? 이 땅위에서 한 크고 작은 모든 일들을 우리는 이 은행에 저금하는 거 야. 그래서 죽음이 이사 버스를 타고 오면, 우리는 그 버스에 올라타 영원의 나 라로 가야만 하는 거지.

죽음은 세상의 경계에서 우리에게 신분증명서를 주는데 그것은 국경선을 넘 는데 필요한 여권이지. 여행에 필요한 경비로 죽음은 은행에서 이런 저런 행위 들을 꺼내 가는데, 그건 바로 우리가 지난날 했던 모든 일들이란다. 은행에는 살아서 한 활동과 행위들이 낱낱이 적혀 있거든. 그건 기쁘기도 하지만 끔찍 할 수도 있지.

어느 누구도 이 버스 여행에서 벗어나지 못한단다. 오직 한 사람 구두장이 유대인 말고는 말이야. 그는 버스 뒤를 따라 달려가야만 했지. 만일 버스에 함 께 탈 수 있었다면, 그토록 시인들에게 놀림거리가 되지는 않았을 텐데 말이야.

자, 상상의 날개를 펴고 이 큰 이사 버스를 잘 살펴보렴! 버스 안에는 여러 사람들이 보이지. 한쪽에는 왕과 거지들이 나란히 있고, 다른 한편에는 천재 와 바보들이 나란히 앉아 있어. 그들 모두 떠나야 하는 거야. 돈이나 재산도 없 이, 오직 신분증명서와 은행에서 꺼낸 여비만 가지고 말야.

우리는 은행에서 어떤 것들을 꺼내서 여비로 가지고 가게 될까? 완두콩만큼 이나 아주 작을 수도 있어. 물론 그 완두콩은 언젠가 싹을 틔어 꽃을 피울 수 도 있지만.

매맞고 욕을 먹으며 구석진 낮은 의자에 앉아 있던 불쌍한 시골뜨기는 신분 증명서와 여비로 낡아빠진 의자를 받은 모양이군. 하지만 이 낡아빠진 의자는

영원의 나라에서는 가마가 되어 황금옥좌에 오르게 될거야. 아늑한 정자처럼 푸르른 나무들이 우거지고, 금처럼 찬란하게 빛나게 될 거야.

이 세상에서 자신이 저지른 실수를 잊어버리려 쾌락이라는 향기로운 술을 늘 마셨던 사람은 버스 여행을 하는 동안 남김없이 마셔야만 하는 술이 담긴 작은 나무통을 받게 되지. 이 술은 아무것도 섞이지 않은 깨끗한 술이라 마시면 생각이 맑아지고 착해지며, 숭고한 감정들이 되살아나게 되지. 그래서 그 사람은 전에는 보이지 않았고 볼 수도 없었던 것을 보고 느끼게 되어 영원히 죽지 않는 양심의 가책이란 벌을 받게 되는 거야. 술잔에는 '망각'이라는 말이, 작은 나무통엔 '기억'이라는 말이 씌어 있어.

올바른 역사책을 읽으면, 나는 책 속에 나온 인물들이 죽음의 버스에 올라타는 모습을 눈을 감고 그려볼 수 있어. 그리고 깊이 생각해 보게 되겠지. 죽음이 은행에서 그들을 위해 어떤 행위들을 꺼낼지, 또 영원의 나라에 얼만큼의 여비를 갖고 갔는지 말야.

옛날 프랑스에 어떤 왕이 있었어. 이름은 잊어버렸어. 좋은 사람의 이름은 때때로 잊히기 마련이잖아. 하지만 그 왕의 모습은 오늘도 또렷하게 떠올라.

그는 기근 때문에 굶주림에 시달리던 백성들의 은인이었어. 그래서 백성들은 하얀 눈으로 기념비를 세우고 비문을 새겼단다. 비문엔 "당신은 이 눈이 녹는 것보다 더 빠르게 우리에게 도움을 주었습니다!"적혀 있었지. 죽음이 이 기념비를 보면 왕에게 영원히 녹지 않는 한 떨기의 눈송이를 주리라고 생각했어. 그 눈송이는 머리위에서 하얀 나비가 되어 그를 데리고 영원의 나라로 날아가겠지.

루이 11세라는 왕도 있었어. 그의 이름은 기억하고 있지. 나쁜 사람 이름은 언제나 쉽게 떠오르거든. 내 머릿속엔 그가 한 행동이 곧잘 떠오르는데, 이 이야기는 차라리 거짓이었으면 좋겠어.

루이 11세는 육군 총사령관을 처형했어. 정당한 이유가 있든 없든 그렇게 할 수 있는 사람이었거든. 그런데 더 지독한 짓은, 사령관의 죄 없는 여덟 살과 일곱 살짜리 두 아이들을 단두대에 세워서 아버지의 따뜻한 핏방울이 그들에게 튀도록 했던 거야. 그리고 그 아이들을 바스티유 감옥으로 보내 쇠창살 안에 가두었지. 그들은 감옥에서 덮고 잘 담요 한 장도 받지 못했어. 그것도 모자라 왕은 일주일마다 형리를 보내 형제의 이를 하나씩 뽑게 했어. 그들이 편안하게 지내지 못하도록 말이야. 참다못해 형이 말했어.

"어린 내 동생이 이토록 고통스러워 한다는 걸 어머니가 아시면 마음이 아파서 돌아가시고 말 거예요. 차라리 제 이를 두 개 뽑고 동생 이는 뽑지 마세요!"

이 말을 들은 형리의 눈에선 눈물이 흘러내렸지만, 왕의 뜻이 눈물보다 더 강했어. 일주일마다 아이들의 이 두 개를 얹은 은쟁반이 왕에게 바쳐졌지. 왕이 그렇게 하도록 명령했던 거야.

죽음은 국왕 루이 11세가 죽음의 나라로 여행을 떠날 때, 삶이라는 은행에서 아이들의 이를 두 개 꺼내 그에게 줄 거야. 죄 없는 아이들의 이는 빛나는 반딧불처럼 반짝이며 왕 앞을 날아다닐 거야. 그리고 그 순진무구한 아이들의 이가 불처럼 활활 타오르며 왕을 꼬집겠지.

그래, 큰 규모의 이삿날 버스 여행은 참으로 진지해. 그런데 이런 이삿날은 언제 올까? 사람들이 날마다 매 시간 초마다 이 버스를 기다린다는 것 또한 진지하게 생각해봐야 할 일이야. 그때가 오면 죽음은 은행에서 어떤 행위를 꺼내 우리에게 여비로 주게 될까?

그걸 한번 생각해 보렴. 달력에는 이삿날이 표시되어 있지 않지만 말이야.

129

눈풀꽃

Sommergjækken

겨울이었습니다. 바람은 차갑고 매섭게 불었지만 집안은 따뜻하고 아늑했습니다. 꽃들은 눈 덮힌 땅 속 알뿌리 속에 누워 있었지요.

비가 내리던 어느 날이었습니다. 빗방울들은 쌓인 눈을 뚫고 땅 속으로 스며들어 꽃뿌리를 건드리며 빛나는 땅 위 세상 이야기를 해 주었습니다. 곧 햇살도 가느다랗게 눈을 뚫고 내려와 꽃뿌리를 살포시 찔렀습니다.

"들어와."

꽃이 말했습니다.

"난 아직 들어갈 수 없어! 너를 피어나게 할 만한 힘이 없어. 난 여름이 되어야 훨씬 강해진단다."

햇살이 말했습니다.

"언제 여름이 오는데?"

꽃이 물었습니다.

새로운 햇살이 내려올 때마다 꽃은 늘 똑같은 질문을 했습니다. 그러나 여름이 오려면 아직 멀었습니다. 두텁게 쌓인 눈은 녹지 않았고 밤이면 물이 꽁꽁 얼었으니까요.

"얼마나 더 기다려야 하지? 얼마나! 온몸이 근질근질해. 시원하게 기지개를 켜고 싶어. 쭉 뻗고 활짝 피어나야 해. 그리고 밖으로 나가서 여름에게 아침 인사를 하고 싶어. 그렇게만 된다면 얼마나 행복할까?"

꽃은 기지개를 켜며 얇은 껍질 속에서 몸을 쭉 폈습니다. 밖에서 물이 껍질을 적셔 부드럽게 만들었습니다. 껍질을 눈과 흙이 따뜻하게 해 주었습니다. 햇살이 조금씩 스며듭니다.

꽃은 눈 밑에서 초록 줄기 끝에 연두색 봉우리를 내밀었습니다. 가늘고 두꺼운 잎사귀들이 봉오리를 감싸고 있었습니다. 눈은 아직 차가웠지만 햇살이 스며들어 뚫고 들어가기 쉬웠습니다. 꽃은 햇살의 힘이 예전보다 더 강해졌음을 느꼈습니다.

"어서와, 어서, 와!"

햇살은 꽃을 소리쳐 불렀습니다.

꽃은 그 말을 듣고 눈 밖 환한 세상으로 몸을 내밀기 시작했습니다. 눈처럼 하얀 꽃이 초록빛 줄기로 몸치장을 했습니다. 활짝 피어나도록 햇살이 쓰다듬고 입을 맞추자 꽃은 기뻐서 겸손한 마음으로 머리를 숙이며 인사했습니다.

꽃을 보자 햇살이 이렇게 말했습니다.

"정말 아름다워. 너는 참으로 싱싱하고 부드러워서 눈이 부시구나. 우리의 자랑이기도 하지. 이제 너는 시골과 도시에 찬란한 여름이 시작됐음을 일러주게 될 거야. 눈은 모두 녹고 차가운 바람도 곧 사라져 버리겠지. 그러면 우리가 지배하는 초록빛 세상이 될 거야. 그리고 라일락과 금사슬나무, 장미꽃 같은 친구들을 사귀게 되겠지. 하지만 그 무엇보다도 네가 가장 처음 핀 꽃이란다!"

이는 참으로 크나큰 기쁨이었습니다. 바람은 마치 종소리를 울리듯 노래하고, 햇살들은 꽃잎과 꽃대 속으로 밀려들어왔습니다. 꽃은 부서질 듯 연약하고 가냘펐지만, 젊음의 눈부신 아름다움으로 아주 밝고 힘차게 빛났습니다.

이제 꽃은 초록빛 줄무늬가 있는 하얀 옷을 입고 서서 여름을 찬미했습니다. 그러나 아직 여름이 오려면 멀었지요. 구름은 태양을 가리고, 바람은 매섭게 불었습니다.

꽃의 모습을 보던 바람과 번개가 말했습니다.

"넌 너무 일찍 나왔어. 우리에겐 아직 힘이 있는걸. 너도 그걸 느낄 거야. 그러니 우리를 따르렴. 예뻐지고 싶다면 벌써부터 밖에 나오지 말고 집에 얌전하게 있는 게 좋아. 아직 때가 오지 않았거든."

살을 에는 듯 너무도 추웠습니다. 그렇게 여러 날이 지나갔지만 여름은 아직 오지 않았습니다. 이런 작은 꽃에게는 꽁꽁 얼어 버릴 듯이 추운 날씨였지요. 그렇지만 꽃은 자신이 아는 것보다 더 많은 힘을 지니고 있었습니다. 언젠가 올 여름을 기다리는 기쁨과 믿음이 있었기 때문입니다.

오랜 기다림 속에서 여름은 반드시 꽃에게 찾아올 겁니다. 따스한 햇살은 그 사실을 확신하게 해 주었습니다. 그래서 꽃은 굳은 믿음으로 하얀 눈 속에서 초록 옷을 입은 채 서 있었답니다. 눈송이들이 하늘을 가리며 떨어지고, 살얼음 같은 바람이 몰아칠 때면 가만히 머리를 숙였습니다.

"넌 꺾여버리고 말 거야. 그리고 시들어서 꽁꽁 얼겠지! 왜 밖으로 나온 거야? 누구의 유혹에 빠진 거니? 햇살이 널 바보로 만들었구나! 그래 넌 속은

거라고. 여름을 너무 좋아하는 이 여름 바보야!"*1

그들은 매몰차게 꽃을 몰아세웠습니다.

"여름 바보라고!"

쌀쌀한 아침녘에 꽃은 이 말을 중얼거렸습니다.

"와, 여름 바보다! 정말 아름답고 사랑스러운 꽃이네. 가장 처음 피어난 한 송이 꽃이야!"

정원에 나온 아이들이 기쁜 목소리로 말했습니다. 이 말을 들은 꽃은 행복했습니다. 눈부신 햇살이 던진 말처럼 따뜻했습니다. 꽃은 무척 기뻐서 자신이 꺾이는 것도 몰랐습니다.

한 아이가 꽃을 꺾어 살포시 손에 쥐고 입맞춤을 했습니다. 그러고는 따뜻한 방으로 가져가 부드러운 눈길로 바라보며 꽃병에 꽂았습니다. 꽃은 모든 사람들에게 힘과 기쁨을 주게 되었지요.

꽃은 갑자기 자기가 여름 속으로 들어왔다고 느꼈습니다. 이 집의 딸은 막 견진 성사를 받은 사랑스러운 소녀였습니다. 그 소녀는 좋아하는 소년이 있었는데, 그 소년은 소녀처럼 견진 성사를 받고 벌써 일을 배우고 있었습니다.

"그 아이는 내 눈풀꽃이 될 거야."

───────────

*1 눈풀꽃은 덴마크 어로 '여름바보'라는 뜻임.

소녀가 말했습니다. 소녀는 고운 꽃을 집어들고 향내 나는 종이에 올려놓았습니다. 종이에는 꽃을 노래하는 시가 쓰여 있었습니다. 눈풀꽃으로 시작되고 눈풀꽃으로 끝나는 시였습니다. 맨 끝엔 이렇게 씌어 있었지요.

"나의 벗, 여름 바보여!"

소녀는 그 소년을 여름이라 불렀습니다.

시는 고이 접어 봉투에 넣었습니다. 그 안에는 꽃이 들어 있었지요. 꽃은 주변이 캄캄해짐을 느꼈습니다. 마치 뿌리 속에 있을 때처럼요.

이제 꽃은 우편가방 속에 들어가 납작하게 눌린 채 여행을 떠나게 되었습니다. 그건 정말이지 불편했지만 여행은 그리 길지 않았습니다.

소녀가 좋아하는 소년이 드디어 편지를 뜯어서 읽었습니다. 소년은 몹시 기뻐하며 꽃에게 입맞춤을 해 주었지요. 그런 다음 소년은 꽃을 시와 함께 책상 서랍 안에 넣어두었습니다. 서랍 안에는 아름다운 편지들이 많았지만 꽃이 담긴 편지는 없었지요. 햇살이 꽃에게 말했던 것처럼 그 꽃은 하나밖에 없는 처음의 꽃이었습니다. 이런 생각을 하자 기분이 좋아졌습니다.

꽃은 오래도록 그 사실을 잊지 않았습니다. 여름이 지나가고, 기나긴 겨울이 가고 다시 여름이 올 때까지. 그리고 다시 세상 밖으로 나왔습니다.

어느 날, 소년이 몹시 기분이 상해 편지를 거칠게 움켜쥐더니 마구 구겨서 내던져버렸습니다. 그 바람에, 꽃도 마룻바닥에 떨어지고 툭 말았습니다.

이제 꽃은 납작하게 말라 버렸습니다. 그렇다고 마룻바닥에 내동댕이칠 필요는 없었을 텐데 말입니다. 그래도 꽃은 불 속에 있는 것보다는 한결 낫다고 생각했습니다. 시가 적힌 편지는 모두 불에 타 버렸거든요.

무슨 일이 있었던 것일까요?

사람들은 이런 일이 자주 일어난다며 소년을 위로했습니다. 소녀는 소년을 속였습니다. 아름다운 여름 날, 소녀는 다른 남자 친구를 사귀었지요. 아침 햇살이 납작하게 눌려 버린 이 작은 눈풀꽃 위로 떨어져 내렸습니다. 꽃은 마치 마룻바닥에 그려놓은 그림처럼 보였습니다. 그때 방을 청소하던 아가씨가 꽃을 집어서 책상 위에 있는 책 사이에 끼워 넣었습니다. 청소하다 밖으로 쓸려 나갈까 봐 그런 것이지요.

꽃은 다시 시들 사이에 끼어 있게 되었습니다. 이번엔 편지 속의 시가 아니라 책 속의 시들이었지요. 이 시들은 소녀가 쓴 시보다 훨씬 뛰어나고 좀더 가

치 있는 시였습니다.

몇 해가 흘렀지만, 책은 여전히 책장에 꽂혀 있었습니다.

그러던 어느 날이었습니다. 누군가가 와서 책장에서 책을 꺼내 읽었습니다. 참 좋은 책이었으니까요. 덴마크 시인 암브로시우스 스룹이 쓴 시와 노래들이 적힌 책이었습니다. 이 시인은 알려질 가치가 충분한 사람이었지요.

책을 읽던 사람이 한 페이지를 넘겼습니다. 바로 그때였습니다.

"아, 여기 꽃이 있네! 눈풀꽃이구나. 가련한 암브로시우스 스룹, 이 시인도 여름 바보였지. 시대를 잘못 타고 태어나 눈과 매서운 바람을 맞고, 대지주가 아닌 다른 사람으로 살아갈 수밖에 없었지. 마치 꽃병 속 꽃처럼, 각운이 맞는 시가 적힌 편지 속 꽃처럼 계절을 잘못 알고 나왔지. 하지만 덴마크의 이 젊은 시인은 그 무렵 처음이자 하나뿐인 시인이었어. 그렇구나, 넌 마치 그의 상징처럼 책 속에 놓여 있구나, 작은 여름 바보야."

눈풀꽃은 다시 책 속에 끼워졌습니다. 꽃은 자기가 존경받고 있으며, 사람들에게 기쁨을 준다고 여겼습니다. 자신이 이 시집 속 소중한 상징이라는 걸 알았으니까요. 그리고 자신을 맨 처음으로 노래한 시인도 꼭 자기처럼 여름 바보였음을 알게 됐습니다. 꽃은 이 모든 것을 자신의 방식으로 이해했습니다. 우리가 모든 사물을 우리의 방식으로 이해하듯이 말이에요. 이것이 바로 눈풀꽃, 여름 바보꽃에 대한 이야기입니다.

130
숙모님
Moster

만일 여러분이 저의 숙모를 안다면 무척 재미있을 거예요. 숙모는 아주 매력적인 분이거든요. 아, 이 말은 사람들이 으레 알고 있듯이 단지 얼굴이 예쁘다는 뜻이 아니에요. 숙모는 친절하고 유쾌하며 자기 방식대로 사는 분이었습니다. 그래서 사람들은 그녀에 대한 이야기를 많이 했지요. 누군가를 웃음거리나 화제의 대상으로 삼고자 할 때면, 언제나 그녀를 도마 위에 올렸답니다. 숙모는 한 편의 희극 속에나 나올 법한 그런 분이었기 때문이지요.

숙모는 오로지 연극만을 사랑하고 연극을 위해 살았습니다. 참으로 존경할 만한 분이셨지요. 그렇지만 숙모가 프랍스라 불렀던 아겐트 팝스는 그녀가 연극에 미쳤다고 생각했습니다.

숙모는 늘 이렇게 말했습니다.

"연극은 나의 학교야. 그리고 내 지식의 근원이기도 하지. 모세, 요셉과 그의 형제들 등 성경 속 이야기들이 연극으로 다시 태어났어. 이 이야기들은 곧 오페라로 만들어질 거야. 난 연극에서 세계의 역사, 지리와 인간에 대해 배웠지. 프랑스 연극을 보며 파리에서의 삶을 알게 되었어. 그곳에서의 삶은 외설스럽지만 정말 흥미로워. 〈리크베보르크 집안〉을 보고 얼마나 울었던지. 거기에 나오는 남자 주인공은 자신의 부인이 젊은 연인과 맺어질 수 있도록 죽을만큼 술을 많이 마셨지. 아, 극장에 다닌 50년 동안 얼마나 많은 눈물을 흘렸는지 몰라."

숙모는 어떤 연극이라도 작품 속에 등장하는 무대 장치와 배우들을 모두 알았습니다. 엄밀히 말하자면, 그녀는 연극이 상연되는 아홉 달 동안만 살아 있다고 할 수 있지요.

연극 공연이 없는 여름날은 숙모를 늙게 만드는 시간이었고 연극이 길어져 한밤까지 상연되는 날이면 숙모의 삶 또한 길어졌습니다.

숙모는 다른 사람들처럼, "이제 봄이 오네요. 황새가 왔어요!" 라든가 "첫 딸기가 나왔다고 신문에 났어요" 이렇게 계절을 말하지는 않았습니다. 대신 가을이 다가오는 것을 사람들에게 알릴 때 이렇게 말했습니다.

"극장 관람석 예약을 받는다는 기사 읽으셨어요? 이제 곧 공연이 시작되겠군요."

숙모는 집의 가치를 얼마나 극장 가까이에 있느냐에 따라 평가했습니다. 그런데 그녀에게 큰 걱정거리가 생겼습니다. 극장 뒤의 작은 골목을 떠나 조금 멀리 떨어진 큰 거리 집으로 이사를 가야만 했기 때문이죠. 그곳에는 극장이 없었습니다.

"우리 집은 창문이 극장 관람석이 되어야 해. 집 안에 가만히 앉아서 자기 자신에게만 몰두할 수는 없는 노릇이거든. 무릇 사람이란 다른 이들을 구경해야지. 하지만 지금 내 신세는 시골로 쫓겨난 것만 같아. 사람들을 보려면 부엌으로 가서 개수대 위에 앉아야만 하니까. 거기에서만 겨우 다른 집들이 보이니 말야. 작은 골목에 살 때는 바로 철물상 안까지 들여다볼 수 있었는데. 게다가 극장까진 고작 300걸음이면 갈 수 있었고. 그런데 지금은 근위병처럼 3000걸음을 가더라도 모자란단 말야."

이따금 숙모도 아플 때가 있습니다. 하지만 아무리 몸이 아파도 그녀는 모든 연극을 빠뜨리지 않고 보았습니다.

한 번은 의사가 밤에 겨를 넣은 물에 발을 담그고 있으라는 처방을 내린 적이 있었습니다. 그러자 숙모는 극장에 가서도 그렇게 발을 담근 채 연극을 봤지요. 만일 그때 숙모가 극장에서 죽었다면 그녀는 무척 기뻐했을 겁니다. 토어벨슨이 극장에서 죽었을 때, 그의 죽음을 '복된 죽음'이라고 말했을 정도니까요.

더욱이 숙모는 극장이 없는 천국은 상상도 할 수 없다고 했습니다. 보통 사람들은 그런 상상을 하지 않지요. 물론 우리보다 먼저 죽은 수많은 뛰어난 남녀 배우들이 활동할 곳은 필요하겠지만요.

숙모는 극장에서 방까지 이어진 연락망을 가지고 있었습니다. 이 전화선은 일요일 아침이면 어김없이 커피를 마시러 숙모 집에 찾아왔습니다. 그녀의 연락망이란 다름 아닌 연극 무대 장치가 시버스텐 씨였습니다. 그는 연극의 막을 올리고 내리게 하거나, 무대 세트가 나왔다 들어갔다 하는 신호를 보내주는 사람이었습니다.

숙모는 그에게서 미리 연극 작품에 대해 짤막하지만 정확한 설명을 듣곤 했습니다. 그는 셰익스피어의 〈폭풍〉을 이렇게 말했습니다.

"이 작품은 많은 무대 장치가 필요해요. 시작부터 물이 쓰인답니다."

이 말은 무대 앞으로 물결치는 파도 장면이 나온다는 뜻이었습니다. 반대로 5막 전부가 똑같은 무대 장치를 쓰고 소품이 전혀 필요없는 작품이 합리적이고 잘 쓰여진 훌륭한 작품이라 했습니다.

예전에, 숙모는 30년 전을 예전이라 말하는데 그때는 숙모도 시버스텐 씨도 아주 젊었습니다. 그 시절에도 서버스텐은 무대장치 일을 했고, 숙모의 말처럼 그녀의 '은인'이었습니다. 저녁 공연 때면 관객들은 도시에서 하나뿐인 대극장으로 몰려들었습니다. 몇몇 고귀한 사람들은 무대 맨 꼭대기 층(무대 천장에 배경을 거는 곳)에서 관람을 할 수 있었지요. 그러나 무대 장치 보조원들이라면 누구나 그 좌석을 히니둘쯤 예약할 수 있었습니다.

이 특별석은 아주 멋진 사람들로 가득찼습니다. 사람들은 장군 부인들과 추밀원 고문관 부인들이 왔다고들 수군거렸지요. 연극이 끝나고 무대 장치 뒤에서 아래를 내려다보며 이곳을 떠나는 사람들이나 아직도 서있는 사람들의 모습을 지켜보는 일은 정말 재미있었습니다.

숙모도 여러 번 그곳에 갔습니다. 슬픈 연극을 공연할 때나 발레를 공연할 때도, 가장 재미있는 작품들은 이 무대 맨 꼭대기 층에서 구경했답니다. 작품들에는 극단의 많은 사람들이 출연했습니다.

무대 맨 꼭대기 층은 위에 있고 무척 어두웠기 때문에 많은 사람들은 미리 저녁 식사를 챙겨 가지고 갔습니다.

한 번은 사과 세 개와 소시지가 담긴 버터 빵이 위에서 '우골리노'가 간힌 감옥으로 떨어졌는데, 이 불쌍한 우골리노는 굶어 죽어야 하는 역할이었기에 관객석에서는 한바탕 폭소가 터졌지요. 이 소시지 사건은 극장의 고위 간부들이 무대 맨 꼭대기 층을 폐쇄하는 결정적인 계기가 되었습니다.

"하지만 난 그 맨 꼭대기 층에서 서른일곱 번이나 공연을 봤어. 그래서 시버스텐 씨의 은혜를 결코 잊지 못한단다."

숙모는 그 일을 이야기할 때면 언제나 자랑스러워했습니다.

무대 맨 꼭대기 층이 관객에게 열린 마지막 저녁 공연은, 바로 〈솔로몬의 재판〉이었습니다. 숙모는 이 공연을 아직도 생생하게 기억한답니다. 숙모가 그녀의 은인 시버스텐 씨를 통해 아겐트 팝스에게 입장권을 마련해 주었으니까요. 팝스는 끊임없이 연극을 깔봤기 때문에 그걸 받을 자격은 없었지만 숙모는 그가 맨 꼭대기 층에 들어갈 수 있게 해 주었습니다. 이 희곡 작품을 한 번만이라도 보고 싶다는 말을 듣고, 숙모는 팝스다운 말이라 했지요.

이렇게 그는 〈솔로몬의 재판〉을 보게 되었는데, 그만 깜박 잠이 들고 말았답니다. 사람들은 그가 술이라도 잔뜩 마시고 왔으리라 생각했을지도 모르지요. 그는 컴컴한 밤 극장 바닥에서 잠이 들었습니다. 그가 깨어났을 때는 주위에 아무도 없었지요. 이런 이야기를 숙모에게 들려주었지만, 숙모는 믿지 않았습니다. 〈솔로몬의 재판〉이 끝나자 조명과 불빛이 모두 꺼지고 아래층 위층할 것 없이 사람들도 모두 떠났는데, 그때 진정한 연극이 시작되었다는 거였지요. 팝스의 말에 따르면 이 연극이야말로 최고의 에필로그였다고 합니다.

"갑자기 도구들이 살아나서 연극을 하기 시작했어. 하지만 그때 상연된 연극은 〈솔로몬의 재판〉은 아니었어. 그래, 그것은 〈무대 위 최후의 심판〉이었지."

팝스는 이런 이야기를 진실처럼 말할 만큼 뻔뻔스러웠습니다. 이 거짓말이 숙모가 입장권을 마련해 준 데 대한 보답이었습니다. 그 다음에 아겐트 팝스가 이야기한 것은 더욱 볼만 했습니다. 그 말에는 심술기와 익살이 담겨 있었지요.

"맨 꼭대기 층은 몹시 어둡고 캄캄했어. 그때 마법 같이 큰 공연이 시작되었어. 무대 위 최후의 심판이 말야. 특별석 안내원들이 문옆에 서 있었지. 관객들은 모두 자신의 정신적 신분증명서를 보여야만 했어. 그것에 따라 손을 묶인 채 입장할 것인지 풀린 채 입장할 것인지, 아니면 마스크를 쓰고 들어갈 것인지가 결정된 거야. 늘 시간을 지키지 않는 젊은이들처럼 공연이 시작된 뒤에야 도착한 신사들은 밖에서 기다려야만 했어. 구두 밑창에 댈 펠트 구두창도 받았지. 이 구두창을 붙이고 다음 막이 시작하기 전에 살금살금 들어가야 했어. 게다가 마스크까지 쓰고 말야. 그때 〈무대 위 최후의 심판〉이 시작되었어."

아겐트 팝스가 말했습니다.

이 말을 듣고 흥분한 숙모가 말했습니다.

"저런 못된 거짓말이 있나! 자비로우신 하느님이라도 이런 짓은 절대 용서치 않으실 거에요!"

무대 장치 화가는 천국에 가려면 자기가 그린 계단 그림을 올라가야만 했습니다. 하지만 어떤 인간도 그림 속 계단을 올라갈 수 없었지요. 그건 원근법을 무시한 그림이니까요.

또 무대 담당자가 천국에 가려면 수탉이 울기 전에 다른 나라에 갖다 놓은 모든 식물과 건물들을 제자리에 돌려놓아야만 했습니다. 팝스도 천국에 가기 위해 고 온갖 애를 썼다고 합니다. 그가 비극과 희극, 노래와 춤 속에서의 극단에 대해 말했던 것은 최악이었습니다. 그 정도로 그는 무대 맨 꼭대기 층에

갈 만한 자격이 없는 사람이었죠.

팝스는 자기가 말한 모든 이야기가 글로 쓰여질 거라고 말했습니다. 자신이 죽어 무덤에 묻히면 그가 떠벌린 말들이 출판될 거라는 것이었죠. 하지만 그는 죽기 전까지는 그것을 출판하지 않을 거라고 말했습니다. 그랬다간 팔다리가 부러질지도 모를 위험이 뒤따르니까요.

숙모는 자신에게 있어 행복의 사원인 극장에서 불안과 공포에 시달린 적이 딱 한 번 있었다고 합니다. 하늘이 잿빛으로 물들고 낮이 겨우 두 시간밖에 없었던, 눈보라가 몰아치는 몹시 추운 어느 겨울날이었습니다. 그렇지만 숙모는 극장에 너무나 가고 싶었습니다. 운나의 헤르만이 공연되고, 프롤로그와 에필로그로 작은 오페라와 제법 규모가 큰 발레가 상연될 예정이었으니까요. 밤늦게까지 이어지는 공연을 보기 위해 숙모는 집주인에게 안팎으로 따뜻한 털이 달린 긴 장화를 빌려 신고 갔습니다.

숙모는 극장에 도착해 특별석에 앉았습니다. 장화를 신어서 매우 따뜻했지요. 그런데 갑자기 어디선가 "불이야" 외치는 소리가 들렸습니다. 아닌 게 아니라 무대에서 연기가 솟아나고 무대 꼭대기 층에서도 연기가 났습니다.

엄청난 소동이 벌어졌지요. 사람들은 밖으로 우르르 몰려 나갔지만, 숙모만 특별석에 홀로 남아 있었습니다.

"내 자리는 왼쪽 두 번째 줄이었는데, 거기서 무대 장치가 가장 잘 보였지. 무대 장치는 왕실의 특별석에서 볼 때 가장 멋있게 보이도록 만들어져 있거든."

뒤늦게 불이 난 사실을 안 숙모도 밖으로 빠져 나오려고 했습니다. 그런데 불안과 공포에 질린 사람들이 나가면서 그만 문을 잠가 버리고 말았습니다. 그래서 숙모는 밖으로 나가지도 못하고 안으로 들어갈 수도 없었지요. 숙모는 그대로 특별석에 앉아 있어야만 했습니다. 안으로 들어오지 못했다는 건, 좌석 사이의 벽이 너무 높아 옆에 있는 관람석으로도 옮겨 가지 못했다는 겁니다.

숙모는 마구 소리를 질렀지만 누구도 듣지 못했습니다. 그러다 특별석 아래를 내려다보았는데 안은 텅 비어 있었습니다. 게다가 낮고 가까웠습니다. 숙모는 공포에 질린 나머지 자신이 무척 젊고 가볍다 여겼습니다. 그래서 아래로 뛰어내리려고 했지요. 한쪽 다리를 난간에 걸고, 나머지 다리로 의자를 차서 넘어가려 했습니다. 그런데 그만 꼭 말에 한쪽 엉덩이만 걸친 꼴이 되었답니다.

길게 내려뜨려진 다리 한쪽은 흔들거렸고, 반대쪽 다리에만 그 북실한 털 장화가 신겨 있었지요. 활짝 부풀어 오른 치마를 두른 채 말이에요. 참으로 볼 만한 광경이었지요! 숙모는 그런 꼴로 소리를 질러댄 끝에 가까스로 화재에서 구출될 수 있었습니다. 다행히 극장이 몽땅 불에 타버리지는 않았으니까요.

그것은 숙모의 삶에서 가장 기억에 남은 저녁이었습니다. 그녀 자신도 그렇게 말했습니다. 그때 자신의 모습을 보지 못한 게 천만 다행이었답니다. 만일 자신의 모습을 보았다면 부끄러워서 죽어 버렸을 거라나요.

숙모의 은인 무대 장치가 시버스텐 씨는 변함없이 일요일마다 그녀를 찾아왔지만, 그녀에겐 일요일과 다음 일요일 사이가 무척 길게 느껴졌습니다. 그래서 숙모는 적적함을 달래기 위해 한 아이를 집에 데려오곤 했습니다. 이 아이는 숙모가 점심 식사를 하고 남은 음식들을 몽땅 먹어 치웠습니다. 몹시 배가 고팠던 이 작은 소녀는 발레 연극에서 요정과 시녀로 등장했습니다.

이 아이가 가장 어려워했던 역할은, 〈마술 피리〉(모차르트의 가극)에서 맡은 사자 뒷다리였습니다. 그러다 차츰 비중이 커져 사자 앞다리 역할을 하게 되었지요. 그 대가로 아이는 고작 3마르크를 받았습니다. 뒷다리 역은 1달러(옛날 돈의 단위)를 받았는데 말예요. 하지만 사자 뒷다리 역할을 할 때는 허리를 구부리고 걸어야 하고, 신선한 공기도 마실 수 없어 매우 힘들었습니다. 숙모는 이런 이야기를 듣고는 참 재미있어했답니다.

극장이 있는 한 숙모는 살아갈 가치를 느꼈습니다. 하지만 숙모는 그토록 좋아하던 극장에서 죽지 못하고 자신의 침대에서 단정하고 편안하게 임종을 맞이했습니다. 그녀의 마지막 말은 참 인상적이었습니다.

"내일 공연은 뭐지?"

숙모는 유산으로 500달러를 남겼습니다. 우리는 이자가 20달러씩 나오는 것을 보고 그렇게 짐작했습니다. 그리고 그 돈은 토요일마다 극장 왼쪽 두 번째 줄의 좌석 하나를 예약하는 데 기증되었습니다. 가장 훌륭한 작품들이 공연되는 날이 바로 토요일이기 때문이었지요. 그리고 그 좌석에는 가족이 없는 어느 노부인이 앉았습니다. 노부인은 토요일마다 극장에 앉아 무덤에서 편히 쉬고 있을 숙모를 기억하겠지요. 그게 유산을 물려받은 노부인의 오직 하나뿐인 의무였지요.

연극은 바로 숙모가 지키고자 했던 신앙이었습니다.

131
두꺼비
Skrubtudsen

깊은 우물이 있었습니다. 그 우물은 꽤 깊어서 줄이 긴 두레박으로 물을 퍼 올려야 했는데, 그럴 때면 도르래가 매우 힘겹게 돌아갔습니다. 물은 아주 맑았지만 햇빛마저 우물물에 비칠 만큼 깊이 뻗어내리지 못했습니다. 그나마 햇빛이 조금 비치는 우물 벽 돌멩이 사이에서 푸른 이끼들이 자랍니다.

이 우물 속에 한 두꺼비 가족이 살았습니다. 이 가족은 늙은 엄마 두꺼비를 따라 무작정 이곳으로 이사 왔지요. 훨씬 이전부터 여기서 살았던 청개구리들은 같은 동족임을 알자 이 두꺼비 가족을 받아들이며 '우물 손님'이라 불렀습니다. 그런데 이 손님들은 이곳에 아주 머물기로 작정했습니다. 마른 곳에서 아주 쾌적한 생활을 할 수 있었으니까요. 이들은 축축한 돌멩이들을 '마른 곳'이라 불렀습니다.

엄마 두꺼비는 언젠가 여행을 한 적이 있었습니다. 마침 두레박 속에 있었는데 그만 두레박이 하늘 높이 들어 올려지는 바람에 말이지요. 그런데 바깥 세상이 너무 밝아 엄마 두꺼비는 눈이 무척 시렸습니다. 하지만 다행히 두레박 통을 빠져 나와 우물로 뛰어내렸습니다.

엄마 두꺼비는 풍덩 큰 소리와 함께 우물 속으로 다시 떨어졌습니다. 그 뒤 허리가 아파 3일 내내 누워 지낼 수밖에 없었습니다. 엄마 두꺼비는 바깥 세상에 대해 해줄 수 있는 이야기가 그리 많지 않았지만 그녀와 가족들은 이 우물이 세상 전부가 아니라는 사실을 알게 되었습니다.

엄마 두꺼비라면 바깥 세상에 대해 이런저런 이야기를 해줄 수 있을 텐데도, 누가 물어보더라도 대답을 하지 않았습니다. 그래서 아무도 물으려고 하지 않았습니다.

"두꺼비 아주머니는 너무 뚱뚱해요. 기분 나쁘게 못생겼어요. 아이들도 똑같이 못생겨지겠지요!"

어린 청개구리들이 말했습니다.

"그럴지도 모르지. 하지만 우리 아이들 가운데 하나는 머리에 보석이 있단다. 아니면 내가 가지고 있을지도 모르지."

엄마 두꺼비가 말했습니다.

처음에 청개구리들은 그 말을 듣자 눈이 휘둥그레졌습니다. 하지만 아무리 생각해봐도 너무도 허무맹랑한 이야기여서 모두들 얼굴을 찌푸리며 더 이상 듣지 않으려 깊은 물속으로 사라져 버렸습니다. 그러나 어린 두꺼비들은 그 말을 믿고 자부심에 부풀어 뒷다리를 쭉 뻗었습니다. 누구나 지기가 그 보석을 가졌다고 믿었던 것이지요. 그러다가 모두 머리를 가만히 세우고 물었습니다. 왜 그것을 자랑스러워야 하는 건지, 보석이란 어떤 것인지를 말이에요.

엄마 두꺼비가 말했습니다.

"보석은 어마어마하게 찬란하고 값비싼 거란다. 어떻게 말로 다 표현할 수 있겠니. 그걸 가지고 돌아다니면 정말 즐겁지만, 다른 이들이 시기하게 마련이란다. 더 이상은 묻지 마라. 대답하지 않을 테니."

"그렇담, 난 보석을 가지지 않을 테야. 내가 왜 그렇게 찬란한 보석을 가져야

해? 다른 사람을 화나게 하는 거라면 나도 전혀 즐겁지 않아. 대신 난 한 번이라도 좋으니 우물 가장자리까지 올라가서 밖을 내다보고 싶어. 거긴 정말 아름다울 거야!"

막내 두꺼비가 말했습니다. 그도 여느 두꺼비들처럼 못생긴 건 마찬가지였습니다. 그러자 형이 그런 막내 두꺼비를 타일렀습니다.

"여기 있는 게 좋아. 너는 이곳을 잘 알잖아. 두레박을 조심해야 돼. 머리 위로 떨어질지도 몰라. 다행스럽게 무사히 돌아온다 해도, 잘못 떨어져 심하게 다칠 수도 있어. 모두가 나처럼 운 좋게 떨어지는 게 아냐. 또 손발을 다치지 않고 뼈도 하나 부러지지 않는 건 쉬운 일이 아니야."

"과아악!"

막내 두꺼비가 말했습니다. 이 소리는 사람들이 "아야" 말하는 것과 같습니다. 막내 두꺼비는 저 밖 우물 가장자리까지 올라가서 밖을 내다보는 게 가장 큰 소원이었습니다. 바깥세상 푸른 나무들에 커다란 동경을 품었지요.

다음 날, 물을 가득 채운 두레박이 위로 올라가다가 우연히 막내 두꺼비가 앉아 있는 돌멩이 앞에 잠깐 멈추었습니다. 이 작은 두꺼비는 두근거리는 가슴을 안고 물이 가득 찬 두레박에 뛰어올라 밑바닥에 숨었지요. 그러고는 두레박 물과 함께 우물 밖으로 나왔습니다.

"에이, 이게 뭐야! 이제까지 본 것 중에서 가장 못생겼어!"

두레박에서 두꺼비를 발견한 소년은 투덜거리며 나무 신발로 두꺼비를 걷어차려 했습니다. 막내 두꺼비가 높이 자란 쐐기풀 사이로 재빨리 도망쳤기에 망정이지 하마터면 밟혀 죽을 뻔했습니다.

겨우 한숨 돌린 막내 두꺼비는 그제야 나란히 달려 있는 푸른 이파리들을 보며 하늘도 쳐다보았습니다. 햇빛이 잎사귀 위를 비추고, 그 햇빛을 받은 나뭇잎들은 반짝반짝 빛났습니다. 마치 사람들이 갑자기 넓은 숲으로 들어와 나뭇가지와 나뭇잎 사이로 햇빛이 비치는 걸 바라볼 때와 같은 기분이 들었지요.

"여긴 우물 안보다 한결 더 아름답네. 나는 여기서 한번 지내보고 싶어."

막내 두꺼비가 말했습니다. 그는 이곳에서 한두 시간 더 누워 있었습니다. 막내 두꺼비는 더 넓은 세상에 대한 호기심을 억누를 수가 없었습니다.

"저기 저 먼 곳은 어떻게 생겼을까? 모처럼 여기까지 왔으니까 더 멀리까지 한번 가보자."

막내 두꺼비는 온 힘을 다해 빠르게 기어갔습니다. 곧 찻길로 나오게 되었습니다. 이 찻길을 가로질러 가자 햇빛이 강하게 내리쬐고 몸은 먼지로 뒤덮어버렸지요.

"여기는 정말 물기가 없구나! 틀림없이 이곳엔 분명 좋은 일이 많을 거야. 벌써 몸이 근질거리는데."

막내 두꺼비는 개천에 이르렀습니다. 물망초와 조밥나무가 자라고 그 가까이에 라일락과 서양 산사나무 울타리가 있었습니다. 하얗게 꽃을 피운 네꽃은 아주 찬란하게 빛났지요.

나비 한 마리가 이리저리 날아다녔습니다. 막내 두꺼비는 그 나비를 세상을 좀 더 잘 보려 도망친 한 송이 꽃이라고 여겼습니다.

"나도 저 꽃처럼 하늘을 날 수 있다면…… 과아악. 아, 정말 아름다워!"

막내 두꺼비는 8일 동안 낮과 밤을 꼬박 이 개천에만 있었습니다. 먹을 것이 많아 불편하진 않았습니다. 마침내 9일째 되는 날, 막내 두꺼비는 이렇게 생각했습니다.

"더 멀리 가보자."

막내 두꺼비는 보다 아름다운 것을 찾았을까요? 작은 두꺼비 한 마리나 청개구리 몇 마리를 찾았을지도 모릅니다.

어젯밤엔 가까이에서 동족들의 울음 소리가 들려왔습니다.

"산다는 건 정말 멋진 일이야. 즐거움은 우물 밖에 다 있구나. 쐐기풀 속에 누워도 보고 먼지 쌓인 길을 기어가고, 축축한 개천에서 맘껏 쉬는 건 즐거운 일이야. 하지만 앞으로 더 멀리 가보자. 그러면 개구리들이나 작은 두꺼비 한두 마리쯤 만나게 되겠지. 친구들이 없으면 외로우니까 말야. 자연만으론 부족해!"

막내 두꺼비는 다시 여행을 떠났습니다. 갈대가 우거진 연못이 있는 들판에 이르렀습니다. 막내 두꺼비는 그 연못 속으로 산책을 갔습니다. 연못 속 개구리들이 그를 반겨 주었습니다.

"여기는 너무 축축해서 괜찮으실지 모르겠지만, 참 잘 오셨어요. 당신은 여자예요, 남자예요? 하긴 뭐 그건 그리 중요하지 않아요. 그래요, 다시 한 번 환영해요."

그날 저녁, 막내두꺼비는 개구리 가족 음악회에 초대를 받았습니다. 우리가 알고 있듯이, 그들은 이상하리만치 열심히 노래를 불렀지만 목소리는 매우 작았습니다. 맛있는 음식은 없었지만 원한다면 연못물은 원하는대로 실컷 마실 수 있었죠. 음료수가 잔뜩 있는 셈이었습니다.

"오늘부터 다시 여행을 떠날 거예요."

막내 두꺼비는 언제나 좀 더 나은 것을 보고 싶은 갈증을 느꼈습니다. 막내 두꺼비는 커다란 별이 밝게 빛나는 것을 보았고, 초승달이 뜨는 것도 보았습니다. 또 해가 떠서 점점 더 높이 솟아오르는 것도 보았지요.

"난 여진히 우물 인에 있어. 예전보다 조금 큰 우물이긴 하지만 말야. 좀 더 높은 곳으로 가야 해. 두렵기는 하지만 내 마음속엔 끝없는 열망이 도사리고 있으니까."

그리고 달이 완전히 둥글어졌을 때, 이 가련한 두꺼비는 생각했습니다.

'더 높은 곳으로 갈 수 있는 두레박이 없을까? 만일 그 두레박이 내려온다면 그 안으로 폴짝 뛰어오를 텐데. 태양이 큰 두레박은 아닐까? 세상을 비출만큼 크니까 우리 모두를 담을 수 있을 거야. 이제부터 난 기회가 오기를 기다리겠어. 아아, 내 머릿속은 얼마나 밝은가! 보석도 이보다 더 환히 빛날 순 없

을 거야. 하지만 나에게는 보석이 없어. 그래도 울지는 않을 거야. 그래, 더 높은 곳으로, 찬란히 빛나는 기쁨으로 달려나아가는 거야. 자신 있지만 좀 불안하기도 해. 아주 어려운 첫걸음을 내딛는 거야. 앞으로, 곧장 나가자.'

그러고서 막내 두꺼비는 힘껏 걸음을 내디뎠습니다. 파충류가 할 수 있는 한 가장 큰 걸음으로 말이죠.

이윽고 사람들이 사는 큰길로 나오게 되었습니다. 이곳에는 꽃밭과 양배추 밭이 있었습니다. 막내 두꺼비는 양배추 밭 옆에서 쉬었습니다.

"내가 한 번도 보지 못한 생물들이 참 많이 있네. 세상은 정말 크고 아름다워! 그러니까 한곳에만 머무르지 말고 이곳저곳을 돌아다니며 견문을 넓혀야 해."

양배추 밭으로 껑충 뛰어 들어갔습니다.

"이곳은 정말 푸르구나. 무척 아름답네!"

두꺼비 소리를 듣고 양배추 잎 위에서 애벌레가 말했습니다.

"내가 앉아 있는 양배추 잎은 이곳에서 가장 크지요. 세상의 반을 덮을 수 있을 정도니 말이에요. 이 양배추 잎만 있다면 다른 건 필요없답니다."

바로 그때, 꼬꼬댁꼬꼬댁 닭들이 다가왔습니다. 닭들은 양배추 밭으로 산책을 나와 종종걸음으로 이리저리 돌아다녔습니다. 그런데 아뿔싸! 가장 큰 닭이 곱슬곱슬 주름진 양배추 잎 위에 있는 가까운 곳을 잘 못 보는 애벌레를 발견하더니 쪼아 먹으려 부리를 갖다 댔습니다. 그 바람에 그만 땅에 떨어진 애벌레는 몸을 배배 꼬았지요. 닭은 처음에는 한쪽 눈으로, 그 다음엔 다른 쪽 눈으로 그 모습을 보았습니다. 벌레의 몸부림이 무엇을 뜻하는지 몰랐으니까요.

'이 벌레는 살려는 의지가 없군.'

닭은 이렇게 생각하며, 애벌레를 쪼아 먹으려고 고개를 들었습니다. 그때 닭은 그곳에 있던 막내 두꺼비를 보고는 깜짝 놀랐습니다.

"어, 지원군이 있었네. 두꺼비로군. 한 입에 들어갈 이런 초록색 작은 동물 따위는 신경 안 써. 그저 목이나 간지럽힐 뿐이지."

다른 닭들도 그와 같은 생각이었나 봅니다. 닭들은 그냥 자리를 떠나 버렸으까요. 그제야 애벌레는 잔뜩 움츠렸던 몸을 펴며 말했습니다.

"난 몸을 잔뜩 비틀어서 닭을 피했어요. 재치 있는 건 좋지만 다시 내 양배추 잎으로 올라가는 어려운 일이 남아 있어요. 그런데 내 집은 어디에 있죠?"

막내 두꺼비는 애벌레 쪽으로 기어가며 위로의 말을 건넸습니다. 못생긴 자기가 닭들을 겁먹게 했다는 사실이 기뻤으니까요.

"그게 무슨 말이예요? 난 몸을 잔뜩 비틀어서 닭에게서 벗어다고요. 당신은 정말 흉하게 생겼군요. 그나저나 내가 집으로 돌아갈 수 있을까요?"

막내 두꺼비는 애벌레에게 자신의 등을 빌려 주었습니다.

"아, 이제 양배추 냄새가 나네요. 내 집에 다 왔어요. 이 세상에 자기 집보다 더 좋은 곳은 없어요. 난 더 높이 올라가야 해요."

막내 두꺼비는 애벌레의 말을 듣고 생각했습니다.

'이 벌레도 나처럼 생각하는구나. 하지만 오늘은 그럴 기분이 아냐. 무척 놀랐으니까. 그래, 우리 모두 더 높이 올라가야 해.'

그리고 두꺼비는 저 높은 곳을 쳐다보았습니다.

황새는 농부 집 지붕 위 자기 둥지에 앉아 있었습니다.

농부는 달그락달그락 소리를 내고, 엄마 황새도 부리로 달그락달그락 소리를 냈습니다. 막내 두꺼비는 그 모습을 보고 말했습니다.

"황새는 정말 높은 곳에 사는구나. 나도 저렇게 높이 올라갈 수만 있다면."

농부의 집에는 젊은 학생 둘이 살았습니다. 한 사람은 시인이고, 다른 사람은 자연 과학자였지요. 시인은 하느님이 창조하신 모든 것을 마음에 비쳐지는 대로 즐겁게 노래하며 시를 썼습니다. 간결하지만 풍부한 울림이 있는 시로 말이죠. 다른 한 사람은 사물을 직접 관찰하며 필요하다면 서슴없이 해부도 했습니다. 또한 그는 하느님의 창조물을 커다란 계산 문제로 여기며 더하고 빼며, 모든 것을 속속들이 알고 싶어했습니다. 그리고 자신이 아는 것을 합리적으로 설명했습니다. 하지만 둘 모두 착하고 쾌활한 사람들이었습니다.

그 두 사람이 막내 두꺼비를 발견했습니다.

"여기 멋진 두꺼비 표본이 앉아 있네. 알코올 속에 담가야지."

자연 과학자가 이렇게 말하자 시인이 말했습니다.

"넌 이미 두꺼비 표본을 두 개나 갖고 있잖아. 이 녀석은 가만히 놔 둬. 자기 삶을 즐기게 말야."

"하지만 이 두꺼비는 정말 기가 막히게 못생겼는데."

자연 과학자도 지지 않았습니다.

"그래 만일 우리가 이 두꺼비 머릿속에서 보석을 찾아 낼 수만 있다면, 나도 해부하는 걸 돕겠어."

시인이 말했습니다.

"보석이라고! 넌 자연에 대해 참 많이 아는구나."

"아름다운 이야기지. 옛날부터 사람들은 가장 추하게 생긴 두꺼비 머릿속에 보석이 들어 있다고 믿었어. 사람들도 마찬가지가 아닐까. 이솝은 자기 안에 멋진 보석을 가지고 있었잖아. 소크라테스는 어때?"

막내 두꺼비는 그 이상 듣지 못했습니다. 다 들었다해도 이야기의 절반도 이해하지 못했을 겁니다.

두 친구는 그대로 걸어가 두꺼비로부터 멀어졌습니다. 막내 두꺼비는 다행스럽게도 알코올 병에 담길 운명을 피할 수 있게 되었습니다.

막내 두꺼비는 가만히 중얼거렸습니다.

"저들도 보석 이야기를 했어. 내가 보석을 가지지 않은 게 정말 다행이야. 아주 큰일날 뻔했어."

이때 농부의 지붕 위에서 달그락거리는 소리가 났습니다. 아빠 황새가 가족들에게 이야기를 하고 있었습니다. 황새 가족들은 저 아래 양배추 밭에 있는 두 젊은이를 심술궂게 흘겨보았습니다.

아빠 황새가 말했습니다.

"사람은 이 세상에서 가장 거만한 동물이야. 그들 입에서 나오는 말을 들어 봐. 달그락 소리도 제대로 내지 못하면서 시덥잖은 말재주로 뻐기지. '이것은 나의 아름다운 언어다' 이렇게 말야. 하지만 우리가 고작 하루만에 날아갈 수 있는 곳에 데려다 놓으면 그 아름다운 언어들로 더 이상 의사소통을 할 수 없다는 걸 깨닫게 되지. 황새들의 언어는 온 세상 어디에서나 통하지. 덴마크에서도 이집트에서도 마찬가지야. 사람들은 날아다닐 수도 없어. 그래서 철도라는 발명품을 서둘러 만든 거야. 하지만 그들은 철도에서 자주 목이 부러지지. 그 생각만 해도 부리에 소름이 돋는걸. 세상은 사람들이 없어도 존재하고, 그들이 없어도 우린 잘 지낼 수 있어. 개구리와 지렁이들만 있으면 말이야."

"정말 멋진 연설이야. 얼마나 크고 멋진 동물인가. 저렇게 높은 곳에 올라갈 수 있다니. 저런 모습은 한 번도 본 적이 없어. 게다가 헤엄까지 칠 수 있다니!"

말을 마친 아빠 황새가 날개를 활짝 펼치고 하늘 높이 날아갈 때, 막내 두꺼비가 감탄하며 외쳤습니다.

엄마 황새는 둥지에서 아기 황새들에게 이집트의 나일 강과 낯선 나라의 엄청난 진흙탕에 대해 들려주었습니다. 그 이야기는 막내 두꺼비에게는 정말 새롭고 아름답게 들렸습니다.

"난 이집트로 갈 거야!"

마침내 막내 두꺼비는 결심했습니다.

"엄마 황새나 자식들 가운데 아무나 나를 그곳으로 데려가 주었으면 좋으련만. 옳지! 젊은 황새 결혼식 날 그에게 잘 보이면 데려가 줄지도 몰라. 그러면, 난 이집트로 갈 수 있어. 행운은 언제나 내 편이니까. 내가 느끼는 이 모든 동경과 소망이, 보석을 지닌 것보다는 백배 더 나을 거야!"

바로 이때 두꺼비는 자신도 모르는 사이에 보석을 갖게 되었습니다. 영원한 동경과 소망이라는 보석을 말입니다. 앞으로, 더 앞으로! 보석이 막내 두꺼비 안에서 반짝반짝 빛났습니다. 기쁨과 소망 속에서 찬란하게 빛을 냈습니다.

그런데 아빠 황새가 풀밭에 있는 두꺼비를 발견하자마자 재빨리 날아왔습니다. 아빠 황새는 낮게 내려오더니 이 작은 동물을 거칠게 부리로 붙잡았습니다. 막내 두꺼비 몸은 단단한 황새 부리 사이에 끼였지요. 바람이 쌩쌩 소리를 내며 빠르게 스쳐지나갔습니다. 기분이 좋지는 않았지만 이집트를 향해 앞으로 나아가는 거라고 막내 두꺼비는 여겼습니다. 그의 두 눈은 마치 불꽃이 나와

날아다니는 것처럼 반짝반짝 빛났습니다.

"과아악, 아아!"

곧 막내 두꺼비의 심장이 뚝 멈추고 말았습니다. 죽어버린 것입니다. 하지만 그 눈에선 불꽃이 튀어 나왔습니다. 이 불꽃은 어디로 간 걸까요?

햇빛이 두꺼비 머릿속에서 보석을 꺼냈습니다. 그 보석을 어디로 가져갔을까요? 자연 과학자에게 묻기보다는 시인에게 물어보는 게 좋을 것입니다. 시인은 여러분에게 이것을 동화로 들려 줄 거예요. 그러면 애벌레와 황새 가족 이야기도 나오겠지요.

자, 생각해 보세요.

애벌레는 아름다운 한 마리 나비가 되었을 겁니다. 황새 가족은 산과 바다를 건너 저 먼 아프리카로 날아갔다가 왔던 길을 되돌아 집으로 돌아오겠죠. 덴마크 땅의 같은 집 지붕 위로. 물론 이것은 동화 같은 이야기입니다. 그러나 사실이기도 하지요. 여러분은 자연 과학자에게 물어볼 수도 있습니다. 그도 이것을 모두 인정할 수밖에 없을 테니까요. 여러분도 이 사실을 알고 있겠죠? 이미 다 보았으니까요.

그런데 두꺼비 머릿속에 있던 빛나는 보석은 어떻게 되었을까요? 그것은 햇빛 속에서 찾아보세요. 만일 여러분이 볼 수 있다면 말이지요. 햇빛은 몹시 눈이 부시거든요. 그러나 우리는 아직 하느님이 창조하신 찬란함을 들여다볼 수 있는 눈을 갖지 못했습니다. 하지만 언젠가는 그런 눈을 지니게 될 것이며, 이는 가장 아름다운 동화가 될 것입니다. 바로 우리들의 이야기이니까요.

132
대부의 그림책
Gudfaders Billedbog

대부는 아주 많은 이야기를 재미있게 들려주셨는데 그 이야기들은 매우 길었습니다. 그는 책이나 신문에서 그림들을 오려 내거나 직접 그리는 것도 매우 잘했답니다. 크리스마스가 다가오면 하얗고 깨끗한 공책을 꺼내 그동안 잡지와 신문에서 오린 그림들과 글을 붙였고, 모자라면 직접 그려 넣기도 했습니다.

내가 어렸을 때는, 대부가 만든 이런 그림책을 여러 개 받았습니다. 그 가운데 가장 멋진 그림책은 맨 앞장에 〈옛날 코펜하겐에 오래된 생선기름 가로등 대신 가스등이 들어오던 신비한 시절〉 이렇게 쓰인 책이었습니다. 이것이 제목인지 아닌지는 알 수 없었습니다.

"이 책을 잘 간직해야 한다. 축제 때나 볼 수 있는 책이니까."

어머니와 아버지는 그렇게 말씀하셨습니다. 그런데 그 책 겉표지에는 이렇게 적혀 있었습니다.

"책장이 찢어지게 되더라도 두려워하지 마라. 그건 그리 중요하지 않단다. 다

른 친구들은 더 나쁜 짓도 많이 했으니까."

무엇보다 멋진 일은 대부가 이 그림책을 꺼내서 시와 함께 여러 다른 이야기들을 큰 소리로 읽으면서 재미난 이야기들을 들려주는 것이었습니다. 이야기는 대부의 입에서 흘러나올 때 비로소 살아나 진짜 이야기가 되었습니다.

첫 장을 넘기니 '플라잉 포스트'지에서 오려낸 둥근 탑과 성모마리아 교회가 보이는 코펜하겐 그림이 보였습니다. 왼쪽에는 옛날 가로등을 그려 넣은 또 한 장의 그림이 붙어 있었습니다. 이 가로등 위에는 '생선기름'이라고 씌어 있었고, 오른쪽에는 '가스' 이렇게 씌어진 가로등 그림이 있었습니다.

대부님은 내게 이렇게 말했습니다.

"제목을 보렴. 이것이 이제 네가 듣게 될 이야기로 들어가는 말이란다. 이야기의 시작은 이를 테면 '기름'과 '가스' 또는 '코펜하겐의 인생'이라는 제목으로 무척 재미난 이야기가 될 수도 있을 거야. 아주 괜찮은 제목이지 않니? 첫 장 맨 아래에 작은 그림이 하나 더 보이지. 이 그림은 이해하기가 좀 어려울 거야. 그래서 오늘 네게 이야기해 줄 참이란다. 이건 '지옥의 말(馬)'이라는 그림이야.

'지옥의 말'은 본디 책 끝에 가서야 등장하는데, 이 그림책의 앞이나 중간, 끝이 모두 쓸모없다는 걸 말하기 위해 가장 맨 앞으로 뛰어나온 거야. 할 수만 있다면 다른 모습으로 나타날 수도 있었으련만. 이 '지옥의 말'은 낮에는 신문 속에 묶여서 기사란을 이리저리 뛰어다닌단다. 하지만 저녁이 되면 신문에서 도망쳐서 시인의 집 문 앞으로 찾아가서는 히이잉거리며 우는 거야. 그 집에 있는 사람은 곧 죽게 되리라! 라고 말이지. 그렇지만 실제로 죽는 일은 없단다.

'지옥의 말'은 불쌍한 녀석이거든. 늘 저도 모르게 일을 그르치고, 돌아다니며 울기만 하지. 공기와 음식을 얻어야만 하기 때문이야. 이 그림책도 틀림없이 그의 마음에 들지 않을 거야. 그렇기 때문에 그가 그려져 있는 이 그림책은 깊은 의미를 가질 수 있단다. 자, 이게 이 책 첫 장이지. 바로 그림책의 제목이야!"

오래된 생선기름 가로등에 불이 켜지는

마지막 날 저녁때였습니다. 도시에 가스가 들어왔기 때문에 다음 날부터 가스 등이 불을 밝히면, 옛날 기름 가로등은 완전히 그 모습을 감추게 될 것입니다.

"나도 이날 저녁에 큰 거리로 나갔지. 새로운 가로등과 옛 가로등을 구경하려 고 엄청나게 많은 사람들이 여기저기서 몰려나왔단다. 머릿수의 꼭 두 배가 되 는 다리들이 이리저리 움직였지. 하지만 야간 경찰들은 아주 슬프게 서 있었 어. 자기들도 언제 기름 가로등 같은 신세가 될지 몰랐거든. 기름 가로등도 옛 생각에 잠겼어. 앞일은 생각하기조차 싫었으니까 말이야. 가로등은 숱한 날들 의 고요한 저녁과 어두운 밤에 일어났던 많은 일들을 떠올렸을 거야. 난 이 가 로등에 기대어 있었단다. 그때였지. 기름과 심지에서 타타닥 타타닥 가로등이 말하는 소리가 들려왔어. 무슨 말을 했는지 너에게도 알려주마.

'우린 그동안 우리가 할 수 있는 일을 모두 다 했어요. 우리들의 시대에서 최 선을 다했어요. 기쁨과 걱정으로 불을 밝히면서 신기한 일들을 많이 겪기도 했지요. 코펜하겐의 밤을 지키는 눈이었다고 말할 수 있지요. 이제 새로운 램프가 우리 자리를 대신하고 우리 임무를 넘겨받게 되면, 자연스레 알게 되겠지요. 이 새로운 램프들이 언제까지 불을 밝히고 무엇을 위해 빛나게 되는지 말이에요. 물론 이 램프의 불은 우리보다 힘차게 빛나겠지만 사람들이 가스등에 불을 밝히고 이들과 관계를 가지는 일이 그리 대단한 것은 아니지요. 언제나 한쪽이 기울면 다른 하나가 힘을 얻게 마련이니까요! 새로운 가스등은 여기저기 있는 파이프의 힘을 빌려야 하지만, 우리 기름등은 누구의 힘도 빌리지 않고 자신의 힘으로 불을 밝히지요. 우리와 우리 조상들은 먼 예부터 코펜하겐을 위해 불을 밝혀 왔답니다. 하지만 어느덧 우리가 불을 밝히는 마지막 저녁이 되고 말았군요. 새로운 가스등에게 우리의 자리를 내 주게 되었다는 말이지요. 하지만 투덜거리거나 질투하지는 않을 거예요. 참말이에요. 우린 진심으로 기뻐하며 그들에게 호의를 가지려고 합니다. 우리는 우리보다 더 멋진 제복을 입고 이 거리를 지키는 친위병과 자리를 바꾸는 낡은 방패인 셈이지요. 우린 여러분들에게 이야기하고 싶어요. 우리 증조할머니의 조상 때까지 거슬러 올라가서 우리 종족이 보고 겪은 것, 바로 이 코펜하겐의 모든 역사를 말이에요. 당신들이 언젠가 이 거리를 떠나게 되는 날이 오면, 마지막 가스등을 비롯한 여러분의 후손들 또한 우리처럼 신기한 일들을 겪고 이야기할 수 있을 겁니다. 당신들도 언젠가 은퇴하게 된다고요! 오늘부터 그 날을 대비하고 있어야 할 거예요. 이제 인간들은 가스등보다 더 강력한 불을 발명하게 될 테니까요. 바닷물을 태울 정도의 새로운 불을 만들어낼 거라고 어떤 학생이 말하는 걸 들은 적이 있거든요.'

이렇게 말을 할 때 그의 심지에서 타다닥 불꽃이 튀었단다. 마치 심지가 물에 젖은 것처럼 말이야."

대부는 기름등의 이야기를 한 마디도 빼놓지 않고 모두 귀 기울여 들었습니다. 기름등이 말한 내용을 곱씹어 보고는 이 낡은 등의 착상이 참으로 뛰어나다 생각했지요.

그는 기름등과 가스등이 교체되는 이날 저녁에 코펜하겐 역사를 남김없이 이야기하며 생생하게 그려 보여 주는 일은 아주 멋진 일이라고 생각했습니다.

"멋진 생각은 그냥 그대로 흘려보내서는 안 되는 법이지. 난 곧바로 이 생각을 잊지 않고 기억해 두고 집으로 달려가 네게 줄 그림책을 만들었단다. 자, 이

제 이야기는 기름등이 말해 주었던 먼 옛날로 거슬러 올라간단다. 여기 그림책과 〈코펜하겐의 인생〉이라는 이야기가 있는데, 시작은 칠흑처럼 캄캄한 어둠이야. 아주 어두운 시대라는 뜻이지."

대부가 말했습니다.

"자, 그럼 다음 장을 넘겨보자. 그림을 보렴. 거친 바다와 폭풍우를 몰고 오는 북동풍만 보이지? 북동풍은 두꺼운 얼음 덩어리들을 몰고 왔어. 그런데 누구도 이런 얼음 덩어리 위로는 배를 저어가지 못 해. 저 노르웨이 산 위쪽에서 얼음으로 떨어져 내리는 엄청나게 큰 돌덩이들만이 떠내려갈 수 있는 거야.

북동풍이 얼음 덩어리 위로 세차게 불어오지? 이 모진 바람은 저 북쪽에 어떠한 바위들이 있는지 독일 산들에게 보여 주기 위함이란다. 얼음 함대가 벌써 제란트 해변 앞에 있는 해협 아래쪽에 이르렀구나. 이 해변에 오늘의 코펜하겐이 생긴 거란다. 그때엔 코펜하겐이 있지도 않았지. 바다 아래에는 거대한 모래톱이 있었는데, 얼음 덩어리들이 아주 커다란 돌덩이를 태우고 이 모래톱과 딱 부딪쳤단다. 부딪힌 얼음 함대가 가만히 서 있었기 때문에, 이들과 모래톱을 떼어 놓을 수가 없어서 화가 머리 꼭대기까지 치밀어 오른 북동풍은 모래톱을 저주하면서 '도둑의 땅'이라고 불렀지. 언젠가 바다 위로 모래톱이 솟아오르게 되는 날이 오면, 이곳으로 도둑과 강도들이 몰려오고 죄수를 매다는 기둥과 죄인을 벌주는 수레차가 세워지게 될 거라며 온갖 나쁜 소리를 마구 퍼부었단다.

이렇게 북동풍이 악담하며 헐뜯고 있을 때, 태양이 갑자기 눈부시게 모습을 드러냈지. 햇살 위에서 흔들흔들 그네를 타던 환한 요정들이 보였단다. 바로 '빛의 아이들'이었어.

'빛의 아이들'이 차가운 기운을 몰고 오는 얼음 덩어리 위에서 춤을 추었기 때문에 그 얼음들이 모두 녹아 내렸단다. 그리고 거대한 돌덩이들은 모래톱 위로 떨어져 가라앉았지.

'웬 깡패 같은 태양인가! 이들이 그렇게 가까운 사이란 말인가? 절대 잊지 않고 반드시 보복하고 말테다. 저주받아라. 모래톱아!'

북동풍이 부르짖었단다. 그러자 '빛이 아이들'도 노래하기 시작했단다.

'우리는 모래톱을 축복해요! 여러분은 해면 위로 다시 솟아오를 겁니다. 그러면 우리가 지켜 줄 거예요. 진리와 선과 아름다움이 이곳에 세워지도록 말이에요!'

하지만 북동풍은 이들의 말을 듣고 '어리석은 짓'이라고 내뱉었지.

알겠니. 기름등은 가장 중요한 이야기를 하지 않았단다. 하지만 난 알고 있지. 이것은 코펜하겐 역사에서 아주 중요한 이야기란다."

대부는 여기까지 말한 뒤 잠시 말을 멈추고 쉬었다가 다시 이었습니다.

"이제 다시 한 페이지를 넘겨 볼까? 여러 해가 바람처럼 지나갔단다. 모래톱이 물 위로 또 다시 솟아올랐지. 바다새 한 마리가 바다 위로 올라와 있는 커다란 돌덩이에 앉아 있는 그림이 보이지?

다시 해가 바뀌고 세월은 흘러서 바다는 죽은 물고기들을 모래 땅에 던져 놓았고 강인한 생명력을 지닌 잡초들이 자라나기 시작했단다. 이 잡초들은 시들고 썩어서 거름이 되었고, 또다시 이런저런 풀과 잡초들이 자라나 마침내 모래톱은 푸른 섬이 되었단다. 하지만 그때 바이킹족이 이 섬에 들어왔고 여러 차례 싸움으로 이곳을 죽음의 길목으로 만들어 버렸지.

제란트 앞의 홀름 땅(옛날 덴마크 수도 구역으로 오늘날의 스톡홀름)에는 좋은 선착장이 있었단다. 처음으로 기름등에 불이 밝혀졌고, 이곳에 살던 사람들은 기름불로 고기를 구웠겠지. 왜냐하면 물고기들이 무척 많았거든. 청어들이 떼를 지어 해협을 지나갔는데 그 숫자가 어찌나 많은지 배가 앞으로 나아가기가 어려웠지. 마치 바다 밑에는 번개가 사는 듯이 반짝반짝 빛났고, 북극광처럼 바다 깊은 곳에서 불빛이 번쩍거렸지.

해안에는 물고기들이 많아서 제란트 해변가에 집들이 많이 지어지기 시작했단다. 떡갈나무로 벽을 만들고 나무껍질로 지붕도 만들었지. 나무들은 집을 짓기에 넉넉히 있었거든. 항구로 들어오는 배들의 흔들리는 밧줄과 돛대 사이에는 기름등이 걸려 있었단다. 북동풍은 거센 소리를 내며 끊임없이 쌩쌩 불어 왔지.

홀름 땅에 기름등이 밝혀졌지만 이 등은 '도둑의 가로등'이 되고 말았단다. 도둑과 밀수꾼들이 이 '도둑의 섬'에 모습을 드러내기 시작했기 때문이지. 북동풍은 회심의 미소를 지으며 말했단다.

'내가 원했던 악한 것들이 자라나기 시작했어. 내가 뿌린 저주의 씨앗이지. 이제 곧 나무가 자라나면 열매들이 맺힐 거야. 그럼 바람을 일으켜 흔들어서 떨어뜨려야지.'

이곳엔 나무가 있었단다. 이 '도둑의 섬'에 세워진 교수대가 그림에 보이지 않니? 이 섬 교수대에는 쇠사슬을 달아 도둑과 살인자들을 매달았단다. 바람이 불면 주렁주렁 매달린 해골에서는 덜거덕덜거덕 소리가 났단다. 달빛은 숲을 비추던 것처럼 주검 위를 흐뭇하게 비추었고, 태양 또한 강하게 비추어 매달린 시체들을 썩어 문드러뜨렸지. 빛의 아이들은 햇살에게 이렇게 노래를 불렀단다.

'우린 알아요, 우린 알아요. 이곳은 착하고 훌륭한 땅이 될 겁니다.'

하지만 북동풍도 지지 않고 맞받아쳤지. 그럼 다시 한 장을 넘겨보자!

압살론 주교가 사는 로스킬레 시에서는 종소리가 울려 퍼졌단다. 압살론 주교는 성경에 훤할 뿐 아니라 검술도 뛰어난 사람으로 강한 힘과 의지를 지녔어. 항구의 어부들은 모두들 부지런했으며, 이들이 열심히 일을 한 덕분에 도시는 차츰 성장하면서 커다란 시장도 생겨났지. 압살론 주교는 적들의 습격에서 이들을 보호하려고 무척 애를 썼단다. 또한 이 불경한 땅에 성수를 뿌려 성스러운 땅으로 만들었지. 도둑의 섬은 잃어버린 자신의 명예를 되찾을 수 있었어. 그의 명령에 따라 목수와 미장이들이 이곳으로 건너와 일을 시작했어. 곧 높은 성이

완성되었고 햇살은 이 성을 두른 붉은 담장마다 살포시 입을 맞추었단다.

이렇게 압살론의 성(덴마크 맨 처음 주교였던 압살론의 성을 말한다. 그는 이 성으로 도시 코펜하겐의 기초를 마련했다—원주) 이 생겨나게 되었지.

> 우뚝 솟은 성은,
> 탑으로 둘러싸여
> 폭풍우가 휘몰아쳐도 굳건하도다.
> 우우우!
> 끄떡없다.
> 우우우!
> 북동풍이 폭풍우와 매서운 추위를 몰고 불어와 몰아쳐도
> 성은 굳건하게 서 있도다!
> 그리고 그 앞에
> 상인의 항구인 코펜하겐이 생겨났도다.
> 반짝반짝 빛나는 인어의 성이 하얀 거품이 이는 바다와 더불어
> 푸르른 숲속에 지어졌도다
>
>   — N.F.S. 그룬트비그

그렇게 세워진 게 압살론 성이란다. 사람들은 그곳을 쉽게 '항구'라 불렀고, 덴마크 말로는 '하븐'이라 했지. 어느 날 생선을 사러 온 한 상인이 이곳에 커다란 건물을 지었어. 이윽고 새로운 이름을 갖게 되었지. '상인의 항구'란 이름으로 '코펜하겐'이라 불린 거야. 코펜하겐은 덴마크 말로 쾨벤 하븐인데 외국인이

발음하기에는 너무 어려웠어. 그래서 처음 이곳에 온 독일인이 코펜하겐으로 발음하면서 그렇게 굳어졌단다.

이곳으로 낯선 사람들이 찾아와서 수많은 고기들을 사거나 가게와 집들을 지었단다. 하지만 유리 값이 지나치게 비쌌기 때문에 창문은 돼지 오줌보로 만들었고 합각 머리벽과 지붕 밑 다락방이 있는 창고들도 함께 지어졌지.

가게 안에 앉아 있는 늙은 사람들을 보렴. 이들은 결혼을 안하고 홀로 사는 사람들이었단다. 생강과 후추를 파는 장사꾼들인 중년의 독신 사나이들(덴마크어로 페터스벤트는 결혼하기 싫어하는 늙은 독신 남자를 뜻한다—원주)이지.

북동풍이 불어와 거리와 골목길을 돌아다니며 먼지를 일으키고 초가 지붕을 마구 헤쳐 놓았지. 암소와 돼지들이 길 옆 개천 주변을 어슬렁 어슬렁 돌아다녔어. 그러고는 이렇게 말했단다.

"난 모든 걸 때려 부술 거야. 집들과 악슬(압살론)의 성을 온통 휘저어야지."

사람들이 '악슬의 성'을 티브쇠의 스타일레보우(이 장소의 의미는 덴마크어로 스타일레가 죄인을 능지처참하다의 뜻이고, 티브쇠가 도둑의 섬이라는 사실을 알게 되면 쉽게 이해할 수 있다—원주)라고 부르지."

여기까지 이야기를 하더니 대부님은 자신이 직접 그린 그림 한 장을 보여 주었습니다. 담벼락에 기둥들이 나란히 서 있는 그림이었습니다. 그림 속 기둥에는 포로로 잡힌 해적의 머리가 이빨을 드러낸 채 매달려 있었습니다.

"이건 실제로 일어난 일이란다."

대부가 다시 말을 이어가기 시작했습니다.

"이런 일을 알고 이해하는 것은 좋은 일이야. 어느 날 압살론 주교는 목욕을 하고 있다가 해적선이 다가오고 있다는 소식을 듣게 되었단다. 그는 곧바로 목욕탕에서 뛰쳐나와 배에 올라타 뿔로 만든 피리를 크게 불었지. 곧 자신의 부하가 달려와 화살을 쏘아 댔어. 화살은 해적 등판으로 날아갔단다. 해적들은 급히 도망치기 위해 허둥지둥 노를 저었지만 화살이 노를 젓는 그들의 손에 단단히 꽂혀서 도무지 벗어날 틈을 주지 않았어. 마침내 압살론 주교는 살아남은 해적들을 모조리 포로로 붙잡아 그들의 머리를 베어 버렸고 그 베어 낸 머리들을 하나하나 성벽 위로 높이 걸어 놓았지.

뱃사람들은 그걸 보며 이렇게 말하곤 했단다.

'북동풍은 뺨이 불룩해질 만큼 입에는 심술궂은 폭풍우를 가득 담고 불어

왔다.'

그렇게 불어 온 북동풍은 이곳에서 팔과 다리를 주욱 뻗고 누워서 죽은 듯 조용히 있을 뿐이었지. 몇 시간 동안은 잠잠히 있더니 여러 날 낮과 밤을 가리지 않고 불어댔어. 이렇게 세월은 또 변함없이 흘러갔단다.

탑 꼭대기에는 보초병이 서 있었어. 동·서·남·북으로 머리를 천천히 돌리며 자세히 살펴보았지. 그림에 보초병 모습이 그려져 있을 거야."

대부님은 그림을 보여 주며 말했습니다.

"자, 탑지기를 잘 보았니. 이제 그가 무엇을 보았는지 네게 말해줄게. 스타일레보우 성벽 앞에는 넓은 바다가 펼쳐져 있었단다. 수로는 제란트 해변에 닿게 되어 있었어.

큰 마을들이 들어선 세리슬레우 시장과 솔베에오 밭 앞에는 계속 새로운 도시들이 생기고 합각머리 집과 목조 가옥들이 세워졌으며 골목길은 구두장이와 무두장이, 향료 상인과 기름 장사꾼들로 온통 시끌벅적했지. 다른 한쪽에

는 광장과 조합 회관이 있고, 예전에 섬이었던 해변가에는 성 니콜라우스 교회가 장엄히 서 있었단다. 그리고 이 교회 첨탑은 하늘을 찌를 듯 높이 솟아 있었지. 이렇게 높은 탑 꼭대기가 맑은 바닷물에 비치는 광경을 상상해보렴!

이곳에서 그리 멀지 않은 곳에는 성모 마리아 교회가 있었어. 이 교회에서 미사가 집전되고 찬송가 소리가 울려 퍼지면 향기가 피어나면서 촛불이 환하게 타올랐단다. 코펜하겐이 바야흐로 주교의 도시가 된 거지. 로스킬레 주교가 다스리는 도시가 된 것이란다.

코펜하겐 주교인 에어렌슨 주교가 지금은 악슬성에 살고 있었단다. 부엌에서는 요리사가 바쁘게 고기를 굽고 맥주와 클라레 포도주를 따르면서, 피들(9세기 이후 유럽에서 쓰인 현악기, 바이올린의 전신—원주)과 팀파니 소리를 귀기울이며 듣고 있었지. 이윽고 촛불과 램프에 불이 밝혀지면 성은 환하게 밝아진단다. 성이 마치 온 땅과 나라를 위한 한 개의 등불처럼 빛나는 거야.

북동풍이 도시를 에워싼 보루 주위에서 서쪽 방향으로 부는구나. 이 보루는 낡고 오래된 판자 울타리로 만들어진 것이란다.

그러던 어느 날 덴마크 왕 크리스토퍼 1세가 성 밖에 서 있었단다. 그는 스

켈스괴어에서 반란군에게 패배하고 이 주교의 성으로 숨을 곳을 얻어 찾아온 것이란다. 하지만 에어랜슨 주교는 왕을 좋아하지 않았기 때문에 성문 밖 다리를 내려 주지 않았지.

그때 바람이 불어와 주교대신 큰소리를 쳤단다.

'밖에 그대로 있어라. 밖에 그대로 있어라! 그대를 위한 성문은 이미 닫혔노라.'

곧바로 평화가 없는 시대, 어두운 암흑의 시대가 찾아왔단다. 저마다 자신이 우위에 올라서려 했던 때였지. 성의 탑에서는 홀슈타인 깃발이 나부끼고 가난과 고통이 넘쳐났단다. 공포의 밤이었어. 이곳에서는 전쟁이 일어나고 무시무시한 흑사병이 돌았었어. 하지만 이윽고 칠흑처럼 캄캄한 어둠의 밤이 지나갔지.

그리고 발데마르 애더데이 왕이 왔어. 이제 주교가 아닌 왕의 도시가 된 것이란다.

도시에는 합각머리 집들과 좁은 골목길들이 들어서고, 야경꾼과 시청이 생

겨났으며 서쪽 성문 벽에는 교수대가 세워졌지. 이 교수대에는 오직 이 도시에 사는 시민의 목만 매달았어. 그곳까지 높이 올라 킬 만과 정원의 닭들을 구경하기 위해서는 이 도시의 시민이어야만 했단다.

북동풍은 교수대를 보고 이렇게 말했어.

'참으로 멋진 교수대야! 아름다운 것들은 더 커져라.'

하지만 독일에서 재난과 궁핍이라는 바람이 불어 닥쳤단다. 바로 한자 동맹 군들이 쳐들어왔던 거지. 대부가 말했습니다.

"로스톡과 뤼베크와 브레멘에서 온 부유한 상인들은 발데마르 탑 위에 황금 거위를 채가는 것보다 더 많은 것을 바랐고, 마침내 무장한 배들을 끌고 온 이들은 덴마크 왕보다 더 많이 지배하기에 이르렀지. 누구도 이들의 침략을 막아내지 못했거든.

에릭 왕은 독일의 친족들과 용감히 맞서 싸울 마음이 들지 않았어. 침략자의 숫자가 너무 많은데다가, 그들의 힘은 매우 강력했거든. 에릭 왕과 나라의 대신들은 모두 황급히 소뢰마을로 가기 위해 서쪽 성문으로 도망쳤단다. 고요한 바다와 푸른 숲으로, 사랑을 노래하고 술을 마시기 위해서 말이야.

하지만 이런 코펜하겐에도 제왕의 기상과 용기를 가진 한 사람이 남아 있었단다. 여기 이 그림을 보렴. 젊은 여인이지. 품위 있고 바다처럼 푸른 두 눈과 부드러운 금빛 머릿결의 이 여인은 참으로 아름답지 않니? 이 여인은 바로 영국 공주였던 덴마크 왕비 필리파란다.

좁은 골목과 가파른 계단이 있는 거리, 작은 집들과 닫힌 가게가 다닥다닥 붙어 있는 거리에 모여든 시민들은 어쩔 줄 몰라 무척 당황해했단다. 이 혼란과 공포의 도시에 왕비가 남아 있었어. 참된 용기를 가진 이 위대한 왕비는 시민과 농부들을 불러 모아 그들에게 의기를 북돋아 주었단다.

군함이 정비되고 작은 집들에는 요새가 만들어졌어. 수레에서 대포가 터지면서 불길과 연기가 자욱하게 일어났고 시민들의 사기는 하늘을 찌를 듯했지. 자비로운 하느님은 결코 덴마크를 버리지 않았단다. 사람들의 마음속에 다시 태양이 높이 떠오르고 승리의 기쁨은 모두의 눈동자에서 반짝반짝 빛났단다.

필리파 여왕이여, 빛나는 은총이 가득하길!

시민들은 오두막에서, 집 안에서, 그녀가 부상자와 병자들을 돌보던 왕궁에서 그녀를 축복했단다. 난 승리의 월계관을 잡지에서 오려 바로 이 그림에 붙였단다. 오! 필리파 여왕에게 축복을!"

대부는 입가에 미소를 지으며 이야기를 이어나갔습니다.

"그럼, 세월을 훌쩍 뛰어넘어 보자. 코펜하겐도 함께말이지. 국왕 크리스티안 1세는 로마로 갔단다. 그는 그곳에서 교황에게 축복을 받았으며, 덴마크로 돌아오는 기나긴 귀로에서 사람들에게 존경을 받았어. 모

두 그에게 경의를 표했지. 고국에 돌아온 국왕은 벽돌로 공공 건물을 지었단다. 이 학문의 전당에서는 라틴어로 모든 학문을 가르쳤지. 가난한 농부와 수공업자들의 아이들도 이 학문의 전당에 들어올 수 있었단다. 이 아이들은 앞으로 수도승이 되어 검고 기다란 폭넓은 수도복을 입은 채 구걸하면서 살아가게 될 터이고 부유한 사람들 집 앞에서 노래를 부르며 도움을 청하겠지.

모든 것이 라틴어로 쓰인 이 학문의 전당 바로 옆에는 작은 건물이 하나 있었단다. 이곳에서는 덴마크의 언어와 풍습을 그대로 따르고 있었어, 아침에는 맥주를 넣은 수프를 먹고, 오전 10시에는 정식으로 점심식사를 했지. 햇살은 작은 창문 틈으로 스며들어와 찬장과 귀중한 저서가 꽂혀져 있는 책장을 비춘단다. 미글의 《로사리오》와 《경건한 희극들》, 헨릭 하르프스템의 의료서와 소뢰의 닐스 형제와 운문으로 씌어진 덴마크 연대기 같은 책들이었지.

이 집 주인은 덴마크 가장 첫 번째 식자공으로, 네덜란드인인 고프레드 폰 게멘이란 인물이며, 검은 잉크로 축복을 주는 기술인 인쇄술을 배운 사람이란다. 그는 덴마크 모든 사람들이 이 책을 읽어야만 한다고 생각을 했어. 그는 그야말로 이 책들을 세상에 널리 알릴 수 있는 사람이었지.

이렇게 해서 책들은 왕궁과 시민들의 가정 집으로 들어가게 되어 누구나 읽을 수 있게 되었어. 격언과 노래들이 영원한 생명을 얻게 된 것이야. 인간이 고통과 소망 속에서 차마 말할 수 없었던 것을 민요 속 새는 노래할 수 있는 거란다. 암시적이면서도 더욱 뚜렷하게 말이지. 이 새는 하인들 방과 기사들 성을 지나 자유롭게 아주 멀리까지 날아가, 한 마리 새가 되어 기사 아내의 손 위에 살포시 내려 앉아 지저귀거나, 생쥐처럼 살그머니 숨어들어와 초라한 농부 집 안에서 노예와 백성들을 위해 찍찍찍 운다.

'그런 것들은 모두 공허한 말장난일 뿐이야!'

매서운 북동풍이 말했단다. 그러나 햇살들은 이렇게 속삭였지.

'봄이 왔어요! 보세요, 벌써 푸른 싹들이 움트고 있잖아요.'

자, 어서 그림책을 한 장 더 넘겨보자꾸나!"

대부님이 말했습니다.

"여기를 보렴. 코펜하겐이 얼마나 찬란하게 빛나고 있는가! 말을 타고 벌이는 창 시합과 수많은 경기들, 휘황찬란한 행렬들과 갑옷을 입은 고상한 기사들이

보이지? 또 비단옷과 화려한 금 장신구로 꾸민 우아한 여인들을 보렴. 한스 왕은 브란덴부르크 제후에게 공주 엘리자베스를 주었단다. 한창 젊은 그녀는 성격 또한 쾌활했단다. 그녀는 벨벳 위를 걸어갔어. 두 눈에는 미래와 가정 생활의 행복에 대한 꿈이 서려 있었지. 공주의 바로 곁에는 오빠인 왕자 크리스티안이 걱정스러운 얼굴을 하고 피를 용솟음치며 서 있었단다. 시민들은 그를 사랑했단다. 왕자는 시민들의 근심 걱정을 진심으로 이해했으며, 그의 머릿속에는 늘 가난한 사람들의 앞날에 대한 생각으로 가득 차 있었기 때문이지. 하느님만이 행복을 뜻대로 결정하시도다!

"자, 계속해서 다음 책장을 넘겨볼까?"
대부님이 말했습니다.
"그림책 다음 장에는 바람이 세차게 불어 대며 매서운 칼날과 암울한 시대, 평화가 없는 시대를 노래했단다. 얼음처럼 차가운 4월 중순이었을 게다. 성과 낡은 세관 건물 앞에는 군중들이 모였고, 왕이 탄 배는 돛과 깃발을 높이 올리고 떠날 준비를 했지. 사람들은 창가와 지붕 위에서 이 광경을 바라보고 있었지만 웃는 사람은 아무도 없었단다. 모두가 우울하고 슬픈 표정을 하고 있었지.

모든 사람들은 성 쪽을 쳐다보고 있었어. 황금으로 된 커다란 방에서 횃불 춤을 추던 떠들썩하던 성이, 이제는 적막하고 텅 빈 공허만 감도는 곳이 되었지. 이들은 성의 튀어나온 창 쪽을 바라본다. 국왕 크리스티안(크리스티안 2세)이 매우 아끼던 작은 비둘기를 내려다보던 창을 말이야.

군중들은 창 덧문을 열고 성을 바라보았지. 이제 성문이 열리고 도개교(다리의 한 끝이 들리면서 열리게 되는 가동교)가 내려지면서, 성 안에서는 국왕 크리스티안 2세가 헌신적인 그의 아내 엘리자베스 왕비와 함께 나온단다. 그녀는 왕이 곤경에 빠져 있어도 결코 그를 떠나려하지 않았지.

국왕 크리스티안 2세의 가슴속에서는 세찬 불길이 일고 있었단다. 불길은 그의 머릿속에서도 타올랐지. 그는 낡은 시대를 무너뜨리고 농부들의 어려움을 해결하려 했고, 시민들을 위해 일하고 '탐욕스러운 독수리들'의 날개를 꺾어 버리려 했지. 하지만 왕에게는 너무나 벅차고 힘든 일이었단다. 그래서 그는 이제 다른 나라에 있는 친구들과 친척들에게 청하려고 이 땅과 제국을 떠나기로 결정을 내렸지. 그의 아내와 충성스러운 신하들이 그를 수행했어. 이 이별의 순간, 모든 사람들의 눈은 눈물로 촉촉하게 젖어 있었단다.

이 시대의 노래는 삼중창으로 울려 퍼진단다. 그를 지지하거나 반대하는 여러 목소리들이 뒤섞여 노래하는 거야. 그들은 그 의견들을 기록하고 인쇄물로 만들었단다.

귀족의 말을 들어 보렴.

'그대에게 화 있을지어다. 악인 크리스티안! 스톡홀름 광장에서 흘린 붉은 피가 크게 소리치노라. 그대에게 저주가 내릴지어다!'

수도사들도 귀족과 마찬가지였지.

'그대는 하느님과 우리에게 버림받으리라! 그대는 루터의 가르침을 이곳에 알리고, 교회와 강단에 악마의 혀로 그의 가르침을 전파했도다. 그대에게 저주가 있을지어다, 악인 크리스티안!'

그렇지만 농부들과 시민들은 이루 말할 수 없이 슬퍼하며 울었단다.

'크리스티안, 상냥하신 분이여! 당신께서 공정한 법을 만들어서 농부가 가축처럼 팔리지 않게 해 주었고, 사냥개와 거래되는 것도 막아주었습니다. 이 법률이 바로 당신의 고결한 성품을 나타내고 있습니다.'

하지만 가난한 사람들의 말은 바람 속에 날리는 티끌과 같아서 아무런 힘이 되지 못했단다.

마침내 왕이 탄 배가 성을 떠나가게 되자 시민들은 그의 모습을 한 번이라도 더 보려고 성벽을 기어올라 갔단다.

고통의 시간은 몹시 느리게 지나간단다. 그런 어려운 시기에는 가까운 친척도 믿고 기대하지 마라. 크리스티안의 숙부이자 홀슈타인에 사는 프레데리크 공작은 제 조카를 돕기보다는 덴마크 왕이 되고 싶었지. 끝내 프레데리크는 왕이 되었단다. 코펜하겐은 변함없이 크리스티안 2세에게 충성했지. 하지만 듀

크 프레데리크는 코펜하겐을 포위했어. 코펜하겐이 겪었던 수많은 고통이 노래와 이야기로 전해진단다. 여기 있는 이 '변함없이 충실한 코펜하겐' 그림이 보이니? 시커먼 구름들이 도시를 겹겹이 에워쌌지. 어느 그림마다 말이야. 한 장 한 장 잘 보렴. 이것은 노래하는 그림이란다. 아직까지도 전설과 노래에서 울려 전해지지. 참으로 혹독하고도 가혹한 시절이었단다.

"목표를 잃어버린 새처럼 되어버린 국왕 크리스티안에게는 무슨 일이 일어났을까?"

대부님이 물었습니다.

"이에 대해서는 새들이 노래했단다. 새들은 이 땅과 바다를 건너 멀리까지 날아갈 수 있었지. 황새는 남쪽에서 독일 땅을 지나 봄이 되어 돌아오면서 무엇을 보았는지 말해주었단다."

'난 도망자 크리스티안 왕이 황야를 지나가는 것을 보았어요. 여기서 그가 탄 말 한 마리가 끄는 허름한 마차를 만나게 되었지요. 그 마차 안에는 브란덴부르크의 후작 부인이었던 크리스티안의 누이동생이 옆에 앉아 있었어요. 이 여인은 루터 교에 충실했기 때문에 남편에게 버림받지요. 어두운 황야에서 고향을 등진 한스 왕의 자식들(한스 왕처럼 신을 경외하고 그처럼 훌륭하고 뛰어난 제후의 자식들이 세상에서 아주 불행할 수밖에 없었다는 것은 참 놀라운 일이다—원주)은 서로 만나게 되었던 것이지요. 그 시대는 길고 괴로웠습니다. 두 사람은 몹시 불안한 상태라 친구와 친척조차 믿을 수 없었어요.'

제비는 쇤더보우 성에서 비탄의 노래를 가지고 돌아왔단다.

'크리스티안 왕은 배반당했어요. 왕은 쇤더보우 성 깊숙한 곳에 있는 지하 감방에서 이리 저리 서성이고 있답니다. 왕의 무거운 발걸음이 돌로 된 마룻바닥에 발자국을 내는 동안 그의 손가락은 단단한 대리석에 글자를 새기고 있답니다.'

이 단단한 돌이 내 말을 어찌 받아들였는지 아, 어떤 노래로 이 고민을 전하리.

물수리가 파도치는 바다에서 돌아왔고, 넓고 탁 트인 바다에는 오직 배 한 척만이 싸움을 끝내고 돌아오고 있었단다. 이 배는 용감한 핀 섬사람인 쇠렌 노르드비의 배란다. 행운은 그와 함께 하지만 그것은 바람과 날씨처럼 언제 갑작스레 변할지 모르지.

독수리와 매들은 유틀란트 반도와 핀 섬에 모여 떠들어댔단다.

'모두 잘 되었어요. 전쟁은 참 좋은 거예요! 그곳에는 말과 사람들 시체가 실컷 먹을 만큼 잔뜩 있거든요.'

후작들이 서로 적대하며 전쟁을 벌이던 혼란의 시대였단다. 농부는 쇠스랑을 들고, 상인은 칼을 들고 이렇게 외쳤지.

'늑대처럼 탐욕스러운 귀족들을 하나도 남김없이 모두 죽여버려라!'

불타는 도시들에서는 먼지가 구름처럼 일어나고 연기가 자욱하게 흘러 나왔단다.

크리스티안 왕은 쇤데르보르그 성에 갇힌 포로 신세가 되어 빠져 나올 수 없었기 때문에 코펜하겐이 당하는 비참하고 고통스러운 형편을 전혀 알지 못했단다.

이때 코펜하겐 북쪽 푸른 언덕에는 크리스티안 3세가 서 있었어. 그의 아버지가 서 있던 곳이었지. 도시는 공포와 굶주림에 지쳤고, 전염병이 돌고 있었지. 교회 담장에 누더기를 걸친 앙상하게 말라 뼈만 남은 여자가 기대어 있는 게 보이지? 하지만 여자는 사실 죽어 있었단다. 아직 살아 있는 두 아이는 죽은

엄마의 젖가슴에서 나오는 피를 빨고 있었지. 사기는 땅에 떨어지고, 맞서 싸울 의지는 꺾여 버렸지. 충성스런 코펜하겐이여!

"트럼펫에서 팡파르가 울려 퍼진단다. 팀파니와 트럼펫 소리를 잘 들어 보렴. 비단과 벨벳으로 된 값비싼 옷을 입고 깃털을 나부끼며, 가장자리에 금장식을 단 말을 타고 귀족들이 다가오고 있지. 이들은 옛 광장으로 가는 중이야. 그곳에서 무술 시합이나 말을 타고 벌이는 창 경기가 열리는 건가? 시민들과 농부들도 멋지게 차려 입고 광장으로 갔단다. 어떤 볼거리가 있는 걸까? 교황 예찬자들의 초상화를 불태우기 위한 장작더미가 가득 쌓여 있을까? 아니면 형리가 슬라그호크를 화형에 처했듯이, 또 다른 처형식이라도 있는 걸까?

이 나라 주인인 왕(크리스티안 3세)은 루터 교도였단다. 왕은 이 사실을 온 나라에 알렸지. 하얀 깃을 높이 세운 옷을 입고 머리에 진주로 장식한 모자를 쓴 귀부인들이 활짝 열린 창가에 앉아 이 장엄한 의식을 구경하고 있단다. 휘장이 활짝 펼쳐진 천개 아래에는 옛날 옷차림을 한 고문관이 옥좌 가까이에 앉아 있고, 왕은 침묵했지. 곧이어 고문관은 왕의 의지를 라틴어가 아닌 덴마크어로 크게 읽었어. 시민과 농부들은 가혹한 심판의 말을 듣게 되었지. 신분이 높은 귀족에 대항한 것에 대한 형벌의 말을.

시민들은 굴복했고 농부들은 노예가 되었단다. 이어서 주교에 대한 저주가 선포되었지. 그들의 권세는 이미 지나간 것이란다. 교회와 수도원의 모든 영광과 재산은 모두 왕과 귀족에게 넘겨진 것이지. 오만과 증오가 지배하고 화려한 권세와 참상이 나타나게 된 것이란다.

가난한 새는 절름거리며 날아 온다.
부유한 새는 푸웅 소리 내며 빠르게 날아 온다네,
윙윙 소리 내며 힘차게 날아 온다.

변화의 시대는 검은 먹구름이 일기는 하지만 찬란한 햇살도 가져오는 법이란다. 이 햇살은 학문의 전당과 학생들의 집에서 환하게 빛나지. 이 사람들의 몇몇 이름은 우리 시대에 까지 와서 빛나고 있단다. 한스 타우젠, 그는 가난한 대장장이의 아들이었어.

비르크엔데 도시에 그 어린 소년이 있었다네.
덴마크 민중의 마음속에 그의 이름이 빛났다네.
덴마크의 마틴 루터,
그는 말의 칼로 싸웠다네.
그리하여 민중의 마음속에
정신의 힘으로 빛나는 승리를 했다네.

— B.S. 잉게만

민중의 마음속에는 페트루스 팔리디우스란 이름도 빛나고 있었지. 이 이름은 라틴어인데, 덴마크어로는 페더 플라드란다. 그는 로스킬레의 주교였고, 그 또한 유틀란트 지방에 사는 가난한 대장장이의 아들이었지.

귀족들 가운데에 한스 프리스라는 이름이 단연 돋보였단다. 그는 왕국의 재상으로서, 여러 학생들을 제 집으로 초대해 공부시키며 돌보았기 때문이야. 그들에게는 크리스티안 왕만이 찬양받고 칭송받을 자격이 있다고 생각했지.

압살론 항구에서 여전히 한 학생이 펜을 드는 한, 크리스티안 왕의 업적

은 만세 소리와 함께 찬양되리라

— P.M. 묄러

그래, 그 어둡고 우울했던 시대에도 햇살은 변함없이 내리 쬐었단다.

"그럼 이 뒷장을 보자. 새로운 시대가 펼쳐진단다. 대발트 해협의 삼쇠 해변 근처에서는 파도가 일렁이고 그 사이로 노랫소리가 들려오지? 해초처럼 푸른 머리의 인어 공주가 바다 위로 떠올라 농부에게 예언하는 거란다. 왕자가 태어나서 위대한 왕이 될 거라는 예언이지.

들판에서 활짝 피어난 서양 산사나무 아래서 인어 공주가 예언한 왕자가 태어났어. 왕자는 자라나 크리스티안 4세가 되었단다. 지금도 그의 이름은, 기사의 성과 왕들이 나타나는 전설과 민요 속에 등장하고 있단다. 그는 덴마크 왕 가운데 가장 많은 사랑을 받은 왕이었어. 코펜하겐에 세워진 아름답고 훌륭한 건물들은 모두 크리스티안 4세가 손수 설계하고 지은 것들이란다. 그걸 모르는 사람은 아무도 없을걸?

그 건물들은 첨탑을 달고 하늘높이 솟아올랐지. 로젠보우는 우뚝 서서 제

방 너머 먼 곳을 바라보고 있는데 한 떨기 꽃처럼 아름다워서 '장미의 성'이라고 불렀단다. 용꼬리 세 개가 얽힌 듯 서 있는 증권거래소와 대학 기숙사, 둥근 탑이 세워졌지. 천문대 우라니아 기둥은 옛 우라니엔보우성이 있었던 흐벤 섬 쪽을 바라보고 있단다. 우라니아의 금빛 둥근 지붕이 달빛 속에 빛나고, 인어 공주들은 이곳에 살고 있는 귀족 천재였던 천문학자 티코 브라헤를 노래했지.

수많은 왕과 위대한 사람들이 티코를 찾아갔어. 그는 덴마크의 이름을 드높여, 별이 반짝이는 하늘을 가진 모든 나라에 알려졌단다. 하지만 정작 덴마크는 이 사람을 추방시켜버렸지. 그는 고통 속에서 한 편의 노래로 자신을 달랬어.

하늘은 어디에나 있는데
나에게 무엇이 더 필요하랴!

그의 노래는 민요에서 참된 생명을 얻었단다. 크리스티안 4세에 대한 인어 공주의 노래처럼."

"자, 이제 드디어 네가 정말 잘 봐야만 하는 페이지가 나타났단다."
대부님은 힘주어 말했습니다.

"민요에서 연달아 영웅의 시가 나오듯, 이 장에는 그림이 연달아 나오지. 이 노래의 시작은 매우 즐겁지만 끝은 몹시 슬프단다."

맨 처음 그림은 어린 공주가 왕궁에서 춤을 추고 있는데 무척 사랑스럽지 않니? 크리스티안 4세의 무릎에 앉아 있는 이 아이는, 그의 귀여운 딸 엘레노란다. 이 공주는 여성이 지녀야 할 예의범절과 덕성을 차츰 배워가며 자랐지. 그리고 강력한 힘을 가진 귀족 코르피츠 울펠트와 약혼했단다. 아직 어린 그녀는 엄격한 왕궁 가정교사에게 자주 매를 맞기도 했어. 그럴 때마다 공주는 사랑하는 자신의 약혼자인 코르피츠 울펠트에게 달려가 하소연을 하곤 했지. 아주 잘하는 일이었지. 공주는 아주 현명했으며 예의 바르고 교양 있었어. 또, 그리스어와 라틴어도 할 수 있었고, 라우테(만돌린과 비슷한 옛날 현악기)를 켜며 이탈리아어로 노래를 부르기도 했지. 교황과 루터 등 종교에 대해서도 매우 잘 알고 있었단다.

크리스티안 4세는 로스킬레 대성당 지하 무덤에 묻혔어. 그는 바로 엘레노의 오빠였지. 코펜하겐의 성은 빛나며 영광과 화려함, 아름다움과 지혜가 피어났단다. 미모와 지혜를 갖춘 뤼네부르크 출신의 소피 아말리에 왕비가 대표적이었지.

어느 누가 이 여인보다 더 말을 잘 다룰 수 있었을까? 그 누가 이 여인보다 더 우아하게 춤을 출 수가 있겠는가? 과연 누가 이 덴마크 왕비보다 지성과 교양을 갖추었다고 말할 수 있을까?

'엘레노 크리스티네 울펠트 부인이지요! 그 부인은 그 어떤 여인보다도 미모와 지혜가 뛰어납니다.'

프랑스 대사는 이렇게 말했지.

그 뒤 성의 매끄러운 널마루 위로 질투의 가시덤불이 무성하게 자라났단다. 이 가시덤불은 피부를 마구 찌르고 깊은 상처를 내고 다녔어. 그 누구도 그 가시덤불을 제거할 수가 없었어. 곧이어 누군가 복수를 꿈꾸었지.

'첩의 자식!' 엘레노를 향한 험담과 꾸며 낸 소문들, 온갖 거짓말들이 거친 눈보라처럼 휘몰아치며 세상을 덮었단다.

어느 쥐죽은 듯 고요한 밤에 울펠트는 아내의 손을 잡고 조심조심 성문을 열었단다. 그가 열쇠를 가지고 있었으니까. 밖에는 이미 말들이 준비되어 있었지. 그들은 해변을 따라 쏜살같이 말을 달렸단다. 해변에는 배 한 척이 그들을 데려가기 위해 기다리고 있었어. 그들은 서둘러 배를 타고 이 땅을 벗어나 스웨덴으로 갔단다."

"자, 이제 행운이 이 두 사람에게서 어떻게 등을 돌리는가 다음 장을 보자."

대부님이 말했지요.

가을이 되었단다. 낮은 짧아지고 밤은 더 길어졌지. 하늘은 잿빛으로 물들고 으스스한 날씨가 계속되었어. 차가워진 바람은 끊임없이 강하게 불어 왔고, 나뭇잎은 스산하게 쇠쇠 소리를 내며 떨어져 페데르 옥세의 궁궐 안으로까지 날아 들어왔단다. 주인이 떠난 궁궐은 텅 비고, 쓸쓸하게 버려져 있었지. 바람은 크리스티안하운을 지나 카이 리케의 저택을 휘돌아 나갔어. 이곳은 어느덧 감옥이 되어 있었단다. 카이 리케는 치욕스럽게 명예를 잃고 나라에서 추방당했으며 방패는 부서지고 그의 초상은 교수대에 높이 걸리게 되었지.

왜 이런 일이 일어났는지 궁금하겠지?

대부님이 책에서 눈길을 떼며 말했습니다.

이 나라의 존경받는 왕비에 대한 그의 오만방자하고 경박한 말과 행동 때문에 형벌을 받게 된 것이란다.

바람이 크게 소리내어 울부짖으며 이전에 관청장관의 집이 있었던 넓은 광장을 가로질러 갔단다. 이제 이곳에 남아 있는 것이라고는 돌멩이 하나뿐이지. 바람이 말했어. "내가 이 돌멩이를 떠내려가는 얼음 위에 실어 여기까지 옮겨 가지고 왔어. 이 돌은 예전에 내가 저주한 '도둑의 섬'이 솟아오른 곳에 닿았지. 그 다음 울펠트의 궁에 옮겨졌어. 그의 아내가 라우테 음악 소리에 맞추어 노래하고, 그리스어와 라틴어를 배우고 자부심에 차 고개를 높이 쳐들고 다니던 그 궁에 말야. 하

지만 이제는 그의 비명(碑銘)이 쓰인 돌만 높이 솟아 있지.

　　　배반자 코르피츠 올펠트에게 영원히 치욕과 수치 있을 터이니.

"그런데 고귀한 그의 아내는 지금 어디에 있을까?"

'우·우·우······아·아·아······'
바람이 살을 에는 듯한 거칠고 사나운 목소리로 말했어.
그녀는 바닷물이 끊임없이 부딪혀 와 미끄러워진 담장이 있는 성 뒤편 '푸른 탑' 속에 오래전부터 갇혀 있었지. 방에는 연기는 나지만 온기라곤 전혀 찾아볼 수 없는 찬 기운만 맴돌 뿐이었단다. 높은 천장 아래 작은 창문이 있는 이곳에 크리스티안 4세의 응석받이였던 이 고귀한 부인은 너무도 비참한 모습으로 갇혀 있었어.
검게 그을린 감옥 쇠창살에는 그녀의 옛 기억이 걸려 있단다. 부인은 아름답고 젊었던 시절 아버지의 인자하고 위풍당당한 풍모와 호화찬란했던 결혼식 행차 그리고 드높은 자부심을 안고 살았던 나날들을 생각했어. 또한 네덜란드

와 영국과 보른홀름에서 겪었던 일들을 떠올리고 있었단다.

'진정한 사랑을 위해서는 못할 게 없나니!'

그래도 그 시절에 그녀 곁에는 늘 남편이 있었단다. 하지만 이제 홀로 이곳에 갇혀 있었지. 부인은 제 남편 무덤이 어디 있는지도 모른단다. 아무도 그의 무덤이 어디에 있는지 알지 못했어.

'남편에 대한 충절이 그녀의 죄였도다.'

기나긴 세월이 흘러가는 동안에도, 그녀는 오롯이 이 감옥에 갇혀 있었어. 밖에서는 생명이 요동치며 흘러가는데도 말야. 하지만 삶은 머물러주지 않는 법이지.
잠시 여기 멈춰 서서 그녀와 노랫말을 더듬어 보고 지나가기로 하자.

　　나는 남편에게 정절을 지켰노라
　　곤경 속에서도! 끔찍하게 비참한 불행 속에서도!

"이 그림이 보이니?"
대부님이 물었습니다. "지금은 겨울이야. 한파가 라알란드 섬과 핀 섬 사이에 다리를 놓아주었단다. 이 다리는 끊임없이 전진하는 카를 구스타프를 위해서였어. 군대 전체가 지나가더라도 전혀 문제가 없을 만큼 튼튼했지. 그런데 스웨덴 왕 샤를 10세는 이 다리를 건너 코펜하겐으로 쳐들어 왔단다. 약탈과 살인과 방화, 공포와 궁핍이 온 나라를 휩쓸었지.
살을 에는 듯한 추위가 몰아닥치고 눈보라가 휘몰아쳤지만, 왕과 충성스런 백성들은 전투할 태세를 갖추었어. 수공업자와 상인들, 학생과 스승 할 것 없이 모두 나라를 지키기 위해 높은 성벽 위로 모여들었단다. 불을 내뿜는 탄환도 두렵지 않았지. 왜냐하면 프레데리크 왕(프레데리크 3세)이 성에서 싸우다 죽겠노라 굳게 맹세했기 때문이야. 왕과 왕비는 말을 타고 성벽 위로 올라와 부하들을 독려했단다. 용기와 사기 그리고 애국심이 하늘을 찌를 듯했지."

'하얀 눈 속으로 더 깊숙이 아무도 모르게 숨어 들었다가 물밀듯이 쳐들어
오는 적군들을 무찌르리라. 침략자 스웨덴인들이여, 그리하여 너희들을 위해
마련한 수의를 입을 준비를 하라!'

　적군들 머리 위로 각목과 돌들이 무자비하게 쏟아져 내렸어. 아낙네들도 솥
을 가지고 와서 쳐들어오는 적들에게 펄펄 끓는 역청과 콜타르를 쏟아 부었
단다.
　왕과 시민들은 하나가 되어 용감히 성을 지켰어. 마침내 적들은 물러갔고,
백성들은 축배의 잔을 들었단다. 종소리는 크게 널리 울려 퍼졌고 감사의 노래
가 흘러 나왔지.
　"시민들이여, 여기에서 그대들은 귀족의 말발굽 같은 용맹함을 보여 주었
도다!"

　"이 다음에는 어떤 일이 벌어졌을까?"

대부가 고개를 끄덕이며 말했습니다. "이 그림을 보렴. 스베느 주교의 부인이 마차를 타고 가고 있지? 이 마차는 힘이 있고 아주 높은 귀족만이 탈 수 있었단다. 하지만 융커 귀족들이 이 마차를 부숴 버렸지. 주교의 부인은 성당까지 걸어가야만 했어.

이것이 전부일까? 아니야. 그 뒤에 훨씬 더 큰일이 벌어지고 말았지. 이것은 바로 오만한 권력이 빚어 낸 결과란다.

시장 한스 난젠과 스베느 주교는 주님의 이름으로 행동을 개시하기 위해 서로의 손을 잡았단다. 이들은 만나서 지혜롭고 정직하게 대화를 나누었지. 이 일은 교회와 시민들의 집에 퍼지게 되었단다. 단결의 악수가 가져온 기쁜 결과였어. 하지만 곧 항구는 폐쇄되고 성문은 굳게 닫혔으며, 경고의 종소리가 울려 퍼지게 되었어. 이제 권력은 오직 왕에게만 주어지게 되었단다. 왕은 위기의 순간에 자신의 성 안에만 있었지만 모두를 다스릴 수 있게 되었지. 위대한 사람이거나 천한 사람들을 막론하고 모두를 지배하게 되었어. 이것이 바로 절대 왕정의 시대였단다.

"자, 뒷장을 넘기자 시간도 함께 말이야."

"와와, 쉿쉿! 사냥이 시작되었지. 밭을 가는 쟁기는 옆으로 밀쳐지고, 야생화 히스가 여기저기서 자라나기 시작했단다. '와와, 쉿쉿' 날카롭게 울리는 사냥의 뿔피리 소리와 맹렬하게 짖어 대는 사냥개 소리를 들어 보렴. 사냥꾼들의 모습이 보이지? 그들 가운데는 크리스티안 5세 왕도 있었지. 그는 매우 젊었고, 늘 쾌활했단다.

성과 도시에도 즐거움이 넘쳐 흘렀어. 성 안 홀에서는 촛불이 밝혀지고, 궁정 뜰에서는 횃불이 타오르고 있었단다. 또한 도시 거리에는 기름등에 불이 들어왔지.

모든 것이 새롭게 다시 빛나기 시작했어. 독일에서 불러들인 새로운 남작과 백작들은 왕의 총애와 하사품을 받았지. 이어서 그들에게 작위와 관직이 내려졌고, 독일어도 널리 쓰여지게 되었단다.

그때 순수한 덴마크어 노래가 들려왔어. 이 목소리의 주인공은 바로 킹고 주교란다. 직공의 아들로 태어나 주교가 된 사람이지. 그는 아름다운 찬송가를 불렀어.

또 다른 한 사람은 포도주 상인의 아들인 그리펜델이었지. 그의 사상은 법

과 정의에서 환히 빛났고, 그가 쓴 법률서는 왕의 이름으로 황금색 옷을 입고 후대까지 전해져 내려왔어. 이 나라에서 가장 영향력이 있었던 이 시민의 아들은 귀족의 문장을 얻었지만 동시에 적도 생기고 말았단다. 형장에서 그리펜델의 머리 위로 형리의 칼날이 춤을 추고 있는 것이 보이지. 그런데 바로 그때, 영원히 유배에 처해지는 자비의 손길이 뻗쳐 와서, 그는 드론하임 해변 바위섬에 보내지게 되었단다. 덴마크의 세인트헬레나 섬인 뭉크홀름으로.

"하지만 성 안에서는 아무 일도 없었다는 듯 경쾌한 무도회가 한창 열리고 있었어. 현란한 불빛 아래 화려하고 즐거운 음악이 흘러나오고, 영주와 귀부인들은 춤을 추지."

"이윽고 프레데리크 4세의 시대가 찾아왔단다. 승리의 깃발을 높이 매단 위풍당당한 군함을 보렴. 파도가 우르릉거리는 소리가 들리지 않니. 자, 이제 덴마크의 명예와 위대한 행적에 대해 이야기할 수 있게 되었구나. 사람들은 승리의 개가를 올린 세스텔과 길덴뢰베의 이름을 기억하고 있지. 우리는 또 횟드펠이란 이름을 떠올릴 거야. 그는 덴마크 함대를 구하기 위해 자신의 배를 폭파시키고 다네부로우(덴마크 국기)와 함께 장렬하게 불타오른 사람이란다. 우리는 이 시대에 일어났던 전투와 영웅들의 이름을 모두 기억해야 한단다. 덴마크를 수호하기 위해 노르웨이 바위섬에서 뛰쳐나온 페더 토르든스횔을 말이야.

잔잔한 바다에서도, 파도가 치는 바다에서도, 해안에서 해안으로 그의 이름은 강렬하게 남았지.

> 번개는 하얗게 피어오른 화약연기를 뚫어 내리치고,
> 뇌명은 시대의 속삭임 속에서 울린다.
> 젊은 재단사는 재단대에서 뛰쳐나와,
> 노르웨이 해안에서 한 척의 작은 배를 몰고 떠난다.
> 강철같이 무장한 몸으로 북해를 건너면 바이킹의 정신이 하늘로 솟아올라 춤을 추네.
>
> ―카를 플루그

"그린란드 해안에서 모처럼 산들바람이 불어 왔단다. 베들레헴에서 불어온 듯한 향기로운 바람이었지. 이 부드러운 바람이 한스 에드와 그의 아내의 복음의 빛을 전해 주었단다.

"이번 장의 반은 금빛으로 칠해져 있는 걸 보게 될거야." 대부님이 말했습니다.

나머지 반은 잿빛으로 전염병과 불티를 뜻하는 검은 점들이 군데군데 박혀 있어. 바로 슬픔을 나타낸단다. 코펜하겐에 페스트가 창궐했기 때문이지.

거리는 텅 비고 문마다 빗장이 굳게 질러졌으며, 벽에는 온통 백묵으로 십자가가 그어져 있었단다. 하얀 십자가가 그어져 있는 곳은 환자들이 있다는 뜻이고, 검은 십자가가 그어져 있는 곳은 모두 시체들만 있다는 뜻이었지.

시체들은 한밤중에 조종(죽은 이를 애도하는 뜻으로 치는 종)을 울리지도 않은 채 운반된단다. 거리에서 반쯤 죽어 가는 사람들도 같이 실어 날랐어.

"시체들로 가득 찬 운반용 마차는 무거워서 삐그덕삐그덕거리고, 술집에서는 꽥꽥 질러대는 노랫소리와 취한 사람들의 거친 고함 소리가 새어 나온단다. 이들은 술에 취해서 이 참혹한 고통을 잊고 싶어 하는 것이지. 잊고 싶고 끝장을 보고 싶은 거야. 끝장을! 그렇지, 모든 일에는 끝이 있는 법이니까. 이 책장도, 코펜하겐도 고통과 시련을 간직한 채 끝나겠지."

"왕 프레데리크 4세는 여전히 살아 있었단다. 세월이 흐르면서 그의 머리는

반백이 되었지. 그는 성의 창문에 서서 폭풍우치는 하늘을 내다보고 있단다. 이제 한 해도 저물어 가고 있었어.

서쪽 문 곁에 있는 어느 작은 집에서는 한 소년이 공놀이를 하고 있지. 공이 지붕까지 높이 튀어 오르자, 소년은 촛불을 손에 든 채 공을 찾으려고 지붕 위로 올라갔단다. 그러다 그만 작은 집과 온 거리에 불이 옮겨 붙고 말았지. 밤하늘은 대낮처럼 환하게 밝아지고 구름들도 불빛에 물들어 밝게 빛났단다. 불길이 점점 커졌지. 집어 삼킬 게 많았거든. 건초 더미와 짚들, 베이컨과 타르, 겨울을 나기 위해 쌓아둔 장작더미들이 바로 그것들이었지. 모두 불에 타기 시작했단다. 사람들이 울며불며 뛰어나와 살려달라고 소리 지르는 바람에 마을은 엄청난 혼란에 빠졌어.

나이 든 왕은, 사람들에게 힘을 주려고 했어. 그래서 이 소동을 헤치며 말을 타고 달려왔단다. 그러나 별 도움이 되지 못했지. 화약이 무서운 소리를 내며 터지면서 집들은 여기저기서 무너져 내렸으며, 시 북쪽까지도 불에 몽땅 다 타버렸단다. 성 페트리 교회와 성모 마리아 교회마저도 불에 타고 말았지.

어서, 종이 마지막으로 울리는 소리에 귀를 기울여보렴, 은총이 가득하신 하느님, 저희에게 내리신 노여움을 거두어가소서. 다행히 룬데 탑과 성은 무사했단다. 어디든 불이 났던 곳에서는 연기가 피어오르고 있었지.

프레데리크 4세는 백성들에게 더없이 좋은 군주였단다. 음식을 듬뿍 나누어주고 집 없는 사람들의 친구가 되었단다. 프레데리크 4세에게 축복이 있을 지어다!"

　자, 이제, 이 책장 그림을 보렴!
　앞뒤로 무장한 기사들과 하인들을 거느린 황금 마차가 성에서 나오는 광경이야. 이 마차에는 사람들이 가까이 다가오지 못하게 하려고 쇠사슬을 매어 놓았단다. 귀족 아닌 이들은 모두 모자를 벗고 광장을 지나가야만 했어. 그래서인지 사람들의 모습이 그다지 보이지 않았어. 모두들 이곳을 지나가는 것을 꺼려했기 때문이야. 그런데 바로 그때 시선을 아래로 내리깔고 두 손에는 모자를 꼬옥 쥔 어떤 사람이 나타난단다. 바로 이 사람이 우리가 높이 찬양하는 이 시대 인물 가운데 하나지.

　　깨끗이 쓸어버리는 폭풍처럼 그의 말은 멀리 울려 퍼졌도다.
　　빛나는 햇살처럼 다가오는 시간들에게.
　　숨어들어온 노랫가락은
　　메뚜기처럼 왔던 길을 다시 되돌아 간다.

　　　　　　　　　　　　　　　　　　　　　　　　　　　　—크리스티안 빌스터

　그는 바로 재치와 익살이 넘치는 시인 루드비히 홀베르그였단다. 그의 위대함을 나타내던 덴마크 무대이자 위대한 성은 닫혀지고 말았단다. 극장이 사람들을 유혹해 타락시키는 장소처럼 여겨졌기 때문이지. 모든 즐거움들은 땅 속에 묻히고, 춤과 노래와 음악은 금지되었으며, 책들은 모두 불태워졌지. 이때부터 기독교가 나라를 지배하는 암흑기가 시작된 것이란다.

　그 뒤로 찬란한 햇살과 작은 새들의 즐거운 노래, 경쾌한 덴마크 정신과 더불어 한 시대가 다시 시작되었어. 이 시대를 이끈 사람은 그의 어머니에게 '덴마크의 왕자'라 불렸던 프레데리크 5세란다. 성에서 광장까지 이어졌던 쇠사슬은 없어지고, 덴마크 극장은 다시 문을 열었으며, 사람들의 웃음소리가 들려왔고 기쁨과 유머가 흘러 넘치게 되었지. 농부들도 5월제가 시작되면 말을 타고 시내로 들어갔단다.
　금욕과 공포의 시대가 물러나고 드디어 밝은 시대가 펼쳐지는 거야. 아름다

움이 활짝 피어나고, 음악과 미술과 조각에 꽃망울과 열매가 맺히게 된 것이란다. 그레트리의 음악을 들어 보렴! 론드맨의 연극도 보아야 해! 영국에서 온 아름답고 온후한 루이즈 왕비는 덴마크와 백성들을 매우 사랑했단다.

천국에서 하느님이 그대를 축복하시기를! 햇살은 세 왕비들에 대해 사랑스럽게 노래했지. 부드럽고 다정한 그들은 바로 필리파, 엘리자베스, 루이제 왕비였단다.

그녀들은 이미 오래전에 땅 속에 묻혔지만, 영혼과 이름은 영원히 살아남는 법이야. 영국에서 또 왕의 신부를 보내왔단다. 마틸다 여왕이었어. 하지만 그녀는 너무도 젊은 나이에 세상을 떠나 버렸지. 시인들은 언젠가 마틸다의 청순한 마음과 그녀가 겪은 시험의 시간들을 노래하겠지. 노래는 시대와 민족 속에서 이루 뭐라 말할 수 없는 위대한 힘을 가지고 있거든.

크리스티안 왕의 궁전이 불타버리는 광경을 보렴.

사람들은 성에 있는 가장 귀중한 물건을 구해내려 애썼단다. 여기 봐, 작은

섬 사람들이 커다란 바구니에 은제품과 값비싼 물건들을 가득 담아 끌고 나오지? 참으로 값진 금은보화들이야.

바로 그때 열린 문 사이로 크리스티안 4세의 청동 흉상이 불길에 휩싸여 있는 게 보였어. 이를 본 사람들은 끌고 가던 금은보화를 모두 내팽개치고 왕의 초상을 구하기 위해 달려갔단다. 이들에게는 값진 보화보다 이 흉상이 훨씬 가치 있었던 거야. 끌고 가는 것이 아무리 힘들지라도 흉상을 무사히 가져와야만 했어. 사람들은 하르트만의 아름다운 노래나 에발의 멜로디(요하네스 에발이 작곡한 유명한 덴마크 국가)로 이 왕의 업적을 알고 있었던 것이지.

말과 노래에는 힘이 담겨 있어서, 언젠가는 비극적인 삶을 살다간 마틸다 왕비에 대한 노래도 밝게 울려 퍼질 날이 올거란다.

계속해서 그림책을 넘겨보기로 하자.

코르피츠 울펠트 집에는 불명예스러운 비석이 서 있었단다. 세상에 이런 비석이 또 어디 있을까? 서쪽 문에는 기둥 하나가 세워졌단다. 세상에 이런 기둥이 몇 개나 있겠어!

햇살이 이 비석과 '자유의 기둥'인 주춧돌에 따사롭게 입맞추었어. 교회에서는 종소리가 일제히 울려 퍼졌지. 깃발이 나부꼈고, 사람들은 프레데리크 황태자의 이름을 부르며 환호했단다. 남녀노소 할 것 없이 누구나 마음속에 베른스토프와 레운스로우와 콜 뵈른슨의 이름을 간직하고 있었지. 사람들은 빛나는 눈과 감사에 가득 찬 마음으로 기둥에 씌어 있는 아름다운 문구를 읽었단다.

"왕은 노예 제도를 철폐하고 농민법을 제정하겠노라 선포했고 그 약속을 지켰단다. 자유로운 농민들이 지혜와 용기를 가지고 근면성실하며 선량하고 행복한 시인이 될 수 있도록.

'빛의 정령들'은 이렇게 노래했어.

'선과 진실 그리고 아름다움은 자라지요.
곧 울펠트 집에 있는 불명예스런 비석도 무너질 거예요.
하지만 자유의 기념비는 찬란한 햇살 속에 그대로 남아 있겠죠.
하느님과 왕과 백성들에게 축복을 받으면서.'

　우리에게는 오래된 국도가 있으니
　이 길은 세상의 끝까지 이어지리라.

　　　　　　　　　　　　　　— N. F. S. 그룬트비그

탁 트인 바다는 우리 뿐만 아니라 적들에게도 활짝 열려 있었단다. 바다 건너 적이 바로 눈앞에 와 있었어. 돛을 달고 다가온 적들은 강력한 영국 함대였단다. 강력한 힘과 미약한 힘이 맞서 싸우는 꼴이 되었지.

전투는 치열했지만 백성들은 용감했어. 모두가 굳센 용기를 가지고 있었지.

　모두 용맹하게 싸웠으나,
　주검을 끌어 안는 무의미한 일이 계속되었구나.

　　　　　　　　　　　　　　— W. H. F. 외르손

우리 백성들은 덴마크 시인들을 감동시켰어.

덴마크에서는 해마다 4월(1801) 2일, 영광스러운 그날의 전투를 기억하기 위해 깃발을 펄럭인다.

"그리고 몇 년이 지난 뒤였어."

대부님이 근엄한 표정으로 말했습니다.

외레 순해협에 영국 함대가 나타났지. 러시아로 가는 함대였을까, 아니면 덴마크로 오는 함대였을까? 덴마크 사람들은 뱃전에 서서 아무리 눈여겨 보았지만 끝내 어디로 가는 함대인지 구분하지 못했단다.

사람들의 입에서 입으로 전해 내려오는 이야기에 따르면 어느 날 아침, 외레순 해협에서 봉인된 명령서가 개봉되어 읽혔다는 것이었어. 내용은 이러했단다.

덴마크 함대를 무찌르기 위해, 언행이 고결한 한 젊은 선장인 브레트랜이 사령관 앞에 나타나 이렇게 말했다는 거야.

'저는 영국의 깃발 아래 목숨을 걸고 명예롭게 싸울 것을 맹세했습니다.' 하지만 전력을 다해 적을 무찌르지 못했습니다.

이 말을 한 그는 뱃전에서 바다로 몸을 던졌지요.

차디찬 송장이 된 이 선장은, 어두운 바닷속으로 가라앉았단다. 이윽고 파도가 그를 상류로 데려갔지.

며칠 뒤 별빛이 맑게 빛나는 밤에 보트에서 고기를 잡던 스웨덴 어부가 선장의 시체를 발견해 따뜻한 햇살이 내리쬐는 마른 땅으로 옮겼어.

영국 함대는 선전포고도 없이 코펜하겐 노를 저어 다가갔단다. 적은 바로 코
펜하겐의 눈앞에 와 있었지. 도시는 이내 불길에 휩싸였어. 우리는 비록 함대
를 잃긴 했지만 용기와 하느님에 대한 믿음은 결코 잃지 않았단다. 하느님은
시련을 주실 때 다시 일어설 힘도 함께 주시거든. 상처는 시간이 지나면 자연
히 낫는 법이지.

　민중의 믿음은 한결같았으니
　하느님은 덴마크의 벗이었다네
　우리가 굳게 믿는다면, 하느님도 우리를 끝까지 지켜주시리
　이렇게 내일도 햇빛은 우리를 비춘다네.

　이윽고 찬란한 햇빛은 다시 건설된 도시와 풍요로운 곡식이 가득 찬 들판,
그리고 지혜로운 사람들을 따사롭게 비추었지.
　평화와 축복을 받은 여름이 다가온 어느 날 외렌슐레거 문학으로 다채롭고
도 찬란한 신기루 같은 환상의 세계가 구축되었어. 역사적으로도 수많은 것들
이 발굴되었단다. 옛 시대보다도 훨씬 더 찬란한 금빛 뿔피리가 발명되었고 금

으로 만들어진 다리가 발견되었어.

이처럼 번뜩이는 생각의 다리는 모든 시대를 위해 민족과 나라 안으로 이어진단다.

한스 크리스티안 외르스테드도 이 다리에 한 몫을 했지. 보렴! 교회 바로 옆에 성과 함께 나란히 서 있는 건물이 세워졌단다. 이 건물을 짓기 위해 가장 가난한 사람들조차도 가지고 있는 보잘것없는 돈을 기꺼이 기부했어.

이 그림책 맨 앞장에서 보았던 그림을 기억하니? 노르웨이 산에서 떨어져 얼음 덩어리를 타고 내려왔던 오래된 암석들 말이야. 이 암석들은 토르발센의 조각품으로 쓰인 대리석이란다. 보면 볼수록 아름답지 않니?

내가 네게 말한 것과 보여준 것들을 잘 기억해두어라. 어떻게 바다 속의 모래땅이 솟아나 항구를 만들고 방파제가 되었는지. 악슬 성과 왕궁, 아름다운 사원들은 어떻게 지어졌는지 말이야. 지금은 미의 전당의 토대가 되었지.

북동풍의 저주의 말들은 모두 사라졌고 태양빛의 아이들이 기쁨에 차서 다가오는 시대에 대해 말한 것은 모두 이루어졌단다.

그동안 너무나 많은 폭풍우가 지나갔고 또 잊혔어. 폭풍우는 앞으로도 계속 되풀이 될거야. 하지만 진실과 선과 아름다움은 영원히 기억되겠지.

자, 이렇게 해서 이 그림책은 끝이 났습니다. 하지만 코펜하겐의 역사는 끝나지 않았어요. 이제 당신이 앞으로 어떠한 경험을 하게 될까 아무도 알 수 없겠죠?

짙은 먹구름이 끼고 폭풍우가 몰아쳐왔지만, 햇빛은 사라지지 않고 언제나 그 곳에 있단다. 그리고 찬란한 햇빛보다 더욱 찬란한 것은 주 하느님이지! 자비로운 히느님은 코펜히겐뿐만이 이닌 더 많은 것을 디스리신단디.”

대부님은 이렇게 말하며 그림책을 제게 선물로 주었습니다.

대부님은 다정하게 나를 바라보았습니다. 그의 눈동자가 반짝였습니다. 모든 게 사실이라고 말하는 것만 같았습니다.

저는 이 그림책을 매우 기쁘고 자랑스러운 마음으로 소중하게 받았습니다. 언젠가 갓난아기였던 내 누이동생을 처음으로 안았을 때처럼 말이지요.

끝으로 대부님이 말했습니다.

“넌 누구에게나 거리낌 없이 이 그림책을 보여 주며 자랑할 수 있단다. 내가 이 그림책을 만들었는데, 직접 그림을 오려 붙인 것은 물론이고, 때때로 필요한 그림을 그려넣기까지 했었다는 사실까지도 말이야. 하지만 가장 중요한 것은, 내가 이런 이야기들을 어디에서 얻었는가 하는 것은 그들이 곧 알 수 있어야 한단다.

넌 모두 알고 있으니, 말해주려무나. 이 이야기들은 옛날 가로수의 기름 램프가 저 먼 옛날 항구에서 불을 밝히던 최초의 기름등에서 가스등으로 교체되던 이날 저녁때까지 코펜하겐에서 일어났던 일들을 신기루처럼 남김없이 모두 보여주었다 말하렴.

네가 보여주고 싶은 사람이라면 누구에게든 이 그림책을 보여주어라. 온화한 눈빛과 따스한 마음을 가진 사람들에게 말이야. 하지만 지옥의 말이 책을 들여다보려 한다면 냉큼 이 《대부의 그림책》을 덮어버려라."

133
넝마 조각들
Laserne

어느 공장 앞에 이곳저곳에서 모아 온 넝마 조각들이 산더미처럼 높다랗게 쌓여 있었습니다. 이들은 너 나 할 것 없이 자신만의 이야기들을 갖고 있었지요. 하지만 저마다 다른 언어를 사용했기 때문에 모두의 이야기를 다 알아들을 수는 없었습니다.

두서넛의 넝마 조각들은 덴마크 것이고, 다른 것들은 외국 것들이었지요.

덴마크 넝마 옆에는 노르웨이 넝마가 있었습니다. 그들은 둘 다 진품이었습니다. 하나는 덴마크에서 만들었고, 다른 하나는 노르웨이에서 만들었지요. 무엇보다 재미있는 것은, 그들을 통해서 합리적인 노르웨이 사람이나 덴마크 사람들이 어떤 방식으로 말하는지를 알 수 있다는 사실입니다.

노르웨이 넝마가 말했듯이, 저마다 언어가 프랑스 어와 히브리 어처럼 아주 다른 자신들의 차이점을 확실히 알고 있었지요.

"우리는 산을 오르기 때문에 목소리가 거칠고 강하지만 덴마크 녀석들은 설탕처럼 달콤하고 맥이 빠지며 시시한 말투를 쓰고 있지.”

이렇게 서로 이야기를 나누었습니다.

넝마들은 어느 나라에서나 쓰레기 취급을 받기 마련이고, 사람들도 오직 그렇게만을 보려 하지요.

“난 노르웨이 넝마야. 그것으로도 충분하지. 난 아주 먼 옛날 노르웨이의 암석처럼, 굉장히 튼튼한 실로 촘촘하게 짜여 있거든. 우리 나라는 자유의 나라인 미국처럼 헌법을 가지고 있어. 난 그것만 생각하면 실가닥이 전부 근질근질거린단다. 이러한 자유로운 내 생각을 화강암처럼 단단한 말로 표현하고 싶어.”

“하지만 우리에게는 문학이 있어. 넌 그것이 뭔지나 아니?”

덴마크 넝마가 말했지요. 그러자 노르웨이 넝마가 맞받아서 큰 목소리로 말했습니다.

“알다마다. 평평한 땅에 사는 주민을 저 산으로 데리고 올라가 북극광을 비추게 했어야 하는데 말야. 평평한 땅 주민이란 너같은 헝겊 조각을 말하는 거야. 얼음이 노르웨이의 태양에서 녹을 때면, 문학을 실은 덴마크 배가 버터와 치즈를 우리에게 올려다 주지. 덴마크 문학은 이 배 밑바닥에 부려놓은 짐에 불과해. 우리에겐 그따위 것은 필요 없어! 맑은 샘이 흘러나오는 곳에선 김빠진 맥주쯤 없어도 잘 살아갈 수 있는 거잖아? 우리에겐 마르지 않는 우물이 있단다. 그런데 이 우물은 신문이나 친구들의 말, 시인들의 외국 여행을 통해서도 전 유럽에 알려지지 않았지. 솔직하게 말할게. 덴마크인들은 이러한 자유롭고 솔직한 말솜씨에 익숙해져야 할 거야. 그렇게 되기 위해선 이 세계의 근본이자, 뿌리인 우리의 자랑스러운 이 바위땅에서, 스칸디나비아인들답게 살아야 한다고.”

“덴마크 넝마들은 절대로 너처럼 말하지 않아. 그런 건 우리 체질이 아니거든. 난 내 자신을 너무 잘 알고 있어. 우리들은 모두 나처럼 선량하고 겸손하지. 물론 그런 게 별로 득이 되진 않지만 그래도 난 이런 게 좋아, 어떤 때에는 아주 사랑스럽게 느껴지기까지 해. 말나온 김에 하는 말인데, 난 내 자신의 가치를 잘 알고 있지만 그것에 대해 자랑하며 여기저기에 떠벌리지는 않는단다. 나는 부드럽고 온순하며, 모든 것을 인내하지. 아무도 부러워하지 않고, 모두에 대해 좋은 말을 하며 살고 있어. 비록 다른 사람들에 대해서 다 좋게만 말할

수 있는 것은 아니지만 말이야. 그건 내 잘못이 아니야. 그들 잘못이지. 난 언제나 기꺼이 그렇게 할 준비가 되어 있어. 난 재능이 아주 탁월하니까."

"그렇게 여자처럼 나긋나긋하게 평지 사람처럼 얘기하지 마. 나에게는 전혀 맞지 않으니까."

노르웨이 넝마 조각은 그렇게 말하고는 바람에 이끌려 덴마크 넝마와 떨어져 다른 산으로 옮겨 가게 되었습니다. 마침내 이 둘은 모두 종이가 되었답니다.

노르웨이 넝마는 한 장의 편지지가 되었습니다. 어느 노르웨이 사람이 이 편지지에 덴마크 소녀에게 진실한 사랑의 말들을 썼습니다. 그리고 덴마크 산 넝마는 노르웨이의 힘과 영광을 찬미하는 덴마크 송가를 쓰는 원고지가 되었답니다.

참으로 우연이었습니다. 넝마 조각도 좋은 것이 될 수 있나 봅니다. 이들이 넝마 자루에서 나와 진실과 아름다움으로 변한다면 말입니다. 이제 이들은 좋은 옷을 입고 찬란하게 빛납니다. 그들에게 축복이 내린 것이지요.

이것은 아주 재미있고, 누구도 상처 받지 않는 이야기입니다. 그런데 과연 넝마들에게도 그럴까요? 오직 그들만이 대답할 수 있겠지요.

134

베뇌와 글레뇌
Vænø og Glænø

아주 오래전에 홀슈타인부르크 앞에 있는 제란트 바닷가에 숲이 무성한 두 개의 섬이 있었습니다. 그 섬들의 이름은 베뇌와 글레뇌였습니다.

이 두 섬에는 교회가 있는 마을과 농장이 몇 개 있었답니다. 그것들은 바닷가 가까이에 있었는데, 서로 가깝게 붙어 있었어요. 하지만 지금은 섬 하나만 달랑 남아 있답니다.

어느 날 밤, 무서운 폭풍우가 마구 몰아닥쳤습니다.

여태까지 그랬던 적이 없었던 만큼 바닷물은 거세게 솟아올랐고, 폭풍우는 점점 더 거칠어졌습니다. 최후의 심판의 날씨와 같았고, 대지가 조각조각 찢어지는 듯한 소리가 울려 퍼졌지요. 교회의 종들은 저 혼자 흔들리면서 불안하게 울어댔습니다.

바로 이날 밤 베뇌는 바다 속 깊은 곳으로 가라앉았습니다. 다음 날 아침, 섬은 마치 존재하지도 않았던 것처럼 흔적도 없이 사라져 버린 것이지요.

그 뒤 어느 여름 밤 바닷물이 빠져 나가 잔잔해질 때, 어부들은 작은 배를 가지고 바다로 나갑니다. 뱃머리에 매단 등불에 의지해 장어를 잡고 있으면, 바다 한 가운데에 하얀 교회 탑과 높은 교회 담장이 있는 베뇌가 가라앉아 있는 모습이 보이는 것이었습니다.

〈베뇌는 깊은 바닷속에서 글레뇌를 기다린다〉 이런 전설이 있습니다.

어부들은 바로 베뇌를 보았으며, 그 섬에 우뚝 솟아 있는 교회에서 울리는 종소리를 들었다고 합니다. 그러나 어부들이 본 것은 환영이었지요. 그들은 때를 지어 다니는 야생 백조의 울음 소리를 들었던 것입니다. 이따금씩 수면에 떠다니는 백조들이 힘차게 울면 마치 저 멀리서 들리는 종소리처럼 낮고 묵직하게 들려온 것이었죠.

글레뇌에 살고 있는 수많은 노인들은 아직까지 저 폭풍우 치던 밤을 생생하게 기억하고 있었습니다. 이들은 또 자신들이 어렸을 적에 수면이 낮아지면 마차를 타고 두 섬 사이를 왔다갔다 하던 일도 또렷이 기억하고 있었지요. 요즘도 사람들이 제란트 바닷가 홀슈타인 성에서 그리 멀지 않은 글레뇌 섬으

로 건너가듯이 말입니다. 바닷물이 썰물이 될 때는 마차 바퀴의 반 정도 이상 올라오지 않았으니까요.

사람들은 여전히 "베뇌는 깊은 바닷속에서 글레뇌를 기다린다" 말했습니다. 이제 이 말은 전설과 믿음이 되었지요.

폭풍우 치는 밤이 오면 숱한 아이들은 잠을 이루지 못하고 생각에 잠겼습니다. '오늘 밤에 베뇌가 글레뇌를 부르러 올 거야'

아이들은 겁에 질려 견디다 못해 주기도문을 외며 기도하다 스르르 잠이 들어 달콤한 꿈을 꾸곤 했답니다.

하지만 다음 날 아침에도 글레뇌는 여전히 그곳에 그대로 있었습니다. 숲들과 곡식이 무르익은 들판도, 옹기종기 모여 있는 농가들도, 홉을 재배하는 밭들 모두 말짱했지요. 새들은 노래했으며, 사슴들은 아무 일 없었다는 듯 뛰놀고 있었습니다. 두더지도 아주 멀리까지 샅샅이 흙을 뒤졌지만, 바닷물의 냄새는 맡지 못했지요.

하지만 글레뇌는 다가올 그날을 맞이해야 합니다.

얼마나 많은 날들이 남았는지 사람들은 알 수 없었지만 이 섬이 사라질 날은 이미 정해져 있었습니다.

그러던 어느 날 아름다운 아침에 섬이 갑자기 사라져 버렸습니다. 사람들은 어제 해안가 아래쪽, 제란트와 글레뇌 사이의 바다에 떠 있는 백조들을 보았을지도 모릅니다. 돛단배가 팽팽하게 바람에 부푼 돛을 달고 덤불 숲 옆을 미끄러져 나아가고, 여러분은 얕은 여울을 건너갔을 테지요. 다른 길이라곤 없었으니까요.

말들이 발로 물 위를 구르면서, 수레바퀴 둘레로 물이 첨벙첨벙 튀었습니다.

당신은 이제 이곳을 떠나 먼 곳으로 여행을 갈지도 모릅니다. 아마 넓은 세상으로 나갔다가 몇 년 뒤 다시 돌아오게 된다면, 숲이 드넓은 푸른 풀밭에 둘러싸여 있는 것을 보게 되겠지요. 그리고 당신은 달착지근한 건초가 아름답게 자라나 있는 어느 농가 앞에서 향기를 가득 마시겠지요. 여기는 어디일까? 당신은 스스로에게 물을 것입니다.

홀슈타인 성은 여전히 이곳에서 금빛 첨탑을 반짝반짝 빛내며 뽐내고 있군요. 하지만 피오르드 바로 옆에 있는 것은 아니었지요. 그곳에서 1마일쯤 떨어진 내륙으로 옮겨진 것 같으니까요.

당신은 숲과 들을 지나 해안가로 내려갈 것입니다.

글레뇌는 어디에 있나요? 숲이 무성한 섬은 어디에도 보이지 않고, 넓은 바다만이 펼쳐져 있습니다.

"베뇌가 마침내 오랫동안 기다려온 글레뇌를 데려가버린 걸까? 그렇다면 언제 데리고 간 거지?

당신은 혼자서 중얼거리겠지요.

"그날 밤 천지를 뒤흔드는 폭풍우가 몰아쳐 홀슈타인 성도 1마일이나 뭍으로 옮겨 놓은 걸까?"

하지만 그날 폭풍우는 치지 않았습니다. 햇살이 밝게 내리쬐는 대낮이었지요. 인간의 지혜가 바다를 제방으로 막고, 내륙 쪽 바닷물을 몽땅 퍼내어 글레뇌는 육지에 연결되었던 것이지요. 피오르드 해안은 풀이 무성한 푸른 초원이 되었고, 글레뇌는 제란트 곁에 붙어 하나가 되었습니다. 오래된 농장은 변함없이 그 자리에 있었지요.

글레뇌를 부른 것은 베뇌가 아니었습니다. 기다란 제방의 팔로 글레뇌를 붙잡은 것은 바로 제란트였던 것입니다. 펌프의 입에서 나온 입김이 주문을 걸어 결혼의 말을 전했습니다. 제란트는 아름다운 신부 글레뇌가 가지고 온 수만 평의 땅을 얻었습니다.

전설에서는 글레뇌 섬이 사라질 것이라 예언했지요. 그곳에 가서 직접 자신의 눈으로 확인해 보세요. 베뇌를 볼 수 없듯이 글레뇌도 보이지 않을 것입니다.

135

가장 행복한 여인은 누구였을까요?

Hvem var den Lykkeligste

"정말이지 너무나도 아름다운 장미꽃들이야! 사랑스럽기도 하지, 난 이 아이들이 귀한 생명을 얻도록 모두에게 정성껏 입을 맞추었어."

햇빛이 자랑스럽게 말했습니다.

"아니야, 내 아이들이야. 나의 눈물로 그 애들을 키웠어."

이슬도 지지 않고 말했습니다. 그러자 장미꽃 울타리가 말했습니다.

"무슨 소리, 내가 바로 장미 엄마야. 너희들은 그저 자신의 능력과 선의를 베푼 대부일 뿐이라고. 물론 그 일에 대해서는 감사하지만 말야."

"아름다운 나의 장미꽃 아이들!"

이들 셋은 똑같이 자신이 아름다운 장미꽃들의 어머니라 말하며, 장미꽃 모두가 최고의 행복을 누리기를 기원했답니다.

그러나 최고의 행복을 누리는 꽃은 오로지 하나일 것이고, 불행을 느끼는 꽃도 하나일 것입니다. 그렇다면 그들 가운데 가장 행복한 꽃은 과연 누구일까요?

"그게 누구인지 내가 알려주지. 난 세상 여기저기 여행을 다니기도 했고, 가장 좁은 틈새를 뚫고 들어갈 수도 있으니까 속속들이 알 수 있거든."

바람이 큰소리쳤습니다.

활짝 피어난 장미꽃들은 물론, 한창 부풀어 오르고 있는 꽃봉오리들도 모두 바람의 이야기에 더욱 귀를 기울였습니다.

이때 슬픔에 잠긴 어느 어머니가 정원을 지나 꽃밭으로 걸어왔습니다. 검은 상복을 입은 이 여인은, 반쯤 피어나 있는 신선하고 향기가 가득한 장미꽃 한 송이를 꺾었습니다. 부인에게는 이 꽃이 이곳에 피어 있는 꽃들 가운데 가장 아름답게 보였던 것이죠.

그녀는 조용한 방으로 이 꽃을 가지고 들어갔습니다. 이 방에는 며칠 전만 해도 즐겁고 쾌활하게 뛰어다니며 놀던 어린 딸이, 지금은 잠자는 대리석 석상처럼 검은 관 속에 누워 있습니다. 어머니는 죽은 어린 딸에게 살며시 입을 맞춘 다음, 반쯤 피어나 있는 장미꽃에게도 입을 맞추고는 딸 가슴 위에 살포시 올려 놓았습니다.

마치 이 장미꽃의 생기와 자신의 입맞춤의 힘으로 멈춰 있는 딸의 심장이 다시 힘차게 뛰기를 바라는 것처럼 보였지요. 장미꽃은 한껏 부풀어 오르고 꽃잎들은 기대와 기쁨으로 몸을 떠는 것 같았습니다.

'이 얼마나 아름다운 사랑인가! 난 마치 인간의 아이처럼 어머니의 입맞춤을 받고 축복의 말까지 듣는구나. 죽은 어린 딸의 가슴에서 꿈을 꾸면서 함께 미지의 나라로 가게 될거야! 난 장미꽃 중에서 가장 행복한 꽃이로군.'

장미꽃 덤불이 있는 정원으로 잡초를 뽑기 위해 한 나이 든 여인이 걸어왔습니다. 그녀는 이 아름다운 장미꽃들을 찬찬히 살펴보다가, 활짝 핀 가장 커다란 장미꽃에 눈길을 멈추었습니다. 그녀는 이슬이 몇 번 더 내리고 따뜻한 햇살이 비치면, 꽃잎들이 떨어져 내리리라는 사실을 잘 알고 있었지요. 그때 문득 그녀는 깨달았습니다. 이 아름다운 장미꽃이 자신에게 즐거움을 가져다 주었을 뿐만 아니라 더 큰 이득을 가져다주리라는 사실을 말이에요.

그녀는 집으로 가려고 이 장미꽃을 꺾어 신문지에 조심조심 쌌습니다. 이 꽃잎을 이미 시들어 버린 다른 꽃잎들과 라벤더라 불리는 작고 푸른 꽃을 함께 병에 넣어 소금을 뿌려 두려고 합니다. 그러면 매우 향기로운 방향제가 되지요. 꽃내음이 온 방 안에 퍼지게 될 것입니다. 이렇게 보존되는 것은 왕족들이나 장미만이 누리게 되는 영화랍니다.

그녀가 이 커다란 장미꽃을 집어 들자, 장미꽃이 말했습니다.

'난 존경받게 될 거야. 최고로 행복한 꽃이 되는 거라고. 싱싱하게 보존되는 거야.'

그때 두 젊은이가 정원에 왔습니다. 한 사람은 화가, 또 한 사람은 시인이었지요. 둘 모두 아름답게 보이는 징미꽃을 꺾었습니다.

화가는 꺾어간 장미꽃을 화폭에 그렸습니다. 그림은 너무 생동감 있었기 때문에 장미꽃은 자신이 거울에 비쳐 있다는 착각이 들 정도였습니다.

"수천 수만 년 시대가 지나는 동안, 수백 만 사람들과 장미꽃들이 시들고 죽어가도 이 꽃만은 살아남게 될 거야."

화가는 자신이 그린 그림 속의 장미꽃을 들여다보며 말했습니다.

'나야말로 가장 큰 축복을 받은 꽃이네. 최고의 행복을 얻은 거야.'

장미꽃은 생각했습니다.

시인은 제 손으로 고른 장미꽃을 여기저기 자세히 살펴보고는, 이 장미꽃을 위한 한 편의 시를 썼습니다. 시인은 장미의 꽃잎 하나하나에서 읽어 낸 모든 것을, 이 꽃의 온전한 신비를 그려 낸 것입니다. 그것은 영원불멸의 문학인 '사랑의 그림책' 이었습니다.

'난 문학과 함께 영원히 죽지 않게 되었어. 내가 최고로 행복해.'

장미꽃은 생각했습니다.

이렇게 다른 장미꽃들이 모두 찬란한 영광을 누리는 동안, 거의 눈에 띄지 않게 숨어 있는 장미꽃 한 송이가 있었습니다. 우연히, 아니 다행스럽게도 그녀에게는 결점이 하나 있었습니다. 그녀는 꽃대 위에 비스듬히 앉아 있었으며, 꽃잎들은 서로 어긋나 있었던 것입니다. 더구나 꽃의 한복판에는 작고 구부러진 초록 잎사귀가 돋아나 있었습니다. 장미꽃에게는 자주 있는 일이지요!

"가엾은 것 같으니."

바람이 지나가며 그녀의 뺨을 살짝 어루만져 주었습니다.

장미꽃은 친절을 받았다고 생각했으며, 자신이 다른 장미꽃들과는 다르다고 느꼈습니다. 그녀는 자신의 가슴에서 돋아난 초록 잎사귀를 하나의 훈장이라 여겼던 것입니다.

나비 한 마리가 날아와 그 장미 꽃잎에게 입을 맞추었습니다. 나비가 청혼을 한 것이었죠. 그러나 그녀는 나비를 그냥 날려 보냈습니다.

다음엔 힘이 세고 커다란 메뚜기 한 마리가 성큼 뛰어 왔습니다. 그러나 메뚜기는 다른 장미꽃 위에 앉아 사랑에 빠진 모습으로 윗다리를 비벼 댔지요. 이것은 메뚜기가 사랑에 빠졌다는 의미입니다.

메뚜기가 앉은 장미꽃은 그의 사랑 표현을 알지 못했습니다. 하지만 초록색의 구부러진 잎사귀를 가슴에 훈장처럼 달고 있는 이 장미꽃은 메뚜기 마음을 잘 이해했습니다. 메뚜기의 눈은 '너무 사랑스러워. 너를 잡아먹고 싶을 정도로' 이렇게 말하고 있었으니까요. 하나가 다른 하나 속으로 스며가는 것! 그것이야말로 진정한 사랑입니다. 하지만 이 장미꽃은 메뚜기에게서 사랑을 얻고 싶지는 않았습니다.

별이 빛나는 맑은 어느 날 밤 나이팅게일의 노랫소리가 들려왔습니다.

'저 노래는 오직 나만을 위해 부르는 거야!'

결점일 수도, 훈장일 수도 있는 푸른 잎을 가슴에 단 장미꽃은 이렇게 생각했습니다.

"어째서 나는 다른 장미꽃들보다 특별한 대접을 받으며 가장 행복한 걸까?"

그 뒤, 이 정원에 남자 둘이 담배를 피우며 들어왔습니다. 그들은 장미꽃과 담배에 대해 이야기했습니다. 장미꽃은 담배 연기를 견딜 수 없기 때문에 꽃잎이 초록빛으로 바뀌게 될 거라는 이야기였습니다. 그들은 정말로 색이 변하는지 시험해 보기로 했습니다. 가장 아름다운 장미꽃을 상하게 할 수는 없었으므로, 결점이 있는 장미꽃을 꺾었지요.

'난 선택되었어. 난 너무나도 행복해. 가장 행복한 꽃이 되었어!'

장미꽃은 매우 좋아했습니다.

하지만 이 자부심으로 가득찬 장미꽃은 담배 연기 때문에 곧 초록색으로 바뀌고 말았습니다.

이 정원에는 봉오리가 반쯤 벌어진 장미꽃이 있었습니다. 아마도 장미꽃 덤

불 속에서 가장 아름다운 꽃이었을 겁니다. 이 꽃은 솜씨 있는 정원사가 꽃다발로 묶어 다른 꽃들보다 명예롭고 특별한 자리에 놓았지요. 그 꽃다발은 젊은 신사의 집으로 옮겨져 그와 함께 마차를 타고 가게 되었답니다.

이 아름다운 꽃은 다른 꽃들과 신선한 푸른 풀들 사이에 앉아 있다가 휘황찬란한 축제에도 갔습니다. 한껏 차려입은 젊은 남녀들은 수천 개의 램프가 내는 화려한 불빛 속에 앉아 있었습니다. 음악이 울려 퍼졌습니다. 극장은 온통 빛의 바다였습니다.

터져 나오는 환호성 속에 아리따운 젊은 무용수가 찬사를 받으며 무대 위에 모습을 드러내자, 꽃다발들이 비 오듯 그녀의 발언저리로 날아왔습니다. 아름다운 장미꽃이 보석처럼 박혀 있던 꽃다발도 함께 놓여졌습니다. 장미꽃은 말할 수 없는 행복을 느꼈습니다. 마치 명예롭고 찬란한 빛 속에 떠 있는 것만 같았답니다.

하지만 무용수가 마룻바닥에 발을 힘껏 구르자, 장미꽃도 함께 춤추면서 뛰어오르다가 그만 꽃대에서 툭 떨어지고 말았습니다. 장미꽃은 찬사를 받는 무용수의 손에 들려보지도 못하고 무대 장치 뒤로 굴러 떨어졌습니다.

　때마침 무대 장치가가 떨어진 장미꽃을 집어 들었습니다. 그는 이 꽃의 아름다움에 눈을 떼지 못했지요. 그리고는 장미의 진한 향기를 맡았습니다. 하지만 꽃대가 없었기 때문에 그는 이 꽃을 윗옷 주머니에 꽂고 있다가 저녁에 집으로 가져가서 브랜디컵에 꽂았습니다. 장미꽃은 밤새도록 컵 안 물 속에 잠겨 있었습니다.

　아침이 되자, 장미꽃은 팔걸이의자에 앉아 있는 늙고 쇠약한 할머니의 눈에 띄었습니다. 할머니는 비록 꽃대가 부러지긴 했지만 진한 향기가 나는 이 장미꽃을 보고 무척 기뻐했습니다.

　"애야, 넌 부잣집 고운 아가씨의 탁자에 놓이지 못하고 이 가련한 늙은이에게 오게 되었구나. 하지만 이 집에서 넌 너무도 아름다운 꽃다발과 같단다. 참으로 예쁘구나."

　할머니는 어린아이처럼 즐거워하며, 오래전에 지나가 버린 풋풋했던 자신의 젊은 날을 떠올리기도 했습니다.

　"창문에 틈이 있어서 난 손쉽게 살짝 안으로 들어갔지. 할머니의 두 눈은 한창 때의 소녀처럼 반짝이고 있고, 아름다운 장미꽃은 꽃대가 부러진 채 유리컵 안에 놓여 있었어. 그 꽃은 모든 장미꽃들 가운데 가장 행복한 꽃이었어. 난 알아. 자신 있게 얘기해 줄 수 있다고!"

　바람이 힘주어 말했습니다.

　정원에는 장미꽃 덤불이 있었습니다. 장미꽃들은 모두 저마다의 이야기를 간직하고 있습니다. 그들은 누구나 자신이 가장 행복하다고 믿고 있었지요. 그리고 이런 믿음은 축복을 가져다 준답니다.

　마지막 장미꽃도 자신이 가장 행복하다고 생각했습니다.

　"나는 그 누구보다 오래 살아남았어. 마지막으로 남은 유일한 꽃이고, 엄마가 가장 사랑하는 자식이야."

　"내가 바로 모든 꽃들의 엄마야!"

　장미꽃 울타리가 말했습니다.

　"아냐, 내가 엄마라고."

햇빛이 말했습니다.

"바로 내가 엄마지."

이슬이 말했습니다.

"누구나 저마다의 몫이 있어. 너희 모두가 엄마나 마찬가지야."

바람은 이렇게 말하고는, 아침에는 이슬방울을 떨어뜨리고 낮에는 햇살이 비추었던 장미 울타리 위의 모든 꽃잎들을 흩날려 버렸습니다.

"나도 내 할 일이 있었지. 난 장미꽃들의 모든 이야기를 들었어. 이제 넓은 세상을 다니며 모두에게 그 이야기를 해 줄 거야. 자, 여러분. 누가 가장 행복한 꽃이었는지 내게 이야기해 줄래요? 여러분은 말할 수 있을 거예요, 내가 충분히 말해 주었으니까요."

바람이 그렇게 말하며 장미 울타리 뒤로 누웠습니다. 아직 환한 낮이었습니다.

136
나무 요정
Dryaden

우리는 세계 박람회를 보기 위해 파리로 떠났습니다.

여기는 파리입니다. 요술을 부리지 않았는데도 이렇게나 빨리 여기까지 왔습니다. 증기선을 타고 여러 나라를 지나 바다를 건넜기 때문이지요. 바야흐로 동화의 시대가 열렸습니다.

우리는 파리 한복판의 커다란 호텔에 있습니다. 층계 난간은 꽃으로 장식되어 있고, 계단에는 부드러운 융단이 깔려 있답니다.

방은 아늑하며 발코니 문을 활짝 열면 넓은 광장이 보입니다. 봄은 푸릇푸릇한 잎사귀들이 막 돋기 시작한 위풍당당한 젊은 밤나무 모습으로 찾아왔습니다. 찬란한 봄 옷을 걸친 이 밤나무는 광장에 서 있는 어떤 나무보다도 환히 빛났습니다.

나란히 늘어선 나무들 가운데 바싹 마른 나무 하나가 뿌리째 뽑혀 땅 위에 널브러져 있습니다. 그 나무가 뽑혀 나간 자리에 심어질 싱싱한 젊은 밤나무가 화물차 위에 머리를 꼿꼿이 세운 채 서 있습니다. 이 나무는 이른 아침 수마일이나 떨어진 곳에서 파리로 왔습니다.

화물차에 실린 나무는 여러 해 동안 나이 많은 참나무 옆에서 자랐는데, 사람들에게 존경 받는 늙은 신부님이 참나무 아래에서 아이들에게 자주 이야기를 들려주었습니다. 그때마다 젊은 밤나무도 귀를 쫑긋 세우고 들었지요.

이 밤나무에 살던 요정도 아직 어린아이였습니다. 그 나무 요정은 나무가 아주 어렸을 때를 기억하고 있었습니다. 그때는 풀이나 고사리는 쑥쑥 잘 자랐지만 밤나무는 그렇지 않았지요. 풀들은 있는 힘껏 쑥쑥 자라서 키가 커졌지만 나무는 무척 작아서 간신히 고개만 내밀고 있었지요. 하지만 차츰 나무는 풀보다 훨씬 더 크게 자라났습니다. 바람과 햇살을 먹고, 이슬과 비를 받아 마시며 바람이 강하게 불어와도 끄떡없을 정도로 말이지요.

나무 속에 사는 요정은 따스한 햇살과 새들이 찾아와 지저귀는 소리를 들으며 무척 즐거워했습니다. 하지만 무엇보다 즐거웠던 것은 사람의 목소리를 듣는 일이었지요. 요정은 동물의 말은 물론 사람의 말도 잘 알아들었습니다.

나비, 잠자리, 떡갈잎풍뎅이처럼 날아다니는 생물은 모두 요정을 찾아왔습니다. 이들은 마을이나 포도밭, 숲, 옛 성과 운하와 그리고 연못이 있는 공원에서 일어난 일에 대해서 낱낱이 밤나무에게 이야기해 주었지요. 물속 저 아래에서 살아 있는 생물들도 있었습니다. 그들은 자기네 방식대로 물 밑 이곳저곳을 헤엄쳐다녔어요. 지식이 풍부하고 생각이 깊었지만, 아무 말을 하지 않았습니다. 그들은 늘 조용히 듣기만 했지요.

물속에 몸을 담그고 있던 제비는, 귀여운 금붕어와 살찐 잉어, 아주 나이가 많은 붕어에 대한 이야기를 들려주었습니다. 제비는 설명을 아주 잘했지만 자기 눈으로 직접 보아야 한다고 말했지요.

나무에 갇힌 요정이 이들을 볼 수 있는 날이 올까요?

요정은 풍경을 바라보고, 사람들의 분주한 생활을 지켜보며 상상하는 것으로 만족할 수밖에 없었습니다. 그러나 이렇게 바라보는 것도 매우 즐거운 일이었어요. 가장 황홀한 일은, 늙은 신부님이 참나무 아래에 앉아 아이들에게 이야기를 들려 줄 때였습니다.

신부님은 프랑스의 아들딸들이 이룬 위대한 업적 이야기를 했습니다. 이들의 이름은 시대를 뛰어넘어 감탄을 자아냈답니다. 나무의 요정은 양치는 소녀 잔 다르크와 샤를로트 코르데 이야기도 들었습니다. 태곳적부터 헨리 4세와 나폴레옹을 거쳐 오늘날까지 이어지는 그 위대함과 재능에 대한 이야기도 말이죠. 민족의 가슴속에 남아 영원히 메아리치는 그 이름들을 들었습니다. 프랑스는 세계적으로 강한 나라이며, 불을 내뿜는 화산처럼 자유로운 천재를 배출하는 비옥한 토양의 나라 같았습니다.

신부님 이야기를 아이들은 열심히 귀담아 들었답니다. 요정도 귀를 쫑긋 기울이고 들었지요. 그럴 때면 요정도 아이들과 마찬가지로 학생이 된 것 같았지요.

요정은 돛을 달고 흘러오는 구름을 바라보며, 들었던 이야기를 그림으로 그려 보았습니다. 구름이 떠도는 하늘은 요정의 그림책이었습니다.

요정은 아름다운 나라 프랑스에 사는 자신이 무척 행복하게 느껴졌습니다. 그러나 날아다니는 새나 온갖 동물들이 부럽다는 생각은 지울 수가 없었습니다. 파리조차도 요정이 볼 수 없는 곳까지 멀리 멀리 날아가 넓고 넓은 세상을

마음껏 둘러볼 수 있었으니까요.

프랑스는 매우 크고 아름다운 나라였지만, 요정은 겨우 작은 부분밖에 볼
수 없었습니다. 포도밭과 숲, 큰 도시를 가진 이 나라는 넓게 뻗어 있었으며,
그 가운데서도 수도인 파리는 가장 훌륭하고 멋진 땅이었습니다. 새들은 모든
곳을 구석구석 날아갈 수 있었지만, 요정은 그럴 수가 없었지요.

그 마을에는 작은 소녀가 살았습니다. 소녀는 너무 가난해서 늘 너덜너덜한
누더기를 입었습니다. 그렇지만 몹시 사랑스럽고 귀여웠지요. 소녀는 언제나 싱
글싱글 웃으며 노래를 불렀고, 검은 머리엔 빨간 꽃을 꽂았습니다.

"파리에는 가면 안 돼. 애야, 그곳에 가면 넌 분명 불행해질 거야."

늙은 신부님은 소녀에게 이렇게 말했습니다.

그러나 소녀는 이런 신부님의 충고도 아랑곳하지 않고 파리로 갔습니다.

요정은 때때로 떠나버린 소녀를 생각했습니다. 요정과 소녀는 둘 다 파리에
대한 동경을 품고 있었습니다.

봄, 여름, 가을, 겨울이 몇 번이나 바뀐 어느 날이었지요. 요정이 사는 밤나무가 처음으로 밤꽃을 피웠습니다. 새들은 아름다운 햇살이 비치는 밤 꽃 주위를 재잘거리며 날아다녔습니다. 그때 마침 귀부인을 태운 멋진 마차가 다가왔습니다. 그녀는 경쾌하게 발을 놀리는 아름다운 말들을 직접 부리고 있었고, 잘 차려 입은 젊은 마부는 마차 뒤편에 앉아 있었습니다.

요정은 그녀를 알아보았습니다. 늙은 신부님도 그녀를 알아보더니 머리를 절레절레 흔들며 슬픈 목소리로 말했지요.

"이제야 네가 돌아왔구나. 파리가 너를 망치고 말았구나, 불쌍한 마리!"

'그녀가 불쌍하다고?'

요정은 생각에 잠겼습니다.

'아니, 신부님은 왜 그런 말을 하시지? 저렇게 아름답게 변했는데! 마치 공작 부인 같기만 한데 왜 불쌍하다는 거지? 파리는 마법의 도시야. 아, 나도 그 찬란하고 화려한 곳에 갈 수만 있다면 얼마나 좋을까! 도시의 찬란한 불빛은 밤에도 구름 위까지 비칠 거야. 하늘을 쳐다보면 알 수 있어, 파리가 어디에 있는지.'

요정은 하루도 거르지 않고 밤마다 파리가 있는 하늘을 바라보았습니다. 지평선에 걸린 붉게 물든 노을이 사라지고 밝고 맑은 달이 비치는 밤이면, 도시 이야기를 그림으로 보여 주던 그 구름을 바라보았지요.

어린 아이들이 그림책을 손에 움켜 잡듯 요정은 상상의 세계를 펼쳐 주는 구름을 향해 손을 뻗었습니다.

구름 한 점 없이 뜨거운 여름날은 요정에겐 텅 빈 그림책과 다름없었습니다. 벌써 여러 날 동안 요정은 텅 빈 하늘만 보았지요. 바람 한 점 불지 않고 햇빛만 뜨겁게 내리쬐는 날이 계속되었습니다. 꽃들은 모두 몽롱한 잠에 취해 있었고, 사람들도 마찬가지였지요.

그러던 어느 날이었습니다. 하늘 한 구석에서 구름이 생겨났습니다. 뭉게뭉게 피어난 구름은 마치 '이곳에 파리가 있다' 그렇게 외치는 것만 같았지요.

둥글게 뭉쳐진 구름은 커다란 산이 되었다가, 다시 하늘을 가로질러 저 멀리 밀려갔습니다. 요정은 구름이 흘러가는 쪽으로 눈을 떼지 않고 계속 바라보았습니다. 구름이 모두 사라질 때까지 바라보다가 요정은 고개를 숙였습니다.

거대한 검푸른 바위 덩어리처럼 층층이 쌓인 구름에서는 번갯불이 번쩍 터져 나왔습니다. 번개도 주님의 신하라고 늙은 신부님은 말했었지요.

번쩍이며 내려온 푸른 번갯불은 마치 태양처럼 환했습니다. 번개가 내리꽂히자, 사람들에게 사랑 받던 해묵은 참나무가 뿌리째 갈라지고 말았지요. 참나무는 위부터 쪼개져서 커다란 나무 줄기가 둘로 갈라진 채 땅에 털썩 주저앉았습니다. 빛의 신하를 감싸 안으려 두 팔을 활짝 벌린 것만 같았지요. 나라에 왕자가 태어났을 때 쏘아 올리는 축포 소리도, 오래된 참나무가 세상을 떠날 때 울리던 천둥소리처럼 온 세상을 울릴 수는 없을 겁니다.

억수같이 무섭게 쏟아지던 비가 그치고, 신선한 바람이 불어오기 시작했습니다. 폭풍우가 지나갔습니다. 이제 축제날처럼 환한 햇살이 온 세상을 비추었습니다. 마을 사람들은 쓰러진 늙은 참나무 주위로 몰려들었습니다.

늙은 신부님은 사람들이 아껴 온 나무를 기리는 설교를 했고, 화가는 추억으로 남기기 위해 이 나무를 그렸습니다.

"모든 것은 언젠가 가버리는 거야. 구름처럼 한 번 흘러가면 다시는 돌아오지 않는 거란 말이야."

요정이 말했습니다.

늙은 신부님도 다시는 돌아오지 않았습니다. 학교 지붕은 무너졌고, 아이들이 앉았던 의자도 사라져 버렸지요. 아이들도 더는 찾아오지 않았습니다.

그러나 계절은 계속 바뀌었습니다. 가을이 오고 겨울이 왔습니다. 뒤이어 봄이 오고 여름이 왔지요. 이런 시간의 변화 속에서도 요정은 한 곳만 계속 바라보았습니다. 날마다 밤마다 지평선 너머 아스라이 빛나는 성운(구름처럼 보이는 천체)처럼 불을 환히 밝힌 파리가 있는 곳을 말이에요.

파리에서 열차가 줄지어 달려왔습니다. 앞에는 기관차를 달고, 그 뒤로 다른 열차들을 달고 말이에요. 게다가 열차는 어느 때나 왔습니다. 저녁에도, 한밤에도, 아침에도, 밝은 대낮에도 말이지요. 그리고 온갖 사람들이 이 열차 안으로 물밀듯이 들어갔다가 물밀듯이 열차 밖으로 쏟아져 나왔습니다.

이 새로운 기적이 사람들을 파리로 불러 모았습니다. 기적은 어떻게 일어났을까요?

"마침내 예술과 산업의 화려한 꽃이 황량한 마르스펠드(파리에 있는 광장)에서 활짝 피어났어. 마치 큰 해바라기 꽃처럼 말이야. 그 잎에서 지리와 통계를 배우면, 교양 있는 교수처럼 지식이 풍부해지고 예술과 문학이 발전되며, 이 나라의 위대함과 힘을 알릴 수 있게 될 거야."

한 사람이 말했습니다. 그러자 옆에 있던 사람도 뒤이어 말했습니다.

"동화에서 말하는 화사한 연꽃은, 초록의 잎들을 벨벳 양탄자처럼 모래 위에 펼치지. 때맞춰 찾아온 봄은 연꽃에 싹이 돋아나게 하고, 여름은 화려하게 치장해 주며, 가을의 폭풍우는 모든 것을 쓸어가 버리지. 그럼 잎사귀나 뿌리, 어느 것 하나 남지 않게 되는 거야."

'군인 학교' 앞에는, 평화의 시대임에도 불구하고 전쟁터가 펼쳐져 있었습니다. 풀 한 포기 없는 이 모래 땅은, 아름다운 성과 정원이 환상적인 신기루로 펼쳐지는 아프리카 사하라 사막을 잘라온 것만 같았습니다.

마르스펠드 광장에는 신기루 속에서나 볼 듯한 성들이 더욱 찬란하고 신비한 모습으로 서 있었습니다. 인간의 지혜로 허공에 뜬 환영들을 현실로 만들어 냈으니까요. 새로운 시대에 세워진 알라딘 성이라고 말할 정도였습니다. 알록달록 아름다운 색채를 지닌 대리석은 끊임없이 이어지는 홀을 장식하고 있었지요.

'피가 흐르지 않는 장인' 그러니까 기계들이 커다란 둥근 홀에서 강철과 쇠로 만들어진 팔 다리를 움직이고 있습니다. 금속, 돌, 그리고 직물로 만들어진 온갖 예술품들은, 이 세계에서 활발히 움직이는 인간들의 정신의 힘을 드러내는 것이었습니다. 이곳에는 인간의 지혜와 솜씨로 만들어낸 온갖 것들이 전시되었지요. 옛 성과 토분에서 나온 고대의 유물들도 볼 수 있답니다.

조각조각 나누어서 옮겨야 할 만큼 엄청나게 큰 조각물도 있었습니다. 이 조각은 다시 맞춰 끼운 뒤 하나로 만들어집니다.

마르스펠드 광장은 신나는 크리스마스 축제 탁자처럼 예술과 산업의 알라딘 성을 그대로 옮겨온 것 같았습니다. 이 성 주변에는 나라마다 특별한 수공 민예품들로 가득 차 있었습니다. 많은 양의 민예품들은 그 나라 사람들에게 자기 고향에 대한 향수를 느끼게 했지요.

한쪽에는 이집트 왕궁이, 다른 쪽에는 사막의 나라에서 온 상인들의 천막이 있었습니다. 또 다른 쪽에는 초원을 달리는, 거칠지만 멋진 말들이 머무는 러시아 마구간이 넓게 자리 잡고 있었지요. 덴마크 국기가 꽂힌 아담한 초가집도 있었습니다. 그 옆에는 화려하게 조각된 달라르네의 구스타프 바사 목조 가옥, 미국과 영국의 오두막, 프랑스의 파비용(원형의 소음악당), 노점 상가, 교회와 극장들이 장관을 이루며 곳곳에 전시되어 있었습니다. 그 사이로는 싱그러운 초록빛 드넓은 잔디밭이 펼쳐져 있고 맑은 물이 쉼없이 솟아 나오는 샘물, 빈틈없는 무성한 숲, 입이 저절로 벌어질 만큼 기이한 나무들, 그리고 열대지방 숲에 왔다고 착각하게 만드는 매우 덥고 습한 온실도 있었습니다. 다마스쿠스에서 가져온 자꾸만 보고 싶을 만큼 멋진 장미 정원도 있었습니다. 이 얼마나 눈부신 향기와 빛나는 색채인가요!

인공적인 종유 동굴에는 민물과 바닷물이 모두 들어 있어, 강과 바다의 물고기 왕국을 보여 주기도 했습니다. 아래쪽으로는 깊은 바다 속까지 훤히 들여다보였지요.

세상에 있는 진귀한 모든 게 마르스펠드 광장으로 그대로 옮겨졌습니다. 사람들은 이렇게 잘 차려진 잔칫상 주위에 부지런히 움직이는 개미 떼처럼 몰려들었습니다. 걷거나 작은 마차를 타거나 모두들 그곳으로 밀려들었습니다. 한번에 다 돌아보기에는 너무 커서 피곤할 정도인데도 말입니다."

이른 아침부터 저녁 늦게까지 사람들이 무리 지어 몰려왔습니다. 사람들을 가득 실은 증기선이 연이어 센 강을 미끄러져 갔고, 마차들이 끊임없이 들어옵니다. 기차와 합승마차에는 사람이 잔뜩 탔습니다.

이렇게 몰려드는 사람들은 오로지 파리 세계 박람회를 보기 위해 찾아왔습니다. 입구마다 프랑스 국기로 장식돼 있고, 나라들마다 바자회 주변에는 만국기가 펄럭였습니다. 기계 소음이 웅웅대며 끊임없이 흘러나오고, 커다란 탑 위시계에서는 음악 소리가 울려퍼졌으며, 교회에서는 오르간이 연주되었지요. 동양 카페에서 흥얼거리는 목쉰 듯한 노래들이 뒤섞이기도 했습니다. 이는 바빌론 제국과 바빌론의 언어를 떠오르게 했습니다. 놀라운 세상입니다.

박람회 소식은 요정이 사는 마을에까지 들려왔습니다. 나무의 요정은 파리에서 일어난 새로운 기적에 대해 마을 사람들이 이야기하는 것을 들었습니다.

"새들아, 어서 날아가렴. 날아가서 멋진 것들을 많이 구경하고, 다시 돌아와 내게 이야기해 줘."

나무의 요정은 새들에게 부탁했지요.

세계 박람회에 대한 동경은 나무 요정에게 갈망이 되고, 갈망은 삶의 목표가 되었습니다.

고요하고 적막한 밤 보름달이 떠올랐을 때, 나무의 요정은 달에서 불꽃 하나가 떨어져나가는 것을 보았습니다. 떨어진 불꽃은 꼬리별처럼 환히 빛나더니 이윽고 바람에 몸을 으스스 떠는 나무 앞에 커다랗게 빛나는 모습으로 섰습니다. 그리고 부드럽지만 힘찬 목소리로 이야기했지요. 마치 입맞춤으로 되살아나고, 마지막 심판의 날 울리는 나팔 소리 같았답니다.

"나무의 요정아, 너는 네가 그토록 바라는 마법의 도시로 가게 될 것이다. 거기에서 뿌리를 내리고, 시원한 물과 공기와 햇빛을 느껴라. 하지만 너는 그 도시에서 견디지 못할 거야, 가엾은 나무 요정아. 네 갈망과 조바심은 더욱 커지고, 욕망은 폭풍처럼 거세어져만 가겠지. 그러면 나무는 너의 감옥이 될 데고, 넌 둥지를 버리고 날아가 인간들 사이에 섞이게 될 것이다. 그러다 마지막에는 네가 원하던 삶이 한 여름밤 꿈처럼 하루만에 사라지게 될 거야. 인생의 빛은 흔적도 없이 꺼지고, 나뭇잎들도 시들어 다시는 초록으로 빛나지 못하지. 그래도 네가 그토록 간절히 원한다면 언젠가는 꼭 가게 될 거야."

빛나던 불꽃이 이 말을 마치자마자 사라져버렸습니다.

나무 요정의 오랜 동경과 욕망은 사그라들지 않았습니다.

"나는 파리로 갈 수 있어. 아, 이제야 비로소 새로운 삶이 시작되는구나."

어느 날이었습니다. 주위는 온통 잿빛이었지요. 달은 희미하게 빛나고, 구름은 붉게 물들었습니다. 마침내 때가 왔습니다. 불꽃이 말한대로 나무 요정의 꿈이 이루어지게 되었습니다.

삽과 곡괭이를 들고 온 사람들이 나무뿌리 주위를 깊숙히 팠습니다. 그리고 마차가 나무 앞에 와 멈췄습니다. 나무는 뿌리와 뿌리를 감싼 흙덩어리와 함께 땅 위로 들어 올려졌지요. 사람들은 따뜻한 버선 같은 삿자리로 나무를 감싼 뒤 마차 위에 실어서 단단히 묶었습니다. 그러고는 나무와 나무 요정을 싣고 파리로 떠났지요. 이제 나무는 파리에서 자라게 될 것입니다. 프랑스의 가장 숭고한 도시, 파리에서 말이에요.

밤나무 가지와 잎사귀들은 마차가 출발하자 몸을 부르르 떨었습니다. 나무의 요정도 타오르는 기대감에 날개를 가볍게 떨었지요.

"떠난다! 떠난다!"

나무 요정은 맥박이 빠르게 뛰어 두근거리는 가슴으로 큰 소리를 질렀습니다.

"가버렸군… 가버렸어…"

바람이 그렇게 속삭이는 것만 같았습니다.

나무의 요정은 작별 인사를 하는 것도 잊어버렸습니다. 정들었던 고향 땅과 사려 깊은 풀들과 순진무구한 데이지 꽃들에게조차 말이에요. 데이지 꽃은 자비로운 하느님의 정원에 있는 위대한 여인을 바라보듯 나무의 요정을 올려다보았습니다. 들에서 일하던 양치기 소녀가 소풍 나온 어여쁜 공주님을 바라보듯 말이에요.

밤나무는 마차에 누워, 가지를 흔들었습니다. 이것이 '안녕' 잘 있으라는 인사인지 '앞으로 가자' 말하는 것인지 요정은 알지 못했습니다. 파리에서 일어날 신기하고 새로운 일만 꿈꾸고 있었으니까요.

마차 바퀴가 쉬지 않고 굴러갔습니다. 멀게만 보이던 곳이 점점 가까워지고,

구름이 흘러가듯 풍경이 가는 곳마다 바뀌었습니다. 새로운 포도밭과 숲, 그리고 마을들이 나타났다가 사라져 갔습니다.

밤나무는 계속 앞으로 나아갔습니다. 요정도 밤나무와 함께 앞으로 나아갔지요. 열차들은 나란히 꽁무니를 붙잡고 칙칙 소리를 내며 지나가고, 때로는 지그재그 뱀처럼 지나갔습니다. 하늘에 떠 있는 구름마저도 모습을 자주 바꾸었습니다. 파리에 대해 이야기해 주고, 자신들이 어디에서 왔으며, 요정이 어디로 가야 하는지를 알려 주던 바로 그 구름들을 말이에요.

나무의 요정이 지나쳐 온 곳에 사는 나무들은 요정이 어디로 가는지 잘 알고 있었습니다. 나무들은 모두 요정에게 자기들도 데려가 달라고 부탁하는 것만 같았지요. 모든 나무 속에는 꿈에 가득 찬 나무 요정들이 살고 있었거든요.

마을을 지날수록 처음 보는 것들이 눈에 띄었습니다. 많은 집들이 땅 위로 불쑥불쑥 나와 있고, 지붕 위에는 굴뚝이 화분 속에 심어 놓은 꽃처럼 솟아 있었습니다. 커다란 글씨가 씌어 있는 광고판에는 벽을 몽땅 덮을 만큼 오색찬란한 그림들이 그려져 있었지요.

"파리는 어디서부터 시작되는 걸까? 언제쯤이면 도착할 수 있을까?"

요정은 혼잣말을 했습니다.

사람들은 더 많아졌습니다. 마차는 꼬리에 꼬리를 물고 이어졌고, 걸어가는 사람들은 말을 탄 사람들 뒤를 따르는 것처럼 보였습니다. 길가에는 가게들이 촘촘히 줄지어 서 있고, 노랫소리와 외침 소리, 이야기 소리가 뒤범벅되어 시끄러웠지요.

밤나무 요정은 마침내 파리 한가운데에 도착했습니다.

밤나무를 실은 마차가 작은 광장에 멈추어 섰습니다. 이곳에는 여러 가지 나무들이 심어져 있고, 창문마디 발코니가 있는 높은 집들이 들어서 있었습니다. 사람들은 이제 막 도착해 창문으로 싱싱한 밤나무를 내려다보았습니다. 이 나무는 얼마 전에 죽은 나무가 있던 자리에 대신 심어질 것입니다.

사람들은 환한 미소를 지으며 밤나무를 바라보았습니다. 싹이 움트는 나무들이 가지를 흔들며 인사했지요.

"어서 와, 어서 와!"

분수도 물을 찰방찰방거리며 반갑다는 말대신 물방울을 뿌렸습니다. 환영의 표시였답니다.

마침내 요정이 사는 나무는 마차에서 내려져 그곳에 심어졌습니다. 뿌리에 흙이 덮이고, 그 위에 싱싱한 잔디로 덮였지요. 한창 피어나는 다른 관목들과 화분 속의 꽃들도 나무처럼 이곳에 심어졌습니다. 광장 한복판에 작은 정원이 생긴 것이죠.

자욱한 매연, 부엌에서 흘러 나온 연기, 식물들을 숨막히게 하는 오염된 도시의 공해 때문에 말라 죽은 나무들은 마차에 실려 어디론가 떠났습니다. 지나가는 사람들도 그 모습을 안타깝게 바라보았습니다.

그리고 이 이야기를 하는 우리는 발코니에 서서 신선한 공기에 휩싸인 싱싱한 봄을 내려다보며, 늙은 신부님이 이 광경을 보고 무슨 말을 할 것인지 생각해 봅니다. 늙은 목사님은 분명 '불쌍한 요정!'이라 했을 것입니다.

"난 정말 행복해 . 그런데 도무지 실감이 안 나. 말로는 다 표현할 수 없어. 모든 게 다 내가 생각했던 대로야. 하지만 내가 미처 생각하지 못한 것도 있어."

요정은 기쁨에 가득차 들떴습니다.

집들은 너무 큰데다 바짝 붙어 있었습니다. 햇빛은 광고지가 붙어 있는 벽을 비추었지요. 사람들은 바글바글 벽으로 몰려와 구경했습니다.

마차들이 돌진하듯 끊임없이 지나갔습니다. 움직이는 집이라 불리는 합승 마차는 사람들을 가득 싣고 유리창을 덜컹대며 바쁘게 앞으로 달려갔습니다. 사람을 태운 손수레와 마차들이 도로를 가득 메우고 있었지요. 사람들은 저마다 자신의 일이 가장 소중한 듯 조금의 양보도 없이 바삐 움직였습니다.

"난 저기 우뚝 선 집들이 조금씩만 움직여 주었으면 좋겠어. 구름처럼 살짝 모양만 바꾸어 주면 노트르담 사원도 보고 돔 기둥과, 사람들을 놀라게 한 수많은 작품들도 볼 텐데 말이야."

하지만 건물들은 끄떡도 하지 않았습니다.

날이 저물자 가스등에 불이 들어왔습니다. 가게 안 가스등에도 불이 밝혀졌고, 나뭇가지 사이를 비춰서 마치 밝은 대낮 같았습니다. 하늘에는 고향에서 바라보던 별들이 반짝였지요. 요정은 그 모든 것들에서 아주 신선하고 부드러운 공기가 흘러나옴을 느꼈습니다. 그녀는 다시 힘을 얻었습니다. 또 온화하고 활기 찬 인간 세계에서 자신이 가장 주목받는다고 생각했습니다. 주위에는 몰려든 사람들의 시끄러운 소리와 갖가지 악기들 소리, 그리고 가스등 불빛으로 가득했습니다.

골목길에서는 관악기와 손풍금 멜로디가 들려왔습니다. '모두 춤을 추어요. 춤을 추면서 즐겨요, 다함께 즐겨요. 그렇게 말하는 것만 같았지요. 그 멜로디가 너무 흥겨워서 춤을 출 수만 있다면, 말과 마차, 나무와 집들도 춤을 추었을 것입니다.

요정도 너무나 기뻐서 가슴이 쿵쿵 뛰었습니다.

"아, 난 너무너무 행복해! 파리에 있다는 사실이 믿어지지 않아."

다음 날에도 낮이 가고 밤이 찾아왔습니다. 전날과 똑같은 광경이 펼쳐졌습니다. 나무의 요정은 슬슬 싫증이 나기 시작했답니다.

"이제 난 이 광장에 있는 나무들과 꽃들을 모두 다 알아. 집과 발코니, 내가 서 있는 좁고 외진 이 길 구석의 가게들도 다 알지. 그런데 여기 우뚝 솟은 집들 때문에 다른 훌륭한 곳을 볼 수가 없잖아. 개선문과 번화가는 어디에 있는 걸까. 새장에 갇힌 것처럼 라벨, 간판, 플래카드, 겉 모양만 먹음직스러운 음식들 사이에 서 있는 것같아. 이젠 이런 것에는 전혀 흥미가 없단 말이야. 나를 이곳으로 오게 만든 그 모든 것은 어디에 있을까? 난 무얼 얻고 무얼 찾았지? 예전처럼 난 다시 꿈에 사로잡혔어. 내가 경험하고 싶던, 나를 사로잡는 일들이 분명 어딘가에 있을 거야. 이곳을 벗어나 활기차게 사는 사람들 속으로 가야만 해. 새처럼 날아가서 인간들처럼 보고 느끼고 싶어. 맥 빠지는 지루한 일상 속에서 숱한 세월을 보내느니 짧은 삶을 살더라도 즐겨야 한다고. 평범하고 지루한 나날을 보내면 난 병들어 죽어버리고 말 거야. 풀밭에 이슬이 내려도 금세 사라지는 것처럼 말야. 난 구름처럼 빛나고 싶어. 그리고 어디로 가는지 아무도 모르게 흘러갈 거야."

요정은 한숨을 쉬며 말했습니다. 그러고는 간절히 기도했습니다.

"앞으로 내가 살아갈 세월을 가져가는 대신 하루만이라도 힘차게 날아갈 수 있는 자유를 주세요. 나의 모든 것을 드릴게요. 나를 감옥에서 구해 주세요. 아주 잠깐이라도 좋아요. 인간의 삶과 행복을 저에게도 허락해 주세요. 단 하룻밤만이라도 말이에요. 그리고 그 뒤에 저의 오만이나 삶에 대한 갈망을 벌하세요. 저를 이 세상에서 없애 버려도 좋아요. 제 집인 싱싱하고 젊은 밤나무를 장작으로 만들어 불에 태우고 재가 되어 바람에 사라지게 해도 좋아요."

　밤나무 잎사귀들이 바스락 소리를 내며 저마다 떨었습니다. 마치 나무는 불길에 휩싸인 듯 두려움에 마구 몸을 흔들었습니다. 그때 세찬 바람이 불어와 밤나무를 때리고 지나갔습니다. 그러자 한 여인이 나타났습니다. 나무의 요정이었습니다. 예전에 목사가 "큰 도시는 너를 파멸시킬 거야." 이렇게 경고해 주었던 소녀였습니다.

　요정은 나무 아래로 내려와 뿌리에 앉았습니다. 그러더니 현관을 잠그고 열쇠를 던져 버렸습니다. 그녀는 너무도 젊고, 아름다웠습니다. 별들은 반짝거렸고, 가스등은 빛나면서 그녀에게 손짓했지요. 요정은 비록 어리긴 했지만, 한창 피어나는 아리따운 아가씨였습니다.

　그녀의 옷은 비단결처럼 고왔고, 싱싱하게 펼쳐진 나뭇잎처럼 푸르렀으며, 밤색 머리카락엔 반쯤 핀 밤꽃이 꽂혀 있었습니다. 그녀는 마치 봄의 여신 같았지요.

순간, 나무의 요정은 나무에서 훌쩍 뛰어내려 영양처럼 재빠르게 모퉁이를 돌아 사라졌습니다. 거울에 비치는 햇빛처럼 이리저리 뛰어 다녔습니다. 아주 자세하게 살펴보았다면 정말 아름다웠을 것입니다.

마침내 요정은 번화가에 이르렀습니다. 가로등이나 가게, 카페에서 새어 나오는 가스 불빛으로 거리는 온통 화려한 빛의 바다였습니다. 싱싱하고 날씬한 나무들은 나란히 줄 지어 서 있고, 인공적인 빛 아래 저마다 요성을 숨기고 있었지요. 끝도 없이 이어진 긴 길은 마치 하나의 커다란 파티장 같았습니다. 알록달록 청량음료와, 샴페인, 리큐어 술에서부터 커피와 맥주에 이르기까지 온갖 음료수가 차려진 식탁이 있었습니다. 이곳에서는 그림, 꽃과 조각들, 그리고 온갖 종류의 직물을 전시해두었습니다.

나무의 요정은, 드높은 건물들 아래서 일어난 소동을 지켜보았습니다. 이륜 마차나 덮개가 있는 마차, 합승 마차 등 다양한 마차들과 말을 탄 신사들, 행진하는 부대가 홍수처럼 넘쳤습니다. 다른 강으로 건너가려면 위험이 따를 정도의 행렬이었지요. 칸델라 불빛이 빛나는가 싶더니 곧 가스등 불이 번쩍였습니다. 그러고는 갑자기 불꽃이 하늘 높이 솟아올랐습니다. 이 불빛들은 어디서 와서 어디로 가는 것일까요?

이곳은 세계적인 도시의 가장 번화한 길입니다. 한쪽에서 부드러운 이탈리아 음률이 흘러나오는가 하면, 다른 쪽에서는 스페인 노래가 캐스터네츠의 반주에 마쳐 힘차게 울렸지요. 그러나 모든 소리를 압도하는 가장 힘찬 소리는, 활기찬 캉캉 춤을 추는 반주가 오르골에서 울려 나오는 소리였습니다. 오르페우스도 아름다운 헬레나에게 들려주지 못했던 이 음악은 할 수만 있다면 일륜 마차도 춤을 추게 만들었을 것입니다.

요정은 춤을 추며 도시의 거리를 이리저리 떠돌아 다녔습니다. 그리고 햇빛 속에서 색깔을 바꾸는 벌새처럼 하늘을 날아다니며 옷 색깔을 바꿨습니다.

요정은 뿌리에서 떨어져 소용돌이치는 물에 떠내려가는 화려한 연꽃처럼 흘러갔습니다. 머무르는 곳마다 모습을 바꿨기 때문에 어느 누구도 그녀를 쫓아오거나 알아보지 못했지요.

모든 것이 구름이 그린 그림처럼 요정 곁을 스쳐 지나갔습니다. 고향의 그리운 얼굴들도 흘러갔습니다. 그러나 아무도 요정을 알아보지 못했습니다.

요정의 마음속에 문득 빛나는 두 개의 눈동자가 떠올랐습니다. 고향에서 만난 소녀 마리였습니다. 누더기 옷을 입은 가여운 마리. 요정은 검은 머리에 빨간 꽃을 꽂고 빙그레 웃던 마리를 생각했습니다.

마리는 틀림없이 이 도시에 있을 겁니다. 목사님 집 옆에 있는 요정이 살았던 나무와 늙은 참나무 곁을 마차로 지나가던 그때처럼 부유하고 화려한 모습으로 귀가 먹먹한 이 소음 속에 말이에요. 아마 지금쯤 화려하게 장식된 마차에서 내렸을지도 모릅니다. 술이 달린 옷을 입은 마부들과 비단 양말을 신은 하인들이 화려한 마차 곁에 서 있고, 마차에서는 아름답게 차려 입은 귀부인들이 내립니다. 이 귀부인들은 활짝 열린 격자문을 지나 넓고 높은 계단을 올라갔지요. 계단은 하얀 대리석 기둥으로 된 건물로 이어져 있습니다. 이 건물이 세계의 기적이었을까요? 마리는 그곳에 있을 겁니다!

"산타 마리아!"

안에 있던 여인들이 아름다운 목소리로 성가를 불렀습니다. 그림이 그려진 금빛으로 칠한 높고 둥그런 천장 아래에선 그윽한 냄새가 흘러나오고, 아래쪽은 어스름하게 어두웠습니다.

이곳은 막달라 마리아 교회입니다. 최신 유행에 따라 값비싼 옷감으로 만들어진 검은 옷을 입은 고귀한 여인들의 세계였죠. 벨벳으로 제본된 기도책 은제 고리와, 귀한 브뤼셀의 레이스가 달리고 향기가 진하게 배인 고운 손수건 문장이 화려한 빛을 발했습니다. 부인들 몇 명은 제단 앞에 무릎을 꿇고 조용히 기도를 올렸고, 다른 부인들은 고해성사를 했습니다.

나무의 요정은 들어와서는 안 될 곳에 들어온 것만 같은 불안과 초조함을 느꼈습니다. 이곳은 침묵의 집, 비밀의 회당이었습니다. 모두가 속삭이며 낮은 목소리로 비밀을 털어놓았습니다.

나무의 요정은 자신도 비단드레스를 입고 검은 베일을 쓴 것을 보았습니다. 부유하고 높은 집안 출신 부인들과 비슷한 모습이었죠. 이들 모두 요정처럼 화려한 삶을 동경했기 때문일까요? 고통에 가득 찬 깊은 한숨 소리가 여기저기서 새어 나왔습니다. 이 한숨 소리는 어디서 나온 것일까요? 고해실에서?, 아니면 요정의 가슴속에서였을까요? 나무의 요정은 베일을 바짝 당겨 썼습니다. 향냄새가 코를 찔렀지요. 신선한 공기를 마시고 싶었습니다. 그녀는 이곳이 자신이 바라던 장소가 아니란 걸 알 수 있었습니다.

"가자, 쉬지 말고 어서 서둘러 가자. 시간이 하루밖에 없는 걸. 하루살이에게는 날아가는 게 바로 삶이야."

나무의 요정은, 화려한 분수대 옆에서 찬란하게 빛나는 가스등 아래에 있었습니다.

"아무리 물을 흘려 보낸다 해도 이곳에 뿌려진 죄없는 사람들의 피를 씻어버릴 수는 없어."

이런 말들이 들려왔습니다. 낯선 사람들이 큰 소리로 이야기하고 있었습니다. 그들은 큰 돌로 된 뚜껑을 빙글빙글 돌리더니 번쩍 들어 올렸습니다. 나무의 요정은 그들의 행동을 이해하지 못했습니다. 다만 요정은 지하로 내려가는 통로가 열린 것을 보았을 뿐입니다.

그들은 돌 뚜껑을 내던지더니 서둘러 지하로 내려갔습니다. 별이 총총한 하늘과, 환하게 빛나는 가스등, 생생하게 살아가는 생활을 뒤에 남긴 채 말이에요.

"전 불안해요. 차마 내려갈 용기가 나지 않아요. 저 아래에 아무리 굉장한 게 있다 해도 저는 싫어요. 제발 누구든 제 곁에 있어 줘요, 네?"

이곳에 있던 여자 하나가 외쳤습니다.

"이렇게 신기한 것을 구경도 안 하고 파리를 떠난다고? 이건 현대가 이루어낸 기적이야, 오로지 한 사람의 의지와 힘이 만들어 낸 거라고."

여자의 남편이 말했습니다.

"그래도 전 내려가지 않을래요."

여자가 대답했지요.

요정은 남자가 말한 '현대가 이루어낸 기적'이라는 말이 무슨 뜻인지 이해할 수 있었습니다. 이제야 자신이 바랐던 꿈에 도달한 것만 같았습니다. 이곳은 파리의 지하로 내려가는 입구였지요. 요정은 한 번도 생각해 보지 못했던 것이었습니다. 그녀는 낯선 사람들 뒤를 따라 지하로 내려갔습니다.

무쇠로 만들어진 폭 넓은 나선형 계단이 보였습니다. 그 계단을 따라 아래로 내려가는 동안 드문드문 벽에 걸린 등불이 길을 안내해주었습니다. 사람들은 십자로 얽힌 둥근 천장 아래로 펼쳐진 미로 속에 줄을 지어 서 있었습니다.

지하는, 파리의 모든 거리와 골목이 더러운 거울에 비쳐진 또 하나의 그림처럼 아주 희미하게 보였습니다. 땅 위에서와 마찬가지로 지하에도 거리 이름과 번지를 알리는 푯말이 있었지요.

지하 통로를 내려가면 넓은 운하를 만나게 됩니다. 이 운하 천장에는 맑은 물이 흐르는 관이 있고, 더 위쪽에는 가스관과 전신망이 걸려 있었습니다.

세계적인 도시 파리가 그대로 반사된 것처럼 지하에도 등불이 띄엄띄엄 비치고 있었지요. 위에서는 이따금씩 무언가가 둔탁하게 굴러가는 소리가 들려오기도 했는데 바로 집으로 돌아가는 사람들을 태운 마차 바퀴 소리였습니다.

요정은 어디에 있었을까요? 여러분은 아마 카타콤(지하 묘지)에 대해 들어보았을 것입니다. 카타콤은 새로 생긴 이 지하 세계, 현대의 기적이라 불리는 파리의 하수구에 비하면 아무것도 아니지요. 요정은 세계 박람회가 열리는 마르스펠드의 화려한 광장이 아닌 하수처리장에 와 있었습니다. 요정은 사람들이 감탄하는 소리를 들었습니다.

"이 곳은 바로 수천 사람의 건강한 생활을 위해 만들어진 곳이야. 이 위에서 사는 수천 명의 사람들을 위해서 말야. 우리 시대는 축복받은 진보의 시대야."

그러나 이는 오직 사람들의 생각이었을 뿐, 이곳에서 태어나 자란 생물들의 생각은 아니었습니다. 지하에 집을 짓고 사는 생물은 바로 쥐였습니다. 쥐들은 목소리가 매우 컸기에 요정은 무너진 담벼락의 틈에서 쥐들의 말을 들을 수 있었습니다.

늙고 커다란 아빠 쥐는 꼬리에 물어뜯긴 자국이 있었습니다. 아빠 쥐는 격한 목소리로 인간들에 대한 험담을 늘어놓았지요. 가족들도 모두 그의 말에 동의했습니다.

"고양이처럼 야옹거리며 무식하게 늘어놓는 인간들 말은 정말 구역질이 나. 나도 가스와 석유로 만들어 낸 물건들은 아주 멋지다고 생각하지만 그런 건 먹을 수 없어. 이곳은 너무 밝고 깨끗해졌어. 인간들은 자기 자신을 부끄러워하지만, 사실은 왜 부끄러운지조차 모르지. 아, 기름램프 시절로 돌아갈 수만 있다면. 그러나 그 시절은 다시는 돌아오지 않을 거야. 사람들이 말하듯 낭만적인 시절이었는데 말이야."

이상하게 생각한 요정이 아빠 쥐에게 물었습니다.

"대체 무슨 이야기를 하는 거예요? 나에게도 자세히 이야기해 줄 수 있어요?"

"찬란했던 옛날이야기지. 우리 증조할머니, 할아버지들이 살았던 아름다웠던 시절 말이야. 그 때는 여기로 내려오는 게 참 대단하고 멋진 일이었거든. 이 곳은 우리들의 보금자리였어. 도시인 파리하고는 완전히 달랐지. 우리 엄마, 페스트도 이곳에 살았어. 엄마는 비록 인간들을 죽였지만, 쥐들은 한 번도 죽이지 않았어. 믿어도 돼. 그리고 강도와 밀수꾼들은 여기에서 자유로이 숨을 쉴 수 있었지. 아주 재미있는 인간들의 도피처였거든. 그렇지만 이제 그런 인간들은 멜로드라마를 상영하는 극장에서나 볼 수 있지. 이제 낭만주의 시대는 지나가 버렸어. 우리 쥐들의 보금자리에도 낭만은 없어져 버렸어. 신선한 공기와 석유가 그 낭만을 가져가 버렸어.”

아빠 쥐는 이렇게 말했습니다. 엄마 페스트가 살았던 영광스런 시절에는 경의를 표하고 새로운 시대를 비웃었습니다.

마침 그때 작고 재빠른 말들이 이끄는 마차 한 대가 사람들 앞에 멈추어 섰습니다. 지붕이 없는 합승마차였습니다. 그 마차는 사람들이 다 올라 타자 세바스톨 거리를 따라 달려 갑니다. 지하 세계를 따라 힘껏 달리는 거랍니다. 바로 이 위에는 사람들로 꽉 찬 파리의 이름 높은 거리가 있었습니다.

마차는 어스름 속으로 사라졌습니다. 요정도 신선한 공기가 있는 땅 위 가스등 불빛을 향해 솟아올랐지요. 답답하고 무거운 공기와 복잡하게 십자로 얽혀 있는 저 지하 세계가 아니라, 밝은 땅 위에서 기적을 찾아야겠다고 생각했습니다.

요정은 자신에게 남은 짧은 시간 안에 어서 기적을 찾아야 했습니다. 기적은 저 위에서 빛나는 가스 불빛을 전부 합친 것보다도 더 힘차게, 미끄러지듯 지나가는 달빛보다도 더 환하게 빛날 테지요.

그렇습니다. 요정은 분명 저 먼 곳에서 기적을 보았습니다. 기적은 그녀 앞에서 찬란히 빛나며, 하늘의 샛별처럼 손짓했습니다.

요정은 활짝 열린 문을 보았습니다. 문은 조그마한 정원으로 이어져 있었습니다. 정원에는 경쾌한 춤곡이 흐르고, 주위는 찬란한 불빛으로 가득 차 있었지요. 작고 고요한 연못 주변을 꽃밭처럼 둘러싼 가스등 불이 빛나고 있었습니다. 함석으로 만들어 색칠한 인공 수초들은 그 불빛을 받아 까만 그림자를 물에 길게 늘어트리고, 아름다운 수양버들은 늘어진 가지를 투명한 초록빛 베일처럼 물 위로 드리우고 있었습니다.

덤불 숲 사이로는 거센 불길이 활활 타올랐습니다. 그 붉은 불빛은 작고 거

무스름한 초막을 은은하게 비추었지요. 귀를 간질이고 정신을 아득하게 하는 유혹적인 음악 소리가 초막 안까지 들려왔습니다.

　요정은 화려한 축제 옷으로 차려입은 아름다운 아가씨들을 보았습니다. 순진한 미소를 머금은 그녀들 입술은 빨갛게 물들어 경쾌하고 활기찬 젊음을 나타냈습니다. 비록 마차와 마부는 없었지만 머리에 장미꽃을 꽂은 마리 같았지요. 격렬하게 춤을 추며 요란하게 몸을 흔들어 대는 아가씨들 모습을 좀 보세요. 그녀들은 무언가에 홀린 듯 뛰고 웃으며, 환호성을 질렀습니다. 온 세계를 두 팔에 껴안은 듯 더없이 행복하고 즐거워 보였습니다.

　나무의 요정도 춤의 소용돌이 속으로 빠져 들었습니다. 밤색 비단 장화가 요정의 작고 고운 발에 휘감겼습니다. 살짝 드러난 어깨에 닿을 듯 말 듯한 그녀의 머리에서 나풀거리는 리본은 밤나무 열매 같이 짙은 밤색이었지요. 주름이 굵게 진 초록색 비단옷은 나풀거렸고, 아름다운 다리와 귀여운 발도 그대로 드러났습니다. 그 귀여운 발은 하늘에 마법의 동그라미를 그리는 것처럼 보였습니다. 청년들은 그녀에게 빠져들었습니다.

요정은 아르미다스의 마법 정원에 와 있는 것일까요? 이곳은 어디일까요?'

이곳은 바로 마빌입니다. 그 이름은 가스등 불빛을 받아 바깥 문 위에서 반짝이고 있었습니다.

음악 소리와 손뼉을 치는 소리, 분수에서 물방울이 튀는 소리, 샴페인 마개가 열리며 펑 뛰어오르는 소리, 그 모든 소리들이 뒤섞였습니다. 이어서 격렬한 춤곡이 뒤따라 들려옵니다. 이런 모습을 내려다보던 달은 얼굴을 갸웃거리며 미끄러지듯 저편으로 흘러갔습니다. 하늘에는 구름 한 점 없었습니다. 사람들은 마빌에서 하늘 위를 들여다볼 수 있으리라고 믿었습니다.

나무의 요정은 삶에 대한 갈망으로 아편에 취한 듯 무아지경 속을 헤매고 있었습니다. 그녀의 두 눈과 입술은 말을 하려 달싹거렸지만, 플루트와 바이올린 소리에 묻히고 말았지요. 함께 춤을 추던 사람이 그녀에게 뭐라고 속삭였지만 그 소리도 캉캉 춤 음악에 묻히고 말았습니다. 그는 요정을 안으려고 팔을 뻗었지만 그가 끌어 안은 것은 투명한 공기로 가득 찬 허공이었을 뿐입니다.

요정은 바람에 날리는 장미 꽃잎처럼 공기의 흐름에 자꾸만 떠밀려 갔습니다. 그때 저 높은 탑 위에서 뭔가 번쩍이는 게 보였습니다. 이 빛은 바로 그녀가 동경하던 마르스펠드 광장의 붉은 등대였습니다.

요정은 봄바람을 타고 그곳으로 날아갔습니다. 뱅뱅 동그라미를 그리며 탑을 맴돌다가 땅으로 내려갔습니다. 일꾼들은 그녀를 보자 너무 일찍 날아온 탓에 죽어 가는 한 마리 나비라고 생각했지요.

달빛이 환하게 빛나고 있습니다. 가스등이 큰 회당과 여기저기 놓인 여러 나라 건물들과 푸른 언덕, 인공 암석들을 비추었습니다. 암석에서는 폭포가 떨어지고 있었지요. 인정 없는 주인이라 불리는 기계는 쉬지 않고 물을 퍼올려서 폭포수가 끊임없이 돌아가도록 만들었습니다. 바닷 속 동굴과 호수 바닥이 물고기 나라로 만들어져 있었습니다. 사람들은 호기심 어린 눈망울로 구경했지요. 깊은 연못 바닥과 바다 속으로 유리로 만들어진 잠수기를 타고 내려갈 수 있었습니다. 물은 이곳저곳에서 두꺼운 유리벽을 압박했습니다. 살아 있는

내장처럼 보이는 히드라들이 길고 부드러운 팔을 흔들며 솟아 올라 밑바닥에
딱 붙었습니다. 커다란 넙치가 느긋하고 편안하게 누워 있었지요. 게들은 몸집
큰 거미처럼 넙치 위를 꿈틀거리며 기어갔고, 작은 새우들은 바다 속에서 나
방이나 나비처럼 바쁘게 서두르며 이리저리 돌아다녔습니다.

　민물 수족관에는 수련이 피어 있었고 갈대와 물제비꽃도 자랍니다. 금붕어
들은 모두 움직임을 멈추고 같은 방향을 바라본 채 입을 뻐끔거리며 초원의
젖소처럼 나란히 줄을 지어 떠 있었습니다.

　살찐 유럽 산 잉어들은 초점을 잃은 멍청한 눈으로 유리벽을 뚫어지게 쳐다
보았습니다. 잉어들은 자신들이 파리 박람회장 안에 있으며, 민물이 가득 찬
통에 담겨 이곳으로 왔다는 사실을 잘 알고 있었지요. 또한 사람들이 바다에
서 배멀미를 하듯이 잉어들도 이곳에 오려고 기차여행을 하면서 멀미를 했습

니다. 사람들은 특별 전시장 이곳저곳을 관람하면서, 아침부터 저녁까지 물고기 곁을 끊임없이 지나쳐 갔습니다.

세계 여러 나라에서 자기 나라 잉어들을 이곳에 보내 전시했습니다. 늙은 유럽 산 잉어를 비롯해 평범한 잉어, 활발한 농어들이 인간이라는 생물을 보고, 저마다 전문가적 소견서를 제출할 수 있도록 말입니다.'

"어, 비늘을 가진 동물도 있네. 이 동물들은 하루에도 두세 번씩 비늘을 바꿔. 입으로 소리를 내며 그걸 말이라고 해. 오라, 인간이라는 동물이구나. 우리 물고기들은 비늘을 한 번도 바꾸지 않고 또, 입가를 움찔거리고 눈을 둥그렇게 뜨는 것만으로도 쉽게 의사소통을 할 수 있는데, 인간들은 그렇지가 않은가 봐. 우리는 인간보다 훨씬 더 많은 장점을 가지고 있어."

진흙투성이의 작은 물고기가 말했습니다.

"그렇지만 인간들도 헤엄칠 줄은 알아. 난 큰 호수에서 왔는데, 인간들은 더운 계절이면 물속으로 들어와. 먼저 비늘을 벗어버린 뒤에 헤엄을 쳐. 개구리에게서 뒷다리로 물장구 치는 법과 앞다리를 지어 앞으로 가는 법을 배웠지만, 오래 가지는 못 해. 우리 흉내를 내려 하지만, 결코 그렇게 할 수 없지. 불쌍한 인간들!"

작은 민물고기가 말했습니다.

물고기들은 눈을 커다랗게 뜨고 사람들을 가만 가만 쳐다보았습니다. 그러고는 밝은 대낮에 보았던 인간들이 아직도 머문다고 생각했습니다. 물고기들은 처음으로 본 인간들이 계속 그 자리에 있다고 믿었습니다.

다른 물고기들이 부러워하는 호랑이를 닮은 얼룩무늬와 둥근 등을 가진 작은 농어는 여전히 '인간쓰레기'가 여기 있으며, 그 '인간 쓰레기'가 자신을 보고 있다고 말했습니다.

그러자 황달에 걸린 것처럼 생긴 유럽산 잉어가 말했지요.

"나도 그 사람을 보고 있었어. 귀엽고 잘생긴 인간 모습을 하고 있지. 다리가 긴 숙녀. 내 생각에 그 사람은 여자야. 우리처럼 동그란 눈과 커다란 입을 가졌어. 그리고 앞으로 보나 뒤로 보나 아주 잘 먹은 것 같아. 그런데 특이하게 목에 해초를 두르고 다니더군. 몸에는 흐느적거리는 비늘을 달고 말이야. 우리처럼 거추장스러운 것들을 모두 벗어 버리고, 신이 만들어 준 그대로 걸어 다니면 좋을 텐데. 그러면 평범한 잉어쯤으로는 보일 거야."

그들의 화제는 다른 인간에게로 넘어갔습니다.

"의자에 앉아 있던 사람은 어디 갔지?"

"잉크와 종이 그리고 펜을 가져와 모든 일을 글로 쓰던 사람? 다른 사람들은 그를 신문기자라 부른대!"

"그 사람 아직도 거기에 있어."

바닷말로 뒤덮인 나이 든 잉어가 말했습니다. 이 노처녀 잉어는 목이 완전히 쉬어 고통스러워 했습니다. 젊었을 때 낚싯바늘을 삼켰는데, 이 낚싯바늘이 아직도 목에 걸려 있어서 가엾게도 그 아픔을 참으면서 산답니다.

"신문기자란 물고기 세계에서 말한다면, 오징어와 같은 존재라는 뜻이야."

붕어가 말했습니다. 물고기들은 수조 안에서 물고기다운 대화를 나눴습니다. 그런데 갑자기 물이 흐르는 아름다운 인공 동굴 한가운데에서 망치 소리와 일꾼들의 노랫소리가 울려 퍼졌습니다. 관람객들 때문에 낮에 하지 못했던 일들을 밤을 새워 하려는 것이지요.

나무의 요정은 꿈속에서도 인부들의 노랫소리가 들려왔습니다. 요정은 또다른 곳으로 날아가려 여기에 서 있었지요. 그녀는 금붕어를 보며 고개를 끄덕였습니다.

"금붕어잖아! 그래, 난 너희들을 알아. 아주 오래전부터 알고 있었어. 고향에서 제비가 너희들 이야기를 들려 주었지. 참으로 귀엽고 사랑스럽구나! 모두에게 뽀뽀를 해주고 싶어! 너는 살찐 붕어, 너는 윤이 나는 잉어. 틀림없어. 넌 바닷말을 덮어 쓴 늙은 잉어고. 난 너희들을 잘 알지만 너희들은 날 모르겠구나."

물고기들은 눈을 둥그렇게 떴습니다. 그녀의 말은 한 마디도 알아들을 수 없었습니다. 그저 밝아 오는 어스름 녘을 바라다볼 뿐이었지요.

요정은 이곳에 오래 머무르지 않았습니다. 그녀의 마음은 언제나 머나먼 곳을 향하고 있었으니까요. 밖으로 나왔습니다. 그곳에는 세계 여러 나라의 향이 전시돼 있었습니다. 구수한 빵 냄새, 바다 향기, 오데코롱 향수, 장미 기름을 가진 동방의 나라 향기 등등.

무도회가 끝난 새벽, 집으로 돌아갈 때 귓가에는 밤새 들어 익숙한 멜로디가 마치 메아리처럼 들려왔습니다. 우리는 익숙해진 음들을 모두 기억했습니다. 사형수가 마지막으로 본 장면이 눈동자 속에 한동안 사진처럼 남아 있듯이 말이에요.

늦은 밤이 되었지만 아직도 이곳은 밝은 낮의 소란스러움이나 북적거림으로 여전히 술렁거렸습니다. 전날의 잔영이 아직 사라지지 않았던 것이죠. 요정은 다음 날까지도 이 소리가 계속 웅웅거리며 남아 있으리라고 알 수 있었습니다.

그녀는 주위에 있는 장미꽃들 사이에서 고향의 장미꽃을 발견했습니다. 붉은 석류꽃도 보았지요. 마리가 어린 시절 칠흑처럼 검은 머리에 꽂았던 그 붉은 석류꽃 말이에요. 고향에서의 어릴 때 추억이 그녀의 머릿속에 번개처럼 뚫고 지나갔습니다. 그녀는 신기한 것들로 가득한 전시관을 지나면서 두 눈으로 주위 모습을 탐욕스럽게 빨아들였답니다.

요정은 시간이 지나자 피곤함을 느꼈습니다. 부드러운 방석과 양탄자에 누워서 맘껏 쉬고 싶은 마음이 강하게 들었습니다. 아니면 수양버들과 함께 맑은 물 쪽으로 구부러져서 물속에 잠기고도 싶었습니다.

그러나 하루살이의 짧은 인생에는 휴식이 없답니다. 앞으로 몇 분만 지나면 하루가 끝나고 맙니다.

그녀는 갑자기 머리가 어지럽고, 몸이 떨려왔습니다. 그러다 물가 풀밭에 쓰러지고 말았지요.

"넌 땅 속에서 영원한 생명력을 가지고 활기차게 솟아 나오는구나. 내 혀를 적셔 힘을 내게 해 다오."

요정이 물에게 말했습니다.

"전 살아 있는 샘물이 아니랍니다. 기계가 원할 때만 물을 솟아나게 할 수 있지요."

"내게 너희들의 생기를 다오, 푸른 풀아. 향기로운 꽃아, 어서 힘을 다오!"

요정은 풀과 꽃에게도 부탁했습니다.

"우리는 꺾이면 죽어버린답니다."

풀과 꽃이 대답했습니다.

"내게 입 맞추어 다오, 신선한 바람아. 딱 한 번이라도 좋으니 부디 생명의 입맞춤을!"

"이제 곧 태양이 떠올라 구름을 붉게 물들일 거야. 그러면 넌 죽은 자들의 동료가 될 거야. 일 년이 가기도 전에 사라져 버릴 이곳의 모든 찬란함처럼 너도 그렇게 사라져 버리겠지. 그러면 이 광장은 다시 내 차지가 될거야. 난 땅 위에 떠도는 먼지를 불어 작은 구름들 속에 집어넣을 거야. 모든 것은 다 먼지야. 그저 먼지에 불과하지."

바람이 말했습니다.

요정은 몹시 무섭고 두려웠습니다. 죽으려고 스스로 동맥을 잘랐지만 피를 흘리고 죽어 가면서도 다시 살기를 바라는 여자와 같은 공포를 느꼈습니다. 요정은 가까스로 일어나 몇 발자국 옮겼지만 그만 작은 교회 앞에서 쓰러지고 말았지요. 교회 문은 열려 있고, 제단에서 촛불이 타오르고 있었으며, 오르간이 연주되었습니다.

매우 낯선 멜로디였습니다. 요정은 한 번도 이런 음악을 들어 본 적이 없었습니다. 하지만 어쩐지 익숙한 목소리처럼 느껴졌습니다. 그 목소리는 바로 그녀 제 가슴속 깊은 곳에서 울려 나왔습니다.

요정은 바람이 늙은 참나무를 흔들어대는 소리라고 생각했습니다. 그리고 위인들과 그들의 재능에 대해 이야기하던 늙은 신부님 목소리 같기도 했습니다. 위인들은 그들이 재능을 후세에 남겨 미래를 이어가고 빛내도록 했으며, 그 이름이 스스로 영원한 생명을 얻기 위해서는 자신들의 재능을 바쳐야만 했습니다.

오르간 소리가 점점 더 커져만 갔습니다. 그 소리는 이렇게 말하는 것만 같습니다.

'너의 동경과 욕망 때문에, 너는 신이 준 것을 뿌리채 뽑아 버리고 말았구나. 그리고 그것이 너의 멸망을 앞당기는 꼴이 되었구나, 가엾은 요정아.'

오르간 소리는 매우 부드럽고 잔잔했습니다. 마치 흐느껴 우는 것 같더니 마침내 그치고 말았지요. 동쪽 하늘에는 붉은 빛을 두른 구름들이 나타났고, 바람은 변함없이 부르던 노래를 불렀습니다.

"사라져라! 죽은 자들이여. 이제 다시 태양이 떠오르네."

아침 햇살이 요정을 비추었습니다. 그녀의 몸은 빛을 받아 알록달록 찬란하게 빛나더니 하나의 물방울이 되었습니다. 떨어지는 한 방울의 눈물처럼 땅에 떨어져 영원히 사라졌습니다.

눈부신 태양이 마르스펠드 광장의 신기루와 위대한 도시 파리 그리고 높다란 건물들 사이로 뿜어져 나오는 분수와 나무들이 있는 작은 광장을 비추었습니다.

이곳에는 어제만 해도 봄처럼 싱싱하게 서 있던 밤나무가 가지를 힘없이 늘어뜨리고 시든 잎들을 달고 있었습니다. 요정이 나무를 떠나 날아가 버렸기 때문입니다. 요정은 구름처럼 흘러갔습니다. 그러나 어디로 갔는지는 아무도 모릅니다.

땅 위에는 시들고 찌부러진 밤꽃이 떨어져 있었습니다. 교회 성수로도 이 꽃에 다시 생명을 주어 생기 있게 만들 수는 없을 겁니다. 사람들은 무심하게도 땅에 떨어진 꽃들을 밟고 지나갔습니다.

이 모든 일은 실제로 일어났습니다. 우리가 직접 이 일을 보았지요. 바로 1867년 파리 박람회 기간에 일어났던 일이랍니다. 우리의 시대, 위대하고 신기한 이 동화의 시대에 말이에요.

137
헨그레테네 가족
Hønse-Grethes Familie

헨그레테는 새로 지은 멋진 닭장에 사는 하나뿐인 사람이었습니다. 이 집은 닭과 오리를 기르기 위해, 영주님 저택에 다시 지은 집입니다. 예전에 이곳은 탑과 뾰족한 박공 지붕, 성을 둘러싼 도랑과 도개교가 있던 오래된 기사의 성이었습니다. 바로 옆에는 수풀과 나무가 우거진 숲이 있었는데, 이 숲은 옛날에 넓은 호수와 맞닿는 정원이었답니다. 호수가 있던 자리는 오늘날 늪이 되어, 까마귀들이 까악까악 소리를 지르며 해묵은 나무들 위로 날아다니고, 새들도 떼를 지어 몰려듭니다. 아무리 총을 쏘아대도 새들의 숫자는 줄어들지 않고 오히려 늘어만 갔답니다. 까마귀 울음소리는 헨그레테가 앉아 있는 집 안에까지 들렸지요.

어린 오리들은 나무 신발을 신은 헨그레테 발 위를 뛰어다녔습니다. 헨그레테는 닭과 오리들이 알에서 나오기 전부터 한 마리 한 마리 잘 알고 있었습니다. 그녀는 새로 지은 닭장과 그 안에 사는 닭과 오리들을 아주 자랑스럽게 여겼지요. 그녀의 작은 방은 무척 아담하고 깨끗했습니다. 이 집 주인 여자가 방을 깨끗하게 쓰라고 요구했기 때문이지요. 주인 여자는 멋있고 품위 있는 손님들에게 '닭과 오리의 기지'를 보여 주기 위해 자주 이곳으로 왔습니다. 주인 여자는 이 집을 '닭과 오리의 기지'라고 불렀습니다.

헨그레테 방에는 옷장과 팔걸이가 달린 의자, 그리고 화장대까지 갖추어져 있었습니다. 화장대 위에는 '그루베'라는 글자가 새겨진 반짝반짝 윤이 나는 놋쇠 메달이 놓여 있었지요. 이 '그루베'는 옛날 기사의 성에 살았던 높은 귀족의 이름이었습니다. 메달은 닭장을 지으려 땅을 팠을 때 발견된 것이었습니다. 이 지역의 한 선생님이 이 메달은 기껏해야 기념품 정도의 가치밖에 없다고 했습니다. 선생님은 부근의 지리와 옛 시대에 대해 잘 알고 있었지요. 모두 책에서 얻은 지식이라고 했답니다. 그의 책상 서랍 속에는 수많은 기록물들이 있었습니다. 그러나 그가 아무리 많은 것을 알고 있다고 해도, 늙은 까마귀만큼은 모를 것입니다. 애석하게도, 까마귀는 자신이 알고 있는 지식을 제 언어로만 말했기 때문에 우리 인간들은 이해할 수 없지요. 그 선생님이 아무리 지혜롭다 해도 까마귀의 언어를 알아들을 수는 없었답니다.

늪 지대에서는 뜨거운 여름이 지나면 하얀 아지랑이가 무럭무럭 피어 올라 멀리서 보면 꼭 해묵은 나무들 앞에 호수가 펼쳐진 것처럼 보였습니다. 그래서 이곳에 여전히 기사 그루베가 살고, 붉은 담장을 두른 오래된 옛성이 서 있는 것처럼 보였지요. 그 무렵에는 무섭게 생긴 개를 묶어 놓은 사슬이 성문 밖으로 나와 있었고, 사람들은 이 탑을 지나야만 방으로 들어가는 돌 깔린 문 앞으로 갈 수 있었습니다.

방에는 창문이 매우 작았습니다. 무도회가 열리는 큰 홀의 창문도 마찬가지였지요. 아마 마지막 그루베가 살았던 때에는 무도회가 열리지 않았던 모양입니다. 그래도 이곳에는 음악을 연주하던 낡은 팀파니가 있었고, 또 매우 정교하게 조각된 장롱 안에 진기한 꽃의 뿌리가 보관돼 있었습니다. 식물을 몹시 좋아했던 그루베 부인이 나무와 여러 가지 약초를 재배했기 때문입니다. 남편 그루베는 늑대와 멧돼지를 사냥하기 위해 말을 타고 밖으로 나가는 일을 더 좋아했답니다. 그 사냥길엔 어김없이 어린 딸 마리가 따라갔습니다. 다섯 살짜리 소녀는 자기 말 위에 의젓하게 올라타서는, 크고 검은 눈으로 주위를 살폈습니다. 아주 용감하게 말이에요. 그리고 사냥개들 사이로 채찍을 내려 치

는 것이 그녀의 즐거움이었습니다. 그녀의 아버지는 딸이 주인 귀족과 그의 딸을 보려고 몰려드는 농부의 자식들을 채찍으로 후려치기를 바랐습니다.

성 바로 옆에는 흙으로 지은 농부의 오두막이 있었습니다. 이곳에는 어린 아가씨와 동갑내기인 농부의 아들, 쇠렌이 살고 있었습니다. 쇠렌은 나무 타기를 썩 잘했는데, 어린 아가씨가 명령을 할 때마다 새집에서 알을 꺼내려 늘 나무 위에 올라가야만 했습니다. 그러면 새들은 죽을 힘을 다해 소리를 질러 댔답니다.

어느 날이었습니다. 새둥지에 올라갔던 쇠렌은 그만 어미새에게 한쪽 눈을 쪼이고 말았습니다. 쇠렌의 눈에서는 피가 철철 흘러나왔지요. 사람들은 쇠렌이 다시는 앞을 못 보게 될 거라고 말했습니다. 하지만 다행히도 쇠렌의 눈은 아무런 상처도 남지 않고 깨끗하게 나았답니다.

마리 그루베는 쇠렌을 '마리의 쇠렌'이라 불렀습니다. 이는 큰 호의를 나타낸 것이었지요. 마리는 쇠렌의 아버지 존에게도 도움을 주었습니다. 어느 날, 쇠렌의 아버지가 잘못을 저질러 목마를 타는 벌을 받게 되었답니다. 존은 네 개의 말뚝 다리 위에 얇은 판자 하나가 얹혀져 있는 목마를 타야만 했습니다.

그것도 무거운 돌 몇 개를 발 위에 얹어 놓고서 말입니다. 그의 얼굴은 끔찍하게 일그러졌습니다.

쇠렌은 울면서 어린 마리에게 애원했고, 마리는 아버지에게 쇠렌의 아버지를 한 번만 용서해달라고 부탁했습니다. 그러나 마리 아버지는 못 들은 척했습니다. 마리는 그런 아버지의 팔을 붙들고 졸라대다가 마침내 아버지의 소매를 잡아당겨 갈가리 찢어 놓고 말았지요. 마리는 갖고 싶거나 하고 싶은 일은 무엇이든 해야만 했습니다. 그런 마리 덕분에 쇠렌의 아버지는 겨우 풀려나게 되었습니다. 이 장면을 지켜 본 그루베 부인은 어린 딸의 머리를 쓰다듬으며 상냥한 눈길로 바라보았습니다. 마리는 엄마의 이런 행동을 이해하지 못했답니다.

마리는 엄마와 함께 지내는 것보다 성 안의 사냥개들과 같이 노는 것을 더 좋아했습니다. 호수에는 수련이 피어 있고, 부들과 물제비꽃이 갈대와 어우러져 살랑거렸습니다. 그루베 부인은 무성하게 자란 싱싱한 식물들을 무척 사랑스런 눈길로 바라보곤 했지요. "어쩜, 이렇게 싱그러울까!" 부인은 그렇게 외치곤 했습니다.

정원에는 그녀가 손수 심은 진기한 너도밤나무가 한 그루 있었습니다. 이 나무는 다른 나무들과는 달리 잎이 짙은 흑갈색이었지요. 이 나무는 햇빛을 많이 받아야만 했습니다. 그늘 안에 있으면, 다른 나무들처럼 잎이 초록색으로 변하여 자신의 특성을 잃어버리게 된답니다. 높이 자란 너도밤나무와 키가 큰 풀 속에 새들이 둥지를 틀었습니다. 이곳이 사냥이 금지된 새 보호 구역이라는 것을 새들도 아는 듯했지요.

어린 마리는 쇠렌과 함께 자주 이곳에 왔습니다. 쇠렌은 우리가 이미 알고 있듯이 나무 타기의 명수였지요. 어느 날 그는 나무 위에 올라가 새알과, 솜털처럼 연약한 새끼들을 꺼내 왔습니다. 그러자 나무에 있던 크고 작은 새들이 불안과 겁에 질려 푸드득 날아다녔습니다. 푸른 도요새들은 밭에서, 까마귀들은 높은 나무에서 날카로운 소리를 질러 댔습니다. 오늘날에도 여전히 들을 수 있는 새들의 비명소리 말이에요.

"애들아, 대체 무슨 장난을 치는 거니? 그건 아주 나쁜 짓이야. 하느님 뜻에 어긋나는 일이라고!"

그루베 부인이 성에서 뛰어나오더니 말했습니다.

쇠렌은 죄책감에 오돌오돌 떨며 서 있었고, 어린 마리도 슬그머니 시선을 내리깔았습니다. 그러나 마리는 곧 이렇게 투덜거렸습니다.

"아빠는 괜찮다고 하셨는데……."

"도망가! 어서 도망가!"

훼방꾼들 때문에 떠났던 크고 검은 새들은 다음 날 다시 돌아왔습니다. 그들의 둥지가 바로 여기 정원에 있었기 때문이지요.

조용하고 따스한 성품의 부인은 이곳에 그다지 오래 머물지 못했습니다. 사랑하는 하느님이 그녀를 불렀기 때문입니다. 그녀는 성보다 하느님의 집에서 안식을 찾을 것입니다. 교회에서 장엄한 종소리가 울려왔습니다. 그녀의 시신이 교회로 운반되었을 때, 가난한 사람들 눈은 촉촉하게 젖어 있었습니다. 부인은 그들에게 다정하고 친절하게 대해주었던 덕망 있는 사람이었기 때문입니다.

부인이 떠나 버리자, 그녀가 돌보던 식물들은 아무도 돌보지 않게 되어 정원은 곧 황폐해졌습니다.

사람들은 그루베 경을 거친 사람이라고 말했습니다. 하지만 아직 어린 그의 딸이 그를 부드럽게 만들 수 있었습니다. 사랑스런 딸을 보면, 그루베 씨는 웃을 수밖에 없었지요. 그는 딸의 소원이라면 무엇이든 다 들어주었습니다. 그래서 마리는 자기가 원하는 것은 모두 이룰 수 있었답니다. 마리는 이제 겨우 열두 살이었지만 몸도 튼튼하게 자랐으며, 검은 두 눈은 사람들의 마음을 꿰뚫어 볼 듯 날카로웠습니다. 게다가 남자처럼 말을 잘 탔고, 엽총도 능숙한 사냥꾼처럼 잘 다루었습니다.

그러던 어느 날, 이 지방에 고귀한 신분을 가진 사람들이 찾아왔습니다. 젊은 왕과, 왕의 배다른 형제이자 동료인 울리크 프레데릭 길덴뢰베 경이었지요. 이들은 멧돼지 사냥을 하러 왔다가 그루베 성에서 하룻밤 묵고 가려 했습니다.

길덴뢰베 경은 식탁에서 마리 옆에 앉았습니다. 그러더니 자연스럽게 마리의 머리를 끌어당기고 그녀에게 키스했습니다. 마치 연인이라도 된 것처럼 말이에요. 그러자 마리는 길덴뢰베 경의 따귀를 때리고 이런 무례함은 참을 수 없다고 말했습니다. 그러자 모두들 웃음을 터뜨렸답니다.

5년 뒤, 마리가 열일곱 살이 되었던 어느 날이었습니다. 길덴뢰베 경의 심부름꾼이 편지를 가지고 이 성에 도착했습니다. 길덴뢰베 경이 그녀에게 청혼을 했습니다. 매우 놀라운 일이었죠.

"길덴뢰베 경은 이 나라에서 가장 고귀하고 멋진 분이란다. 이 청혼은 거절하면 안 돼."

그루베 경이 말했습니다.

"전 그를 좋아하지 않아요."

마리는 진지하게 대답했습니다. 그러나 마리도 왕의 측근이며 돈 많은 사람의 청혼을 거절할 수는 없었습니다.

은제품, 모직물, 삼베 등을 실은 배가 코펜하겐으로 떠났고, 마리는 육로를 따라 열흘 동안이나 길을 가야만 했습니다. 혼수품을 실은 배는 맞바람을 만나거나, 바람이 아예 불지 않으면 더디게 갈 수밖에 없어서 넉 달이나 걸려 겨우 도착했습니다. 혼수가 도착했을 때는 이미 길덴뢰베 부인이 된 마리가 코펜하겐을 떠나고 없었습니다.

"길덴뢰베의 비단 침대에 눕기보다 차라리 쓰레기 더미에 눕는 편이 나아.

그와 함께 마차에 앉으니, 차라리 맨발로 걸어가겠어!"

11월 어느 늦은 저녁, 두 여인이 오르후스에 도착했습니다. 길덴뢰베의 부인이 된 마리와 그녀의 하녀였지요. 이들은 베일레에서 오는 길이었습니다. 코펜하겐에서 베일레까지 배로 온 다음, 다시 말을 타고 그루베 성으로 향했습니다. 아버지는 돌아온 딸을 반가워하지 않았습니다. 마리는 아버지에게 몹시 심한 말을 들었지만, 겨우 잠잘 방은 얻을 수 있었습니다. 다음 날 아침 그녀는 오트밀 수프를 먹었습니다. 그러나 아버지가 하신 말씀은 오트밀 수프처럼 부드럽지 않았습니다. 아버지의 거친 성격이 그녀에게도 그대로 나타나기 시작했습니다. 마리도 아버지에게 이런 대접을 받는 일에 익숙하지 않았기에, 아버지와 똑같은 태도로 맞서고 말았습니다. 그녀는 아버지가 묻는 말에만 겨우 대답할 뿐이었습니다. 그러나 남편에 대해 말할 때면 증오심에 가득차 몹시 가혹하게 말했습니다. 그런 남자와는 함께 살고 싶지 않으며, 다시는 그곳으로 돌아가지 않겠다고 말입니다. 용서를 빌며 돌아가기에는 그녀의 자존심이 허락하지 않았습니다.

그렇게 1년이 지났지요. 그러나 즐겁게 보내지는 못했습니다. 아버지와 딸의 사이는 그다지 좋지 못했습니다. 원망하는 말은 나쁜 열매를 맺게 되는 법이랍니다. 어떤 결말을 맞이하게 될까요?

어느 날, 아버지가 어렵게 입을 열었습니다.

"우리 둘은 더 이상 한 지붕 아래서 살 수 없다. 이곳을 떠나 옛날 저택으로 거처를 옮겨라. 이 일에 대해 사람들에게 거짓 소문을 퍼뜨리느니 차라리 네 혀를 깨무는 게 나을 거다."

이렇게 해서 아버지와 딸은 헤어졌습니다. 마리는 하녀를 데리고 낡은 저택으로 이사 갔습니다. 이곳은 그녀가 태어나고 자랐으며, 조용하고 신앙심 깊었던 어머니가 교회 지하 묘지에 잠들어 있는 곳이기도 했습니다. 가축을 돌보는 늙은 하인이 이곳에 살았는데 하인이라곤 그뿐이었지요. 방에는 거미줄이 잔뜩 쳐져 있어 어두컴컴했고, 곳곳에 먼지가 켜켜이 쌓여 있었습니다. 정원에는 잡초가 자랄 대로 자랐고, 홉과 담쟁이 덩굴들이 나무와 관목 숲 사이를 그물망처럼 얽어매고 있었으며, 미나리와 쐐기풀은 이곳저곳 제멋대로 자라 있었습니다. 너도밤나무는 햇빛이 보이지 않는 그늘에서 자랐기 때문에 다른 평범한 나무들처럼 잎이 초록색으로 변하고 말았습니다. 너도밤나무의 아름다움도 곧 사라져버리고 말았습니다.

까마귀가 떼를 지어 몰려와 높은 밤나무 위를 날아갔습니다. 까마귀들은 새롭고 중요한 소식을 전해 주듯 소리를 질렀습니다. 자신들의 알과 새끼를 훔치라고 시켰던 마리가 다시 돌아왔으며, 알을 꺼내 갔던 소년은, 이제 선원이 되어 높은 돛대에 앉아 있는데 때때로 일을 잘하지 못하면 채찍으로 매를 맞는다는 이야기였습니다.

이런 이야기는 우리 시대가 되어 관리인이 말해주었습니다. 그는 여러 책과 메모 속에서 이 이야기를 모아 정리했답니다. 아직도 그의 책상서랍 속에는 다른 많은 이야기들이 들어 있습니다.

"세상 일에는 오르막도 내리막도 있는 거야. 이런 이야기를 듣는다는 건 멋진 일이지."

그래서 우리는 마리 그루베에게 어떤 일이 일어났는지 듣기로 했습니다. 하지만 그러기 위해선 닭장을 돌보는 헨그레테를 잊으면 안됩니다. 그녀는 지금도 멋진 닭장에 앉아 있습니다. 마리 그루베는 그 시절 이 곳에 앉아 있었지만 늙은 헨그레테와 마리 그루베는 전혀 다른 기분이었습니다.

겨울이 가고, 봄, 여름도 지나더니, 축축하고 차가운 바다 안개를 몰고, 폭풍우 치는 가을이 다시 돌아왔습니다. 저택에서의 생활은 쓸쓸하고 지루하기만 했지요.

마리는 엽총을 꺼내 황야로 나가 토끼와 여우는 물론, 눈앞에 보이는 새들을 모조리 쏘아버렸습니다.

그곳에서 뤼베크 지방에서 온 귀족 펠르뒤어 경과 여러 번 마주쳤습니다. 펠르뒤어 경도 엽총을 들고 사냥개와 함께 황야를 돌아다녔습니다. 그는 키가 크고 건장한 사나이였는데, 이야기를 나눠보면 사람을 끄는 매력이 있었습니다. 펜 지방의 축복 받은 이에스코우의 브로큰후스 경과 맞설 만큼 힘이 셌지요. 브로큰후스 경의 강한 힘은 평판이 자자했습니다. 펠르뒤어는 하인들을 시켜 성문에 사냥용 뿔피리가 달린 쇠사슬을 걸어 놓도록 했습니다. 성에 도착하면 쇠사슬을 붙잡고 말과 자신의 몸까지 들어올려 뿔피리를 불었습니다.

"한번 제 성에 오셔서 구경해 보시지요, 마리 부인. 뤼베크의 바람은 아주 상쾌하답니다."

펠르뒤어가 말했습니다.

마리가 언제 그의 영지로 찾아 갔는지는 안타깝게도 기록되어 있지 않지만 뤼베크로 가는 길목 교회 촛대에서, 펠르뒤어와 마리 그루베가 이 촛대를 기부했다는 것을 읽을 수 있었습니다.

펠르뒤어는 힘이 아주 세고 건장한 사람이면서 엄청난 술고래이기도 했습니다. 펠르뒤어의 위는 마셔도 마셔도 채워지지 않는 커다란 통 같았습니다. 돼지우리가 통째로 들썩이는 것처럼 코를 고는 그는 살찐 한 마리의 돼지 같았습니다.

"펠르뒤어는 약삭빠르고 비꼬기 좋아하는 사람이야."

그루베의 딸이며, 펠르뒤어 부인이 된 마리가 말했습니다. 그녀는 곧 이 생활에도 싫증이 났습니다. 이제까지보다 나아진 것이 없었으니까요.

어느 날이었습니다. 식탁에 차려진 음식은 이미 차갑게 식었습니다. 펠르뒤어가 여우 사냥을 나가서 돌아오지 않은 날, 자유로워진 마리 부인은 자취를 감추었습니다. 밤이 지나 펠르뒤어는 집으로 돌아왔지만 그의 부인은 한밤에도, 그 다음 날 아침에도 돌아오지 않았습니다. 그녀는 뤼베크 영주에게서 등을 돌려버린 것입니다. 한 마디 작별의 인사도 없이 말을 타고 떠나 버렸습니다.

우중충하고 습기가 많은 날씨였습니다. 바람은 차갑게 불어왔으며, 한 무리의 까마귀가 그녀 위로 소리를 지르며 날아갔습니다. 새들은 그녀와 달리 돌아갈 집이 있었습니다. 처음 그녀는 남쪽으로 발걸음을 옮겼습니다. 독일이 보일 때까지 아래로 아래로 내려갔지요. 그곳에서 몇 개의 금반지와 값진 보석을 돈으로 바꾼 다음, 이번에는 동쪽으로 갔습니다. 거기서 다시 발길을 돌려 서쪽으로 갔지요. 어디로 가야 할지 정하지 못했습니다. 그녀는 아무 잘못 없는 사람들을 원망했습니다. 나중에는 하느님마저도 원망했지요. 그만큼 처참한 기분이었습니다. 더는 한 발자국도 움직일 수 없게 되었지요. 끝내 마리는 쓰러지고 말았습니다. 푸른 도요새가 둥지 밖으로 포르르 날아가며 다른 새들과 함께 외쳤습니다.

"넌 도둑이야, 도둑!"

그녀는 단 한 번도 남의 재물을 훔친 적이 없었습니다. 한참 뒤에야 그녀는 푸른 도요새의 말뜻을 이해할 수 있게 되었습니다. 어렸을 때, 쇠렌을 시켜 새둥지에서 알과 새끼들을 꺼내게 했던 일을 떠올린 것이죠.

　그녀가 쓰러진 곳에서 모래 언덕이 보였습니다. 그 건너편 해변에는 어부들이 살고 있었지요. 하지만 그녀는 거기까지 도저히 갈 수 없었습니다. 아주 심한 병이 들었거든요. 커다랗고 하얀 바다 갈매기들이 그녀 머리 위로 날아가면서 소리를 질러댔습니다. 고향 까마귀들이 정원 위로 날아가며 소리 질렀던 것처럼. 하얀 갈매기들은 아주 가깝게 날아왔습니다. 그러나 그녀의 두 눈엔 이 새들이 칠흑처럼 까맣게만 보였습니다. 눈앞이 깜깜해졌습니다.

　그녀가 다시 눈을 떴을 때, 자신의 몸이 어딘가로 옮겨지고 있었습니다. 건장하고 몸집이 큰 남자가 두 팔로 그녀를 들었지요. 얼굴은 덥수룩한 수염으로 덮여 있고, 한쪽 눈에는 눈썹을 가로지르는 흉터가 있는 사내였습니다. 그가 마리를 배로 옮겼습니다. 그 남자는 이 일로 선장에게 심한 욕을 먹어야 했습니다.

　다음 날 이 배는 돛을 올리고 바닷가를 떠났습니다. 마리 그루베도 함께 항해를 떠나게 되었습니다. 그렇다면 마리는 무사히 돌아왔을까요? 네, 그녀는 돌아왔습니다. 그런데 언제, 어디로 돌아왔을까요?

　관리인은 이 물음에 대해서 답해 줄 수 있었습니다. 그가 지어낸 이야기가 아니라 우리가 꺼내서 직접 읽을 수 있는 믿을 만한 옛 책들에서 진기한 사건

들을 많이 알고 있었습니다.

덴마크 작가 루드비히 홀베르그는 읽을 만한 가치 있는 수많은 저서와 재미있는 희곡을 쓴 작가입니다. 우리는 그의 책으로 그가 살았던 시대와 사람들에 대해 제대로 배울 수 있답니다.

바로 이 작가의 편지에서 마리 그루베에 대한 이야기를 읽을 수 있었습니다. 그가 어디서, 어떻게 마리를 만나게 되었는지를 말입니다.

마리 그루베를 태운 배는 바다를 향해 나아갔습니다.

한 해가 가고 또 해가 바뀌었습니다. 페스트가 코펜하겐에서 위세를 떨치던 1711년이었습니다.

덴마크 왕비는 고향 독일로 떠났고, 왕도 이 나라를 버렸습니다. 시민들 가운데 떠날 수 있는 사람들은 모두 이곳을 떠났습니다. 무료로 집과 식사를 제공 받던 대학생들도 도시를 떠났고, 대학생 기숙사 뢰겐스텐 바로 옆에 있던, 이른바 '보르히스 콜레기움(코펜하겐 대학생들이 거주하던 왕실 유적)'에 남아 있던 마지막 대학생마저도 끝내 이곳을 떠났습니다. 그 학생이 떠난 때는 새벽 2시였습니다. 옷보다는 책과 문서, 노트로 가득 채워진 배낭을 어깨에 메고 나갔지요.

습한 안개가 도시를 에워싸고 있었으며, 거리에는 사람 그림자를 찾아 볼 수가 없었습니다. 어느 집 대문에는 페인트로 십자가가 그려져 있었습니다. 그것은 집에 전염병이 놓았거나, 사람이 죽었다는 표시였습니다. '쾨드망어가데'라 불리는, 룬데 탑에서부터 왕궁에 이르는 넓은 도로에도 사람들은 전혀 보이지 않았습니다.

시체를 실은 커다란 마차가 덜컹거리며 지나갔습니다. 마부가 채찍을 휘두르자 말들은 무서운 속도로 달렸습니다. 마차에는 전염병으로 죽은 사람의 시체가 가득 실려 있었습니다. 젊은 대학생은 손으로 얼굴을 가리고 가지고 있던 놋쇠통 속에서 독한 알코올에 적신 솜을 코에 대고 냄새를 맡았습니다. 좁은 골목길 한 술집에서는 시끄러운 노랫소리와 소름 끼치는 웃음소리가 새어 나왔습니다. 술로 밤을 지새우는 사람들이었습니다. 전염병이 바로 문 앞까지 와 있으며, 사람들의 시체를 실은 마차 위에 자신들도 언젠가 실리게 될 거라는 현실을 잊기 위해서였습니다. 대학생은 왕궁 다리 근처 부두로 발길을 돌렸습니다. 거기에는 작은 배가 몇 척 있었는데, 한 척이 전염병이 도는 이 도시에서 벗어나기 위해 닻을 올리고 떠나려 했습니다.

"하느님이 우리가 사는 걸 허락하셔서 순풍을 만나게 해 주신다면, 우린 팔스터에 있는 그뢴손으로 갈걸세."

선원은 그렇게 말하며 대학생에게 이름을 물었습니다.

"루드비히 홀베르그입니다."

그 이름은 매우 평범했습니다. 오늘날 그의 이름은 덴마크에서 가장 자랑스러운 이름 가운데 하나가 되었지만, 이때는 그저 젊은 대학생일 뿐이었습니다.

배는 왕궁 옆으로 지나갔습니다. 넓은 바다에 이르렀을 때는 아직 해도 뜨지 않은 이른 시간이었지요. 산들바람이 불어와 돛이 부풀어 올랐습니다. 젊은 대학생은 상쾌한 바람을 맞다가 잠이 들었습니다.

사흘째 되는 날 아침 배는 팔스테르에 도착했습니다.

"적은 돈으로도 살 수 있는 집이 여기 있을까요? 혹시 아는 분이 계신지요?"

홀베르그는 선원에게 물었습니다.

"보레후세트에 사는 뱃사공 아내에게 가보게. 아주 점잖아 보이고 싶다면 그녀를 소렌센 밀러라고 부르게나. 그러나 지나치게 품위 있는 말투는 쓰지 않도록 하게. 오히려 화를 낼 수도 있으니까. 남편이 죄를 지어 감옥에 갇힌 바람에 아내가 직접 나룻배를 몰고 있다네. 그녀는 타고난 뱃사공이거든."

대학생은 배낭을 메고 뱃사공 집으로 갔습니다. 다행히 문은 잠겨 있지 않았습니다. 그는 자갈 바닥을 지나 큰 방안으로 들어섰습니다. 눈에 띄는 것이라곤 커다란 모피 이불이 덮인 침대와, 그 침대 모서리에 병아리들과 함께 묶어둔 하얀 암탉뿐이었습니다. 불쑥 방으로 들어선 학생을 보고 겁먹은 암탉이 물 그릇을 엎질러 방 바닥은 온통 물 투성이가 되었습니다. 옆방에는 아기가 요람 속에서 새근새근 잠들어 있었지요. 곧 나룻배가 돌아왔습니다. 나룻배 안에는 남자인지 여자인지 구별이 잘 안 되는 사람이 앉아 있었는데, 몸은 커다란 외투로 감싸고, 커다란 모자로 얼굴도 가리고 있었습니다. 드디어 배가 부두에 닿았습니다.

방으로 들어온 사람은 여자였습니다. 그녀는 허리를 곧게 펴고 무척 당당해 보였습니다. 검은 눈썹 아래 두 눈이 자부심으로 반짝이고 있었습니다. 이 여자가 바로 뱃사공의 아내이자 쇠렌의 어머니였습니다. 까마귀들이라면 우리가 잘 아는 다른 이름을 외쳤을 것입니다.

그녀는 무뚝뚝한 표정으로 이야기를 하기 싫은 듯 말이 없었습니다. 간신히 사정을 설명한 대학생은 이 집에서 머물며 코펜하겐에서 유행하는 전염병을 피할 수 있게 되었습니다.

뱃사공 집에는 가까운 마을에서 존경을 받는 사람들이 자주 찾아왔습니다. 칼 제조업자 프란츠와 세관원 시버트 등이었지요. 이들은 맥주를 마시며 대학생과 토론도 했습니다. 학생은 머리가 좋은 청년으로 일도 잘했습니다. 그리스어와 라틴어를 읽을 줄 알고, 학식이 풍부한 젊은이였지요.

"사람은 아는 것이 적을수록, 더 행복한 거예요."

쇠렌의 어머니가 말했습니다.

"아주머닌 너무 힘들게 사시는군요."

어느 날 아침 쇠렌 어머니가 빨래하는 것을 본 학생이 말했습니다. 그는 이른 새벽에 쇠렌 어머니가 남자처럼 장작을 패는 모습도 보았습니다.

"이건 내 일이니 상관하지 마세요."

말은 그렇게 했지만 더는 말을 붙이지 못할 만큼 쌀쌀맞은 목소리는 아니었습니다.

"아주머닌 어릴 때부터 그토록 힘들게 일을 해야만 했나요?"

"그건 제 손을 보면 알 수 있을 거예요."

그러면서 그녀는 작지만 단단하고 억센 두 손을 앞으로 내밀었습니다. 손톱이 빠진 손가락도 있었습니다.

"내 손을 보면 내가 어떤 세월을 보냈는지 알 수 있겠지요?"

크리스마스가 가까워 지자 거친 눈보라가 불어왔습니다. 한파가 몰려오고, 바람은 매섭게 불어 닥쳤습니다. 마치 사람들의 얼굴을 질산으로 씻어 버리는 듯한 바람이었지요. 쇠렌의 어머니는 이런 추위에도 아랑곳하지 않고 외투를 걸치고 머리에 이상한 모자를 썼습니다.

아직 이른 오후인데도 집 안은 벌써 어두컴컴했습니다.

그녀는 부뚜막에 나무와 토탄을 집어넣고, 의자에 앉아 양말을 꿰매기 시작했습니다. 그날 저녁, 그녀는 대학생에게 평소보다 말을 많이 했습니다. 남편에 대한 이야기였지요.

"남편은 드라고르 출신 선원 한 사람을 실수로 그만 때려죽이고 말았어요. 그래서 홀름 감옥에서 3년 동안 수갑을 차고 노역을 해야 하는 신세가 되었죠. 보잘것없는 선원에 지나지 않으니 법을 따라야지요."

"법은 고귀한 신분을 가진 사람에게도 똑같이 적용됩니다."

홀베르그가 말했습니다.

"젊은이는 정말 그렇다고 믿어요?"

그녀는 그렇게 말하더니 난롯불을 바라보며 잠시 생각에 잠겼다가 말을 이었습니다.

"젊은이, 카이 리케에 대해 들어 보았나요? 제 교회를 헐어 버리라 했지요. 그 일에 화가 난 목사 헤르마즈가 설교단에서 그에게 호통을 쳤어요. 카이는 이 목사를 쇠사슬에 묶어 버렸죠. 그랬는데도 화가 안 풀렸는지 재판을 열어 사형 선고를 받게 해 그의 목을 베어 버렸어요. 일부러 그런 거죠. 그런 짓을 저지르고서도 카이리케는 아무런 거리낌 없이 나돌아다녔고요."

"그 시대엔 그가 옳았을 수도 있지만 지금은 다르죠."

홀베르그가 말했습니다.

"그런 말은 바보들에게나 하세요."

그녀는 화 난 목소리로 그렇게 내뱉고는 어린 딸이 누워 있는 방으로 갔습니다. 아이를 안아 올려 담요로 잘 싼 다음, 대학생에게 모피 이부자리를 건네주었습니다. 학생은 노르웨이에서 태어났지만, 그녀보다 훨씬 더 추위를 견디지 못합니다.

새해 첫날 아침은 환히 빛나는 맑은 날이었습니다. 하지만 날씨는 더욱 차가운 혹한이 몰아닥쳤습니다. 더군다나 눈보라까지 휘몰아쳐서 땅이 꽁꽁 얼어붙어 조심조심 지나다녀야 했습니다. 교회 종이 울렸습니다. 홀베르그는 모피 외투를 걸쳐 입고 교회에 가려 길을 나섰습니다.

뱃사공 집 위로 크고 작은 까마귀들이 큰 소리로 울며 날아갔습니다. 교회 종소리가 잘 들리지 않을 만큼 크게 울어댔지요. 쇠렌의 어머니는 밖으로 나가서 놋쇠 주전자에 눈을 가득 채웠습니다. 불 위에 주전자를 걸어 마실 물을 만들기 위해서였지요. 그녀는 한 무리의 새들이 지나가는 것을 바라보면서, 잠시 옛날 생각에 빠져 들었습니다.

홀베르그는 교회로 갔습니다. 가는 길에 마을 문 옆에 있는 세관원 시베르트의 집을 지나가게 되었습니다. 시베르트의 집에서 시럽과 생강을 곁들인 따뜻한 맥주 한 잔을 대접 받았습니다.

시베르트와 말을 주고받다가 쇠렌의 어머니 이야기가 나왔습니다. 그러나 시베르트는 그녀에 대해 많이는 몰랐습니다. 다른 사람들도 마찬가지였어요. 다만 그녀는 팰스터 출신이 아니며, 옛날에는 재산이 조금 있었다는 것, 그리고 남편은 천한 선원이며 성질이 불같아서, 드라고르 출신 선원 한 명을 죽였다는 것이 사람들이 알고 있는 전부였습니다.

"그자는 자기 아내를 때렸는데 오히려 여자는 남편을 변호했다는군."

"나라면 그런 일은 참지 못 했을 거예요. 전 좋은 집안 출신이거든요. 아버지는 왕실 양말을 짜시던 분이셨어요."

세관원 아내가 말했습니다.

"그래서 왕실에서 일하는 사람과 결혼했군요."

홀베르그는 그렇게 말하고 인사를 한 뒤 그 집을 나왔습니다. 동방 박사 세 사람이 예수님을 찾아온 날 저녁이었습니다. 쇠렌의 어머니는 홀베르그와 함께 동방 박사 세 사람의 촛불을 켰습니다. 그녀가 직접 만든 세 개의 수지 양초에다 불을 켠 것이지요.

"양초가 한 사람에 하나씩이네요!"

홀베르그가 웃으면서 말했습니다.

"무슨 뜻이지요?"

"동방박사 한 사람에 촛불 하나씩이라는 뜻이에요."

"아, 그랬군요."

그녀는 이렇게 말한 뒤 한동안 아무 말도 하지 않았습니다. 하지만 바로 이 날 저녁 홀베르그는 이제까지 알고 있었던 것보다 더 많은 사실을 알게 되었습니다.

"아주머닌 정말 남편을 사랑하셨나봐요. 그런데 사람들은 남편이 아주머니를 못살게 굴었다고 말하던데요."

홀베르그가 말했습니다.

"내 일이니 상관하지 말아주세요."

그리고 그녀는 곧바로 말을 이었습니다.

"매질을 당하는 건 다 내가 지은 죄 때문이예요. 남편은 내게 잘해 주었어
요. 그 은혜는 잊지 않을 거예요."

그녀는 벌떡 일어서서 말하기 시작했습니다.

"내가 병이 들어 넓은 황야에 쓰러져 있었을 때, 아무도 나를 거들떠보지
않았어요. 까마귀 떼들만 내게 덤벼들었죠. 그때 지금의 남편이 나를 안아서
배로 데려갔어요. 그 일로 그는 선장에게 잔뜩 욕을 먹었지요. 난 아파도 가
만히 누워 있을 성격이 아니어서 금세 몸을 추슬렀어요. 모두 자기 방식대로
살아가는 거예요. 쇠렌도 마찬가지지요. 고삐만 보고 말을 판단해서는 안돼
요. 우리는 참 즐겁게 살았지요. 왕실에서 지내는 신하들이 누리는 가장 멋있
고 고귀한 일보다도 더 즐거웠어요. 난 왕의 배다른 형제인 길덴뢰베 총독과
결혼했었고, 그뒤 펠르뒤어를 남편으로 두고 살아도 보았지만, 둘 다 똑같이

나쁜 사람들이었어요. 누가 더 낫다고 할 수 없지요. 나 또한 그들보다 나은 것은 없었어요. 이야기가 꽤 길어졌군요. 이제 나를 이해할 수 있겠죠. 쇠렌 부인은 말을 마치자 다른 방으로 가버렸습니다.

홀베르그는 1716년에 그녀가 죽었다고 썼습니다. 하지만 쇠렌 어머니라고 불리던 그녀가 보레후세트 땅에 묻히던 날 밤, 크고 검은 까마귀들이 잔뜩 날아와 맴돌았다는 말은 쓰지 않았습니다. 그 장면은 보지 못했으니까요.

까마귀들은 장례식에 걸맞게 울음소리를 내지 않고 조용했습니다. 무덤 안에는 고요만이 깃든다는 것을 알기라도 하듯이 말이에요. 그녀가 흙 속에 묻히자, 새들의 모습은 더 이상 보이지 않았습니다.

그런데 바로 그날 저녁 유틀란트의 옛 저택에는 헤아릴 수도 없이 무수한 까마귀 떼가 나타나서 시끄럽게 울어댔다고 합니다. 마치 서로에게 무언가를 알려 주려는 것만 같았지요. 어린 소년이었을 때, 새알과 아직 부드러운 솜털나 있는 새끼들을 훔쳐갔던 농부의 아들이 감옥에서 죄 값을 치루었다는 것과, 높은 귀족 아가씨가 뱃사공의 아내로 삶을 마쳤다는 이야기를 말이에요. '잘됐어. 잘됐어!' 새들이 외쳤습니다. 옛 저택이 허물어졌을 때에도, 새들은 '잘됐다' 외쳤습니다.

"새들은 더는 서로에게 알려야 하는 이야기가 없어도 여전히 소리를 지르지요."

관리인은 이렇게 말하고 덧붙였습니다.

"가족들이 모두 세상을 떠나자 그루베 집안은 곧 사라져버리고 말았지요. 성은 허물어졌고, 오늘날에는 그 자리에 금빛으로 칠한 풍향계가 달린 멋진 닭집으로 변했어요. 거기에 늙은 헨그레테가 살게 되었는데, 그녀는 이 아담한 집을 보자 무척 좋아했지. 그녀가 이곳으로 오지 않았다면 아직도 초라한 집에 살았었을 거야."

비둘기들은 머리맡에서 구구거리고, 칠면조들은 여기 저기서 꾸룩꾸룩 울었으며, 오리들은 꽥꽥거렸습니다.

"그녀가 누구인지 아무도 몰라. 그녀에게는 가족이 없거든. 이곳으로 오게 된 것은 위대하신 하느님 은총이야."

비둘기와 칠면조, 그리고 오리들이 입을 모아 말했습니다. 그렇지만 그녀에게도 가족은 있었습니다. 단지 그녀가 몰랐을 뿐이지요. 관리인 아무리 많은 기록이 쓰인 책을 책상 서랍 안에 가졌다 해도, 그 또한 몰랐습니다. 하지만 늙은 까마귀는 알고 있었지요. 늙은 까마귀는 자기 엄마와 할머니에게서 헨 그레테의 가족이야기를 들었답니다. 우리도 그녀의 가족을 알고 있습니다. 헨 그레터의 어머니는 어렸을 때 도개교 위를 말을 타고 달렸으며, 온 세상과 그 곳에 사는 새들의 보금자리가 자기 것인 양 거만하게 누비고 다녔답니다. 또 우리는 그녀가 황야의 모래 언덕에 쓰러졌던 일도, 눈을 감는 마지막 날까지 보레후세트에서 살았던 것도 알고 있습니다.

마리 그루베 집안의 마지막 자손이 드디어 고향으로 돌아왔습니다. 옛 저 택이 있었고, 거칠고 검은 까마귀들이 소리 지르던 곳으로 말이에요. 그녀는 이제 새들과 정답게 어울려 지냅니다. 헨그레테는 이 새들을 알고, 새들도 그 녀를 알고 있지요. 헨그레테는 더 바랄 게 없었습니다. 이제는 나이도 많이 들 어 차분한 마음으로 행복하게 죽음을 기다릴 뿐입니다.

"무덤이다. 무덤이다!"

까마귀들이 소리쳤습니다.

헨그레테는 늙은 까마귀들만 아는 좋은 무덤을 가지게 되었습니다. 비록 아직 죽지 않았지만요.

이렇게 우리는 옛 저택에 얽힌 이야기를 들었습니다. 그곳에 살았던 사라진 집안과, 헨그레테 자신은 미처 알지 못했던 그녀의 가족에 대해서도 알게 됐 습니다.

138
엉겅퀴의 모험
Hvad Tidselen oplevede

부유한 귀족 저택에 진기한 나무와 꽃들이 잘 손질된 아름다운 정원이 있었 습니다. 저택을 방문한 손님들은 이 정원을 보면 화려함에 찬탄을 금치 못했습 니다. 가까운 시골과 도시에서 온 사람들도 주말과 쉬는 날이면 정원을 둘러보게 해달라 부탁했습니다. 더욱이 학교 선생님과 학생들까지도 이 정원을 보기 위해 찾아왔습니다.

정원을 둘러싼 울타리 옆 길가에는 엉겅퀴가 힘차게 자라고 있었습니다. 엉겅퀴는 아주 크고, 여러 갈래로 가지가 뻗어 '엉겅퀴 덤불'이라 불렸습니다.

그러나 젖 짜는 소녀의 마차를 끄는 늙은 당나귀 말고는 누구도 이 엉겅퀴를 눈여겨보지 않았지요. 당나귀는 목을 길게 빼고는 다정한 목소리로 엉겅퀴에게 말을 건넸습니다.

"넌 참 예쁘구나! 콱 깨물어 봤으면."

하지만 당나귀를 맨 고삐가 너무 짧아서 엉겅퀴를 뜯어먹을 수 없었습니다.

저택에는 많은 사람들이 모였습니다. 서울에서 온 높은 귀족 친척들과 귀엽고 젊은 아가씨들도 있었지요. 그 가운데 아주 멀리서 온 아가씨가 있었습니다. 스코틀랜드에서 온 그녀는 고귀한 집안에서 태어났고 돈과 재물도 많았습니다. 신붓감으로 참 괜찮은 아가씨라며 젊은 신사들을 비롯해 아들을 둔 어머니들이 입을 모아 말했습니다.

젊은 사람들은 잔디밭에서 크로케를 하며 놀거나 꽃들 사이로 산책을 즐기기도 했습니다. 아가씨들은 저마다 꽃을 한 송이씩 꺾어 젊은 신사의 단춧구멍에 꽂아주기도 했습니다. 하지만 스코틀랜드 아가씨는 오랫동안 이리저리 둘러보았지만, 꽃은 한 송이도 꺾지 않았습니다. 그 어떤 꽃도 마음에 들지 않기 때문이지요. 그러다가 울타리 너머를 바라보았습니다. 붉고 푸른 꽃송이들이 달린 커다란 엉겅퀴 덤불을 발견했습니다. 그제야 그녀는 미소를 지으며, 이 저택 주인 아들에게 엉겅퀴꽃을 한 송이 꺾어 달라고 부탁했습니다.

"이 꽃은 우리 스코틀랜드 꽃입니다! 우리나라 문장에 그려져 찬란하게 빛난답니다. 이 꽃을 꺾어 주세요."

그는 가장 아름다운 엉겅퀴꽃을 꺾어왔지만 손가락을 그만 가시에 찔리고 말았습니다. 엉겅퀴꽃에는 장미처럼 뾰족한 가시가 돋아 있거든요.

엉겅퀴꽃을 받은 아가씨는 그 젊은이의 단춧구멍에 꽃을 꽂아 주었습니다. 그는 말할 수 없이 기뻐했지요. 스코틀랜드 아가씨의 고운 손으로 건네주는 꽃을 꽂을 수만 있다면, 다른 젊은이들은 모두 자신들 옷에 꽂혀 있는 화려한 꽃을 기꺼이 던져 버렸을 것입니다. 그런 사실을 알았기에 그는 더욱 기뻤습니다.

엉겅퀴 꽃도 어깨가 으쓱해졌습니다. 마치 이슬과 햇살이 온통 자신만을 위

해 내린 듯이 느껴졌답니다.

"난 내가 생각했던 것보다 한결 훌륭해. 본디 난 울타리 밖이 아니라 안에서 자라야 했어. 이 세상은 이따금 자리 배치를 이상하게 하지. 하지만 난 이제 울타리를 넘어오게 되었고, 심지어 단춧구멍에 올라앉았다고."

엉겅퀴는 자신에게 이렇게 말했습니다. 그러고는 봉오리를 한껏 부풀리더니 꽃잎 하나하나에게 자랑을 했습니다.

얼마 지나지 않아서 엉겅퀴는 한 소식을 들었습니다. 그 소식을 전해 준 것은 사람도 새들의 지저귐도 아니었습니다. 온갖 소리를 다 듣고 멀리 실어 나르는 바람에게서였지요. 정원 가장 깊은 길에서, 창문과 문이 활짝 열린 저택 방들에서 새어 나온 말이었습니다. 스코틀랜드 아가씨의 고운 손길로 엉겅퀴꽃을 받은 젊은이가 이제는 그녀의 마음까지 받았다는 소식입니다. 엉겅퀴는 두 사람이 무척 잘 어울리는 아름다운 한 쌍이라고 여겼습니다.

'내가 두 사람을 맺어준 거야.'

엉겅퀴는 이렇게 생각하면서, 그 젊은이의 단춧구멍에 꽂힌 자신의 꽃을 떠올렸습니다. 다른 꽃들도 모두 이 소식을 들었답니다.

'난 틀림없이 정원 속으로 옮겨 심어질 거야. 그렇게 되면 좁은 화분 안에서 몸을 잔뜩 웅크리고 있어야 될지도 몰라. 그래도 그건 크나큰 영광이지.'

엉겅퀴는 매우 신나고 확신에 차서 이렇게 말했습니다.

"난 화분으로 간다!"

엉겅퀴 덤불은 이제 막 피어난 어린 엉겅퀴 꽃들에게 미리 약속했습니다. 어린 꽃들도 화분이나 단춧구멍 속으로 가게 될 거라고 말입니다. 어린 꽃들은 잔뜩 기대에 차서 들떴습니다. 단춧구멍 속에 앉는 일은 꽃들에겐 가장 큰 영예였으니까요. 그러나 엉겅퀴들 가운데 그 누구도 화분 속에 심어지지 못했습니다. 하물며 단춧구멍 속은 어림도 없었답니다.

엉겅퀴꽃들은 낮에는 햇빛을, 밤에는 이슬을 먹고 활짝 피어났습니다. 그러나 꿀벌과 등에가 날아와 엉겅퀴의 결혼 지참금인 꿀을 몽땅 빼앗아 가버리고 말았지요.

꽃들은 힘이 없었습니다. 그들을 그저 가만히 보고만 있어야 했답니다.

"이런 날강도 같은 놈들! 저 녀석들을 찔러 버릴 수만 있다면……. 하지만 난 그렇게 할 수 없어."

엉겅퀴 덤불은 이를 갈았습니다.

꽃들은 머리를 축 늘어뜨리며 시들어 갔고, 또다시 새로운 꽃들이 자라났습니다.

"때마침 잘 피어줬어. 나는 우리가 정원 울타리를 넘어가게 될 날만을 기다린단다."

엉겅퀴 덤불이 말했습니다. 순진한 데이지꽃과 질경이 몇 송이는 엉겅퀴가 하는 말을 잘 귀담아들었습니다. 그리고 그 말을 굳게 믿었습니다.

우유 실은 마차를 끌고 가던 늙은 당나귀는 한창 피어나는 엉겅퀴 덤불을 슬쩍 건너다보았습니다. 하지만 줄이 너무 짧아서 먹을 수 없었지요.

엉겅퀴는 오래도록 스코틀랜드의 엉겅퀴를 생각했습니다. 그 엉겅퀴들 족보에 자신도 들어간다고 상상했지요. 그러다 이런 믿음을 갖게 되었습니다. 자신은 스코틀랜드에서 왔으며, 부모님은 스코틀랜드 문장 속에 들어갔다고 말이에요.

"자주 있는 일이야. 너무 고귀한 가문에서 태어나면 자기 집안에 대해 잘 모를 수도 있어."

그러자 엉겅퀴 곁에 바짝 붙어 자라던 쐐기풀이 말했습니다.

"나도 제대로 대접을 받는다면 쐐기풀 천으로 다시 태어날 수 있을 거야."

여름이 저물고 가을도 지나갔습니다. 나뭇잎이 떨어지고, 꽃향기는 희미해졌지요.

정원사가 울타리 너머까지 들리는 큰 소리로 노래를 불렀습니다.

산 위로 골짜기 아래로,
올라갔다 내려갔다
그것이 우리네 인생이라네.

숲속 싱싱한 전나무들은 벌써부터 크리스마스를 꿈꾸었지만, 크리스마스가 오려면 아직 한참 멀었습니다.

"난 여전히 이곳에 있구나. 아무도 나를 생각하지 않는 것 같아. 내가 두 사람을 맺어 주었는데도 말이야. 그들은 약혼을 하고 결혼식도 올렸어. 그런데 난 이게 뭐야, 여전히 한 발자국도 움직이지 못했잖아."

그래도 엉겅퀴는 희망을 잃지 않았답니다.

그러고도 몇 주일이 더 흘렀습니다.

엉겅퀴는 마지막 남은 한 송이 꽃을 달고 여전히 울타리 밖에 서 있었습니다. 뿌리 가까이에서 솟아난 아주 크고 탐스러운 꽃이었지요. 하지만 꽃송이 위로 차갑게 바람이 불자 색깔이 흐려지고 화사함도 사라졌으며, 끝내 꽃받침만 남게 되었습니다. 꽃받침은 굉장히 커서 마치 은빛으로 빛나는 해바라기처럼 보였습니다.

어느 날 젊은 부부가 정원으로 산책을 나왔습니다. 남편과 아내가 된 지 얼마 지나지 않은 이들은 격자무늬 울타리를 따라 걸었습니다. 그러다 젊은 부인은 울타리 너머 엉겅퀴 덤불을 바라보았습니다.

"아직도 저기에 커다란 엉겅퀴가 있네요. 그런데 꽃은 한 송이도 없군요."

부인이 말했습니다.

"아니오. 마치 허깨비 같은 마지막 꽃이 하나 숨어 있소."

남편은 그렇게 말하면서, 은빛으로 반짝이는 꽃받침을 손으로 가리켰습니다.

"참 예쁘네요. 이 꽃을 우리 초상화 액자에 넣었으면 좋겠어요."

부인이 말했습니다.

그래서 젊은 남편은 울타리를 넘어가서 엉겅퀴꽃을 꺾어왔습니다. 그런데 이

번에도 손가락을 가시에 찔리고 말았습니다. 그가 엉겅퀴꽃을 '허깨비'라 불렀기 때문입니다.

드디어 마지막 엉겅퀴꽃이 소원을 이루게 되었습니다. 정원을 지나 넓은 홀로 가게 되었습니다. 홀 안에는 젊은 신혼부부의 초상화가 걸렸고, 신랑의 단춧구멍 속에 엉겅퀴꽃이 그려져 있었습니다.

이 이야기는 이곳으로 온 마지막 엉겅퀴꽃이 바람에게 전해 준 이야기입니다. 은빛으로 빛나는 이 꽃은 곧 액자 틀에 새겨질 것입니다. 바람이 이 소식을 널리 퍼뜨려주었습니다.

"어쩜 이렇게 멋진 모험을 하다니!"

엉겅퀴가 말했습니다.

"내 첫 딸은 단춧구멍 속에, 막내딸은 액자 안에 들어갔어. 난 어디로 가게 될까?"

당나귀가 길가에 서서 엉겅퀴를 슬쩍 건너다보았습니다.

"내게 오너라, 맛있고 사랑스러운 풀아. 난 네게 가고 싶지만 다가갈 수가 없단다. 줄이 조금만 더 길었다면……"

그러나 엉겅퀴는 대답하지 않았습니다. 더욱 깊은 생각에 잠겨 있었기 때문입니다.

크리스마스가 될 때까지 엉겅퀴는 생각하고 또 생각했습니다. 그러다 마침내 한 가지 생각에 다다르게 되었습니다.

"내 자식들이 저 안에서 잘 살 수 있다면, 어머니는 울타리 밖에 있는 것을 참고 견뎌야 해."

"그거 참 존경할 만한 생각이군. 당신에게 좋은 자리를 마련해 주지."

햇살이 말했습니다.

"화분이나 액자 속으로요?"

엉겅퀴가 물었습니다.

"아니, 아이들이 읽는 동화 속이지."

햇살이 말했습니다.

여기가 바로 그 동화의 나라랍니다.

139
쓸 수 있는 것
Hvad man kan hitte paa

옛날에 한 젊은이가 있었습니다.

그는 작가가 되길 간절히 바랐습니다. 부활절까지 작가가 되어 결혼도 하고 글을 쓰며 살아가고 싶었습니다. 하지만 그는 아무것도 쓸 수 없었습니다. 너무 늦게 태어난 탓이지요. 그가 이 세상에 태어나기 전에 이미 이야깃거리들이 바닥났고, 벌써 모든 것이 글로 쓰여 있었습니다.

"천 년 전 사람들은 참 행복했을 거야! 그들은 불멸의 명성을 얻기 쉬웠을 거야. 백 년 전에 태어난 사람도 행복했어. 그때만 해도 아직 시로 쓸 소재들이 남아 있었거든. 그러나 이제는 쓸 만한 것은 모조리 쓰였어. 이런 세상에서 나는 무엇을 쓰며 살아가야 할까?"

이 문제를 지나치게 깊이 생각한 나머지 이 불행한 사람은 그만 병이 나고 말았습니다. 어떤 의사도 그를 치료해낼 수 없었습니다. 하지만 오직 한 사람, 지혜로운 부인이라면 그에게 도움을 줄지도 모릅니다.

이 부인은 밭 울타리 옆 작은 집에서 살았습니다. 이 집 울타리는 언제나 마차와 마부들을 위해 활짝 열려 있었습니다. 하지만 이 부인은 울타리보다 훨씬 열린 사람이었지요. 제 마차를 타고 다니며 세금을 많이 내는 의사보다 더 지혜로웠습니다.

"그 부인을 찾아가 봐야 해."

젊은이는 그 부인이 생각나자 만나기로 결심했습니다. 그녀가 사는 집은 작고 아담했습니다. 그리고 나무 한 그루, 꽃 한 송이도 없어 무미건조해 보였습니다. 문 옆에는 아주 쓸모 많은 꿀벌 통이 놓였고, 작은 감자밭도 있었습니다. 도랑 옆에는 나무들이 자랐습니다. 나무들은 이미 꽃잎이 떨어졌고 딸기 같은 열매를 달고 있었는데, 서리가 내리기 전에 열매를 따먹었더니 너무 시었습니다.

'여기서 보이는 광경은 참으로 문학적이지 못하구나.'

젊은이는 생각했습니다.

어쨌거나 이것은 지혜로운 부인 집 앞에서 그가 찾아낸 히니의 생각이었습니다. 한 조각의 금 알갱이였지요.

"그 생각을 쓰게나. 빵 부스러기도 빵임엔 틀림없지. 그것을 얻으려 자네가 이곳에 왔다는 사실을 아네. 자네는 새로운 생각을 할 수 없어 지어 낼 수도 없지. 그런데도 부활절 전까지 작가가 되겠다니……."

그녀가 말했습니다.

"모든 것을 이미 누군가가 썼어요. 우리 시대는 이제는 옛날이 아니란 말입니다!"

그가 말했습니다.

"맞는 말이야. 옛날에는 지혜로운 여자들을 모두 화형에 처했지. 작가들은 배를 굶주린 채 낡아서 팔꿈치에 구멍이 뚫린 옷을 입고 살아야 할 만큼 가난했어. 하지만 지금 우리 시대는 그때에 비하면 좋지. 참으로 좋은 시대라네. 그런데 자넨 사물을 보는 눈이 없어. 예민한 청각도 없고, 게다가 저녁에 주기도문을 외우며 기도한 적이 단 한 번도 없지. 이곳에는 글로 쓸 수 있는 이야깃

거리가 무궁무진하다네. 이야기를 할 수만 있다면 말일세. 자네는 이 땅의 식물에서 이야깃거리를 캐내고, 흐르는 물과 잔잔히 고인 물에서도 이야깃거리를 퍼낼 수 있어. 그렇지만 중요한 건 한 줄기 햇살이라도 받아들이고 이해하는 방법을 배우는 거야. 자, 내 안경을 쓰고, 귀에 내 보청기를 걸고 한번 시험해 보게. 그 다음에 신에게 기도를 드리게. 자네 자신만 생각하지 말고."

그 일은 정말 어려웠습니다. 이 지혜로운 부인 말처럼 쉽지 않았습니다.

그는 부인의 안경을 쓰고 보청기를 귀에 갖다 댔습니다. 그리고 감자밭 한가운데에 서 있었죠. 부인은 그의 손에 커다란 감자 한 개를 올려놓았습니다.

조금 있자니 감자에서 소리가 들려왔습니다. 그러다 이야기 하나가 튀어오르는 게 아니겠어요. 감자가 제 이야기를 들려주었습니다. 열 줄 만으로도 충분한 일상적인 이야기였습니다.

감자는 과연 어떤 이야기를 들려주었을까요?

감자는 자기 자신과 가족들 이야기를 했습니다. 감자가 유럽으로 오게 된

일, 또 처음에 자신들이 받았던 멸시와 천대를 이야기했습니다. 오늘날처럼 감자가 큰 축복으로 생각되기 전의 일이었지요.

"우리는 왕의 명령에 따라 모든 도시로 뿔뿔이 흩어졌어요. 우리가 가치 있다고 이리저리 알렸지만, 사람들은 우리의 중요성을 믿지 않았고 재배하는 방법도 몰랐지요. 어떤 사람은 구덩이를 파서 한 말이나 되는 감자를 모두 던져 넣었고, 또 다른 사람은 감자들을 땅 속 여기저기 쑤셔 넣고는 나무처럼 쑥쑥 자라나기를 기다렸답니다. 나무를 흔들면 감자가 우수수 떨어질 거라고 생각한 거예요. 물론 잎, 줄기, 꽃과 과즙이 풍부한 열매가 나오기도 했지만 곧 시들어 버렸습니다. 흙 속에 축복 받은 감자들이 누워 있다는 사실을 아무도 생각하지 못했어요. 그래요, 우리들은 견디고 참았답니다. 우리 조상들 이야기이지만 말이에요. 하지만 그들이 바로 우리들이었고, 우리가 곧 조상이지요. 정말 멋진 이야기 아니에요?"

"그래, 이것만으로도 충분히 이야깃거리가 될 수 있겠지. 이제 나무들을 살펴보세."

부인이 말했습니다.

"감자들의 고향에 가까운 친척이 산답니다. 감자들보다 북쪽 지방이지만요."

나무 열매들이 말했습니다.

"노르웨이에서 노르만 인들이 왔어요. 그들은 서쪽으로 서쪽으로 안개와 폭풍을 뚫고 모르는 나라로 노를 저어 갔습니다. 그리고 이 나라에 도착한 그들은 얼음과 눈 속에서 자라는 약초, 푸른 초원, 검푸른 포도 알이 열린 숲을 찾아냈어요. 그것이 바로 친척들의 숲이었답니다. 서리가 내리면 포도송이처럼 우리 열매들이 영글지요. 이곳은 포도주의 나라라는 이름을 얻었답니다. 그린란드 지방이었지요. 바로 나무들의 세상이었답니다."

"참으로 낭만적인 이야기인데요."

젊은이는 감탄했습니다.

"물론 그렇고말고. 자! 나를 따라오게."

부인은 젊은이를 꿀벌통이 있는 곳으로 이끌고 갔습니다. 그는 꿀벌통 안을 들여다보았습니다. 벌들은 활기차고 바빠 보였습니다. 통로마다 꿀벌들이 서서 날개로 부채질을 했습니다. 신선한 공기를 이 큰 공장 전체에 불어넣기 위해서죠. 이것이 그들의 일이었습니다. 또 다리에 작은 바구니를 달고 태어나 꽃가루

를 옮기는 꿀벌들이 안으로 들어왔습니다. 꽃가루를 쏟아서 나누어 꿀과 밀랍으로 만들었지요. 벌들은 안팎으로 바쁘게 날아다녔고, 여왕벌도 밖으로 날아가고 싶어 했습니다. 하지만 여왕벌이 날면 모든 꿀벌들이 함께 날아가 버려야 했습니다. 아직 때가 아니었답니다. 그래도 여왕벌은 밖으로 날아가려 했습니다. 벌들이 여왕벌 날개를 물어뜯는 바람에 그대로 남아 있을 수밖에 없었답니다.

"이제 길가로 나가서 여행자들을 보기로 하세."

지혜로운 부인이 젊은이의 어깨를 톡톡 두드리며 말했습니다.

"웬 사람들이 저리도 많은가요? 정말 이야기가 자꾸만 나오는군요. 귀가 윙윙거리는데요, 눈앞이 어지러워요. 그만 돌아가는 게 좋겠어요."

젊은이가 말했습니다.

"안 돼, 앞으로 가게. 사람들을 바른 눈과 귀와 마음으로 볼 수 있도록 사람들 무리 한가운데로 들어가게. 그러면 자넨 곧 글을 쓸 수 있을 게야. 하지만 가기 전에 내 안경과 보청기는 꼭 돌려주어야 해."

그녀는 두 가지 모두 돌려받았습니다.

"이제 아무것도 보이지 않아요. 들리지도 않고요."

젊은이가 말했습니다.

"그래, 그렇다면 자넨 부활절 전까지 작가가 될 수 없어."

지혜로운 부인이 말했습니다.

"그럼 언제 작가가 될까요?"

그가 물었습니다.

"부활절에도 크리스마스에도 절대 될 수 없어! 자네는 무엇인가를 지어 내는 법을 아직도 배우지 못했네."

"문학으로 돈을 벌려면 무엇을 어떻게 해야 합니까?"

"사육제에서 돈을 벌 수 있지. 작가들을 비난하게. 자네가 그들의 책을 날카롭게 비판하면, 작가들도 비판하게 되는 거야. 어이없어 하지 말게. 한눈팔지 말고 깨끗하게 해치워버려. 그러면 사육제에서 빵을 얻을 수 있지. 그 빵으로 자네도 먹고 아내도 먹여 살리게."

"그래요, 그런 걸 쓰면 되는군요."

젊은이가 말했습니다.

그리고 그는 한눈팔지 않고 작가와 시인들을 모조리 비난하는 비평가가 되었습니다. 그가 스스로 작가가 될 수 없었기 때문이지요.

우리는 지혜로운 부인에게서 이 이야기를 들었습니다. 상상력이 풍부한 그녀는 어떻게 하면 사람들이 글을 쓸 수 있는지 잘 알고 있었습니다.

140
행운은 아주 작은 나무토막에도 숨어 있는 거야
Lykken kan ligge i en Pind

이제부터 행운에 대한 이야기를 하나 하려 합니다.

우리는 모두 행운이 무엇인지 잘 알고 있습니다. 몇몇 사람들에게는 행운이 날마다 또는 해마다 찾아오기도 하고, 또 다른 사람들에게는 1년에 한 번, 아니면 평생에 오직 한 번만 찾아오기도 합니다.

어쨌든 우리는 누구든 행운을 한 번은 맞이하게 됩니다. 누구나 아는 다음

과 같은 이야기는 할 필요가 없겠지요. 하느님이 사랑스런 어린 아기를 엄마 품에 데려다 놓고 간다는 이야기 말입니다. 아이는 부유한 성이나 유복한 집, 또는 찬바람이 마구 몰아치는 허허벌판으로 갈지도 모릅니다. 어느 누구도 정확히 알지는 못하지요. 하지만 모든 아이에게 행운이란 선물을 주시는 것만은 확실합니다.

행운은 단지 눈에 띄지 않을 뿐, 이 세상 어딘가에 놓여 있습니다. 행운을 찾아내게 되면 큰 기쁨이 오는 법이지요.

행운은 한 알의 사과 안에 있을 수도 있습니다. 그 행운은 뉴턴이란 학자가 발견해냈습니다. 사과가 떨어진 것이 그에게는 큰 행운이었지요. 그는 자신의 행운을 찾아냈습니다. 만일 이 이야기를 모른다면, 그것을 아는 사람에게 말해 달라고 부탁하십시오.

내가 여러분에게 들려주고 싶은 이야기는 다른 것입니다. 바로 달콤한 배 이야기입니다.

옛날에 한 가난한 사람이 있었습니다. 넉넉지 못한 집에서 태어나, 궁핍하게 자랐으며, 결혼해서도 늘 쪼들렸지요. 그는 우산 손잡이와 고리를 만드는 선반공이었지만 입에 풀칠하기도 어려웠습니다.

"내겐 언제쯤 행운이 찾아올까."

그는 절망스럽게 말했습니다.

이것은 실제로 있었던 이야기입니다. 이 사람이 살았던 나라와 지방의 이름까지도 여러분에게 알려줄 수 있습니다만 그러진 않을 겁니다.

붉고 시큼한 열매가 열리는 마가목 나무가 그의 집과 정원을 화려한 장신구처럼 에워싸고 있었습니다. 이 정원에는 배나무도 한 귀퉁이에 자리잡고 있었지만, 이 나무엔 열매가 한 개도 열리지 않았습니다. 그런데 행운은 바로 이 배나무에, 눈에 띄지 않는 배 안에 숨어 있었습니다.

바람이 미친 듯이 불어대던 어느 날 밤 커다란 우편 마차가 폭풍 때문에 길에서 종이짝처럼 휙 뒤집혀졌다는 기사가 신문에 실리기도 했습니다. 그러니 배나무 가지가 부러지는 것쯤은 문제도 아니었지요.

부러진 배나무 가지를 작업장으로 가져 온 선반공은 심심풀이로 달콤한 배 모형을 만들었습니다. 커다란 배, 조금 작은 배, 그리고 아주 작은 배들을 만들었습니다. 그렇게 해서 배나무에 배들이 주렁주렁 열리듯, 배들이 생겨났지요.

"이제 배나무에 배가 열리겠군."

그는 이 배들을 아이들에게 장난감으로 주었습니다.

비가 자주 내리는 나라에서는 우산이 필수품입니다. 그런데 이 선반공 집에서는 우산 하나로 온 가족이 함께 사용했습니다. 바람이 무척 세게 불면 우산은 곧 뒤집히고 말았지요. 심지어 우산 살이 두세 번 부러지기도 했답니다. 그러면 우산을 다시 말끔하게 고쳐 쓰곤 했습니다. 그런데 무엇보다 짜증나는 일은, 우산을 펼 때마다 우산을 고정하는 버튼이 떨어져 나가거나 그 버튼을 감싼 고리가 깨져버리는 일이었습니다.

어느 날 우산 버튼이 떨어져버렸습니다. 선반공은 바닥에서 버튼을 찾다가 아이들에게 장난감으로 주었던 아주 작은 배 하나를 주웠습니다.

"아무리 찾아도 버튼이 보이질 않네. 그렇다면 이 작은 배로 버튼을 만들어 볼까."

선반공은 이렇게 중얼거리며 배에 구멍을 뚫고 몰*1을 달았습니다. 작은 배

---

*1 금실, 은실 등을 가느다란 철사 두 개에 촘촘히 끼워 비틀어서 만든 장식용 끈.

는 깨어진 고리에 그럴듯하게 잘 들어맞았습니다. 이제까지 우산이 이렇게 잘 펼쳐지고 접혀진 적이 없었습니다.

선반공은 이듬해 그가 거래하던 곳에 우산 손잡이를 납품할 때, 버튼으로 만든 작은 나무 배 몇 개도 함께 보냈습니다. 그리고 우산 버튼 대신 이 나무 배를 시험 삼아 써 보라는 부탁도 잊지 않았습니다.

나무 배들은 아메리카로 가게 되었답니다. 아메리카 사람들은 작은 나무 배로 만든 버튼이 다른 버튼보다 훨씬 좋다는 사실을 곧 알게 되었습니다. 그들은 상인에게 다음부터 우산을 보낼 때는 모두 이 작은 배를 달아달라고 했습니다.

그 뒤 선반공은 할 일이 엄청나게 많아졌습니다. 버튼이 수천 개는 필요했거든요. 모든 우산마다 나무 배 버튼이라니!

선반공은 숙련된 솜씨로 열심히 배나무를 깎아 버튼을 만들었습니다. 그는 만들고 또 만들어 냈습니다. 배나무는 모두 작은 배들로 바뀌었지요. 실링이 비처럼, 탈러가 우박처럼 쏟아졌습니다.

행운은 아주 작은 나무토막에도 숨어 있는 거야 1329

"배나무에 엄청난 행운이 숨어 있었어."

그가 말했습니다.

선반공은 곧 많은 종업원을 거느리게 되었고, 제자들이 있는 큰 작업장도 갖게 되었습니다. 그는 기분이 무척 좋을 때면 이렇게 중얼거렸습니다.

"행운은 작은 나무토막에 숨어 있기도 하는 거야."

이 이야기를 여러분에게 들려주는 저 또한 마찬가지입니다.

이런 말이 있지요.

"하얗고 작은 나무토막을 입 속에 넣어라. 그러면 당신은 보이지 않을 것이다."

그러나 나무토막은 하느님이 행운의 선물로 주신 나무로 만든 것이어야 합니다.

나도 그런 행운의 나무토막을 찾았습니다. 이 선반공의 배처럼 매우 값진 금덩어리를 말이죠. 그 금덩어리는 아이의 두 눈에서 반짝일 때 가장 멋집니다. 아이의 웃음에서, 또 어머니와 아버지가 큰 소리로 책을 읽을 때면 나는 그 방 한가운데에 서 있지만 내 모습은 그들에게 보이지 않습니다. 입에 하얀 나무토막을 물었기 때문이지요. 하지만 느낄 수 있습니다. 내 이야기로 그들이 기뻐하고 있다는 것을요. 그래서 덧붙여 이렇게 말합니다.

"행운은 작은 나무토막에 숨어 있기도 하는 거야."

141
혜성
Kometen

혜성이 나타났습니다. 뜨겁게 타오르는 불길처럼 빛나며 채찍 같은 기다란 꼬리로 위협하면서 말이에요. 화려한 왕궁에서도, 가난한 집에서도, 거리에 몰려 있는 수많은 사람들도, 그리고 거친 황야를 지나가는 고독한 사람도 이 혜성을 보았습니다. 혜성을 보면서 사람들은 저마다 다른 생각에 잠겼습니다.

"이리로 와서 저것 좀 봐라. 하늘이 보내는 신호를 보렴. 얼마나 아름다운 광경이니!"

누군가가 외쳤습니다.

그 말을 듣고 모두들 혜성을 보러 서둘러 나왔습니다.

하지만 방 안엔 어린 소년과 어머니가 아직도 앉아 있었습니다. 수지 양초만이 희미하게 불을 밝혔지요. 어머니는 양초를 바라보았습니다. 끝이 뾰족한 양초 심지 끝이 휘어져 있었습니다. 아들이 곧 죽게 되리라는 징조라 여겼습니다. 어머니는 그렇게 믿었습니다. 심지 끝이 아이를 가리키고 있었거든요.

하지만 어린 소년은 앞으로 여러 해를 더 살며 혜성을 볼 수 있었습니다. 60년이 지나 다시 혜성이 나타날 때까지 말이에요.

어린 소년은 수지 양초 속 구부러진 심지를 보지 못했습니다. 그가 태어난 뒤 처음으로 하늘에 나타난 빛나던 혜성도 신경쓰지 않았지요.

소년의 앞에는 물그릇이 놓여 있고, 물그릇 속엔 비눗물이 담겨 있었습니다. 그는 점토로 만들어진 작은 파이프를 비눗물에 담갔다 빼더니 입에 물고 힘차게 불었습니다. 그러자 크고 작은 비눗방울들이 부르르르 떨며 둥둥 떠올라 아름답게 빛났습니다. 노란색에서 빨간색으로, 보라색에서 푸른색으로 바뀌었다가 햇살이 비치는 숲의 나뭇잎처럼 초록색이 되었지요.

"네가 만든 수많은 비눗방울처럼 하느님께서 이 땅에 너를 오래오래 살게 해주셨으면 좋겠다."

"저는 오래오래 살 거예요. 비눗방울은 아무리 불어도 끝없이 나오니까요."

소년은 비눗방울을 계속 불었습니다.

"저기 1년이 날아가네. 또 저기에도. 봐요, 비눗방울이 세월처럼 끝없이 날아가네요."

둥그런 비눗방울이 날아갈 때마다 소년이 외쳤습니다. 비눗방울 몇 개가 소년의 눈 속으로도 날아 들어왔습니다. 비눗방울이 눈을 찌르니 불똥처럼 따가워서 어느덧 소년의 눈에서는 눈물이 흘렀습니다. 소년은 그 비눗방울 하나하나에서 제 미래를 보았습니다. 그날들은 반짝반짝 빛났습니다.

"혜성이 나타났어요. 집 안에만 있지 말고, 얼른 밖으로 나와서 저걸 좀 보세요!"

이웃 사람들이 소리쳤습니다.

어머니가 아이의 손을 잡자, 소년은 파이프를 놓고 비눗방울 놀이를 그만둘 수밖에 없었습니다.

혜성이 나타났습니다.

소년은 빛나는 꼬리를 길게 늘어뜨리며 떨어지는 찬란한 불덩어리를 바라보았습니다. 몇몇 사람들은 꼬리 길이가 2미터쯤이라 하고, 다른 사람들은 몇 천 킬로미터는 넘어 보인다고도 했습니다. 사람들마다 서로 달리 말했습니다.

"혜성이 다시 나타날 때쯤이면 오늘의 아이들과 그들 손자까지 이미 죽고 없을 거야."

사람들이 말했습니다.

혜성이 다시 나타났을 때, 이 말을 했던 사람들은 거의 다 죽고 없었습니다. 그러나 비눗방울 놀이를 하던 어린 소년은 아직도 살아 있었지요. 양초 심지가 굽은 것을 보고 아이가 곧 죽으리라 여긴 어머니의 아들은 아직 살아 있었고 나이가 들어 머리가 하얗게 세었습니다.

'흰 머리는 나이의 꽃이다'는 말이 있습니다. 그는 나이 꽃을 많이 가졌습니다. 이제는 초등학교 교장 선생님이었습니다.

학교 학생들은 교장 선생님이 아주 지혜로우며 역사와 지리, 천체에 대해 모르는 게 없다고 생각했습니다.

"모든 것은 언젠가 다시 돌아온단다. 사람들과 사건들을 꼼꼼하게 잘 살펴보렴. 그러면 그것들이 언제나 또 돌아온다는 것을 알게 될 거야. 다른 옷을 입고, 다른 나라에서 나타나기도 하지만 말이야. 모습만 바뀌는 거지."

교장 선생님은 이 말을 하면서 빌헬름 텔 이야기를 들려주었습니다. 아들 머리 위에 사과를 놓고 활을 쏘아야 했던 빌헬름 텔. 그는 화살을 쏘기 전에 품

속에 다른 화살을 하나 숨겼습니다. 악당 게슬러의 가슴을 쏘기 위해서였지요.

이는 스위스에서 일어난 일이었습니다. 그런데 여러 해 전 똑같은 사건이 덴마크의 팔라토케에게도 일어났습니다. 그 또한 사과를 아들 머리 위에 놓고 화살을 쏘아야만 했고, 복수를 하려고 빌헬름 텔처럼 화살을 품속에 하나 숨겼습니다.

이런 이야기는 수천 년도 더 전에 이집트에서도 일어났습니다. 모든 일은 혜성처럼 다시 돌아오는 것입니다.

그는 사람들이 기다리는 혜성에 대해서도 이야기해 주었습니다. 그가 소년이었을 때 보았던 혜성에 대해서요. 교장 선생님은 이처럼 천문학에 대해 잘 알았고 깊이 생각했으며, 역사와 지리에 대해서도 많은 지식을 가지고 있었습니다.

교장 선생님은 제 정원을 덴마크 지도 모양으로 꾸몄습니다. 정원은 덴마크 여러 지방에서 자라는 식물과 꽃들로 가꾸어졌습니다.

선생님이 완두콩을 가져 오라고 말하면, 롤란 섬을 본딴 꽃밭으로 가면 되었습니다. 메밀을 가져 오라고 하면 랑엘란 섬으로, 아름다운 푸른 용담과 백산 찻잎은 유틀란트 북부에서 찾을 수 있고, 반짝이는 대추는 실케보르에 있었습니다.

도시들은 조각과 동상으로 나타냈는데, 날개 없는 용과 성 크누드가 서 있는 곳은 오덴세입니다. 주교의 지팡이를 든 압살론은 소뢰를 뜻했고, 노가 있는 작은 배는 오르후스 도시의 표식이었지요.

아이들은 교장 선생님 정원에서 덴마크 지도를 배웠습니다.

사람들이 혜성을 기다리고 있습니다.

교장 선생님은 예전에 혜성이 나타났을 때, 사람들이 뭐라 말하고 무슨 생각을 했는지 아이들에게 이야기해 주었습니다.

"혜성이 나타난 해는 포도가 잔뜩 열리는 해란다. 탐스럽게 잘 익은 포도주에 물을 타서 술의 양을 늘릴 수 있었지. 아무도 그걸 눈치 채지 못했단다. 그래서 포도 상인들은 혜성이 오는 해를 아주 좋아하지."

2주일 동안 밤낮으로 하늘이 온통 구름에 뒤덮여서, 사람들은 혜성을 볼 수가 없었습니다. 그러나 혜성은 틀림없이 와 있었지요.

교장 선생님은 교실 바로 옆 작은 교장실에 앉아 있었습니다. 교장실 한쪽 구석에는 부모님이 살아 계실 때부터 있던 보른홀름 시계가 세워져 있었습니다. 그러나 이 시계추는 움직이지 않았습니다. 시간을 소리쳐 알려 주던 작은 뻐꾸기는, 여러 해 전부터 아무런 소리없이 닫힌 문 뒤에 가만히 앉아 있었습니다.

시계는 더 이상 움직이지 않았고 방은 무척 고요하기만 했습니다. 하지만 시계 바로 옆에 있는 낡은 피아노는 아직도 살아 있습니다. 이 피아노도 부모님이 살아 계실 때부터 있었지요. 피아노 현에서는 여전히 소리가 났습니다. 물론 조금 쉰 목소리이긴 했지만, 나이와는 상관없이 모든 노래를 부를 수 있었습니다.

교장 선생님은 피아노 소리를 들으면 많은 일들이 떠오르곤 했습니다. 혜성을 보았던 어린 시절부터 다시 혜성이 나타난 오늘날까지 슬프고 기뻤던 많은 일들을 말이에요. 그는 대팻밥처럼 구부러진 양초 속 심지를 보며 어머니가 했던 말과, 어린 시절 자신이 불던 예쁜 비눗방울들을 떠올리며 추억에 잠겼습니다. 비눗방울 하나하나는 자신이 살아 갈 1년이라고 그는 말했었지요.

비눗방울 속에서 그는 아름다운 것, 그리고 자신을 기쁘게 하는 모든 것을 빠짐없이 보았습니다. 어릴 적 즐거웠던 놀이도, 청년 시절 꿈꾸었던 소망도, 햇살 속에 빛나는 드넓은 세상을 말이에요. 이제 그는 그 밝은 세상으로 나왔습니다. 미래의 비눗방울 세상이에요.

노인이 되어 피아노를 치는 그의 눈앞에 추억의 비눗방울들이 영롱한 무늬를 수놓으며 어른거렸습니다.

그때 아내가 뜨개질을 하며 부르던 노래가 떠올랐습니다.

　용감한 아마존 여전사는
　처음으로 양말을 만들었다네!

또 어린아이였을 때, 늙은 하녀가 그에게 불러 주던 노래도 떠올랐습니다.

　어리고, 아무것도 모르는 아이가
　이 세상을 살아가는 데는 수많은 위험이 따른다네.

이제 멜로디는 처음 참석했던 무도회에서 들었던 미뉴에트로 바뀌었습니다. 그리고 부드럽고 슬픔에 가득 찬 선율이 서서히 울려퍼졌습니다. 노인의 눈에서는 뜨거운 눈물이 흘러내렸습니다. 이어 전쟁 행진곡이, 그 뒤엔 찬송가처럼 밝은 선율의 곡들이 한 곡조 한 곡조 흘러나왔습니다. 어린 소년이었을 때, 그가 불었던 비눗방울처럼 말이지요.

교장 선생님은 고개를 돌려 창문을 바라보았습니다.

하늘 저 멀리에는 구름이 하나 둥실둥실 미끄러지며 지나갑니다. 밝은 하늘에서 혜성이 보입니다. 혜성의 빛나는 심장과 안개 같은 베일을 말이지요. 마치 어제 저녁에 본 것만 같은 어린 시절의 혜성처럼요.

그러나 어린 시절과 오늘 사이에는 한 인간의 온전한 삶이 놓여 있습니다. 그 시절 그는 귀여운 소년이었고, 비눗방울 속에서 '미래'를 보았지만, 이제 비눗방울들은 '과거'를 뜻합니다.

어린아이처럼 순수한 생각과 믿음을 가진 그의 두 눈은 빛났습니다. 그가 한 손을 건반 위에 올려놓았습니다. 그러자 현이 탁 끊어지는 소리가 들렸습

니다.

"와서 보세요, 혜성이 나타났어요! 하늘이 아주 맑아요. 보려면 빨리 오세요."
이웃 사람들이 외쳤습니다.

그러나 늙은 교장 선생님은 아무런 말도 할 수 없었습니다. 그의 영혼은 저 혜성이 뚫고 날아다니는 광활한 우주로 갔습니다. 그리고 이제는 다시 화려한 왕궁에서도, 가난한 집에서도, 거리에 몰려 있는 수많은 사람들도, 거친 황야를 지나가는 고독한 사람도 이 혜성을 볼 것입니다.

교장 선생님의 영혼은 하느님과 그가 사랑하고 그리워했던 사람들의 환영을 받았습니다.

142

요일들

Ugedagene

요일들은 한 번이라도 제대로 놀면서 즐겁게 지내고 싶어서 서로 모여 연회를 열기로 했습니다.

요일들은 1년 내내 놀 수 있는 날이 하나도 없었습니다. 그래서 특별한 날을 정해 온 하루 놀기로 했답니다. 4년마다 한 번씩 돌아오는 윤날이 바로 그날이었습니다. 2월에 있는 이 날은 시간을 정확하게 계산하기 위해 있는 것이었지요.

그래서 요일들은 윤날에 모여 연회를 열었습니다.

2월은 사육제가 열리는 달이기도 해서 요일들은 저마다 기분과 판단에 따라 옷을 차려입고 나오기로 했습니다. 음식을 먹고, 좋은 술을 마시고, 담소를 나누며 친구들과의 우정으로 기분 나빴던 일과 좋았던 일들을 스스럼없이 말하기로 했지요.

고대의 거인들은 식사 시간에 먹다 남은 갈비 뼈다귀를 서로의 머리에 던졌지만, 요일들은 그렇게 하기 싫었습니다. 그래서 흥겨운 사육제에 가장 무도회를 만들어서, 말장난과 짓궂은 농담이라는 맛나는 조각을 서로에게 던지기로 했습니다.

마침내 윤날이 되어, 요일들이 모두 모였습니다.

요일들의 의장인 일요일은 검은 비단 망토를 걸치고 등장했습니다. 신앙심 깊은 사람들은 그가 교회에 가기 위해 성직자 옷을 입은 거라고 생각했습니다. 그러나 세속적인 사람들은 그가 가장무도회에 놀러가려 도미노 복장을 입었다고 했지요.

또 그의 단춧구멍에 꽂힌 환하게 빛나는 패랭이꽃을 보며 이렇게 말했습니다.

"표가 매진되었습니다. 실컷 즐기도록 하세요. 이런 글이 쓰인 극장의 붉은 램프 같아."

일요일과 친척이며, 노는 걸 가장 좋아하는 젊은 월요일이 뒤이어 나타났습니다. 그는 병사들의 교대식이 열리면 일을 하다가도 몰래 빠져 나온다고 말했습니다.

"오펜바흐의 음악을 듣기 위해 밖으로 나가야만 했어요. 하지만 이 음악은 제 머리에도, 가슴에도 감동을 주지 않았어요. 그저 다리 근육이나 간지럽혔지요. 난 춤을 추며, 거리를 돌아다녀야 해요. 일은 다음 날 하면 돼요. 때론 싸움에 휘말려 눈두덩이가 시퍼렇게 멍들기도 하지만 괜찮아요. 난 아직 젊거든요."

화요일은 군신의 날이자 힘의 날이지요.

"네, 제가 바로 화요일입니다. 전 힘도 세고 일도 잘하지요. 상인의 장화에 헤르메스(상업의 신)의 날개를 달고, 바퀴에 기름이 쳐졌는지, 잘 돌아가는지 공장 안을 살펴 보지요. 재단사가 제자리에 앉아 있는지, 포석공이 돌 위에 있는지도 감독합니다. 모든 사람은 저마다 자기 일을 해야 하죠. 전 모든 것을 둘러봐야 합니다. 경찰관 요일이라 불러줘. 이 이름이 재미없다면 좋은 이름을 좀 지어줘."

"그럼 이번에는 제가 나갑니다."

수요일이 말했습니다.

"전 주일의 한가운데에 있습니다. 가게에 점원과 사장 사이에 있지요. 존경받는 다른 요일들의 꽃처럼 한가운데 있답니다. 우리가 모여서 행진할 때면 제앞에 3일, 제 뒤에 3일이 있지요. 전 의장병과 마찬가지랍니다. 전 일주일 중에서 가장 중요한 날이랍니다."

목요일은 구리 세공인 옷차림으로 망치와 구리 솥을 들고 나타났습니다. 이물건들은 그가 귀족임을 나타내는 상징입니다.

"전 매우 고귀한 집안 출신입니다. 이교도적이기도 하고, 신성하기도 하죠. 북쪽 나라에서는 번개의 신 토르의 이름을, 남쪽 나라에서는 주피터의 이름으로 불린답니다. 이 두 신들은 천둥과 번개를 치게 하는 법을 알고 있죠. 전 그들과 한 가족이니까요."

그가 말을 마치자 자신이 고귀한 출신임을 증명이라도 하듯 망치로 구리 솥을 쾅쾅 두들겼습니다.

금요일은 젊은 아가씨처럼 옷을 입고 나타나, 자신을 프라이아(사랑의 여신)라고 불렀습니다. 그러다가 기분전환을 위해 미의 여신 비너스라고도 했습니다. 이는 여러 나라들이 그녀를 부르는 관습이었죠. 금요일은 자신이 조용하고 부드러운 성격의 소유자라 말하지만, 오늘은 들뜬 마음에 자유로운 기분이라고 말했습니다. 윤날이었으니까요. 윤날은 여인에게 자유를 줍니다. 오랜 관례에 따라 여자가 먼저 청혼을 할 수 있는 날이며, 청혼을 기다릴 필요가 없지요.

토요일은 늙은 주부 모습으로 청소의 상징인 빗자루와 물통을 든 채 나타났습니다. 그녀는 오트밀을 좋아했지만, 모든 사람을 위한 이 축제 식탁에서는 오트밀을 달라 하지 않았습니다. 그저 혼자만 오트밀을 먹고 싶다고 했습니다. 그래서 오트밀을 먹었습니다.

이렇게 해서 요일들이 모두 한 자리에 앉았습니다. 이제 여기에 일곱 가지 요일 모두가 그려졌습니다. 이것은 가족들 모임에서 활기를 불어넣기 위한 그림으로 요긴하게 쓰일 수 있습니다. 할 수만 있다면, 아주 재미있게 묘사될 수도 있겠지요.

우리는 이 자리에서, 그저 재미삼아 2월 윤날에 모여 요일들을 그려보았습니다. 하루를 덤으로 받은 오로지 하나의 달, 2월이니 말이에요.

143
햇빛 이야기
Solskins Historier

"자, 제가 이야기하겠어요."
바람이 말했습니다.
"아뇨, 이번엔 제 차례지요. 당신은 거리 모퉁이에서 실컷 울부짖었잖아요."
비가 말했습니다.
"이게 제가 베푼 은혜에 대한 보답인가요. 당신을 위해 많은 우산을 뒤집어지게 했고, 더욱이 부러뜨리기까지 했어요. 사람들이 당신을 거들떠보지도 않

Solskins Historier.

을 때요."

바람이 말했습니다.

"내가 이야기할 테니까. 모두들 조용히 하세요."

햇빛이 위엄 있는 목소리로 말하자, 바람은 얌전히 가라앉았습니다. 그런데 비가 바람을 흔들며 말했습니다.

"우리가 잠자야 하나요? 햇빛 여사님은 늘 우리를 무시하며 끼어드시는군요. 귀담아듣고 싶지 않아요. 귀 기울일 가치도 없다고요!"

그러나 햇빛은 신경도 쓰지 않고 이야기를 시작했습니다.

"백조 한 마리가 파도치는 바다 위를 날아갔어요. 백조 깃털은 하나하나 금처럼 눈부시게 빛났지요. 그런데 깃털 한 개가 돛을 잔뜩 부풀리고 미끄러지듯 나아가는 커다란 상선에 떨어졌어요. 상품들을 지키는 젊은이의 고수머리 위에 떨어졌답니다. 그는 뱃짐 감독관이라고 불렸지요. 행운의 새가 흘린 깃털은 그의 이마를 스치고 손 안으로 들어가 펜이 되었습니다. 그는 차츰 돈이 많은 상인이 되어갔답니다. 금 그릇으로 귀족의 방패 문장을 만들 수도 있게 되었지요. 난 그 위를 찬란하게 비추었답니다.

백조는 아무 일도 없었다는 듯 푸른 초원 위를 날아갔습니다. 일곱 살짜리 남자 아이가 양을 지키면서 하나밖에 없는 오래된 나무 그늘 아래 누워 있었습니다. 날아가던 백조가 그 나무의 나뭇잎 하나에 입을 맞추자, 나뭇잎은 소년의 손으로 떨어졌습니다. 나뭇잎은 하나가 세 개가 되고, 세 개가 열 개가 되더니, 마지막엔 책 한 권이 되었답니다. 소년은 이 책에서 자연의 신비와, 언어의 아름다움, 신앙과 지식에 대해 읽었습니다. 잠을 잘 때는 읽은 것을 잊어버리지 않으려고 이 책을 베고 깊이 잠들었답니다. 책은 그 소년을 학교로, 학문의 세계로 이끌어갔지요. 저는 뒷날 소년의 이름을 학자들 명단에서 보았습니다.

백조는 조용한 숲으로 날아갔어요. 아무도 돌보지 않는 사과나무가 가지를 축 늘어뜨린 채 자랐으며, 뻐꾸기와 비둘기가 살고 있었습니다. 새들은 수련이 핀 호숫가에서 쉬고 있었답니다.

한 가난한 여인이 땔감과 떨어진 나뭇잎들을 모아 등에 지고, 어린아이를 가슴에 안은 채 집으로 돌아가고 있었습니다. 그녀는 갈대가 우거진 강가에서 행운의 새라고 알려진 황금백조가 둥지에서 일어나는 모습을 보았습니다. 둥지

안에 무엇인가 반짝였습니다. 바로 황금 알이었지요. 그녀는 아직 온기가 남아 있는 황금 알을 가슴에 품었습니다. 알 속엔 한 생명이 꿈틀거리고 있었습니다. 톡톡 껍질을 두드리는 소리가 들렸거든요. 하지만 그녀는 그 소리가 자신의 심장이 두근거리는 거라 생각했답니다.

집으로 돌아온 그녀는 초라한 방에서, 가져온 황금 알을 꺼냈답니다. 값비싼 금시계처럼 그 황금 알이 똑딱똑딱 소리를 냈습니다. 기운찬 생명을 품은 알이었답니다. 갑자기 알이 깨지는가 싶더니 순금으로 만들어진 듯한 반짝이는 깃털을 단 작고 어린 백조가 머리를 내밀었습니다.

그 작은 황금 백조는 목에 반지 네 개를 걸고 있었습니다. 마침 부인의 아이들도 넷이었답니다. 셋은 집에 있었고, 막내는 조용한 숲 속으로 데려갔던 바로 그 아이였지요. 반지를 아이들에게 하나씩 주면 되겠다고 생각했습니다. 그녀가 이렇게 생각한 순간 작은 새는 이곳을 떠나 날아갔답니다.

그녀는 반지마다 입을 맞추고, 아이들도 반지에 입을 맞추게 했지요. 그러고는 반지를 아이들 가슴에 갖다 댄 뒤, 저마다 손가락에 끼워 주었습니다.

나는 그 다음에 무슨 일이 일어났는지도 보았습니다.

첫째 아들이 진흙 구덩이 속에 앉아 있었어요. 그 소년이 진흙 덩어리를 집어 올려 손가락으로 반죽했습니다. 진흙 덩어리는 황금 모피를 가져 온 이아손의 모습으로 변했답니다.

둘째 아들은 곧바로 온갖 빛깔 꽃이 피어 있는 초원으로 달려가, 한줌 가득 꽃을 꺾어서는 단단히 눌렀어요. 그러자 꽃즙이 그의 눈으로 들어가고, 반지를 적셨지요. 머릿속과 손이 간지러워졌답니다.

그 뒤 여러 해가 지나 대도시에서 한 위대한 화가에 대한 이야기를 들었습니다.

셋째 아들은 반지를 입에 꽉 물었습니다. 그랬더니 마음 속 깊은 곳에서 음률이 저절로 흘러나왔답니다. 감정과 생각들이 노래하는 백조처럼 음조로 솟아나고, 깊은 호수 속 생각의 호수 속으로 가라앉았습니다. 마침내 그는 음악의 거장이 되었습니다. 세상 사람들은 그를 자기네 나라 사람이라 생각하고 싶어했답니다.

막내 아들은 신데렐라 같이 부엌데기였습니다. 사람들은 그가 피프스(새의 혀에 나는 병)에 걸렸다며, 후추와 버터를 먹여서 치료해야 한다고 말했답니다. 그런데 사람들이 '매운맛과 매질'이라 잘못 알아들어서 그런 일을 당하게 되었습니다. 소년은 사람들로부터 수모를 받았습니다. 하지만 나는 막내 아들에게 입맞춤을 해주었습니다.

소년은 열 번이나 입맞춤을 받았지요. 그에겐 시인의 재능이 있었습니다. 이 재능이 그의 팔꿈치를 살짝 치고 그에게 입을 맞추었지요. 그에겐 행운의 황금 백조가 준 반지가 있습니다. 그의 생각은 영원히 죽지 않는 황금 나비처럼 저 멀리 날아갔어요."

"아, 너무 긴 이야기였어."

바람이 말했습니다.

"게다가 너무 지루했어요. 활기를 되찾을 수 있게, 나에게 불어 주세요, 바람님!"

비도 맞장구를 쳤습니다.

바람이 불자 햇빛은 다시 이야기를 이었습니다.

"황금 백조는 깊은 바다 만 위로 날아갔어요. 이곳에서는 어부들이 그물을 짜고 있었어요. 이들 가운데 가장 가난한 어부가 결혼을 하고 싶어했습니다. 그

는 여유는 없었지만 그는 곧 결혼했습니다. 백조는 결혼 선물로 호박 한 개를 물어다 주었지요. 호박은 이들의 집에 사랑을 키워 주었답니다. 비할 데 없이 그윽한 향기가 나는 호박이었어요. 그 호박에서는 교회에서 나는 향기처럼 하느님의 향기가 피어올랐습니다. 그들은 평범했지만 아주 행복하게 살았답니다."

"이제 그만하세요. 너무 오래 이야기해서 지루해요."

바람이 이야기했습니다.

"저도 지루했어요."

비도 말했지요.

그럼, 이제 이 이야기를 다 들은 여러분들은 어떻게 말할까요? 우리는 이렇게 말을 할 겁니다.

"이것으로 이야기는 끝났습니다!"

144
증조할아버지
Oldefader

증조할아버지는 자애롭고 현명한 분이었습니다. 우리 가족들은 모두 할아버지를 존경했습니다. 제 기억에 사실 그는 할아버지였는데 제 형 프레데리크가 아들을 낳자 증조할아버지가 되셨지요.

할아버지는 우리 가족 모두를 무척 사랑하셨습니다. 하지만 지금 우리 시대를 인정하지는 않으셨습니다.

"옛날은 참 좋은 시절이었어! 그때는 여유가 있었고 무언가를 기대할 수 있었지. 그런데 이제는 모든 것이 너무나 빠르게 움직이는구나. 가치관도 온통 뒤죽박죽이야. 젊은이들은 위아래도 없이 왕이 제 친구나 되는 것처럼 말을 하지. 그 뿐만이 아니라 거리에서 사람들은 흙탕물에 젖은 옷을 점잖은 신사 머리 위에다 마구 짜고 있잖아."

할아버지는 늘 이렇게 말씀하셨습니다.

이런 말을 할 때면 증조할아버지는 얼굴이 붉어졌지만, 잠시 뒤 언제나처럼

다시 따스한 미소를 지으며 이렇게 이야기했습니다.

"그래, 내가 잘못 생각하고 있는지도 모르지. 난 여전히 옛 시대에 서 있어, 그러니 새 시대에 발을 제대로 디딜 수 없는 게야. 자비로운 하느님께서 모두를 새 시대로 인도하시기를!"

증조할아버지가 옛 시대 이야기를 할 때면, 나는 그 옛날로 되돌아간 듯한 느낌이 들었지요. 그럴 때면 나는 상상의 나래를 폅니다.

호위병을 거느린 황금 마차를 타고 달리기도 하고, 간판과 깃발을 달고 음악을 연주하며 이사하는 상인 조합을 보기도 했지요. 또 벌금 놀이와 가장 놀이를 하는 즐거운 크리스마스 방 안에 있기도 했습니다. 물론 이 시대에도 끔찍하고 추악한 것이 많이 있었습니다. 능지처참이나 피가 뿜어져 나오는 것들 말입니다. 그러나 이 끔찍한 것들 속에는 유혹적이고 자극적인 것이 숨어 있었습니다. 아름다운 것들도 무척 많이 들었습니다. 농부에게 자유를 안겨준 덴마크 귀족들과, 노예 거래를 폐지한 덴마크 황태자 이야기도 들었습니다.

증조할아버지의 젊은 시절 이야기를 듣는 것은 무척 흥미진진했으나, 할아버지 이전의 시대가 더 흥미롭고 그 무렵에는 개성 강하고 힘 있는 사람들이 많았습니다.

"참으로 거친 시대였군요. 우리가 그 시대를 넘어섰다는 게 천만다행이에요."

형 프레데리크는 증조할아버지에게 말했습니다. 예의 있는 행동은 아니라고 생각했지만, 나는 형을 존경했습니다. 그는 나의 믿음직스런 첫째 형이었습니다. 자기를 아버지라 생각하라고 말했던 형은, 정말 재미있는 이야기를 많이 들려주었습니다. 형은 대학생이었는데 성적이 좋았으며, 아버지는 형을 믿기 때문에 곧 사업을 맡길 거라고 하셨습니다. 형은 증조할아버지와 가장 가까웠는데, 늘 열띤 논쟁을 벌였습니다. 두 사람 다 서로를 이해하지 못했거든요. 우리 가족들은 두 사람이 영원히 이해하지 못할 거라고 생각했습니다. 난 비록 어리기는 했지만, 그런 사실들을 금세 눈치 챘지요. 또한 이 둘이 서로에게 꼭 필요한 존재라는 사실도요.

증조할아버지는 형 프레데리크가 말할 때면, 눈을 빛내며 귀를 기울였습니다. 특히 학문의 진보, 자연의 발견 등 우리 시대의 온갖 신기한 일들에 대해 이야기하거나 읽어 줄 때면 진지하게 들었습니다.

형의 이야기를 듣고 나면 증조할아버지는 늘 이렇게 말했습니다.

"사람들이 옛날보다 더 지혜로워졌는지는 모르겠지만, 더 착해지지는 않았어. 사람들은 서로를 죽이기 위해 날이 갈수록 더 끔찍한 무기들을 발명해 내고 있지 않느냐."

"그만큼 전쟁도 빨리 끝날 거예요. 사람들은 이젠 평화의 축복을 7년씩이나 기다릴 필요가 없습니다. 이 세상에는 피의 기운이 너무 많아요. 그래서 이따금씩 전쟁이 필요한 거라고요."

형 프레데리크도 어깨를 으쓱거리며 지지 않고 반박했습니다.

어느 날, 형 프레데리크는 증조할아버지에게 어느 작은 나라에서 일어난 실제 사건을 이야기해 주었습니다.

시장의 시계, 그러니까 시청에 걸린 커다란 시계가 사람들에게 시간을 알려 주었는데 이 시계는 정확하게는 작동하지 않았습니다. 하지만 사람들은 이 시계에 맞춰서 생활을 했답니다. 그러다 이 나라에 철도가 만들어졌습니다. 이 철도는 다른 나라와 이어져 있었습니다. 그래서 사람들은 시간을 정확하게 알아야 했습니다. 그렇지 않으면 열차 사고가 나니까요. 철도는 해로 시간을 맞춘 시계로 정확하게 움직였지만, 시장의 시계는 그렇지 않았습니다. 사람들은 이제 철도 시계에 시간을 맞췄습니다.

나는 웃음을 터뜨렸어요. 아주 재미있는 이야기라고 여겼지요. 그러나 증조할아버지는 웃지 않았으며, 매우 심각해졌습니다.

"너의 이야기에는 많은 의미가 담겨 있구나. 난 네가 왜 이 이야기를 나에게 했는지 이해한단다. 그걸 이해하지 못할 만큼 늙은 것은 아니니까. 네 말을 듣다보니 내 부모님의 오래 되고 단순한 보른홀름 시계가 생각나는구나. 그것은 부모님의 시계이자 내 어린 시절 추억이기도 하지. 그 시계는 정확하지는 않지만 바늘은 계속 움직였고, 우리는 그 시곗바늘을 믿었단다. 그러나 그 안의 톱니바퀴들은 생각하지 못했지. 그때는 국가의 구조도 그랬단다. 사람들은 아무 근심 없이 그 시곗바늘을 믿었지. 이제 국가는 투명한 유리 시계가 되었고, 우리는 그 속을 들여다볼 수 있게 되었어. 톱니바퀴가 어떻게 돌아가고, 어떤 소리가 나는지 훤히 알게 되었지. 우리는 그 축과 톱니바퀴를 보며 불안해졌어. 종소리가 어떻게 울리는지를 알게 되자, 어린 시절의 믿음은 사라져 버렸단다. 이 시대는 참으로 부서지기 쉬운 시대야."

이렇게 말하면서 증조할아버지는 몹시 화를 냈습니다. 증조할아버지와 형 프레데리크는 서로 어울릴 수 없었지만, 그렇다고 떨어질 수도 없는 사이였습니다. 마치 구시대와 새시대처럼 말이지요.

형 프레데리크가 멀리 미국으로 여행을 떠나려 했을 때, 두 사람은 물론 온 가족이 그것을 절실히 느꼈습니다. 멀리 여행을 떠나는 것은 우리 집안 관습이었습니다. 그러나 증조할아버지에게는 참으로 슬픈 이별이었죠. 이 여행은 큰 바다 건너 지구 반대편으로 가는 멀고 긴 여행이었습니다.

"할아버지는 2주마다 제 편지를 받으실 수 있을 거예요. 어떤 편지보다 전신 케이블로 보내는 제 소식을 더 빨리 들을 수 있을 거예요. 하루는 시간으로, 시간은 분으로 점점 줄어들겠죠."

형 프레데리크는 이렇게 말하면서 증조할아버지를 안심시켰습니다.

그는 배를 타고 영국으로 가서 전신 케이블로 안부를 전해 왔습니다. 우편배달부가 흘러가는 구름이었다 할지라도, 전신 케이블보다 더 빠르게 미국의 소식을 전해 주지는 못했을 것입니다. 프레데리크가 미국에 도착한 지 고작 몇 시간도 지나지 않아 소식이 전해졌으니까요.

"이것은 우리 시대 인간들에게 내린 하느님의 축복이야!"

증조할아버지는 말했습니다.

"이런 자연의 힘은 처음으로 우리 땅에서 발견되어서, 마침내 다른 나라로까지 퍼져나갔다고 프레데리크 형이 말했어요."

저도 아는 체를 했습니다.

증조할아버지는 제게 입을 맞추고 말씀하셨습니다.

"그래, 그리고 난 처음으로 이 자연의 힘을 인정하고 발견한 두 착한 눈동자를 본 적이 있어. 너희들 그리고 같은 아이들의 눈동자였지. 난 그 사람과 악수를 했단다."

이렇게 말한 증조할아버지는 다시 내게 입을 맞추었습니다.

한 달이 지난 어느 날 형 프레데리크는 젊고 사랑스러운 아가씨와 약혼했다는 편지를 보냈습니다. 온 가족이 기뻐하리라 믿는다며 편지에는 아가씨 사진도 함께 들어 있었습니다. 우리 가족들은 사진을 반짝이는 눈으로 들여다보았고, 증조할아버지는 확대경으로 자세히 보기까지 했습니다. 아무리 정밀한 렌즈로 들여다 보아도 이상한 곳 하나 없이 실물과 똑같았습니다. 그 옛날 아무리 위대한 화가라 할지라도 이토록 실물과 다름없이 그려낼 수는 없었을 겁니다.

"그 시절에도 이런 게 발명되었다면 얼마나 좋았을까? 그랬다면 은인들과 위대한 사람들을 생생하게 볼 수 있었을 텐데 말야. 이 아가씨는 참 착하고 친절하게 생겼구나!"

이렇게 말하면서 할아버지는 다시 돋보기로 자세히 들여다보았습니다.

"아가씨가 지금 이 방으로 들어오면, 난 바로 그 아가씨를 알아볼 수 있겠어."

젊은 신혼부부는 행복과 기쁨에 가득 찬 마음을 안고 무사히 영국에 이르렀습니다. 거기서 코펜하겐으로 가려 증기선을 탔습니다.

그런데 증기선이 덴마크 해안 서부 유틀란트의 하얀 모래 언덕이 보이는 곳에 이르렀을 때, 그들이 탄 배가 거센 폭풍우를 만나 그만 암초에 부딪쳐 좌초되고 말았습니다. 파도는 배를 부수듯 높이 출렁거렸습니다. 구명보트도 도움이 되지 않았습니다.

밤이 되었습니다. 그때, 해안에서 신호 로켓이 캄캄한 어둠을 뚫고 좌초된 배로 날아왔습니다. 로켓에는 밧줄이 묶여 있었지요. 그 밧줄이 육지와 조난

당한 배를 이어주었습니다. 배에 탄 사람들은 모두 무사히 구조되었습니다. 젊고 예쁜 신부도 구조용 바구니를 타고 소용돌이치는 바다를 건너 무사히 육지로 올라갔습니다. 신랑도 땅에 발을 딛는 모습을 보자 그녀는 하늘을 날아갈 듯한 기쁨과 행복을 느꼈답니다. 날이 채 밝기도 전에 배에 있던 사람들이 모두 다 구조되었습니다.

코펜하겐에 있던 우리 식구들은 달콤한 잠에 빠져 그러한 위험이나 슬픔은 꿈에도 생각지 못했습니다. 모두 함께 식탁에 둘러앉아 아침커피를 마실 때, 서해안 영국 선박에서 한 척이 침몰했다는 소문이 들려왔습니다. 우리는 크게 놀랐습니다. 하지만 우리가 애타게 기다리던 사랑하는 프레데리크와 그의 신부에게 전보를 받아 안도의 한숨을 내쉬었지요. 머지않아 그들이 무사히 우리 곁으로 올 거라는 소식이었습니다. 가족들 모두 울었습니다. 나도 울고, 증조할아버지도 울었습니다. 꼭 확신하건대 그때 할아버지는 두 손을 모으고 새 시대를 축복했습니다.

이날 증조할아버지는 한스 크리스티안 외르스테드(덴마크의 물리학자. 전류의 자기 작용을 발견하여 전자기학의 길을 연 인물)의 기념비를 위해 200탈러를 기부했거든요.

얼마 뒤 형 프레데리크가 어여쁜 신부와 함께 집으로 돌아와 이 이야기를 듣자 이렇게 말했지요.

"증조할아버지, 참으로 옳은 일을 하셨어요. 그러면 할아버지께 여러 해 전 외르스테드가 옛 시대와 새로운 시대에 대해 쓴 책을 읽어 드릴게요."

"그도 너와 같은 생각이겠지?"

증조할아버지가 물었습니다.

"네, 아마 그럴 거예요. 할아버지도 같은 생각이시죠? 그래서 그의 기념비를 위해 돈을 기부하신 거잖아요."

프레데리크는 말했습니다.

145
촛불들
Lysene

밀랍으로 만든 커다란 양초가 있었습니다. 이 밀초는 자신이 누구인지를 잘 알고 있었답니다.

"나는 밀랍에서 태어났단다. 그래서 다른 초들보다 더 밝게 빛나고 오랫동안 불을 밝힐 수 있어. 그래서 내 자리는 샹들리에나 은촛대 위야."

"틀림없이 멋진 생활일 거야. 난 어디에서나 흔히 볼 수 있는 수지(짐승의 기름)에서 태어났지만, 어쨌거나 1페니짜리 초보다는 낫다고 스스로를 위로해 왔어. 알맞은 강도를 얻어 내기 위해, 1페니짜리 싸구려 초는 기름 속에 두 번 밖에 담그지 않지만, 난 여덟 번이나 담가 너무 만족스러워. 수지가 아닌 밀랍에서 태어난다면 확실히 더 멋지고 행복할 테지만, 세상 일이 마음먹은 대로 되는 것도 아니고 말이야. 밀초들은 커다란 방에 있는 화려한 유리 촛대에 앉아 있고 난 부엌에 있지만, 이것도 나는 괜찮아. 이곳은 온 식구를 위한 음식이 만들어지는 소중한 장소니까 말이야."

고래 기름으로 만든 수지 초가 말했습니다.

"하지만 먹는 것보다 더 중요한 게 있어. 그건 바로 사교야. 사교가 이루어지는 무도회장은 아름답게 반짝이는 걸로 가득차서 사람들을 황홀하게 하지. 물

론 나도 반짝반짝 빛을 내어 그 아름다움을 더해 주고 있고. 오늘 저녁에 무도
회가 있어. 그래서 지금 나와 온 가족이 그곳으로 가게 된단다."

이 말이 끝나자마자, 모든 밀초는 무도회장으로 가버리고 말았습니다. 수지
초도 나가게 되었지요. 무도회장이 아닌 다른 곳이지만요.

부인은 손수 수지 초를 들고는 부엌으로 가져갔습니다. 부엌에는 작은 소년
이 감자가 가득 든 바구니를 들고 서 있었습니다. 바구니엔 사과도 몇 개 담겼
습니다. 마음씨 고운 부인이 가난한 소년에게 준 것이랍니다.

"여기 초도 하나 가져가거라, 애야. 네 어머니는 밤늦게까지 앉아서 일을 하
신다지. 부디 이게 도움이 됐음 좋겠구나."

부인이 말했습니다. 그 곁에 서 있던 이 집의 어린 딸은 '밤늦게까지'라는 말
을 듣자 매우 기뻐했습니다.

"나도 밤늦게까지 자지 않을 테야. 우리 집에서 무도회가 열리잖아. 그리고
난 크고 붉은 리본을 달 거고."

소녀의 작은 얼굴이 기쁨으로 환하게 빛났습니다. 어떤 밀초라도 소녀의 두 눈동자처럼 환히 빛나지는 못할 것입니다.

'정말 눈부신 모습이야. 영원히 잊지 말아야지. 난 이런 모습을 두 번 다시 보지 못할 테지.'

수지 초는 그렇게 생각했습니다. 이윽고 수지 초는 바구니에 담겨 소년과 함께 부엌을 떠났습니다.

'이제 난 어디로 가게 될까? 난 가난한 사람들에게 갈테니 놋쇠 촛대에도 한 번 앉지 못하겠지만, 밀초는 은촛대에 앉아서 고귀한 사람들을 보겠지. 고귀한 사람들을 위해 불을 밝히는 것은 참 멋질 거야. 휴─하지만 밀랍이 아닌 고래 기름에서 태어난 게 내 불운이지 뭐.'

수지 초는 생각했습니다.

이 수지 초는 가난한 사람들에게로 갔습니다. 그곳에는 세 아이들과 함께 작고 누추한 방에서 사는 과부가 있었지요. 그들의 집은 바로 부잣집 맞은편에 있었습니다.

"우리에게 자비를 베푼 그 착한 부인에게 부디 축복을 내리소서! 아주 멋있는 초로구나. 밤늦게까지 불을 밝힐 수 있겠어."

어머니는 참으로 기뻐했습니다.

이윽고 수지 초에 불이 켜졌습니다.

'유황 냄새가 너무 고약해. 밀초에게는 이 따위 성냥으로 불을 붙이지는 않겠지?'

수지 초는 투덜거렸습니다.

저 건너편 부잣집 초에도 불이 켜졌습니다. 촛불 빛이 거리 밖으로 환히 새어 나왔습니다. 화려하게 꾸민 무도회 손님들을 태운 마차가 덜컹거리며 도착하고 음악소리도 울려 퍼져 왔습니다.

"이제 저 부잣집에서 무도회가 시작되는구나."

수지 초는 음악 소리를 들으면서 부잣집 딸의 눈부신 얼굴을 떠올렸습니다. 모든 밀초의 빛을 합친 것보다 더 환한 얼굴을 말이에요.

'난 그런 눈동자를 다시는 보지 못할 테지.'

그때 이 가난한 집 막내가 들어왔습니다. 작은 소녀였지요. 소녀는 오빠와 언니의 목을 껴안고는 중요한 이야기라도 하듯 속삭였습니다.

"엄마가 오늘 저녁에 따끈따끈한 감자를 해주신대."

소녀의 눈은 행복감으로 환히 빛났습니다. 촛불이 소녀의 얼굴을 비추었지요. 수지 초는 그 얼굴에서 더할 나위 없는 기쁨과 행복을 보았습니다.

"오늘 저녁 우리 집에서 무도회가 열려. 난 크고 붉은 리본을 달 거야!"라고 말하며 기뻐하던 저 건너편 부잣집 어린 소녀처럼 행복해 보였지요.

수지 초는 고개를 갸웃거렸습니다. 따뜻한 감자를 먹게 된 즐거움과 부잣집 소녀의 기쁨 가운데 어떤 것을 위에 두어야 할지 몰랐기 때문이지요.

수지 초는 재채기를 했습니다. 좀 투덜거렸다는 소리랍니다. 수지 초는 그 이상은 할 수 없답니다.

식탁이 차려지고 모두들 따끈따끈한 감자를 먹을 수 있게 되었습니다. 얼마나 맛있는 감자일까요! 참된 향연의 시간이었습니다. 더군다나 아이들은 저마다 후식으로 사과 한 개씩을 먹게 되었답니다.

막내 아이가 시를 읊었습니다.

은혜로우신 하느님, 감사합니다
당신이 나를 다시 배부르게 하셨나이다.
아멘!

"엄마, 나 잘했어요?"
막내 아이가 소리쳤습니다.

"그런 말은 물어보는 게 아니란다. 오로지 너를 배부르게 해 주신 은혜로운 하느님만을 생각해야 하는 거란다, 알겠니?"
어머니가 말했습니다.

아이들은 잠자리에서 어머니의 입맞춤을 받고 금세 잠이 들었고 어머니는 밤새도록 바느질을 했답니다. 그때까지도 저 건너편 부잣집에서는 촛불들이 반짝반짝 빛나고, 음악이 울려 퍼졌지요.

별들이 반짝였습니다. 부유한 사람의 지붕 위에도, 가난한 사람의 지붕 위에도, 똑같이 밝고 아름답게 반짝이며 축복해 주었지요.

"참으로 아름다운 저녁이었어. 그렇다 치더라도 은촛대에 앉은 밀초들은 나보다 더 아름다운 저녁을 보냈을까? 그것만은 내 몸이 몽땅 타 버리기 전에 알고 싶어."

그리고 수지 초는 서로 똑같이 행복해 하던 두 소녀를 떠올렸습니다. 한 소녀는 밀초가, 또 다른 소녀는 수지 초가 환히 비추어 주었답니다.

이 이야기는 밀초나 수지 초가 다 타서 없어지고 말듯이 이것으로 끝이랍니다.

146
가장 믿을 수 없는 것
Det utroligste

아주 옛날이야기입니다. 가장 믿을 수 없는 일을 해내는 사람에게 공주님과 나라의 절반을 상으로 받게 되리라는 포고가 있었습니다.

젊은이들은 말할 것도 없고 늙은 사람들까지도 모두 생각을 짜내고, 심지어는 힘줄과 근육까지 몽땅 짜냈습니다. 그러다가 어떤 사람은 먹다가 죽었고, 또 어떤 사람은 마시다가 죽었습니다. 이것은 너무나도 미련한 방법이었지요.

골목길 개구쟁이 소년들은 제 등에 침을 뱉는 연습을 했습니다. 이것이 가장 믿을 수 없는 일이라 여겼기 때문이지요.

마침내 가장 믿을 수 없는 것을 보여 주는 날이 왔습니다. 이 날의 심사위원은 세 살배기 아이들에서부터 위로는 아흔 살에 이르는 사람들까지 참으로 많았습니다.

모두들 믿을 수 없는 일들을 죽 보고 나서 으뜸으로 믿을 수 없는 것은, 아름다운 장식이 달린 탁상 시계라는 데 의견을 모았습니다.

안과 겉 모두 이루 말할 수 없이 곱게 만들어진 신기하고 기이한 시계였습니다. 그것은 종이 한 번 울릴 때마다 살아 있는 작은 인형들이 나타나서 몇 시인지를 보여 주었습니다. 모두 12개의 인형들이 있었는데, 노래와 말까지 했답니다.

"정말이지 믿을 수 없군!"

사람들은 입을 모아 말했습니다.

시계가 한 번을 치자, 모세가 산 위에 서서 십계명 석판에 첫 계명을 썼습니다.

"오직 유일하고 진실한 분은 하느님뿐이니라."

시계가 두 번을 치니, 아담과 이브가 만나는 에덴동산이 나타났습니다. 이둘은 벌거벗고 있었지만 행복했답니다. 옷장이 필요 없었으니까요.

시계의 종이 세 번을 치니, 동방 박사 셋이 나타났습니다. 한 사람은 얼굴이 칠흑처럼 검었습니다. 그들은 유향과 황금들을 가지고 왔습니다.

시계가 네 번을 치니 사계절이 나타났습니다. 봄은 푸른 싹이 돋아난 너도밤나무 가지 위에 앉은 뻐꾸기를, 여름은 곡식이 잘 여문 이삭다발에 앉은 메뚜기를, 가을은 새가 날아가 버려 텅 빈 황새둥지를, 그리고 겨울은 난롯가에서 옛날이야기들과 오랜 추억 이야기를 들려주는 늙은 까마귀가 나왔습니다.

시계가 다섯 번을 치니, 다섯 가지 감각 기관이 나타났습니다. 시각은 안경 장인으로, 청각은 구리 세공인, 후각은 제비꽃과 선갈퀴를 파는 소녀, 미각은 요리사로, 촉각은 발뒤꿈치까지 내려오는 검은 상복을 입은 장의사로 나왔습니다.

시계가 여섯 번을 치니, 한 도박꾼이 나타났습니다. 그가 주사위를 던지자 주사위가 데구르르 구르더니 가장 높은 숫자 6이 나왔습니다.

그 다음에는 7개 요일들이 주루룩 나왔습니다. 아니, 어쩌면 영원한 죽음을 뜻하는 7개의 큰 죄악일지도 모르겠군요. 사람들의 의견은 저마다 달랐지만 그것들은 함께 모여 있어서 쉽게 떨어지지도 않았습니다.

이어서 종이 여덟 번 울리자 수도사들의 합창이 울리면서 미사가 이루어졌습니다.

아홉 번의 시계 소리에 예술의 신인 9명의 뮤즈들이 줄줄이 나타났습니다. 한 뮤즈는 천문학 다른 뮤즈는 역사상 오래된 문서를 관장했으며 나머지는 극장 관련 일을 맡았습니다.

시계 소리가 열 번 울리자 다시 모세가 십계명 석판을 들고 나타났습니다. 석판에는 하느님의 계명이 빠짐없이 씌어 있었습니다. 모두 10개였지요.

한 번을 더 치니, 작은 소년 소녀들이 폴짝폴짝 뛰어나와서 놀이를 하며 노래를 불렀습니다.

"아이들아, 들어 보아라. 말하노니 우리의 종이 열한 번 쳤도다!"

마지막으로 시계가 열두 번을 쳤습니다. 그러자 머리에 모자를 쓰고, 별 장식이 달린 지팡이를 든 파수꾼이 나타나 예부터 전해 내려오던 노래를 불렀습

니다.

　　우리의 구세주 예수 그리스도가
　　태어난 것은 고요한 한밤중이었도다!

　그가 노래를 부르는 동안 아름다운 장미꽃들이 피어나더니 한 송이 한 송이 무지개 빛 날개를 단 천사들의 모습으로 변했습니다. 노래는 참으로 훌륭했으며, 그 광경은 찬란했습니다.
　이것들은 모두가 도저히 믿을 수 없는 예술품이었습니다.
　사람들은 이 시계야말로 '가장 믿을 수 없는 것'이라고 입을 모아 말했습니다. 이 시계를 만든 사람은 젊은 예술가였습니다. 그는 마음씨가 착하고, 늘 어린아이처럼 즐거워했으며 성실하고 진실했습니다. 또 가난한 부모에게 정성껏 효노했시요. 바로 이 청년이 공주와 나라의 절반을 얻게 되었답니다.

마침내 약속의 날이 왔습니다. 온 도시 사람들이 축제에 맞춰 화려한 옷을 차려입고 성으로 몰려들었습니다.

공주는 옥좌에 앉아 있었습니다. 옥좌에는 말 털이 새로 깔렸지만, 전보다 더 안락하고 편안하지는 않았습니다. 빙 둘러선 심사위원들은 행운을 얻게 될 젊은이를 부러운 눈길로 슬금슬금 쳐다보았습니다.

젊은이는 너무나 즐거운 표정으로 서 있었답니다. 그의 행운은 너무도 확실해 보였습니다. 그가 가장 믿을 수 없는 것을 만들었기 때문이지요.

"잠깐, 기다리시오! 내가 믿을 수 없는 일을 해 보이겠소."

바로 그때, 키가 크고 뼈가 불거진 억센 장정이 대회장 안으로 들어서며 외쳤습니다.

"가장 믿을 수 없는 일엔 바로 내가 적임자요."

그 장정은 말을 마치자마자 커다란 도끼를 예술품들을 향해 이리저리 휘둘렀습니다.

"우지끈, 쫘당, 쿵!"

톱니바퀴와 용수철이 여기저기로 날아갔습니다. 예술품이 모두 산산이 부서져 버린 것입니다.

"내가 해냈소! 내가 그의 예술품을 모두 때려 부쉈소, 내가 가장 믿을 수 없는 일을 한 것이오."

장정이 말했습니다.

"이토록 훌륭한 예술품을 부숴 버리다니! 정말이지, 이것이야말로 가장 믿을 수 없는 일이야."

심사위원들이 말하자 모여 있던 사람들도 이구동성으로 똑같은 말을 되풀이했습니다. 그리하여 장정은 공주와 나라의 절반을 얻게 되었습니다. 어쨌든 법은 법이니까요. 아무리 그것이 도저히 믿을 수 없는 일이라 할지라도 말이에요.

도시 성벽과 모든 탑에서 나팔 소리가 울려 퍼졌습니다.

"장엄한 결혼식이 열릴 것이다!"

공주님은 전혀 행복하지 않지만, 여전히 매우 아름다웠으며 옷도 화려했습니다.

　교회에는 무수한 촛불이 환히 밝혀졌습니다. 결혼식은 그 무렵 유행대로 저녁 때 올리기로 되어 있었습니다. 귀족 아가씨들이 노래를 부르며 공주님을 이끌었습니다. 기사들도 노래를 부르며 신랑을 호위했지요. 신랑은 고개를 꼿꼿이 들었습니다. 어떤 일에도 주눅들지 않겠다는 듯이 말이죠.

　이윽고 노랫소리가 멈추었습니다.

　주위는 너무도 고요해, 바늘이 바닥에 떨어지는 소리조차 들릴 것만 같았습니다. 그런데 바로 이 정적을 깨뜨리며 시끌벅적한 소리와 쿵쾅거리는 소리가 들려왔습니다. 그 순간 교회 문이 벌컥 열리더니, 부서졌던 시계가 본디대로의 훌륭한 모습으로 쿵쾅거리며 교회 문 가운데로 행진해 와서는 신부와 신랑 사이에 섰습니다. 이 모두가 눈 깜짝할 사이에 일어난 일이었지요.

　죽은 사람들은 다시 돌아올 수 없습니다. 그러나 예술품은 다시 돌아올 수 있지요. 비록 몸은 산산조각이 나서 부서졌지만, 예술의 정신은 살아 있었기 때문입니다. 결코 유령이 아니었습니다.

예술품은 손상되기는커녕 예전보다 더 생생하게 살아나 우뚝 서 있었습니다. 종소리가 울렸습니다. 이어서 정확히 열두 번 울렸지요.

그러자 시계 안의 모든 인물들이 잇달아서 등장했습니다. 처음으로 모세가 나타났어요. 모세의 이마는 불꽃처럼 빛났습니다. 그는 무거운 십계명 석판을 신랑 발 위에 던지고, 신랑 발이 교회 바닥에 딱 달라붙도록 주문을 걸었습니다.

"넌 너의 발을 다시는 들어 올릴 수 없으리라. 넌 내 팔을 잘라 버렸으니, 그대로 서 있어라."

모세가 말했습니다. 이어서 아담과 이브, 동방의 현자들, 그리고 사계절도 나타났습니다. 그들은 모두 신랑을 조롱했습니다.

그러나 신랑은 조금도 부끄러워하지 않았습니다. 종소리가 한 번 울릴 때마다 나타난 인형들은, 시간이 지날수록 엄청나게 몸집이 불어났습니다. 살아 있는 사람들이 서 있을 자리조차 비좁아 비켜서야 될 정도였지요.

열두 번째 종이 울리자 참으로 놀라운 일이 일어났습니다. 모자를 쓰고 별 장식이 달린 지팡이를 든 파수꾼이 신랑에게 성큼성큼 다가가더니 그의 이마를 내리쳤던 것입니다.

파수꾼이 소리쳤습니다.

"여기 누워라! 이에는 이, 눈에는 눈이다. 자, 우리는 마침내 복수했도다. 우리 주인님의 복수를 했도다. 이제 그만 돌아가자."

이 마지막 말과 함께 모두들 연기처럼 아스라이 사라져 버렸습니다.

교회 안 곳곳에 불을 밝히던 촛불들 하나하나가 빛의 꽃을 탐스럽게 피워 냈습니다. 천장에 그려진 황금 빛 별들이 길고 밝은 빛줄기를 내려 보냈습니다. 오르간이 저절로 소리를 내며 울려 퍼졌지요.

사람들은 "이것은 이제껏 우리가 겪어 보지 못했던 정말 믿을 수 없는 일"이라고 입을 모아 말했어요. 공주가 말했습니다.

"이제 예술품을 만든 분을 모셔 오세요. 그분이 제 남편이자 이 나라의 주인이에요."

마침내 그 시계를 만든 젊은이가 교회 안으로 들어섰습니다.

온 백성이 그를 칭송했습니다. 단 한 사람도 그를 시샘하는 이가 없었답니다.

그래요, 이것이야말로 가장 믿기 힘든 일이었습니다!

147
온 가족이 말한 것
Hvad hele Familien sagde

온 가족이 뭐라고 말했을까요? 먼저 어린 마리가 무슨 말을 했는지 들어 보기로 해요.

그날은 작고 귀여운 마리의 생일이었습니다. 마리에겐 가장 신나는 날이기도 했지요. 동무들이 모두 와서, 마리와 함께 놀아 주었답니다.

마리는 가장 예쁜 옷을 입었습니다. 이 옷은 할머니가 주신 것이랍니다. 할머니는 이제 사랑하는 하느님의 집으로 가셨지만, 살아 계실 적에 이 옷을 손수 마름질하고 바느질을 하여 지으셨지요.

마리 방의 책상 위에는 멋진 선물들로 꽉 들어차 있었습니다. 소담하게 차려진 자그마한 부엌도 있었으며, 그 부엌에는 온갖 필요한 물건들이 모두 갖추어 있었습니다. 배를 꾹 누르면, 눈을 이리저리 굴리다가 아야! 소리지르는 인형도 있었습니다. 읽을 수는 없었지만, 멋진 이야기들이 담긴 그림책도 있었지요. 하지만 어떤 이야기도 해마다 생일을 맞이하는 것보다 근사하지는 않았어요.

"그래, 산다는 건 신나는 일이야!"

어여쁜 마리가 말하자, 대부는 인생이야말로 가장 아름다운 동화라고 덧붙였습니다.

바로 옆방에는 마리의 오빠 둘이 있었습니다. 큰 오빠는 열한 살이고, 작은 오빠는 아홉 살이었습니다. 두 형제 또한 사는 건 멋진 일이라고 생각했습니다. 그러나 마리처럼 어린아이가 아니었기 때문에 삶을 즐기는 방법이 사뭇 달랐답니다. 그들은 열심히 공부해서 성적표에 '수'를 받았고, 동무들과 반쯤 장난삼아 서로 치고받으며 놀았습니다. 겨울에는 스케이트 신발을 신고 얼음을 지쳤으며, 여름에는 자전거를 탔습니다. 그들은 또한 기사의 성과 도개교와 성 안에 있던 지하 감옥에 대한 책을 읽었고, 저 머나먼 아프리카 탐험 이야기를 즐겨 들었습니다.

그 둘 가운데서 한 오빠에게는 걱정거리가 있었습니다. 자신이 어른이 되기 전에 모든 게 남김없이 발견되어 더는 모험을 할 곳이 없어지면 어쩌나 하는 것이었지요. 이 소년은 동화에서처럼 모험을 떠나고 싶었거든요.

"인생이야말로 가장 놀랄 만한 모험이지. 그리고 너는 그 모험의 주인공이란다." 대부가 말했습니다.

이 아이들이 뛰놀며 지내는 곳은 1층이었습니다. 위층엔 다른 가족이 살고 있었지요. 위층 집에도 아이들이 있었지만, 그들의 어린 시절은 이미 지나가 버렸답니다. 아이들이 다 자란 것이죠. 그들 가운데 하나는 열일곱 살이고, 다른 아들은 스무 살, 또 한 아들은 스물다섯 살인데 이미 약혼한 상태였습니다. 어린 마리는 위층 첫째가 너무 늙었다고 말했습니다. 이층집 자녀들은 참으로 행복하게 지냈습니다. 훌륭한 부모님이 계셨고 좋은 옷을 입었으며 뛰어난 재능을 지니고 있었답니다. 그리고 모두들 자신이 원하는 게 무엇인지 잘 알았으며 그 꿈을 이루기 위해 부지런히 노력했답니다.

"앞으로 전진! 낡은 판자 울타리를 무너뜨리고 드넓은 세상으로 나아가자. 이 세상이야말로 우리가 아는 것들 가운데 가장 멋진 걸거야. 대부님이 옳아,

인생은 가장 아름다운 동화야."

아이들의 어머니와 아버지, 즉 나이 든 두 사람—이들이 자식보다 나이가 많은 것은 틀림없는 사실입니다—은 입가에 미소를 지으며 말했습니다.

"저 아이들은 참으로 젊구나, 젊어! 이 세상은 저 아이들이 생각하는 것과는 아주 딴판인데 말야. 하지만 괜찮아, 인생은 신기하고 멋진 동화니까."

이 가족이 살고 있는 곳 위에, 그러니까 하늘과 더 가까운 곳인 다락방에 대부가 살았습니다. 그는 늙었지만 마음은 싱싱했으며, 늘 유머가 넘쳤고, 이야기를 무척 많이 알 뿐만 아니라 그 이야기에 살을 붙여 재미있게 할 줄도 알았습니다.

또한 그는 세상 이곳저곳을 돌아다니며 여행을 했기에 그의 방에는 여러 나라의 온갖 진귀한 물건들도 많았지요. 벽에는 그림들이 걸려 있었고 창문은 노란색과 빨간색이 알록달록 칠해져 있었습니다. 이 창유리로 밖을 바라보면, 아무리 바깥 날씨가 잿빛으로 흐려도 온 세상이 포근한 햇빛 속에 잠긴 듯이 환하게 보였습니다.

커다란 유리 상자 속에는 푸른 식물들이 자라고, 칸을 친 한쪽 공간에선 금붕어들이 헤엄을 쳤습니다. 금붕어들은 아주 많은 것을 알고 있지만 말하고 싶지 않다는 듯이 사람들을 빤히 쳐다보았답니다.

이 방에서는 겨울에도 향긋한 꽃들의 향기가 물씬 배어 나왔고, 벽난로에선 따뜻한 불길이 활활 타올랐습니다. 난로 앞에 앉아 타닥타닥 소리를 내며 아른아른 타오르는 불길을 바라보는 것은 참으로 즐거운 일이었습니다.

"이 불이 내게 옛 추억들을 말하고 있단다."

대부는 이렇게 말하곤 했습니다.

어린 마리에게도 일렁이는 불 속에 수많은 그림이 그려져 있는 것처럼 보였습니다. 벽난로 바로 곁 커다란 책장에는 좋은 책들이 빼곡이 꽂혀 있었습니다. 대부는 곧잘 책장에서 책 한 권을 꺼내 읽어 주셨는데, 그는 그 책을 책 중의 책이라고 말했습니다. 바로 성경이었습니다. 이 책에는 이 세상과 온 인류의 역사에 대한 이야기가 그림처럼 그려져 있었습니다. 창세기, 노아의 대홍수, 열왕기 상·하…….

"과거에 일어난 일과 앞으로 일어날 모든 일들이 이 책 속에 쓰여 있단다. 이 오로지 한 권의 책 속에 이루 헤아릴 수 없는 많은 일들이 기록되어 있지. 이

걸 읽고 깊이 생각해 보렴. 한 인간이 기도해야 하는 모든 것이 단 몇 줄로 요약되어 있는데, 그게 바로 주기도문이야. 이것은 하느님이 내린 위로의 진주라고도 할 수 있지. 이 진주는 어린아이 요람 속에, 그리고 마음속에 선물로 놓여 있게 될 게다. 애야, 이것을 소중히 간직하여라. 영원히 잃어버려선 안 된단다. 네가 아무리 크게 자랐다 해도 말이야. 그러면 어떤 길을 가더라도 길을 잃거나 외롭지 않을 게다. 성경이 네 마음속에서 환히 빛날 테니까. 넌 결코 절망하지 않을 거야.”

이렇게 말할 때의 대부의 두 눈은 환히 빛났으며 행복해 보였습니다. 젊은 시절에 대부는 가끔 울기도 했답니다. 하지만 또한 그 시절이 좋았다고 했습니다.

“고난의 시절이었지. 그땐 모든 게 어둡고 잿빛으로만 보였단다. 하지만 이제 내 주위와 내 마음속엔 햇빛으로 가득찼지. 사람은 나이가 들면, 행복과 불행을 더 잘 이해하게 되는 법이란다. 사랑하는 하느님이 늘 우리와 함께 계셔서 인생은 가장 아름다운 동화가 될 수 있단다. 그러나 오직 하느님만이 이 아름다운 동화를 우리에게 주실 수 있지. 그리고 아름다운 동화는 영원토록 간직될 테고 말이야.”

“산다는 것은 참으로 멋진 일이에요!”

어린 마리가 말했습니다.

어린아이와 큰 아이도, 그리고 아버지와 어머니도 이렇게 말했습니다. 온 가족이 같은 말을 했지요. 그러나 우리가 누구보다 대부의 말에 귀를 기울이는 까닭은, 그에겐 풍부한 경험이 있고 가장 나이 많은 사람이었으며, 온갖 이야기와 동화를 잘 알고 있었기 때문입니다. 그리고 무엇보다 그는 진정으로 마음속에서 우러나오는 말을 했습니다.

"인생은 가장 아름다운 동화야!"

148
춤추어라, 춤추어라 내 인형아!
Dandse, dandse Dukke min!

"이것은 아주 어린아이들을 위한 노래랍니다. 아무리 애를 써도 난 이 '춤추어라, 춤추어라 내 인형아!'를 따라 부를 수가 없었어요."

　말레 아주머니가 고개를 절레절레 저으며 말했습니다. 그러나 어린 아말리에
는 이 노래를 잘 부를 수 있었답니다.

　아말리에는 겨우 세 살배기 꼬마예요. 아말리에는 인형과 함께 놀면서, 인형
이 말레 아주머니처럼 지혜로워지도록 가르쳤지요.

　이 집에 대학생이 자주 와서 아말리에의 오빠들이 숙제하는 것을 도와 주었
답니다. 또한 그는 어린 아말리에와 인형들과도 많은 이야기를 나누었습니다.
그가 말하는 방법은 다른 어른들과는 사뭇 달랐기 때문에 아말리에는 그가
참 재미난 사람이라고 생각했습니다. 그러나 말레 아주머니는 그가 아이 다루
는 법을 모른다고 말했습니다. 아이들 머리로는 그가 하는 이야기들을 알아들
을 수 없을 거라면서 말이죠. 그러나 어린 아말리에는 잘 이해했습니다. 더욱이
대학생에게서 '춤추어라, 춤추어라 내 인형아!'를 배워 외우기까지 했답니다.

　아말리에는 이 노래를 세 인형에게 불러 주었습니다. 두 인형은 새것이었는
데, 하나는 아가씨 인형이고, 다른 하나는 신사 인형이었습니다. 하지만 세 번
째 인형은 리제라는 이름을 가진 몹시 낡은 인형이었지요. 이 노래에는 리제도
나온 답니다.

　　춤추어라, 춤추어라 내 인형아!
　　오, 넌 참으로 사랑스러워
　　모자를 쓰고 장갑을 끼고 멋진 옷을 입었지.
　　새하얀 바지, 푸른 연미복.

커다란 발가락에는 물집이 있어
신사는 멋있고, 아가씨도 어여쁘네.
춤추어라, 춤추어라 내 인형아!

리제는 작년에 온 아줌마 인형
새로 심은 아마빛 머리카락
윤기가 반지르르 흐르는 이마
아줌마 인형은 참으로 젊어졌지
어서 와서 함께 동그라미를 그리며 춤을
추자!
셋씩 짝을 지어 춤을 추자.
벽에 가만가만 앉아만 있으면 재미없지

춤추어라, 춤추어라 내 인형아!
발밑을 조심조심하면서
발 끝을 바깥으로 해서, 멋지게 내딛어 봐!
틀림없이 늘씬하고 멋들어진 자세가 될
거야.
빙글빙글 돌며 춤추자
춤은 건강에 참 좋단다.
오, 얼마나 아름다운 춤인가!
오! 나의 귀여운 세 인형들.

  인형들은 이 노래를 알아들었으며, 어린 아말리에도 이해했습니다. 대학생
도 물론 이해했습니다. 그럴 수 밖에 없지요. 이 노래는 대학생이 직접 지었으
니까요. 대학생은 이 노래가 참 잘만들어졌다고 말했지만, 말레 아주머니는 이
노래를 이해하지 못했습니다. 아주머니는 아이들 세상 밖으로 나가 버렸으니
까요.
  "어리석은 짓이야!"
  아주머니가 말했습니다.

그러나 어린 아말리에는 어리석은 짓을 하지 않았습니다. 아이는 그저 노래를 부른 것뿐이거든요. 우리도 아말리에로부터 이 노래를 배웠답니다.

149

채소 가게 아마겔 아주머니께 물어 보세요
Spørg Amagermo'er!

옛날 옛날에 아주 나이 많은 당근 할아버지가 있었습니다.

뚱뚱하고 대책 없이 여기저기 툭툭 불거져 볼품없었지요.

하지만 그런 주제에 이 할아버지는 결혼이 몹시 하고 싶었답니다.

어떤 당근 아가씨가 그의 마음에 쏙 들었기 때문입니다.

아가씨는 젊고 사랑스러우며 살결이 고왔습니다

지체 높고 멋진 당근 집안 출신이었어요.

마침내 둘의 결혼식이 이루어졌습니다.

잔칫상이 화려하게 차려졌지만

비용은 전혀 들지 않았지요, 돈이 필요 없으니까요.

손님들은 달빛을 맛나게 먹고, 이슬을 달게 마셨습니다.

초원과 들판에서 날아온 꽃송이들로 특별한 대접을 했답니다.

늙은 당근은 허리를 구부리고 인사했어요.

길고 지루한 이야기를 시작했지요.

이야기는 주절주절 쉴 새 없었지요.

당근 아가씨는 어떤 소리도 내지 않았어요.

화사하게 꾸민 채 가만가만 앉아 있었지요.

만일 여러분이 이 말을 믿지 못하겠다면

가서 채소 가게 아마겔 아주머니에게 물어보세요!

붉은 양배추 목사님이 주례를 섰고

새하얀 무가 신부 들러리를 섰지요.

오이와 아스파라거스 부부는 증인으로 왔고요.

감자들은 사랑의 축가를 멋지게 불렀습니다.

젊은이와 나이 든 채소들은 모두 함께 덩실덩실 춤을 추었답니다.

채소 가게 아마겔 아주머니에게 물어보세요!

나이 든 당근신랑은 너무 기뻐서 양말도 신지 않고

구두도 신지 않고 맨발로 높이 폴짝 뛰어올랐어요. 야호 야호.

그러나 그러다가 그만 숨이 끊어져 버렸지 뭐예요

당근 아가씨는 이 광경을 보고 깔깔 웃었어요.

운명이 바뀌게 된 것이니까요.

이제 그녀는 과부가 되었지만 몹시 즐거웠답니다.

자유로운 나날을 보내면서 처녀로 수프 냄비에서 삶을 마칠 수 있었기 때문이지요.

믿지 못하겠다면 얼른 가서 채소 가게 아주머니에게 물어보세요!

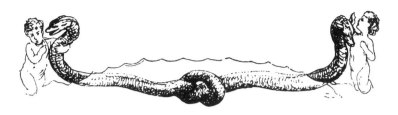

150
거대한 바다뱀
Den store Søslange

옛날에 좋은 집안에서 태어난 작은 물고기 한 마리가 살았답니다. 그 물고기 이름은 생각나지 않습니다. 어류학자가 당신에게 그 이름을 알려줄 수 있을 거예요. 그 작은 물고기들에겐 모두 동갑내기인 1800명의 형제자매가 있었습니다. 하지만 이들은 부모가 누군지도 몰랐습니다. 그래서 태어나자마자 스스로 자신을 돌보아야 했으며, 헤엄치는 법도 배워야 했지요. 하지만 그들은 살아가는 것이 무척이나 즐거웠답니다.

마실 물도 넉넉했어요. 온 세계 바다가 모두 자신들의 것이었으니까요. 또 아직은 먹을 것을 걱정하지 않아서 좋았습니다.

뒷날에는 나름대로 어려움을 겪으며 살아가겠지만, 아직은 이런 것에 대해 생각하지 않았지요.

태양이 바다로 내리 쬐어 바닷물을 환하게 비추었습니다. 바닷 속 세상은 가장 진기한 생물들의 세계이기도 했지요. 그 가운데 몇몇은 너무나도 커서, 1800명의 형제자매들을 모두 꿀꺽 삼켜 버릴 수 있는 엄청난 입을 가지고 있기도 했답니다. 그러나 작은 물고기들은 그런 걱정을 하지 않았습니다. 아직 어느 형제 자매도 잡혀 먹히지 않았으니까요. 작은 물고기들은 함께 나란히 붙어서 청어와 고등어처럼 이리저리 헤엄쳤습니다. 그들은 헤엄치는 것 말고는 다른 것은 생각하지 않았습니다.

그러던 어느 날이었습니다.

물고기들이 아무 걱정도 없이 한가로이 멋지게 헤엄을 치고 있을 때였지요. 느닷없이 끔찍하게 큰 소리가 들리며 물고기들 한가운데를 비집고, 길고 무거운 물건이 쿵! 떨어졌습니다. 그것은 끝이 안 보일 만큼 한없이 기다란 물건이었지요.

이것에 부딪힌 작은 물고기들은 누구나 할 것 없이 으스러지거나 다시는 나을 수 없는 상처를 입고 말았습니다. 바다 표면에서 밑바닥까지 작은 물고기 큰 물고기 할 것 없이 모두 깜짝 놀라 옆으로 비켜났습니다.

무겁고 거대한 난폭꾼은 차츰 더 깊이 가라앉더니 온 바다를 꿰뚫을 듯 더욱더 기다랗게 늘어났습니다.

헤엄을 치거나 기어 다니는 물고기들이나 연체 동물을 비롯하여 물결에 밀려 온 온갖 미생물들도 이 엄청난 것을 감지했습니다. 모두들 알려지지 않은 무시무시한 뱀장어가 내려왔다고 여겼지요.

그것은 도대체 무엇이었을까요? 물론 우리는 잘 알고 있습니다. 이것은 유럽과 아메리카 사이에 가라앉힌 수십 마일이나 되는 거대한 해저 케이블이었답니다.

평온하게 살아가던 바다 속에서는 한바탕 큰 소동이 일어났습니다. 바로 이 해저 케이블 때문이었죠.

날치는 바다 위를 스치며 허공으로 최대한 높이 솟구쳤고, 물고기 성대는 총알처럼 재빠르게 수면 위를 날았습니다. 다른 물고기들은 서둘러 바다 밑바닥을 찾아 몸을 이리저리 숨겼지요. 이러한 물고기들의 커다란 움직임은 깊은 바다 속에서 한가로이 헤엄치며 다른 물고기들을 잡아먹던 넙치와 대구를 깜짝 놀라게 했습니다.

너무 놀란 나머지 몇몇 해삼은 위에 담긴 것을 모조리 토해냈지만 여전히 살아 있었습니다. 해삼에게는 가능한 일이지요.

수많은 바다 가재들과 게들은 갑옷 밖으로 허둥지둥 나왔습니다.

이 혼란의 틈바구니 속에서 1800명이나 되는 형제자매들은 뿔뿔이 흩어지고 말았습니다. 그러고는 다시는 서로 만나지 못하게 되고 말았지요. 오직 열두 마리만이 그 자리에 그대로 남아 있었습니다. 모두 너무 놀란 나머지 서너 시간 동안은 꼼짝도 할 수 없었답니다. 그러나 이윽고 충격이 가시자 슬슬 호기심이 일기 시작했지요.

그들은 여기저기를 둘러보았습니다. 그리고 자신들 뿐 아니라 크고 작은 물고기들을 놀라게 한 무시무시한 게 무엇인지 꼭 보아야겠다는 생각이 들었습니다. 그것은 바다 밑바닥에 길게 누워 있었습니다. 지금은 몹시 가느다랗게 보였지만 앞으로 얼마나 두꺼워질지, 또 얼마나 힘이 세질지는 알 수 없었습니다. 꼼짝도 하지 않고 너무나 조용하게 누워 있었지만, 어쩐지 음흉한 꾀일 것만 같았답니다.

"그냥 누워 있게 놔두자. 우리가 상관할 일은 아니야."

신중한 작은 물고기들이 이렇게 말했지만, 호기심 강한 가장 작은 물고기들은 그것이 무엇인지 알고 싶어 견딜 수 없어 했습니다.

마침내 물고기들은 움직이기 시작했습니다. 그것이 위에서 내려왔으므로, 위로 올라가면 정보를 얻을 수 있을 거라 생각한 물고기들은 바다 위로 위로 헤엄쳐 올라갔습니다. 수면은 바람한 점 없이 거울처럼 잔잔했습니다.

작은 물고기들은 돌고래 한 마리를 만났습니다. 돌고래는 '바다의 익살꾼'이라고도 불리듯이 수면 위로 펄쩍펄쩍 뛰어오르며 공중제비를 하고 있었답니다.

작은 물고기들은 돌고래가 눈이 있으므로, 괴물을 보았을지도 모른다고 생각했습니다. 그러나 돌고래는 자기 자신과 공중제비만으로 머릿속이 꽉 차서 아무것도 보지 못했다고 말했습니다. 게다가 몹시 거들먹거리면서 말이죠.

돌고래에게서 아무것도 알아내지 못해 실망한 물고기들은 그때 마침 막 잠수하려는 바다표범을 보았습니다. 바다표범은 작은 물고기들을 잡아먹을 수 있었지만 지금은 배가 불렀기 때문에 돌고래보다 더 점잖게 굴었습니다.

바다표범은 용수철처럼 뛰어 오르는 '바다의 익살꾼'보다는 좀 더 많이 알고 있었습니다.

"난 여러 날 밤을 여기서 수 마일 떨어진 곳에 있는 축축한 돌에 누워 있었단다. 그러면서 저 멀리 있는 육지를 바라보았지. 그곳에는 교활한 생물들이 살고 있는데, 이 생물들은 자신들을 인간이라고 부르지. 이 인간들은 우리를 잡으려고 쫓지만 우리는 재빨리 달아나 버린단다. 난 너희들이 묻는 게 뭔지 잘 알고 있어. 거대한 바다뱀은 인간들에게서 도망쳐 나온 거란다. 바다뱀은 우리가 헤아릴 수조차 없는 오래전 인간들에게 잡혔지. 먼 나라로 데려가려고 인간들은 그 바다뱀을 배에 싣고 갔어. 인간들이 어찌나 애를 쓰던지. 마침내 바다뱀은 맥이 빠지고 말았고, 인간들은 바다뱀을 둘둘 말고 말았어. 그런데 말이야, 갑자기 인간들이 소란스럽게 떠들더니 벨소리가 들리지 않겠니. 그 바다뱀이 인간들의 손에서 빠져 나와 바다로 미끄러진 거야. 인간들이 온 힘을 다해 안간힘을 쓰며 수많은 손들로 그것을 꽉 잡았지만, 바다뱀은 다시 빠

져 나왔지. 그러고는 바다 밑바닥에 다다른 거야. 아마 그 곳에 여전히 몸을 뻗고 누워 있을걸.'

"바다뱀은 매우 야위어 보였어요!"

작은 물고기들이 함께 외쳤습니다.

"사람들이 바다뱀을 굶겼거든. 하지만 곧 다시 기운을 차리고, 본디 모습을 되찾을 거야. 내 생각에 그건 정말 거대한 바다뱀일 거야. 인간들이 두려움에 벌벌 떨며 수없이 이야기하는 그 바다뱀 말이야. 한 번도 본 적이 없고 그것의 존재를 믿지는 않았어. 하지만 이제야 비로소 바다뱀이 있다는 것을 믿게 되었지."

바다표범은 말을 마치고 다시 물속으로 쏙 들어가 버렸습니다.

"어쩜 저리도 많이 알까? 바다 표범 덕분에 참으로 많은 걸 배운 거 같아. 그 말이 거짓이 아니라면 말이야."

작은 물고기들은 감탄했습니다.   .

"아래쪽으로 가자. 거기서 또 알아보자고. 가는 길에 다른 이들 이야기도 들을 수 있을 거야."

가장 작은 물고기가 신이 나서 말했습니다.

"하지만 우리는 더 알고 싶지 않아."

이렇게 말하곤 다른 물고기들은 모두 몸을 돌려 헤엄쳐 가버리고 말았습니다.

"하지만 난 갈래!"

가장 작은 물고기는 이렇게 말하고 바다 속으로 계속 헤엄쳐 나아갔습니다. 그러나 '그 거대한 바다뱀'이 누워 있는 곳까지는 꽤 멀었습니다. 작은 물고기는 곳곳을 이리지리 주의 깊게 둘러보며 바다 속으로, 바다 속으로 점점 내려 갔습니다. 예전엔 세상이 이렇게나 넓은지 미처 몰랐지요.

청어 떼가 무리 지어 헤엄쳐 가고 있었습니다. 마치 커다란 은빛 배처럼 찬란하게 빛났지요. 그 뒤를 따라가는 고등어 떼는 훨씬 더 눈부셨습니다. 온갖 물고기들이 갖가지 색깔을 뽐내며 지나갔지요.

해파리들은 반투명 옷을 입은 꽃송이처럼 이리저리 물결에 휩쓸려 떠돌아 다녔고, 바다 밑바닥에서는 엄청나게 큰 식물들이 자라나고 있었습니다. 기다란 풀들과 야자수 모양 나무들은 반짝이는 조개들이 알알이 박힌 나뭇잎들

을 달고 있었습니다.

마침내 작은 물고기는 저 깊은 바다 아래에서 길고 어두컴컴한 줄무늬를 발견하고 그것을 향해 헤엄쳐 나아갔습니다. 하지만 그것은 물고기도 굵은 밧줄도 아닌, 바다의 수압으로 위아래 갑판이 두 동강이 난 채 침몰한 큰 배의 난간이었습니다.

작은 물고기는 배 안에 들어가 이리저리 헤엄쳐 다니다가 두 모자가 있는 곳에 이르렀습니다. 배가 침몰할 때 다른 사람들은 거친 물결에 휩쓸려 가 버리고, 젊은 여인과 어린아이 단둘만 덩그러니 남겨졌답니다. 젊은 여인은 어린아이를 팔에 안고 길게 누워 있었지요.

물결이 아이를 앞뒤로 흔들어 마치 요람을 살랑살랑 흔드는 듯했습니다. 어찌보면 어린아이와 여인은 마치 잠자는 것 같아 보였지요. 작은 물고기는 그들을 보자 더럭 겁이 났습니다. 만일 그들이 깨어나면 어쩌나? 선실은 너무도 조용하고 쓸쓸해서 작은 물고기는 서둘러 이곳을 떠나려고 온 힘을 다해 헤엄쳤습니다. 더 밝은 빛이 비치는 곳, 다른 물고기들이 보이는 곳으로 가기 위해서였죠.

작은 물고기가 젊고 엄청나게 큰 고래를 만난 것은 얼마 못 가서였습니다.

"저를 삼키지 말아요! 전 아주 작아서 한입거리도 못 된답니다. 저는 사는 게 너무 즐겁답니다. 아직 죽고 싶지 않아요."

작은 물고기가 간청했습니다.

"이렇게 깊은 곳에서 뭘 하고 있니? 왜 네 친구들과 함께 가지 않았지?"

고래가 물었습니다.

그래서 이 작은 물고기는 길고 놀라운 바다뱀에 대해 고래에게 이야기해 주었습니다. 가장 용감한 바다 속 생물들조차도 겁에 질리게 했던, 바다뱀인지 무엇인지 모를 길고 거대한 것에 대해서 말이에요.

"하, 하, 하!"

고래는 크게 웃어댔습니다. 그러다가 물을 너무 많이 삼키는 바람에 숨을 쉬기 위해 물 밖으로 떠올라야 했지요. 어찌나 힘차게 물을 저었던지 큰 물기둥이 일어나며, 여기저기로 물보라가 튀었습니다.

"하하! 내가 갈 곳을 바꿨을 때, 내 등을 간질인 게 그 녀석이었구나. 나는 그 녀석이 돛대인줄 알고 내 등을 긁을 때 사용하려고 했지. 하지만 이곳에는 없으니 훨씬 더 멀리에 있겠구나. 내가 한번 알아봐야겠다. 지금 달리 할 일도 없으니까."

그렇게 말한 고래는 앞장서서 헤엄쳐 갔습니다. 작은 물고기는 거리를 두고 멀찌감치 뒤따라갔습니다. 커다란 고래가 물을 헤치며 지나가는 곳에는 세찬 물보라가 일어났기 때문이지요.

고래와 작은 물고기는 젊은 상어와 늙은 톱상어를 만났습니다. 이 상어들 또한 기이한 바다뱀에 대한 소문을 알고 있었습니다. 이 물고기들도 아주 길고 가느다란 이 바다뱀을 보고 싶어했지요.

거기에 이번에는 이리치가 왔습니다.

"저도 함께 가요!"

이리치가 밀했습니다. 그도 바다뱀을 보고 싶었던 게지요.

"커다란 바다뱀이 닻줄보다 두껍지 않으면 한 번쯤 깨물어 볼 테야. 나는 닻에 이빨 자국을 낼 수 있거든, 그런 빼빼 마른 막대기 따위 잘게 씹어버리지 뭐."

그러고 나서 무시무시할 만큼 큰 입을 활짝 벌리곤, 가지런히 난 여섯 개의 이빨을 보여 주었습니다.

"저기 있다!"

갑자기 큰 고래가 소리쳤습니다.

"내가 봤어."

고래는 자기가 다른 동물보다 더 잘 본다고 생각했습니다. 하지만 그것은 사실이 아니었습니다.

고래가 본 것은 가까이 다가오고 있는 그냥 좀 긴 붕장어였습니다.

"봐, 저 일어서는 모습을. 흔들리고, 구부러지고, 꺾이는 모습을 보라고!"

"난 벌써 예전에 이걸 보았는걸! 하지만 이것은 바다 속에서 엄청난 소리를 내거나 큰 물고기도 놀라게 한 적이 없는데."

톱상어가 말했습니다.

이렇게 되어 이들은 붕장어에게 새로운 바다뱀에 대해 이야기해주며, 함께 보러 가자고 말했습니다.

"그 바다뱀이 나보다 길다면, 잡아먹힐지도 모를 텐데."

붕장어가 말했습니다.

"아무 일도 없을 거야. 우린 그렇게 약하지 않다고."

그러고는 앞으로 앞으로 서둘러 갔지요.

그런데 그때 이들 모두를 합친 것보다 더 커다랗고 놀라운 괴물이 눈앞에 나타났습니다. 이 커다란 괴물은 바다 위에 떠 있었지만 힘을 잃고 가라앉아 가는 섬처럼 보였습니다.

바로 나이가 아주 많은 고래였어요. 그의 머리는 해초들로 뒤범벅이 되어 있고, 등은 기어다니는 생물과 수많은 굴과 조개로 뒤덮여 있어서, 검은 피부가 완전히 하얗게 얼룩져 있었습니다.

"함께 가요. 할아버지. 용서할 수 없는 새로운 물고기가 이곳에 나타났답니다."

모두 할아버지 고래에게 함께 가자고 말했습니다.

"난 차라리 여기 그냥 누워 있으려네. 나를 좀 가만히 놔두게, 그저 누워 있게만 해 줘. 보다시피 난 중병으로 고통 받고 있다네. 물위로 등을 내놓을 때나, 병이 좀 누그러지는 것 같아. 바다갈매기들이 와서 나를 콕콕 쪼으면 참 시원하거든. 그 새들이 부리를 너무 깊이 박아 넣지만 않는다면 말이지. 그런데 그 녀석들은 자주 내 살 안으로 깊이 파고들지. 자, 한번 보게나. 갈매기 해골이 아직도 내 등에 박혀 있지? 새들이 발톱을 너무 깊이 박는 바람에 내가 바다 속으로 들어갈 때도 뺄 수 없었던 거라네. 이제 작은 물고기들이 잡아 빼 주기만을 기다려야지. 내 꼴이 어떤지 보게나. 난 늙고 병들었다네."

늙은 고래가 투덜대며 말했습니다.

"할아버지는 아프다고 상상하는 거예요. 난 한 번도 아픈 적이 없다고요. 물고기는 아프지 않아요."

젊은 고래가 말했습니다.

"당치않은 소리! 뱀장어에게는 피부병이 있고, 잉어는 천연두에 걸린다네. 그리고 우리는 모두 내장에 기생충을 갖고 있지."

늙은 고래가 말했습니다.

"말도 안 돼!"

젊은 상어가 말했습니다. 상어는 더 이상 들으려 하지 않았습니다. 다른 물고기들도 마찬가지였습니다. 이들에겐 더 중요한 일이 있었으니까요.

마침내 모두는 해저 케이블이 있는 곳에 이르렀습니다. 해저에 긴 층이 생겼습니다. 유럽에서 아메리카까지 모래톱과 바다 진흙 층 위에, 암초와 해초와 산호초 숲 위에 긴 케이블이 놓인 것이지요.

그런데 저 아래 깊은 곳에서 물 흐름이 바뀌고 소용돌이가 일어나더니, 한 무리의 물고기들이 나타났습니다. 사람들이 철새의 이동 기간에 보았던 무수한 새 떼들보다 더 많은 무리를 지은 물고기들이었습니다.

한바탕 시끌벅적한 소동이 일고, 곳곳으로 물보라가 튀고, 윙윙거리는 소리가 들려왔습니다. 텅 빈 큰 소라를 귀에 갖다 대면 윙윙거리는 소리가 울리듯이 말이에요.

"저기에 바다뱀이 있다!"

큰 물고기들과 작은 물고기들은 입을 모아 외치면서, 해저 케이블을 보았습니다. 하지만 너무 커서 어디가 처음이고 어디가 끝인지 알 수 없었지요.

해면동물과 히드라와 해파리들이 깊은 바닷 속에서 하늘하늘 흐느적거려 해저 케이블이 보이다 안 보이다 했습니다. 성게와 달팽이와 지렁이들이 우글댔고, 등에 수없이 파충류가 들러붙은 거대한 거미들이 으스대며 케이블에 가까이 다가갔습니다. 검푸른 해삼이나 온몸으로 먹는 이름 모를 바다 동물들도 아무렇게나 누워 있다가 바닷속 깊이 가라앉은 이 새로운 동물을 향해 모두들 기어갔지요. 여기저기에서 넙치와 대구가 몰래 엿들으려고 물 속에서 방향을 바꾸었습니다. 늘 진창 속으로 구멍을 뚫고 들어가 눈만 내밀던 불가사리도, 무슨 소동이 일어났는지 알려고 눈을 동그랗게 떴습니다. 전선은 가만히 바다 속에 누워 있었습니다. 하지만 그 안에는 생명과 생각이 흐르고 있었지요. 인간의 생각이 지나가고 있었습니다.

"이 녀석은 나쁜 녀석이야! 내 배를 막 때리려고 해. 내 배는 너무나 약한데 말이야."

젊은 고래가 말했습니다.

"조용히 다가가 만져 봅시다. 나는 팔이 길고 손가락이 유연하니까 문제없어요. 이미 한 번 건드려 보았지만 조금 더 힘을 줘서 만져볼게요."

히드라는 가장 길고 유연한 팔을 뻗어 케이블 둘레를 감았습니다.

"비늘이 없어요, 살갗도 없고요. 이래선 아이도 낳을 수 없을 것 같은데."

히드라가 말했습니다.

붕장어가 해저 케이블 곁에 누워서, 몸을 힘껏 길게 뻗었습니다.

"이 녀석은 나보다 길어. 하지만 긴 게 다가 아니지. 피부와 위와 부드러움이 있어야 해."

젊고 힘찬 고래는 깊이 몸을 숙였습니다. 이제까지 했던 것보다 더 깊숙이 말이죠. 그러고는 해저 케이블에게 물었습니다.

"넌 물고기냐, 식물이냐? 아니면 이 바다에서 우리와 함께 자랄 수 없는 저 하늘 위의 것이냐?"

그러나 해저 케이블은 대답하지 않았습니다. 케이블은 육지에서 육지로 1초에 수백 킬로미터를 달려가는 인간들의 생각을 전달하느라 바빴기 때문입니다.

"대답할래, 아니면 물어 뜯길래?"

화가 치민 상어가 말했습니다.

다른 큰 물고기들도 모두 같은 질문을 생각하고 있었습니다.

그러나 해저 케이블은 여전히 꼼짝도 하지 않았습니다. 케이블은 인간들의 생각으로 가득 차 있어 다른 생각을 할 수가 없었던 것이죠.

"너희들이 나를 물어뜯으면, 난 내 몸을 고치러 위로 올라가게 된단다. 그리고 수리되어 다시 물속에 가라앉게 되겠지."

케이블은 따로 해야 할 일이 있었습니다. 바닷속이라는 일터에서 정보를 전달하는 일을 하며 누워 있었던 것이지요.

저 위에서는 인간들이 흔히 하는 말로 해가 지고 있었습니다. 해는 가장 붉은 불처럼 보였어요. 하늘의 구름도 모두 불처럼 빛났습니다. 그 가운데 하나가 다른 것들보다 참으로 아름답게 빛났지요.

"지금 바다에 붉은 빛이 비치기 때문에 바다뱀이 더 잘 보일 테지."

히드라가 말했습니다.

"달려들자, 달려들자!"

이리치가 외치며 있는 힘껏 제 이빨을 드러냈습니다.

"공격, 공격!"

톱상어와 고래와 붕장어도 말했습니다.

모두 앞으로 나아갔습니다. 이리치가 앞장섰지요. 그런데 이리치가 막 케이블을 깨물려던 참에, 톱상어가 지나치게 흥분한 나머지 그만 메기의 엉덩이를 물어뜯고 말았습니다. 정말 큰 실수였지요. 이리치는 너무 아파 케이블을 물어뜯을 힘조차 없어져버렸답니다.

진흙 속에서 큰 소동이 일어났습니다. 크고 작은 물고기들과 해삼과 달팽이들이 케이블로 달려가 물어뜯고, 눌러 부숴뜨리며, 밀어댔습니다. 그래도 케이

블은 조용히 누워 자기 할 일만 했습니다.

바다 위에는 어두운 밤이 누워 있었지만, 수 만에서 수억이 넘는 작은 동물들은 빛났습니다. 바늘귀보다 결코 크지 않은 생명들이 빛을 냈습니다. 참으로 진귀하고도 놀라운 광경이었습니다.

바닷속 동물들은 모두 해저 케이블을 바라보았습니다.

"이게 도대체 뭘까?"

이때 늙은 해우가 왔습니다. 사람들은 해우를 인어라고 불렀답니다. 꼬리 하나와 물보라를 일으키기 위한 짧은 두 팔, 늘어진 가슴, 머리에 해초와 기생 동물을 가진 이 해우는 할머니였습니다. 할머니는 자신이 가진 것들을 몹시 자랑스러워했습니다.

"너희들이 알고 싶은 것을 알려줄 사람은 오로지 나뿐이란다. 알려주는 대신 나와 내 가족이 바닷 속에서 자라는 풀을 마음껏 먹으면 어떻겠니? 나도 너희들처럼 물고기란다. 열심히 연습해서 걸을 수 있지만 말이야. 난 바다에서 가장 똑똑해! 바닷속이든 바다 위든 일어나는 모든 일에 대해 알고 있단 말씀이야. 너희들이 수수께끼로 여기는 이 물건은 위쪽 출신이야. 이건 죽어 있는 거나 마찬가지야. 힘이 없지. 그냥 내버려 두는 게 좋을 거야. 이건 그저 인간의 발명품에 지나지 않거든."

"전 이게 더 엄청난 것 같은데요."

작은 바다 물고기가 말했습니다.

"고등어, 입 좀 다물어 줄래!"

커다란 해우가 말했습니다.

"꼬마 주제에!"

작은 물고기의 이름을 정확하게 모르는 다른 물고기들이 그를 모욕적인 이름으로 불렀습니다.

인어는 모두에게 이렇게 설명했습니다. 단 한 번도 소리 내지 않았던 이것은 인간의 발명품에 지나지 않는다고요. 그리고 인어는 인간들의 간사함에 대해서도 짤막하게 이야기했습니다.

"인간들은 우리를 잡으려고 해. 그들의 머릿속은 우리를 잡으려는 생각만으로 가득 차있는 것 같아. 인간들은 그물을 치거나 우리를 유혹하려고 낚싯줄에 미끼를 달아. 저기에 길게 누워 있는 것도 낚싯줄의 일종이지. 인간들은 우리가 그걸 덥석 물 거라고 생각하나 봐. 정말이지 어리석다니깐. 우리 그런 것들은 손도 대지 말자고. 그러면 저절로 너덜너덜해져서 마침내 먼지가 되고 말걸. 저 위에서 온 것은 하나같이 망가지고 부서져서 쓸모없는 것들일 뿐이야, 쓸모가 없어."

"쓸모가 없어!"

바닷속 모든 생물들이 합창했습니다. 모두들 인어의 말이 옳다고 생각한 게지요.

작은 물고기는 생각했습니다.

'이 엄청나게 길고 가느다란 뱀은 아마도 바다에서 가장 놀라운 물고기일 거야. 왠지 그런 느낌이 들어.'

'가장 놀라운 것!'

우리 인간들 또한 지식과 확신을 가지고 그렇게 말합니다.

커다란 바다뱀은 옛 노래와 전설로 남아 있습니다. 이 바다뱀은 물고기들이 생각한 것처럼 실제로 태어났습니다. 인간의 머릿속에서 태어나 길러지다 툭 튀어나와 바다 밑바닥에 놓여진 것이었죠.

서쪽에서 동쪽까지 길게 뻗은 이것은 태양 광선이 지구에 이르는 시간만큼이나 빨리 소식을 전달합니다. 이것은 해마다 성장하고 힘차게 퍼져갑니다. 온 바다를 지나가죠. 때로는 폭풍우에 사납게 날뛰는 바닷속을, 때로는 유리처럼 투명한 바닷속을 지나가지요. 바다 속 깊은 곳에서 인간 세상에 축복을 가져다주는 뱀 한 마리가 있는 것이죠.

이 바다뱀은 온 땅을 감싸 안고 자신의 꼬리를 물고 있습니다. 물고기와 파충류들은 바다뱀에게 부딪쳐 이마에 상처를 입기도 한답니다. 하지만 물고기와 파충류들은 인간의 생각으로 가득 채워진 이것을 통 이해하지 못합니다. 모든 나라의 언어로 말할 수 있으며 좋은 것과 나쁜 것에 대한 정보를 담고 있는 이 소리 없는 바다뱀은, 우리 시대가 이룩한 바다의 기적 가운데 가장 놀라운 것입니다. 이것이 바로 오늘날의 거대한 바다뱀이랍니다.

151
정원사와 주인 나리
Gartneren og Herskabet

코펜하겐에서 1마일쯤 떨어진 곳에 두꺼운 담장과 탑, 톱니 모양의 뾰족한 합각지붕이 있는 옛 귀성이 서 있었습니다. 높은 귀족 주인 부부는 여름에만 이곳에서 지냈답니다. 이 성은 모든 성 가운데 가장 아름답고 훌륭했지요.

밖에서 보면 이 성은 새로 지은 듯이 깨끗해 보였으며, 성안 또한 아늑하고 편안해 보였습니다. 문 위에는 돌로 가문의 문장을 새겨 놓았고, 화사한 장미 꽃들이 그 문장과 튀어 나온 창문 둘레를 휘감고 있었습니다. 집 앞에는 잔디밭이 양탄자처럼 펼쳐졌으며, 잔디밭에는 빨강하양 꽃이 탐스럽게 핀 산사나무가 있었습니다. 그리고 한구석에는 온실 밖인데도 진기한 꽃들이 많이 심어져 있었습니다. 꽃밭과 과수원, 채소밭 보기를 낙으로 삼고 있는 주인 부부를 위해 뛰어난 정원사가 솜씨를 발휘해 꾸민 것이랍니다.

이들 채소밭 맞은편에는 아직도 옛 정원 자취가 남아 있었습니다. 몇 그루의 회양목이 정원을 산울타리처럼 두르고 있었는데, 마치 왕관이나 피라미드처럼 보였지요. 이 울타리 뒤에는 커다란 고목 두 그루가 서 있었습니다. 그런데 이 고목은 잎이 거의 없이 헐벗은 상태이다보니 폭풍우나 회오리바람이 지나가다가 거름 덩어리를 흩뿌려 놓은 듯이 보였습니다. 그런데 사실 그 덩어리 하나하나가 다름아닌 새의 둥우리였답니다.

오래전부터 이곳에는 성가신 까마귀 떼가 둥지를 틀고 지냈습니다. 이곳은 새들의 마을이었지요. 새들은 이 마을의 가장 오래된 주인이었습니다. 새들은 자기들이 성의 주인이라고 여겼습니다.

그래서 새들은 인간들을 거들떠보지도 않았습니다. 그러나 사람들이 때때로 총소리를 울리면 겁에 질린 새들이 둥지 밖으로 날아가면서 까욱까욱 소리를 질러댔습니다.

정원사는 주인 부부에게 죽은 거나 다름없는 보기 흉한 고목들을 베어 버리자고 말하곤 했습니다. 고목들이 사라지면 새들도 다른 곳에 둥지를 틀 터이고, 그러면 소리지르는 성가신 새들에게서 벗어날 수 있다는 생각에서였죠. 하지만 주인 부부는 고목도 새들 무리도 없애려고 하지 않았습니다. 그 나무는 옛날부터 성에서 살던 것이니 그냥 놔두자는 것이었죠.

"새들이 둥지를 튼 나무들은 물려내려온 유산이니 그대로 보존하게. 착한 라르젠."

정원사의 이름은 라르젠이었지만, 여기에서 그의 이름은 그리 중요하지 않습니다.

"라르젠, 땅이 부족해서 그러나? 왜 새들이 소유한 것까지 뺏으려고 드는가? 자네에게는 꽃밭과 온실들, 과수원과 채소밭이 있지 않은가?"

주인 말이 틀리지 않았습니다. 정원사 라르젠은 가꾸어야 할 곳이 아주 많았으며 이 밭들을 정성껏 돌보았고 솜씨 있게 가꾸었습니다. 주인 부부도 이를 잘 알고 있었지만, 다른 집에 갔다와서는 거기서 맛본 과일이 참 달콤했다든지 꽃이 우리 집 꽃보다 더 탐스러웠다든지 그런 이야기를 정원사에게 숨기지는 않았습니다. 바로 이 점이 정원사를 우울하게 했지요. 그는 최고가 되고 싶었고, 그렇기에 열심히 일했으니까요. 그는 누구보다도 성실했고, 일에 열정적이었습니다.

어느 날이었습니다. 주인 부부는 정원사를 불러 친절하면서도 짐짓 위엄을 부리며 말했습니다. 어제, 귀족 친구 집에서 사과와 배를 먹었는데 무척 달고

맛이 좋아서 주인 부부와 손님들 모두 끊임없이 감탄했다는 것이었습니다. 그 과일은 틀림없이 국내산이 아니라 수입산일 텐데, 기후만 맞으면 이곳에서도 그 품종을 재배할 수 있으리라는 것이었습니다.

그 과일 품종을 도시의 으뜸가는 과일 상인에게서 샀다는 것을 알아낸 주인은 정원사에게 곧장 그곳으로 달려가서 이 사과와 배들이 어디서 왔는지, 그리고 접붙일 가지를 구해오라고 말했습니다.

정원사는 그 과일 상인을 잘 알았습니다. 그가 바로 주인 부부 밭에서 나는 남는 과일과 채소를 사간 사람이었기 때문입니다.

정원사는 도시로 가서 그 과일 상인에게 어디서 그런 좋은 사과와 배를 얻었는지 물었습니다.

"그 과일들은 바로 자네 밭에서 나온 거야."

과일 상인은 이렇게 말하면서 그 사과와 배들을 보여 주었습니다. 라르젠은 한눈에 이 과일들을 알아봤습니다. 정원사는 이 사실을 알고 뛸 듯이 기뻤습니다. 서둘러 주인 부부에게 달려가 그 사과와 배들이 바로 우리 밭에서 나온 것이라고 이야기했습니다.

그러나 주인 부부는 전혀 믿으려 하지 않았습니다.

"그럴 리가 없네, 라르젠. 과일 상인에게서 보증서를 받아올 수 있겠나?"

그러자 라르젠은 보증서를 가져왔습니다.

"그것 참, 신기한 일이군."

주인이 말했습니다.

그래서 정원사가 가꾼 밭에서 수확되는 이 훌륭한 사과와 배가 담긴 커다란 접시들이 주인 식탁에 매일 오르게 되었습니다. 주인 부부는 이 과일들을 아주 자랑스럽게 여기고 상자에 담아 도시나 시골에 있는 친구들에게, 심지어는 외국으로도 보냈답니다. 이것은 참으로 대단한 기쁨이었지요.

그러나 주인 부부는 이렇게 덧붙이는 것을 잊지 않았습니다. 과일들을 거두기에 특히 좋은 여름이 두 번 있었는데, 그때는 나라 전체에서 똑같이 훌륭한 과일들이 수확되었다는 것이었습니다.

며칠이 지났습니다. 어느 날, 주인 부부는 왕실에서 베푸는 점심 식사에 초대를 받게 되었습니다. 바로 그 다음날 주인 부부는 정원사를 불러서 말했습니다. 폐하의 온실에서 딴 아주 달고 맛이 좋은 멜론을 대접받았다고요.

"착한 라르젠, 왕실 정원사에게 가서 그 귀한 멜론 씨를 몇 개만 얻어 오게."

"하지만 왕실 정원사는 저희 밭에서 나는 씨를 얻어 갔는뎁쇼!"

정원사는 아주 기쁜 표정으로 말했습니다.

"그래! 그렇다면 궁전 정원사가 멜론 재배하는 방법을 잘 아는가 보군. 참 맛이 좋은 멜론이었어."

주인 부부가 대답했습니다.

"네, 그래서 저는 자부심을 가질 수가 있습지요. 자비로운 주인님께 말씀드릴 게 있습니다. 어느 날 왕실 정원사가 우리 정원에 와서 탐스럽게 과일이 열린 것을 보고는 감탄했습니다. 올해 왕실 밭에서는 좋은 열매를 얻지 못했던 것이지요. 왕실 정원사는 과일을 보고는 식탁에 올려 놓을 것으로 왕실로 세 개만 보내 달라고 했습죠."

정원사가 말했습니다.

"하지만 라르젠, 우리가 먹은 멜론이 우리 밭에서 나왔다고는 생각하지 말게."

"우리 정원에서 딴 것이 틀림없습니다. 냉큼 가서 확인해 보겠습니다."

정원사가 말했습니다.

그는 왕실 정원사에게 가서, 왕실 식탁에 오른 멜론들이 주인의 밭에서 나온 것이라는 증명서를 받아 왔습니다.

이 사실에 주인 부부는 크게 놀라워 했지요. 그리고 다른 사람들을 만날 때마다 이 이야기를 하며 증명서를 보여 주기도 했답니다. 이렇게 해서 요전의 사과와 배 접목이 그랬던 것처럼 멜론 종자가 여기저기로 보내지게 되었습니다. 그리고 그 접목은 여기저기에서 들려오는 소문에 따르면 어디서고 아주 맛 좋은 과일들이 주렁주렁 열렸고 그 과일들이 주인의 정원 이름을 따서 불려진다고 합니다. 그리고 이제는 영어는 물론 독일어, 프랑스어를 비롯한 온갖 언어들로도 불려진다고 했습니다. 전에는 꿈도 꾸지 못할 일이었습니다.

"정원사가 자신을 너무 크게 생각하지 말아야 할 텐데."

주인 나리가 말했습니다. 그는 이 사실을 다르게 받아들인 것입니다.

이때부터 정원사는 자기 이름이 이 나라의 가장 훌륭한 정원사로 불릴 수 있도록 노력했습니다. 해마다 농장에서 자라는 모든 작물들이 가장 탁월한 품종이 되도록 했지요. 그리고 실제로 모든 것이 정원사 뜻대로 되었답니다.

하지만 때때로 이런 소문을 듣게 되었지요. 처음에 수확한 사과와 배는 이루 말할 수 없이 좋았지만 나중에 수확한 것은 그에 훨씬 못 미친다나요. 멜론은 물론 최고품이긴 하지만, 그것은 품종 때문이라고도 했습니다. 딸기도 아주 우수한 품종이긴 하지만, 다른 귀족 정원에서 나는 것보다 그리 낫지 않다는 것이었지요. 어느 해에는 무가 잘 되지 않았는데, 그저 잘 안된 무에 대한 이야기만 나왔지, 풍작을 이룬 다른 작물에는 관심조차 갖지 않았지요.

"라르젠, 올해는 영 그른 거 같네."

주인은 이렇게 말할 때에만 안심을 하는 것 같았습니다.

정원사는 1주일에 두서너 번씩 신선한 꽃들을 주인에게 가져갔습니다. 참으로 아름다운 꽃들이었지요.

"라르젠, 미적 감각이 참 뛰어나구나. 하지만 그것은 하느님이 너에게 주신 것이지 네가 만들어 낸 것이 아니라는 사실을 잊지 마라."

주인은 이렇게 말했습니다.

어느 날 정원사는 수련 잎을 띄운 커다란 크리스털 수반을 가져왔습니다. 수련 잎 위에는 길고 두툼한 꽃자루를 물 속에 드리우고 해바라기만큼 큼직한 푸르게 빛나는 꽃이 피어 있었습니다.

"인도 연꽃이네!"

주인이 외쳤습니다. 그는 이처럼 아름다운 꽃은 한 번도 본 적이 없었습니다.

이 꽃은 낮에는 햇살이 잘 비치는 곳에 저녁에는 샹들리에 아래에 두었습니다. 꽃을 본 사람들은 누구나 대단히 진기하고 아름다운 꽃이라 여겼고, 심지어 공주님도 그 꽃을 보고 감탄했습니다.

주인 부부는 이 꽃을 공주에게 바쳤습니다. 주인 부부는 꽃이 더 남아 있을지 모른다 생각하고는 직접 정원으로 나갔습니다. 그러나 어디서도 그 꽃을 찾을 수 없었지요. 그래서 정원사를 불러, 그 푸른 꽃을 어디서 얻었느냐고 물었습니다.

"네, 꽃밭에는 물론 이 꽃이 없습니다요, 채소밭에서 자란 꽃인걸요. 하지만 이 얼마나 사랑스런 꽃입니까! 푸른 선인장 꽃처럼 보이지만 사실은 돼지감자 꽃입니다요."

정원사가 대답했습니다.

"그런 사실을 왜 우리에게 말해주지 않았나? 진기한 이국의 꽃이라고만 생각하고, 그런 꽃을 공주님께 선물로 드리고 말았는데 이를 어쩐란 말이야. 공주님께서는 이 꽃을 보시고 참으로 아름답다고 하셨네. 공주님은 식물학에 조예가 깊은 분이신데도 못 알아보신 거야, 하긴 채소는 식물학과 전혀 관계가 없으니깐. 라르젠, 어떻게 이런 꽃을 우리 방에 꽂아둘 생각을 했나? 그건 우리를 조롱하는 게 아니냐고!"

주인 부부가 말했습니다. 마침내 채소밭에서 가져온 아름다운 돼지감자꽃은 주인 나리의 방을 떠나게 되었습니다.

주인 부부는 공주님께 사죄의 말을 하면서, 정원사가 갖다 놓은 꽃은 하찮은 채소이며, 이 일로 정원사를 따끔하게 훈계했노라고 말했습니다.

"아니, 가엾게 왜 그랬어요? 그 사람은 우리에게 아름다운 꽃을 보는 눈을 뜨게 해 주었어요. 우리가 어떤 주의도 기울이지 않은 하찮은 것에서 아름다움을 발견했잖아요. 어디에서도 찾지 못했던 아름다움이죠. 왕실 정원사에게 돼지감자꽃이 피면 날마다 제 방으로 이 꽃을 가져오라고 할 거예요."

공주님은 궁정정원사에게 그렇게 하도록 말했습니다.

주인 부부도 정원사에게 신선한 돼지감자꽃을 다시 그들 방으로 가져다 달라고 했습니다.

"돼지감자꽃은 본디 참으로 아름답지. 아주 진기한 꽃이야."

주인은 말했습니다.

"정말 놀라워요. 라르젠은 안목이 남다르다니까요."

주인 마님이 그렇게 말하자 주인도 고개를 끄덕거렸습니다.

폭풍우가 기승을 부리는 가을이 되었습니다. 폭풍우는 밤이 되자 더 거세졌습니다. 몹시 사나운 폭풍우 탓에 숲가에 있던 수많은 큰 나무들이 쓰러지거나 뿌리째 뽑혔습니다. 새들이 둥지를 튼 숲 속 큰 고목도 쓰러지고 말았습니다.

주인 부부는 걱정스럽게—이들은 걱정이라고 말했어요. 그러나 정원사는 즐겁게, 커다란 두 그루의 고목이 새들의 둥지와 함께 바람에 쓰러져버리는 광경을 지켜보았습니다.

폭풍우 속에서 까마귀들이 울부짖는 소리가 들려왔습니다. 새들이 날갯짓을 하며 창문을 세차게 두드렸다고 말하는 하인들도 있었지요.

"라르젠, 자네 이젠 아주 즐겁겠군. 폭풍우가 나무들을 쓰러뜨려 새들이 숲을 떠나게 되었으니 말야. 하지만 이제 이곳에선 이제 옛 시대 것이라곤 더 이상 볼 수 없게 되었어. 모든 자취와 흔적이 사라져 버린 거야. 정말 우울하군."

그러나 정원사는 아무 말도 하지 않았습니다. 단지 그는 오래전부터 생각해 오던 계획을 실행하기로 마음먹었답니다. 햇빛이 잘 드는 이 훌륭한 자리에 정원을 잘 꾸며서 주인 부부를 기쁘게 해 주고 싶었답니다.

바람에 쓰러진 큰 나무들로 인해 해묵은 회양목들도 엉망이 되었습니다. 라르젠은 그 자리에 고향의 숲과 들판에서 가져온 식물들을 심어 하나의 숲을 만들었습니다. 어떤 정원사라도 이처럼 풍요로운 정원을 만들 수는 없었을 것입니다. 그는 식물들 특성에 맞게 양달과 응달에 나누어 심고, 사랑으로 가꾸었습니다. 그 덕분에 식물들은 아주 훌륭하게 자라났지요.

유틀란트에서 가져온 노간주나무는 무성하게 자랐습니다. 모양이고 색깔이고 마치 이탈리아의 사이프러스와 다름 없었고, 반짝이는 뾰족한 가시 모양의 호랑가시나무는 뜨거운 여름의 햇빛과 겨울의 추위에도 아랑곳않고 푸른 빛으로 아름답게 서 있었습니다.

그 앞에서는 온갖 종류의 양치 식물들이 자랐습니다. 이 가운데 몇은 야자수의 자식처럼 보였으며, 또 다른 것들은 '비너스 머릿결'이라고 불리는 아름답고 고운 풀의 부모처럼 보였습니다.

또 이곳에는 그다지 주의를 끌지 못하는 우엉이 있었는데, 성성한 우엉은 너무도 고와서 꽃다발을 만들기에 알맞을 것 같았습니다. 우엉은 메마른 땅에 심어져 있었으며, 습기가 많은 땅에는 수영(마디풀과의 여러해살이풀)이 자랐습니다. 수영 또한 천대받는 식물이었지만, 커다란 이파리가 힘차게 높이 뻗어 나가는 모습이 그림처럼 고왔습니다.

나뭇가지 모양 촛대 같은 현삼도 들판에서 옮겨와 심었습니다.

그것 말고도 이곳에는 선갈퀴, 양앵초, 은방울꽃, 야생 칼라와 세 잎짜리

고운 애기괭이밥도 있었습니다.

그 맞은편에는 프랑스에서 가져온 배나무 모종들이 나란히 줄 지어 철사에 기대어 자랐습니다. 배나무들은 햇빛을 많이 받고 정성껏 가꾸어져서 그들의 고향에서처럼 크고 단 과실들을 맺게 되겠지요.

잎이 다 떨어진 두 그루 고목이 있던 자리에는 덴마크 국기가 나부끼는 높다란 깃대가 세워졌습니다. 바로 그 곁에는 여름철과 가을철에 향기로운 원뿔 모양의 꽃을 피우는 홉 덩굴이 친친 감긴 장대가 바짝 세워져 있었습니다. 그러나 겨울철에는 오랜 관습에 따라 귀리 다발이 매달려 있기도 했지요. 즐거운 크리스마스 기간에 새들에게 먹이를 마련해 주기 위한 것이었습니다.

주인이 말했습니다.

"착한 라르젠은 나이가 들어가면서 점점 감상적이 되는 것 같군."

"하지만 우리에게는 아직도 충실하고 헌신적이에요."

그러자 주인마님도 대꾸했습니다.

다시 새해가 되었습니다. 오래된 이 정원을 그린 그림이 신문에 실리는 영광을 얻게 되었답니다. 그림 속에는 즐거운 크리스마스 기간에 새들에게 줄 귀리 다발과, 덴마크 기를 단 깃대가 있는 정원이 있습니다. 이 정원은 이 지방의 옛 관습을 되살린 정원이라고 높이 칭송 받았답니다.

"우리 라르젠이 한 건 뭐든지 사람들이 환성을 올리는군. 그는 행복한 사람임에 틀림없소. 우리는 이 사람을 데리고 있는 것을 자랑스럽게 생각해야 하오."

그렇지만 주인 부부는 그것을 조금도 자랑스럽게 생각하지 않았답니다. 그들은 라르젠의 주인이기 때문에 그를 쉽게 해고할 수도 있었으나 실제로 그렇게 하지는 않았습니다. 그들은 좋은 사람들이었기 때문입니다.

주인이 자신의 방식으로 일하는 사람을 대하는 경우는 수없이 많습니다. 이런 사람들이 많다는 것은 이 세상에 존재하는 라르젠 같은 사람들을 위해서도 운 좋은 일이죠.

네, 바로 이것이 정원사와 주인에 대한 이야기입니다. 이제 여러분은 이 이야기에 대해 깊이 생각할 수 있겠지요.

152

벼룩이와 교수님

Loppen og Professoren

그리 멀지 않은 옛날 어느 운 나쁜 곳에 열기구 조종사가 있었습니다. 그는 기구가 폭발해서 땅으로 떨어지는 바람에 몸이 산산조각이 나고 말았습니다. 그는 기구가 폭파하기 2분 전에 함께 탔던 조수를 낙하산과 함께 땅으로 내려 보냈습니다. 조수에겐 큰 행운이었지요.

운 좋게 살아남은 조수는 기구 비행에서의 귀중한 경험을 좋은 방향으로 쓰고 싶었습니다. 하지만 그에겐 기구도, 기구를 살 돈도 없었습니다. 어쨌든 먹고 살아가야만 했던 그는 노련한 재주를 얻는 데 온 힘을 기울였지요. 입술을 거의 움직이지 않고 말하는 법을 배워, 복화술사가 되었습니다.

젊고 잘생긴 그가 콧수염을 기르고 좋은 옷을 입고 나타나자, 마치 백작의 아들처럼 보였습니다. 부인들은 그를 멋있다고 생각했습니다. 더욱이 어느 젊은 여자는 그의 멋과 재주에 반해 낯선 도시와 나라마다 그를 졸졸 따라다녔습니다. 그는 자신을 교수라고 불렀는데, 사실 그렇다고 해도 손색이 없을 정도였습니다.

그의 머릿속에는 늘 기구를 사서 어린 아내와 함께 하늘로 올라가는 생각이 떠나지 않았습니다. 하지만 이 부부에게는 기구를 살만한 돈이 없었습니다.

"언젠가 반드시 돈이 생길 거야."

그가 말했습니다.

"그래요, 돈이 생기기만 한다면……."

아내가 말했습니다.

"우린 아직 젊어! 그리고 이제 난 교수라고. 빵 부스러기도 빵은 빵이니까."

그의 아내는 그를 충실하게 도왔습니다. 문가에 앉아서 공연표를 팔기도 하고 곡예하는 것도 도왔지요. 하지만 겨울에는 딱히 할 일이 없었습니다.

그녀가 몸소 공연에 등장하기도 했습니다. 그가 아내를 큰 책상 서랍에 숨기면, 그녀는 뒤에 달린 서랍으로 기어 나옵니다. 사람들이 못 보게 말이죠. 그러면 앞에 있는 서랍에서는 그녀가 감쪽같이 사라지고 마는 겁니다. 하나의 눈속임이었습니다.

그러던 어느 날 저녁이었습니다. 그가 서랍을 열었는데 그녀가 보이지 않았습니다. 그대로 떠나 버린 것입니다. 그녀는 뒤 서랍에도 앞 서랍에도, 집 안 어디에도 없었고 이제 그는 아내의 목소리조차 들을 수 없었습니다. 그녀만이 할 수 있는 곡예 기술이었던 것입니다. 그녀는 다시는 나타나지 않았습니다. 그에게 싫증이 났던 것입니다.

　　그렇게 아내가 떠나 버리자, 그는 모든 일에 싫증이 나게 되었습니다. 더는 웃지 않고 농담도 하지 않았습니다. 그러자 사람들도 더는 오지 않게 되었습니다. 벌이는 시원찮았고 옷도 곧 허름해졌습니다.

　　마지막으로 그에게 남은 것은 커다란 벼룩 한 마리뿐이었습니다. 이 벼룩은 아내가 남긴 유일한 것이지요. 그는 이 벼룩을 매우 사랑했습니다.

　　그는 벼룩에게 받들어 총 자세와 작은 대포를 쏘는 법을 비롯한 다양한 곡예 기술을 가르쳤습니다.

　　교수는 이 벼룩을 아주 자랑스럽게 여겼습니다. 그러자 벼룩도 곧 으쓱해졌지요. 그리고 벼룩은 기술을 배운 대가로 인간의 피도 얻게 되었답니다.

　　마침내 그들은 큰 도시로 가게 되었습니다. 그곳에서 자신들의 재주를 공주와 왕자들에게 선보이고 큰 박수갈채를 받았습니다. 신문과 광고에도 그들의 기사가 실렸습니다. 벼룩은 자신이 유명해졌다는 사실과 그의 하나뿐인 식구인 교수를 먹여 살릴 수 있게 되었음을 알았습니다.

　　벼룩은 널리 알려졌고 제 자신이 자랑스러웠지만, 교수와 함께 여행할 때는 늘 열차의 4등석을 받았습니다. 물론 4등석에 앉아도 기차는 1등석만큼이나 빨리 달렸지요.

　　그들은 영원히 헤어지지 않겠다는 무언의 약속을 했습니다. 교수는 홀아비로, 벼룩은 언제나 독신으로 남겠다는 것이 그들 사이에 이루어진 약속이었습니다.

　　"사람은 큰 행운을 얻었던 곳에는 두 번 다시 가지 말아야 해."

　　교수가 말했습니다. 그는 사람들을 잘 알았던 것입니다. 이것도 나름대로 하나의 지식이었습니다.

　　마침내 그들은 야만국을 제외한 모든 나라를 빠짐없이 돌아다녔습니다. 교수가 아는 바에 따르면, 야만국에서는 기독교인들까지 잡아먹는다고 했습니다. 물론 그는 신실한 기독교인이 아니었고, 벼룩은 제대로 된 사람도 아니었습니다. 그래서 그는 그곳에 가지 못할 이유가 없었으며, 거기서 큰돈도 벌 수 있으리라 여기게 되었습니다.

벼룩과 교수는 증기선과 쪽단배를 타고 여행을 떠났습니다. 벼룩이 재주를 보여 주었기 때문에, 이들은 공짜로 배를 탈 수 있었습니다.

드디어 야만국에 도착했습니다. 야만국 통치자는 작은 공주였습니다. 부모에게서 권력을 이어받은 공주는 이제 고작 열여덟 살이었습니다.

공주에겐 남다른 의지가 있었으며, 누구에게도 비할 데 없이 사랑스러웠지만 한편으로는 몹시 무자비했습니다.

벼룩과 교수는 바로 이 공주님 앞에까지 가게 되었습니다.

벼룩이 받들어 총 자세를 보이고 대포를 쏘자마자, 공주는 벼룩에게 홀딱 빠지고 말았습니다. 문명인이라도 사랑에 빠지면 어찌 할 수 없는데 야만인 공주는 더 말할 것도 없었지요. 그녀는 크게 소리치고 발을 굴러대며 말했습니다.

"이걸 내게 달라. 다른 건 필요 없다."

공주는 사랑에 눈이 먼 여자였습니다.

"귀엽고 지혜로운 딸아! 이것을 진짜 사람으로 만들 수 있다면 좋겠구나."

그녀의 아버지가 공주에게 말했습니다.

"그것을 내게 맡겨라, 노인장."

공주는 벼룩에게 매우 무례하게 말을 했습니다. 교수는 벼룩을 공주의 작은 손에 놓아 주었습니다.

"이제 넌 사람이다. 나와 함께 이 나라를 다스린다. 그러니 내가 바라는 대로 해야 한다. 그렇지 않을 때는 너를 때려죽이고, 교수도 잡아먹겠다."

교수는 큰 방에서 지내게 되었습니다. 벽들은 핥아 먹을 수 있는 사탕수수로 이루어졌지만, 그는 결코 짐승이 아니었습니다. 잠자기 위한 해먹도 받았습니다. 해먹은 그가 늘 갖기를 바라던 것이었고, 그곳에 누우면 마치 기구에 누운 듯했습니다.

벼룩은 공주 집에 머물렀습니다. 그녀의 작은 손바닥이나 가는 목에 앉아 있었지요.

공주는 교수가 벼룩의 다리를 묶었던 머리칼을 풀고, 대신 자기 머리칼을 뽑아서 자신의 커다란 산호 귀고리에 매달았습니다.

공주는 무척 행복했습니다. 그리고 자신이 행복하면 벼룩도 **행복해** 하리라고 믿었습니다.

하지만 교수는 전혀 행복하지 못했습니다. 그에게는 떠돌이 기질이 있어서 이 도시에서 저 도시로 옮겨 다니기를 즐겨했으며, 자신이 벼룩에게 사람이 할 수 있는 기술을 가르쳤다는, 그런 자신에 대한 기사를 신문에서 읽기를 좋아했지요. 그러나 야만국에는 신문이 없었습니다.

날이면 날마다 그는 그저 해먹에 누워만 지냈고, 빈둥거리며 좋은 식사를 대접 받았습니다. 좋은 음식이란 신선한 새 알, 코끼리 눈, 기린의 구운 넓적다리 등이었습니다. 식인종들이라고 해서 인간 고기만을 먹고 살아가는 것은 아니었습니다. 하지만 인간의 고기는 진미였습니다. 특히 매운 소스를 끼얹은 어린아이의 어깨 고기는 일품이라고 공주의 어머니는 말했습니다.

말할 수 없이 지루해진 교수는 하루 빨리 이 야만국을 벗어나고 싶어졌습니다. 하지만 벼룩을 함께 데리고 떠나야만 했습니다. 벼룩은 그의 기적이자 생활비였기 때문이지요.

어떻게 하면 벼룩을 다시 데려올 수 있을까. 그는 여러 궁리를 했지만 이 일은 결코 쉽지 않았습니다. 그러다 마침내 그에게 좋은 생각이 떠올랐습니다. 그는 곧장 공주의 아버지를 찾아갔습니다.

"임금님, 기막힌 일을 할 수 있도록 허락해 주십시오. 이 나라 주민들에게 멋진 기술을 선보이고 싶습니다. 이 세상 위대한 나라들에서 문화라고 부르는 것입니다."

"내게는 뭘 가르쳐 줄건가?"

공주의 아버지가 물었습니다.

"대포를 어떻게 쏘는지 그 방법을 알려드리지요. 이 위대한 기술은 온 땅을 울리고, 하늘을 나는 가장 맛있는 새들을 노릇노릇 구워진 채로 떨어지게 합니다. 그대로 주워서 먹기만 하면 되지요."

"그럼, 어서 대포를 가져오라!"

그러나 이 땅 어디에도 대포는 없었습니다. 교수가 가져온 대포말고는요. 하지만 이 대포는 너무나 작았습니다.

"제가 큰 대포를 만들겠습니다. 재료만 준비해 주십시오. 고운 비단옷과 바늘과 실과 끈과 줄, 그리고 멀미약이 필요합니다. 기구는 바람이 들어가면 부풀어 하늘로 올라가게 되지요. 그게 대포가 큰 소리를 내게 해 주거든요."

드디어 그는 바라던 모든 것을 받을 수 있었습니다. 온 야만국 사람들이 커다란 대포를 보려고 벌떼처럼 몰려왔습니다. 그러나 교수는 기구에 완전히 공기를 채워서 띄우기 전에는 사람들을 부르지 않았습니다.

벼룩은 공주의 손바닥 위에 앉아서 그 기구를 보고 있었습니다. 마침내 기구는 공기로 가득 채워져서 붙잡을 수 없게 되었습니다. 이제 높이 올릴 준비가 된 것이죠.

"이걸 식히기 위해서는 하늘 높이 올려야 합니다."

교수는 이렇게 말하면서 기구 아래에 매달린 바구니에 앉았습니다.

"저 혼자서는 이것을 조종할 수 없습니다. 옆에서 저를 도와줄 수 있는 동료가 필요합니다. 이곳에는 벼룩 말고는 아무도 없습니다."

"기분이 썩 좋지는 않지만 허락하노라."

공주는 교수에게 벼룩을 건네주었습니다. 비로소 벼룩은 교수 손바닥 위에 앉게 되었죠.

"끈과 줄을 놓으세요. 이제 기구가 높이 올라갑니다!"

그들은 그가 '대포가 높이 올라갑니다' 말하는 줄로 잘못 알아들었답니다.

기구는 점점 더 하늘 높이 올라갔습니다. 교수와 벼룩은 곧 야만국 땅을 벗어났습니다. 야만국 공주와 공주의 어머니와 아버지, 그리고 온 백성들은 땅 위에 가만히 서서 그들이 내려오기만을 기다렸습니다. 그들은 언제까지나 기다렸습니다.

믿지 못하시겠다면, 여러분이 몸소 야만국으로 여행을 가 보세요. 누구나 벼룩과 교수에 대해 이야기하는 것을 듣게 될 테니까요. 그리고 대포가 식으면, 이들이 다시 올 거라고 그들은 철석같이 믿고 있을 겁니다.

하지만 이들은 다시는 돌아오지 않을 것입니다. 그들은 고향에, 바로 우리 곁에 있으니까요.

벼룩과 교수는 그들의 조국에 있습니다. 이제는 열차 4등칸이 아니라 1등칸을 타고 여행합니다. 그들은 이제 기막힌 돈벌이인 좋은 기구를 가지고 있었으니까요. 어느 누구도 그들에게 어떻게 기구를 얻었는지는 묻지 않았습니다.

벼룩과 교수는 부자이며, 존경할 만한 이들이기 때문입니다.

153

요한네 할머니 이야기

Hvad gamle Johanne fortalte

아주 아주 오래 산 버드나무 가지 사이로 바람이 불어옵니다. 가만히 바람 소리를 듣고 있노라면, 마치 아름다운 노래처럼 들립니다. 바람은 가락을 불러 주고, 나무는 노랫말을 이야기해 줍니다. 잘 모르겠다면 허름한 집에 사는 요한네 할머니에게 물어보세요. 요한네는 이 마을에서 태어났고, 아는 것도 많습니다.

아주 오래전 이곳을 국도로 사용하고 있을 때 이 마을은 나무가 울창해서 참 보기 좋았습니다. 무척 컸던 연못 옆에는 하얀 페인트를 칠한 재단사의 작업장이 있었고, 그 앞엔 오늘처럼 변함없이 수양버들이 우뚝 서 있었지요.

연못에서는 가축들이 목을 축이거나, 따뜻한 여름철이면 농부의 아이들이 벌거벗은 몸으로 물장난을 치며 신나게 놀았습니다. 수양버들 바로 아래에는 돌로 조각된 이정표가 세워져 있었지만, 이제는 쓰러져 버린 말뚝 위로 딸기나무 덩굴만 무성하게 자랐습니다.

부유한 농가 저편으로 새로운 국도가 나자 옛 길은 들길이 되어버렸고, 연못은 좀개구리밥으로 뒤덮인 웅덩이로 변했습니다. 개구리가 웅덩이 속으로 뛰어들면, 푸른 풀이 갈라지면서 썩은 물만 보였습니다. 주변엔 부들, 갈대, 노란 붓꽃 등이 웅덩이를 메웠습니다.

재단사의 집은 낡아서 기울어질 대로 기울어졌고, 지붕은 이끼와 억새로 뒤덮였습니다. 비둘기들이 한꺼번에 날갯짓을 하고, 찌르레기들은 이곳에 둥지를 틀었지요. 제비들도 이곳이 마치 행복의 집인 양, 벽과 지붕 이레 니란히 보금자리를 매달았습니다.

예전엔 이곳이 활기 넘치는 행복의 보금자리였으나, 이제는 쓸쓸하고 적막한 곳이 되었습니다. 이곳에는 '불쌍한 라스무스'라고 불리는 사람이 홀로 살았습니다. 그는 여기서 태어나 자라 이제까지 살아왔습니다.

나무는 언제나 그랬듯이 커다란 가지를 아름답고 무성하게 드러냈지만, 폭풍은 나무줄기를 휘어지게 했고, 틈이 벌어지게 했습니다. 비바람이 그 벌어진 틈새에 흙을 채워놓았습니다. 이 갈라진 틈에서 들풀과 잡초들이 얼굴을 내밀

고, 작은 마가목 덤불이 자라났습니다.

봄철에 돌아온 제비들은 나무와 지붕 주위를 이리저리 날아다니면서, 끈끈이를 가져다 옛 보금자리를 지었습니다. 마치 자기 집인 것처럼 말이죠. 그러나 불쌍한 라스무스는 자신의 보금자리를 그대로 내버려 두었습니다. 집이 헐고 무너져 내려도 손보지 않았습니다.

"그게 무슨 소용이 있어!"

이것은 그의 말버릇이었습니다. 또한 그의 아버지 말버릇이기도 했지요.

가을이 되면 제비들은 떠나지만 그는 제 집에 여전히 남아 있었습니다. 하지만 겨울이 지나면 제비들은 어김없이 다시 돌아왔고 찌르레기도 되돌아와 피리 소리를 내며 노래 부르게 될 것입니다. 옛날엔 라스무스도 찌르레기와 내기 할 만큼 피리를 잘 불었지만, 이제는 피리도 노래도 부르지 않는답니다.

바람이 늙은 수양버들 나뭇가지 사이로 불어옵니다. 바람이 불어오는 소리를 듣노라면, 노래가 들리는 듯합니다. 바람은 가락을 들려주고, 나무는 노랫말을 이야기해 줍니다. 잘 모르겠다면 허름한 집에 사는 요한네 할머니에게 물어보세요. 요한네는 아는 것이 참 많습니다. 옛날 일들을 두루 꿰고 있는 요한네는 옛 추억과 문서가 가득 찬 살아 있는 역사책 같은 사람이랍니다.

그 옛날 처음으로 집이 새로 지어졌을 때, 마을 재단사 이바 올스가 아내 마렌과 함께 이곳으로 이사 왔습니다. 둘 모두 성실하고 정직한 사람들이었습니다.

요한네 할머니가 아주 어릴 때의 일입니다. 요한네는 이 마을에서 가장 가난한 나무 신발장이의 딸이었습니다. 요한네는 음식 걱정은 없었던 마렌 부인에게서 여러 번 좋은 버터 빵을 얻어먹곤 했지요.

마렌 부인은 영주의 부인과 사이가 좋았습니다. 그녀는 언제나 웃음을 잃지 않았으며, 겁이 없고 부지런했지요. 또한 입만큼이나 바느질 솜씨도 빠르고 좋았으며, 자녀들에게도 많은 신경을 썼습니다. 자녀들은 꼭 열한 명이었습니다.

"가난한 사람들 집은 늘 어린애들로 꽉 차 있어. 고양이 새끼들처럼 물에 빠뜨리고 강한 놈 한두 명만 키운다면, 좀 더 나을 텐데."

영주는 투덜거렸습니다. 그럴 때면 재단사의 아내는 이렇게 대꾸했습니다.

"하느님, 저희를 보호해 주소서! 아이들은 하느님의 축복이에요. 또한 가정의 기쁨이기도 하고요. 아이 하나하나는 주기도문보다 더 가치 있어요. 아이들 돌보는 일이 어렵고 먹을 걱정을 해야 하지만, 더 열심히 생각하면 해결책을 찾아낼 수 있지요. 우리가 사랑하는 하느님을 떠나지만 않는다면, 하느님도 우리를 저버리지 않아요."

영주 부인은 마렌의 의견에 동의를 표현하면서 다정하게 고개를 끄덕이고는 그녀의 뺨을 어루만졌습니다. 영주 부인은 여러 번 그녀의 뺨을 사랑스레 쓰다듬었고, 심지어는 입맞춤도 했습니다.

이 자비로운 영주 부인이 소녀였을 때, 마렌 부인이 그녀의 보모였기 때문에 둘은 서로를 무척 좋아했습니다.

해마다 크리스마스가 되면 영주 저택에서는 겨울 저장품을 재단사 집으로 보냈습니다. 밀 한 통과 돼지 한 마리, 거위 두 마리, 버터 한 통, 치즈, 사과 같은 것들이었습니다. 재단사의 집에서 이 물건들은 대단한 환영을 받았습니다. 재단사 이바 올스는 아주 흡족했지만, 짐짓 안 그런 척하며 입버릇처럼 하는 말을 내뱉습니다.

"이게 다 무슨 소용이야."

그들의 집은 깨끗하고 아담하게 꾸며졌습니다. 창문엔 커튼이 걸렸고, 창틀에는 패랭이꽃과 봉선화 화분이 놓여 있었지요. 이름을 수놓은 수건이 액자에 담겨 걸려 있었고, 그 옆에는 마렌 부인이 직접 운율에 맞추어 지은 시를 넣어 생일 선물로 준 메달이 걸려 있었습니다.

마렌 부인은 운율을 맞출 줄 알았습니다. '올스'는 각운을 맞출 수 있는 단 하나의 말이었기 때문에, 그녀는 자기의 성인 '올스'에 자부심이 있었습니다.

그녀는 늘 웃음을 잃지 않았고, 그녀의 남편처럼 "이게 다 무슨 소용이야" 이렇게 말하는 법은 결코 없었습니다. 그녀에게도 말버릇처럼 된 말이 있긴 있었지요.

"너 자신과 사랑하는 하느님을 믿어라!"

그녀는 이 말을 그대로 따르며 살았고, 이 말이 언제나 모든 것을 지켜 주리라 믿었습니다.

아이들은 무럭무럭 잘 자라서 보금자리를 떠날 만큼 성장한 뒤, 저마다 이곳저곳으로 흩어져 살았습니다. 그러나 언제나 예의 바르게 행동했습니다.

라스무스는 막내였습니다. 그는 참으로 귀엽고 예뻐서, 코펜하겐에 사는 어떤 유명한 화가는 그를 그리게 해 달라며 부탁할 정도였습니다. 그것도 이 세상에 나올 때 모습 그대로인 벌거벗은 모습을 그리겠다는 것이었습니다. 이 그림은 왕궁에까지 걸리게 되었습니다. 어느 날, 영주의 부인이 왕궁에 갔다가 그 그림을 보고는, 그림 속 주인공이 어린 라스무스라는 걸 곧 알아보았지요.

이들에게도 어려운 시절이 다가왔습니다. 재단사의 두 손이 중풍에 걸린 것입니다. 끈으로 커다란 두 손을 묶어도 봤지만 아무런 소용이 없었습니다. 의사도, 점쟁이 스티네도 그에게 어떤 도움도 줄 수가 없었어요.

"용기를 잃어서는 안 돼요. 머리를 축 늘어뜨리는 것은 아무 소용도 없어요. 이제 우리에게 필요한 것은 일거리를 찾는 거예요. 어린 라스무스도 바느질을 제법 할 수 있으니까. 너무 걱정하지 말아요."

마렌 부인은 남편에게 용기를 주었습니다.

라스무스는 재단대에 책상다리로 앉아 바느질을 하기도 하고 즐겁게 노래를 부르기도 했습니다. 그는 매우 쾌활한 소년이었습니다.

그러나 마렌 부인은 라스무스가 종일 재단대에 앉아 있어서는 안 되며, 이런 일은 어린아이에겐 죄악이므로 나가서 뛰어놀아야 한다고 했습니다.

라스무스의 가장 좋은 놀이 친구였던 나무 신발장이의 딸 요한네는 라스무스보다 훨씬 더 가난한 집 아이였습니다. 요한네는 그리 예쁘지도 않았고, 늘 맨발로 다녔습니다. 뿐만 아니라 더덕더덕 기운 옷을 입고 있었지만, 제대로 바느질해 줄 사람도 없어 요한네는 직접 옷을 기워야만 했습니다. 하지만 어린 요한네 또한 하느님이 내리시는 따스한 햇살 속에서 날아다니는 새처럼 즐거운 아이였습니다.

돌로 된 표석 옆 커다란 수양버들이 라스무스와 요한네의 놀이터였습니다. 라스무스에게는 큰 꿈이 있었습니다. 언젠가는 훌륭한 재단사가 되어 코펜하겐에서 살고 싶었습니다. 코펜하겐엔 작업장에 종업원 열 명을 거느린 장인 재단사가 있다고 아버지에게 들었기 때문입니다. 도시에 나가 그에게 일을 배워서 장인이 되려는 꿈을 품었던 것이지요.

장인이 되면 요한네가 그를 찾아올 터이고, 그 때쯤이면 요한네도 요리를 할 줄 알게 될 것입니다. 그러면 그녀는 그들을 위한 온갖 요리를 준비해두고, 두 사람은 그들만의 보금자리를 가지게 되는 셈이죠. 요한네는 그런 이야기를 듣고는 콧방귀를 뀌었지만, 라스무스는 이 꿈이 꼭 이루어지리라 믿었습니다.

이렇게 수양버들 아래 요한네와 라스무스가 앉아 있을 때면, 나뭇가지와 나뭇잎 사이로 바람이 불어왔습니다. 바람이 불면, 마치 바람이 노래하고 나무가 이야기를 들려주는 듯했습니다.

가을이 되어 나뭇잎이 모두 땅 위로 내려앉으면, 헐벗은 나뭇가지에서는 빗방울이 방울방울 떨어져 내렸습니다.

"봄이 오면 가지들이 또 푸르러질 거야."

마렌 부인은 이렇게 말했습니다.

"그게 다 무슨 소용이야. 새해가 오면, 또 먹고 살 걱정을 해야 하잖아."

남편은 한숨을 쉬었습니다.

"오늘은 식품저장실에 음식이 가득하잖아요. 우린 자비롭고 착한 마님에게 감사를 드려야 해요. 전 아직 건강하고 힘도 좋아요. 그런데도 불평하는 것은 죄라고요."

마렌 부인은 결코 용기를 잃지 않았습니다.

크리스마스가 되자 영주 부부는 그들의 성에서 축하 파티를 열었습니다. 그리고 그들은 겨울을 지내려고 코펜하겐으로 떠나 버렸습니다. 그들은 도시에서 열리는 무도회와 축제, 더욱이 왕실 무도회에도 갔지요.

자비로운 부인은 프랑스제 고급 옷을 두벌 받았습니다. 재단사 부인이 이제까지 단 한 번도 구경하지 못했던 참으로 훌륭한 옷이었습니다.

마렌은 남편도 이 옷을 볼 수 있게 남편과 함께 성으로 가게 해달라고 부인에게 부탁했습니다. 이런 옷은 마을 재단사가 한 번도 구경해 보지 못했던 것이라고 말했습니다.

재단사는 옷을 구경하고 집으로 돌아올 때까지, 한 마디도 하지 않았습니다. 집에 오자 그저 늘 하던 말을 되풀이하는 것이었습니다.

"그게 다 무슨 소용이야."

그런데 이 말이 이번엔 진실이 되고 말았답니다.

화려한 무도회를 즐기다가 그만 영주가 죽어버리고 만 것입니다. 자비로운 부인은 프랑스제 고급 옷을 입어보지도 못했으며, 머리에서 발끝까지 흰색은 전혀 보이지 않는 검은 상복으로 몸을 두껍게 감싸고 있어야만 했습니다. 하인들 또한 모두 검은 옷을 입었고, 하물며 마차에도 부드러운 검은 천이 덮여 있었습니다.

살얼음이 얼 만큼 몹시도 추운 날씨였습니다.

눈이 내려서 온통 하얗고 별들도 아름답게 반짝이는 날, 시신을 실은 무거운 마차는 도시를 떠나 영지 안에 있는 교회로 왔습니다. 영주의 주검은 이곳, 조상 대대로 내려오는 묘지에 묻힐 것입니다.

햇불을 든 집사와 마을 태수가 말을 타고 와서 교회 문 앞에 멈추었습니다. 교회에 불이 환하게 밝혀지고, 목사는 열린 교회 문 앞에 서서 시신을 맞아들였습니다. 합창 소리가 울려 퍼지는 가운데 관이 옮겨지고, 마을 사람들은 모두 그 뒤를 따랐습니다.

자비로운 부인도 교회 안에 있었습니다. 슬픔에 가득 찬 그녀는 검은 천이 덮인 마차를 타고 이곳으로 왔습니다. 이런 큰 장례식은 이 마을에서는 두 번 다시 보지 못할 것입니다.

겨울이 다 지나가도록 영주의 이 호화로운 장례식에 대한 이야기가 그치지 않았습니다.

"영주님은 고귀하게 태어나서 거룩하게 묻히셨어."

마을 사람들은 이렇게 말했습니다.

"그게 다 무슨 소용이야. 이제 그에게는 목숨도 재산도 돈도 없어. 그래도 우린 적어도 하나는 가지고 있잖아."

재단사는 이렇게 말했습니다.

"그런 소리 말아요. 이제 영주님은 하늘나라에서 영원한 생명을 얻게 되었어요."

마렌 부인이 말했습니다.

"마렌, 누가 그런 소릴 했소? 죽은 사람은 그저 좋은 비료일 뿐이야. 물론 이 남자는 확실히 고귀한 양반이었으니까, 땅 속에서도 더 쓸모가 있겠지. 암, 무덤 속에서도 합창단 소리를 들으며 누워 있을 테지."

재단사가 물었습니다.

"하느님을 무시하는 그런 소리 말아요. 당신에게 마지막으로 말하겠어요. 영주님은 영원한 생명을 가졌다고요."

"마렌, 누가 그런 소릴 했소?"

재단사는 똑같은 질문을 되풀이했습니다.

마렌 부인은 어린 아들 라스무스가 이런 대화를 듣지 못하도록 남편에게 앞치마를 씌웠습니다. 그녀는 아들을 건너편 토담집으로 데려갔습니다. 그리고 펑펑 울었습니다.

"아까 네가 집에서 들은 이야기는 아빠의 말이 아니란다. 악마가 방 안에 들어와 아빠 목소리를 흉내낸 거야. 라스무스야, 주기도문을 외우며 열심히 기도하거라. 우리 함께 기도드리자꾸나!"

그녀는 아이의 두 손을 꼭 모아 주었습니다.

"이제 다시 기분이 좋아졌지? 너 자신과 사랑하는 하느님을 믿어라."

마렌 부인이 말했습니다.

어느덧 장례식이 치러졌던 해도 지나갔고 과부가 된 영주 부인은 반상복을 입었지만, 그녀의 마음속엔 순수한 기쁨이 넘쳤습니다. 그녀에게 구혼자가 있고, 곧 결혼식을 올릴 거라는 소문이 떠돌았습니다. 마렌 부인도 이 사실을 알았습니다.

부활절을 코앞에 둔 일요일에 미사 설교가 끝난 뒤, 신부님은 영주 부인의 약혼을 널리 알렸습니다. 사람들은 그녀의 약혼자가 성공한 석공이나 조각가라고 말했지만, 그의 직업에 대해서는 잘 알지 못했습니다. 아직은 토르발센과 그의 예술 작품이 사람들 입에 오르내리기 전이었기 때문입니다.

새로운 영주가 될 사람은 신분 높은 귀족 출신은 아니었지만, 아주 위풍당당한 사람이었습니다. 누구도 이해하지 못하는 직업을 가졌고, 능숙하게 일을 하며, 젊고 멋진 사람이라고 사람들은 이야기했습니다.

"그게 다 무슨 소용이야."

재단사 올스가 말했습니다.

영주 부인의 약혼식이 공표된 부활절 직전 일요일, 교회에서는 성가대 합창과 영성체 봉헌이 있었습니다.

재단사와 그의 아내, 어린 아들 라스무스도 함께 교회에 갔습니다. 부모는 영성체를 받으러 갔지만, 라스무스는 아직 견진 성사를 받지 못했기 때문에 의자에 그냥 앉아 있었습니다.

재단사 가족들은 변변히 입을 옷조차 없어서 조각조각 기운 옷을 입어야만 했습니다. 오늘은 특별한 날이라서 새 옷을 입긴 했지만 장례식에 갈 때 입는 옷처럼 검은 옷이었습니다. 장례식 때 마차에 씌웠던 검은 덮개로 만든 것이기 때문이죠. 재단사 이바 올스는 이 옷감으로 상의와 바지를, 마렌 부인은 마름질이 잘된 옷을 해 입었습니다.

라스무스는 견진 성사를 받을 때까지 모든 옷을 이 천으로 지어 입었습니다. 장례식용 마차의 덮개 안감과 겉감이 이런 식으로 쓰이게 된 것입니다. 이 사실은 곧 마을 사람들에게도 알려졌습니다. 비록 점치는 일로 살아가지는 않지만 앞을 내다볼 수 있는 능력이 있는 노파들이, 이런 옷은 집 안에 역병을 가져다 줄 것이라고 예언했습니다.

"무덤에 가기 위해서가 아니라면, 절대로 시체를 실었던 마차 덮개로 옷을 지어 입어선 안 된다."

스티네가 말했습니다.

나무 신발장이의 딸 요한네는 이 말을 듣고 라스무스가 걱정되어 왈칵 울음을 터뜨렸습니다.

그런데 정말 놀랍게도 재단사가 이날부터 시름시름 앓게 되었습니다. 스티네의 예언이 현실로 나타나게 된 것입니다.

크리스마스가 지나고 첫 번째 일요일에 재단사 올스가 죽자, 마렌 부인은 홀로 가족의 생계를 떠맡게 되었습니다. 그녀는 이제 홀몸이 되었습니다.

다음 해에 라스무스가 견진 성사를 받았습니다. 그리고 이제 그는 장인 재단사가 되기 위해 도시로 가야만 했습니다. 열두 명이나 거느린 작업장은 아니었지만, 한 사람의 종업원이 있기는 했습니다.

앞으로는 어른의 반 몫을 하는 라스무스가 들어가게 되므로 그곳의 직원은 한 명 반이 되었습니다. 그는 아주 기뻤고 만족스러웠지만, 요한네는 울었습니다. 자신이 그를 더 좋아했었다는 사실을 깨달은 것이죠.

새단사 부인은 낡은 집에 남아서 계속 재단 일을 했습니다.

새로운 국도가 뚫릴 무렵이었습니다. 재단사 집 옆길은 들길이 되었고, 연못은 막혀서 물웅덩이가 되었으며, 좀개구리밥이 덮인 채로 버려져 있었습니다. 그 자리에 있어야 할 아무런 이유가 없게 된 표석은 무너졌으며, 나무는 힘차게 자랐습니다. 바람은 나뭇가지와 잎사귀 사이로 불었습니다.

제비들과 찌르레기들도 멀리 날아갔다가, 봄이면 되돌아왔습니다. 제비와 찌르레기들이 네 번째로 다시 돌아왔을 때, 라스무스도 집에 돌아왔습니다. 그는 견습 기간이 모두 끝났기 때문에 이제 어엿한 재단사가 되었습니다. 여전히 잘생겼지만 몹시 야위어 있었습니다.

라스무스는 오자마자 또 낯선 나라를 보기 위해 떠나려고 작은 배낭을 꾸렸습니다. 하지만 어머니는 그가 집에 남아 있기를 바랐습니다. 다른 자식들은 뿔뿔이 흩어지고, 라스무스만이 집에 남은 하나뿐인 자식이자 막내인데다 언젠가는 이 집을 물려받아야 하기 때문이었습니다.

그는 이 집에 살면서도, 여러 지역을 돌아다니면서 한 곳에서 2주일씩 재단일을 하는 출장 재단사가 되면, 일은 끊임없이 얻을 수 있을 것입니다. 그것도 여행은 여행이니까요.

그래서 라스무스는 어머니가 바라는 대로 집에 남아 있기로 했습니다.

라스무스는 다시 집에서 어릴 때 잤던 침대에서 잠을 자게 되었고, 버드나무 아래 앉아서 나뭇잎이 우수수 속삭이는 소리도 듣게 되었습니다.

그는 아주 좋아 보였습니다. 새처럼 휘파람을 불고, 흥겹게 노래 부르기도 했습니다.

그는 어디를 가든 환영을 받았습니다. 특히 이 교구의 둘째가는 부농인 클라우스 한센의 집 사람들은 그를 무척 아꼈습니다. 그 집 딸 엘제는 한 송이 꽃처럼 아름다웠으며 언제나 밝게 웃는 처녀였습니다. 어떤 사람들은 그녀가 자주 웃는 것은 아름다운 치아를 자랑하기 위해서라고도 했습니다. 이처럼 그녀는 곧잘 웃었고, 쓸데없는 장난에 마음이 쏠리기도 했지만, 모두들 그녀에게 호감을 가졌습니다.

그녀는 라스무스를 좋아하게 되었고, 라스무스 또한 그녀를 좋아하게 되었습니다. 하지만 둘 다 이 사실을 입 밖에 내지는 않았지요.

그는 늘 우울했습니다. 어머니보다는 아버지 쪽 성향을 더 물려 받았기 때문입니다. 그는 엘제가 올 때에만 기분이 좋았습니다. 둘은 함께 웃고, 농담하고 장난도 쳤습니다. 간혹 그의 마음을 보여줄 좋은 기회가 오기도 했지만, 사랑을 뜻하는 표현의 말을 하진 못했습니다. '그게 다 무슨 소용이야. 그녀 부모님은 그녀를 좋은 집에 시집 보내려고 할 텐데, 내 처지는 그렇지 못 해. 이곳을 떠나는 게 가장 똑똑한 일이야.' 이런 생각에 젖어 있었기 때문입니다.

하지만 그녀가 그를 질긴 실로 묶어둔 것처럼 그는 이 영지를 떠날 수 없었습니다. 그는 그녀에게 잘 훈련된 한 마리 새와 같았습니다. 그는 그녀가 좋아하고 그녀가 바라는대로 노래 부르고, 휘파람도 불었습니다.

나무 신발장이 딸 요한네는 엘제의 농장 하녀로 온갖 일을 해야만 했습니다. 그녀는 우유를 나르는 마차를 타고 목장에 가서 다른 소녀들과 함께 소젖을 짰으며, 필요하다면 거름도 날라야 했습니다.

그녀는 큰 방에는 올라가지 못해 라스무스나 엘제의 얼굴을 자주 보지 못했지만, 그 두 사람이 약혼한 사이처럼 가까워 보인다는 소문은 들었습니다.

"이제 라스무스는 잘살게 될 거야. 난 부러워하지 않을 거야."

이렇게 말하는 그녀의 두 눈엔 눈물이 그렁그렁 고였습니다. 어느 날, 도시에 큰 장이 열렸습니다. 클라우스 한센과 라스무스는 함께 장에 갔습니다. 가는 길에도, 돌아오는 길에도 라스무스는 엘제 옆자리에 앉게 되었습니다. 그는 사랑에 푹 빠져 있었지만, 이에 대해서는 한마디도 없었습니다.

'라스무스가 내게 한마디라도 해야 할 텐데…… 만일 계속 입을 다물고 있으면, 그를 쫓아 버릴 거야!'

엘제는 이런 생각을 했습니다.

곧 이 교구에서 가장 부유한 청년이 엘제에게 청혼했다는 말이 떠돌았습니다. 그리고 부농은 정말 그녀에게 청혼했지요. 하지만 엘제가 어떤 대답을 했는지는 아무도 몰랐습니다.

수많은 생각들이 라스무스 머리에서 이리저리 윙윙거리며 돌아다녔습니다.

어느 날 저녁, 엘제가 자신이 낀 금반지를 라스무스에게 보여주며 이것이 뭘 뜻하는지를 물었습니다.

"약혼한다는 거야?"

그가 되물었습니다.

"그런데 누구와 약혼한다고 생각해요?"

"부자 청년이겠지."

"바로 맞혔어요!"

그녀는 그렇게 말하고는 황급히 사라졌습니다.

그도 그 자리를 뛰쳐 나왔으나 곧바로 어머니의 집에 돌아와서는 서둘러 작은 배낭을 꾸렸습니다. 다른 세상으로 떠나버리고 싶었던 것이지요. 어머니의 울음 섞인 애원도 아무런 소용이 없었습니다.

그는 버드나무 나뭇가지를 하나 꺾어서 지팡이를 만들고 마치 기분이 날아갈 듯 좋은 것처럼 휘파람을 불었습니다. 온 세상 멋진 것들을 보려고 저 먼 곳

으로 나갈 것이기 때문이지요.

"내게는 정말 슬픈 일이야. 하지만 밖으로 나가는 것이 너에게 가장 좋은 일이고 옳은 일이겠지. 그러니 참고 견딜 수밖에. 너 자신과 사랑하는 하느님을 믿어라. 그러면 언젠가 난 너를 다시 기쁘고 즐겁게 볼 수 있을 거다."

어머니가 말했습니다.

그는 새로 생긴 국도를 따라 걷다가 거름이 가득 실린 마차를 몰고 오는 요한네를 보게 되었습니다. 하지만 그녀는 그를 보지 못했지요. 라스무스는 그녀가 자신을 보는 것을 바라지 않았기 때문에, 가시나무 덤불이 우거진 도랑에 몸을 숨겼습니다. 곧 요한네가 옆을 지나쳐 갔습니다.

그는 넓은 세상으로 나아갔습니다. 누구도 그가 어디로 갔는지 알지 못했습니다.

그의 어머니는 라스무스가 해가 바뀌기 전에 다시 집으로 돌아올 것이라 생각했습니다. 새로운 것을 보고 많은 것을 느끼게 되면 다리미로도 매끈하게 지울 수 없는 오랜 주름살이 생기게 될 것이라고 여겼답니다.

'그 애는 제 아버지를 닮았어. 나와 닮았으면 좋으련만, 가엾은 아이. 하지만 내 아들은 다시 집으로 돌아올 거야. 집을 잊어 버리지는 않을 거야.'

그의 어머니가 일 년쯤 기다려 보자고 했으나 엘제는 한 달밖에 기다리지 못했습니다. 참다못한 그녀는 앞을 내다볼 줄 아는 스티네 부인을 몰래 찾아 갔습니다.

카드와 커피 찌꺼기로 점을 치고, 엘제의 '주기도문'보다 많은 것을 알고 있었던 스티네는, 라스무스가 어디에 있는지도 알고 있었습니다. 그녀는 커피 찌꺼기에서 라스무스가 어느 낯선 도시에 있다는 것은 읽었으나, 도시 이름까지 알아내지는 못했습니다. 그 도시에는 군인들과 예쁜 처녀들이 많이 있는데, 라스무스는 군인이 될까 아니면 처녀를 선택할까 고심한다고 했습니다.

엘제는 이 말을 듣고 큰 충격을 받았습니다. 그녀는 그를 돌아오게 하기 위해 저축했던 돈을 아낌없이 바치려 했습니다. 하지만 누구도 그 사실을 알아서는 안 되었습니다.

스티네 부인은 그를 돌아오도록 해 주겠다고 약속했습니다. 그녀는 라스무스를 돌아오게 하기 위한 술법을 알고 있었는데, 그 술법은 아주 위험하고 극단적인 처방이었습니다. .

그녀가 단지 하나를 불 위에 올려놓고 끓이면, 라스무스가 이 세상 어디에 있든지 단지가 끓고 있는 곳에, 그를 기다리는 사람이 있는 곳으로 돌아온다고 했습니다. 그가 돌아오기까지는 여러 달이 걸리겠지만, 목숨이 붙어 있는 한 반드시 돌아온다는 말이었지요. 바다와 산을 넘고, 날씨가 좋든 나쁘든 아무리 피곤하더라도 말이지요.

상현달이 떴습니다. 술법을 쓰기에 매우 좋은 날이라고 스티네가 말했습니다.

곧 북쪽에서 폭풍이 몰려 오더니 오래된 버드나무 가지를 내려쳤습니다. 스티네는 수양버들 가지를 하나 꺾어 라스무스가 집으로 돌아오는데 효험을 줄 실매듭을 묶었고, 지붕 이끼와 부추를 뜯어 불 위의 단지에 던져 넣었습니다.

엘제는 찬송가 책에서 한 장을 뜯어냈습니다. 인쇄가 잘못된 마지막 장을 뜯었지요. 스티네 부인은 어떤 페이지든 모두 효험을 볼 수 있다면서 그 종이를 단지 안에 집어 던졌습니다.

라스무스가 돌아올 때까지 단지에 수많은 것들을 넣어 쉼없이 끓여야만 했습니다.

늙은 스티네 방에 있던 시커먼 수탉의 붉은 빗도 단지 안에 넣었습니다. 엘제의 두꺼운 금반지도 함께 넣었지요. 이 반지를 다시는 받지 못할 것이라고 스티네는 예언했습니다. 그녀는 아주 지혜로웠습니다.

이름도 알 수 없는 온갖 것들이 단지 안으로 들어갔습니다. 단지는 뜨거운 불 위나 잿더미 위에 얹혔습니다. 오로지 스티네와 엘제만이 이 사실을 알고 있었습니다.

달이 보름달이 되었다가 다시 변할 때마다 엘제는 스티네를 찾았습니다. 그리고 라스무스가 오는 것이 보이느냐고 물었습니다.

"난 많은 것을 알고 보지만, 그가 어디까지 갔는지는 볼 수가 없어. 오늘 그는 산을 넘어가고 있어. 이런, 날씨가 좋지 않은데 바다에 있군. 큰 숲을 지나가야 하고, 길은 먼데 발에 물집이 생겼군. 몸에는 열병도 있고. 하지만 그는 더 가야 해."

점쟁이 스티네는 말했습니다.

"안 돼, 안 돼! 제발 그의 고통을 덜어주세요."

엘제가 말했습니다.

"이제 멈출 수 없어. 계속 가야만 해. 다른 처방을 쓴다면, 그는 길에서 쓰러져 죽고 말거야."

여러 해가 지나갔습니다. 달은 둥글고 크게 빛났으며, 바람은 늙은 버드나무 사이로 솨솨 소리 내며 불었습니다. 달무리도 생겼습니다.

"이게 틀림없는 증표야. 이제 라스무스가 돌아올 거야."

스티네가 말했습니다.

하지만 라스무스는 돌아오지 않았습니다.

"누군가를 기다릴 때는 시간이 참 늦게 가는 법이지."

스티네가 말했습니다.

"전, 이제 지쳤어요."

엘제가 스티네를 찾아오는 횟수가 차츰 줄었고, 새로운 선물도 더는 가져오지 않았습니다. 라스무스에 대한 생각도 점점 희미해져 갔지요.

어느 화창한 날, 교구 사람들 모두는 엘제가 부유한 청년의 청혼을 승낙했다는 사실을 알게 되었습니다.

엘제는 농장과 밭들, 가축과 집안 가구들을 하나하나 둘러보았습니다. 모든 것이 잘 정돈되어 있었고, 더 이상 결혼식을 미룰 까닭이 없었습니다.

3일 동안이나 큰 잔치가 열렸습니다. 그녀는 모든 사람들에게서 축하를 받았지요. 사람들은 클라리넷과 바이올린 소리에 맞춰 춤을 추었습니다. 교구의 모든 사람들이 초대를 받았습니다. 마렌 부인 또한 이 잔치에 초대를 받았지요.

잔치의 끝을 알리는 트럼펫 소리가 울리자, 마렌 부인은 남은 음식을 싸가지고 집으로 돌아왔습니다.

그런데 그녀가 나갈 때 나무 막대기로 잠가 두었던 문은 활짝 열려 있었고, 방에는 라스무스가 앉아 있는 게 아니겠습니까! 그가 집으로 돌아온 것입니다. 바로 이날. 오, 하느님, 이게 그의 모습이라니! 몹시 마르고, 얼굴은 누렇게 떠서 창백해 보였습니다.

"라스무스, 정말 네가 라스무스니? 이게 무슨 꼴이냐. 하지만 이 어미는 너를 다시 보게 되어 말할 수 없이 기쁘구나."

그녀는 잔치에서 가져온 구운 고기 한 토막과 결혼식 케이크를 그에게 주었습니다.

그는 마지막으로 본 어머니 모습과 늙은 비드나무를 종종 떠올렸노라고 말했습니다. 꿈속에서도 그 모습들과 맨발의 요한네를 보는 것은 멋진 일이었다고도 했지요. 그러나 엘제에 대해서는 한마디도 하지 않았습니다.

그는 병이 들어 자리에 누워 지내야 했지만, 이것이 스티네의 단지 탓이고, 그 단지가 라스무스에게 어떤 힘을 미쳤다고 우리는 믿지 않습니다. 오직 늙은 스티네와 엘제만이 이 사실을 믿었지만 그들은 입을 꾹 다물고 어떤 말도 하지 않았습니다.

라스무스는 열병에 걸려 앓아누웠습니다. 전염병이었죠. 그래서 나무 신발 장이의 딸 요한네만이 재단사 집을 찾아오게 되었습니다.

요한네는 라스무스의 비참한 모습을 보고는 눈물을 흘렸습니다. 의사가 약을 지어 주었으나, 그는 먹으려고 하지 않았습니다.

"이게 다 무슨 소용이야!"

그는 말했습니다.

"하지만 약을 먹으면 다시 나을 거야. 너 자신과 사랑하는 하느님을 믿어라.

네 몸에 살이 붙고, 네가 다시 피리를 불고 노래하는 것을 보게 된다면, 나는 죽어도 여한이 없겠다."

어머니 말을 받아들인 라스무스는 곧 건강을 되찾았습니다. 그러나 이번엔 그의 어머니가 병이 나고 말았답니다. 사랑하는 하느님은 라스무스가 아니라 그의 어머니를 자기 곁으로 부른 것입니다.

집 안은 쓸쓸해지고, 가난과 절망이 집 안 곳곳에 똬리를 틀게 되었습니다.

그는 여행하면서 거친 생활을 했습니다. 검은 단지가 아니라 거친 생활이 그의 기운을 빨아먹고, 몸을 해쳤던 것입니다. 그의 머리카락은 엷어져 잿빛이 되었습니다. 그는 아무것도 하고 싶지 않았습니다. 그는 입버릇처럼 "그게 다 무슨 소용이야!" 말했고, 교회보다는 선술집에 가기를 더 좋아했습니다.

어느 가을날, 비가 오고 바람이 부는 저녁이었습니다. 그는 피곤에 지쳐 먼지 덮인 길을 따라 선술집에서 집으로 돌아오고 있었습니다. 그의 어머니가 그의 곁을 떠난 지도 어느덧 여러 해가 지났습니다. 제비와 찌르레기들도 떠나 버렸지요. 그러나 나무 신발장이의 딸 요한네만큼은 떠나지 않았습니다.

요한네는 술에 취해 앞서가는 그를 뒤따라가서 한동안 그와 함께 걸었습니다.

"정신을 차려야지요, 라스무스."

"그게 다 무슨 소용이야."

그가 말했습니다.

"그건 나쁜 말버릇이에요. 너 자신과 사랑하는 하느님을 믿으라고 한 어머니의 말을 떠올려 보세요. 하지만 당신은 어머니의 말대로 하지 않았어요, 라스무스, '그게 다 무슨 소용이야'라고 다신 말하지 말아요. 그렇게 말하면 당신의 모든 행동의 뿌리가 뽑히는 거예요."

요한네는 그를 집까지 바래다 주고는 곧 가버렸습니다. 하지만 그는 집으로 들어가지 않고, 버드나무 쪽으로 걸어가서 쓰러진 표석의 돌 위에 걸터앉았습니다.

바람이 나뭇가지 사이로 불어 왔습니다. 이 소리는 노래처럼 들리기도 하고 이야기 같기도 했습니다. 라스무스는 나무에게 대답이라도 하듯 큰 소리로 말했습니다. 하지만 누구도 그의 소리를 듣지는 못했습니다. 오로지 나무와 쏴쏴 불어오는 바람만이 그의 말을 들었습니다.

"아, 춥구나. 가서 잠이나 자자."

하지만 그는 집으로 가지 않고 연못으로 갔습니다. 연못에서 비틀거리다가 그만 쓰러지고 말았습니다. 비가 억수처럼 쏟아지고 바람은 살을 에듯 차가웠지만, 그는 아무것도 느끼지 못했습니다.

태양이 떠오르고 까마귀들이 연못 갈대 위로 날아갈 때가 되어서야, 그는 초주검이 되어 잠에서 깨어났습니다. 만일 그가 자신의 발이 닿은 곳에 머리를 놓았다면 다시는 일어나지 못했을 것입니다. 그랬다면 아마도 좀개구리밥이 그의 수의가 되었겠지요.

낮에 요한네가 재단사 집으로 찾아왔습니다. 그녀는 그의 구세주였습니다. 요한네는 곧바로 그를 병원으로 데리고 갔습니다.

"우린 어릴 때부터 서로를 알았어요. 당신 어머니가 제게 맥주와 먹을 것을 주시곤 했지요. 하지만 저는 그 은혜를 영원히 갚을 수 없어요. 당신은 건강을 회복하고, 다시 활기차게 살아갈 수 있을 거예요."

사랑하는 하느님이 그걸 바라셨고, 그는 살아야만 했습니다. 하지만 그렇게 하는 것이 쉽지는 않았지요.

제비와 찌르레기들이 다시 찾아왔습니다. 세월의 흐름 앞에서 그는 다른 사람들보다 더 빨리 늙었습니다. 그는 쓸쓸하게 집 안에 앉아 있었습니다. 그의 집은 차츰 더 황폐해졌지요. 이제 그는 요한네보다 한결 더 가난했습니다.

"당신에게는 믿음이 없어요. 우리에게 사랑하는 하느님이 없다면, 무엇을 할 수 있겠어요. 당신은 영성체 봉헌식에 가야 해요. 견진 성사를 받은 뒤로 한 번도 영성체 봉헌식에 가지 않았지요?"

요한네는 물었습니다.

"그래, 그게 다 무슨 소용이야."

그는 말했습니다.

"아직도 그렇게 생각한다면, 좋도록 하세요! 주님도 억지 손님이 주님의 식탁에 오는 것을 기쁘게 여기시지는 않을 거예요. 하지만 당신 어머니와 당신의 어린 시절을 떠올려 보세요. 그때 당신은 신실하고 착한 소년이었어요. 제가 찬송가를 불러 드릴까요?"

"그게 다 무슨 소용이야."

"찬송가는 늘 저를 위로해주는걸요."

"요한네, 꼭 성녀처럼 말하는군."

이렇게 말하며 그는 요한네를 흐릿하고 지친 눈으로 바라보았습니다. 요한네는 찬송가를 불렀습니다. 책을 보지 않고 외워서 불렀습니다.

"아름다운 말들이로군! 하지만 난 도무지 따라 부를 수가 없어. 내 머리로는 너무 어려워."

마침내 라스무스는 노인이 되었습니다. 엘제도 그리 젊지는 않았지요. 라스무스는 단 한 번도 그녀에 대해서 말하지 않았습니다. 그녀는 어느새 할머니가 되었습니다. 개구쟁이 손녀도 있었지요. 손녀는 다른 아이들과 함께 마을에서 놀았습니다. 라스무스는 지팡이를 짚고 아이들이 노는 쪽으로 걸어가다 멈춰 서서 꼬마들이 노는 모습을 바라보았지요. 그녀는 그를 보고 미소 지었습니다. 그러자 라스무스는 자신의 옛 시절이 환히 떠오르는 것이었습니다. 엘제의 손녀딸은 손가락으로 그를 가리켰습니다.

"불쌍한 라스무스!"

손녀딸이 소리쳤습니다. 다른 아이들도 따라서 입을 모아 외쳤지요. 아이들은 소리치며 노인이 된 라스무스를 따라갔습니다.

우울하고 어두운 날들이 지나갔습니다. 그러나 암담하고 힘겨운 날들 뒤엔 찬란한 햇빛이 비치기도 한답니다.

마침내, 성령 강림절 아침이었습니다. 교회는 초록색 자작나무 가지로 꾸며졌으며, 숲의 향기도 이곳으로 들어왔습니다. 교회 의자 위로 햇살이 스며들고 커다란 제단에는 불이 밝혀졌답니다. 영성체 봉헌식이었답니다.

요한네는 무릎을 꿇은 사람들 사이에 있었지만, 라스무스는 보이지 않았습니다. 바로 이날 아침에 사랑하는 하느님이 그를 자신의 곁으로 부른 것입니다. 은총과 자비가 넘치는 하느님의 집으로 말이지요.

그 뒤로 여러 해가 지났습니다. 재단사의 집은 여전히 그 자리에서 우두커니 서 있었습니다. 그러나 이제 집 안엔 아무도 살지 않았습니다. 심한 폭풍우라도 몰아치면 집은 금방이라도 무너져 내릴 것 같았습니다. 연못은 무성한 갈대로 뒤덮여 메워져 버렸습니다.

바람이 늙은 나무들 사이로 불어옵니다. 가만히 바람 소리를 듣노라면 노랫가락이 들리는 듯합니다. 바람은 가락을 불러 주고, 나무는 노랫말을 이야기해 줍니다. 잘 모르시겠다면, 허름한 집에 사는 요한네 할머니에게 물어보세요.

요한네 할머니는 아직도 그곳에 산답니다. 그녀는 라스무스에게 불러 주었던 찬송가를 부르며 그를 생각하고 그를 위해 성실하고 자비로운 하느님께 기도드립니다. 그녀는 참으로 믿음이 깊은 사람이지요.

요한네는 우리에게 지나간 시절과 늙은 버드나무에 깃들어 있는 추억들을 이야기해 줄 수 있을 겁니다.

154
열쇠들 이야기
Portnøglen

세상에 모든 열쇠들에게는 저마다 자기만의 이야기가 있답니다.

시계의 태엽 열쇠, 성 바울의 천국의 열쇠 등 종류도 제각각이지요.

자, 이제부터 여러분이 들을 이야기는, 재정국 고문관의 현관문 열쇠 이야기입니다.

이 열쇠는 자물쇠 제조공이 만들었지만 사람들은 대장장이가 망치로 두들기고 윤을 내서 만들었다고 생각할지도 모릅니다.

그 열쇠는 너무 커서 바지 주머니엔 들어가지도 못하고 윗옷 주머니에 들어가야만 했습니다. 열쇠는 윗옷 주머니 속에 자주 누워 있었지만, 사실 그를 위한 특별석은 벽이었답니다. 그것도 고문관의 어린 시절 모습이 그려진 액자 옆자리지요. 주름 장식이 많은 셔츠를 입은 그림 속 고문관의 모습은 마치 둥근 빵처럼 보였답니다.

사람들은 타고난 별자리에 따라 성격과 행동 방식이 달라진다고들 합니다. 이를 테면 달력에 나타난 것처럼, 황소자리나 처녀자리, 또는 전갈자리 등의 별자리에서 태어났다는 것이지요.

재정 고문관 부인은 자기 남편이 '손수레자리'에서 태어났다고 말하곤 했습니다. 그래서 언제나 그를 앞으로 밀어야 한다고 했지요. 그의 아버지는 그를 은행으로 밀었고, 그의 어머니는 그를 결혼하도록 밀었습니다. 그리고 그의 부인은 재정 고문관이 되도록 그를 높이 밀었습니다. 하지만 그녀는 이런 사실에 대해 어느 누구에게도 말하지 않았습니다. 사려 깊고 정숙하며, 제때에 침묵할 줄 알고 제때에 말할 줄 아는 부인이었지요.

이제 젊지 않은 고문관은 살집이 올라 그의 표현을 따르자면 균형이 잘 잡혔습니다. 나이가 제법 많았지요. 그는 교양 있고 선량했으며, 열쇠로 점을 치기도 했습니다. 늘 웃음을 머금었으며, 사람들을 좋아했고 이야기 나누기를 즐겼습니다.

그가 시내에 나갔을 때에도 부인이 곁에서 그를 밀어 대지 않는 한, 그를 다시 집으로 데려오는 일은 무척 어려웠습니다. 만나는 사람들마다 이야기를 나누어야 했으니까요. 그래서 가끔 점심 때를 놓치기도 합니다.

고문관 부인은 창가에서 밖을 내다보고 있었습니다. 그러면서 계속 하녀에게 지시했지요.

"고문관님이 오신다! 어서 냄비를 올려놔! 잠깐, 지금 가만히 서서 누군가와 이야기 나누고 있어. 냄비를 내려놔. 그렇지 않으면 음식이 다 타버릴 거야. 이제 정말 고문관님이 오신다. 다시 냄비를 올려놔."

그래도 그는 집에 오지 않았습니다. 그는 자기 집 창문 바로 밑에 서서 위쪽을 올려다보며 고개를 끄덕이곤 했는데, 아는 사람이 지나가면 그에게 꼭 몇 마디 말을 건네야만 했습니다.

그가 이 사람과 이야기하는 동안, 아는 사람이 또 오면, 그는 첫째 사람의 단춧구멍을 꼭 붙들고 두 번째 사람 손을 잡으면서 지나가려던 세 번째 사람을 소리쳐 부를 정도였답니다.

이런 일은 고문관 부인의 인내력을 시험했습니다. 그럴 때마다 그녀는 소리쳤습니다.

"그래, 남편은 틀림없이 손수레자리에서 태어났다니까. 밀지 않으면 앞으로 더 나아가지 않아."

그는 서점에 가서 책과 신문, 잡지들을 들여다보는 일을 매우 좋아했습니다. 그래서 집에서도 새로운 책들을 읽을 수 있도록 서적상에게 알맞은 돈을 주고, 새로 나온 책들을 빌려와 펴보고는 했습니다.

그는 걸어 다니는 예절 바른 신문이었습니다. 약혼식이나 결혼식, 장례식에 대한 정보들을 잘 아는 도시의 소식통이었죠. 또 그는 온갖 사물에 대해 누구도 모르는 사실을 알았고, 사람들에게 그 사실을 비밀스러운 암시를 통해 던지기도 했습니다. 그것은 모두 현관문 열쇠로부터 얻은 것이었습니다.

고문관 부부는 신혼 초부터 이 집에서 살았고 그 무렵부터 쭉 같은 현관문 열쇠를 써왔습니다. 그러나 그때는 아직 열쇠의 신비한 힘을 깨닫지 못했습니다.

프레데리크 6세 시절이었습니다. 코펜하겐에는 아직 가스가 들어오지 않아 기름등을 썼으며, 전차나 열차도 없었고 티볼리 공원이나 카지노도 없던 시절이었습니다. 그 만큼 놀고 즐길 거리가 거의 없던 시대였습니다.

일요일이면 사람들은 성문 밖으로 산책을 나갔습니다. 주로 공동묘지에 가서 묘비에 쓰인 글귀를 읽거나, 풀밭에 앉아서 음식과 꽃으로 담근 술을 곁들여 마시는 게 고작이었습니다. 아니면 성 앞의 연대 소속 군악대와 좁고 작은 운하에서 왕가 사람들이 노 젓는 것을 구경할 수 있는 프레데릭베르그 정원으로 가기도 했답니다. 운하에서는 늙은 왕이 작은 배를 젓고 있어, 모든 사람들은 신분에 상관없이 왕과 왕비에게 인사할 수 있었습니다. 부유한 집에서는 밖에서 저녁 차를 마시기도 했습니다. 그들은 광장 앞 들판에 있는 작은 농가에서 뜨거운 물을 얻을 수도 있었지만, 차 끓이는 기구는 직접 가져가야만 했습니다.

햇살이 따스하게 내리쬐는 어느 일요일 오후에 고문관 부부는 성문 밖으로 나갔습니다. 하녀는 샌드위치와 찻주전자가 담긴 바구니를 들고 먼저 출발했습니다. 바구니를 든 하녀를 앞장세우고 걸었지요.

"현관문 열쇠를 가지고 가요. 어두워지면 문이 잠겨버리잖아요. 오늘 아침에 초인종 줄이 망가져서 말을 듣지 않아요. 프레데릭베르그에 서베스더브로 쪽에 있는 카조르티스 극장으로 가서 무언극 《어릿광대 매질 선생》을 봐야 하니까, 우린 늦게 집에 돌아올 거예요. 이 연극에선 배우들이 구름 속에서 내려온대요. 한 사람당 2마르크래요."

고문관 부인이 말했습니다.

그들은 프레데릭베르그에 가서 음악을 듣고, 나부끼는 깃발이 달린 왕의 보트와 늙은 왕과 하얀 백조들도 보았습니다. 차를 마신 뒤 서둘러서 극장에 갔지만, 제시간에 도착하지는 못했습니다.

줄타기와 마술도 끝났고, 막 팬터마임이 시작되려 하고 있었습니다. 그들은 어느 때처럼 너무 늦게 온 것입니다. 고문관 때문이었지요. 오는 길에 아는 사람들을 많이 만났기 때문입니다.

극장에서도 그는 친한 친구들을 만났습니다. 공연이 끝나자 그와 부인은 오색주 한 잔을 마시기 위해 다리까지 따라가야만 했습니다. 10분이면 다 할 수 있는 이야기가 한 시간이 넘도록 길어졌습니다. 그들은 이야기하고 또 했습니다. 특히 재미있게 담소를 나눈 사람은 스웨덴 남작과 독일 남작이었지만, 고문관은 그들의 이름을 정확히 기억해내지 못했습니다.

하지만 그는 아무리 비밀스러운 것이라 해도 열쇠에 대한 질문이라면 무엇이든 대답할 수 있는 방법을 잘 알고 있었습니다.

그는 사람들이 물어보는 것에 대답하기 위해 늘 열쇠를 가지고 다녔습니다. 고문관의 현관문 열쇠는 특히 무거웠기 때문에 이런 게임에는 아주 알맞았습니다. 그는 열쇠 손잡이가 자신의 오른손 집게손가락에 오도록 했습니다. 열쇠는 느슨하고 가볍게 오른손 집게손가락에 매달려 있었습니다. 열쇠는 손가락의 맥박에 따라 움직였습니다. 혹시라도 열쇠가 돌아가지 않으면, 남작은 눈치

채지 않게 자기가 원하는 대로 열쇠를 돌렸습니다.

열쇠는 움직일 때마다 철자를 만들어 냈습니다. A에서부터 Z까지 바라는 알파벳까지 내려갈 수 있었지요. 다시 첫째 글자인 A로 돌아오면, 열쇠는 반대면으로 돌아갔습니다. 이처럼 이 면에서 다음 글자를 찾는 식으로 해서 완전한 단어와 완전한 문장, 문제에 대한 해답을 얻을 수 있었습니다. 이것은 속임수였지만, 어쨌든 재미가 있었습니다.

고문관도 처음에는 속임수라고 여겼습니다. 하지만 그런 생각은 차츰 사라졌고, 열쇠에 완전히 매료당하고 말았습니다.

"여보, 여보! 성문은 12시에 닫혀요. 그러면 우린 안으로 들어가지도 못할 거예요. 아무리 빨리 간다고 해도 이제 15분밖에 없다고요."

그들은 급히 서둘러야만 했습니다. 시내로 들어가려던 수많은 사람들이 그들 곁을 빠르게 지나쳐 갔습니다. 그러나 마침내 그들이 성 외곽의 한 파수꾼 집에 다다르자, 12시 종이 울리며 성문이 굳게 닫히고 말았습니다.

다른 한 무리 사람들도 성으로 들어가지 못하고 성문 앞에 우두커니 서 있었습니다. 고문관 부부와 차 주전자와 텅 빈 음식 바구니를 든 하녀도 이 사람들 무리에 끼어 있었습니다. 이들 가운데 몇몇은 놀라 어쩔 줄 몰라 했으며, 다른 사람들은 마구 화를 냈습니다. 모두 저마다 자기들 방식대로 반응했지요.

이런 상황에서 무슨 일을 할 수 있었겠습니까?

한참 시간이 흐른 뒤에야, 그들은 도시 성문 가운데 하나인 북문이 아직 열려 있다는 사실을 알아냈습니다. 그래서 사람들은 파수꾼 집을 지나 시내로 들어갔습니다.

북쪽으로 가는 길은 꽤 멀었습니다. 밤 날씨는 화창했습니다. 별과 유성들이 반짝이는 하늘은 맑았고, 개구리들은 도랑과 늪에서 꽥꽥 소리 내며 울어 댔습니다.

이에 뒤질세라 사람들은 다 함께 노래를 부르기 시작했습니다. 너도 나도 뒤이어 노래를 했습니다. 하지만 고문관만은 노래도 하지 않고, 하늘의 별도 쳐다보지 않았으며, 심지어는 자기 발 아래조차 보려하지 않았습니다. 그러다가 그는 도랑가에 넘어지고 말았습니다. 사람들은 그가 술을 너무 많이 마셨기 때문이라고 생각했을지도 모릅니다. 하지만 그것 때문이 아니었어요. 그렇게 만든 장본인은 바로 열쇠였답니다. 열쇠가 그의 머릿속에서 끊임없이 돌아가고 있었기 때문입니다.

마침내 그들은 북쪽 다리 파수꾼 집에 이르렀고, 다리를 건너 시내로 들어올 수 있었습니다.

"이제 다시 즐거워졌어. 여기가 바로 우리 집 현관이야!"

고문관 부인이 말했습니다.

"그런데 현관문 열쇠가 어디 있지?"

고문관이 말했습니다.

열쇠는 뒷주머니에도 옆주머니에도 없었습니다.

"딱해라! 당신, 열쇠 없어요? 남작과 열쇠 놀이하면서 열쇠를 잃어버렸나 보군요. 그럼, 어떻게 집 안으로 들어가죠? 초인종 줄이 오늘 아침에 망가진 것을 당신도 아시잖아요. 파수꾼도 열쇠를 가지고 있지 않다고요. 정말 절망적이군요."

고문관 부인이 소리를 질렀습니다. 하녀는 슬피 울기 시작했습니다. 고문관은 침착한 태도를 잃지 않은 단 한 사람이었습니다.

"잡화점 지하실로 내려가서 창문을 깨고 들어가 패터슨에게 문을 열어 달라

하자고."

고문관이 말했습니다.

그는 첫 번째 창문을 깨려고 하다가 깨지지 않자 다시 다른 유리창을 깨버렸습니다.

상점 안에서 잡화 상인의 딸이 크게 소리쳤습니다. 그러자 잡화 상인이 가게 문을 열면서, "야경꾼!" 하고 외쳤지요.

뒤늦게야 잡화상인은 고문관 가족을 알아보고 그들에게 문을 열어주려고 했습니다. 그러나 미처 그가 문을 열기도 전에 순찰을 돌던 야경꾼이 호각을 불고 말았지요.

다음 거리에서, 두 번째 야경꾼이 화답이라도 하듯 호각을 불었습니다.

사람들이 창가로 몰려 나왔습니다.

"불이 났어?"

"어디에서 경보가 울린 거야?"

사람들은 묻고 또 물었지요.

이때 고문관은 이미 자기 방에 들어와 웃옷을 벗고 있었습니다. 아. 그런데 웃옷에 현관문 열쇠가 있는 것을 발견했습니다. 호주머니가 아니라 안감 속에 들어가 있었던 것이지요. 열쇠가 호주머니에 뚫린 구멍을 지나 안감으로 미끄러져 들어갔던 것입니다.

이날 저녁부터 열쇠는 아주 특별하고 커다란 의미를 갖게 되었습니다. 저녁에 밖으로 나갈 때뿐만 아니라, 집에 앉아 있을 때도 마찬가지였습니다.

고문관은 어떤 문제에 대해 가장 정확한 해답을 생각해 냈는데, 열쇠로부터도 똑같은 해답을 얻어낼 수 있었습니다. 마침내 그는 열쇠의 말을 믿게 되었습니다.

하지만 약사는 그것을 믿지 않았습니다. 약사는 고문관 부인의 가까운 친척으로 무척 젊었습니다. 그는 머리가 좋고, 비판적인 사람이었습니다. 이미 학생 때부터 책과 연극에 대한 비평을 쓰기도 했답니다. 그러나 그는 비평을 쓸 때 많은 사람들이 그러하듯이, 자기 이름은 쓰지 않고 익명으로 냈습니다. 그는 문예 애호가였지만, 정령들을 믿지는 않았습니다. 더구나 열쇠의 정령은 말할 것도 없었지요.

"네. 믿어요, 믿어. 존경하는 고문관님, 전 현관문 열쇠뿐만 아니라 모든 열쇠들을 철석같이 믿습니다. 마치 새로운 학문을 믿듯이 말예요. 심령의 힘으로 책상을 움직일 수 있다든가, 옛 가구와 새 가구에서 정령이 나온다는 따위의 이야기들을 믿습니다. 아시다시피 전 의심이 많은 회의주의자입니다. 하지만 외국의 어떤 잡지에서 아주 놀라운 이야기를 읽은 뒤로 마음을 바꾸게 되었답니다.

고문관님, 이런 것을 상상하실 수 있겠습니까? 제가 읽은 그 이야기를 그대로 말씀드리면 이렇습니다.

영리한 두 아이들이 부모가 커다란 식탁에서 정령을 깨우는 모습을 보았습니다. 아이들은 부모가 외출하자 몰래 흉내를 내게 되었답니다. 부모들과 똑같은 방법으로 낡은 장롱에 생명을 불어넣어 보기로 한 거지요. 그러자 참으로 놀랄 만한 일이 벌어졌습니다. 살아 있는 정령이 깨어난 겁니다. 그러나 이 정령은 어린아이의 명령을 받는 것을 참을 수가 없었답니다. 그래서 정령이 일어나자마자 장롱에 금이 갔고, 서랍들이 밖으로 밀렸습니다. 그러고는 아이들을 장롱 서랍 속에 넣고, 열린 문으로 나가서 계단을 내려가고, 거리를 달려 마침내 운하에까지 이르게 되었답니다. 장롱이 운하 속으로 뛰어들자 두 아이는 그대로 익사하고 말았답니다. 아이들 시체는 축복을 받으며 관에 묻혔지만, 장롱은 아이들을 죽인 죄로 재판을 받고, 산 채로 광장에서 화형을 당했답니다. 이것이 제가 읽은 이야기의 전부예요. 말했다시피 외국의 잡지에서 읽은 것이죠. 제가 직접 꾸며 낸 이야기가 아닙니다. 이 이야기가 거짓이라면 열쇠가 저를 데려갈 테지요. 이 점에 대해 진실로 맹세합니다."

고문관은 이 이야기가 너무 가벼운 농담이라고 느꼈습니다. 두 사람은 단 한 번도 열쇠에 대해 제대로 대화를 나눌 수 없었습니다. 약사가 열쇠에 대해서는 아는 게 없었기 때문이죠.

그와는 달리 고문관은 열쇠에 대해 많은 것을 알고 있었습니다. 그는 이 분야에선 선구자였습니다. 열쇠는 그의 즐거움이며 지혜였으니까요.

어느 날 저녁이었습니다. 고문관이 막 자리에 누우려고 옷을 이미 반쯤 벗었을 때, 노크 소리가 들려왔습니다. 잡화 상인 패터슨이었습니다. 그 또한 옷을 반쯤 벗은 상태였지요. 그는 갑자기 어떤 생각이 떠올랐으며 아침까지 기다릴 수가 없었다는 것이었습니다. 그래서 옷도 제대로 걸치지 못하고 서둘러 뛰어왔다고 했지요.

"제 딸, 로테 레네에 대해 말씀드리려고 합니다. 제 딸은 귀여운 소녀로 견진 성사도 받았어요. 전 딸애가 직업을 가질 수 있는 길을 알기 위해 이렇게 찾아 왔습니다."

"난 아직 홀아비가 아닐세! 그리고 자네 딸에게 줄 아들도 없는걸."

싱긋싱긋 웃으며 고문관이 말했습니다.

"고문관님, 이미 저를 잘 알고 계시지 않습니까? 딸애는 피아노를 칠 수 있고, 노래도 부를 수 있습니다. 아마 고문관님도 들으신 적이 있겠지요. 하지만 그것 뿐만이 아닙니다. 딸은 모든 사람의 말과 걸음걸이를 흉내 낼 수 있답니다. 연극을 위해 태어난 아이지요. 훌륭한 집안의 귀여운 소녀에겐 좋은 길이고, 또 좋은 집안이라면 백작 가문과 혼사를 맺을 수도 있을 겁니다. 하지만 그런 일은 저도, 로테도 꿈도 꾸지 못할 일이지요. 그래서 전 최근에 딸애와 함께 성악 학교에 갔답니다. 거기서 로테는 노래를 불렀어요. 그런데 글쎄 카나리아 목소리는커녕 가장 높은 음정도 올라가지 않는 것이었어요. 가수가 되기 위한 가장 기본인데도 말이에요. 그곳 사람들은 로테에게 절대로 이 길을 걷지 말라고 충고하더군요. 어쩌면 좋겠어요? 그래서 전 며칠을 고심하다가 생각했습니다. 로테는 가수가 되지는 못하겠지만, 배우는 될 수 있을 거라고 말이에요. 배우는 그저 말만 잘하면 되니까요. 오늘 전 이 점에 대해 연출가 선생님하고 이야기를 나눠 봤어요. 그 사람이 묻더군요. '딸이 책을 많이 읽었습니까?' 제가 '아뇨' 대답했더니, '그럼 절대로 안 됩니다. 박식함은 예술가에게 필수 조건입니다!' 그가 말하더군요. 그렇다면 그런 박식함은 로테도 얻을 수 있다고 생각했지요. 그러곤 집으로 돌아왔어요. 책을 빌려 주는 도서관을 이용하기로 마음먹은 거죠. 그런데 오늘 저녁에 옷을 벗는데, 갑자기 이런 생각이 떠오르더군요. 책을 빌려 볼 수만 있다면, 굳이 도서관까지 가서 책을 빌릴 필요는 없겠다는 생각이 든 거죠. 고문관님은 책을 많이 가지고 계시니까 제 딸이 읽도록 빌려 주시면 좋겠습니다. 공짜로 읽어도 책은 책이잖아요."

잡화상 피터슨은 간절히 애원하듯 말했습니다.

"로테 레네는 얌전한 소녀지. 암, 귀여운 소녀고말고. 앞으로 로테에게 마음껏 책을 빌려가도 좋다고 하게. 그런데 로테는 특별한 재능이 있나? 그리고 그것만큼 중요한 행운도 뒤따르나?"

"로테는 상품 복권에 두 번이나 당첨되었답니다. 한 번은 옷장이고, 한 번은 여섯 벌의 침대 깔개였지요. 전 그것도 행운이라고 봅니다. 로테에겐 행운이 있어요."

잡화상 피터슨이 말했습니다.

"그럼, 내가 열쇠에게 물어보겠네."

고문관이 말했습니다. 고문관은, 열쇠를 자신의 오른손 집게손가락과 피터슨의 오른손 집게손가락 위에 올려놓고 열쇠를 돌리면서 글자를 하나하나 나타나게 했습니다.

열쇠는 '승리와 행운'이라고 말했습니다. 이렇게 해서 로테 레네의 미래는 결정된 겁니다. 고문관은 로테가 곧바로 읽을 수 있는 《뒤벡》과 크니게의 《인간과의 교우》라는 두 권의 책을 주었습니다.

이날 저녁부터 로테 레네와 고문관 부부는 차츰 가까워졌습니다. 로테는 늘이 집으로 올라왔습니다. 고문관은 곧 그녀가 총명하다는 사실을 알게 되었죠. 로테는 고문관과 열쇠를 믿었습니다. 고문관 부인은 그런 로테의 태도가 순진하고 천진난만해서 마음에 들어했습니다.

고문관 부부는 그녀를 좋아했고 그녀도 고문관 부부를 좋아했습니다.

"저 위층에서 나는 냄새는 아주 사랑스러워."

로테 레네는 늘 이렇게 말했습니다. 집안은 기분좋은 사과 향기로 가득했습니다. 고문관 부인이 그라벤슈타인의 사과 한 통을 복도에 세워 두었기 때문이지요. 또 모든 방에는 장미꽃과 라벤더 향기로 가득했습니다.

로테 레네는 집 안 가득 피어 있는 아름다운 꽃들을 보는 것을 매우 좋아했습니다. 한겨울에도 이 집에는 라일락과 벚나무 가지가 자라났습니다. 따뜻한 방에다 식물 가지만 잘라 꽂아 두면 금세 꽃들과 잎사귀들이 자라난 것입니다.

"헐벗은 나뭇가지에 생명이 없다 해도 보렴, 이 가지들이 죽음에서 어떻게 부활하는지를 말야. 우린 이것을 생각해야 한단다."

"전 상상도 못했던 일이에요. 자연은 참 사랑스러워요."

로테 레네는 말했습니다.

고문관은 로테에게, 열쇠가 말한 진기한 일들이 기록된 열쇠 책을 보여 주었습니다. 열쇠는 하녀가 자기 애인을 찾아간 바로 그날 저녁 찬장에서 사라져 버린 애플파이 반 조각에 대해서도 알려 주었습니다.

고문관은 누가 애플파이를 먹었느냐고 열쇠에게 물어보았습니다. 고양이인지 그녀의 애인인지를요. 열쇠는 하녀의 애인이라고 대답했습니다.

"그래, 신기하지 않니? 아, 그리고 열쇠는 너에 대해서도 이렇게 말했지. '승리와 행운'이라고 말이야. 우린 곧 눈으로 그 사실을 보게 될 거다. 애야, 난 확신한단다."

"정말 매력적이에요!"

로테 레네가 말했습니다.

고문관 부인은 믿지 않았지만, 남편 앞에서는 아무런 말을 하지 않았습니다. 얼마 뒤에 부인은 로테 레네에 대한 믿음이 생기자 남편이 젊었을 때 연극에 완전히 빠져 있었노라고 털어놓았습니다. 그 무렵 누군가가 그를 적극적으로 밀었다면 배우가 되었을 터이고, 가족들은 그를 연극에서 빼내려고 안달을 했을 거라고 말입니다. 그는 무대에 서기를 바랐고, 희곡을 쓰기도 했답니다.

"어린 로테 레네야, 오늘 네게 털어놓은 말은 굉장한 비밀이란다. 그가 쓴 희곡은 그리 나쁘지는 않았지. 왕실 극장에 채택되기도 했지만 야유와 조소를 받았단다. 그 뒤로 이 작품에 대한 이야기는 영원히 듣지 못하게 되었어. 그래서 난 기쁘단다. 난 그의 아내고, 그 사람을 잘 알아. 이제 네가 똑같은 길을 가려고 하는구나. 잘되길 바란다. 하지만 그 꿈이 이루어질 거라고 믿지는 않는다. 난 열쇠의 말을 믿지 않거든."

하지만 로테 레네는 열쇠를 믿었습니다. 그리고 이 점은 고문관의 생각과 똑같았죠. 그래요, 로테는 철석같이 자신의 믿음을 믿었어요.

로테는 또한 고문관 부인에게 자신의 진가를 알리는 여러 덕목들을 갖추고 있었답니다. 알맞은 강도로 감자를 익히는 방법과 헌 비단 양말과 비단 장갑 기우는 법을 알았으며, 비록 새것을 살만한 돈이 있다 해도 비단 무용 신발을 그냥 신을 줄 아는 등 많은 것들이 있었지요.

또 로테는 책상 서랍 안에 돈을 모아 놓기도 하고, 금고엔 채권도 가지고 있다고 잡화 상인이 말했습니다. 고문관 부인은 로테가 약사의 부인으로 썩 잘 어울린다고 생각했지만, 입 밖에 내서 말하지는 않았습니다. 열쇠에게 물어보지도 않았지요. 약사는 곧 자기 약국을 차려 정착하게 될 것입니다. 그것도 가깝고 비교적 큰 지방 도시에다 말이지요.

로테 레네는 늘 《뒤벡》과 크니게의 《인간과의 교우》를 열심히 읽었습니다. 로테는 이 두 권의 책을 2년이나 간직했으며, 《뒤벡》은 다 외울 정도였습니다. 그녀는 거기에 나오는 모든 인물들의 연기를 다 할 수 있었습니다. 하지만 그녀가 바라는 역할은 주인공이었습니다.

하지만 많은 악의와 시기가 있고 그녀를 받아들이려고 하지 않는 코펜하겐에서 연극을 하고 싶지는 않았습니다. 그녀는 조금은 큰 지방 도시에서 고문관이 말한 예술가로서의 삶을 시작하고 싶었습니다. 그런데 그녀가 일하기를 원한 곳은 장래성 있는 젊은 약사가 자리를 잡은 바로 그 지방이었답니다.

마침내 기대로 부푼 멋진 저녁이 찾아왔습니다. 이날 로테 레네는 처음으로 연극에 출연하기로 되어 있었고, 열쇠가 말한 대로 승리와 행운을 거머쥐게 될 것이었죠. 그러나 고문관은 침상에 누워 있었기 때문에 오지 못했습니다. 고문관 부인도 그를 간호하느라 오지 못했답니다. 따뜻한 냅킨과 카밀렌 차(땀을 내게 하는 약)로 그를 돌봐야 했기 때문입니다.

약사는 《뒤벡》 공연에 참석했습니다. 그러고는 이 공연에 대해 친척인 고문관 부인에게 한 통의 편지를 보냈습니다.

'오늘 공연은 최악이었어요. 만일 고문관님의 현관문 열쇠가 내 주머니에 들어 있었다면, 그것을 꺼내 야유의 휘파람을 불었을 겁니다. 그랬다면 이 야유의 소리를 로테는 들었을 것이고, 로테에게 그렇게도 치욕적인 〈승리와 행운〉이라고 사기를 친 열쇠도 이 소리를 들었을 것입니다.'

고문관도 이 편지를 읽었습니다.

"악의로 가득 찼군. 죄도 없는 소녀에게 쏟아 부어진 열쇠에 대한 증오야."

고문관은 곧 건강을 회복하자마자, 짧지만 독기 어린 답장을 약사에게 보냈고, 약사는 다시 답장을 보내 왔습니다. 고귀하신 분의 편지 전체에서 볼 때 오로지 농담과 호의만 읽은 것 같다고 했습니다.

그는 또 이렇게 털어놓았습니다. 자신이 약사로서의 영향력을 이용해 위대한 열쇠를 모델로 하는 대단한 실화 소설을 쓰고 있다고 말이에요. 이 소설에는 오직 열쇠만이 등장한다는 것이었습니다. 예언 능력을 가진 고문관의 특별한 현관문 열쇠가 바로 그 주인공이라 했습니다. 이 열쇠를 중심으로 모든 다른 열쇠들이 돌아가게 될 거라고 했습니다. 늙은 시종장의 열쇠는 왕실의 영광과 축제를 알고 있고, 시계의 태엽을 감는 열쇠는 대장장이가 만든 4실링짜리로서 작고 섬세하며 우아하다는 것, 그리고 교회 제단 열쇠는 자신을 성직자의 일부로 생각하며, 어느 날 열쇠구멍에 꽂힌 채로 사람들의 영혼들을 보았다는 것, 그 밖에 찬장 열쇠, 땔감나무를 쌓아두는 광 열쇠, 포도주를 저장하는 지하실 열쇠를 비롯한 모든 열쇠가 나온답니다.

그런데 이 열쇠들은 모두 현관문 열쇠를 중심으로 돌아가며, 그에게 허리를 굽힌답니다. 햇살이 은처럼 이 현관문 열쇠를 비추고 바람, 즉 세계의 정령들이 이 열쇠 안으로 들어가서, 이 열쇠가 휘파람을 불게 된다는 것입니다. 모든 열쇠 중의 열쇠인 이 열쇠는 이제 천국의 문을 여는 열쇠, 즉 '오류가 없는' 교황의 열쇠가 되리라는 것이었습니다.

"악의로 가득 차 있어!"

그 편지를 다 읽고나서 고문관이 말했습니다.

그 뒤 고문관은 자기 부인의 장례식에서 그를 만나게 되었습니다.

고문관 부인이 죽자 온 집 안은 슬픔과 공허로 가득찼습니다. 최근에 뻗어 나온 성성한 가지에서는 꽃이 피려고 하지 않았고, 이미 꽃을 피운 벚나무 가지조차도 슬픔에 잠겨 시들어 갔습니다. 그녀가 더 이상 돌보지 못했기 때문입니다.

고문관과 약사, 두 사람은 고문관 부인의 관 뒤에서 가장 가까운 친척으로 나란히 걸어갔습니다. 말다툼을 벌일 기분도 분위기도 아니었지요.

로테 레네는 고문관의 모자에 상장(喪章)을 달아 주었습니다. 로테는 이미 오래전에 집에 돌아와 있었습니다. 예술가로서의 승리와 행운도 얻지 못한 채 말입니다. 그러나 승리와 행운은 올 수 있을 겁니다. 로테 레네에겐 미래가 있으니까요. 열쇠는 물론 고문관도 그렇게 확신했습니다.

그녀는 고문관을 자주 찾아 갔습니다. 두 사람은 죽은 고문관 부인에 대해 이야기를 나누며 함께 울었습니다. 로테 레네는 가냘퍼 보였습니다.

두 사람은 예술에 대해 이야기를 나누었습니다. 그런 면에서 로테 레네는 매우 강했지요.

"연극은 죄악이에요. 그 세계에는 험담과 시기가 많지요. 전 차라리 저만의 길을 갈 거예요. 삶이 먼저이고 그 다음이 예술이예요."

로테가 말했습니다.

그녀는 크니게가 배우에 대해 쓴 책에서 진실을 말하고 있음을 깨달은 것이었습니다. 하지만 고문관에게 열쇠는 진실에 대해 말하지 않았다는 이야기는 절대로 하지 않았지요. 고문관을 사랑하고 있었던 것입니다.

어쨌든 열쇠는 아내를 잃고 슬픔에 잠긴 고문관에게 1년 내내 위로와 활력을 주었습니다.

그가 열쇠에게 질문을 던지면, 열쇠는 그에게 답해 주었습니다. 만족할 만한 답을 말이죠.

어느덧 해가 바뀌었습니다. 고문관과 로테 레네는 분위기 좋은 저녁에 나란히 앉아 있었습니다. 그때 그가 무심코 열쇠에게 물었답니다.

"내가 다시 결혼한다면, 누구와 하지?"

그를 미는 사람은 아무도 없었습니다. 그러나 그가 열쇠를 밀었고, 열쇠는 대답했습니다.

"로테 레네!"

그렇게 해서 로테 레네는 고문관의 부인이 되었습니다.

오래전에 현관문 열쇠가 예언한대로 '승리와 행운'이 이루어진 것입니다.

155

앉은뱅이 한스

Krøblingen

아주 오래전에 젊고 훌륭한 주인이 살았던 낡은 저택이 있었습니다. 돈과 재산이 풍족해서, 재미나게 살며 착한 일을 하고 싶었던 이 젊은 부부는, 자신들의 삶이 행복한 것처럼 모든 사람들을 즐겁게 해 주고 싶었습니다.

크리스마스 이브였습니다.

오래 된 기사들의 홀에는 화려하게 꾸며진 전나무들이 세워지고, 벽난로에서는 불이 활활 타올랐으며, 낡은 그림 가장자리엔 전나무 가지들이 매달려 있었습니다.

저녁 무렵에는 하인들의 방에서도 크리스마스의 즐거움과 기쁨이 활짝 피어났습니다. 이곳에도 커다란 전나무가 세워졌지요. 전나무에는 붉고 하얀 촛불들이 타올랐으며, 작은 덴마크 국기가 걸렸고, 오색 종이로 된 백조와 어망이 설탕과자와 함께 가득 달려 있었습니다.

교구의 가난한 아이들도 모두 초대를 받았습니다. 아이들은 하나같이 어머니와 함께 왔답니다. 어머니들은 나무보다는 크리스마스 탁자 위를 흘깃흘깃 쳐다 보았습니다. 탁자 위에는 모직, 아마 등으로 만든 여러 옷과 바지들이 놓여 있었습니다. 어머니들과 다 큰 아이들은 이 탁자 쪽만 쳐다보았고, 아주 어린 꼬마아이들만이 촛불과 장식용 반짝이 조각과 깃발을 향  해 발을 동동 구르며 고사리 손을 뻗었습니다.

한 무리 사람들은 오후 일찍부터 와서 크리스마스 오트밀과 붉은 양배추, 구운 거위 고기가 나오는 전통적인 저녁식사를 대접 받았습니다. 그 다음에는 크리스마스 나무를 본 다음, 작은 선물들과 오색주 한 잔과 구운 사과 한 조각씩을 받았지요. 그러고 나서 사람들은 다시 초라한 자신들의 집으로 돌아갔습니다. 그들은 집으로 돌아와 저택에서 먹었던 좋은 음식에 대해 말하며, 또 한번 선물을 요모조모 살펴보았습니다.

이들 가운데에는 정원에서 일하는 막일꾼 키르스텐과 올레가 있었습니다. 이 두 사람은 결혼해서 집을 장만했으며, 주인 댁 밭에서 잡초를 뽑고 땅을 파는 일로 먹고 살았습니다.

이들은 크리스마스 축제 때마다 다른 사람들보다 더 좋은 선물을 받았습니다. 이 부부에게는 다섯 아이들이 있었는데, 그들은 모두 주인댁에서 얻어 온 옷을 입었습니다.

"우리 주인님들은 참 착한 분들이야."

"그래, 주인님에게는 착한 일을 할 돈이 있고, 그렇게 하기를 매우 기뻐하시지."

"그런데 여기 좋은 옷들이 네 벌밖에 없군요, 마음 아프게! 왜 앉은뱅이에겐 아무것도 주지 않았을까요? 비록 그 애가 축제에 가진 못했어도, 주인님은 늘 그 애에게 마음을 쓰시곤 했는데."

이 부부가 '앉은뱅이'라 말한 아이는 맏이였습니다. 이 아이에게는 한스라는 버젓한 이름이 있었습니다.

한스가 꼬마였을 때에는 누구보다 민첩하고 활기 찬 아이였는데, 어느날 갑자기 다리가 약해지는 바람에 서지도 걷지도 못하게 되었습니다.

한스는 이미 5년째 침대에 누워서 지내고 있었습니다.

"아, 참. 한스를 위해 받은 게 하나 있어요. 하지만 별것 아니에요. 그저 책 한 권이죠."

"그 따위 선물이 저 애를 살찌게 하지는 않아."

아버지가 말했습니다.

하지만 한스는 그 선물을 받고 무척 행복했습니다. 그는 책 읽기를 좋아하는 바르고 똑똑한 소년이었습니다. 하지만 늘 침대에 누워 있어야 했기 때문에, 자신이 할 수 있는 일을 하려고 애썼습니다. 손놀림이 능숙한 그는 자기 손으로 털양말을 짰으며, 심지어는 침대보도 뜨개질했답니다.

자비로운 부인은 뜨개질한 침대보를 칭찬하면서 한스에게 동화책을 사 주었습니다. 이 책은 재미있었으며, 깊이 생각할 부분도 무척 많았습니다.

"이 따위 책은 우리 집엔 아무 쓸모가 없어. 하지만 한스가 책을 읽도록 놔둬. 그러면 시간이 흘러갈 테지. 종일 양말만 짤 수도 없으니까 말야."

부모들은 이렇게 말했습니다.

봄이 왔습니다. 벚꽃들이 피고 땅에서도 꽃이 피어 오르기 시작했습니다. 찬송가에서 아무리 아름답게 찬양한다 하더라도, 오직 쐐기풀로밖에 불리지 못하는 잡초들도 고개를 내밀었습니다.

왕들이 모여 의견을 모았다네.
왕들이 온갖 보화와 모든 권력을 가져도
단 한 잎도 쐐기풀에 앉히지 못한다네.

이제 정원사와 수습공뿐만 아니라, 막일꾼 키르스텐과 올레에게도 할 일이 많아졌습니다.

"정말 너무 힘들고 지겨워! 잡초를 뽑아서 이 길을 멋있게 만드는 게 무슨 소용이 있담. 어차피 다시 짓밟혀질 텐데. 이곳은 손님들이 무척 많이 찾아오던데, 그들을 모두 대접하려면 대체 비용이 얼마나 들까? 하지만 주인님네는 큰

부자니까."

"세상은 불공평해. 우린 모두 하느님 자녀라고 신부님이 말했어. 그런데 왜 이렇게 다르지?"

"그것은 아담과 이브가 타락했기 때문이에요."

동화책을 들고 여전히 침상에 앉아 있는 앉은뱅이 한스 곁에서, 부부는 다시 이런 대화를 나누었습니다.

가난과 고생과 걱정이 부모의 두 손을 거칠게 만들었고, 판단과 생각까지도 흐리게 만들었습니다. 이들은 파악하거나 이해하려 하지 않고, 차츰 더 분노와 흥분을 더해가며 이야기를 계속했습니다.

"어떤 사람들은 잘살고 행복한 데 비해 어떤 사람들은 이토록 찢어지게 가난해. 우리가 왜 조상들이 잘못한 것 때문에 고통을 받아야 하지? 우리는 아담과 이브처럼 그렇게 행동하지도 않았는데 말야."

"아뇨, 우리도 이미 그렇게 했어요. 여기 이 책 속에 모든 게 씌어 있어요!"

갑자기 앉은뱅이 한스가 말했습니다.

"책에 무엇이 씌어 있다고?"

부모님이 물었습니다.

그러자 한스는 부모님에게 나무꾼과 그 부인에 대한 옛날 동화를 읽어주었습니다. 그 이야기는 이러했습니다.

나무꾼 부부도 자신들의 불행에 책임이 있는 아담과 이브의 호기심을 질책했지요. 그때 임금님이 그 옆을 지나가게 되었습니다.

"나를 따르시오! 그리하면 그대들은 나와 똑같이 식사 때마다 일곱 가지 일품요리를 먹게 될 것이오. 하지만 다른 하나의 일품 요리에는 절대 손을 대면 안되오. 그것은 질항아리 속에 들어 있는데, 만일 그대들이 그 질항아리를 만지는 날엔 영화로운 생활도 끝장이 날 것이오."

임금님이 말했습니다.

"질항아리 안에 무엇이 들어 있을까요?"

부인이 물었습니다.

"그런 건 우리와는 아무 상관도 없어."

남편이 대답했습니다.

"호기심이 아니라고요. 왜 우리가 뚜껑을 열어서는 안 되는지 알고 싶을 뿐이에요. 틀림없이 맛있는 걸 테니까."

부인이 말했습니다.

"틀림없이 어떤 기계 장치가 되어 있을 거야. 뚜껑을 여는 순간 총알이라도 발사된다면 온 집 안을 시끄럽게 만들걸!"

"네?"

부인은 질겁해서 질항아리를 건드리지도 않았습니다. 하지만 그날 밤에 꿈을 꾸었습니다. 질항아리 뚜껑이 저절로 열리더니 결혼식이나 장례식에서나 맛볼 수 있는 가장 달콤한 오색주의 향기가 흘러나오는 것이었습니다. 또 커다란 은 실링에는 다음 같은 글귀가 새겨져 있었습니다.

〈이 오색주를 마시라. 그리하면 그대들 두 사람은 이 세상에서 으뜸가는 부자가 되고, 다른 사람들은 거지가 되리라.〉

꿈에서 깨어난 부인은 남편에게 꿈 이야기를 했습니다.

"당신이 그 일을 지나치게 생각해서 그래."

남편이 말했습니다.

"우리가 아주 조심스럽게 만져 볼 수만 있다면……."

부인이 말했습니다.

"조심스럽게!"

남편이 말했습니다.

부인은 살그머니 뚜껑을 열었습니다. 그러자 질항아리에서 작은 쥐 두 마리가 재빠르게 뛰쳐나오더니 쥐구멍 속으로 사라지고 말았습니다.

"그것 봐라! 너희도 별 수 없지 않느냐. 이제 그대들은 다시 그대들 집에서 누울 수 있을 것이오. 더는 아담과 이브를 욕하지 마시오. 그대들도 똑같이 호기심이 있고, 하느님에게 감사하지도 않았으니."

"어쩜 이런 이야기가 책으로 나왔을까. 꼭 우리를 두고 하는 말 같죠? 정말 깊이 생각해 볼만한 이야기야."

올레가 말했습니다.

이튿날에도 부부는 다시 일을 하러 나갔습니다. 이들은 모두 뜨거운 볕에 검게 그을렸고, 갑자기 비가 오는 바람에 온몸이 흠뻑 젖어버렸습니다. 그러나 불만은 지워지지 않았습니다.

부부가 집에서 우유 오트밀을 다 먹은 것은 채 어두워지기 전이었습니다.

"그 나무꾼 이야기를 다시 읽어 주렴."

올레가 한스에게 말했습니다.

"이 책에는 아직도 멋진 이야기가 많이 남아 있어요. 어머니, 아버지께서 모르는 이야기가 참으로 많지요."

"난 다른 이야기엔 관심 없다. 내가 아는 이야기를 듣고 싶어."

그래서 이 부부는 나무꾼 부부의 이야기를 또 듣게 되었습니다. 그리고 그것에 대해 대화를 나누었지요.

그 이야기를 듣는 저녁이 차츰 더 많아지게 되었습니다.

"난 이야기를 제대로 이해할 수가 없구나. 인간은 응고되는 우유와 같아. 그 가운데 어떤 것은 맛있는 치즈가 되고, 어떤 것은 그저 밍밍하고 물기 많은 유청이 되지. 수많은 사람들이 모두 일을 하기 때문에 행복해진다고? 하지만 그렇지 않아. 윗자리에 앉은 사람들은 근심이나 가난이라고는 통 모르는 걸."

앉은뱅이 한스는 이 말을 듣게 되었습니다.

한스는 비록 다리는 약했지만 머리는 똑똑했습니다. 그는 부모님에게 '근심과 걱정이 없는 사람'에 대한 동화를 읽어 주었습니다. 그런데 어디에서 그 사람을 찾았을까요? 틀림없이 그는 존재했습니다.

옛날에 한 임금님이 있었습니다. 임금님은 병에 걸려 몹시 아팠는데, 이 병을 낮게 할 방법은 오직 하나뿐이었습니다. 늘 진실만을 말하며, 단 한 번도 근심과 걱정을 모르는 사람이 입고 다녀서 다 해진 속옷이 필요했지요.

온 세계 나라와 성들, 귀족의 저택들, 잘살고 즐겁게 사는 모든 사람들에게 사자가 보내졌지만, 열심히 찾아보아도 어느 누구에게나 모두 근심과 걱정이 있었습니다.

"난 근심과 걱정이 없답니다. 그 누구보다 행복한 사람이지요."

그런데 도랑에 앉아 있던 나무꾼이 말했습니다. 그는 웃으며 노래도 불렀지요.

"그렇다면 우리에게 당신의 속옷을 주시오. 당신은 그 대가로 왕국의 절반을 얻게 될 것이오."

임금님의 사자들이 말했습니다.

하지만 그에겐 속옷이 없었습니다. 그럼에도 그는 자신을 가장 행복한 사람이라고 불렀습니다.

"멋진 사람이구나."

여러 해 전부터 웃음을 잃고 지내던 한스의 부모는 오랜만에 크게 웃음을 터뜨렸습니다. 이때 교장 선생님이 이들의 곁을 지나가게 되었습니다.

"무엇이 그리도 즐겁습니까? 집안에 좋은 일이 있군요. 복권 당첨이라도 되셨습니까?"

"아닙니다. 그런 게 아니에요. 우리 한스 때문이지요. 한스가 우리에게 동화책을 읽어 주었답니다. 《걱정과 근심이 없는 사람》이라는 동화지요. 그 사람은 단 한 번도 속옷을 가져 보지 못했답니다. 이런 이야기를 책에서 들으니까, 우리 눈이 번쩍 뜨이지 뭡니까. 모든 사람은 저마다 자기 짐을 져야 하는군요. 단 한 사람이 아니라 우리 모두가 말이에요. 어쨌든 이 책 속에는 위로가 담겨 있어요."

"어디서 이 책을 얻었습니까?"

교장 선생님이 물었습니다.

"1년 전 크리스마스 때 우리 한스가 받은 것이랍니다. 주인님네가 한스에게 선물한 것이지요. 아시다시피 한스는 책 읽기를 아주 좋아하지요. 그 애는 앉은뱅이잖아요. 그때의 우리 부부는 차라리 한스가 책 두 권보다는 아마로 된 속옷을 받았다면 더 좋아했을 겁니다. 하지만 이 책은 참 신기하군요. 바로 우리가 생각했던 것들에 대한 해답을 주니까 말이에요."

교장 선생님은 책을 펼쳤습니다.

"이 이야기를 다시 한 번 들려주세요. 전 제대로 이해하지 못했어요. 그 이야기가 끝나면 한스에게 나무꾼 이야기도 더 읽어달라고 해야겠어요."

올레는 이미 두 가지 이야기로도 충분했습니다.

이 두 가지 이야기는 짜증과 불평으로 가득 찼던 가난한 집 안에 내리비치는 환한 두 줄기의 햇살이었습니다.

한스는 그 책을 몇 번이나 읽었습니다. 동화책은 약한 다리로는 도저히 갈 수 없었던 저 먼 세상으로 그를 데려다 주었던 것입니다.

교장 선생님은 한스 침대 곁에 앉아서, 한스와 많은 이야기를 나누었습니다. 두 사람 모두에게 참 즐거운 시간이었죠.

이날부터 부모님이 일을 나가고 없을 때면, 교장 선생님은 더 자주 한스를 찾아 왔습니다. 그가 오는 것은 한스에겐 축제와 같은 기쁨이었습니다.

한스가 교장 선생님이 들려주는 이야기에 얼마나 열심히 귀 기울였는지 모릅니다. 그는 지구의 크기와 수많은 나라들에 대해서 이야기해 주었습니다. 태양은 지구보다 거의 50만 배나 크다는 사실과 대포알이 지구에서 태양까지 가려면 꼬박 25년이 걸릴 만큼 멀리 떨어져 있지만, 햇빛은 오로지 8분 만에 지구에 도달할 수 있다는 것을 말해 주었습니다.

이 모든 것은 똑똑한 학생이라면 누구나 다 잘 아는 내용입니다. 하지만 한스에겐 새로운 사실이었고 동화책에 씌어 있는 것보다 더 놀라운 것이었습니다.

교장 선생님은 1년에 두서너 번 영주의 저택에 초대를 받았습니다. 이런 자리에서 그는 한 권의 동화책이 가난한 집에 얼마나 귀중한 의미를 가져다주었는지, 그리고 오로지 두 편의 이야기가 환한 햇살처럼 기쁨과 축복이 되는지를 이야기해 주었습니다. 몸은 약하지만 똑똑한 소년이 책을 읽음으로써 집 안에 기쁨을 가져다주었다는 이야기였죠.

교장 선생님이 집으로 가려고 일어섰을 때, 자비로운 부인이 어린 한스를 위해 반짝이는 은화 몇 개를 그의 손에 살며시 쥐어 주었습니다. 교장 선생님이 한스에게 이 돈을 가져다주자, 소년은 이렇게 말했습니다.

"이 돈은 어머니와 아버지가 필요하실 거예요."

막일꾼 키르스텐과 올레는 앉은뱅이 한스가, 이제 자신들에게 도움과 축복을 가져다준다고 여겼습니다.

이 일이 있고 며칠 뒤, 부모님이 일하러 귀족 영지에 나가고 없을 때, 이 집 밖에 마차가 멈춰 섰습니다. 다름 아닌 마음씨 고운 자비로운 부인이었지요. 그녀는 자신이 준 크리스마스 선물이 소년과 그 부모에게 그토록 크나큰 위로와 기쁨이 되었다는 이야기를 듣고 매우 기뻐하고 있었습니다.

부인은 좋은 밀빵과 과일과 검붉은 포도 주스 한 병을 바구니에 넣어 가지고 왔습니다. 그러나 더욱 멋진 일은, 한스에게 무척 아름답게 노래할 수 있는 검고 작은 새 한 마리를 금빛 새장에 담아 가져다 준 것이었습니다.

새장은 낡은 장롱 위에 놓여졌습니다. 소년은 침대에서 새가 노래하는 것을 보고들을 수 있었습니다. 더욱이 들길에서 일하는 사람들도 이 새의 노래를 들을 수 있었지요.

막일꾼 키르스텐과 올레는 자비로운 부인이 돌아간 뒤에야 집에 돌아왔습니다.

부부는 한스가 아주 즐거워하는 것을 눈치 챘지만, 그들에게는 새가 그저 골칫거리일 뿐이라고 생각했습니다.

"부자들은 깊게 생각을 못 해. 이제 우린 새에게도 신경을 써야 한다고. 앉은뱅이 한스는 새를 잘 돌보지 못할 테니까 말야. 언젠가는 고양이가 새를 물어가 버리고 말 테지."

1주일이 지나가고 또 1주일이 흘렀습니다. 고양이는 새를 놀라게 하지도 괴롭히지도 않았으며, 함께 잘 지냈습니다. 그러던 어느 날 마침내 큰일이 벌어지고 말았습니다.

어느 오후였습니다. 부모님과 다른 아이들은 모두 일을 나가서 없고 방에는 오직 한스뿐이었습니다. 한스는 동화책을 들고, 모든 소원을 이룬 어부의 아내에 대한 이야기를 읽고 있었습니다.

어부의 아내는 임금님이 되고 싶어 했고 마침내 임금님이 되었습니다. 또 황제가 되고 싶었지요. 그래서 황제도 되었습니다. 그러나 이것으로도 만족할 수가 없었답니다. 이번에는 황제보다 더 높은 하느님이 되고 싶었습니다. 그런데 그때 어떤 일이 벌어졌을까요? 그녀는 다시 자신이 가까스로 벗어났던 그 시궁창에 앉아 있었던 것입니다.

이 이야기는 새나 고양이와는 아무런 관련이 없었습니다. 하지만 사건이 벌어졌을 때 한스는 이 이야기를 읽고 있었기 때문에 그때를 생각하면 늘 그 이야기를 떠올리곤 했습니다.

새장은 장롱 위에 있고, 고양이는 바닥에 앉아 황록색 눈을 번득이며 새를 뚫어지게 쳐다보고 있었습니다.

마치 고양이가 새에게 이렇게 말하는 것 같았습니다.

"넌 참 매력적이야! 너를 잡아먹고 싶어."

한스는 이 말을 알아들을 수 있었습니다. 고양이 얼굴에서 아주 정확하게 이런 생각을 읽어낼 수 있었지요.

"저리 가, 고양아! 그렇게만 해봐, 내가 널 집 밖으로 쫓아내버릴 거야."

한스가 외쳤습니다.

고양이가 뛰어오르려고 몸을 구부리는 듯했지만 한스는 고양이를 잡을 수가 없었습니다. 한스에겐 그가 가장 아끼는 보물인 동화책 말고는 고양이에게 집어 던질 것이 아무것도 없었습니다.

한스는 고양이에게 동화책을 힘껏 집어 던졌습니다. 하지만 고양이에게 맞기는커녕 책의 껍데기가 떨어져서 한쪽으로 날아가고, 알맹이는 다른 쪽으로 날아갔습니다.

고양이는 천천히 걷다가 몇 걸음 뒤로 물러서면서 이렇게 말하고 싶은 듯이 그를 쳐다보았습니다.

'어린 한스야, 넌 끼여들지 마. 난 걸을 수도 있고, 뛰어오를 수도 있지만 넌 둘 다 할 수 없잖아.'

한스는 고양이에게 두 눈을 부릅떠서 겁을 주려 했지만 마음은 무척 불안했습니다. 새도 불안해 했습니다. 그들을 도와줄 수 있는 사람은 아무도 없었습니다. 고양이도 이 사실을 다 아는 듯했지요.

고양이는 뛰어오르려고 다시 몸을 구부렸습니다. 한스는 움직일 수 있는 두 손으로 침대보를 휘둘렀습니다. 그렇지만 고양이는 침대보 따위에는 꿈쩍도 하지 않았습니다.

한스가 침대보를 던졌지만, 고양이는 이번에도 아랑곳하지 않고 의자 위로 단 한 번에 뛰어오르더니 새와 아주 가까이 있는 창문 턱에 올라 앉았습니다.

한스는 몸 안에서 뜨거운 피가 솟구치는 것을 느꼈지만, 그런 것을 알아챌 겨를도 없이 오직 고양이와 새만 생각했습니다. 소년이 의지할 것이라곤 침대밖에 없었습니다. 두 발로 설 수도 없었고, 걸을 수는 더더욱 없었으니까요.

고양이가 창문턱에서 막 장롱으로 뛰어올라 새장에 부딪치는 것을 보았을 때, 한스는 피가 거꾸로 도는 듯했습니다.

마침내 새장이 바닥에 떨어졌습니다. 새는 너무 크게 놀란 나머지 새장 안에서 이리저리 날아다녔습니다.

한스는 비명을 질렀습니다. 온몸에 전율이 일어났습니다. 다른 것을 생각할 틈도 없이, 한스는 침대에서 일어나 바닥으로 뛰어내렸습니다. 고양이를 끌어내리고 새장을 꽉 움켜쥐었지요. 한스는 자기가 손에 새장을 들고 서 있는 것조차 알아채지 못했습니다.

그러다가 문득 자기 모습을 보고 한스는 새장을 그대로 들고 문 밖으로 뛰쳐 나가 길을 따라서 달렸습니다. 두 눈에서는 비오 듯 눈물이 쏟아졌습니다.

그는 환호성을 지르며 크게 소리쳤습니다.

"난 걸을 수 있다! 난 걸을 수 있다!"

마침내 한스는 건강을 회복했습니다. 살다 보면 이런 일이 일어나기도 합니다. 바로 한스에게 그런 기적이 일어난 것이지요.

교장 선생님이 가까운 곳에 살았습니다. 한스는 내복 차림에 겉옷만 걸친 채 새장을 들고 맨발로 그에게 달려갔습니다.

"전 이제 걸을 수 있어요!"

한스가 소리쳤습니다.

"오, 주님!"

교장 선생님은 흐느껴 울다가 너무나 기뻐 엉엉 소리내어 울었습니다.

그날은 막일꾼 키르스텐과 올레 인생에서 가장 행복한 날이었습니다.

"이렇게 기쁜 날을 다신 맞이하지 못할 거야."

그들 부부는 이렇게 말했습니다.

한스는 귀족 저택에 부름을 받았습니다. 오랫동안 걸어 보지 못했던 길이었습니다. 그가 잘 알고 있던 나무와 개암나무 숲들이 그에게 고개를 까닥이며 인사하는 것 같았습니다.

"안녕, 한스. 이렇게 나온 것을 환영해!"

햇살이 그의 얼굴과 마음속에도 환하게 비추었습니다.

젊고 선량한 주인들은 마치 친가족이라도 되듯 한스를 그들 곁에 앉히고 기뻐했습니다. 그러나 누구보다 가장 기뻐한 사람은 한스에게 동화책과 노래하는 작은 새를 선물한 자비로운 부인이었습니다. 물론 새는 너무 놀란 나머지 죽어 버렸지만, 한스의 병을 낫게 해 주는 역할을 톡톡히 했고, 동화책은 한스와 부모에게 위로와 기쁨이 되었던 것입니다.

한스는 여전히 동화책을 가지고 있었고 아무리 나이가 들더라도 그 책을 소중히 간직하며 읽고 싶어 했습니다.

이제 한스는 집안에도 도움을 줄 수 있게 되었습니다. 그가 가장 바라는 일은 제본공이 되는 것이었답니다.

"새로운 책들을 모두 읽을 수 있으니까요."

한스는 자랑스레 말했습니다.

그날 오후, 자비로운 부인은 한스의 부모를 불렀습니다.

부인은 남편과 한스에 대해 이야기를 나눴다고 했습니다. 또한 한스가 신앙심이 깊고 똑똑한 소년이며, 학문에 대한 욕구와 그에 따르는 지성을 갖추고 있다고도 했습니다. 그리고 이렇게 말했습니다.

"하느님은 뜻이 좋으면 축복을 내려 주신답니다."

사랑하는 하느님은 언제나 옳은 일을 하는 사람을 도와주십니다. 그들은 이루 말할 수 없이 기뻐하며 집으로 돌아왔습니다. 특히 아버지 키르스텐은 이루 말할 수 없이 기뻐했지요.

하지만 그 다음 날이 되자 어머니 올레는 울었습니다. 어린 한스가 멀리 떠나야 했으니까요.

한스는 부모님으로부터 좋은 옷을 받았습니다. 그러나 이제 착한 소년 한스는 바다 건너 아주 먼 곳으로 떠나야만 했습니다. 그는 그곳에서 라틴어 학교에 들어가게 될 것이고 부모님이 그를 다시 보려면 여러 해가 지나야 할 것입니다.

그는 동화책은 가지고 가지 않았습니다. 부모님이 기념으로 간직하고 싶어 했기 때문이었죠. 키르스텐은 동화책을 자주 읽어 보았지만, 그가 알고 있는 두 이야기 말고는 절대로 더 읽지 않았습니다.

부모님은 한스에게서 편지를 받고, 그가 잘 있다는 사실을 확인하곤 했지요. 날이 갈수록 점점 더 기쁜 소식을 담은 편지들이 왔습니다. 한스는 착한 사람들 곁에서 따스한 보살핌을 받고 있었던 것입니다. 그리고 그에게 가장 기쁜 일은 학교가 마음에 든다는 것이었습니다. 학교에는 배우고 알아야 할 것들이 아주 많았습니다. 한스의 소원은 백 살이 되는 것과 열심히 공부해서 교장 선생님이 되는 것이었습니다.

"우리에게 이런 일들이 일어났다는 사실이 믿어지지 않아요."

부모님은 이렇게 말하면서 제단을 향해 걸어갈 때처럼 서로 두 손을 모았습니다.

"한스에게는 참으로 잘된 일이야! 사랑하는 하느님은 가난한 사람의 자녀를 잊지 않고 계셔. 바로 그 증거가 앉은뱅이였던 우리 힌스에게 이런 일들이 일어났잖아. 마치 한스가 우리에게 읽어 준 동화 같지 않아요?"

올레가 말했습니다.

156
치통 아주머니
Tante Tandpine

어느 곳에서 이런 이야기를 찾았을까요?

여러분들 알고 싶지 않으세요?

우리는 낡은 종이가 담긴 통 안에서 이 이야기를 찾아냈답니다. 온갖 진기하고 좋은 책들이 종이통 속으로 들어갑니다. 읽기 위해서가 아니라 포장을 위한 필수품으로 쓰이기 위해서였죠. 상인들은 책을 찢은 종이를 커피, 열매 봉지로, 또는 소금에 절인 청어나 버터와 치즈 봉지로 사용했습니다. 이렇듯

글씨가 쓰인 종이도 쓸모가 있었습니다. 때로는 통 안에 들어가서는 안 될 것이 통 안에 들어가는 일이 일어난답니다.

유제품 식품상의 아들인 야채상 수습공이 있었습니다. 그는 지하실과 1층 가게를 왔다 갔다 했으며, 인쇄된 글이건 직접 쓴 글이건 간에, 봉지에 쓰인 글을 많이 읽어 아주 박식해졌답니다. 그는 매우 흥미로운 글들을 모으기도 했습니다. 그 가운데엔 지나치게 일에 몰두하거나 정신이 산만한 이런 저런 관리들의 휴지통에서 나온 몇 개의 중요한 서류들이나 여자들이 친구에게 보내는 무척 비밀스런 소문을 알려 주는 두서너 통의 친밀한 편지들도 있었습니다. 그는 문학을 구제하는 구조자였지요. 그것도 아주 많은 글들을 살렸답니다. 그는 부모와 고용주의 가게를 관리하고 있어서 두 번 읽어도 가치 있을 만한 여러 책이나 그 일부를 구했으니까요. 그는 통 안에서 나온 인쇄되거나 직접 쓴 글들을 내게 보여주었습니다. 특히 아담하고 또렷한 필체로 쓰인 그 글에 나는 커다란 흥미를 느꼈지요.

"이건 한 대학생이 쓴 거야. 이 대학생은 바로 건너편에 살았는데, 한 달 전에 죽었어. 읽어 보면 알겠지만 그는 치통을 심하게 앓았지. 이 글은 무척 재미있어. 이것은 일부분이지만, 아마 책 한 권이었거나 분량은 더 많았을 거야. 우리 아버지가 주인집 아줌마에게 녹색비누 반 파운드를 주고 이걸 가져왔지. 나머지는 이미 물건 포장하는 데 써버리고 이것만 겨우 구한 거야."

이제 이 이야기를 들려 드릴게요.

1

내가 어릴 때, 아주머니는 내게 단 것을 많이 주셨습니다. 그러나 내 치아들은 단 것을 잘 건더냈고, 썩지 않았습니다. 이제 나는 나이가 들이 대학생이 되었습니다. 아주머니는 여전히 나를 단 것으로 길들이며 내가 시인이라고 말씀하십니다.

내 안엔 시인 자질이 있긴 하지만 충분치는 않습니다. 난 가끔 도시의 거리를 걸을 때면 매우 커다란 도서관 안을 걸어 다니는 것처럼 느낍니다. 집들은 서가(書架)고 층층은 책들이 쌓여 있는 책장이 되는 것입니다. 이곳엔 일상적인 이야기가 있고, 또 저곳엔 오래되었지만 좋은 희곡과 모든 분야의 학문서적이 있고 또 다른 곳에 외설 문학과 수준 높은 문학이 같은 선반 위에 꽂혀 있습니다. 나는 내 도서관을 한가로이 산책하면서 상상하기도 하고 철학적으로 사색하기도 합니다.

내 안엔 시인 자질이 있지만, 충분하지는 않습니다. 많은 사람들도 나처럼 시인의 자질을 틀림없이 자기 속에 지녔지만 시인이라는 간판을 달거나 목에 매달고 다니지는 않습니다. 그들과 나는 하느님이 주신 재능을 선물로 받았습니다. 이것은 한 사람에겐 아주 큰 것이지만 다른 사람에게 나누어 주기에는 너무나 작은 것이기도 합니다. 그것은 햇살처럼 다가와 영혼과 생각들을 채워줍니다. 때로는 꽃향기처럼 어디서 왔는지 기억해낼 순 없지만, 우리 귀에 익숙한 선율처럼 다가오기도 합니다.

어느 날 저녁, 나는 방에 앉아 책을 읽고 싶었는데, 책이라곤 한 권도 없었습니다. 마침 그때 보리수나무에서 싱싱한 초록빛 잎이 한 장 떨어졌습니다. 이 잎사귀는 바람을 타고 열린 창문으로 내 방에 들어왔습니다. 나는 그 잎을 들고 수도 없이 곳곳으로 가지가 뻗은 잎맥을 찬찬히 살펴보았습니다. 작은 벌레 한 마리가 잎 위에서 느릿느릿 꿈틀거리고 있었습니다. 마치 잎을 철저하게 연구라도 하듯이 잎사귀 위를 이리저리 기어 다녔습니다. 그 모습을 보자 나는 갑자기 인간의 지혜에 대한 생각이 떠올랐습니다. 인간은 거의 잎사귀만 관찰하고는 마치 커다란 나무 전체의 뿌리, 줄기, 수관에 대해 모두 아는 듯이 이야기합니다. 그러나 우리는 나무에서 그저 이 작은 잎사귀만을 알고 있을 뿐인데 신과 죽음, 불멸에 대해서도 아는 것처럼 말이지요. 이런 생각을 하며 앉아 있을 때 밀레 아주머니가 찾아오셨습니다. 나는 아주머니에게 벌레가 있는 잎을 보여주며 내가 생각하는 것을 이야기했습니다. 그녀의 두 눈이 반짝였습니다.

"넌 시인이야! 우리가 알고 있는 가장 위대한 시인일 게다. 이것을 좀 더 들을 수 있다면, 난 즐겁게 무덤으로 갈 수 있을 텐데 말야. 넌 브라우어 라스무센의 장례식 뒤부터 줄곧 그 기막힌 상상력으로 나를 놀라게 해주지 않았니!"

밀레 아주머니는 이렇게 말씀하시곤 내게 입을 맞추었습니다.

밀레 아주머니는 누구며, 브라우어 라스무센은 누군가요?

우리는 어머니의 숙모를 아주머니라 불렀습니다. 다른 이름을 몰랐던 것이지요. 아주머니는 우리에게 잼과 설탕을 곧잘 주셨습니다. 비록 이것들이 우리 치아에는 너무 나빴지만, 사랑스러운 아이들을 보면 마음이 약해진다고 그녀는 말하곤 했습니다. 아이들이 그렇게도 좋아하는 단 것을 아이들에게 조금도 주지 않는다면 너무 잔혹한 일이라는 거였습니다. 그래서 우린 아주머니를 무척 좋아했지요.

내가 기억하기로는 아주머니는 노처녀였습니다. 언제나 나이가 많았는데, 늘 그 나이에 머물러 있는 듯이 보였지요. 그녀는 더 이전에 치통으로 몹시 고생을 했고, 늘 우리에게 그 이야기를 했습니다. 그리고 그때, 그녀에겐 브라우어 라스무센이라는 남자 친구가 있었습니다. 그는 아주 재치 있어서 그녀를 치통아주머니라고 부르곤 했습니다.

늘그막에 맥주 만드는 일을 그만둔 브라우어 씨는 이자놀이를 하면서 살았습니다. 그는 아주머니보다 나이가 많았으며 이가 하나도 없었고, 시커멓게 부러진 이뿌리 두서너 개만이 남아 있을 뿐이었습니다. 어릴 때 설탕을 너무 많이 먹어서일 거라고 우리에게 말해 주었습니다. 그리고 설탕을 많이 먹으면 이렇게 된다고 겁주기도 했지요. 아주머니의 치아는 아직도 희고 깨끗한 걸 보면 어릴 때 설탕을 안 먹었나 봅니다.

"너희 아줌마는 치아를 아주 소중히 여기는 사람이어서 밤에도 치아와 함께 자는 법이 없단다."

브라우어 씨는 이렇게 말했습니다. 짓궂은 농담이라는 것쯤은 우리도 알았지만 아줌마는 언제나 브라우어 편을 들었습니다.

어느 날 아침, 아주미니는 밤에 꾼 끔찍한 꿈 이야기를 했습니다. 이가 하나 빠졌다는 것이었습니다.

"이 꿈은 내가 진실한 친구 하나를 잃게 되리라고 말해주는 거란다."

그녀가 이렇게 말하자 브라우어는 낄낄거리며 대꾸했습니다.

"그게 나쁜 이였다면 당신이 나쁜 친구를 잃는다는 걸 뜻할 수도 있지."

"교양 없는 영감 같으니라고!"

아주머니가 버럭 화를 냈습니다. 이전에도 이후에도 그녀가 이토록 화를 내는 모습을 본 적은 없습니다. 아주머니는 그 일은 별일 아니었으며, 그저 오랜

친구가 놀리는 것뿐이었다고 말했지요. 그는 지상에서 가장 고귀한 인간이며, 언젠가 그가 죽게 된다면 천국에서 하나님의 작은 천사가 되리라는 이야기였습니다.

나는 아주머니 말을 듣고 천사의 모습으로 바뀐 그를 잘 알아볼 수 있을지 생각해보았습니다.

아주머니와 브라우어 씨가 모두 젊었을 때 그는 아주머니에게 청혼을 했었답니다. 그녀는 아주 오래 깊이 생각하면서 그저 앉아 있었습니다. 너무 오래 앉아 있던 바람에 노처녀로 남게 되었지만 여전히 그의 충실한 여자 친구였습니다.

그러던 어느 날 브라우어 라스무센이 죽었습니다. 그는 값비싼 마차를 타고 무덤으로 갔고, 훈장을 달고 제복을 입은 많은 사람들이 따라갔습니다. 아주머니는 상복을 입고 우리 아이들과 함께 창가에 서 있었습니다. 1주일 전에 황새가 데려다 준 막내까지 포함해서.

이제 시신을 실은 마차와 뒤따르는 사람들도 지나갔고 거리는 텅 비었습니다. 아주머니는 가려 했지만, 난 가고 싶지 않았습니다. 천사가 된 브라우어 라스무센 씨를 기다렸던 것이지요. 그는 이제 날개를 단 작은 천사가 되어 모습을 나타낼 테니까요.

"아주머니, 브라우어 씨가 이제 올 거라고 생각하지 않으세요? 아니면, 황새가 우리에게 다시 꼬마 동생을 데려다 준다면, 브라우어 라스무센 씨를 데려다 주는 게 아닐까요?"

아주머니는 내 상상력에 아주 감탄하며 이렇게 말했습니다.

"넌 언젠가 위대한 시인이 될 거야."

아주머니는 내가 학교 다니는 동안 내내 이 말을 되풀이했으며, 내가 견진성사를 받은 뒤에도, 심지어 대학생이 된 뒤에도 그 말을 변함없이 되풀이했습니다. 그녀는 내가 시인병과 치통으로 고생할 때 가장 안쓰러워해준 사람이랍니다.

그렇습니다. 이 두 병이 나를 습격한 것입니다.

"네 생각들을 모두 글로 쓰려무나. 그리고 그것들을 책상 서랍 안에 넣어 두어라. 그것이 너를 장 폴처럼 만들어 줄 거다. 장 폴은 위대한 시인이었지. 물론 난 이 시인을 그리 좋아하지는 않는다. 그다지 흥미 있는 작가는 아니거든. 넌 흥미진진한 작가가 되어야 한다. 꼭 그렇게 될 거야."

이런 대화를 나눈 날 밤, 나는 아주머니가 내 속에서 발견하고 느낀 위대한 시인이 되고자 하는 동경과 고통, 욕망과 기쁨으로 들떠 누워 있어야만 했습니다. 난 시인병에 걸려 누워 있었습니다! 그러나 더 끔찍한 병이 있었으니, 그것은 바로 치통이었습니다. 이 병은 나를 못살게 굴고 쥐어뜯었습니다. 난 약물에 빠져 몸을 비비꼬는 한 마리 벌레가 되었습니다.

"나는 치통이 얼마나 아픈지 알아!"

아주머니가 말했지요.

그녀의 입가에 슬픈 미소가 어렸습니다. 그녀의 이는 매우 하얗게 빛나고 있었습니다. 그러나 나는 나와 아주머니의 다음 이야기를 시작해야 합니다.

3

나는 새 집으로 이사했고, 그곳에서 한 달을 살았습니다. 이 점에 대해 아주머니와 이야기했지요.

"그 집 가족들은 내게 관심이 없어요. 세 번이나 벨을 울려도 아무도 나와 보지 않는답니다. 그것은 바람과 사람들 소음으로 집 안이 시끄러워서 내가 벨을 울려도 듣지 못하는 것이지요. 전 바로 문 위에 살고 있어요. 나가고 들어오는 마차들이 벽에 움직이는 그림을 그리지요. 문이 세게 닫힐 때면 지진이 일어난 것처럼 집이 흔들려요. 침대에 누워 있을 때는 이 충격을 온몸으로 느낀답니다. 하지만 이것은 신경을 튼튼하게 해 준다네요. 폭풍우가 칠 때면 긴 창문 꺾쇠가 이리저리 흔들리다 벽에 부딪힌답니다. 옆집 현관에 매달린 종이 바람이 불 때마다 울리고요.

다른 하숙인들은 저녁 늦게, 혹은 깊은 밤에 하나 둘씩 집으로 돌아와요. 내 방 바로 위에 세 든 사람은 낮 몇 시간 동안 트럼본을 가르치는 사람인데, 밤에는 잠자리에 들기 전에 쇠고리가 달린 장화를 신고 무거운 발걸음으로 한밤에 짧은 산보를 하고 난 뒤에야 자리에 눕는답니다.

두 개가 겹쳐진 창문도 아닌데다가 깨어진 유리창 하나엔, 여주인이 종이를 붙였답니다. 바람이 그 틈새를 비집고 불어와 웅웅거리는 말파리 같은 소리를 저절로 내지요. 자장가와 다름없어요. 그러다 겨우 잠이 들면, 곧 수탉 소리에 잠이 깨는 거예요. 지하 식료품 상인의 닭장에서 수탉과 암탉들이 곧 아침이 온다는 것을 알리는 거죠. 마구간이 없어서 층계 아래에 모래를 깐 방 속에 매여 있던 북유럽의 작은 말들은 몸을 움직이려고 문과 벽의 널판을 발로 걸어찬답니다.

날이 밝아오면 가족과 함께 지붕 밑에서 잠자던 문지기가 나막신을 신고 딸그닥거리며 층계를 내려오죠. 그러고는 꽝 문소리가 나며 집 전체가 흔들립니다. 이게 겨우 가라앉았다 싶을 때면, 내 위에 세 든 사람이 체조를 하기 시작하는 거예요. 그는 무거운 아령을 두 손에 하나씩 들고 올리는데, 매번 떨어뜨리고 또 떨어뜨리죠.

바로 같은 시간에 이 집 학생들은 학교에 가기 위해 소리를 지르며 굴러 떨어지듯 계단을 내려오고, 전 창문으로 걸어가 건강을 위해서 신선한 공기를 마시려고 창문을 열지요. 길 건너에 가죽공장이 있어 저는 생각에 빠지곤 합니다. 이런 것 말고는 좋은 집이에요. 전 조용한 가정집에 살고 있답니다."

이것은 아주머니에게 내 하숙집에 대해 제출한 보고서였습니다. 난 이것을 더욱 생생하게 옮겼습니다. 말로 하는 이야기는 글보다 더욱 신선한 음조를 띠는 법이니까요.

"넌 시인이야! 그저 생각나는 대로 적기만 해라. 그러면 넌 디킨스처럼 훌륭하게 될 거다. 그래, 넌 점점 더 나를 흥미있게 하는구나. 네 이야기들은 마치 그림을 보는 듯해. 꼭 눈으로 보듯이 집을 묘사하다니 말이야. 이걸 읽으면 전율이 느껴지는구나. 계속 써라. 그 안에 살아 있는 사람들, 그것도 매력적인 사람들을 집어 넣어라. 가장 좋은 것은 불행한 사람들이지."

나는 있는 그대로, 큰 소란이 일어나는 이 집에 대해서 썼습니다. 그러나 나에 대한 이야기는 빠져 있고, 줄거리도 없습니다. 줄거리는 뒤에 나타날 것입니다.

4

겨울의 늦은 저녁, 연극이 끝난 뒤였습니다. 눈보라가 몰아치는 끔찍한 날이라 사람들은 거의 앞으로 움직일 수 없었습니다.

아주머니는 극장 안에 있었고, 나도 아주머니를 집에 모시고 가기 위해 안에 있었습니다. 사람들은 다른 사람을 데리고 가기는커녕, 자기 한 몸을 가누는 데도 무척 고생했습니다.

마차들은 모두 사람들로 가득 차버렸습니다.

아주머니는 도시 끝에서 살았고, 내 집은 극장에서 가까운 곳에 있었습니다. 그렇지만 않았다면 우리는 밖의 상황이 바뀔 때까지 입구 막사 안에서 기다려야만 했을 것입니다.

우리는 깊게 쌓인 눈을 헤치며 앞으로 터벅터벅 걸어갔습니다. 회오리치는 눈송이들이 윙윙거리는 소리를 들으면서 앞으로 니아간 것이지요. 나는 그녀를 일으키고, 잡아 주며 앞으로 밀었습니다. 다행히 우리는 딱 두 번 슬쩍 넘어졌을 뿐입니다.

마침내 우리 집 문에 이르렀지요. 우리 둘은 수북이 쌓인 눈을 털어 냈습니다. 계단에서도 눈을 털었는데, 이미 복도 마룻바닥을 눈으로 채울 만큼 계단에 많이 쌓여 있었습니다. 우리는 외투와 모자와 신발을 모두 벗었습니다.

여주인이 아주머니에게 마른 양말과 나이트캡을 빌려 주었습니다. 그리고 오늘 밤에 집으로 돌아가는 것은 위험하니 자고 가라고, 자기 안방처럼 생각하라며 거실에 놓인 소파에서 자라고 말했습니다.

난로에서 불이 활활 타오르고 탁자 위에는 차 도구가 놓여 있었습니다.

마침내 작은 방이 아늑해진 듯한 느낌이 들었답니다.

겨울철이면 문 앞과 창문에 두꺼운 커튼이 드리워지고, 바닥에는 세 겹으로 된 두꺼운 마분지가 맨 아래에 놓이고, 그 위에 융단이 겹으로 깔린 아주머니의 집에 앉아 있으면, 코르크 마개가 잘 막힌 따뜻한 병 속에 있는 듯한 기분을 느끼게 됩니다. 하지만 내 방은 그만큼 아늑하진 못 해도, 이미 말했듯이 고향에 온 것처럼 아늑한 분위기를 느낄 수 있습니다.

밖에서는 바람이 거세게 불었습니다.

아주머니는 계속해서 이야기를 들려주었습니다. 젊은 시절과 브라우어가 다시 돌아왔으며, 옛 추억이 살아났습니다.

아주머니는 내게 처음으로 이가 난 것을 보고 가족들이 기뻐하던 광경을 기억하고 있었습니다.

첫 이! 순진무구한 이, 작고 하얀 우유 방울처럼 빛나던 젖니. 이가 하나 나오더니 줄지어 여러 개가 나오고, 마침내는 나란히 위아래로 완전한 줄이 생겼답니다. 찬란한 젖니들이었지요. 그러나 일생 동안 견뎌내야 하는 제대로 된 이는 아니고, 그저 선발대에 지나지 않았습니다. 그 다음에는 평생 동안 부지런히 일해야 할 영구치가 나옵니다. 마지막으로는 지혜의 사랑니가 나온답니다. 그 사랑니는 위아래 측면에 하나씩 나오는데 곤경과 고통 속에서 나옵니다. 그러다가 이들은 다시 가버리지요. 하나씩 하나씩. 임무 기간이 끝나기도 전에 마지막 이조차도 가 버립니다. 그것은 축제의 날이 아니라 고통의 날을 뜻합니다. 이렇게 되면 생각이 아무리 젊다 해도 자신이 늙었음을 깨닫게 된답니다.

이런 생각과 대화는 즐겁지 않습니다. 그래도 우리는 이런 이야기를 다시하게 되었고, 그러다 보면 어린 시절로 되돌아가는 듯했지요. 우리는 이야기하고 또 이야기했습니다.

아주머니가 옆방에 쉬러 가기도 전에 시계가 벌써 밤 12시를 알렸습니다.

"잘 자거라, 귀여운 애야! 이제 난 자련다. 내 방 침대에 누운 것처럼 말이야."

그리고 아줌마는 쉬러 갔습니다. 하지만 마음 편하게 쉬는 것도 잘 되지 않았습니다. 폭풍우가 창문을 뒤흔들고, 길게 매달려 흔들거리는 꺾쇠를 때리고, 뒤뜰에 있는 옆집 문에 달린 종이 울렸습니다.

위층에 세 든 사람은 벌써 집으로 돌아와 있었습니다. 그는 자기 방에서 왔다갔다 하다가 장화를 벗어 던진 다음 침대로 가서 잠이 들었습니다. 그러나 그는 코를 골았고, 귀가 밝은 사람이면 천장을 통해 이 소리를 들을 수 있었답니다.

나는 한숨도 잠을 이루지 못했습니다.

폭풍우는 잠시도 쉬지 않았고 버릇없이 느껴질 만큼 생생했습니다. 바람이 윙윙 불어오면서 노래를 불렀고, 내 치아들도 활동하기 시작해 윙윙거리며 노래를 불렀습니다. 곧 치통이 크게 올 것 같았습니다.

바람이 창문으로 불어 들어왔습니다. 달빛이 마룻바닥을 비추면서 빛이 들어왔나 했더니 곧장 가버렸습니다. 구름이 폭풍우에 왔다가 가듯이. 그림자와 빛이 불안하게 흔들렸습니다. 그런데 마룻바닥의 그림자는 그 어떤 물체의 모습처럼 보였습니다. 나는 이 움직임을 관찰하면서 살얼음 위를 걷는 듯한 섬찟한 기분을 느꼈습니다.

마룻바닥에는 길고 마른 형상이 하나 앉아 있었습니다. 그것은 어린 아가가 분필을 쥐고 칠판에 그린, 사람과 닮은 모습이었습니다.

얇게 그린 선 하나는 몸이고, 선 하나를 더 보태면 팔이었습니다. 다리는 저마다 선 하나씩이었으며, 머리는 울퉁불퉁한 여러 개의 선으로 이루어져 있었습니다. 형상은 곧 더 분명하게 변해 아주 얇고 섬세한 옷을 입은 듯이 보이더니, 이윽고 여자로 바뀌었습니다.

나는 웅웅거리는 소리를 들었습니다. 창문 틈새에서 말파리처럼 웅웅거리는 바람 소리였을까, 아니면 이 형상이 낸 소리였을까? 아니, 그것은 바로 치통 부인이었습니다. 그녀의 끔찍한 형상은 지옥의 악마 그 자체였답니다. 하느님이시여, 그녀로부터 우리를 해방시키고 보호하소서!

"이곳은 참 좋구나."

그녀가 웅얼거렸습니다.

"아주 좋은 숙소야. 본디 늪지대였던 곳이지. 이곳 독침 속에서 독을 가진 모기들이 윙윙거렸지. 이젠 나도 독침을 가졌어. 독침을 인간의 이빨에다 문지를 거야. 여기 침대에 누워 있는 인간의 이빨은 아주 하얗게 빛나는구나. 인간의 이빨들은 달고 신 것, 뜨겁고 찬 것, 호두껍질과 자두 씨에 도전했지. 하

지만 내가 이 이빨들을 흔들어 버릴 테다. 틈새로 바람을 불어넣어 마치 찬 바닥처럼 이가 시리도록 만들어야지."

참으로 끔찍한 말이었고, 끔찍한 마녀였습니다.

"당신이 시인인가? 그래, 내가 모든 고통의 운율로 너에게 노래를 지어 주겠다. 넌 네 몸 속에서 쇠와 강철을 얻어야 할 테고, 너의 모든 신경 섬유를 뚫고 실이 지나가게 될 것이다."

이글거리는 못이 나의 광대뼈를 뚫고 들어오는 듯했습니다. 난 고통에 못 이겨 몸을 비틀었습니다.

"훌륭한 이로군. 이 위는 연주하기 좋은 오르간이야. 대규모의 입술 하프 음악회를 열어 보자고. 드럼, 플루트, 트럼펫으로 말이야. 바순은 사랑니에서 부는 거야. 위대한 시인, 위대한 음악!"

그렇습니다. 그녀는 연주했습니다. 그녀의 모습이 아닌 손만 보아도 그녀는 끔찍하게 보였습니다.

희미한 잿빛에 얼음처럼 차가운 손엔 바늘처럼 얇고 기다란 손가락이 달려 있었습니다. 손가락은 모두 고문 도구였습니다. 엄지와 집게손가락에는 펜치와 나사가 있고, 가운뎃손가락의 끝은 뾰족한 바늘이었지요. 약손가락은 송곳이었으며, 새끼손가락은 모기 독을 담은 주사기였습니다.

"운율로 너를 가르치겠다. 위대한 시인은 큰 치통을 가져야만 하고, 작은 시인은 작은 치통을 가지는 거야."

"오, 저를 작은 시인이게 해 주세요."

난 애원했습니다.

"난 아무것도 아니에요. 그리고 난 시인이 아닙니다. 그저 시인이라는 병에 걸렸을 뿐이에요. 아주머니가 치통이라는 병에 걸린 것처럼 말이에요. 제발 그냥 가주세요!"

"이제 알겠느냐? 시보다 철학, 수학보다 그리고 완전한 음악보다 내가 더 힘이 세다는 사실을 말이야. 그림으로 그려진 모든 감정과 대리석으로 조각된 감정보다 힘이 세지. 나는 나이가 누구보다 많다. 난 에덴동산 바로 옆에서 태어났지. 바람이 불고 습한 버섯이 자라나는 밖에서 말야. 그리고 날씨가 추워지면 이브와 아담에게 옷을 입혀 주었지. 첫 번째 인간의 치통 속에도 내 힘이 있었으니까!"

"전 모든 이야기를 믿어요. 그러니 제발 사라져 주세요!"

"좋다. 네가 시인이 되기를 포기한다면 그렇게 해주고말고. 더 이상 영원히 시를 종이에 옮기거나 석판이나 그 어떤 필기장에도 쓰지 않는다면 너를 풀어 주마. 하지만 난 다시 온다, 네가 시를 짓는다면."

"맹세해요! 두 번 다시 시를 쓰지 않을 테니까 제 앞에 나타나지 마세요."

"넌 나를 다시 보아야 할 거야. 그러나 오늘의 내 모습보다는 한결 더 완벽하고 사랑스러운 모습일 거다. 넌 나를 밀레 아주머니처럼 보게 될거야. 그러면 나는 너에게 말하겠지. '시를 지어라, 내 귀여운 아이야! 그러나 나를 믿어라. 하지만 네가 시를 짓기 시작하면, 난 네 시로 노래를 지어, 그 시를 너의 입술 하프로 연주할 거다. 귀여운 애야!' 밀레 아주머니를 보거든 나를 떠올려라."

그녀는 이렇게 말한 다음 사라졌습니다.

나는 작별 인사로, 한 번 더 불에 달군 듯한 바늘 침으로 턱까지 찔리는 벌을 받았습니다. 그러나 이 고통은 곧 누그러졌습니다. 난 부드러운 물 위에 미끄러지듯 떠내려가는 것을 느꼈고, 푸르고 넓은 잎이 달린 수련이 허리를 숙이고, 내 아래에서 가라앉으며 시들고 녹아 버리는 것을 보았습니다. 난 이 수련과 함께 가라앉으면서 평화와 휴식 속에 완전히 잠겼습니다.

물속에서 노랫소리가 울려 퍼졌습니다.

"죽어라, 눈송이처럼 녹아라! 구름처럼 증발해 사라져버려라!"

물속에서 나는 커다란 이름들이 빛나는 것을 보았습니다. 그것은 나부끼는 승리의 깃발 위에 쓰인 비명이자 영원불멸의 임명장이었습니다.

잠은 매우 깊었고, 꿈도 꾸지 않았습니다. 바람 부는 소리, 쾅 울리는 문소리, 이웃집 문에서 울리는 종소리, 세 든 사람의 둔탁한 체조 소리조차 듣지 못했습니다.

바람은 아주머니가 누운 소파 옆의 닫힌 문이 튀어오를 만큼 거칠게 불었습니다.

아주머니는 일어나 신발을 신고, 옷을 걸친 뒤 내가 있는 방으로 들어왔습니다. 그녀는 내가 하느님의 천사처럼 잠들어 있어서 나를 깨울 마음이 들지 않았다고 했습니다.

나는 저절로 잠에서 깨어 눈을 떴습니다. 아주머니가 이 집에 있다는 사실조차 완전히 잊고 있었습니다. 그러나 곧 치통 때문에 벌어진 환영이 떠올랐지요. 꿈과 현실이 서로 겹쳐졌습니다.

"어젯밤에는 아무것도 쓰지 않았니? 네가 그것을 쓰기만 했다면! 넌 나의 시인이고, 계속 시인으로 남을 거야."

나는 아주머니가 음험하게 미소 짓는 듯이 느껴졌습니다. 난 그것이 나를 사랑하는 착한 밀레 아주머니였는지, 지난밤에 약속한 끔찍한 환영이었는지 알지 못했습니다.

"시를 지었니, 귀여운 애야?"

"아뇨, 아뇨! 당신은 정말 밀레 아주머니죠?"

"그럼 누구겠니?"

그녀는 말했습니다. 정말 밀레 아주머니였습니다.

그녀는 내게 입맞춤을 하고, 전세 마차에 올라 앉아 집으로 돌아갔습니다. 난 있는 그대로를 썼습니다. 이것은 시가 아닙니다. 또 영원히 글자로 인쇄되어 세상에 나오지도 않을 것입니다.

그렇습니다. 이 원고는 여기에서 끝나 있었습니다. 미래의 야채상 보조원인 내 젊은 친구는 빠진 부분을 도무지 찾아 낼 수 없었던 것입니다. 아마 그 부분은 소금에 절인 청어와 버터와 녹색 비누를 싼 종이가 되어 또 다른 세상에 나갔을 겁니다. 그 종이는 자신의 임무를 다한 것이지요.

　브라우어 씨와 아주머니 모두 죽었으며, 생각의 불씨를 통 안으로 옮겨다 준 대학생 또한 죽었습니다. 이것이 이 이야기의 끝이랍니다. 치통 아주머니 이야기의 맨 끝이지요.

그림 없는 그림책

Chihiro Iwasaki

쓰기 시작하는 말

참으로 이상한 일이다. 내 마음이 어떤 것에 열렬하게 그리고 심하게 감동을 받으면 마치 손이 묶이고 혀가 굳은 것처럼 움직일 수 없게 된다!

그리고 그럴 때면 마음에 느껴지는 것을 말로 표현할 수도 그대로 그림으로 그려 낼 수도 없다. 그럼에도 나는 화가다. 내 눈이 나 자신에게 그렇게 말해 주고 있다. 또 내가 그린 스케치나 그림을 본 사람들은 모두들 그렇게 인정해 주기 때문이다.

나는 가난한 젊은이로 아주 조그마한 골목길 집에 살고 있다. 그래도 내 방에는 햇빛이 잘 들어온다. 이웃집 지붕 위로 멀리 내다 볼 수 있을 만큼 아주 높은 곳에 살기 때문이다. 이 동네에 처음 왔을 때에는 답답하고 비좁으며 퍽 쓸쓸하게 느껴졌다. 초록빛으로 물든 숲이나 언덕 대신 시커먼 굴뚝만이 아득한 지평선에 보일 뿐이었으니까. 거기다 친구는 물론이고 서로 인사를 주고받을 사람조차 하나도 없었으니까.

어느 저녁 나는 몹시 슬픈 기분이 들어 창가에 서 있었다. 그러다 창문을 열고 밖을 내다보았다. 아! 그때 무엇과도 비교할 수 없는 벅찬 감동이 내 마음속에 가득 차 올랐다. 아 그 기쁨! 그곳에는 내가 잘 아는 얼굴, 둥그렇고 반가운 얼굴, 머나먼 고향 친구들의 얼굴이 보였다. 그것은 바로 달이었다. 옛날과 조금도 다름없는 얼굴의 달이었다. 늪을 에워싼 버드나무 잎사귀 사이로 나를 내려다보던 그 밤과 조금도 변함없는 달이었다. 내 손에 키스를 해서 달에게 던져 주었더니 달은 똑바로 내 방안을 비췄다. 그리고 앞으로는 날마다 밖으로 나올 때마다 잠깐씩 내 방에 찾아오겠노라고 약속해 주었다. 그때부터 달은 이 약속을 굳게 지켰다. 그러나 섭섭하게도 달이 내 방에 머무는 시간은 아주 잠시뿐이었다. 그렇지만 달은 찾아올 때마다 그 전날 밤이나, 그날 저녁에 본 여러 가지 이야기를 들려주고 갔다. 맨 처음 찾아왔던 날 밤, 달은 나에게 이렇게 말했다.

"제가 해 드리는 이야기를 그림으로 그려 보셔요. 그러면 참으로 아름다운 그림책이 될 거예요."

그래서 수많은 밤 나는 달이 들려준 이야기를 열심히 그렸다. 나는 어쩌면 새로운 《아라비안 나이트》를 그려 낼 수도 있었을 것이다. 하지만 그렇게 하면 그림이 너무 많아서 지나치게 두꺼운 책이 되어 버리지 않을까.

내가 여기에 쓴 이야기들은 달이 들려준 이야기들 가운데서 골라 낸 게 아니라 들은 순서대로 차례차례 모아 놓은 것이다. 천재 화가나 시인 또는 음악가였다면 좀 더 훌륭하게 만들어 냈으리라. 만일 그런 사람들이 그럴 마음을 먹기만 한다면 말이다. 그렇지만 내가 보여드리는 것은 싸구려 종이 위에 그린 간단한 스케치에 지나지 않는다. 그리고 그림들 사이 사이에는 나 자신의 생각이 섞여 있다. 왜냐하면 달은 모든 밤마다 꼭꼭 내 방을 찾아와 준 게 아니라, 때로는 시커먼 구름 한 두 조각이 그를 가려버리는 밤도 있었으니까.

157

그림 없는 그림책
Billedbog uden Billeder

첫 번째 밤

"어젯밤에……."

달님이 한 이야기를 그대로 옮기겠습니다.

"……저는 인도의 맑디맑은 아름다운 하늘 위를 미끄러져 가면서 갠지스 강물에 제 모습을 비추고 있었어요. 제 따스한 빛은 무성한 수풀 속으로 어떻게든 비집고 들어가려고 애쓰고 있었죠. 늙은 플라타너스 나무들이 서로 뒤엉켜서 무성한 수풀을 이루었어요. 마치 거북이 등딱지처럼 빈틈없이 둥글게 부풀어 있었죠.

그때 갑자기 수풀 속에서 인도 아가씨가 나왔습니다. 영양같이 몸이 가볍고 이브처럼 아리따운 아가씨였어요. 아가씨는 공기처럼 매우 가벼워보이면서도 보통 인도 여자답게 풍만하여 매력적인 몸매였죠. 저는 그 샛말간 살갗을 들여다보며 그 아가씨가 무슨 생각을 하는지 훤히 알 수 있었습니다. 샌들이 가시덩굴에 걸려 갈기갈기 찢겨나가는데도 그 아가씨는 아랑곳하지 않고 앞으로 앞으로 서둘러 갈 길을 갔어요. 바로 그때 강가에서 막 갈증을 달래고 나온 들짐승이 나타났어요. 들짐승은 잔뜩 겁을 집어먹고 아가씨 옆으로 후다닥 뛰어스쳐 지나갔습니다. 아가씨가 활활 타오르는 등불을 들고 있었기 때문이지요. 그 불꽃을 감싸듯이 안고 있는 아가씨의 갸날픈 손가락에서 선명한 피가 흐르는 모습을 저는 똑똑히 보았습니다.

이윽고 아가씨는 강가에 다다르자 등불을 강물에 띄웠습니다. 활활 타오르는 등불은 강물을 따라 하류로 넘실넘실 떠내려갔습니다. 하늘하늘 가물거리는 불꽃은 금세라도 꺼질 듯 말 듯했지만, 그래도 여전히 불씨가 살아 있었습니다. 마치 긴 비단실로 된 술 장식처럼 촘촘히 돋아난 속눈썹 아래 아가씨의 반짝이는 까만 눈동자는, 그 불꽃의 움직임을 따라 간절한 눈빛으로 줄곧 좇고 있었습니다. 아가씨는 잘 알고 있었어요. ……자기가 지켜보는 동안에 그 불꽃이 꺼지지 않는다면 사랑하는 사람이 아직 살아 있다는 뜻이지만 만일 불꽃이 사그라진다면 그 사람은 이미 죽었다는 뜻이란 걸요. 그 아가씨는 틀림없이 알고 있었어요. 가만히 지켜보고 있자니 그 불빛은 확 타올랐다가 곧 흔들리곤 했는데, 그때마다 아가씨 마음도 뜨겁게 달아올랐다가 흔들리곤 했습니다. 아가씨는 무릎을 꿇고 두 손 모아 간절히 기도를 올렸습니다. 바로 옆 풀숲에는 미끈미끈한 뱀 한 마리가 잔뜩 독을 품은 채 머리를 치켜들고 있었습니다. 그래도 아가씨는 하염없이 위대한 브라흐마*1와 미래에 남편이 될 연인만을 떠올리고 있었습니다.

'그이는 살아 있어!'

아가씨는 기뻐하며 소리쳤습니다. 그러자 주위의 산들이 반가운 소식을 알리듯 메아리쳤습니다.

'그이는 살아 있어!'"

두 번째 밤

"어젯밤에 이런 일이 있었어요."

달님이 제게 말했습니다.

"그때 저는 아담한 집에 둘러싸인 조그만 안뜰을 들여다보고 있었지요. 안뜰에서는 암탉 한 마리가 열한 마리 병아리들과 함께 꾸벅꾸벅 졸고 있더라고요. 그리고 사랑스런 작은 여자 아이 하나가 그 병아리들 주위에서 폴짝거리며 뛰어다녔죠. 암탉이 깜짝 놀라 '꼬꼬댁' 울면서 어린 병아리들 위로 날개를 펼쳤어요. 그러자 여자 아이의 아버지가 냉큼 달려와서 딸을 꾸짖었습니다. 저는 밤하늘 양탄자를 타고 미끄러지듯 다른 곳으로 갔어요. 그 일은 까맣게 잊어버렸지요. ……그런데 오늘 밤, 겨우 몇 분 전에 제가 또다시 그 안뜰을 내려다보았단 말이죠.

그곳에는 온통 침묵이 감돌고 있었습니다. 그러나 곧 말괄량이 여자 아이가 뛰어나왔죠. 여자 아이는 살금살금 닭장으로 가더니 문빗장을 열고 암탉과 병아리들에게 몰래 가만가만 다가갔어요. 그러자 화들짝 놀란 닭이 큰 소리로 울어 대면서 날개를 푸드득거리며 이리저리 뛰어다녔지요. 여자 아이는 그 닭을 뒤쫓았어요.

저는 그 광경을 똑똑히 보았습니다. 벽에 난 구멍으로 안을 들여다보았거든

---

*1 인도 신화에 나오는 최고신.

요. 그 못된 아이 때문에 몹시 화가 나고 말았지요. 그래서 그때 아이 아버지가 부리나케 밖으로 나와 어젯밤보다 더 따끔하게 딸을 혼내자 저도 모르게 기분이 좋아졌어요. 아버지는 딸을 나무라면서 그 아이 팔을 꽉 붙잡았어요. 그러자 여자 아이가 고개를 들었죠. 아이의 파란 눈에서 굵은 눈물 방울이 초롱초롱 빛나고 있었어요.

'여기서 뭐하는 거냐?'

아버지가 물었습니다. 그러자 여자 아이가 갑자기 앙, 울음을 터뜨리며 말했어요.

'저는, 저는요…… 암탉한테 뽀뽀해 주고, 어제는 내가 잘못했다고 사과할 생각이었어요. 그런데 아빠한테는 도저히 그렇게 말할 수가 없었어요!'

그러자 아버지는 순진하고 사랑스러운 딸아이의 이마에 뽀뽀를 해 주었답니다. 저 또한 그 아이의 눈망울과 입술에 입맞춤을 해 주었지요."

세 번째 밤

"이 근처에 있는 좁은 골목 말인데요. ……그 골목은 정말 너무 좁아서요. 그 집 벽을 따라 이쪽에서 저쪽까지 달빛을 흘려 보내는 데에 고작해야 1분밖에 걸리지 않는답니다. 그런데 그 짧은 1분 동안 저는 거기서 세상이 어떻게 돌아가는지 똑똑히 볼 수 있지요. ……그 골목에서 저는 한 여인을 보았습니다.

16년 전에 그 여인은 아직 어린아이였어요. 그 어린 소녀는 시골에 있는 어느 낡은 목사관 뜰에서 놀고 있었지요. 뜰은 장미 울타리로 빙 둘러져 있었는데, 참으로 오래된 것이었습니다. 꽃은 이미 한창때가 지나 시들어 버린 상태였어요. 제멋대로 길가로 뻗어 나간 장미나무 가지가 마치 손깍지를 끼듯 긴 가지를 사과나무들 사이로 집어넣고 있었죠. 그리고 장미꽃이 아주 다문다문 하나씩 옹긋쫑긋 피어 있었는데요. '꽃의 여왕'이라는 별명에 어울릴 만큼 아름답지는 않았어요. 그래도 그 꽃에는 갖가지 색깔도 있었고 향기도 진했습니다. 그렇지만 제가 보기엔 목사님의 딸아이가 한결 더 향기롭고 아름다운 장미꽃처럼 보였어요. 그 아이는 멋대로 뻗어 나간 울타리 밑에 놓아 둔 작은 나무 의자에 걸터앉아, 뺨이 찌그러진 종이 인형에게 봉긋한 입술을 살짝 내밀어 입을 맞추고 있었죠.

그로부터 10년이 흘렀습니다. 저는 또다시 그 아이를 보았어요. 화려한 무도회장에서 춤을 추는 모습을 보았죠. 아이는 부유한 상인의 눈부시게 아름다운 신부가 되어 있었습니다. 저는 아이가 어엿한 여인으로 자라 행복을 누리는 모습을 보니 마냥 기뻤어요. 그래서 고요한 저녁이면 몇 번이나 그 여인을 찾아갔죠. 그런데……. 아아, 내 눈이 얼마나 밝은지, 판단력이 얼마나 좋은지, 사람들은 잘 모르겠지만! ……한때는 눈부시도록 아름다운 제 장미꽃이었던 그 아이도 목사관 뜰에 있던 장미꽃들과 마찬가지로 거친 가지를 이리저리 내뻗고 있더군요!

우리들 삶에는 저마다 크고 작은 비극이 있게 마련이지만, 오늘 밤 저는 그 마지막 결말을 끝내 보고 말았습니다.

아까 말했던 그 좁은 골목에서 말이죠. 그 여인은 매우 안타깝게도 죽을병에 걸려 침대에 누워 시름시름 앓고 있었어요. 그런데 난폭하고 매몰차며 못되기 그지없는 집 주인은 가녀린 여인의 하나뿐인 보호자인 주제에, 이불을 확 젖히면서 사납게 말했어요.

'야, 일어나! 그렇게 죽상을 하고 있으면 다들 놀라잖아! 어서 화장이나 해! 돈을 벌라고. 안 그러면 길가로 확 쫓아내 버릴 테야. 자, 어서 일어나!'

그러자 그 여자가 신음하며 말했습니다.

'내 가슴속에 죽음의 신이 들어앉아 있어요! 아아, 제발 나 좀 쉬게 해 줘요!'

그러나 우악스러운 남자는 여인을 억지로 일으켜서 그 창백한 뺨에 치덕치덕 분과 연지를 바르고, 머리에 한 송이 장미꽃을 달아 주었습니다. 그리고 그 여인을 창가의 환한 등불 곁에 앉혀놓고는 어딘가로 가 버렸습니다.

저는 그 여인을 물끄러미 바라보았습니다. 여인은 얼어붙은 듯이 꼼짝도 하지 않고 맥없이 앉아 있었습니다. 그러나 어느 순간 갑자기 손이 무릎 위에서 힘없이 털썩 떨어졌습니다. 창문이 세찬 바람을 맞아 획 들리더니 창문 하나가 와장창 깨져 버렸습니다. 그래도 여인은 움찔 놀라는 기색 하나 없이 그저 그림처럼 가만히 앉아 있었습니다. 커튼이 마치 바람받이에 선 촛불처럼 그녀 주위를 맴돌며 너울거렸습니다. 그 여인은 이미 숨을 거둔 상태였습니다.

활짝 열린 창문 안쪽에서 싸늘하게 죽은 사람이 밤하늘 별이 되어 앞으로 나아가야 할 올바른 길에 대해 모두에게 알려 주고 있었습니다. 목사관 뜰에서 나온 제 장미꽃이 말이죠!"

네 번째 밤

"오늘 밤에는 독일 희극을 구경하고 왔어요."

달님이 웃으며 말했습니다.

"……어느 작은 도시에서 말이죠. 허름한 마구간 하나가 어느새 극장으로 바뀌었어요. 말을 집어넣는 칸막이방은 그대로 놓아 두고 잘 꾸며서 칸막이 좌석으로 만들었지요. 나무로 된 곳에는 온통 알록달록 색종이를 붙여 놓았지요. 낮은 천장에는 양초가 줄줄이 꽂힌 조그마한 철제 샹들리에가 대롱대롱 매달려 있고요. 그 위쪽 천장에는 큼지막한 나무통이 하나 거꾸로 박혀 있었습니다. 그러니까 대형 극장에서 볼 수 있듯이, 무대 뒤에서 일하는 사람이 벨을 '찌르릉!' 울리면 샹들리에가 스르르 천장으로 올라가서 그 나무통 속으로 쏙 들어가는 거지요.

자, 벨이 '찌르릉' 울립니다. 그러면 조그마한 철제 샹들리에가 30cm쯤 붕 튀어 올라갑니다. 드디어 희극이 시작된다는 사실을 모두들 알게 되는 거죠.

때마침 젊은 공작이 부인과 함께 여행을 하다가 이 도시에 잠시 머물게 되었는데요. 그날 밤 공작 부부가 연극을 보러 왔어요. 그래서 그 오두막은 그 도시에서 몰려 들어온 관객으로 꽉 들어찼는데, 오직 그 샹들리에 아래쪽에만 마치 작은 분화구처럼 구멍이 뻥 뚫려 있었어요. 그 자리에는 아무도 앉지 않았죠. 왜냐하면 뜨거운 촛농이 '뚝! 뚝!' 떨어지니까요. 저는 그 모든 광경을 똑똑이 볼 수 있었어요. 오두막 안이 후덥지근해서 벽에 붙은 창문이란 창문은 모조리 열 수밖에 없었거든요. 그리고 바깥에 있던 아가씨들과 청년들이 그 창문마다 여럿이 다닥다닥 달라붙어서 오두막 안을 흥미롭게 엿보고 있었어요. 오두막 안에 있는 경찰관이 아무리 몽둥이를 들고 위협해도 다들 꿈쩍도 하지 않고 계속 들여다보고 있었죠.

오케스트라 바로 옆에서는 젊은 공작 부부가 낡은 팔걸이 의자 두 개에 나란히 앉아 있었어요. 다들 그 모습을 보았죠. 여느 때 같으면 그 자리에 시장 부부가 앉았겠지만, 오늘 밤에는 그 둘도 다른 시민들과 마찬가지로 나무 벤치에 앉을 수밖에 없었어요……. '봐요, 뛰는 놈 위에 나는 놈 있다더니, 정말이네요!' 아낙네들이 희희낙락거리며 작게 소곤거렸지요. 뭐, 그러다 보니 모든 것이 축제처럼 활기찬 분위기를 띠었어요. 샹들리에가 펄쩍 튀어오르고, 몽둥이가 가난한 젊은이들 손가락을 따끔따끔 때려대고, 그리고 저는……. 그래요, 달님인 나도 이 희극이 진행되는 동안 내내 그 자리에 있었답니다."

다섯 번째 밤

"어제……."

달이 말문을 열었습니다.

"……저는 바쁘게 움직이는 파리를 내려다보고 있었지요. 그리고 제 눈은 루브르 궁전*²의 수많은 방 안으로 들어갔습니다. 그곳에는 한 할머니가 있었습니다. 몹시 초라한 차림새로, 가난한 계급에 속하는 할머니였습니다. 그 할머니가 어느 문지기를 따라서 커다랗고 휑한 옥좌의 방으로 들어왔습니다. 할머니는 이 넓은 방을 꼭 보고 싶어했습니다. 그곳을 보지 않고는 견딜 수가 없었던 겁니다. 그래서 이제까지 조그만 선물을 몇 번이나 보내고 간절하게 애원해서 겨우겨우 이곳으로 들어온 겁니다.

할머니는 앙상한 손을 정성껏 깍지 끼고서 마치 신성한 교회에 있는 듯이 주위를 경건한 마음으로 둘러보았습니다.

'여기였어!' 할머니가 감상에 젖어 말했습니다. '여기야!'

할머니가 거듭 말하면서 옥좌 가까이 다가갔습니다. 그 옥좌에는 금실로 테두리를 꾸민 훌륭한 벨벳이 늘어뜨려져 있었습니다.

'거기야.' 할머니가 말했습니다. '거기야!'

그러더니 할머니는 무릎을 구부리고 새빨간 양탄자에 납작 엎드려 경건하게 입을 맞추었습니다. ……틀림없이 할머니는 울고 있었다고 저는 생각합니다.

'그건 이 벨벳이 아니었어.' 문지기가 아무도 알아듣지 못할 만큼 나직한 목소리로 말했습니다. 그 입가에는 엷은 웃음이 번져 있었습니다.

'역시 이곳이었어!' 할머니가 힘주어 말했습니다. '여긴 이렇게 보였어!'

'이렇게 보였다니…….' 문지기가 대꾸했습니다. '그렇지만 지금과는 완전히 달랐다고. 창문은 온통 부서지고, 문짝은 죄다 떨어지고, 바닥에는 붉은 피가 흥건했잖아! ……그런데 할머니, 그냥 이렇게 말해도 괜찮아. ……내 손자는 프랑스 옥좌 위에서 죽었다고 말이야!'

'죽었어!' 할머니가 참담한 얼굴로 말을 되풀이했습니다. ……그 이상은 아무

---

*2 프랑스 파리의 센 강 오른쪽에 있는 프랑스의 옛 왕궁. 오늘날의 루브르 박물관.

말도 없었다고 기억합니다. 그리고 두 사람은 곧 그 방에서 조용히 나가 버렸습니다. 저녁의 희미한 불빛도 모조리 꺼져 버리고 제 빛은 이제까지보다 두 배는 더 밝게 프랑스 옥좌 주위의 훌륭한 벨벳을 비추었습니다.

당신은 이 할머니가 도대체 누구라고 생각하나요? ……이제부터 당신에게 이야기를 하나 들려 드리죠. ……

그것은 그 7월 혁명*3 때, ……참으로 눈부신 승리를 거두었던 날의 저녁 무렵이었습니다. 집이란 집은 요새화하고 창문이란 창문은 모두 보루가 된 어느 날, 사람들이 튈르리 궁전(루브르 궁전 옆에 있었던 왕궁)을 습격했습니다. 여자와 아이들까지 쫓아가 격분하여 싸웠습니다. 사람들은 앞을 다투어 궁전에 있는 수많은 방으로 우르르 몰려갔습니다. 그 가운데 누더기를 걸친 아직 어른이 되지 못한 가난한 사내아이 하나도 자기보다 나이 많은 전사들 틈에 섞여서 머뭇거림 없이 용감하게 싸웠습니다. 사내아이는 열심히 싸웠지만 끝내는 여러 군데 총칼에 찔려서 치명상을 입고 바닥에 풀썩 쓰러지고 말았습니다. 그곳은 옥좌가 있는 넓은 방이었습니다. 사람들은 피에 물든 그 사내아이를 프랑스 왕국의 옥좌 위에 눕히고, 그 상처를 부드러운 벨벳으로 감쌌습니다. 사내아이의 피가 왕이 사용했던 새빨간 양탄자 위로 줄줄 흘러내렸습니다. 그것은 그대로 한 폭의 그림이었습니다! 화려하고 넓은 방에서 격투를 벌이는 사람들의 무리! 한 장의 찢어진 깃발이 바닥에 아무렇게나 널브러지고, 민중의 삼색기*4는 총검 위에서 힘차게 펄럭입니다. 그리고 옥좌 위에는 그 가난한 사내아이가 얼어 붙은 듯이 누워 있습니다. 창백하고 거룩한 얼굴을 하고 부드러운 눈동자는 하늘을 바라보고 있지만, 몸은 이미 죽어가고 있습니다. 그 아이의 다 드러난 가슴에는 초라한 옷. 그리고 그 옷을 반쯤 가리고 있는 것은 은으로 된 백합꽃이 달린 매우 귀하고 훌륭한 벨벳입니다. 이 사내아이는 갓 태어나 요람 안에 있을 때 곁에 있던 누군가가 이런 예언을 한 적이 있습니다. ……'이 아이는 틀림없이 프랑스 옥좌 위에서 죽으리라!' 그래서 어머니는 마음속으로 이 아이가 새로운 나폴레옹*5이 될 거라고 꿈꾸었지요. ……

---

*3 1830년 7월에 프랑스 파리에서 일어난 시민 혁명.
*4 프랑스 대혁명 때 혁명군이 들었던 깃발로, 파랑, 하양, 빨강으로 이루어졌다. 그 뒤로 한 시기를 제외하고 프랑스 국기로 쓰인다.
*5 나폴레옹 보나파르트(1769~1822년). 프랑스 혁명 동안 군인으로서 두각을 나타냈으며, 이윽

제 빛은 사내아이의 무덤 위에 있던 '시들지 않는 꽃'(밀짚꽃)으로 만든 화환에 입을 맞추었습니다. 그리고 오늘 밤 제 빛은 그 할머니의 이마에 입 맞추었는데, 그때 할머니는 꿈 속에서 그 그림을 보고 있었답니다. 당신은 이런 제목을 붙일 수 있겠죠. ……〈프랑스 옥좌 위의 가난한 사내아이!〉"

여섯 번째 밤

"저는 웁살라*⁶에 다녀왔습니다!"

달이 말했습니다.

"저는 풀 몇 포기밖에 나지 않은 대평원과 황폐한 밭 등 여기저기를 두루 돌아다니며 많은 구경을 했어요. 그리고 퓨리스 강에 이르러 제 모습을 물에 비추어 보려는데, 하필 그때 기차가 지나가는 바람에 물고기들이 깜짝 놀라 갈대숲 속으로 도망쳐 버렸습니다. 제 밑으로 구름들이 잇달아 지나가면서 몇 개나 되는 기다란 그림자를 오딘의 무덤, 토르의 무덤, 프레이야*⁷의 무덤 등으로 불리는 언덕 위로 드리웠습니다. 이들 언덕 위를 뒤덮은 엷은 잔디에는 군데군데 사람 이름이 새겨져 있습니다. 이곳에는 나그네가 자신의 이름을 새길 만한 커다란 기념석도 없고, 자신의 모습을 그릴만한 암벽도 없습니다. 따라서 이곳을 찾은 사람은 그저 잔디를 뽑아냈던 것이지요. 그렇게 벌거벗은 흙이 다 드러나면서 커다란 글자나 이름 모양이 되었고, 그 글자와 이름들은 하나의 망처럼 얽히고설킨 채 수많은 커다란 언덕 위에 퍼져 있습니다. 그것은 언제까지나 사라지지 않을 듯하지만, 이윽고 잔디가 새로 돋아나 그 흔적을 덮어 버리고 맙니다.

그런 언덕 위에 한 남자가 서 있었습니다. 그는 시인이었습니다. 시인은 폭이 넓은 은고리가 달린 뿔잔에 담긴 달콤하고 향긋한 밀주를 들이켜더니 어떤 사람의 이름을 가만히 불렀습니다. 그러고는 바람에게 그 이름을 다른 사람에게는 말하지 말아 달라고 간절히 부탁했지요. 그러나 저는 그 이름을 들어 버렸고, 그 이름을 가진 사람을 익히 알았습니다. 그 이름 위에는 백작의 관(冠)이 반짝이고 있어서 그가 그 이름을 크게 말하지 않은 것입니다. 저는

---

*6 스웨덴의 수도 스톡홀름 북쪽에 있는 오래된 도시.
*7 북유럽 신화에 나오는 사랑과 풍요, 아름다움의 여신으로 반신족에 속한다(오딘은 최고신이며 토르는 천둥의 신이다).

싱거워서 피식 웃었습니다. 그 남자의 이름 위에도 시인의 관이 빛나고 있었기 때문입니다! 저 엘레오노라 에스테**8의 고귀함은 시인 타소의 이름과 깊은 관련이 있습니다. 그리고 저는 이 사실을 압니다. ……향기롭고 아름다운 장미꽃이 어떤 곳에 피는지도 말이지요……!"

일곱 번째 밤

"바닷가를 따라 떡갈나무와 너도밤나무 숲이 길게 이어져 있습니다. 그곳은 무척 상쾌하고 향긋한 향기가 나며, 해마다 따뜻한 봄이 되면 수백 마리나 되는 나이팅게일이 찾아옵니다. 그 바로 옆에는 새 옷을 갈아입듯 끊임없이 모습을 바꾸는 광활하고 깊은 푸른 바다가 있답니다. 그리고 이 숲과 바다 사이에 넓은 국도가 달리고 있습니다. 마차가 한 대, 또 한 대 그 길을 무심히 지나가지만, 저는 그런 시시한 마차 뒤꽁무니를 따라가지 않습니다. 제 눈은 거의 어떤 한 지점에 못 박혀 있습니다. 그곳에는 크고 오래된 돌무덤이 하나 있는데, 나무딸기며 인목(鱗木 : 고생대에 번성했던 화석 식물)이 그 돌 사이에 우거져 있습니다. 여기에는 자연 속 싱그러운 시가 흐릅니다. 그런데 당신은 사람들이 이 시를 어떻게 받아들인다고 생각하나요? 이제 당신에게 제가 어제저녁부터 밤 사이에 그곳에서 무엇을 들었는지 이야기해 드리겠습니다.

먼저 돈 많은 농부 둘이 마차를 타고 그곳을 찾아왔습니다.

'와, 이거 꽤 훌륭한 나무인걸!' 한 사람이 말했습니다.

'그래, 어떤 나무를 베어도 마차 열 대쯤의 장작이 나오겠어!' 다른 사람이 대꾸했습니다. '올겨울은 추위가 유난히 매섭다지. 작년에는 장작 한 짐에 14탈러였지, 아마!'

그렇게 말하고 둘은 저쪽으로 가 버렸습니다.

'여기 길은 너무 험해서 못쓰겠구먼!' 그 뒤 다른 마차로 온 남자가 말했습니다.

'이 넌더리나는 숲 때문이지요!' 옆에 있던 남자가 말했습니다. '아무튼 여긴 바다 쪽에서밖에 상쾌한 공기가 오지 않으니까요!'

---

*8 이탈리아 시인 타소(1544~1595년)의 사랑을 받은 여인. 타소는 페라라에 있는 알폰소 2세 에스테 공작의 궁정에 드나들면서 공작의 누이인 루크레치아와 레오노라의 후원을 받았고 그녀들을 위해 그의 가장 뛰어난 서정시를 썼다.

그렇게 말하고 그 두 마차는 덜컹거리는 소리를 크게 내며 지나가 버렸습니다.

곧이어 승합마차도 지나갔습니다. 그 마차에 타고 있던 모든 승객은 이렇게 아름다운 곳을 지나가는 줄도 모르고 깊이 잠들어 있었답니다. 마부가 나팔을 힘차게 불면서 속으로 이런 생각을 할 뿐이었지요. ……'음, 나는 나팔을 아주 잘 불어. 특히 여기서는 소리가 잘 울리는군! 그런데 손님들은 내 연주를 어떻게 생각해 줄까?'

그렇게 승합마차도 가 버렸습니다.

그때 두 젊은이가 말을 타고 왔습니다. '이 두 젊은이의 핏속에는 청춘과 샴페인이 흐르는구나.' 저는 생각했습니다. 그 둘도 입가에 미소를 띠면서, 푸른 이끼로 뒤덮인 언덕과 검은 덤불 쪽을 그윽하게 바라보았습니다. '이런 곳은 물레방앗간 딸인 크리스티네와 나란히 걷고 싶군!' 한 사람이 행복한 눈빛으로 말했고, 이윽고 두 사람은 가 버렸습니다.

꽃들이 강한 향기를 물씬 내뿜었습니다. 산들바람도 잠에 곯아떨어졌는지 주위는 고요했습니다. 그리고 바다는 깊은 골짜기 위에 드넓게 펼쳐진 하늘과 푸른빛으로 한마음이 되어 잠잠할 뿐이었습니다. 그때 마차 한 대가 지나갔습니다. 그 마차에는 손님 여섯이 탔습니다. 그 가운데 넷은 눈을 감고 잤습니다. 다섯 번째 남자는 직접 새로 지은 여름옷이 틀림없이 잘 어울리겠지 그런 생각을 하였습니다. 여섯 번째 남자는 마부 쪽으로 몸을 내밀고서, 저쪽에 돌이 잔뜩 쌓여 있는데 거기에 무슨 특별한 것이라도 있느냐고 물었지요.

'아니요! 저건 그냥 돌무더기일 뿐입니다. 그런데 저 숲 쪽은 특별하지요!' 마부가 의미심장하게 말했습니다.

'뭐가 특별한지 그 이유를 말해 주게!'

'네, 저 나무들은 정말로 특별합니다! 그 까닭은 이렇습니다. ……겨울이 되어 눈이 높다랗게 쌓이면 어디를 보나 평평하니 온 주위가 똑같아지지요. 그럴 때 저 나무들이 저에게 이정표가 되어 주어서 저는 나무들을 의지하여 길을 간답니다. 덕분에 마차를 바다로 몰고 가지 않지요. 그래서 저 나무들은 특별하다는 것입니다!' ……그렇게 말한 마부는 채찍을 휘두르며 말을 몰아서 눈 깜짝할 사이에 어디론가 가 버렸습니다.

이번에는 어떤 화가가 왔습니다. 그의 눈이 반짝반짝 빛났습니다. 그러나 화

가는 한마디도 하지 않았습니다. 그저 휘파람만 불었습니다. 그러자 나이팅게일 새가 다가와 노래를 불렀습니다. 한 마리, 또 한 마리, 차츰 소리 높여 노래했습니다. '조용히 해!' 화가가 꽥 크게 고함을 치고는 모든 색깔과 농도를 정확하게 집어냈습니다. ……'파랑에 보라색에 어두운 갈색!' 틀림없이 멋진 그림이 될 것입니다! 이 화가는 거울이 어떤 상(像)을 담아내듯이 그곳 경치를 그대로 담아냈고, 그렇게 하면서 로시니*⁹가 작곡한 행진곡을 휘파람으로 신나게 불어댔습니다.

가장 마지막에 온 사람은 가난한 소녀였습니다. 그 소녀는 커다란 돌무덤 곁에 기대어 쉬면서 짐을 내려놓았습니다. 그리고 아름답고 창백한 얼굴을 숲 쪽으로 돌리고는 조용히 가만가만 귀를 기울였습니다. 그런 다음 바다 위에 펼쳐진 넓은 하늘을 바라보았을 때 소녀의 눈은 반짝반짝 빛났습니다. 두 손을 가슴에 모으고 있었습니다. 저는 소녀가 틀림없이 《주기도문》을 왼다고 생각했습니다. 그때 소녀는 자기 안에서 깊이 흐르는 감정이 어떤 것인지 저 자신도 몰랐답니다. 그러나 저는 잘 압니다. ……몇 년이 채 가기도 전에, 오늘 이 시간과 주위에 있는 자연은 그 화가가 그 뻔한 색깔로 그려낸 것보다 한결 아름답게, 아니 훨씬 자연 그대로의 모습으로 이 소녀의 추억 속에 몇 번이고 떠오르리라는 것을 저는 압니다. 제 빛은 줄곧 그 소녀를 따라갔습니다. 이윽고 새벽녘의 어렴풋한 빛이 소녀의 이마에 입 맞출 때까지 따라갔습니다!"

여덟 번째 밤

무거운 먹구름이 하늘에 낮게 깔려 있어서 달은 조금도 모습을 드러내지 않았습니다. 그래서 저는 여느때보다 배는 쓸쓸한 기분으로 제 작은 방 안에 덩그러니 서서, 달빛이 곧 비출 것만 같은 하늘을 물끄러미 바라보았습니다.

제 마음은 어느새 멀리 멀리 날아갔습니다. 상상 속에서 마음은 제게 밤마다 무척이나 아름다운 이야기를 들려주거나 온갖 그림을 보여 주었던 저 위대한 벗에게 날아가 버렸습니다.

그렇습니다, 그 친구가 듣지 못하거나 보지 못한 것이 도대체 있을까요? 달은 저 노아의 대홍수*¹⁰ 때도 넘쳐흐르는 물결 위를 미끄러져 갔습니다. 그리

---

*9 이탈리아의 유명한 가극 작곡가.
*10 노아의 홍수(《창세기》 6 : 5~9 : 29). 인류의 선조들이 나날이 포악해지므로 하느님은 홍수를

고 오늘 제게 미소를 지어 주는 것처럼 노아의 방주에도 환한 미소를 건네 줌으로써 이윽고 새로운 세계가 꽃피우리라는 위안을 노아에게 안겨 준 것입니다. 이스라엘 민족*[11]이 서글피 울면서 바빌론 강가에 넋을 잃고 우두커니 서 있을 때도 달은 하프를 걸어 놓았던 버드나무들 사이에서 애달픈 심정으로 그 모습을 바라보았습니다. 그리고 저 로미오*[12]가 발코니로 올라가 줄리엣과 나눈 사랑의 입맞춤이 사랑스러운 수호천사 마음처럼 지상에서 하늘로 올라갔을 때, 저 둥근 달은 거무스름한 사이프러스들 사이에 반쯤 얼굴을 숨긴 채 샛말간 하늘에 떠 있었습니다. 달은 세인트헬레나 섬에 있었던 영웅*[13]도 봤습니다. 영웅 나폴레옹이 그 섬의 쓸쓸한 바위에 서서 망망대해를 바라볼 때 도리어 그 가슴에 원대한 뜻이 가득 퍼지는 모습을 눈여겨보기도 했지요.

달이 말 못할 것이 무엇이 있을까요! 이 세상 삶은 모두 달에게는 하나의 이야기입니다. 아, 오랜 친구여, 오늘밤 저는 당신의 모습을 볼 수 없습니다! 당신이 찾아와 준 기억만으로는 그림을 그릴 수도 없습니다! ……이렇게 생각하면서 제가 수많은 구름 사이를 꿈결처럼 아스라이 올려다보고 있노라니 그곳이 문득 밝아졌습니다. 그것은 당신에게서 나온 한 줄기 빛이었지요. 그러나 그 빛은 금세 다시 어디론가 사라져 버렸습니다. 시커먼 구름이 우르르 몰려와 휙 지나갔기 때문입니다. 그러나 조금 전에 보여 준 빛은 하나의 인사였습니다. 달이 저에게 보내 준 친구다운 밤 인사였던 것입니다.

아홉 번째 밤

하늘은 아직 화창하고 투명했습니다. 그 뒤로 몇 날 밤이 흘러 달이 반달로 바뀌었습니다. 저는 또다시 그림을 그리고 싶어졌습니다. ……보세요, 이것은 달이 들려준 이야기입니다.

내려서 인류를 멸망시켜 버리려 했다. 신앙이 두터운 노아와 그의 아내만이 하느님의 계시에 따라 방주를 만들어 대홍수 뒤에도 살아남았다고 한다.

*11 기원전 6세기, 신바빌로니아에 멸망한 이스라엘 민족은 대부분 붙잡혀 바빌론 등지에서 강제로 살며 60년의 세월을 보냈다.

*12 셰익스피어의 연애비극 《로미오와 줄리엣》에 나오는 발코니 장면.

*13 나폴레옹 보나파르트. 나폴레옹은 1815년에 붙잡혀 남대서양의 세인트헬레나 섬에 유배되었고, 1821년에 그 곳에서 병으로 죽었다.

"저는 북극의 새와 헤엄쳐 가는 고래를 쫓아 그린란드의 동쪽 해안까지 갔습니다. 얼음과 구름으로 뒤덮인 민둥민둥한 바위산이 골짜기를 에워싸고 있었지요. 때마침 그 골짜기에는 버드나무와 월귤나무 꽃 그리고 향긋한 동자꽃이 한창이라 달콤한 향기가 골짜기 어디를 가도 가득 가득했습니다. 제 빛은 어스름하게 엷어지고 제 얼굴 또한 줄기에서 멀찌감치 떨어져 나가 몇 주 동안이나 물결 위를 떠도는 수련 꽃송이처럼 새파래지고 말았습니다. 그린란드 하늘에는 오로라 왕관이 불타올랐습니다. 빛의 고리가 넓게 펼쳐졌고, 그곳에서 뻗어 나오는 광선은 수없이 소용돌이치는 불기둥처럼 하늘을 가득 메우며 녹색과 붉은색으로 화려하게 빛났습니다.

그곳 가까이에 사는 사람들이 춤추고 놀기 위해 모여들었지만, 그들은 오로라가 만들어내는 아름다운 광경을 늘 보아 온 터라 아무도 그 황홀한 모습에 넋을 잃지 않았습니다.

'저 죽은 사람의 영혼들에게는 바다코끼리 머리로 공놀이를 하게 해야지!'

사람들은 자신들의 신앙에 따라 그렇게 생각했습니다. 그리고 마음과 눈모두 오직 노래와 춤에만 집중했습니다. 둥글게 춤추는 원 안에는 털가죽도 두르지 않은 그린란드 사람 하나가 작은 북을 들고 서서 바다표범 사냥 노래에 박자를 맞추었습니다. 그러자 사람들이 그 가락에 화답하며 '에이야, 에이야, 야—!' 합창하고, 하얀 털가죽을 두른 사람들이 둥글게 원을 그리며 경중경중 뛰어올랐습니다. 그 모습은 마치 백곰들 무도회 같았습니다. 사람들은 눈과 머리를 매우 세차게 움직였습니다.

이번에는 재판을 하여 판결을 내리려는 듯 보였습니다. 사이가 틀어진 사람들이 앞으로 나왔습니다. 먼저 피해를 입은 사람이 상대의 나쁜 점을, 그 자리에서 즉흥으로 가락을 붙여 대담하게 야유하며 노래하자, 다른 사람들도 북소리에 맞춰 춤추며 노래했습니다. 고소당한 사람 또한 물러서지 않고 능숙하게 노래로 대답하자 그 자리에 모인 사람들이 깔깔 웃으며 둘에게 명쾌한 판결을 내렸습니다. 근처의 바위산에서 요란한 소리가 울려 퍼지며 빙하가 우지끈 깨지더니 뚝 떨어졌습니다. 커다란 얼음 덩어리들이 산 아래로 마구 굴러 떨어지면서 잘게 부서졌습니다. 참으로 그린란드다운 아름다운 여름밤이었습니다.

그곳에서 백 걸음쯤 떨어진 곳에는, 입구가 벌어진 털가죽 천막 안에 한 병

자가 누워 있었습니다. 시름시름 병을 앓는 이 남자의 따뜻한 피 속에는 아직도 생명이 흘렀습니다. 그러나 그는 이미 죽음을 앞두고 있었습니다. 무엇보다 그가 그렇게 믿었고, 주위 사람들도 모두 그렇게 되리라고 여겼습니다. 그래서 그 남자의 아내는 나중에 죽은 사람의 몸을 굳이 만지지 않아도 되도록 남편 몸 주위에 털가죽 덮개를 단단히 꿰맸습니다.

바느질을 하면서 남편에게 물었습니다.

'여보, 당신은 저 바위산 위에 쌓인 돌처럼 딱딱하게 얼어붙은 눈 속에 묻히고 싶어요? 그렇다면 제가 그곳을 당신의 카약*14과 활로 꾸며 줄게요. 그리고 앙게코크*15에게 그 위에서 춤을 추어 달라고 할 거예요! 아니면 바위산보다 바다가 더 좋을까요?'

'바다가 좋겠어!' 남자는 가느다란 목소리로 겨우 말하고 슬프게 웃으며 힘없이 고개를 끄덕였습니다.

'그래요, 바다는 기분 좋은 여름 천막이니까요!' 아내가 말했습니다. '그곳에는 수천 마리 바다표범이 이리저리 뛰놀고 있죠. 또 그곳에서는 바다코끼리도 당신 발 밑에서 잠들 거예요. 그러니 사냥하기도 쉽고 훨씬 재미있을 거예요!'

아이들은 울부짖으며 창문에 댄 가죽을 찢어 내었습니다. 죽어가는 사람을 언젠가는 바다로 싣고 가기 위해서입니다. 파도가 높이 출렁이는 바다는, 남자가 살아 있을 때에는 먹을 거리를 주고 죽은 뒤에는 평안을 가져다 줍니다. 밤낮으로 모습을 바꾸며 떠다니는 빙산이 그 무덤의 하나뿐인 증표입니다. 바다표범이 그 얼음 덩어리 위에서 꾸벅꾸벅 졸고, 갈매기가 그 위를 유유히 날아갑니다."

열 번째 밤

"저는 혼자 사는 한 할머니를 알고 있어요."

달이 말했습니다.

"그 할머니는 겨울이면 털가죽으로 안을 댄 노란 공단 외투를 입었는데, 그 것이 늘 새롭고도 한결같은 할머니의 하나밖에 없는 스타일이었습니다. 여름이

---

*14 하나 또는 그 이상의 조정석을 가진 폐쇄 갑판으로 된 인력 보트. 에스키모가 바다에서 사용하던 것에서 발전해 왔다.
*15 에스키모인 주술사.

면 할머니는 언제나 밀짚모자를 쓰고 늘 똑같은 청회색 옷을 입었던 듯합니다. 할머니가 외출하는 곳이라고는 길 맞은편에 사는 친구 할머니의 집뿐이었습니다. 그러나 지난 몇 년 동안은 그 친구 집에도 가지 않았답니다. 친구 할머니가 세상을 떠났기 때문입니다.

제가 너무나 잘 아는 그 할머니는 오직 홀로 창가를 맴돌았습니다. 그 창가에는 여름이면 아름다운 꽃이 피고, 겨울이면 펠트 모자 위로 어여쁜 개구리자리 꽃이 보이기 때문입니다. 그런데 지난 달에는 할머니가 한 번도 창가에 나타나지 않았습니다. 그러나 할머니는 아직 살아 있었습니다. 저는 그 사실을 똑똑히 알고 있었습니다. 할머니가 옛 친구들과 곧잘 이야기하던 '대여행'에 나서는 모습을 아직 보지 못했기 때문입니다.

'그럼, 그럼!' 예전에 할머니가 말했습니다. '언젠가 눈을 감으면 나는 평생 한 것보다 더 많은 여행을 하게 될 테지. 여기서 6마일쯤 떨어진 곳에 내 가족들 무덤이 있어. 나는 그곳으로 옮겨져서 다른 친척들과 함께 잠들게 되겠지!'

어젯밤, 마차 한 대가 집 앞에 와서 멈췄습니다. 사람들이 관을 하나 내왔습니다. 그제야 저는 할머니가 죽었다는 것을 알았습니다. 사람들이 관 둘레에 밀짚을 채우자 마차가 움직이기 시작했습니다. 마차 위에는 지난 일 년 동안 집에서 나오지도 않고 홀로 살아온 점잖은 할머니가 고이 잠들어 있었답니다. 마차는 빠른 속도로 덜컹거리며 마치 즐거운 여행이라도 떠나는 듯이 마을 문 밖으로 기운차게 달려 나갔습니다.

국도로 들어서자 마차는 더욱 빨리 달렸습니다. 마부는 몇 번이나 뒤를 힐끔 돌아보았습니다. 아무래도 마부는 할머니가 털가죽으로 안을 댄 노란 공단 외투를 입고 뒤에 실은 관 위에 앉아 있을까봐 겁이 나는 모양이었습니다. 겁에 질린 마부가 애꿎은 말들을 채찍으로 마구 후려치고 고삐를 단단히 죄는 바람에 말들이 거품을 물었고 재갈도 거품 범벅이 되었습니다. 말들은 젊고 매우 기운 넘쳤습니다. 그때 토끼 한 마리가 불쑥 튀어나와 길을 가로지르자 말들이 무시무시한 기세로 달리기 시작했습니다. 살아 있는 동안에는 한 해가 지나고 또 한 해가 지나도 집 안에서 늘 있는 곳에서만 느릿느릿 움직이며 홀로 조용히 살던 할머니는 눈을 감은 뒤에야 넓게 펼쳐진 국도 위를 쏜살같이 달려갔습니다.

그러는 사이 멍석에 둘둘 말린 관이 통통 튀어오르더니 마차에서 튕겨져 나와 길 위로 떼구루루 굴러 떨어졌습니다. 그러나 말들과 마부, 마차는 멈추지 않고 엄청난 기세로 쏜살같이 달려가 버렸습니다. 종달새가 밭에서 날아올라 관 위를 맴돌며 아침 노래를 부릅니다. 그리고 관 위로 내려앉아 부리로 멍석을 쪼았습니다. 그 모습은 마치 번데기를 쪼아 뜯어먹는 것 같습니다. 이윽고 종달새는 다시 노래하며 하늘로 호르르 날아오르고, 저는 붉은 아침 구름 뒤로 조용히 물러났습니다.'

열한 번째 밤

"어디선가에서 결혼식이 열렸습니다!"

달이 말했습니다.

"노랫소리가 여기저기 흥겹게 울려 퍼지자 사람들이 축배를 들었고, 모든 것이 풍족하고 화려했습니다. 이윽고 손님들이 돌아갔습니다. 벌써 자정이 지났습니다. 어머니들이 신랑과 신부에게 키스를 했습니다. 제가 갓 결혼한 두 사람을 흐뭇하게 바라보고 있는데 커튼이 완전히 닫혀 버렸습니다. 그러나 등불이 아른거리며 포근히 방 안을 비춰주었답니다.

'모두 돌아가서 다행이오!'

신랑이 다정하게 말하며 신부의 손과 입술에 키스를 했습니다. 신부는 미소를 지으며 눈물을 흘렸습니다. 수련꽃이 흐르는 물결 위에서 쉼을 얻듯, 신부는 떨면서 신랑의 가슴에 기대어 안정을 찾았습니다. 그리고 둘은 달콤하고 행복으로 가득한 말을 주고받았습니다.

'잘 자요!'

신랑이 말하자 신부가 창문에 드리워진 커튼을 살짝 거두며 낮고 부드러운 목소리로 말했습니다.

'어머나, 달빛이 참 예뻐요! ……봐요, 얼마나 평온하고 투명한지 몰라요!'

그렇게 말하고 신부가 등불을 끄자 포근한 방 안이 곧바로 어두워졌습니다. 그러나 저의 빛은 여전히 반짝이고 있었습니다. 신랑의 눈빛처럼 반짝거렸습니다. ……여인이여, 만일 시인이 생명의 신비를 노래할 때는 그 하프에 키스를 하시오!"

열두 번째 밤

"당신에게 폼페이*¹⁶의 그림을 한 장 보여 드릴게요."

달이 말했습니다.

"저는 그 마을 변두리에 있는 '묘지의 길'이라 불리는 곳에 있었습니다. 그곳에는 아름다운 기념비가 수없이 세워져 있었습니다. 또한 그곳은 오랜 옛날, 이마에 장미꽃을 두르고 환호성을 지르던 젊은이들이 라이스*¹⁷의 어여쁜 자매들과 어울려 춤추던 곳입니다. 그런데 오늘 그곳에는 죽음의 고요가 깃들어 있습니다. 나폴리 왕국에 소속된 독일인 파수병들이 그곳을 감시하며 카드놀이와 주사위놀이를 하고 있습니다.

얼마쯤 시간이 흐른 뒤 산 너머에서 온 외국인들이 파수병들과 함께 어슬렁어슬렁 마을로 걸어 들어왔습니다. 눈부시게 밝은 달빛 아래에서, 무덤에서 되살아난 이 마을을 구경하기 위해 온 것입니다. 그래서 저는 용암으로 뒤덮인 널찍한 길들에 남아 있는 바퀴 자국을 모두에게 보여 주었습니다. 집 대문에 새겨진 이름과 여전히 옛 모습 그대로 걸린 간판도 보여 주었습니다. 사람들은 몇몇 작은 안뜰로 들어가 온갖 조개껍질로 화려하게 장식된 분수의 수반을 바라보았습니다. 그렇지만 어느 분수에서도 물은 솟아나오지 않았고, 청동 개가 입구를 지키고 있는 훌륭한 그림을 그린 방에서도 노랫소리는 한 구절도 들려오지 않았습니다. 그곳은 죽음의 도시였습니다. 오직 베수비오 화산만이 변함없이 영원한 찬가를 부르고 있었습니다. 이 찬가의 한 구절 한 구절을 사람들은 새로운 분화라 부릅니다.

우리는 비너스 신전으로 갔습니다. 신전은 눈부시게 하얀 대리석으로 만들어졌고, 널찍한 계단 앞에는 높은 제단이 있으며, 길게 늘어선 원기둥 사이로 싱그러운 수양버들이 싹을 틔우며 드리워져 있었습니다. 공기는 맑고 투명하며, 신전 너머에는 거무스름한 베수비오 화산이 우뚝 솟아 있고, 화산에서 불꽃이 우산대처럼 솟구쳐 올랐습니다. 그 위에는 불빛에 반사된 연기구름이 고요한 밤을 뒤덮었습니다. 그 모양은 꼭 커다란 우산 같았습니다. 그러나 피처럼

---

*16 이탈리아 남부인 나폴리 시 동남쪽에 있던 고대 로마의 도시. 79년에 베수비오 화산이 분화하여 용암 속에 묻혀 버렸으나 18세기에 발견되어 발굴되었다. 그 폐허는 로마 도시의 그 시절 모습을 선명하게 보여준다.

*17 고대 그리스의 유명한 유녀.

붉었답니다.

관광객 가운데 유명 가수가 한 사람 있었습니다. 매우 뛰어난 가수로, 저는 그녀가 유럽 여러 대도시에서 갈채를 받는 모습을 보았습니다. 사람들은 비극을 상연하던 극장 가까이 다다르자 모두 그 원형극장의 돌로 된 계단식 좌석에 앉았습니다. 극장 일부가 수천 년 전처럼 다시 관객으로 꽉 들어찼습니다. 무대는 옛날 그대로 남아 있었습니다. 좌우로 담장이, 뒤쪽에는 아치가 두 개 나란히 있었습니다. 그 사이로 옛날과 똑같은 배경, 바로 자연이 보였습니다. 소렌토와 아말피*18 사이의 산들입니다.

가수가 재미삼아 고대의 무대 위로 올라가 노래를 불렀습니다. 이 장소가 가수의 감수성을 일깨운 것입니다. 저는 아라비아 야생말이 콧김을 내뿜고 갈기를 휘날리며 기운차게 달려가는 모습을 떠올렸습니다. 꼭 그와 같은 경쾌하고 다부진 느낌이 들었습니다. 그리고 골고다*19 언덕의 십자가 아래에서 슬퍼하던 성모 마리아에 대한 기억이 되살아났습니다. 순간 가슴 깊숙한 곳에서 그때와 똑같은 아픔이 느껴졌기 때문입니다. 그리고 그 곳에는 수천 년 전처럼 칭찬하고 기뻐하는 목소리와 박수갈채가 꽤 오래도록 울려 퍼졌습니다. '행복한 사람이야! 하늘의 축복을 받은 사람이야!' 사람들이 환호성을 질렀습니다.

그리고 3분 뒤 무대는 텅 비었습니다. 사람들이 하나 둘 모두 떠나고 이제는 작은 소리 하나 들리지 않습니다. 사람들은 남김없이 다른 곳으로 가 버렸습니다. 그러나 폐허는 여전히 서 있었습니다. 조금도 변함없이 그 자리에 서 있었습니다. 앞으로도 몇 백 년은 너끈히 서 있을 것입니다. 그 때가 되면 이곳에서 벌어진 갈채의 순간은 물론 그 가수의 목소리와 미소를 기억하는 사람은 아무도 없을 테고, 그것들은 기억 저편으로 아스라이 사라질 것입니다. 저에게도 지금 이 순간은 이미 빛바랜 추억일 뿐이랍니다."

열세 번째 밤

"저는 어느 편집자의 창문을 슬며시 들여다보았습니다."

달이 기억을 어른어른 떠올리며 말했습니다.

---

*18 소렌토와 아말피는 폼페이 유적 남쪽에 있는 풍경이 아름다운 바닷가 마을.

*19 예루살렘 근교에 있는 언덕. 옛날에는 형장이었으며, 예수 그리스도가 여기서 십자가에 못 박혀 죽었다.

"그건 독일 어딘가였어요. 그 방에는 훌륭한 가구며 책들이 많이 있고, 신문지가 아무렇게나 어지럽게 널려 있었죠. 그리고 젊은이들 몇몇이 있었습니다. 편집장은 책상 귀퉁이에 비스듬히 서 있었고요. 그때 마침 작은 책 두 권을······ 두 권 모두 젊은 작가가 쓴 책을 소개하고 비평하려던 참이었습니다."

"이 책이 내게 배달되었는데 말이지······ "

편집자가 말문을 뗐습니다.

"나는 아직 읽지 않았다네. 아무튼 표지는 무척 아름답군. 자네들은 이 내용을 어떻게 생각하나?"

"글쎄요."

시인인 한 남자가 말했습니다.

"이건 꽤 괜찮은데요. 좀 장황해서 지루하긴 하지만 말입니다. 그래도 뭐 젊은 사람이 쓴 것이니까요. 시구(詩句)는 좀 더 잘 다듬을 수 있으리라고 봅니다. 사상은 참 건전하네요. 그렇다고는 해도 매우 흔해빠진 생각입니다. 하지만, 뭐라고 해야 할까요. 어쨌든 매번 새로운 것을 발견할 수는 없으니까 말입니다. 음, 편집장님은 이 작가를 칭찬해 주어도 될 것 같습니다. 저는 이 작가가 앞으로 훌륭한 시인이 되리라고는 결코 기대하지 않습니다. 그렇지만 이 작가는 책을 많이 읽는 사람인 듯 싶고, 매우 훌륭한 동양학자인데다 그 또한 꽤 탄탄한 근거를 두고 비평을 하고 있거든요. 제《가정생활 수상록》에 대해 훌륭한 비평을 쓴 사람이 바로 이 사람입니다. 젊은이는 너그럽게 품어주는 게 마땅하겠지요."

"그런데 이 사람은 정말 멍청입니다!"

그 방에 있던 다른 신사가 얼굴을 찌푸리며 불만을 쏟아냈습니다.

"시란 평범한 것만큼 나쁜 게 없습니다. 이 남자는 평범 그 이상이 못 됩니다."

"불쌍한 인간 같으니!"

세 번째 남자가 혀를 끌끌 차며 말했습니다.

"그러나 이 작가의 고모님은 그를 매우 자랑스러워하고 있지요. 그래요, 편집장님. 지난 번 편집장님의 번역서에 그렇게 많은 예약자를 모은 사람이 바로 그 고모님입니다."

"그 친절한 부인 말인가! ······ 그래, 나는 이 책을 아주 짤막하게 이렇게 평하기로 했네. ……의심할 여지 없는 재능, 환영해 마지않을 천부적인 소질, 시의 화원에 핀 한 송이 꽃! 표지도 훌륭하고 등등…… 그건 그렇고 또 한 권 말인데, 이 저자는 나에게 이 책을 팔려는 속셈인 것 같아. ……내가 들은 바로는 이 책은 제법 평판이 좋은 모양이야. 그에게는 타고난 천재같은 번득임이 있다는구면. 자네들은 어떻게 생각하나?"

"네, 모두 입을 모아 그렇게 말하는 것 같더군요."

조금 전의 시인이 말했습니다.

"그런데 이건 좀 거칠어요. 구두점 붙이는 게 지나치게 천재적이라고 할까요."

"차라리 이 남자는 좀 엄격하게 깎아 내려서, 살짝 화를 돋우는 게 도움이 될 것 같아요. 안 그러면 너무 자만하게 될걸요."

"그렇지만 그건 불공평한 처사입니다!"

네 번째 남자가 목소리를 높였습니다.

"우리 그런 작은 결점들만 아프게 꼬집어내지 말고 좋은 점을 좀 찾아봅시다. 게다가 이 작품에는 좋은 점들이 얼마든지 있으니까요. 이 작가는 누가 뭐래도 뛰어나니까요!"

"글쎄요, 그가 진정한 천재라면 이 정도의 비판쯤은 거뜬히 버티고도 남겠죠. 작가를 개인적으로 칭찬할 사람들은 얼마든지 있습니다. 우리들만이라도 이 남자를 너무 들뜨게 만들지 맙시다."

"의심할 여지 없는 재능……"

편집장은 그렇게 썼습니다.

"흔히 저지르기 쉬운 부주의가 몇 군데 눈에 띈다. 예를 들어 이 작가가 운 나쁘게도 시구를 잘못 쓴 부분은 25쪽의 《모음접속》에서도 두 군데 보인다. 고전을 깊이 연구해 볼 것을 권한다, 등등."

"이즈음에서 저는 다른 곳으로 갔습니다."

달이 말했습니다.

"…… 그리고 저는 이 사람들 이야기에 나오는 작가의 고모님 댁의 창문을 살짝 들여다보았습니다. 거기에는 평판이 좋았던 시인이 앉아 있었습니다. 그는 그곳에 초대된 사람들에게 많은 칭찬을 듣고 행복에 젖어 있었습니다.

저는 또 한 사람, 거칠다는 평을 들은 사람을 찾아보았습니다. 이 시인도 어느 후원자의 집 대규모 모임 가운데 끼여 있었습니다. 거기서는 또 다른 시인의 책이 화제가 되고 있었습니다……

"자네 책도 읽어보겠네."

후원자가 말했습니다.

"그런데 말이지, 솔직히 말하자면, 그래, 내가 내 생각을 거침없이 솔직하게 말한다는 사실을 자네도 알고 있겠지만……. 나는 자네 책에 대해서는 그리 큰 기대를 하고 있지 않다네. 자네는 너무 거칠어. 더군다나 지나치게 공상적이고. 그러나 자네가 인간적으로 존경받을 만한 사람이라는 건 나도 인정하네."

한 젊은 여성이 한쪽 구석에 앉아 어느 책의 구절을 읽고 있었습니다.

"……찬사받아 마땅한 천재는 진흙탕 속으로 밀어 넣지만
　　평범한 재주는 하늘 높이 띄워 주는구나.
　　이건 옛이야기지만 그럼에도 늘 새롭구나!"

열네 번째 밤

달이 이렇게 말했습니다.

"숲속 길가에 집이 두 채 있었습니다. 그 집 대문은 매우 낮았고, 창문은 위아래에 다닥다닥 붙어 있었습니다. 그리고 집 주위에는 구기자나무며 암나무가 무성했습니다. 지붕에는 이끼가 잔뜩 돋았고, 샛노란꽃과 돌나물풀들이 한창이었습니다. 자그마한 뜨락에는 양배추와 감자가 무럭무럭 자랐지만 울타리에는 딱총나무 한 그루가 소복하게 꽃을 피웠습니다. 그리고 그 아래로 조그마한 여자 아이가 홀로 앉아 있었습니다. 여자 아이의 진밤색 두 눈은 두 집 사이에 있는 오래된 떡갈나무를 물끄러미 바라보고 있었습니다. 시든 줄기를 지닌 키 큰 나무 위쪽은 톱으로 아무렇게나 거칠게 잘려 있었는데 그 위에 황새 둥지가 있었습니다. 오늘도 황새는 둥지 위에 서서 부리로 딱딱 소리를 내고 있었던 것입니다.

그때 한 사내아이가 나와 여자 아이 곁에 섰습니다. 둘은 남매였습니다.

"뭘 그렇게 빤히 보고 있어?"

사내아이가 물었습니다.

"저 황새를 보고 있었어."

여자 아이가 손으로 가리키며 대답했습니다.

"옆집 아주머니가 이렇게 말씀하시던걸. ……오늘밤 저 황새가 우리에게 남

동생이나 여동생을 데려다 줄 거라고 말이야. 그래서 언제쯤 데리고 올 건지 줄곧 지켜보고 있는 거야."

"황새는 아무도 데려오지 않아."

사내아이가 말했습니다.

"옆집 아주머니가 내게도 그렇게 말하시면서 웃으셨어. 그래서 내가 아주머니께 하느님께 맹세하라 했더니 아무 말도 하지 않으시더라고. 그래서 나는 생각했지. 어른들이 우리 아이들에게 상상력을 기르게 하려고 만들어낸 이야기일 뿐이라고 말이야."

"그럼 아기는 어디서 오는 건데?"

여자 아이가 물었습니다.

"하느님이 데리고 오시는 거야."

남자아이가 당차게 말했습니다.

"하느님은 아기를 망토 밑에 넣고 계시는데 사람들은 하느님을 볼 수 없어. 그래서 하느님이 아기를 데리고 오시는 걸 우리는 볼 수 없는 거지."

이렇게 말하는 순간, 딱총나무 가지 사이에서 바스락바스락 스쳐지나가는 바람소리가 들려왔습니다. 아이들은 두 손을 맞잡고 서로의 얼굴을 쳐다보았습니다. 틀림없이 하느님이 아기를 데리고 오신 게 분명해. 둘은 이렇게 생각하고 마주 잡은 손에 힘을 주었습니다. 그때 갑자기 집 대문이 활짝 열렸습니다. 옆집 아주머니였습니다.

"자, 집 안으로 들어가자."

아주머니가 집 안으로 들어서며 말했습니다.

"자, 황새가 뭘 가져왔는지 한번 보렴. 작은 남동생이야."

두 아이는 잇따라 고개를 끄덕였습니다. 둘은 이미 아기가 왔다는 사실을 알고 있었던 것입니다."

열다섯 번째 밤

"저는 뤼네부르크의 황야[20]를 미끄러지듯 건너갔습니다."

달이 이야기했습니다.

---

*20 독일 북부의 황야.

"길 옆으로 작은 오두막이 한 채 외롭게 덩그마니 서 있었습니다. 바로 그 옆에는 이파리들이 모두 떨어져 벌거벗은 수풀이 있었습니다. 그 속에서 나이팅게일 한 마리가 오들오들 떨며 노래를 불렀답니다. 나이팅게일은 길을 잃어 수풀 속으로 날아 든 게지요. 하지만 깊은 밤, 추위 때문에 이 새는 얼어죽을 게 분명했습니다. 저는 그 새가 숨을 거두기 직전에 부른, '백조의 노래'를 기억합니다.

마침내 여명이 희미하게 밝아올 즈음이었지요. 한 무리 사람들이 그 곁을 막 지나려는 참이었습니다. 그 무리는 멀리 이사 가는 어느 가족이었습니다. 그들은 배를 타고 미국으로 건너가기 위해 브레멘이나 함부르크*²¹로 떠나는 길이었습니다. 그들은 목적지인 미국에 가면 꿈에 그리던 행복이 저절로 펼쳐지리라 기대했습니다. 어머니들은 아주 어린 아이들을 업고 있었고, 혼자서도 걸을 수 있는 아이들은 어머니나 아버지 손을 꼭 붙들고 아장아장 걸었습니다. 초라한 말 한 마리가 얼마 안 되는 살림살이를 실은 수레를 힘겹게 끌었습니다.

차가운 바람이 거세게 휘이잉 휘이잉 불어왔습니다. 작은 여자 아이는 어머니 곁에 더 바짝 다가갔습니다. 아이들 어머니는 동그스름하지만 이지러지기 시작한 제 얼굴을 올려다 보면서 본토에서 겪은 고초, 견딜 수 없을 만큼 무거운 세금을 떠올렸습니다. 이는 이곳을 떠나는 모든 사람들이 겪어온 고통스런 기억이었습니다. 그래서 새벽녘의 불그스름한 빛은 이 사람들에게 행복한 내일을 여는 태양이 다시 떠오를 것이라고 말하는 복음처럼 기쁜 희망을 주었습니다. 그래서 그들은 나이팅게일이 죽어가며 부르는 노래도, 그것이 '거짓 예언자'의 노래라고는 생각하지 않고 행복을 뜻한다고 여겼습니다. 바람이 휘이잉 휘이잉 소리내며 불어왔으므로 그들은 미처 나이팅게일이 이렇게 노래하는 줄도 몰랐던 것입니다.

"편안하게 바다를 건너가세요. 이 기나긴 여행길을 위해 당신은 가지고 있는 모든 것을 내어 주고 왔습니다. 가난한 당신은 의지할 곳도 없이 당신의 '가나안 땅*²²'을 밟게 되겠지요. 당신은 당신 스스로도, 당신의 아내도, 아이들도 팔

----

*21 독일 북부에 있는 항구 도시.

*22 구약성경에 나오는 지명. 신이 아브라함에게(이스라엘 사람들에게) 주겠다고 약속한 땅. '약속의 땅' 또는 '희망의 땅'이라고도 한다.

아야만 합니다. 그러나 오랫동안 괴롭지는 않을 것입니다. 폭이 넓고, 향기로운 잎사귀 그늘 아래 죽음의 여신이 기다리고 있거든요. 그 여신이 해주는 환영의 입맞춤은 당신의 핏속에 죽음이 도사리고 있는 열병을 불어넣을 것입니다. 자, 가세요. 어서 가세요! 넘실대는 거대한 파도를 넘어, 저편으로!"

여행길을 가는 사람들은 뜻도 제대로 모른 채 나이팅게일의 노래를 즐겁게 들었습니다. 그 노래가 그들에게는 행복을 가져다 줄 것처럼 여겨졌기 때문입니다.

아침 햇살이 열따란 구름 사이를 비집고 나와 환하게 비추었습니다. 그 땅의 백성들은 황야를 건너 교회로 갔습니다. 검은 옷에, 두껍고 흰 마포(麻布)로 얼굴을 감싼 여인들의 모습은 마치 교회에 걸린 오래된 그림 속에서 걸어나온 듯이 보였습니다. 주위는 온통 숨을 죽인 적막, 드넓은 황야가 펼쳐져 있을 뿐인데, 시들어버린 갈색 히스나무나 까맣게 그을린 잔디가 이어진 하얀 모래 언덕 사이로 어렴풋이 보였습니다. 여인들은 찬송가를 들고 천천히 교회 쪽으로 걸어갔습니다. 아아, 기도하세요! 넘실대는 거대한 파도를 넘어, 묘지로 가는 사람들을 위해 기도하세요!"

열여섯 번째 밤

"저는 플치넬라*23 한 사람을 알고 있습니다."

달의 입에서 이야기가 술술 새어나왔습니다.

구경꾼들은 이 남자를 보면서 기쁨의 환호성을 지릅니다. 그의 움직임 하나하나는 참으로 익살스러워 극장 안을 온통 웃음바다로 만들고 말지요. 그렇다고 그가 미리 짜 놓은 대로 척척 움직이는 것은 아니었습니다. 그저 타고난 재주로 하는 몸짓이었지요. 그는 다른 사내아이들과 장난치면서 놀았던 개구쟁이 어린 시절부터 이미 익살꾼이었습니다. 자연은 그를 플치넬라로 만들기 위해 등에 하나, 가슴에 하나 커다란 혹을 붙였습니다. 그러나 그의 마음은 이토록 흉측한 외모와는 달리 남들보다 감수성이 넘쳤습니다. 그 누구도 그보다 감성이 풍부하고 강렬하며, 부드러운 마음씨를 지닌 사람은 단 한 사람도 없었습니다.

＊23 Pulcinella. 이탈리아 즉흥 희곡에 등장하는 익살꾼.

극장은 그가 꿈꾸던 이상 세계였습니다. 만일 그가 훤칠하고 멋진 외모를 가졌었다면 어느 무대에 서더라도 최고의 비극 배우가 되었을 테지요. 영웅적인 모습과 위대한 사상이 그의 영혼에 가득 담겨 있었거든요. 그러나 그는 플치넬라가 될 수밖에 없었습니다. 괴로움과 우울증은 날카로운 선을 가진 그의 얼굴에 무뚝뚝함을 깃들게 함으로써 많은 구경꾼들을 도리어 웃게 만들었고, 기꺼이 그들은 이 익살꾼에게 박수갈채를 보내곤 했답니다.

아름다운 콜롬비나*²⁴는 플치넬라에게 온화한 미소로 친절하게 대했지만 결혼은 아를레키노*²⁵와 하고 싶어했습니다. 만일 '미녀와 야수'가 결혼한다고 했다면 그야말로 지나친 우스갯거리가 되었을 것입니다.

플치넬라가 시름에 빠져 있을 때, 오직 한 사람 콜롬비나만은 그를 살짝 미소짓게, 아니 함박웃음을 짓게 만들 수 있었습니다. 콜롬비나는 플치넬라처럼 우울한 듯 보였지만 차츰 안정을 되찾았고, 마침내는 두 사람이 농담을 주거니 받거니 하면서 마구 떠들며 이야기하게 되었지요.

"전 당신에게 부족한 게 뭔지 알고 있어요."

콜롬비나가 수줍게 말했습니다.

"그래요, 그건 사랑이에요."

이 말을 듣자 플치넬라는 고개를 젖히며 웃어대기 시작했습니다.

"뭐, 사랑이라고?"

플치넬라 목소리가 한껏 커졌습니다.

"그거야말로 정말 재미있는 구경거리가 아니겠어? 구경꾼들이 얼마나 재미있어할까. 아마 기립 박수를 보낼걸!"

"그래요, 사랑이에요."

콜롬비나는 말을 이었습니다. 그리고 익살스러운 감정을 담아 가볍게 덧붙였습니다.

"물론 당신이 사랑하는 사람은 바로 저예요!"

그렇습니다. 사랑하는 감정이 없으면 이런 말도 아무렇지 않게 할 수 있답니다. 이 말을 들은 플치넬라는 손뼉을 치면서 크게 웃고 공중으로 높이 뛰어올랐습니다. 우울함은 이제 온데간데없이 사라져 버렸습니다. 하지만 콜롬비

---

*24 이탈리아 즉흥 희극의 여주인공 역.
*25 플치넬라와는 또 다른 익살꾼.

나의 말은 사실이었답니다. 플치넬라는 콜롬비나를 깊이 사랑하고 있었습니다. 마치 그가 예술 속에 깃든 숭고함과 위대함을 사랑하듯 콜롬비나를 진정으로 사랑한 것입니다. 마침내 콜롬비나가 결혼한 날, 플치넬라는 더할 나위 없이 명랑한 사람이 되어 있었습니다. 그러나 그날 밤, 플치넬라는 남몰래 고개를 떨구고 눈물을 흘렸습니다. 만일 구경꾼들이 플치넬라의 찌푸려진 얼굴을 보았더라면 손뼉을 치며 좋아했겠지요.

어느 날 아름답고 훌륭한 콜롬비나가 죽었습니다. 그녀 장례식 날, 가슴이 무너진 아를레키노는 무대에 오르지 않았습니다. 그는 아내를 먼저 떠나보낸 슬픔을 가눌 수가 없었기 때문입니다. 그래서 극장 지배인은 아름다운 콜롬비나와 유쾌한 아를레키노를 대신하여 구경꾼들이 실망하지 않도록 뭔가 정말 재미있는 것을 보여 주어야겠다고 생각했습니다. 따라서 플치넬라는 여느 때보다 두 배는 더 밝고 우스꽝스럽게 연기해야만 했습니다. 플치넬라는 마음속으로 절망 끓어앉은 채 춤을 추며 뛰어올랐습니다. 구경꾼들은 박수를 치며 크게 기뻐하며 소리를 질렀습니다.

"브라보! 멋져, 아주 멋져!"

플치넬라는 큰 갈채 속에서 커튼콜을 받았습니다. 참으로 굉장한 연기자였습니다.

지난 밤 연극이 끝난 뒤, 작고 볼품없는 이 남자는 홀로 마을을 벗어나 쓸쓸한 묘지로 갔습니다. 콜롬비나 묘 위에 놓여 있는 꽃다발은 이미 모두 시들고 말았습니다. 플치넬라는 콜롬비나 묘 앞에 앉았습니다. 그림으로 그린 듯이 참으로 아름다운 광경이었습니다. 한 손으로 턱을 괴고, 그는 따스한 눈빛으로 저를 바라보고 있었지요. 그 모습은 손으로 빚은 아름다운 조각상 같았습니다. 묘시에 있는 플치넬라. 어딘가 모르게 색다른 익살로 보였습니다. 만약 구경꾼들이 이 익살꾼을 보았다면 아마도 큰 박수 갈채를 보냈을 것입니다. 브라보! 멋지다, 참으로 멋져! 그렇게 말이지요.

열일곱 번째 밤

자, 계속해서 귀를 기울여 달님의 이야기를 들어주세요.

"저는 장교가 되어 처음으로 화려한 제복을 입은 사관생도의 모습을 본 적이 있습니다. 또 무도회 의상을 입은 젊은 아가씨도 봤고, 공작의 어린 신부가 드레스를 입고 행복해하는 모습도 봤지요. 그런데 오늘밤 제가 본 한 아이……
네 살배기 작은 여자 아이의 기뻐하는 모습과는 감히 비교할 수 없었습니다.
그 아이는 어여쁜 파란색 드레스와 귀여운 장밋빛 모자를 선물로 받았습니다.
아이가 멋지게 차려입자 모두 등불을 들고 왔지요. 창문으로 들어오는 달빛만
으로는 너무나 아이의 희미해서 멋진 모습이 잘 보이지 않았기 때문입니다.

　그 작은 아이는 장난감 인형처럼 뻣뻣하게 서 있었습니다. 두 팔은 드레스
밖으로 쭉 뻗고, 열 손가락도 하나하나 쭉 폈지요. 아! 그 아이의 눈도 얼굴도
얼마나 행복해 보이던지요!

　'내일은 이렇게 입고 밖에 나가렴!'

　어머니가 말하자, 아이는 거울에 비친 모자를 올려다보다가 입고 있는 드레
스를 내려다보더니 아주 행복하게 웃고는 어머니에게 속삭였습니다.

　'엄마! 내가 이렇게 예쁜 드레스를 입은 것을 보면 강아지들이 어떻게 생각
할까요?'"

열여덟 번째 밤

"저는 전에도 폼페이에 대해서 이야기했지요……."

　달님이 말합니다.

"폼페이는 살아 있는 도시들 사이에 있습니다. 하지만 그곳은 죽어 있는 도
시지요. 그런데 저는 또 하나, 더 희한한 도시를 알고 있답니다. 그곳은 황폐한
도시가 아니라 그야말로 망령의 도시입니다…… 분수가 대리석 분수대에 쏴아
쏴아 소리내며 세차게 떨어지면 마치 물 위에 떠 있는 도시의 이야기를 듣는
듯한 기분이 듭니다. 그래요, 뿜어나오는 물줄기들이 이야기를 하는 게 틀림없
어요! 바닷가로 밀려드는 파도들은 그것을 노래하고! 바다 위로는 이따금씩 안
개가 아른아른 피어오릅니다. 안개는 남편을 잃은 여인이 쓰는 베일처럼 앞을
가리어 모든 것을 희미하게 만들지요. 바다의 신랑이 죽어 버려서 궁전과 도시
는 이제 무덤이 되었습니다. 당신은 이 도시를 알고 있나요? 여기에서는 덜컹덜
컹 소리를 내며 달려가는 마차 소리도 따그닥따그닥 말발굽 소리 한 번 들려
오지 않는 답니다. 오직 물고기들이 헤엄치고 검은 곤돌라*26가 망령처럼 푸른

＊26 이탈리아 물의 도시 베네치아에서 운하를 운항하는 배. 길이 10m 이내, 너비 1.2~1.6m. 선
　　수(船首)와 선미(船尾)가 휘어져 올라가 있고, 배의 색채는 16세기 후반부터 검은색으로 통

물결 위를 쓱쓱 나아가고 있을 뿐이지요……"

"그래요, 저는……."

달님이 이야기를 계속했어요.

"그 도시의 광장, 그러니까 그 도시에서 가장 큰 광장을 당신에게 보여 주고 싶습니다. 그곳을 보면, 당신은 틀림없이 동화 속 나라에 온 듯한 환상 속에 빠져들게 될 테니까요. 길에 깔린 돌들 사이로 풀이 자라고, 아침이 밝아 오면 수천 마리 집비둘기들이 날개를 푸드득거리며 홀로 우뚝 선 탑 언저리를 날아다닙니다. 당신 주위의 세 면이 아케이드로 둘러싸여 있어요. 거기에는 터키 인이 기다란 파이프를 입에 물고는 꼼짝 않고 앉아 있었고 어느 아름다운 그리스 소년은 둥근기둥에 기대서서는 몇 개의 전승기념비를 물끄러미 바라보고 있습니다. 높다란 깃대는 지난날의 권력을 말해주고 있지요. 거기에는 여러 개의 깃발이 걸려 있습니다. 마치 상장(喪章)처럼 말이지요. 한 여자 아이가 그곳에서 쉬고 있었습니다. 아이는 무거운 물동이를 내려놓고, 물지게는 어깨에 그대로 진 채로 그 승리의 깃대에 기대어 있었지요.

지금 당신 눈에 보이는 것은 요정들의 궁전이 아니랍니다. 성당입니다! 금으로 칠해진 둥근 지붕과 그 곁의 황금빛 반구가 저의 빛을 받아 반짝반짝 빛나고 있습니다. 그 지붕 위 청동으로 만들어진 멋진 말들*27은 마치 동화 속의 청동 말처럼 멀리 여행을 갔다 온 겁니다. 그 말들은 이곳으로 여행을 와서 다른 곳으로 떠났다가 다시 돌아온 거랍니다. 그리고 벽과 창이 갖가지 화려한 색으로 칠해진 것이 보이나요? 마치 어떤 천재가 천진난만한 어린아이 말 그대로 성당을 꾸민 것 같아요.

둥근 기둥 위 날개 달린 사자*28가 보이나요? 사자는 황금색으로 여전히 번쩍이기는 하지만, 날개는 묶여 있답니다. 사자는 죽었습니다. 비디의 왕이 죽었기 때문이지요. 수십 개의 커다란 홀들은 인기척 하나 없이 텅 비었고 지난날 값비싸고 화려한 그림들이 걸렸던 벽도 이제는 깨끗하게 맨 얼굴을 드러내고

일되었다.

*27 산마르코 성당에 있는 청동으로 만들어진 네 마리의 말. 고대 그리스나 로마 시대의 작품으로 알려져 있으나, 고대 로마에서 비잔틴 제국의 수도인 콘스탄티노플로 옮겨지고, 13세기 초에 비잔틴으로 옮겨졌다. 다시 나폴레옹에 의해 파리로 가져간 뒤에 다시 베네치아로 돌아갔다.

*28 베네치아의 수호성인. 성 마르코(산마르코)의 상징.

있습니다. 부랑자들이 아치 아래에서 잠을 잤는데, 예전에는 지체 높은 귀족들만이 거닐 수 있는 곳이었지요. 깊은 우물 안인지, 아니면 '탄식의 다리'*29 곁 감옥인지 모를 어딘가에서 깊은 한숨 소리가 들려옵니다. 마치 예전에 울긋불긋 멋진 곤돌라 위에서 들려오던 탬버린 소리처럼 말이에요. ……그때 공화국 총독이 타고 있던 호화로운 '부친토로 호'에서 바다의 여신인 아드리아에게 결혼 반지*30가 던져졌답니다. 아드리아여! 안개로 그대의 몸을 감추어라! 남편을 잃은 여인의 베일로 그대의 슬픈 가슴을 감싸라! 그리고 그 베일을 그대의 신랑이 누운 거대한 무덤 위에 덮어라! 대리석으로 뒤덮인 유령과도 같은 베네치아 위에……!"

열아홉 번째 밤

"저는 어느 커다란 극장을 내려다보고 있었지요."

달님이 말했습니다.

"그 극장은 관객들로 가득 찼습니다. 그날 밤은 신인 배우의 첫 무대였기 때문입니다. 저는 극장 벽의 열린 작은 창을 통해 안으로 비집고 들어갔습니다. 그때 분장한 배우 한 명이 창문 유리에 이마를 짓누르듯 기대고 있었습니다. 바로 그날 밤 연극의 주인공이었지요. 기사처럼 수염이 턱을 뒤덮었는데 그의 눈에는 눈물이 그렁그렁 고여 있었답니다. 관중들로부터 야유를 받고 무대에서 내려왔기 때문이지요. 야유를 받아도 어쩔 수가 없었습니다. 가엾은 사람! 그러나 예술의 세계에서 재능 없는 사람은 가혹한 대접을 받기 마련입니다. 그는 풍부한 감성을 지니고 예술을 너무나도 사랑하지만, 예술이 그를 사랑해 주지 않은 거지요…… 무대 감독이 종을 울렸습니다…… '대범하고 용감하게 주인공은 등장하라' 그렇게 대본에는 씌어 있었지요…… 그는 자신을 비웃었던 그 관중들 앞에 다시 서야 했던 거지요 ……

이윽고 연극이 끝났을 때, 저는 망토에 몸을 감추고 계단을 살금살금 내려

---

*29 베네치아의 두칼레 궁전과 작은 운하를 사이에 두고 동쪽으로 나 있는 감옥을 잇는 다리의 명칭.

*30 베네치아에서는 매년 그리스도 승천일에 공화국 총독이 부친토로라는 배를 타고 바다에 나갔다. 그리고 '바다여, 그대와 결혼하노라……' 라는 말과 함께 금반지를 아드리아 바다에 던졌다. 이 행사는 베네치아와 바다의 결혼이라는 깊은 의미를 가지고 있다.

가는 한 남자를 보았습니다. 바로 그 남자였지요. 그날 밤 관중의 야유를 받은 기사였습니다. 소품 담당자들이 자기들끼리 쑥덕대더군요. 저는 쫓겨난 그를 뒤쫓아 집까지 가 보았습니다. 목을 매면 아름답지 않은 죽음이 될 터이고, 독약은 늘 있는 게 아닙니다. 그런데 저는 그가 이런 생각을 하고 있음을 금세 알아차렸지요. 그가 창백한 얼굴로 거울을 비쳐보고는 반쯤 눈을 감고 있는 모습을 보았습니다. 죽은 자신의 모습이 어떨지 상상해 보는 거였지요. 사람은 매우 불행한 처지에서도 허세를 부리는 법이랍니다. 그는 죽음을, 자살을 떠올렸습니다. 틀림없이 자신을 포기한 것이라고 저는 생각했습니다. ……그는 서럽게 울었습니다. 그리고 사람은 정말 희한하게도 그렇게 마음껏 울고 나면 더 이상 자살은 생각하지 않는답니다.

그 뒤로 1년의 시간이 흘렀습니다. 이번에는 작은 극장에서 공연을 했지요. 초라한 유랑 극단이었답니다. 거기에서 저는 어디서 본 듯한 낯익은 얼굴을…… 곱슬곱슬한 턱수염에 짙게 분장을 한 매우 낯익은 얼굴을 발견했습니다. 그는 저를 쳐다보더니 씽긋 웃더군요. ……그러나 또다시 관객들 야유를 받았습니다. 무대에서 다시금 쫓겨났지요. 게다가 무대에서 단 1분도 서 있지 못하고 야유를 받으며 쫓겨난 겁니다. 형편없이 초라한 관중들로부터 말이에요!

그날 밤 초라한 장례 마차가 도시를 빠져나가더군요. 그 뒤에는 아무도 따르는 사람이 없었습니다. 자살한 사람이었던 거지요. 야유를 받고 쫓겨난 그 주인공이었습니다. 그 장례 마차를 끄는 마부만이 그의 장례식에 참석했지요. 그의 죽음을 슬퍼하는 사람은 아무도 없었습니다. 달을 빼면 그 누구도 말이에요. 그는 교회 묘지 담장 한 귀퉁이에 묻혔습니다. 곧 무덤 위로 쐐기풀이 자랄 테고 그러면 무덤을 파는 사람들이 옆 무덤에서 뜯어낸 잡초며 가시덤불들을 그의 무덤 위에 함부로 버리겠지요……"

스무 번째 밤

"저는 로마에서 오는 길이랍니다."

달님이 말했습니다.

"그 도시 한가운데의 일곱 언덕 위에는 폐허가 된 황궁들의 유적이 있어요. 성벽 틈 사이로 야생 무화과가 자라나고 그 넓은 회녹색 이파리로 초라한 벽을 감추고 있더군요. 허물어진 돌이나 흙이 몇 개인가의 자그마한 산을 이루었

지요. 그 사이로 당나귀들이 푸른 월계수 나뭇가지들을 밟으며 바싹 마른 엉 경퀴를 맛있게 뜯어먹고 있었습니다.

예전에는 로마의 독수리*31들이 날아오르고 율리우스 카이사르가 '왔노라, 보았노라, 이겼노라'를 외쳤는데, 오늘 그 입구는 작고 초라한 집으로 통하고 있습니다. 그 작은 집은 무너져 버린 대리석 기둥 사이를 흙으로 대충 메꾸어 지어졌습니다. 포도 덩굴이, 마치 장례식 화환처럼 그 집의 뒤틀린 창문 위로 축 늘어져 있었지요.

그 집에는 할머니 한 분이 손녀딸과 함께 살고 있었습니다. 이제는 이들이 황궁을 지배하며 낯선 방문객들에게 이곳에 묻힌 보물을 보여주고 있더군요. 황궁의 화려한 옥좌가 있던 자리에는 이제 보잘것없는 벽만 남아 있고, 사이프 러스 나무가 어두운 그림자를 길게 드리우고 있을 뿐이었습니다. 파헤쳐진 집 무실 바닥에는 흙이 켜켜이 쌓여 있고 말이에요. 이제 황궁의 공주가 된 어린 손녀딸은 저녁종이 울리면 늘 그곳 작은 의자에 앉아 있곤 했습니다. 그 곁에 남아 있는 문을 아이는 발코니 창이라고 부르더군요. 그 문의 작은 열쇠 구멍 으로 한쪽 눈을 찡그리고 들여다보면 로마의 절반이, 저 멀리 산 피에트로 대 성당의 웅장한 돔까지 환하게 내려다보인답니다.

오늘 밤도 여느 때처럼 고요했지요. 아이는 제 환한 달빛을 받으며 걸어가고 있었습니다. 오래된 토기 항아리에 물을 가득 담아서 머리에 이고 갔지요. 맨 발이었고, 짧은 치마에 반팔 블라우스 소매는 몹시 닳아서 너덜거리고 있었습 니다. 저는 그 아이의 동그스름한 어깨와 반짝이는 검은 눈동자, 윤기 나는 검 은 머리카락에 입을 맞추었습니다. 아이는 집 계단을 올라갔습니다. 이 계단은 벽돌 부스러기와 부서진 둥근 기둥으로 만들어져 가팔랐지요. 알록달록한 도 롱뇽이 깜짝 놀라 아이의 발을 스치며 달아났지만 아이는 무서워하지 않았습 니다. 아이는 한 손을 들어 현관문 종을 울리려는 참이었습니다. 그 문에는 토 끼발 하나가 기다란 끈에 매달려 있었습니다. 그 끈이 이제는 황궁의 종을 울

---

*31 로마 건국신화에 늑대 젖을 먹고 자란 로물루스와 레무스는 장성하여 국가를 건설하기 위 해 경쟁을 하게 되는데 도시 건설 책임을 둘 가운데 누가 맡을 것인가를 놓고 새 점(占)을 쳤다. 형제가 각각 선택한 곳 중에서 더 많은 독수리가 날아오르는 곳을 선택하자는 것이 다. 로물루스가 선택한 팔라티노 언덕에 독수리 12마리가 날아올랐고 로마는 팔라티노 언 덕을 중심으로 건설되었다. 이 때부터 독수리는 점차 로마제국의 유일무이한 상징으로 여 겨지게 된다.

리는 끈이지요.

아이는 순간 손을 멈췄습니다. 대체 무엇을 생각했을까요? 저 아래 예배당 안에 금과 은으로 둘러싸인 아기 예수의 고귀한 모습을 떠올리고 있었을지도 모릅니다. 예배당은 은촛대를 밝히고 아이의 친구들이 귀에 익은 성가를 부르는 곳이었지요. 그러나 저는 이 아이가 무슨 생각을 하고 있는지 모르겠습니다! 아이는 다시 움직이기 시작했고, 곧 무엇엔가 걸려 넘어졌습니다. 머리에 이고 있던 물동이가 그만 대리석 계단에 떨어져 산산조각 나고 말았습니다. 아이는 와락 울음을 터트렸지요. 황궁의 아름다운 공주님이 보잘것없는 질그릇 항아리 때문에 울게 된 거랍니다. 맨발로 거기에 선 채 서글피 울었지요. 그 줄을…… 황궁의 종을 울릴 줄을 당겨 볼 용기도 내지 못한 채 말이에요……"

스물한 번째 밤

2주나 넘게 달님을 볼 수 없었는데 이제 다시 보게 되었습니다. 둥근 달님은 천천히 피어오르는 구름 사이로 얼굴을 내밀며 환하게 빛났습니다. 그럼 달님이 제게 해준 이야기를 어디 한번 들어 볼까요!

"저는 북아프리카 페잔 지방*32의 어느 도시에서부터 상인들 행렬을 뒤쫓고 있었습니다. 이윽고 그들은 모래사막 곁 소금평원 위에서 발길을 멈췄지요. 소금평원은 마치 얼음판처럼 반짝반짝 빛나고 바람결에 날아들어 온 모래들이 군데군데 뒤덮고 있었습니다. 일행 가운데 누구보다 나이가 많은 노인은 허리춤에 물통을 차고 머리에는 무교병*33이 든 자루를 이고 있었습니다. 노인이 지팡이로 모래 위에 정사각형을 그리고는 그 안에 '코란*34'의 구절을 몇 개 적어놓자 상인들 모두 그 신성한 땅을 지나 앞으로 나아갔지요.

이 상인들 행렬 가운데 한 젊은 상인이 있었습니다. 이 젊은이가 '태양의 아들'이라는 사실은 그의 눈과 아름다운 모습에서 잘 알 수 있었습니다. 그는 깊은 생각에 골똘히 잠긴 채 세차게 콧김을 내뿜는 백마를 타고 갔습니다. 어쩌면 그는 앳되고 아름다운 아내를 생각하고 있었을지도 모릅니다. 고작 이틀 전

---

*32 리비아 남서부.
*33 유태인이 유월절 다음 날부터 무교절까지의 7일 동안 출애굽의 수난과 은혜를 기념하여 만들어 먹는 누룩을 넣지 않은 빵.
*34 이슬람 성전.

이었습니다…… 값비싼 모피와 화려한 천으로 꾸민 낙타가 그의 어여쁜 신부를 태우고 도시 성곽을 돌아다닌 일 말이에요. 남자들은 북을 치며 피리를 연주하고 여인네들은 노래를 불렀습니다. 그 낙타를 둘러싸고 사람들은 축포로 총을 쏘아 댔는데, 가장 총을 많이 쏜 사람은 신랑이었습니다. 그리곤 ……이제는 상인들과 함께 이 사막으로 길을 나선 겁니다.

저는 여러 날 밤 이들 일행을 뒤따라가 보았습니다. 그들이 야자수 아래 오아시스 곁에서 쉬던 것을 보았지요. 그들은 지쳐 쓰러진 낙타의 가슴을 칼로 찔러 도려내 그 고기를 불에 구웠습니다. 제 빛은 달구어졌던 모래를 식혀 주고, 망망대해 같은 모래바다 위에 죽음의 섬처럼 떠 있는 새까만 암벽들을 환히 비추어 주었지요. 그들은 길이 나지 않은 곳을 지나도 적대적인 부족들을 만나지 않았고, 폭풍도 일지 않았습니다. 게다가 사람들을 흔적도 없이 파묻어 버리는 재앙의 모래 회오리 또한 그들에게는 닥치지 않았습니다.

한편, 고향에서는 그의 아름다운 아내가 남편과 아버지를 위해 기도를 올리고 있었습니다.

'두 분이 돌아가신 건가요?'

어린 아내는 금빛 초생달인 나에게 묻더군요. 그리고 보름달이 되었을 때도 간절하게 물었습니다.

'두 분이 정말 돌아가신 건가요?'

그들은 이제 겨우 사막을 지났습니다. 오늘 저녁 그들은 높다란 야자나무 아래에 앉아 있더군요. 그곳에는 학들이 긴 날개를 펴고 그들 주위를 이리저리 날아다니고, 펠리컨은 미모사 가지 위에서 그들을 지켜보고 있었습니다. 육중한 코끼리는 무성한 수풀을 마구 짓밟고 다녔지요. 한 무리 흑인들이 내륙의 더 안쪽에 자리한 시장에서 왔습니다. 여인들은 검은 머리에 놋쇠 단추로 꾸미고 쪽빛 치마를 입고서 짐을 잔뜩 실은 황소들을 몰고 오는데, 황소들 등에는 발가벗은 흑인 아이들이 잠들어 있습니다. 또 어떤 흑인 한 명은 시장에서 산 사자 새끼를 줄에 묶어 질질 끌고 왔지요. 그들 모두가 상인들 곁으로 다가왔습니다. 젊은 상인은 꼼짝도 하지 않고 조용히 앉은 채 아리따운 아내를 생각했습니다. 저 멀리 사막 너머에 있는 향기로운 새하얀 꽃 같은 아내를 그리고 있었던 거지요. 그는 머리를 들고는……!"

이때 구름 하나가 달님을 가리는가 싶더니 또 다른 구름이 몰려왔습니다. 그

래서 이날 밤은 더 이상 달님의 이야기를 들을 수 없었습니다.

스물두 번째 밤

"어린 여자 아이가 우는 것을 보았습니다."

달님이 슬픈 목소리로 말했어요.

"세상이 몹시 심술궂어서 우는 거였죠. 아이는 아주 예쁜 인형을 선물로 받았습니다. 아아, 무척 귀엽고 사랑스러워서 세상의 불행은 조금도 만나지 않을 것처럼 만들어진 인형이었습니다. 그런데 여자 아이의 키 큰 오빠들이 그 인형을 빼앗아서 정원 나뭇가지 위에 올려놓고는 도망가 버렸어요. 아이는 아무리 애를 써서 뛰어올라도 손이 닿지 않아 인형을 내릴 수 없었지요. 그래서 울고 있었습니다. 아마 인형도 틀림없이 함께 울고 있었을 거예요. 두 팔을 푸른 가지 사이로 쭉 뻗은 인형 모습이 참 슬퍼 보였습니다. 그래, 이게 엄마가 말했던 세상의 불행이라는 것이구나! 아, 가엾은 인형!

어느새 어두워지기 시작했습니다. 곧 깜깜한 밤이 찾아오고 말겠지요! 밤새 인형을 나무 위에 혼자 외롭게 놓아두어야 할까요? 아니, 아이는 그럴 수 없었습니다.

'내가 곁에 있어 줄게!'

아이는 무척 겁이 났지만 용기를 내어 힘주어 말했습니다. 얼핏 아주 작은 사람들이 보이는 것 같았습니다. 뾰족한 고깔모자를 쓰고 덤불 사이에서 엿보고 있는 것만 같았지요. 어둠 속에서는 키 큰 도깨비들이 덩실덩실 춤을 추었습니다. 그 도깨비들은 점점 가까이 인형 곁으로 다가왔지요. 그러고는 나무에 걸린 인형에게 손가락질을 하며 깔깔 웃어댔습니다. 아, 이 작은 아이는 얼마나 무서웠을까요! ……

'나는 나쁜 짓을 한 적이 없어……' 아이는 생각했습니다. '그러니까 나쁜 사람들이 나를 해치지 않을 거야. 그런데 내가 나쁜 짓을 한 적이 여태까지 한 번도 없었을까?'

곰곰이 생각하고 소녀는 말했습니다.

'아, 맞다. ……예전에 빨간 헝겊을 다리에 맨 불쌍한 아기 오리를 보고 웃은 적이 있어. 오리가 다리를 절룩거리니까 재미있었어. 그래서 웃은 거야. 어쨌든 동물을 보고 비웃다니 그건 내가 잘못한 거야!'

아이는 인형을 올려다보았습니다.

'너는 동물을 보고 비웃은 적이 있니?'

아이가 물었습니다. 그러자 인형이 살레살레 머리를 가로젓는 것만 같았습니다."

스물세 번째 밤

달이 말했어요.

"어느 날 저는 티롤*³⁵ 지방을 내려다보았어요. 그리고 검디검은 전나무들에게 뚜렷하고도 짙은 그림자를 절벽 바위마다 드리우게 했지요. 또 어린 예수를 목마 태운 성 크리스트포로스*³⁶를 바라보았어요. 그 성인의 그림은 집집마다 벽에 걸려 있었고 발 디딤대에서 합각지붕에 이를 만큼 커다랬어요. 또 성 플로리안*³⁷은 불타는 집에 물을 끼얹고 있었지요. 게다가 그리스도는 피를 흘리면서 길가의 커다란 십자가에 매달려 있었어요. 새 시대 사람들 눈엔 낡아빠진 그림이거나 흔한 조각상일 뿐이겠지요. 그런데 저는 그것들이 세워져 있는 것을 언제나 보고 있지요. 그리고 하나 둘씩 늘어가는 것도 보아 왔지요.

산 중턱 높은 곳에 마치 제비 둥지가 걸린 것처럼 수녀원이 동그마니 서 있었어요. 그 위쪽 탑 안에서 수녀 둘이 종을 치고 있었어요. 둘 다 나이가 어려서 그런지 이들의 눈길은 첩첩산중을 넘어 바깥세상을 향해 날아갔어요. 그때 마차 한 대가 아래쪽 길거리를 달려 나갔지요. 마차의 나팔 소리가 울려 퍼졌습니다. 그러자 애처롭게도 수녀들은 한 마음으로 마차를 뚫어지게 바라보았어요. 젊은 수녀 눈엔 어느새 커다란 눈물방울이 맺혔어요. 그러면서 차츰차츰 나팔소리는 희미해져 갔지요. 수녀원 종소리는 아스라이 멀어져가는 나팔 소리를 삼켜 버리고 밀았죠."

스물네 번째 밤

자, 그럼 달이 무엇을 이야기했는지 어디 한번 들어볼까요.

---

*35 Tirol. 오스트리아 서부와 이탈리아 북부에 자리잡은 알프스 산맥 지역.

*36 그리스도교의 순교자이며 성자. 아기 그리스도를 업고서 강을 건넜다고 하는 전설이 전해져 옴. 여행자의 수호성인으로도 불린다.

*37 그리스도교의 순교자이며 성자. 화난(火難), 수난(水難)의 수호성인으로서 숭배됨.

"그러니까 지금부터 몇 년 전에 있었던 일이에요. 그때 저는 여기 코펜하겐 *38에서 어느 허름한 방 안을 창문 너머로 들여다보고 있었어요. 아버지와 어머니는 주무시고 계셨지만 어린 아들은 깨어 있었어요. 꽃모양이 수놓아진 사라사 천 침대 커튼이 살짝 움직일 때 아이가 창 밖을 내다보고 있는 게 눈에 띄었어요. 저는 처음엔 아이가 보른홀름섬제(製)의 시계를 보고 있는 게 틀림없다고 생각했지요. 왜냐하면 시계는 빨강이랑 녹색으로 참으로 예쁘게 칠해져 있었거든요. 게다가 시계 위에는 뻐꾸기도 한 마리 앉아 있었고, 그 아래에는 묵직한 납으로 된 저울추가 매달려 있었어요. 그리고 반짝반짝 빛나는 놋쇠판에 붙어 있는 시계추가 '똑딱 똑딱' 소리를 내며 좌우로 힘차게 움직였어요. 그런데 아이가 보고 있던 것은 시계가 아니었습니다. 그것은 무엇이었을까요? 바로 어머니의 물레였습니다! 마침 그게 시계 바로 밑에 놓여 있었던 거예요.

아이는 집에 있는 물건들 가운데 물레를 가장 좋아했어요. 그렇지만 함부로 만질 수는 없었지요. 혹시 잘못 만지기라도 해서 손을 다치면 큰일이니까요. 그러나 어머니가 물레에 앉아서 일을 하고 계신 동안에는 그 곁에 앉아 물레를 자세히 들여다볼 수 있었어요. 아이는 물레를 주의 깊게 들여다보며 속으로 생각하곤 했어요. '아, 나도 어머니처럼 물레를 다룰 수 있으면 얼마나 좋을까!' 이렇게 말이죠.

아이는 곤히 주무시고 계신 부모님 얼굴을 침대 위에서 빤히 내려다보더니 이번엔 물레로 눈길을 돌리는 게 아니겠어요? 그러다가 작은 발끝을 살짝 내리고 그 귀여운 두 발로 바닥 위에 서는 것이었어요! 그러고선 다시 한 번 뒤돌아 보며 부모님이 아직 주무시고 계신지 또다시 확인했어요. '아, 다행이야. 아직 주무시고 계셔.' 아이는 잠옷 차림으로 살금살금 물레가 있는 곳으로 다가가 어머니가 하던 모습을 기억하면서 실을 잣기 시작했어요! 실은 날 듯이 달렸고, 물레바퀴는 삐걱삐걱 소리를 내며 재빨리 돌았어요. 저는 아이의 금빛 머리카락과 하늘을 닮은 눈에 살포시 입을 맞추었답니다. 정말 귀엽고 사랑스러워서 참을 수가 없었지요.

그런데 그때 갑자기 어머니가 번쩍 눈을 떴어요. 그러고는 커튼을 들어올리

---

*38 덴마크의 수도.

고 창 밖을 내다보았어요. 어머니는 난쟁이나 작은 유령이 나타났다고 여겼는지 소리를 질렀어요.

"큰일났어요!"

그러고는 겁을 잔뜩 먹고 남편 품속으로 파고들었지요. 남편은 졸린 눈을 비비며 일어나더니 침착하게 앉아서 실을 잣고 있는 아이를 바라보았어요. '괜찮아, 우리 아들 베르텔이야!'

그 뒤 저는 이 허름한 방을 떠나 다른 곳으로 갔습니다. 아, 맞아요! 저는 아주 멀리까지 볼 수 있었습니다. 같은 시간에도 여러 곳을 두루두루 보고 있지요.

그때 로마의 바티칸 궁전에선 대리석으로 만든 신들이 우뚝 서 있었어요. 저는 라오콘 군상*39을 비추었지요. 돌은 마치 한숨을 쉬는 것처럼 보였어요. 나는 남몰래 뮤즈*40 여신들 가슴에 살짝 키스했어요. 그러자 봉긋한 가슴이 솟아오른 듯이 보였어요.

하지만 제 빛이 가장 오랫동안 머물러 있던 곳은 아주 거대한 신 〈나일 군상〉*41이었지요. 나일의 신은 스핑크스에 몸을 기대어 꿈이라도 꾸는 듯 생각에 잠겨 누워 있었습니다. 뭐랄까, 흘러가는 시간을 가만가만 더듬고 있는 듯이 보이기도 했어요. 작은 사랑의 신 아모르*42는 나일 신 가까이에서 악어 떼와 함께 놀고 있었습니다. 〈풍요의 뿔〉*43 가운데 정말 작은 아모르가 홀로 팔짱을 끼고 앉아서, 크고 장엄한 강의 신을 바라보고 있었어요. 아모르는 물레 곁에 앉아 있는 작은 사내 아이와 닮았어요. 얼굴도 똑같았지요. 여기엔 작은 대리석에 새겨진 아이가 살아 있는 것처럼 귀여운 모습으로 앉아 있었지만요. 이 아이가 대리석에서 뛰쳐나왔을 때부터 시간의 수레는 천 번도 더 돌았어요. 그때 그 허름한 방에서 아이가 물레를 돌렸을 때처럼 시간의 수레바퀴도 돌고 있었던 거예요. 그리고 오늘도 돌고 있지요. 드디어 대리석의 신들을 또 만들어낼 때까지 시간은 쉼없이 돌고 있을 거예요.

---

*39 그리스 신화에서 트로이 전쟁을 주제로 한 헬레니즘 시대의 유명한 조각.

*40 또는 무사이. 그리스 신화에서 학문과 예술을 관장하는 아홉 여신.

*41 누워 있는 나일 강의 신을 중심으로 한 헬레니즘 시대의 거대한 대리석 군상.

*42 로마 신화에서 사랑의 여신. 그리스 신화의 에로스의 신으로 보통 아이의 모습을 하고 있음.

*43 염소의 뿔에 꽃, 과일, 곡물을 얹은 모습으로 나타나며, 풍요의 상징.

아, 맞아요. 이 이야기는 아주 오래 전 일이랍니다. 자, 이번엔 어제의 일과……. 저는 셸란 섬*44 동해안의 어느 만을 비추고 있었어요. 아름다운 숲 속에는 높은 언덕들이 있었고 빨간 벽돌로 지어진 낡은 저택도 하나 있었지요. 해자에는 백조들이 놀고 있었어요. 그곳에는 작은 시장도 있었고 사과 과수원 옆에는 마을의 교회도 있었어요.

강에는 작은 배들이 하나같이 횃불을 밝히고 잔잔한 물결 위를 미끄러져 갔어요. 그렇게 수많은 불을 밝힌 건 장어를 잡기 위해서가 아니에요. 단지 축제를 즐기는 거예요. 음악 소리에 맞춰 노랫소리도 들려왔습니다. 어느 작은 배 한가운데에 그날의 주인공이 모두에게 축하를 받으며 서 있었어요. 커다란 망토를 두른 키가 크고 건장한 체격의 사나이였는데, 눈동자는 파랗고 하얗고 긴 머리는 어깨 위로 길게 늘어뜨렸어요. 저는 금세 이 사람이 누군지 알아차렸지요. 그리고 곧 바티칸 궁전*45과 거기에 있는 나일 군상과 대리석에 새겨진 모든 신들을 떠올렸어요. 그리고 그 작고 허름한 방을 생각했어요. 틀림없이 그렌네 거리였다고 확신하는데, 짧은 잠옷을 입은 어린 베르텔이 쭈그리고 앉아 실을 잣고 있었지요. 또다시 시간의 수레가 돌았고, 새로운 신들이 돌에서 모습을 드러냈습니다. 작은 배에서는 만세 소리가 크게 들려왔답니다. '베르텔 토르바르센*46 만세!'"

스물다섯 번째 밤

달이 말했습니다.

"당신에게 프랑크푸르트*47의 그림을 한 장 보여드리지요. 저는 거기 한 건물을 바라보고 있었어요. 그 건물은 시인 괴테가 태어난 집도 아니고 옛 의사당 건물도 아니었어요. 그 의사당의 격자 창문에서 바라보면 옛 황제의 대관식에서 불고기 재료로 쓰였던 소들의 머리뼈가 아직도 뿔이 달린 채 모습을 드러내고 있지만요. 제가 바라본 곳은 한 시민의 집이에요. 녹색 페인트칠을 한 소

─────────────

*44 덴마크 최대의 섬.
*45 이탈리아의 로마 시 서부, 바티칸 국에 있는 로마 교황의 궁전. 고대 이후 훌륭한 미술품이 많이 있음.
*46 덴마크의 조각가(1768,70–1844). 코펜하겐에서 태어나 로마에서 일하며 대성공을 거둠. 고전주의 조각가로 유명.
*47 독일 프랑크푸르트 암 마인 시.

박한 집인데 좁은 유대인 거리로 들어가는 모퉁이에 있었어요. 그 집은 바로 로스차일드*48의 집이었답니다.

저는 빠끔히 열린 현관으로 안을 기웃거리며 들여다보았어요. 계단에 불빛이 비쳤지요. 하녀들은 촛불을 밝힌 묵직한 은촛대를 들고 섰으며 들것에 실려 계단을 내려오는 할머니에게 모두 고개 숙여 정중히 인사했어요. 집 주인은 모자도 쓰지 않고 서 있었는데 그 할머니의 손에 공손히 키스했지요.

할머니는 주인의 어머니였어요. 할머니가 상냥하게 고개를 끄덕이자, 사람들은 그 할머니를 깍듯이 모시고 좁고 어두운 통로를 지나 어떤 작은 집으로 데려 갔어요. 할머니는 아이들을 모두 이 집에서 낳고 길렀으며 하나같이 행복을 누리며 자랐지요. '만일 오늘 내가 이 비좁고 어두운 거리를 그냥 스쳐지나간다면, 그리고 이 작은 집을 내버려두고 간다면, 행복도 자녀들을 버릴 테지요.' 이게 할머니의 신념이었답니다."

달은 더는 말하지 않았습니다. 그리고 오늘밤엔 잠시 머물다가 돌아갔지요. 저는 사람들에게 무시당하는 좁은 곳에 살고 있는 할머니를 떠올렸어요. 할머니가 넓고 좋은 집에서 살고 싶다고 단 한마디만 했더라면, 할머니는 영국 템스 강 가의 훌륭한 저택에서 살고 있었을 거예요. 할머니가 오로지 한마디만 했더라면 지금쯤 이탈리아 나폴리 별장에서 지내고 있었을 테지요.

"만일 내가 우리 아이들을 행복으로 이끌어준 이 작은 집을 버린다면 행복도 아이들을 버리고 말테지요!"

이런 생각은 미신일 테지만 미신이라고 해도 끝내 이렇게 되는 거로군요. 그림을 볼 때도 그렇지만, 이야기를 제대로 알고 더욱 그림을 이해하기 위해서는 그림 아래에 글자를 또렷하게 적어 놓으면 되지요! '어머니'라고.

스물여섯 번째 밤

달은 이렇게 말했지요.

"어제 새벽녘이었어요! 그 큰 마을에선 어느 굴뚝에서도 연기가 나지 않았습니다. 저는 그날따라 수많은 굴뚝들을 바라보고 있었어요. 그런데 글쎄 한 굴뚝에서 느닷없이 작은 머리통이 불쑥 튀어나오더니 곧이어 몸통이 보이고 급

---

*48 세계적으로 유명한 금융업자이며, 사업가 집안. 초대 마이어는 프랑크푸르트에서 은행업을 시작했으며 그의 다섯 아들들은 유럽 도시마다 은행을 세워 부호가 되었다.

기야는 양팔을 굴뚝에 걸치는 게 아니겠어요. '만세!' 굴뚝을 청소하는 작은 남자 아이였어요. 아이는 태어나서 처음으로 굴뚝 꼭대기까지 올라가 머리를 밖으로 쑥 내민 거였어요. '만세!' 굴뚝은 좁고 숨막히는 통로나 작은 난로 속을 기어다니는 것과는 사뭇 달랐어요. 신선한 바람이 상쾌하기 그지없었죠. 굴뚝 위에서 아이는 저 먼 숲까지 마을 전체를 한눈에 바라볼 수도 있었지요. 때마침 붉은 아침 해가 찬란하게 떠오르고 있었습니다. 커다란 해님이 아이의 둥근 얼굴을 비추자, 그 얼굴은 행복에 젖어 반짝거렸어요. 비록 아이의 얼굴은 검댕이 잔뜩 묻어 까맣고 더러웠지만요. 아이는 빗자루를 흔들며 이렇게 말했지요.

"자, 모두가 나를 볼 수 있겠지? 달님은 물론 해님도 나를 볼 수 있어. 만세!"

스물일곱 번째 밤

달이 이야기 주머니를 풀었습니다.

"어젯밤 저는 중국의 한 마을을 비추고 있었어요. 제 빛은 마을에 있는 긴 토담에 걸려 있었어요. 여기저기 문이 있는데 그 문은 꽉 닫혀 있었지요. 왜냐하면 중국인들과는 아무런 상관도 없는 바깥세상으로 연결된 문이었기 때문입니다. 문은 아주 굳게 닫혀 토담 뒤에 있는 창들을 기렸습니다. 그러나 절에서는 창문 너머로 희뿌옇게 빛이 새어 나왔어요.

그 안을 슬며시 들여다보았더니 바닥에서 천장까지 알록달록 온갖 색으로 아주 화려했어요. 금칠을 한 그림들도 있었는데 그 그림들은 석가의 공적을 보여주었지요. 움푹 파인 벽에는 모두 불상들이 세워졌지요. 그런데 이런 불상들은 천이나 깃발 같은 것들로 거의 가려져 있었답니다. 이들은 모두 주석으로 만들어졌으며 불상 앞에는 제단이 있고 그 위엔 신성한 물과 꽃과 촛불이 놓였습니다. 그리고 절의 가장 높은 곳에는 석가가 금빛 비단옷을 걸치고 서 있었어요. 옷 색깔이 금빛인 까닭은 가장 신성하다고 여겼기 때문이지요.

제단 밑에 한 젊은 스님이 앉아 있었어요. 그는 기도가 한창일 때 무엇인가를 골몰히 생각하는 듯했어요. 그런데 그의 생각은 죄를 짓는 일임에 틀림없었어요. 왜냐하면 그의 뺨은 발갛게 달아올랐으며 여느 때와 달리 고개를 떨구었기 때문이에요. 가여운 스님 스이홍! 그는 긴 토담으로 둘러싸인 어느 집 작은 화단에서 일하는 자신을 그리고 있었던 것일까요? 그렇게 평범한 일을 하

는 게 절에서 부처를 모시는 일보다 한결 좋다고 생각했던 것일까요? 아니면 훌륭한 음식이 가득 차려진 식탁에서 요리 한 접시를 먹을 때마다 은빛 종이로 입을 닦는…… 그런 호사를 누려 보고 싶었던 걸까요? 만일 그가 이 사실을 고백하기라도 한다면 천벌을 받아 죽을까요? 그의 생각은 외국인들의 배를 타고 그들 고향인 영국까지 날아가 버린 것일까요? 아니에요. 그의 생각은 그토록 멀리까지 날아가지 않았습니다. 그의 생각은 한창 피 끓는 청년이 품을 만한 죄에 지나지 않았어요. 그러나 신성한 석가 앞에서나 불상 앞에서는 더없이 심각한 죄였지요.

저는 젊은 스님의 생각이 어디로 가버렸는지 잘 알고 있었습니다. 이 마을 끄트머리에 있는 납작한 기와가 깔린 평평한 지붕…… 그 지붕 가까이의 난간은 토기로 만들어진 듯했으며, 그 위에는 탐스럽고 새하얀 메디움 초롱꽃을 꽂은 아름다운 꽃병들이 놓여 있었는데…… 그 지붕 위엔 페이라고 하는 귀여운 소녀가 있었어요. 페이는 가냘픈 체형에 장난기어린 눈, 도톰한 입술의 작은 소녀랍니다. 소녀는 작은 신발이 발을 꽉 조였으나 그보다 마음이 더 고통스럽게 조였지요. 그리고 그 소녀가 가녀린 팔을 들어 올리면 비단 옷이 사락사락 소리를 냈답니다.

소녀 앞에는 작은 어항이 놓여 있었는데 금붕어 네 마리가 사이좋게 헤엄치고 있었어요. 소녀는 알록달록한 막대로 어항 안을 이리저리 휘저었어요. 하지만 아주 느릿느릿 막대를 움직였지요. 왜냐하면 깊은 생각에 잠겼기 때문이에요. 아마 소녀는 이런 생각을 하지 않았을까요? 금붕어들은 어쩜 이리도 멋지고 화려한 금빛 옷을 입고 있을까? 어항 안에 평화로이 살면서 배부르게 먹을 수 있어서 참 좋겠다, 하지만 금붕어들이 밖으로 나와 자유롭게 지낼 수 있다면 얼마나 더 행복해질까? 어여쁜 페이의 생각은 어느새 마음에서 뛰어나와 절까지 날아갔습니다. 소녀는 절에 불공을 드리러 간 게 아니었어요. 불쌍한 페이! 가련한 스님 스이훙! 둘의 생각은 만났지만 차가운 저의 빛은 대천사의 검처럼 둘 사이에 누워 버렸어요!"

스물여덟 번째 밤

달이 말했습니다.

"바다는 평온했지요. 저는 돛단배처럼 바다 위를 미끄러져 나아갔고 바닷물

을 투명하게 비추었어요. 그래서 저는 바다 속 깊은 곳에 있는 진귀한 식물들을 볼 수 있었어요. 식물들은 마치 숲속 커다란 나무들처럼 긴 줄기를 나에게로 뻗어 왔어요. 그 줄기 사이로 물고기들이 이리저리 헤엄치고 있었고요.

하늘 높은 곳엔 야생 백조들이 무리지어 날았지요. 그런데 그 가운데 한 마리가 날개에 힘이 없는지 차츰 아래로 아래로 떨어져 갔어요. 한 마리의 백조는 아스라이 멀어져 가는 친구들을 바라보며 아무리 힘껏 날갯짓을 해도 자꾸만 아래로 떨어졌습니다. 그것은 비눗방울이 고요한 공기 속에서 가라앉는 것만 같았지요. 마침내 백조는 바닷물에 닿고 말았어요. 머리를 날개 속에 파묻은 채 한참을 그렇게 물 위에 떠 있었어요. 그 모습은 잔잔한 호수 위에 피어난 새하얀 수련과도 같았어요.

이윽고 산들 바람이 불어와 반짝반짝 빛나는 바닷물결을 들어올리더니 파도를 일으키기 시작했어요. 그러자 백조가 머리를 들었지요. 반짝이는 물결이 물보라가 되어 파란 불처럼 백조의 가슴과 배를 찰싹거리며 때리기 시작했어요.

새벽 무렵의 붉은 빛이 구름을 비추어왔어요. 그러자 백조는 힘을 되찾았는지 세차게 하늘 높이 날아올라 떠오르는 태양과 저 멀리 희미한 해안을 향해 멀리멀리 나아갔어요. 친구들이 그쪽으로 날아갔음을 알았기 때문이지요. 하지만 이제 그 백조는 혼자서 그곳까지 날아야 했어요. 백조는 그리움과 간절함을 한가득 품은 가슴을 활짝 펴고 힘껏 날갯짓을 하며 파란 바다 위를 날아갔어요."

스물아홉 번째 밤
"한 장 더, 당신에게 스웨덴 그림을 보여 드리겠어요."
달이 말했습니다.
"새까만 전나무 숲속, 록센 호숫가에 브레타*49라는 이름을 가진 오래된 수도원이 있습니다. 제 빛은 격자창을 통해 둥근 천장의 넓은 방으로 스며들었습니다. 이 방에는 옛날 왕이었던 사람들이 큰 석관 안에 고이 잠들어 있습니다. 석관 위쪽 벽에는 이들이 땅 위에서 누렸던 영광을 나타내는 왕관이 하나씩 있

---

*49 스웨덴 남부에 있는 수도원. 13세기 말에 지어진 건물로 아직 남아 있다.

어 뭇사람들의 시선을 끌었습니다. 그리고 그 왕관은 나무로 만들어졌는데 그 위에 금색을 칠한 것이었죠. 그리고 왕관은 벽에 박힌 나무못에 걸려 있습니다. 오랜 세월이 흘러 금색으로 칠한 이 나무도 벌레가 파먹고 구멍이 숭숭 뚫렸습니다. 거미가 그 왕관부터 아래의 관까지 거미줄을 쳤습니다. 말하자면 이것은 상(喪)을 알리는 깃발입니다. 머지않아 죽을 운명을 가진 인간에게 한탄하고 슬퍼하는 일이 아무런 의미 없는 허무한 일이듯 그 깃발도 부서시기 쉽고 덧없는 것이지요. 그래도 숨을 거둔 사람들은 얼마나 조용히 잠들어 있는지요! 저는 이 왕들의 모습을 똑똑이 기억하고 있습니다! 저에게는 그 사람들 입가에 맺힌 자신감 넘치는 미소가 아직도 눈에 선하답니다. 그들의 입은 기쁨이나 슬픔을 결연하게 힘주어 이야기했던 것이지요…….

증기선이 마법에 걸린 달팽이처럼 산 속을 누비며 가로질러 오면 가끔 외부인이 이 성당으로 들어옵니다. 그리고 둥근 천장 아래 묘실로 발을 들여 와 왕들의 이름을 묻지만, 그들의 이름은 이미 죽어서 잊힌 이름으로 낯설게 들립니다. 외부인은 벌레 먹은 왕관을 바라보고 쓸쓸히 미소짓는데, 만일 그 사람의 신앙심이 깊다면 그 미소에는 희미한 슬픔이 감돈답니다. 죽은 사람들이여, 평안히 잠드시기를! 달은 당신들을 기억합니다. 밤이 되면 저의 차디찬 빛으로 당신들의 고요한 왕국을 비추어 드릴게요. 소나무로 만든 왕관 위에 걸린 그 왕국에……!"

서른 번째 밤
달이 말했습니다.

"길가 바로 곁에 여관이 하나 있습니다. 그리고 그 맞은편에 지붕 공사를 하다 만 큰 헛간이 있습니다. 저는 서까래 사이나 천장에 뚫려 있는 창문으로 왜지 불편할 듯한 헛간 안을 들여다보았습니다. 수컷 칠면조가 들보 위에서 꾸벅꾸벅 졸고 있었습니다. 그리고 말안장은 텅 빈 구유에 가만히 놓여 있었습니다.

그 헛간 한가운데에는 한 대의 여행용 마차가 세워져 있었습니다. 그 주인은 마차 안에 있었는데 말이 물을 마시는 동안에도 깊이 잠들어 있었답니다. 그리고 마부도 팔다리를 축 늘어뜨리고 있었어요. 제가 알기로 이 마부는 오늘 오는 길에 반 이상은 졸았는데도 말이죠. 눈을 옆으로 돌리니 하인 방으로 통하는 문이 빼꼼히 열려 있어 안이 들여다 보였습니다. 방 안에 있는 침대는 마치 누군가 마구 뒤엎은 것처럼 엉망이었지요. 바닥에는 촛불이 하나 세워져 있었는데 이미 촛대 안까지 타들어 갔습니다. 찬바람이 거세게 불어와 헛간을 휘이잉 휩쓸고 지나갔습니다. 마침내 해가 뜰 시간이 다가왔습니다.

말을 묶어두는 곳 맞은편에는 세상 곳곳을 돌아다니던 음악가와 그 가족이 곤히 잠들어 있었습니다. 어머니와 아버지는 어쩌면 유리병 안에 들어 있는, 불타는 듯이 뜨거운 술을 홀짝홀짝 마시는 꿈을 꾸고 있는지도 모릅니다. 한편 작고 창백한 얼굴을 한 소녀는 어떤 슬픈 꿈을 꾸는지 눈에는 그렁그렁 눈물이 맺혀 있었습니다. 그들의 머리맡에는 하프가 비스듬히 눕혀 있었고, 귀여운 강아지는 그들의 발아래 웅크리고 누워 있답니다……."

서른한 번째 밤

달이 살며시 속삭이며 다가와 말했습니다.

"한 작은 마을에서 일어난 일이었어요. 제가 그것을 본 건 작년이지만 그런 일은…… 중요한 게 아니죠. 어쨌든 저는 두 눈으로 똑똑히 보았답니다. 오늘 밤, 저는 그 이야기가 신문에 실린 것을 읽었지만 신문의 글은 그다지 자세하지 않더군요.

여관에서 서쪽으로 내려가면 곰 조련사인 한 남자가 있었는데 그때 그는 저녁을 먹고 있었습니다. 곰은 집 밖 장작을 쌓아두는 곳 뒤편에 단단히 묶여 있었지요. 불쌍한 곰! 이 곰은 보기에는 아주 무섭게 생겼지만 살아오면서 단 한 번도 누군가를 괴롭히는 짓을 하지 않았답니다.

어느 집 다락방에서는 아이들 셋이 저의 밝은 빛을 받으며 놀고 있었습니다. 가장 나이가 많은 아이는 여섯 살쯤이고, 막내는 아직 두 살도 채 되지 않은 듯했습니다. 그런데 '쿵쾅 쿵쾅' 소리가 계단 쪽에서 들려오더니 벌컥 문이 열렸습니다. 그게 누구였는지 아세요? 그건 곰이었습니다! 온몸에 털이 북슬북슬 난 곰이었습니다! 그 곰은 정원에 묶여 있는 것이 몹시도 지루했답니다. 그래서 힘으로 줄을 끊고 계단으로 통하는 길을 찾아내어 다락방으로 성큼성큼 올라온 것이었습니다. 저는 그 모든 것을 낱낱이 다 보고 있었습니다!"

달이 쉬지 않고 이어 말했습니다.

"……그래요. 아이들은 새까만 털이 북슬북슬 난 동물을 보고 잔뜩 겁에 질렸습니다. 그래서 저마다 재빠르게 방구석으로 기어들어 갔습니다. 그러나 곰은 세 아이 모두를 기어코 찾아냈습지요. 하지만 가만가만 바라보다가 슬며시 코끝을 아이들에게 들이대며 쿵쿵거리기만 하고는 아무 짓도 하지 않았답니다. 그를 큰 개라고 여긴 아이들은 곰 등을 가볍게 톡톡 쳤습니다. 그러자 곰은 잘 훈련된 개처럼 바닥에 배를 쫙 깔고 엎드렸습니다.

곧이어 가장 어린 아이가 곰 등에 올라타기도 하고 얼굴을 부벼대기도 했습니다. 그러더니 아이는 금빛으로 반짝거리는 곱슬머리를 까만 곰의 복슬복슬한 털 속으로 쑥 밀어넣었다 빼내기를 거듭하며 놀았습니다. 그러는 동안 이번에는 첫째가 북을 집어 들더니 '둥둥' 쳤습니다. 그러자 곰이 두 발로 우뚝 서서는 덩실덩실 춤을 추기 시작했습니다. 그 모습이 어찌나 귀엽던지요! 아이 하나가 갑자기 장난감 총을 여러 개 꺼내들더니 아이들에게 나누어 주면서 곰에게도 하나 건네주었습니다. 아이들은 멋진 친구가 생긴 것 같아 몹시 기뻐했지요. 아이들이 '하나 둘! 하나 둘!' 소리에 맞추어 행진했습니다. 곰도 어설프게 총을 메고는 두 발로 서서 뒤뚱뒤뚱 아이들 뒤를 따라 행진했습니다.

그때 누군가가 문을 열고 들어왔습니다. 바로 아이들 어머니였습니다. 당신에게도 어머니의 몹시 놀란 얼굴을 보여주고 싶네요. 어머니는 새파랗게 질린 얼굴로 입을 반쯤 벌린 채 곰을 뚫어져라 쳐다보았어요. 하지만 막내는 무슨 일이 일어났는지 아랑곳하지 않고 참으로 흥겹게 고개를 끄덕거리더니 큰 소리로 말했어요. '엄마, 우리, 군대놀이 하고 있었어!' 그런데 마침 다행스럽게도 곰을 찾아다니던 조련사가 불쑥 나타나 곰을 냉큼 붙들어가고 말았습니다!"

서른두 번째 밤

찬바람이 매섭게 불었습니다. 휘몰아치는 바람에 구름이 계속 날려와서 나는 아주 드문드문 밝게 빛나는 달을 볼 수 있었습니다.

"제가 고요한 밤하늘에 두둥실 떠서 말없이 달려 나가는 구름을 내려다보고 있으면 마치 강물에 떠 있는 커다란 그림자가 어디론가 바쁘게 흘러가는 것처럼 보여요!"

달이 숨을 한 번 고르더니 말을 이었습니다.

"조금 전에 저는 어느 교도소를 바라보고 있었습니다. 창문을 굳게 닫은 마

차 한 대가 그 앞에 멈춰섰습니다. 죄수 하나를 어디론가 데리고 가려는 게지요. 제 빛은 격자창을 통해 안으로 비집고 들어가 감옥 벽을 비추었습니다. 죄수는 그곳을 떠난다는 표시로 손톱으로 조심조심 벽을 긁어 무언가 열심히 끼적이더니 벽에 몇 줄 새겨 넣었습니다. 그런데 그 죄인이 쓴 것은 글자가 아니었습니다. 그것은 어떤 멜로디였습니다. 이곳에서 지내는 마지막 밤 그 남자의 마음으로부터 넘쳐나온 느낌이었습니다. 이윽고 문이 열리고 죄수가 끌려 나왔습니다. 그는 둥글고 넙적한 저를 지그시 바라보았습니다. 그런데 그때 마침 커다란 구름 덩어리가 어느 결엔가 날아와서 우리들 사이에 끼어들지 뭐예요. 마치 구름은 저와 죄수는 서로 마주치면 안 된다고 딱 잘라 말하는 것 같았습니다.

그 남자는 마차에 탔습니다. 곧 마차 문이 굳게 닫히고 찰싹 채찍 소리가 들렸습니다. 말이 곧 마차를 끌고 울창한 숲으로 내달려 나가서 저의 희부연 빛은 닿을 수 없었습니다. 저는 감옥 창문으로 살짝 스며들어가 거친 벽에 새겨진 그 멜로디를 비추었습니다. 그것은 남자의 마지막 작별 인사였습니다. 가끔 말로 표현할 수 없는 것을 노랫가락이 대신 말해줄 수도 있답니다! ……하지만 저의 가냘프고 희미한 빛은 남자가 벽에 새겨 놓은 멜로디를 모두 비추지는 못했습니다. 나머지는 깊은 어둠 속에 잠겨 있었지요. 그 남자가 써놓은 것은 죽음의 찬가였을까요, 아니면 자유에서 오는 기쁨에 찬 노래였을까요? 그 사람은 마차를 타고 죽음의 사신을 만나러 갔을까요, 아니면 사랑하는 사람 가슴에 안기러 갔을까요? 이 세상 사람이 쓴 것이라고 해도 달빛은 그것을 모두 읽어낼 수는 없는 법이지요.

저는 가없이 드넓고 큰 하늘에 누렁실 띠서 쉴새없이 날려가는 구름을 내려다보고 있습니다. 구름은 언제나 제게 강물에 떠 있는 커다란 그림자가 알 수 없는 곳으로 부지런히 흘러가는 것처럼만 보입니다."

서른세 번째 밤

달이 미소를 지으며 말했습니다.

"저는 아이들이 무척 좋아요! 특히 어린아이들은 참 재미있답니다. 하지만 아이들은 조금도 저를 생각지 않을 때가 많지요. 그러면 저는 몇 번이고 살짝 들린 커튼 사이나 빼꼼히 열린 창문을 통해 방 안을 들여다 본답니다. 아이들

이 어떻게든 혼자서 옷을 벗으려고 낑낑거리며 애를 쓰는 모습은 더더욱 재미있어요. 처음에는 작고 동그스름한 어깨가 먼저 옷 위쪽으로 불쑥 나옵니다. 그 다음에는 팔이 쑤욱 나온답니다. 또 아이가 양말을 벗는 모습도 보았어요. 하얗고 앙증맞은 발이 불쑥 제 눈앞에 보일 때가 있답니다. 입맞추고 싶을 정도로 사랑스러운 예쁜 발이지요. 그래서 문득 정신을 차리고 보면 저도 모르게 그 발에 입을 맞추고 있답니다!"

달이 이어서 말했습니다.

"오늘 이야기는…… 이건 꼭 말해야 돼요! 오늘 밤, 저는 어느 집 창문 안을 들여다보았어요. 그 창문은 커튼이 쳐 있지 않았어요. 맞은편에 아무도 살지 않았거든요. 안방에는 몇몇 아이들이 보였습니다. 그 가운데 어린 여자 아이 하나가 있었습니다. 이 아이는 겨우 네 살이었는데도 다른 아이들과 함께 또박또박 주기도문을 외울 수 있었습니다. 아이 어머니는 매일 밤, 딸아이 침대 곁에 앉아 아이가 읊는 주기도문을 들어주고 기도가 끝나면 아이 이마에 뽀뽀를 해주었답니다. 그리고 아이가 잠들 때까지 함께 있어 주었는데, 그건 아주 짧은 시간이랍니다. 그 어린 아이는 눈을 감으면 금세 잠에 빠져들었거든요.

그런데 오늘 밤은 큰 아이 둘이서 좀 시끄러웠습니다. 한 아이는 하얗고 긴 잠옷을 입은 채 한 발로 깡충깡충거리며 방안을 이리저리 마구 돌아다녔습니다. 또 다른 아이는 동생들 옷을 모두 몸에 걸치더니 '자, 이것은 그림이야. 이게 무엇인지 모두 맞혀봐!' 큰 소리로 말하며 의자 위로 훌쩍 올라섰습니다. 셋째와 넷째는 가지고 놀던 장난감을 서랍에 잘 넣어두고 있었습니다. 그것이 이 집의 규칙이었거든요. 하지만 어머니는 막내 침대 곁에 앉아 이렇게 말했습니다.

'자, 모두들 조용히 하고 작은 아씨의 주기도문을 들어야지?' 저는 램프 너머로 그들을 지켜보고 있었습니다. 막내는 자기 침대에 누워 작은 두 손을 모았고 그 얼굴은 참으로 진지했습니다. 그러고서 큰 목소리로 주기도문을 외웠습니다.

'애야, 잠깐만. 그런데 방금 뭐라고 그랬니?'

어머니가 주기도문을 듣다가 끼어들었습니다.

'너 좀 전에 '오늘도 우리에게 일용할 빵을 주시고' 다음에 무언가 말하지

않았니? 잘 들리지 않아서 말이야. 엄마한테 어서 다시 말해보렴.'

그러자 그 아이는 입을 꾹 다문 채 곤란하다는 듯이 어머니를 물끄러미 바라보았습니다.

'괜찮아. 뭐라고 한 건지 말해보렴. 엄마가 무척 궁금해서 그런단다.'

잠깐 망설이던 아이가 조심스럽게 입을 열었습니다.

'엄마, 화내지 않으실 거죠? 저……사실은요, 그 빵에 버터를 잔뜩 발라달라고 기도를 했어요.'"

안데르센의 생애와 동화

안데르센의 생애와 동화

동화와 같은 인생

"내 인생은 한 편의 아름다운 동화였다."

안데르센은 자서전에 이렇게 썼다. 과연 이 말대로 그는 살아가는 동안 여러 굴곡과 시련을 겪었으며, 그 빛과 어둠이 뚜렷했다. 그리고 그는 자신을 둘러싸고 있는 어둠에서 벗어나 저만치 보이는 빛을 향해 죽을힘을 다해 달려갔다.

안데르센의 동화는 몇 번을 읽어도 새롭게 호소해 오는 무언가가 있다. 저도 모르게 어느 새 흠뻑 빠져버린다. 이런 매력은 어디에서 오는 것일까?

안데르센 자신이 말했던 "북유럽의 깊은 우수—단순한 향수와는 다른, 가슴에 차오르는 슬픈 마음—"는 하나의 비극적인 우주관을 이루었고, 그것이 안개처럼 안데르센 동화 위에 감돌며 그림자를 드리우고 있다.

북유럽 옛 신화에 의하면 신들은 거인족과 싸우다가 모두 멸망하고 세계는 잿더미가 되며, '신들의 암묵세계'인 라그나뢰크(Ragnarök)로 깊이 가라앉게 된다. 이 우주의 종말론이 얼마나 어둡고 절망적인 것인지는, 그리스 신화와 비교하면 분명해진다. 그리스 신화에서의 신들은 카오스를 나타내는 거인족과 맞서 싸우고 이것을 무너뜨리는 질서 있는 빛의 우주, 다시 말해 코스모스를 세우는 것이다.

이와 비교하면 어둡고 비통한 종말론을 몸소 겪은 북유럽 민족의 후예인 안데르센이 남유럽의 태양을 동경하면서도, 북유럽의 안개와 얼음에 본능적으로 마음이 끌렸다는 점을 이해할 수 있다.

그러나 이처럼 깊은 북유럽 우수의 안개 속에서도 따뜻한 햇살이 내리쬐고 있다는 사실을 놓쳐서는 안 된다. 그것이야말로 안데르센만이 가지고 있는 인간애이며, 바로 인생을 긍정적으로 바라보게 하는 힘이었다. 그것은 단순한 낙천주의가 아니라 '어둠과 죽음을 통해 한 단계 깊어진 삶을 긍정하는 인생의 기쁨'이다.

안데르센의 동화 〈늙은 총각의 나이트캡〉를 보면, 안톤 할아버지는 의지할 사람도 없이 홀로 다른 나라에서 평생을 일하다가 아무도 없는 방에서 쓸쓸하게 삶을 마친다. 그 마지막 깊은 잠에 들면서 할아버지는 이렇게 중얼거린다.

"자, 나는 잠잔다. 잠자는 것은 좋은 거야. 내일은 또 건강해져서 일어나야지. 오오, 멋지다. 멋진 일이야."

이 외로운 노인의 마지막 중얼거림에서 편안한 안식이 느껴진다. 안데르센 동화의 깊이라는 것은 이런 문학의 정점에 있는 것이다.

보이지 않는 세계로 나아가 이야기를 만들고, 보이는 세계로 그 이야기를 가져와 우리에게 보여주고 들려주었던 안데르센. 안데르센이 태어난 지 200여 년이 흐른 지금도 그가 쓴 '그의 이야기'들은 여전히 생생하게 살아 숨 쉬며 온 세계 사람들에게 '나의 이야기'로 받아들여지고 있다. 모든 이들이 안데르센의 작품을 알고 있으며, 저마다의 상황에서 그것을 이끌어 내어 공명하고 있는 것이다.

마음대로 되지 않는 이 세상과 나의 인생을, 그럼에도 불구하고 성실하고 현명하게 살아가는 우리의 삶 또한 안데르센의 삶처럼 한 편의 아름다운 동화임에 틀림없다.

오덴세 시절

1805년 4월 2일, 한스 크리스티안 안데르센(Hans Christian Andersen)은 퓐(Fyn) 섬의 오덴세(Odense)에서 태어났다. 그의 집안은 가난했다. 아버지 한스 안데르센(Hans Andersen)은 구두 수선공이었고 어머니 안네 마리(Anne Marie)는 세탁부였다. 그가 잠시 동안 다녔던 학교는 빈민학교였다. 할아버지는 점점 정신이상이 왔으며, 그는 평생 인정하지 않았지만 어머니에게는 결혼하기 전에 낳은 숨겨진 딸이 있었다.

그런 가운데 남보다 향상심이 강하고 감수성이 예민한 어린아이가 어떤 기분으로 성장했을지 상상하기 어렵지 않다. 그나마 그에게 구원이 되어 준 것은, 아버지가 문학을 좋아하여 가끔 책을 읽어 준 일, 그리고 어머니가 청결한 것을 좋아하여 언제나 침대보가 새하얬던 일이었다.

아버지는 구두 수선공이었지만 일을 그다지 열심히 하지 않았으며 언제나 공상에 잠겨 있었다. 친구들과 어울리기보다 책 읽기를 즐겼다.《아라비안나이트》나 라퐁텐(Jean de La Fontaine)의 우화를 자주 읽었으며 아들에게도 들려주었다. 그리고 자신이 손수 만든 인형으로 아들과 함께 연극을 하며 놀았다.

안데르센(1805~1875)

하지만 글을 배우지 못했던 어머니는 책 읽기와 인형극에 관심이 없었을 것이다. 그래서 아버지와 아들의 놀이에 끼어들지 않았다. 그녀가 할 수 있던 것은 집 안을 깨끗하게 청소하고 이불보와 커튼을 말끔히 빠는 일, 그리고 아들을 사랑하는 일이었다.

안데르센이 두 살부터 열네 살까지 살았던 집은 박물관 분관이 되어 지금도 남아 있다. 넓이는 13제곱미터쯤 될까 말까. 거리로 나 있는 창가에서는 아버지가 구두를 수선하고, 그 뒤쪽이 세 사람이 자는 곳, 더 안쪽이 부엌이었다. 천장도 낮아서 숨쉴 수 있는 공기까지 한정된 듯한 공간이었다. '이렇게 좁은 집에서 살았구나.' 안데르센의 집을 보면 이런 생각부터 먼저 든다. 그래도 어머니 안네는 아들에게 늘 이렇게 말했다고 한다.

"가난한 집에서 살아도 너는 왕자님처럼 행복하단다."

사실 어린 안네가 살았던 곳은 허름하고 작은 집으로, 겨울에는 눈과 차가운 바람이 마구 들이쳤다. 그녀의 아버지는 안네에게 구걸해 오라고 시켰다. 〈성냥팔이 소녀〉처럼 돈을 구하지 못하고 돌아오면 아버지는 안네를 때렸다. 가난과 학대만 알고 자랐던 안네에 비한다면, 눈도 바람도 막아주는 집에 살며 부모에게 사랑을 받는 안데르센은 왕자님이나 마찬가지였으리라.

오덴세 시청사 앞 광장   1880년대 판화

안데르센이 열한 살 되던 해, 그의 아버지가 세상을 떠났다. 나폴레옹 숭배
자였던 아버지 한스는 군에 입대했다가 나폴레옹이 전쟁에서 패하자 집으로
돌아왔는데, 군대에서 무리한 것이 원인이 되었는지 정신이상을 일으킨 끝에
죽고 말았다.

남편보다 열다섯 살이나 많았던 안네는(둘이 결혼할 때 한스는 스물두 살, 안
네는 서른일곱 살이었다) 그때부터 홀로 아들을 키우며 더욱 열심히 일했다. 다
른 집 빨래나 청소를 대신해 주는 허드렛일이었다. 평소 하던 일이었기에 특별
히 어렵지는 않았다. 다만 참을 수 없었던 것은 추위였다. 덴마크의 여름은 눈
깜짝할 사이에 지나가고, 해가 떠 있는 시간이 가장 긴 7월에도 평균기온은 17
도에 지나지 않는다. 8월 중순이 되면 밤에 외출할 때 털외투를 입어야 한다.

그녀는 차가운 강물에 들어가 빨래를 해야 했다. 강 아래 바위에 빨래를 쳐
서 얼룩을 지우고 헹궜다가 다시 바위에 내려치는 동안 안네의 몸은 점점 차
가워졌다.

이때 안데르센은 강가에서 어머니를 지켜보거나 노래를 불렀다. 입학한 빈민
학교는 채찍질을 한다는 이유로 그만두었다. 안데르센이 맞은 이유는 '다른 생
각만 하고 수업에 집중하지 않았기' 때문이지만, 안네는 아들이 학교를 그만두

는 일을 쉽게 허락
했다. 사랑하는 아
들이 다른 사람에
게 채찍질당하는
것을 참을 수 없었
을 뿐만 아니라, 글
을 읽고 쓰는 걸 배
우는 게 그다지 중
요하다고 생각지 않
았기 때문이다.

"손도 발도 움직
이기 힘들구나. 집
에 가서 그걸 좀 가
져다주렴."

어머니가 이렇게
부탁하면 안데르센
은 집으로 달려갔
다. 따뜻한 맥주를
가져오기 위해서
였다. 맥주는 안네
의 몸을 녹여 주었
지만 그 효과는 잠
깐뿐이었다. 그래서

안데르센이 유소년 시절을 보낸 집
현재는 기념관이 되었다. 위 그림은 J.H.T. 한크가 1839년에 그린 집이다.

안데르센은 몇 번이고 집으로 달려가 어머니를 위해 맥주를 데워 오곤 했다.

1818년에 안네는 재혼을 했다. 상대는 자신보다 스무 살쯤 어린 구두 수선공
이었다. 안데르센은 열세 살이 되었다. 재혼을 한 덕분에 생활 형편이 조금 나
아지긴 했지만 안네는 빨래 일을 그만둘 수 없었고, 몸을 따뜻하게 하기 위해
마시는 술은 점점 알코올 도수가 높은 술로 바뀌었다.

그즈음 덴마크 왕립극장의 한 극단이 오덴세에 순회공연을 하러 왔다. 안데
르센은 그것을 보고 연극무대를 동경하게 된다. 사실 안데르센은 이웃 아주머

니에게 바늘꽂이를 선물할 정도로 무언가 만드는 솜씨가 좋았다. 종이그림도 잘 그렸으며 자신이 생각해 낸 이야기를 주위 사람들에게 들려주기도 했다. 연기와 노래에도 소질이 있었다.

'왕립극장 무대에 서고 말겠어' 결심한 안데르센이 수도 코펜하겐으로 간 것은 그 이듬해였다.

배우 꿈을 접고 작가 길로 들어서다

1819년 안데르센은 견진 성사를 마치자마자 집을 떠나 코펜하겐에 도착했다. 거의 빈털터리나 다름없는 처지였다. 그는 여러 극단을 찾아가 받아달라고 부탁했지만 번번이 퇴짜를 맞았다. 연기에 재능이 있긴 하지만 아주 뛰어나지는 않다는 것이 일반적인 평가였다. 천성이 순박하고 부지런한 안데르센이었기에 다행히 하나둘씩 후원자가 나타나기 시작했다. 왕후 귀족이 젊은이들을 위해 금전적인 도움을 주거나, 풍족한 사람들이 가난한 사람들에게 살 곳이나 먹을거리를 제공해 주는 것은 그 무렵 상냥한 관습이었다.

왕립극장 음악지휘자인 시보니(Siboni), 시인 바겐센(Baggesen), 작곡가 바이제(Weyse)의 도움으로 안데르센은 가수가 되기 위해 공부했다. 열다섯 살 때는 기부금을 받아 독일어와 라틴어를 배웠고 극장의 발레학교에 들어갔다. 이듬해에는 극장 성악학교에 입학해 가끔씩 합창단원으로 활동했다. 하지만 그리 오래가지는 못했다. 남자아이에게 반드시 찾아오는 변성기가 안데르센에게도 오고 말았던 것이다.

다행히도 안데르센은 궁중 고문관이자 예술 애호가인 요나스 콜린(Jonas Collin)의 눈에 들게 된다. 일단 기본 학력이 있어야만 뒷날 뜻을 펼치는 데에도 유리히리라는 조언과 함께, 콜린은 안데르센에게 왕실 후원금을 얻어주며 이곳을 떠나 중등학교 과정을 마치고 오도록 했다. 안데르센은 무대에 설 수 없다면 대본을 쓰는 작가가 되어 다시 무대로 돌아가겠노라 마음먹었다.

그리하여 1822년 안데르센은 코펜하겐에서 멀리 떨어진 슬라겔세(Slagelse)로 갔고, 동급생들보다 대여섯 살이나 더 많은 열일곱 나이로 라틴어학교에 입학했다. 스물한 살 때는 헬싱괴르(Helsongør)의 라틴어학교로 옮겨 교장 집에서 살게 되었으나 교장 부부의 학대로 다음해에 중퇴하고, 코펜하겐으로 돌아와 1년 동안 대학 입학시험을 준비했다.

이 무렵부터 시를 발표하기 시작하여 안데르센은 작가로서 첫 발을 내디뎠다.

스물세 살 때 코펜하겐 대학에 입학한 그는 《1828, 1829년 홀멘 운하에서 아마게르 섬 동쪽 끝까지의 도보여행기》(1829)를 출판했다. 이어서 희곡 〈니콜라이 탑 위의 사랑〉을 썼으며, 이것이 왕립극장에서 상연되는 행운을 얻었다.

스물다섯 살 때 출판한 첫 번째 시집 《시》에는 동화 〈유령〉이 실려 있었

헬싱괴르 라틴어학교
1826년, 안데르센은 슬라겔세 라틴어학교에서 이 학교로 옮겼다.

다. 어릴 때 할머니한테 들었던 퓐 섬의 동화를 그대로 옮긴 것이었는데, 이것이 그가 맨 처음 쓴 동화였으며, 나중에 〈길동무〉라는 제목으로 발표한다.

안데르센의 여성들

안데르센은 시인으로서 주목받았으며 극작가로도 활동했다. 가수와 발레리노 활동을 그만두고 난 뒤 8년 동안 노력하고 또 노력해서 거둔 성과였다.

여름에 안데르센은 친구 크리스티안 보이그트(Christian Voigt)를 찾아갔다. 아주 이른 아침이었기에 친구는 아직 자고 있었다. 안데르센을 거실로 들여 차를

내온 사람은 친구의 여동생, 리보르(Riborg)였다.

"방은 무척 예쁘게 꾸며져 있었고 잘 정리되어 있었다. 리보르는 아주 상냥하게 대해 주었지만 나에게 무언가 말을 할 때면 볼을 발갛게 물들이곤 했다. 그녀의 눈은 갈색이었으며 반짝반짝 빛나고 있었다."

안데르센은 그녀의 첫인상을 이렇게 말했다.

사흘 동안 보이그트가(家)에서 머물렀던 안데르센은 근처에 사는 아가씨들과 함께 배를 타고 놀거나 마차를 타고 멀리까지 산책을 나갔다. 아가씨들은 안데르센을 위해 꽃다발을 만들었고, 안데르센도 그녀들을 위해 꽃다발을 만들어 주었다. 스물다섯 살 남자에게는 조금 안 어울리는 행동처럼 보이지만 그 시절에는 마땅한 일이었을지도 모른다.

그 뒤로 안데르센의 머릿속에는 리보르 모습만이 가득했다.

그해 가을, 리보르는 코펜하겐으로 와서 안데르센을 만났다. '그녀는 나를 사랑하고 있어.' 이렇게 확신한 안데르센은 사랑의 시를 지어 리보르에게 주었다. 물론 불안한 마음도 있었다. 리보르는 풍족하고 이름 있는 집안의 딸이었고, 안데르센은 아직 벌이도 일정하지 않은 시인일 뿐이었기 때문이다. 리보르에게 장래를 약속한 남자가 있다는 사실도 사람들에게 들어 알고 있었다.

그럼에도 리보르에 대한 사랑을 멈출 수 없었던 안데르센은 착란에 빠졌다. 너무 심하게 긴장한 나머지 제대로 걷지도 못했다. 리보르는 자신을 마중 나온 아버지와 함께 집으로 돌아갔다.

많은 아이들은 사랑하는 방법이나 사랑받는 방법을 부모로부터 배운다. 그것은 말이나 글로 배울 수 있는 것도 아니며, 아주 조그만 움직임이나 표정으로 전할 수 있는 것도 아니다.

남자가 여자를 사랑할 때에는 '지켜야 히는 일'들이 있었다. 그것은 바로 여성에게 경제적인 불편함을 주지 않는 것, 생활에 필요한 돈은 남성이 마련하는 것이었다. 밖으로 나가 돈 버는 사람은 남성이었고 집을 지키는 사람은 여성이었다. 이런 구조가 상식인 시대였다.

그런데 안데르센의 부모는 그 상식으로부터 벗어나 있었다. 일을 열심히 하지 않았던 아버지와, 남의 빨래를 해주며 생활비를 벌었던 어머니. 그런 부모로부터 안데르센이 배운 사랑도 상식적이지는 않았다.

아버지는 안데르센과 잘 놀아주는 친구였으며 책 읽기의 즐거움을 가르쳐

코펜하겐 대학교 1829년에 입학하였으나, 작가가 되기로 결심하고 곧 학업을 중단하였다.

준 선배였다. 어머니는 집안의 가장으로서 안데르센을 사랑해 주고 가정을 지키는 아버지 같은 사람이었다. 게다가 아버지는 안데르센이 열한 살이었을 때 죽었고, 안데르센은 열네 살 때 어머니를 고향에 남겨두고 코펜하겐으로 올라왔다. 부모한테 무언가를 배울 시간이 너무도 짧았던 것이다. 여성을 사랑하는 방법을 부모가 가르쳐 준다는 것은, 소년 안데르센에게는 꿈에도 생각지 못했던 일이었으리라.

사랑은 예고 없이 찾아온다. 안데르센이 두 번째로 사랑했던 여인은 루이제 콜린(Louis Collin)으로, 은인 요나스 콜린의 딸이었다. 초록색 눈을 가진 열여덟 살의 루이제는 무척 상냥한 여인이었다. 요나스 콜린이 안데르센을 돌봐주었던 날부터 계속 루이제는 안데르센 곁에 있었다. 오빠와 여동생 같은 사이였다.

그녀는 리보르와의 사랑에 실패해 괴로워하는 안데르센을 위로해 주기도 했다. 그런 그녀의 친절함이, 안데르센을 오해하게 만들었는지도 모른다. 루이제가 자신을 사랑한다고 생각한 안데르센은 엄청나게 많은 사랑의 편지를 보냈다. 루이제가 은인의 딸이었기에 자신과 집안 환경이 무척 다르다는 사실은 알고 있었다. 그럼에도 사랑을 고백할 수밖에 없었던 이유는, 마음을 주체할 수 없었던 것은 물론이고 리보르를 사랑했던 때와 마찬가지로 조금은 미쳐 있었기 때문이다.

"안데르센은 양자로서 콜린가(家) 사람이 되고 싶어했다"고 주장하는 연구가도 있다.

신문이나 잡지에 작품을 발표하여 원고료를 받아 왕립극장에 상연료로 지불했던 것이 안데르센이 돈을 버는 방법이었다. 어느 것도 쉬운 일은 아니었으므로, 계속 글을 써나갈 수밖에 없었다. 쓰고, 또 쓰고, 또 쓰면서 작가로서의 실력은 늘어갔으나 생활고로부터 벗어나지는 못했다.

'콜린의 양자가 된다면 아는 집들을 전전하며 사는 것도, 돈에 인색해야 하고 돈 때문에 고생하는 일도 모두 끝이다.' 이런 생각들이 안데르센의 머릿속을 가득 채웠다.

요나스 콜린은 이 모든 것을 알고 있었다. 온후하면서도 냉철했던 그는 안데르센의 재능을 인정하고 기꺼이 도움을 주었지만 그를 가족으로 들일 생각은 전혀 없었다. 그는 서둘러 딸의 결혼 날짜를 정했다.

안데르센은 루이제의 결혼식을 눈앞에 둔 1833년 4월 22일, 함부르크로 향하는 배에 올랐다. 그리고 여행은 2년 동안이나 이어졌다.

에니 린드(Jenny Lind)와 만난 것은 1840년, 안데르센 나이 서른다섯 살 때였다. 스웨덴의 가수 린드는 스물한 살로, 아버지와 함께 여행을 하던 중이었다. 잠깐 얼굴만 마주했던 둘은 3년 뒤에 다시 만나게 된다. 왕립극장 무대에서 노래해 달라며 안데르센이 린드에게 부탁한 것이다. 무대는 대성공이었고 안데르센은 린드의 목소리와 모습에 반해 버리고 말았다. 두 번째 사랑이 있다면 세 번째 사랑도 있기 마련이다.

"린드와 나는 사랑에 취해 있다." 안데르센은 이렇게 말했다.

세 번째 사랑에 실패는 없었다. 둘 다 이름이 널리 알려진 예술가였으며, 린드와는 가난했던 어린 시절을 보낸 공통점도 있었다. 그렇게 5년이 흘렀다. 하지만 결국 이 사랑도 결실을 맺지는 못한 채 린드는 안데르센을 떠났다. 안데르센은 다시 이탈리아와 프랑스 남부를 향해 여행길에 올랐다.

안데르센은 성격 때문에 실연을 되풀이할 수밖에 없었다고 말하는 연구가도 있다. 어리광쟁이였던 성격 탓에 여자들이 버티지 못했다는 것이다.

물론 그럴지도 모르지만 이유는 하나 더 있었다. 안데르센이 무엇보다도 '글

⊞ 리보르 보이그트

안데르센의 첫 연인. 친구의 여동생. 이미 장래를 약속한 남자가 있었다.

⊞ 루이제 콜린

후원자 요나스 콜린의 막내딸. 다른 남자와 결혼. 실연한 안데르센은 독일, 파리를 거쳐 이탈리아 여행을 떠난다.

⊞ 예니 린드

1940년 여행 중에 처음 만난 스웨덴 출신 가수. 5년간을 사귀었으나 이 또한 맺어지지 못하였다.

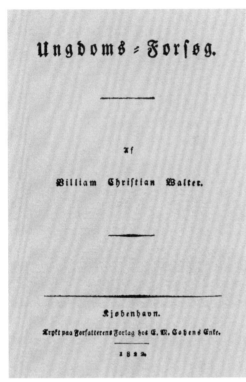

안데르센이 처음 발간한 책 《젊은이의 독서》(1922) 속표지
'윌리엄 크리스티안 월터'라는 필명으로 간행했다.

쓰기'를 가장 소중히 여겼기 때문이다. 그에게 '여행은 살아감의 증거'였지만 '글을 쓰는 것은 생명'이었다. 여성보다도 글 쓰는 일을 사랑했던 것이다.

이런 안데르센을 바라보며 마음속 깊이 그를 사랑했던 여인은 헨리에테 볼프(Henriette Wulff)로, 콜린가와 같이 안데르센을 지원해 주었던 볼프 집안의 딸이었다. 그녀는 안데르센보다 한 살 많았고, 한쪽 발이 불편했다.

"당신은 귀족 집안에 머물며 낭독을 하고 훈장을 받음으로써 많은 것을 얻었습니다. 하지만 귀족과의 만남이나 훈장보다도 더 소중히 여겨야 할 것은 당신 자신의 내면을 가꾸는 일입니다."

헨리에테는 안데르센에게 이렇게 말했으며, 안데르센도 자신의 마음을 그녀에게 솔직하게 털어놓았다. 둘의 만남은 1858년, 안데르센이 쉰세 살이 될 때까지 계속되었다. 그해, 헨리에테는 남동생을 데리고 미국으로 향했다. 그런데 출항하고 12일 뒤, 배는 불길에 휩싸여 그녀는 영영 돌아올 수 없게 되었다. 안데르센은 누나이기도, 어머니이기도 했던 사람을 잃게 된 것이다.

헨리에테라면 글 쓰는 일을 무엇보다도 소중히 여긴 안데르센을, 있는 그대로 인정하고 어떤 어리광도 다 받아주었으리라.

안데르센은 위대한 작가였지만 여성에 대해서는 순진하기만 했다.

로마의 내 침실　사랑하던 루이제 콜린이 결혼해 버리자, 실연의 아픔을 달래고자 이탈리아 여행을 떠난다. 안데르센의 펜 스케치(1835).

여행을 즐기다

안데르센이 살았던 시대는 여행을 하는 사람들이 많지 않았다. 부모 형제가 죽거나 친한 사람의 결혼식이나 장례식처럼 어쩔 수 없는 일이 아니고서는 여행은 하지 않았다. 더구나 여행을 즐긴다는 것은 당치도 않은 일이었다.

그런데 안데르센은 단지 가고 싶다는 이유만으로 여행을 떠났다.

친구들의 도움을 받아 그는 처음으로 1831년에 독일로 여행을 갔다. 그곳에서 안데르센은 이국의 풍물에 눈을 떴으며, 그가 숭배해 오던 티크(Johann Ludwig Tieck)와 샤미소(Adelbert von Chamisso) 등과 알게 되어 힘을 얻었다. 이를 계기로 그는 "여행은 나의 학교이다" "여행을 한다는 것은 살아 있다는 것이다" 말하며 그 뒤 스물아홉 번이나 외국여행을 한다.

그의 두 번째 여행은 루이제 콜린과의 실연을 달래기 위해 1933년부터 이듬해까지 독일, 프랑스, 스위스를 거쳐 이탈리아를 두루 돌아다니는 긴 여행이었다.

파리에 가서 위고(Victor Marie Hugo), 뒤마(Alexandre Dumas), 하이네(Heinrich Heine)를 만났다. 그리고 3개월쯤 스위스에 머물고 나서 이탈리아로 가서 9개월을 보냈다. 1년이 넘는 이 여행 중에 어머니가 돌아가셨다.

사실 그는 여행을 떠나기 전인 1833년 2월 어머니 안네로부터 편지 한 장을 받았었다.

"나는 신발과 속옷이 부족하다. 가능하다면 돈을 좀 보내다오. 신발 한 켤레와 속옷 한 벌을 사고 싶구나."

재혼한 남편을 잃고 혼자 살아가던 안네는 알코올중독으로 한 자선병원에 입원해 있었던 것이다. 안네는 의식이 또렷하지 않았으며 안데르센과 이야기가 통하지 않을 때도 있었다.

그런데 왜 편지를 받고 안데르센은 어머니 문병을 가지 않았을까? 어렴풋이 짐작하건대, 그토록 한평생 열심히 일한 어머니가 늙어서 병으로 괴로워하는 모습을 보는 것은 마음 약한 안데르센에게는 견딜 수 없는 일이었으리라.

그는 이 여행에서 남국의 아름다운 풍경에 감동하여 낭만적인 청춘 소설 《즉흥시인 *Improvisatoren*》을 썼다. 이 책은 독일어와 스웨덴어로 번역되었고, 마침내 그의 명성은 나라 밖까지 알려지게 되었다.

새로운 것을 좋아했던 그는 1840년 독일에서 갓 개통된 기차에 오르기도 했다. 1840년부터 1857년까지, 그는 유럽·아시아·아프리카를 두루 여행하며 느낀 점을 기록하여 수많은 여행기를 내놓았다. 이 가운데 《시인이 간 중동의 장터 *En digters bazar*》(1840), 《스웨덴 여행기 *I Sverrig*》(1851), 《스페인 여행기 *I Spanien*》(1863) 등이 뛰어나다.

그는 신경이 예민하여 줄곧 두통에 시달리고 우울해하면서도 이에 굴하지 않고 온 세계를 여행하며 돌아다녔다. 그리고 세계를 여행하는 동안에 유명인과도 알게 되었다. 1857년에 찰스 디킨스(Charles Dickens) 가족의 초청을 받아 5주 동안이나 그의 집에 머물기도 했다.

동화의 세계 막이 열리다

《즉흥시인》이 출판되고 겨우 한 달 뒤인 1835년 5월, 그의 첫 번째 동화집 《어린이를 위한 동화집 *Eventyr, fortalte for børn*》이 세상에 나오게 되었다.

안데르센은 어렸을 때부터 옛날이야기 듣기를 좋아했으며, 자신이 공상한 이야기를 사람들에게 들려주기도 했다. 그러나 글을 쓰게 되고부터 시나 희곡, 소설 등은 썼지만 좀처럼 동화에는 손대지 못하고 있었다. 그러던 것이 이때

문득 마음을 사로잡듯이 이야기를 쓰고 정리하게 된 것이다.

이 동화집에는 〈부싯돌〉, 〈장다리 클라우스와 꺼꾸리 클라우스〉, 〈완두콩 공주〉, 〈어린 이다의 꽃밭〉 등 4편의 동화가 들어 있다. 그 가운데 앞의 세 편은 민담 등을 바탕으로 안데르센이 자기 방식대로 말한 것이고, 마지막 이야기는 그가 어린 여자아이에게 들려주다가 지어낸 이야기였다. 이 동화집을 썼을 때 안데르센은 다음같이 말했다.

"흔히 문체는 실제 이야기를 듣는 것처럼 느껴져야 하므로, 입으로 말하는 투에 가까워야 한다."

Eventyr,

fortalte for Børn

af

H. C. Andersen.

———

Første Hefte.

————————

Kjøbenhavn.
Forlagt af Universitets-Boghandler C. A. Reitzel.
Trykt hos Bianco Luno & Schneider.
1835.

《어린이를 위한 동화집》(1835) 제1집 속표지

이런 마음이 안데르센의 이야기를 해방시켜 자유롭게 하고 이야기의 흐름을 뚜렷하고 생생하게 만들어 독자의 마음에 직접 작용하지 않았을까?

이 첫 번째 동화집에 이어 그해 크리스마스에는 〈엄지 공주〉, 〈못된 아이〉, 〈길동무〉를 실은 《어린이를 위한 동화집》 제2집이 나왔다.

지금은 잘 알려진 〈엄지 공주〉는 안데르센이 지어낸 이야기인데, 어딘가 민담적인 요소도 갖고 있다. 마녀한테서 받은 보리알에서 나온 꽃 안에 있던 귀여운 작은 소녀 엄지 공주는 갖가지 생물에게 납치되었다가 구출되고, 구출되었다가 다시 고생을 겪지만 결국 행복한 날을 맞게 된다. 여기에는 닥쳐오는 고통 저편에 언젠가는 눈부신 날이 온다는 안데르센의 신념이 고스란히 드러나 있다.

비교적 긴 〈길동무〉는 노르웨이의 민담 등에도 비슷한 이야기가 있는 소재이지만, 안데르센은 할머니에게서 들은 이야기를 바탕으로 조금 이상한 보은 이야기를 소름끼치는 부분까지 잘 살려서 말하고 있다.

하지만 이 두 권의 동화집은 평가가 엇갈렸다. 안데르센의 좋은 조력자였던 물리학자 외르스테드(Oersted) 등은 첫 번째 동화집에 대해서 《즉흥시인》은 자네를 유명하게 해주겠지만, 이 동화는 자네를 불멸의 존재로 만들어 줄 것일세" 격려했다. 한편 어떤 사람들은 이런 시시한 이야기는 이제 쓰지 않는 게 좋겠다고 말했다.

이런저런 일로 안데르센은 의욕이 꺾여서 그 뒤 1년 동안이나 동화를 쓰지 않았는데, 그러던 중에 새로운 동화 〈인어 공주〉의 구상이 마음속에서 샘솟았다. 그래서 그는 그 이야기를 완성하고, 그것을 스페인 기원의 이야기 〈벌거숭이 임금님〉과 함께 1837년에 《어린이를 위한 동화집》 제3집으로 냈다. 그리고 그 머리말에서 안데르센은 이렇게 말했다.

"내 동화가 이 한 권으로 끝날지 아닐지는 오로지 이 책이 세간에 줄 인상에 달려 있다."

다행히 이 동화집, 특히 〈인어 공주〉는 대단한 호평을 얻어 안데르센은 자신감을 갖고 동화에 열중할 수 있었으며, 그리하여 안데르센의 동화집은 그 뒤 해마다 출판되었고, 사람들은 그것을 목이 빠지게 기다리게 되었다.

인어 공주는 사랑하는 사람 옆에 가까이 있고 싶어서, 바닷속 성(城)도 가족도, 인어의 상징인 꼬리지느러미도, 아름다운 목소리도 버렸다. 그 대신 얻은 것은 걸을 때마다 쑤시듯이 아픈 두 다리뿐이었다. 그러나 그 사랑은 보답받지 못한다. 보답받지 못한 채 인어 공주는 이 세상에서의 생명을 다하고 만다. "사랑하는 사람을 죽일 바에는 차라리 바다의 물거품이 되어 사라지는 편이 행복해" 중얼거리면서 바다의 심연 속에 몸을 던진 것이다. 그녀는 사랑하는 사람을 위해 모든 것을 희생하는 용기를 보여 준다.

바닷속 인어 공주라는 낭만적이고 매력적인 설정, 그곳의 묘사, 바깥세상에 대한 동경, 거기로 가는 대가로서 받는 고통, 인간을 사랑하는 괴로움, 헌신과 희생, 그리고 구원. 나중에도 안데르센의 작품에서 보이는 다양한 요소가 〈인어 공주〉에 있으며, 그것이 진행하는 줄거리에 어울리는 역동성과 달콤한 아름다움과 함께 말해진다. 이것이 동화작가로서의 안데르센 지위를 다졌다는 사실도 전혀 이상할 바 없다.

이어서 1838년에는 〈조그만 데이지꽃〉, 〈꿋꿋한 주석 병정〉, 〈백조들〉을 수록한 《어린이를 위한 새로운 동화집》이 나왔다. 〈조그만 데이지꽃〉에서는 눈에 띄지 않는 작은 것 안에서 둘도 없는 생명을 보는 작자의 마음을 느낄 수 있고, 〈꿋꿋한 주석 병정〉에서는 흔한 인형 등의 세계로 독자를 데리고 가서 함께 모험하며 애달픈 사랑의 행방을 좇는다. 〈백조들〉은 덴마크 민담에서 나온 것으로, 남매의 우애와 협동심이 저주를 풀기까지의 과정과 정경을 다양하게 그리며 긴박감을 준다.

처음으로 그림이 들어간 독일어판 《동화집》 속표지(1839)

1839년, 《어린이를 위한 새로운 동화집》 제2집이 나왔다. 여기에는 〈천국의 정원〉, 〈하늘을 나는 트렁크〉, 〈황새들〉이 실려 있다. 이제 안데르센은 다른 누구도 쓸 수 없는 이야기를 쓸 수 있게 되었다고 말해도 좋으리라.

그 뒤에도 안데르센은 속속 이야기를 발표하는데, 책 이름은 조금씩 변해서 안데르센의 이야기에 대한 의견 변화를 보여 준다.

예를 들면 1843년 이후의 다섯 권은 《새로운 동화집 Nye Eventyr》이라고만 되어 있는데, 안데르센은 이에 대해 "동화가 더는 어린이만이 아니라 어른의 마음도 얻게 되었기 때문"이라고 말했다. 그리고 이 무렵에는 거의가 창작동화였다.

1852년 이후의 두 권은 《이야기집 Historier》. 히스토리어는 역사라는 의미도 있지만 여기서는 이야기, 민담, 옛날이야기라는 의미인 듯하며, 안데르센은 자신의 동화가 커다란 보급성과 특색을 갖고 있음을 보여주기 위해 이 단어를 선택했다 말한 바 있다.

그리고 그 뒤 안데르센의 동화집은 주로 《새로운 동화와 이야기집 *Nye Eventyr og Historier*》이라는 이름이 붙는다.

이런 것에서도 알 수 있듯이, 안데르센은 이제 자신의 동화(와 이야기) 세계를 아주 넓고 자유로운 것으로 보고 있었다. 거기에는 형태로 보면 긴 것과 짧은 것이 섞여 있는 것은 물론이고, 터무니없는 허풍이나 우화, 심각한 이야기, 민담풍의 이야기와 다양한 창작동화, 아울러 거의 소설이라고 할 수 있는 이야기도 모두 들어 있다.

그리고 그는 이런 이야기들 안에 자신이 살아오는 동안 보고 들은 것들과 사람에 대해서, 또 느낀 것과 상상한 것, 기쁨과 슬픔, 연정과 실연, 존재에 대한 고뇌, 가난으로 인한 괴로움, 구원받고 싶은 소망, 삶과 죽음, 인생에 대한 회의, 신앙까지 모두 담아 이야기했다. 이와 같은 모든 것이 안데르센의 마음속에서 조금씩 하나의 열매로 맺어져 이야기로 만들어졌다.

언젠가 그는 이렇게 말했다.

"나는 그 어떤 울타리도, 작은 꽃도 '여길 좀 봐주세요! 그러면 내 이야기를 알 수 있을 거예요!' 속삭이는 것처럼 생각됩니다. 그리고 내가 정말 그들에게 귀를 기울이면 이야기가 완성됩니다."

정말 그런 식으로 이야기가 순식간에 완성되기도 했던 것 같다. 그리고 안데르센은 그렇게 마음에 떠오른 것을 생생하고 선명하게 말하는 소질도 갖고 있었다. 그는 〈요정들의 언덕〉의 난쟁이 아저씨처럼, 자신이 느끼고 말하는 것을 모두가 또렷이 보고 듣는 것처럼 만들 수 있는 힘을 지니고 있었다. 그렇게 독자의 마음에 울려 퍼지는 이야기를 말해 갔던 것이다.

이렇게 완성된 안데르센의 동화들은 훌륭한 것이 너무 많아서 무엇을 예로 들어야 좋을지 알 수 없을 정도지만, 지금까지 나온 이야기 말고 먼저 잊을 수 없는 것은 〈눈의 여왕〉일 것이다. 이 긴 이야기에서는 아름답기도 하고 혹독하기도 한 북방의 풍광이 늘 배경에 펼쳐져 있으며, 눈의 여왕에게 끌려간 소년을 찾아 소녀가 더듬어 가는 여행은 수많은 놀라움으로 독자를 잡아끈다. 눈의 여왕의 휑한 홀, 눈송이 군대를 향한 소녀의 용감한 전진, 그리고 흐뭇한 결말. 이것은 확실히 안데르센의 대표작 가운데 하나로 꼽히기에 부족함이 없다.

그리고 안데르센의 동화를 말할 때 절대 빼놓을 수 없는 〈미운 오리새끼〉. 분명 여기에서는 처음에 이런저런 시련을 겪지만 결국에는 인정받은 안데르센

▲터키모자를 쓴 안데르센
아테네에서, C. 한센의 데생
(1941)

▶처음으로 기차여행을 하면서
라이프치히~드레스덴 간 철도
용지에다 쓴 편지(1840)

의 생애를 엿보게 되는데, 그런 것을 제외한다고 해도 감동적인 이야기이다. 말하자면 정화, 카타르시스라고나 할까?

그리고 〈성냥팔이 소녀〉. 이것은 안데르센의 어머니가 어렸을 때 구걸을 나가도 돈을 받지 못해 힘들었다는 이야기를 떠올리며 쓴 이야기라고 하는데, 이런 사실을 알든 모르든 이 이야기는 뭐라 말할 수 없는 애수가 깃들어 심금을 울린다.

〈쓸모없는 여자〉는 안데르센이 어머니에게 바치는 레퀴엠이다. 소심했던 아들 안데르센은 쓸모없는 여자라 불리는 빨래하는 여인을 여러 관점에서 이야기했다. 빨래하는 여인은 안네이며, 어머니에게 술을 가져다 주는 아들은 바로 안데르센이었다. 가난 때문에 늘 일만 하다가 끝내는 홀로 병마와 싸우며 죽어간 안네 마리의 인생은 그다지 행복하지 않았다. 아니, 비참했다고 말하는 편이 정확할지도 모른다. 하지만 그녀에게는 아들과 함께 살았던 보물 같은 14년이 있었다. 그러므로 이런 그녀의 삶 또한 한 편의 동화였음에 틀림없다.

그리고 평소 자주 보는 생물을 주인공으로 하여 독자에게 친숙함을 주는 〈황새들〉. 여기에도 새끼황새들의 심경 변화, 인간의 아이에 대한 마음 등이 궁금해질 만큼 매끄럽게 씌어 있어 흠뻑 빠져든다.

조금은 다르지만, 역시 이야기라고 봐도 무방한 〈전나무〉와 〈병 주둥이〉. 이것들은 전나무와 병 주둥이가 무슨 이유 때문에 여기저기 옮겨 다녀야 했고 결국 어떻게 되었는가를 말하고 있는데, 곳곳에 달콤한 기분과 격한 움직임을 배치하여 이야기를 끝까지 끌고 간다. 모두 기분 좋고 재미있는 이야기이다.

또 하나 빼놓을 수 없는 것은 〈분홍 신〉이다. 안데르센은 견진 성사를 받을 때 새 구두에서 소리가 나는 것이 자랑스럽기도 하고 창피하기도 했던 경험에서 이 이야기를 만들었다고 했는데, 그런 건 둘째 치고, 이 이야기 속 소녀 카렌의 행동은 누구에게나 자신의 원죄처럼 생각되어 그 안타까움에 카렌의 구원을 바라지 않을 수 없게 한다.

그리고 〈빵을 밟은 소녀〉. 여기에서도 안데르센은, 잘못을 저질러 물에 빠진 소녀가 고난을 당하는 모습을 생생하게 말한다. 그 뒤 세월이 흐르면서 죄를 뉘우치고 겨우 지상으로 올라와 새가 되어 온갖 노력을 거듭한 끝에 구원이 오기까지, 이 이야기에는 소녀의 혼을 딱하게 여기는 마음이 담겨 있다.

다음으로 〈떡갈나무의 마지막 꿈〉. 비교적 짧은 이 이야기에는 야릇한 아름다움이 있다. 줄거리는 그리 독특하지 않다. 365살짜리 떡갈나무가, 하루 만에 생을 마치는 하루살이와 '일생의 길이'란 뭔가에 대해 말하거나 지금까지 본 여러 가지를 떠올리며 다양한 나무나 꽃과 함께 쑥쑥 자라나는 꿈을 꾸면서 쓰러진다.

그리고 어머니의 큰 사랑을 말한 〈어느 어머니 이야기〉가 있다. 〈어느 어머니 이야기〉는 〈인어 공주〉와 매우 닮은 데가 있었다. 어머니는 사랑하는 자식의 목숨을 구하기 위해 죽음의 사자를 쫓아간다. 가시나무를 가슴에 안고 피를 흘리며, 호수를 건너기 위해 눈을, 자식이 있는 곳을 확인하기 위해 젊음을 버렸다. 가지고 있는 것 모두를 버려서라도 자식의 생명을 구하려 한 것이다. 어머니의 소원은 이루어지지 않고 자식이 죽는 것을 암시하면서 이야기는 끝난다.

이것과 말투가 조금 다른 〈무덤 속의 아이〉도 있고, 묘한 재미가 있는 〈요정들의 언덕〉도 있으며, 장난감의 사랑을 냉소적으로 말하는 〈사랑하는 연인들〉도 있고, 〈이브와 어린 크리스티나〉처럼 거의 소설이라 해도 좋은 이야기도 있다.

〈사랑하는 연인들〉의 줄거리는 이러하다. 팽이와 공은 같은 서랍장 속에 있었다. 그런데 어느 날, 공은 날아가 돌아오지 않았다. 팽이는 상류층 아가씨인 공을 잊지 못했고 그녀가 돌아오기만을 기다리고 있었다. 이윽고 팽이는 금색을 몸에 바른 채 휙휙 돌며 날아갔다. 그가 날아가 떨어진 곳은 쓰레기통으로, 그곳에는 매우 살찐 공이 있었다.

THE

IMPROVISATORE:

OR,

LIFE IN ITALY.

FROM THE DANISH
OF
HANS CHRISTIAN ANDERSEN.

TRANSLATED BY
MARY HOWITT.

IN TWO VOLUMES.
VOL. I.

LONDON:
RICHARD BENTLEY, NEW BURLINGTON STREET.
1845.

안데르센 작품에서 처음으로 영어 번역된 《즉흥시인》 속표지(1845)

공은 몇 년 동안 그곳에서 나뒹군 탓에 포동포동 살이 올라 있었다. 그런데 이 이야기는, 안데르센이 자신의 첫사랑 리보르를 만나고 난 직후에 쓴 것이라 한다. 그녀는 몰라보게 살이 쪄 있었던 것이다.

이렇게 형식도 길이도 이야기의 분위기도 가지각색인 동화들 속에 안데르센은 앞에서 본, 자신에게 중요한 문제들과 생각들을 담았으며 선명하게 묘사했다. 비참한 가난과 다른 사람들의 악의, 이런저런 고난들을 질리도록 맛본 안데르센이 그런 어두운 면을 모를 리 없었기에, 그런 고통은 이야기 곳곳에 흩어져서 이야기를 긴장시킨다.

안데르센의 뛰어난 동화들 안에서 특히 마음을 잡아끄는 것은 그러한 덧없는 인생과 악의, 또는 자신의 잘못으로 고통받는 자들이 어떻게든 빛과 구원을 향해 나아가는 모습일 것이다. 그리고 그것은 결코 속 시원한 해피엔딩으로만 끝나지 않는다.

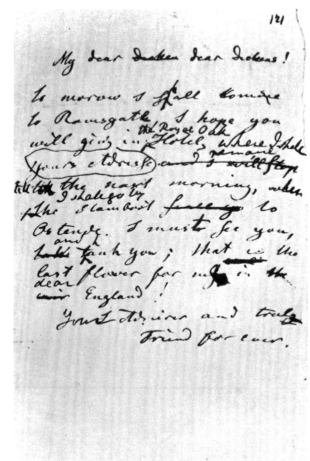

안데르센이 찰스 디킨스에게 보낸 편지(1847년 8월 29일자)

〈인어 공주〉도, 〈빵을 밟은 소녀〉도, 〈분홍 신〉도 거기에 있는 것은 오히려 빛을 향해 가는 '구원'이다. 어쩌면 그런 것이 안데르센이 이야기 속에 담아 전달하고 싶었던 중요한 생각이었는지도 모른다.

안데르센만의 동화

안데르센은 언어를 사용하여 이야기를 영상처럼 표현하는 작가였다.

언어는 흔히 의미를 설명하려고 한다. 그러면 독자는 답답함을 느끼게 된다. 그러나 안데르센의 작품은 독자 앞에 풍경을 펼쳐놓고 그것을 통해 한 사람 한 사람의 세계에 다가간다. 그런 의미에서 현대에 매우 가깝다.

인어 공주가 바다 속 마녀를 찾아가는 묘사가 있다. 마녀의 집으로 가는 길은 뜨거운 거품이 부글부글 끓어오르는 진흙 속, 숲의 나무는 끈적끈적한 긴 가지들이 뱀처럼 움직이는 히드라. 가지 끝은 지렁이처럼 구불거리며 뭐든 붙잡으면 놓지 않는다. 작은 인어가 목이 졸려 죽어 있기도 하다. 마녀는 난파한 선원들의 백골로 지은 집에 살며, 두꺼비에게 입으로 옮겨준 사탕을 핥게 하고 뱀을 친친 감은 수세미로 커다란 냄비를 닦고 나서, 자신의 가슴을 긁어 뚝뚝 떨어지는 검은 피를 받아 온갖 것을 넣어 약을 달인다. 다 달여진 약은 악어 울음소리를 낸다. 그렇게 하여 완성된 약으로 마녀는 인어 공주의 꼬리지느러미를 발로 바꿔준 뒤, 가차 없이 혀를 잘라내는 것이다.

그 모습이 마치 영화 속 장면처럼 또렷하게 떠오른다. 이 소름끼치는 광경에서, 추상적인 슬픔의 언어를 몇 가지 늘어놓는 것보다 훨씬 더 처절한 인어 공주의 슬픔이 전해져 온다.

to England again, soon! But whatever you do, don't leave off writing, for we cannot afford to lose any of your thoughts. They are too true and simply beautiful to be left in your own head.

We have long since come back from that sea-shore where I said adieu to you, and are in our own house again. Mrs Dickens says I am to give you her love. So says her sister. So say all my children. And as we are all in the same mind, I beg you to enlist more into the bargain, as the love of your true and admiring friend

Charles Dickens

Hans Christian Andersen.

찰스 디킨스가 안데르센에게 보낸 편지 마지막 페이지(1848년 1월 초)

오덴세 대학의 퓐 모텐센 교수는 그의 평론 〈안데르센과 오르센〉에서 다음과 같이 말했다.

"안데르센은 좀처럼 마법을 사용하지 않는다. 꽃과 동물, 일용품에 인격을 부여하고 그것들이 지배할 수 있는 작은 우주를 만든다. 그곳에서는 어린이가 어른이고, 사물의 가치와 서열이 뒤바뀐다. 어린이를 보는 시각도 도덕을 필요로 하지 않게 된다. 안데르센은 사회를 비판할 때 유머를 사용했다. 유머에 의해 전체가 부드러운 색조를 띠게 된다. 안데르센은, 자신이 등장시킨 것을 사회에 의해 결정된 상태 그대로 내버려 두지 않는다. 작은 우주는 신의 힘으로 지배

된다. 이야기를 듣고 있는 어린이의 가족도 신에 의해 지배되고 있는 것처럼 말이다."

안데르센이 그리는 주인공들은 그 자신의 성격을 조금씩 지니고 있다. 안데르센 연구가 한스 프릭스는 "안데르센이 쓴 자화상의 수는 렘브란트가 그린 자화상 수보다도 훨씬 많다" 말했다.

안데르센 자신이 깊은 바다의 불가사의한 세계에서 와서 시상의 세계에서 거부당한 인어 공주이며, 임금님이 알몸이라는 것을 알고 있는 어린이기도 하고, 물론 우리 모두가 알고 있는 바와 같이 그는 미운 오리새끼이기도 한 것이다. 그리고 그는 그리움에 젖어 과거만을 바라보고, 미래에 대한 희망이 점점 줄어들어 지금의 가장 좋은 시간을 맛볼 수 없는 작은 '전나무'이기도 한 것이다.

동시에 안데르센은 '엄지 공주'이기도 했다. 그는 키가 크고 당당한 외모에도 불구하고 건강하고 튼튼하지가 못했다. 결코 잘생긴 얼굴은 아니었으나 스스로 낮추어 생각하는 만큼 보기 싫지도 않았다. 안데르센이 얼마나 외모를 중요시했던가를 떠올리면 아무래도 유감스러운 일이다.

안데르센이 유명해졌을 때, 세상은 그를 존경과 칭찬의 눈으로 바라보았다. 그리고 그것이야말로 그가 필요로 했던 것이다. 칭찬은 안데르센에게 나날의 양식보다도 중요한 것이었다. 또 슬프게도 안데르센은 왕족에 대해서 매우 아첨을 하는 사람이었다. 그러나 제왕들이 얼마쯤 초인적인 존재로 여겨진 시대에 이러한 태도는 어쩔 수 없는 일이리라.

나이팅게일이 중국 황제에게 "나는 당신의 왕관보다도 당신의 마음을 사랑하고 있습니다. 그러나 왕관이라고 하는 것에는 어쩐지 성스러운 것이 숨어 있는 것 같습니다" 말하며 안데르센의 마음을 대변하고 있다.

안데르센은 어떤 의미에서는 이중 또는 다중 인격의 소유자였다. 인색한 한편 씀씀이가 너그러웠고 사교적이며 늘 약자를 편드는 사람이었다. 여행에 뒤따르는 모든 위험에 겁을 먹으면서도 용감하게 꽤 멀리까지 여행을 했다(콘스탄티노플에도 갔다).

안데르센은 어려서부터 줄곧 자기보다 사회적으로나 경제적으로 우월한 사람들 앞에 나가 시선을 끌어 모음으로써 생계를 유지하고 출세한 바 있었다. 그래서인지 그의 내면에는 불안감과 자괴감, 그의 외면에는 출세욕과 허영심이

라는 모순적인 감
정이 공존했던 것으
로 평가된다.

그의 순진무구함
은 남다른 동화를
쓸 수 있었던 원동
력이었던 반면, 가
끔은 마치 어린애
같은 자기과시욕으
로 나타나 비난을
불러오기도 했다.
겨우 스물일곱 살
때인 1832년에 처음
으로 자서전을 발표
했고, 그 뒤로 거의
10년 단위로 증보판
을 펴내며 자신의
성공담을 늘어놓은
것으로도 유명하다.
"가난한 구두 수
선공과 빨래하는 여

독일 여행 중 뮌헨에서 촬영된 안데르센 사진(1860)

인의 아들인 내게 러시아 황제의 손자가 입을 맞추고 있다고 생각하니 눈물이
쏟아져 내린다. 서로 완전히 다른 존재가 만나고 있었던 것이다."

그는 1860년, 윗니에 가짜 이를 박아 예순여덟 살에는 이를 모두 잃게 되었
다. 의치를 만들기 위한 6주 동안 그는 형편없는 모습으로 있어야 했다. 필요
이상으로 외모에 신경 썼던 안데르센으로서는 죽고 싶을 만큼 괴로웠을 것이
다. 그가 살아 있는 때 마지막으로 발표된 작품 〈치통 아주머니〉는 이를 소재
로 했으며, 이야기는 잇몸이 쿡쿡 아파오는 듯한 기분을 담고 있다.

삶의 지혜를 일깨우는 동화

〈벌거숭이 임금님〉에는, 안데르센 자신의 말에 의하면 원본이 따로 있었다. 에스파냐 작가 돈 후안 마누엘(Don Juan Manuel)이 쓴 오리엔트풍 우화집 《루카노르 백작 El Conde Lucanor》이라는 책으로, 젊은 백작 루카노르와 교육 담당 고문관 파트로니오의 문답 형식으로 이루어진 이야기 51편이 실려 있다. 이 책에 있는 〈어느 왕과 직물을 짜는 사기꾼 사이에 일어난 일〉이라는 우화에서 영감을 얻어 안데르센이 〈벌거숭이 임금님〉 기본 뼈대를 세운 것이다. 물론 그는 문학적 재능이 뛰어났기에 원작보다 더욱 훌륭한 이야기를 지어내어, 거기에 훨씬 보편적인 성격을 부여하는 데 성공했다.

이를테면 마누엘의 원작에서는 주인공이 무어인 왕으로 특정되어 있었으나, 여기서는 그냥 어느 임금님으로 바꾸어 놓았다. 또 그 임금님이 다스리는 나라가 어디에 있는지도 알 수 없다. 그런 만큼 어디에나 있을 수 있는 사람으로 여겨진다. 그리고 사기꾼이 말한 신기한 직물이 지닌 힘도, 원작에서는 '자기 아버지의 진짜 아들이 아닌 자'에게는 천이 보이지 않는다고 했다. 그런데 안데르센의 이야기에서는 '자기 역할에 어울리지 않는 자'나 '도무지 고칠 수 없는 바보'에게는 보이지 않는 천이라고 되어 있다. 다시 말해 특정한 인간관계 속에 있는 사람에게 한정되지 않고, 누구에게나 적용되는 이야기로 보편화되어 있다.

특히 이 이야기에서 가장 멋진 것은 마지막 장면이다. 안데르센은 한 어린아이를 등장시켜, "벌거숭이 임금님" 하고 감히 진실을 말하는 장면으로 끝을 맺는다. 원작에서는 신분이 낮은 '흑인'의 발언으로 되어 있었던 것을 순진무구한 '어린이'로 바꾼 것이다. 신분의 높고 낮음이 아니라 어른과 어린아이 세계의 대비로 바꾸어 놓아, 비교도 할 수 없는 큰 힘을 지는 자에 대한 조그마한 어린이의 시선을 훨씬 예리하게 표현했다.

사실 안데르센의 처음 원고에도 '어린이'는 등장하지 않았던 것 같다. 도시의 모든 사람들이 임금님의 새 옷을 찬양하는 데서 끝나고 있었다. 그러나 참고 삼아 그 이야기를 읽어주었더니 어린이들의 반응이 뭔가 시원찮아서, 인쇄 직전에 지금처럼 고친 것으로 전해지고 있다. 그런데 그 마지막 한 줄 아래에서 세계적인 걸작이 탄생했다고 해도 지나친 말이 아니리라.

〈벌거숭이 임금님〉은 얼핏 보면 잘 속아 넘어가는 왕을 비웃고, 권력자에게

빌붙는 어리석은 인간들을 풍자하는 이야기처럼 생각하기 쉽다. 나아가서는 겉으로 위엄을 과시하는 권위도 결국은 헛된 것임을 폭로하는 것으로 보이기도 한다. '서로 속고 속이는 세상'이니 '교만한 자는 오래가지 못한다'는 교훈적인 메시지를 전하고 있는 것처럼 생각될지도 모른다.

그러나 이 이야기의 밑바닥에 흐르고 있는 것은 엄격하고 차가운 도덕주의도 아니고, 남의 불행

헨리에테 볼프
안데르센의 후원자 볼프 집안의 딸인 그녀는 누나 같은 친구였다. 1858년 미국으로 가는 도중 배 사고로 죽었다.

과 실패를 고소하게 생각하는 빈정거림도 아니다. 거기에 있는 것은 오히려 자기 자신에 대한 비웃음, 자신을 비웃는 자기모순을 품은 따뜻한 유머정신이 아닐까? 이 우스꽝스러운 이야기를 읽다 보면 어느새 웃음이 번지고 유쾌해진다. 하지만 그렇게 웃고 있는 동안 자기 인생을, 자기 자신의 삶의 방식을 돌이켜 보게 된다. 그러므로 '자기 해방의 웃음' 또는 '해방의 유머'라고 불러도 좋을 것이다.

실제로 〈벌거숭이 임금님〉은 우리가 살아가는 데 있어서 가장 중심적인 주제를 다루고 있다. 우리가 누구나—그것을 인정하든 인정하지 않든—날마다 참으로 열심히 관계하고 있는 사항을 다루고 있는 것이다. 우리를 늘 괴롭히고 있는 불안, 즉 다른 사람들로부터 경멸당하고 모욕당하는 것, 어리석은 무능자로 보이는 것에 대한 불안에 대해 다루고 있다. 이것을 뒤집어서 말하면 〈벌거숭이 임금님〉은 우리가 다른 사람들로부터 사랑받고 인정받는 것, 동료로 대접받는 것에 대한 은밀한 동경에 대해서도 이야기하고 있는 것이다.

우리는 평소에 엄청난 에너지를 쓰면서 절망적인 시도를 되풀이하고 있는

것은 아닐까? 왜냐하면 우리는 다른 사람들에게 자신이 특별한 존재이며, 살아가는 데 자신감을 가지고 있다는 인상을 주기 위해 죽을힘을 다해 연극을 하고 있기 때문이다. 그러나 겉으로는 그렇게 자신 있는 척 행동해도, 우리 스스로 마음속으로는 자신이 상처받기 쉽고 자신감이 없으며 다른 사람들의 사랑과 칭찬을 필요로 하는 인간임을 느끼고 있다. 이 '두 마음'의 모순된 모습이야말로 우리의 심각한 현실이고, 우리의 비극적인 상황을 특징짓는 딜레마이다.

얼마나 무의미한 노력을 되풀이하고 있단 말인가! 얼마나 무의미한 연극인가! 얼마나 무의미한 고통인가! 우리는 이러한, 자신을 거짓으로 꾸미는 수많은 일들을 위해 쓸모없는 커다란 에너지를 소비하고 있다. 만약 그 에너지를 다른 것에 이용할 수 있다면 우리 생활은 얼마나 쾌적하고 생산적이며 창조적인 것으로 바뀌겠는가!

새 옷에 가리어진 진실

〈벌거숭이 임금님〉에 나오는 왕은 더 이상 살아갈 의미를 잃어버린 사람처럼 보인다. 그는 더 이상 나라를 다스릴 힘이 없는 사람 같다. 그가 극장에 가는 것도 새 옷을 보여 주기 위한 것일 뿐, 예술에 대해서는 아무 관심도 없다. 마찬가지로 말을 타고 멀리 가는 것도 자연을 즐기려는 것이 아니다. 애초에 이 임금에게는 아내와 자식이 있는지 없는지도 기록되어 있지 않다. 그 대신 왕은 오로지 '새 옷'에만, 말하자면 편집증적인 관심을 기울이고 있다. 그는 모든 돈을 '아름답게 차려입기' 위해 아낌없이 썼다.

왕의 모든 에너지는 이 겉모양을 꾸미는 데 소비되며 옷에 고착되어 있다. 왕을 이러한 상황으로 몰아넣은 것이 도대체 무엇이었는지, 그 이유는 설명되어 있지 않다. 오랫동안 사람들 앞에서 주목의 대상이 되어온 것과, 연극을 하면서 모범적인 모습을 보여 주어야 했던 것이 그 깊은 자기소외를 낳은 원인이었을까?

예부터 왕은 단순히 외적으로 법과 질서를 수호하는 지배자만을 가리키는 것이 아니다. 흔히 왕은 가장 훌륭한 미덕과 이상을 실제로 행하는 존재로서 민중의 본보기가 되어야 했다. 지혜와 용기, 사랑과 관용과 정의 등. 실제로 고대 왕조에서는, 왕은 지상에서 천상의 신들을 구현하는 존재로 숭배를 받아왔다. 왕의 권력은 국민을 대표하는 것으로, 국민들은 왕의 영광을 자신들의 영광으로 느꼈다. 거기에는 불행하고 가난한 민중의 소망이 투영되어 있었다.

사회인류학자 프레이저(James George Frazer)가 그의 책 《황금가지 The Golden Bough》에서 말했듯이, 원시 문화권에서는 왕이 최고의 신적·인간적 가치를 상징적으로 실현할 수 없을 때는 폐위되었다. 이를테면 남태평양 섬들에서는 흉년으로 먹을거리가 모자라면, 민중은 오

The Emperor walked under his high canopy in the midst of the Procession.

〈벌거숭이 임금님〉 영어번역판 속표지 그림
렉스 휘슬러 작(런던, 1935)

곡의 풍작에 성공하지 못한 왕을 죽였다는 것이다. "그렇게 왕은 잇따라 살해되었고, 결국 아무도 왕위에 오르기를 바라지 않아서 결국 왕조가 몰락해 버린" 예도 있었다.

그러고 보면 안데르센의 이야기에서 왕이 강박관념처럼 자신의 옷에만 관심을 기울이는 것, 끊임없이 옷을 갈아입는 병적인 집착을 보여주는 것은 거꾸로 끊임없이 진실하고 생기 있는 창조적 활동에 참여하고 싶은 왕의 숨겨진 소망을 상징하는 것일지도 모른다. 곧 황제는 스스로 인식하지는 못하지만 무의식

속에 민중의 본보기로서, 또 민중의 대표자로서 살아가야 하는 그의 본디 과제를 상징적으로 나타내려 한 것이 아닐까?

이것은 좀 삐딱한 견해처럼 생각될지도 모른다. 그러나 결코 엉뚱한 해석은 아니다. 이 이야기의 마지막에는 호기심이 풍부한 어린아이가 등장하는데, 어린이들도 '새 옷(=평소와는 다른 옷)'을 입는 것을 좋아하는 게 아닐까? 어린이는 변장하는 것을 매우 좋아한다. 변장함으로써 자신의 미래를 미리 경험하는 것을 즐기는 것이다. 남자아이라면 유명한 축구선수처럼 머리 모양을 바꿔보거나, 여자아이라면 영화배우처럼 꾸미고 싶어하듯이 말이다.

어린이뿐만이 아니다. 어른도 쉬는 날이면 옷을 갈아입는다. 작업복이나 제복, 출퇴근용 양복이 아닌 다른 옷을 입으면 편안한 기분이 든다. 말하자면 우리는 기분을 바꾸기 위해 옷을 갈아입는 것이다. 겉모습을 바꾸는 것은 내면을, 내적인 생활시간을 바꾸는 일이기도 하다. 집에서 편안한 옷을 입고 있을 때 우리는 일터에서 옷을 입고 있을 때와는 다른 인격이 된다. 우리는 바로 그 다른 인간이 되고 싶어서, 늘 다른 옷을 갖고 싶어하는 것이다.

이와 같이 옷에는 여러 기능들이 있다. 상식적으로 말하면 옷은 더위와 추위, 비바람 같은 기후 변화에 대처할 수 있게 하고 신체를 다치지 않게 보호해 준다. 그것은 또 우리의 사생활이나 신체 결함을 가리도록 도와준다. 그리하여 우리가 누구에게도 알리고 싶지 않은 '벌거숭이'의 진실이 드러나는 것을 막아 주는 것이다.

그 밖에도 특별한 장면에서, 이를테면 의례나 의식 때의 예복에 나타나듯이 엄숙함과 위엄을 보여 주기 위해서도 사용된다. 그런 의미에서 옷을 오로지 은폐와 위장을 위해서만 사용한다고 생각해서는 안 된다. '옷이 날개'라는 말이 있듯이 말끔한 외모를 갖춤으로써 자기 자신의 존엄성과 정체성을 보상받을 수도 있다.

하지만 〈벌거숭이 임금님〉의 왕처럼, 연극을 하는 것이 영속적인 일이 되어 사람들 앞에서 쓰고 있는 가면을 더 이상 벗을 수가 없게 되면, 그 사람의 인생은 견딜 수 없을 만큼 답답하고 옹색해지고 만다. 인간은 누구나 여러 방면에 관심을 가지며, 여러 가능성을 간직하고 있다. 그렇지만 만약 우리가 한정된 가면에 갇혀버린다면, 우리 인격이 지닌 다른 많은 측면이 이미 우리 삶의 활동과는 무관한 것이 된다. 그러면 그 다양한 가능성은 병들어 버리고 결국은 사라지고 만다.

마음속 그림자 마주하기

〈벌거숭이 임금님〉도 이러지도 저러지도 못하는 상황에 처해 버렸다. 그는 자기 인격의 단순히 표면적인 볼품에만 관심을 기울이고 있다. 그는 병적인 무의미함과 공허감으로 가득 차 있다. 이것은 그가 자신의 진정한 내면적 상황을 바라보고, 그것과 맞서려고 하지 않는 것에서 오는 하나의 심리학적 도피가 아니었을까? 자기 내면의 결핍을 애써 숨기려고 하는 마음의 움직임을 반영하고 있는 것이 아닐까?

그러나 동시에 시각을 바꿔 바라보면, 그 병적인 강박성은 앞에서도 잠시 다룬 것처럼 왕의 심층의식 속에 있는 은밀한 소망과 동경을 상징적으로 암시하고 있는 것일지도 모른다. 즉 왕의 고뇌에는 자신이 '변화'하지 않으면 안 되는 것에 대한 신호가 나타나고 있는 것일지도 모른다. 그는 옷을 이것저것 갈아입음으로써 자기가 놓여 있는 한계를 밟고 넘어가려 애쓰는 것은 아닐까? 많은 옷의 화려함과 아름다움 속에, 자기가 실제로 살아가지 못하고 있는 많은 것을 '비추고' 있었던 것은 아닐까? 물론 옷이라는 형태에도 한계가 있다. 아직 한 번도 입어보지 못한 새 옷을 끊임없이 사들이고 그것으로 치장하기에는, 옷장 자체가 가진 물리적 한계가 있으며 돈이라는 재정적 한계가 있다.

어쨌든 왕이 이 '겉모습에 대한 집착'이라는 감옥에서 해방되지 않고는, 진정한 자신의 힘과 존재 경험을 얻는 일은 없을 것이다. 그러기 위해서는 어떻게 해야 할까? 왕이 자신의 인격 속에 숨어 있는 '그림자'와 대결하는 것이 반드시 필요하다. 바로 그러한 '그림자' 측면이 사기꾼들의 모습으로 왕의 삶 속에 등장하는 것이다.

우리가 살아가고 있는 생활 영역에 불쑥 쳐들어오는 '외국인'은 처음에는 잠재적인 적처럼 보이기 쉽다. 그의 외모와 행동거지가 지금까지 보지 못한 것이면 더욱 그렇게 받아들여진다. 그러한 이질성은 우리의 의식되지 않는 불안과 그림자를 비추기에 좋은 대상이다. 그러므로 그들은 우리를 위협하는 존재로서 체험된다. 극단적인 경우에는 우리의 안전뿐만 아니라 우리의 정신적·육체적 자유, 우리의 생활양식을 위협하는 것으로 여겨진다. 우리는 그들에게 속고, 빼앗기며, 공격당하지 않을까 두려워한다. 외국인 증오나 인종적 편견이라 불리는 것이 그것이다.

하지만 우리 안팎에서 나타나는 이러한 '낯선 것'은 반드시 위험한(적대적인) 것이라고는 할 수 없다. 물론 그것은 이따금 혁신을 가져오는 데 도움을 줄 수도 있다. 예부터 나그네나 손님이 받아들여진 동기는, 더 나은 생활을 찾고자 하는 소망과 연결되어 있었다. 다른 나라 문화와 새로운 세계를 만남으로써 사람들은 익숙한 생활 형태 속에서 잃어버린 자유와 지혜, 생활의 충실을 기대해 온 것이다.

그러고 보면 낯선 외국인은 우리에게 양면적인 형태로 체험되는 존재임을 알 수 있다. 우리를 위협하는 동시에 기대하게 하는 존재, 적대적인 동시에 우호적인 존재로서 말이다. 〈벌거숭이 임금님〉에서 도시에 등장한 두 사기꾼도 그 같은 양면성을 지닌 것으로 볼 수 있다.

"어느 날, 두 사기꾼이 찾아왔습니다. 두 사람은 베를 짜는 기술자로 자처하면서, 누구도 상상하지 못할 만큼 좋은 옷감을 짤 수 있다고 선전했습니다. 다만 그 색깔과 무늬가 너무나 아름다울 뿐만 아니라, 그 천으로 지은 옷에는 신비로운 특징이 있어서 자신의 역할에 어울리지 않는 사람이나, 도저히 고칠 수 없는 바보의 눈에는 보이지 않는다는 것입니다."

왕은 곧 일을 시작하라며 사기꾼들에게 많은 돈을 주었고, 두 사람은 두 대의 베틀을 놓고 열심히 일하는 척했다. 하지만 베틀 위에는 아무것도 없었다. 그들은 진정한 사기꾼이다. 그러므로 틀림없는 악인이다. 그러나 이 이야기를 읽고 있노라면 이 직조공들은 그렇게 나쁜 사람처럼 보이지 않는다. 교묘한 말로 다른 사람들의 심리적 약점을 찌르는 지능범들의 행동에 독자들은 유쾌한 웃음을 터뜨리고 만다.

동화에는 이러한 사기꾼이 언제나 등장한다. 그것은 융(Carl Gustav Jung) 심리학 등에서는 인간의 마음속 '그림자' 부분을 비춰내는 존재로 해석된다. 사기꾼은 그렇게 사람의 아픈 데를 날카롭게 찌르면서, 그것을 통해 실은 진정한 자기에게 반성을 촉구하는 건설적인 역할을 하고 있다. 여기서도 그들은 외부에서 등장하여 왕 자신의 '그림자' 부분을 비춰내고, 왕이 지금까지의 삶을 바꾸고 정직하게 살아가도록 도와주는 존재이다.

두 사기꾼은, 왕이 스스로 깨닫지 못한 채 신하와 민중에게 연기를 해 보이고 있는 '사기꾼적인 측면'을 구현하고 있는 것은 아닐까? 사실 왕은 사기꾼이다. 왕은 끊임없이 새 옷으로 갈아입으면서, 그런 연기를 통해 통치자인 자신의 무능함과 결함을 얼버무리고 사람들로부터 돈(세금)을 거두어들이고 있기 때문이다.

왕이 이러한 삶의 방식에서 벗어나려면, 즉 올바른 통치자로서, 아니 한 인간으로서 그가 성숙하기 위해서는 이 직조공들의 사기 행위가 필요했을지도 모른다. 그들이 지은 '눈에 보이지 않는 옷'을 왕에게 입히고, 벌거숭이인 채 수도의 큰길을 걷게 하는 거친 방법으로 왕이 자기 자신의 가련한 진짜 모습을 깨닫게 하는 것이다. 그리고 진정한 왕의 모습을 의식하게 한다. 왕에게 있어서 그러한 자기변혁에 공헌했다고 본다면, 그 사기꾼들의 역할은 훌륭한 교육자이자 진실한 선생이라고 말하지 못할 것도 없으리라. 사기꾼들은 왕을 속이면서, 실질적으로는 그가 자기기만에서 구출될 수 있는 기회를 주고 있다 할 수 있다. 어떤 의미에서 그들은 왕에게 약속을 지킨 것이다. 왜냐하면 그들은 왕에게 최종적으로는 우리 인간이 소유한 가장 소중하고 가장 훌륭한 옷을 준 것이기 때문이다. 즉 우리의 '맨살'이라는 옷, 우리의 본디 정체성, 우리의 '진정한 자기'를 보여준 셈이다.

두 사기꾼을 이렇게 긍정적으로 평가하는 데 불편함을 느끼는 사람도 있을 것이다. 우리는 책략이나 기만, 환상 같은 것은 원칙적으로 비난해야 마땅한 일로 생각하기 때문이다. 우리는 절대적으로 순수한 진실만을 추구해야 한다고 믿는 것은 아닐까? 하지만 이미 이러한 사고방식 자체에 어떤 자기기만이 숨어 있다. 모든 환상을 배제한 냉철한 사실주의는 때로는 냉소주의가 될 수도 있다.

어린아이의 눈으로 보기

우리는 무엇이 최선의 가치인지 구별하기 어려운, 복잡한 환상과 현실의 골짜기에서 살아간다. 그리고 환상과 현실은 우리 인생의 융단 속에서 분리될 수 없도록 긴밀하게 조직되어 있다. 〈벌거숭이 임금님〉에서 두 사기꾼이 직조공으로 설정되어 있는 것은 이러한 점에서도 참으로 암시적이다.

크고 작은 다양한 사회적 체계 속에서 거의 모든 사람들은 〈벌거숭이 임금님〉의 등장인물들처럼 서로를 속고 속인다. 불편한 진실과 마주하는 것을 서로 회피하는 것이다. 우리는 이따금 어쩔 수 없이 실제로는 존재하지 않는 것을 거짓으로 꾸며야 할 때가 있다. 이를테면 우리는 진심으로 찬성하지 않는 일에 대해서도 공감을 나타내곤 한다. 우리 일상생활은 이 같은 은밀한 기만이나 연기와 끊을 수 없는 관계 속에 영위되고 있다. 자기 본심을 다른 사람에게 들킬까봐, 또 뜻하지 않게 속마음이 드러날까봐 두려워한다.

〈벌거숭이 임금님〉에 나오는 사람들은 모두 자신의 눈에는 아무것도 보이지 않는다는 사실을 들키고 싶지 않았다. 안 그러면 자기 역할에 어울리지 않거나 어리석은 사람이 되기 때문이다. 여기에는 사회학자가 말하는 환상에 의한 '신기루' 효과가 나타나 있다. 곧 사람들은 자기 눈에는 '벌거숭이'의 진실이 보이는데도 그것을 입 밖에 내어 말할 수는 없다. 그들은 압도적으로 많은 사람들이 무언가를 보고 있다 믿음으로써, 서로 보이는 것처럼 행동하며 거기에 '신기루'를 낳고 있기 때문이다. 자신에게는 보이지 않는다, 즉 벌거숭이로밖에 보이지 않는다고 단정하는 것은 다수의 의견에 반하는 것이다. 그리하여 자신을 위험하고 어리석은 (소수의) 지위에 빠뜨리게 된다. 누구도 그렇게 되고 싶지 않은 것이다.

진실에 대한 왕의 자기모순이 절정에 다다랐을 때—왕이 더없이 장려한 행렬을 지어 위엄을 뽐내면서 알몸으로 걸어가는 우스꽝스러운 모습!—마침내 한 어린아이가 나타나 이른바 왕의 진실한 모습을 가리킨다. "어, 벌거숭이잖아!"

이보다 더 무엄한 말이 어디 있을까? 관리의 귀에 들어가기라도 하면 큰일이다! 그래서 아이의 아버지가 나타나 변명한다. "아이고, 이런! 그저 철없는 어린아이가 하는 말입니다요." 그러나 바로 그 '철없는 아이'의 '순진무구한 목소리'는 명확한 솔직함으로 왕과 사람들이 이미 알고 있었던 것, 하지만 어리석고 쓸모없는 사람으로 보이고 싶지 않아서 감히 말할 수 없었던 진실을 말해버린 것이다.

우리는 자신이 생각한 것을 있는 그대로 드러내고 싶어하지 않는다. 이를테면 우리는 다른 사람들에 대해 그들의 자기의식을 존중하여 신중하게 행동한다. 그것이야말로 그들과 사이좋게 지낼 수 있는 최선의 보장이다. 정중한 인사와 빈말이 없이는 사회생활을 순조롭게 꾸려나가기가 어렵다. 다른 사람에게 상처를 주지 않도록 공공연히, 또는 소리 높여 말해서는 안 되는 일들이 있다는 것을 우리는 일찍부터 배워오지 않았던가.

그러나 어린이는 빈말이라는 사회 규칙을 모르기 때문에, 어른의 세계에서 마음속으로 유보하고 있는 말을 내뱉어 버리는 것이다(어린이와 술 취한 사람은 진실을 말한다). 그것은 분명 우리 마음을 후련하게 해준다. "역시 진실은 그런 것이었어" 하고. 하지만 진실을 폭로하는 것은, 〈벌거숭이 임금님〉 마지막 장면처럼 흔히 사람들의 체면을 구기기 마련이다.

어린이의 등장에 의해 왕이 '벌거숭이'라는 사실이 폭로되는 것은 이른바 '가치의 전도'를 의미하는 것일까? 지금까지의 사회적 평가기준이, 본회퍼(Dietrich Bonhoeffer)가 말했던 "아래로부터의 시점(視點)"에 의해 완전히 뒤집히고 만 것이다. 평소 사회적으로 무시당하고 가치를 인정받지 못했던 존재가 오히려 사회의 기본적 전제로서 숨겨져 있었던 모순과 문제점을 날카롭게 찔러온다. 그것을 통해 사회를 올바른 궤도로 되돌려 놓고, 시대의 전환을 촉구하는 것이다.

우리는 나이를 먹을수록 꾀가 생기고 빈말도 늘어나서, 신기루 효과의 포로가 되기 쉽다. 그것이 어른이 되는 일이라고 생각한다. 그렇지만 어린이는 새로운 것을 만나면 놀라고, 진실한 것을 접하면 감동한다. 실제로 우리 마음속 깊은 곳에도 어린아이처럼 진실을 외면하고 싶지 않은, 진실을 솔직하게 말하고 싶은 욕망이 있는 것은 아닐까? 거기에는 생생하고 발랄하며 순진무구한 무언가가 숨어 있다. 그것이 바로 우리의 본성이 아닐까?

우리는 평소에 세속적인 평가에 얽매여, 세상 사람들에게 어떻게 보일까 하는 것에만 신경을 쓰고 있다. 하지만 그러한 세평에 대한 긴장감을 완전히 벗어던지고, 또 자기 자신을 실력 이상으로 잘 보이고자 하는 무리한 욕심을 내팽개쳐 보자. 그리하여 자기 자신에 대해 정직하고 솔직해지면 우리는 자기 마음속 깊은 곳에 있는 그러한 진실을 느낄 수 있을 것이다. 그것이 바로 자신의 진정한 존재이며, 그 밖의 모든 것은 자기를 속이는 겉치레와 몸에 두른 망토에 지나지 않는다는 것을 깨닫게 되리라.

우리 겉모습은 나이를 먹으면서 점점 변해 간다. 우리는 지식과 경험을 쌓아가면서 나이를 먹어간다. 그러나 인격의 깊은 내부에서는, 언제까지나 어린아이처럼 느끼는 신선한 면을 지니고 있어야 하지 않을까?

어른들 사회란, 우리가 이른바 닳고 닳은 인간으로서 살아가는 것에 익숙해지는 것이기도 하다. 이에 비해 '어린아이의 눈'을 가진다는 것은, 우리를 에워싸는 세계에 대해 마음의 눈을 크게 뜨고 풍부한 감수성을 가진다는 것이다. 자기 자신의 상상력과 직관과 감정에 대해서도, 또 깊은 마음속에서 나오는 소망에 대해서도 진솔하다는 뜻이다.

맨 처음 어린이가 "벌거숭이다!" 외치자 사람들은 소곤소곤 "왕은 벌거숭이" 라고 서로 속삭이다가, 마지막에는 한목소리로 "벌거숭이다!" 소리치기에 이른 것이다.

그 외침은 왕의 마음속에도 스며들었다. 모두가 하는 말이 진실인 것처럼 생각되었기 때문이다. 그렇지만 '행렬을 중단해서는 안 된다'고 다시 생각했기에 왕은 더욱 위엄을 부렸으며, 시종들은 있지도 않은 옷자락을 받쳐 들고 나아갔다.

우리라면 이런 상황에 처했을 때 어떻게 했을까? 벌거숭이라는 것을 깨달았을 때 머리를 싸안고 서둘러 달아나려 할지도 모른다. 그러나 왕이 그런 짓을 했다가는 위엄이 손상되고 말 것이다. 그러므로 벌거숭이인 것을 깨달았음에도 허둥대지 않고 오히려 모르는 척하면서 가슴을 펴고 걸어가는 것을 두고, 마지막 힘을 다해 최소한 왕으로서의 체면을 지켰다는 식으로 호의적 해석을 하는 학자도 있다.

하지만 이것은 진실과는 거리가 먼 해석이 아닌가 하는 생각이 든다. 역시 위엄을 유지해야 한다는 왕의 환상 족쇄에 너무나 깊이 사로잡혀 있었기 때문이 아닐까? 위엄을 가장하는 황제의 환상과 벌거숭이의 현실 사이는 너무도 동떨어져 있었다. 그래서 마지막까지 수치를 드러내는 지경에 이른 것일지도 모른다.

자기 자신을 있는 그대로 받아들이기

여기서 왕은 사실 우리 자신이다. 자신을 환상적인 가치와 역할에 끼워 맞춰서, 자신을 뭔가 훌륭한 존재로 생각하고 싶어하고 훌륭한 존재처럼 행동하고 싶어하는 우리의 자의식이 바로 〈벌거숭이 왕〉이다. 그렇다면 우리는 이 이야기를 남의 일처럼 마음 편하게 읽고 있을 수 없게 된다.

확실히 우리 모두가 무대에 서서 스포트라이트를 받는 특별한 역할을 연기하는 일은 좀처럼 없다. 모든 사람들로부터 주목을 받거나 감탄의 대상이 되는 일은 거의 없다. 그래도 역시 한 사람 한 사람이 어떤 모양새로든지 관심을 받는 시간과 장소는 주어진다. 우리 인생에는 그러한 때가 반드시 찾아온다.

그럴 때 우리는 아마 얼마쯤 우쭐해질 것이다. 자신이 중요한 존재로 생각되어 한껏 북돋워질 것이다. 하지만 그러한 때에도 우리는 마음속으로 다른 사람들의 비판적인 시선을 두려워하고 있다. "잘난 척하는구나" 비판적으로 바라보는 것에 대해 강한 경계심을 품는 것이다. 그러면 우리는 끊임없이 잘살아내면서 계속 좋은 인상을 유지해야 한다는 중압감을 더욱 절실하게 느끼게 된다. 우쭐한 기분에 젖어 있으면 뭔가 치명적인 실수를 저지르지 않을까 하는 불안이나, 전에 잘못한 사실이 언젠가 폭로되지 않을까 하는 두려움이 따라다닌다.

그렇게 우리에게는 사람들로부터 거부당하고 낮게 평가되는 것을 겁내는 경향이 있다. 확실히 자신을 있는 그대로 드러내는 데는 수치심과 죄책감이 동반된다. 우리는 주위에서 서로 자신이 갖고 있지 않은 현명함과 훌륭함을 과시하려는 '아는 척'이나 '독선'을 자주 볼 수 있다. 그러한 비관용적인 행동으로 말미암아 불필요한 다툼이 일어나고, 고뇌가 생겨나는 것이다.

그렇기 때문에 우리가 다른 사람들의 공격을 대비해 무장하고, 상처받지 않도록 두꺼운 마스크로 가리며, 단단한 갑옷과 투구를 쓰려 하는 것을 충분히 이해할 수 있는 것이다. 그때 우리는 불사신이 된다. 완전히 무감각해지기 때문이다. 하지만 '두껍게 자기를 감싸는 것'은 우리를 공격에서 보호해 주는 반면에, 인간다운 감수성과 체험의 방법을 우리로부터 앗아가는 위험도 뒤따른다.

우리는 평소에 성공이나 번영 및 생산성 등을 쫓아다니며, 그것으로 안전과 행복을 확실하게 보장받을 수 있을 거라 생각한다. 그러나 그렇게 함으로써 우리 발밑을 위협하고 있는, 살아가는 의미에 대한 상실감이나 공허감을 피하려 하는 것은 아닐까? 우리는 어떻게든 사회적인 가치 서열 속에 자신을 끌어넣으려 한다. 거기에 언제까지나 매달리려 하는 나머지, 인간으로서 살아가는 참된 자기(정체성)를 잃어버리기 쉽다.

우리는 거의 환상의 세계에서만 살며, 진실한 삶을 똑바로 바라보는 것으로부터 멀리 떨어져 있다. 이러한 악순환은 우리의 자기소외 증상을 더욱 병적으로 심화할 뿐이다. 우리에게는 우리 삶을 위협하는 이러한 '벌거숭이'의 진실과 마주하여 불안의 '그림자'와 정면으로 맞서 싸울 것이 요구되고 있다.

우리가 '보통사람'임을 인정할 때, 우리는 어깨 위의 짐을 내려놓고 크게 숨을 내쉴 수 있게 된다. '보통사람'이라는 말에 저항을 느낀다면 "나는 나다"라고 고쳐 말해도 상관없다. 다른 사람이 나에 대해 뭐라고 말하든, 어떻게 평가하든 나는 나인 것이다. 즉 다른 사람이 인정해 주든 인정해 주지 않든지, 나 자신은 아무것도 달라지는 것이 없다. 사실 우리에게는 여러 가능성들이 있다. 물론 많은 결점도 있을 것이다. 그럼에도 우리에게는 적극적으로 살아갈 수 있는 가능성이 남아 있다.

이러한 자신의 장점 단점 모두를 뭉뚱그려서 스스로를 받아들여 보자. 그때 우리는 진정으로 마음속 가득 해방감을 느낄 것이다. 이것은 참으로 놀라운 역설이다. 그것을 통해 자기 자신과 화해하게 된다. 그리하여 우리의 오랜 세월에 걸친 자기 자신과의 내적 갈등과 전망 없는 투쟁은 끝나게 된다. 아울러 다른 사람들과 경쟁하거나 허세를 부리는 투쟁도 막을 내린다.

우리는 자기를 변호하거나 정당화하는 힘겨운 노력에서 해방된다. 우리가 부서지기 쉬운 나약하고 유한한 존재임을 경험하는 것은, 자신을 특별히 중요한 존재라 믿는 환상을 깨뜨려 버린다. 가면을 계속 쓰고 있는 데 헛되이 쓰는 마음의 에너지를, 이제는 온전히 다른 것에 쏟아 부을 수 있게 된다. 다시 말해 자기 자신으로서 살아가는 데, 또 우리가 진정으로 바라는 창조적인 일과 기쁨에 찬 삶을 선택하는 데에 힘을 쏟을 수 있다.

우리는 저마다에게 주어진 이 인생을 무엇과도 바꿀 수 없는 선물로서—더 나아가서 신으로부터 받은 선물로서—받아들이고, 그 책임을 맡기로 마음먹을 것이다. 이 한정된 삶 속에서 살아가는 것의 의미를 더욱 깊이 다지기 위해 애쓸 것이다. 그때 우리는 지금까지 바깥세계에 투영해 온 권력과 부(富)가 오히려 자기 자신 안에 풍부하게 갖춰져 있음을 깨닫게 되지 않을까?

〈벌거숭이 임금님〉에서 우리가 이끌어 낼 수 있는 삶의 지혜는, 한마디로 '현재 우리가 있는 자리에서 살아가자'는 점이다. 그때서야 우리는 비로소 참된 자기를 발견할 수 있을 것이다. 그러기 위해서 우리는, 무엇보다도 우리가 공상하고 있는 자신의 특수성과 중요성이라는 환상에서 벗어나지 않으면 안 된다. 우리는 어떤 의미에서 '벌거숭이'가 되어야 하는 것이다. 이 이야기 속 왕처럼 말이다.

우리는 어린이가 가진 근원적인 단순함과 솔직함으로 돌아가야 한다. 벌거숭이 그대로의 인간성, 선과 악, 남자다움과 여자다움, 몸과 정신, 모든 것을 포함하여 전적으로 있는 그대로의 존재임을 받아들여야 한다. 그러면 우리는 비로소 자신이 지금까지 고통 속에 추구하고 있었던 것을 자신의 발밑에서 찾게 된다. 자기 자신으로서 살아가는 충족감, 자신이 진정으로 자유롭다는 해방감, 자신이 이렇게 살아가는 것이 허락되어 있음에 대한 조용한 기쁨 등을 마음속 깊이 음미하면서 살아갈 수 있는 것이다.

도시가 만드는 동화

안데르센은 일상의 작은 발명품이나 문명이 낳은 재미있는 제품에 관심이 매우 큰 사람이었다.

이렇게 생각하는 가장 큰 이유는, 뭐니 뭐니 해도 〈성냥팔이 소녀〉의 내용에 있다. 눈 내리는 겨울 밤, 거리에서 성냥을 파는 소녀가 추위를 견디기 위해 성냥을 한 개비 긋는 장면. 그 잊을 수 없는 장면에서 뜻밖에 잊혀 있는 것이 성냥 그 자체가 아닐까?

"소녀는 또다시 한 개비의 성냥을 벽에 문질렀습니다.

〈성냥팔이 소녀〉 초판본 삽화 연필화 원본(1847). 안데르센 박물관 소장.

근처가 환해졌습니다."

그 무렵에는 갑에 든 성냥과 마찰 성냥이 있었는데 위의 인용으로 보아 소녀가 팔고 있던 성냥의 정체를 알 수가 있다.

이른바 안전성냥이라고 하는 것은 성냥갑 옆에 붙어 있는 붉은인(燐) 면에 성냥을 그어 발화시키는 것이고, 상자의 옆면이 아니라 구두 바닥이나 벽면에 성냥을 그어 발화시키는 것이 마찰성냥으로 안전성냥보다 역사가 길며 그 원형이라 할 수 있다.

이러한 성냥은 어느 것이나 19세기 전반에 발명되었다. 마찰성냥은 1827년에 만들어져 유럽으로 퍼졌다. 이어 1845년에 붉은인을 상자 옆으로 분리한 안전성냥이 개발되었다.

1845년 즈음은 안데르센이 동화를 활발하게 쓰고 있던 시기에 해당된다. 즉 아무 데나 그어서 발화시키는 성냥이 최신 발명품이었던 무렵이 된다.

성냥팔이 소녀는 이른바 최첨단을 걷는 문명의 이기를 팔고 있었던 것이다. 따라서 성냥은 이미 처음부터 꿈을 꾸는 것 같은 마법의 상품이라는 인상을 준다. 그것이 안데르센의 아름다운 동화에 마법의 색채를 한층 강하게 덧입힌다.

〈나이팅게일〉은 이중의 뜻으로 시대의 분위기를 반영시킨 19세기다운 자료가 담긴 동화였다. 첫째, 중국의 황제를 주인공으로 한 점이다. 이 시대는 전 유럽의 중국 대유행 끝무렵에 해당한다. 유럽 여기저기에 중국풍 건물이 세워져 이국적인 경관이 도시 거리를 휩쓸었다.

또 다른 하나는 기계장치를 한 새이다. 중국의 황제는 살아 있는 나이팅게일보다도 기계장치가 된 나이팅게일에 강하게 끌렸다. 이것은 그 무렵 유럽에서 실제로 일어난 일이기도 했다.

이 기계장치 나이팅게일은 19세기 전반에 유럽의 시계 가게나 장난감 가게에서 살 수가 있었다. 말하자면 인기 상품이라 할 수 있었다.

1820년대 파리의 장인들을 중심으로 발전한 장난감 자동인형 만들기는 여러 가지 상품을 개발했다. '움직이는 액자 그림'이나 '움직이는 동물'들 가운데 '움직이고 우는 새'가 있었다.

처음에는 큰 기계장치의 새에 풀무를 작용시켜서 놀라울 정도로 정밀하게 새의 울음소리를 나게 하는 장난감이었다. 그 뒤 손바닥에 얹을 수 있는 작은 보석 상자에 새를 장치하여 뚜껑을 열면 작은 기계장치의 새가 나타나서 우는 형태로 바뀌었다.

살아 있는 나이팅게일은 안데르센이 사랑한 가수 예니 린드가 그 모델이었다고 한다. 아마도 기계장치의 새에 인기를 빼앗긴 나이팅게일의 슬픔을 가수 린드의 슬픔에 맞춘 것이리라.

다음으로 〈꿋꿋한 주석 병정〉에서 볼 수 있는 바와 같이, 유럽의 각 가정에서도 새로운 소재를 사용한 인형

〈나이팅게일〉 컬러삽화
나이팅게일의 노랫소리가 황제에게 다가오던 저승사자를 물리쳤다. 〈황제와 저승사자〉, 이브 스팡 올센 그림(1992)

들을 많이 볼 수 있었다. 튼튼한 주석 장남감은 특히 환영을 받았다. 어린이 문화(또는 산업)라고 할 수 있는 것이 발달하여 장난감이나 인형도 생산이 크게 늘어났던 시대였다. 여기에서 큰 역할을 하는 것이 1860년대 파리를 중심으로 문을 연 백화점이다. 백화점은 여성과 어린이를 처음으로 소비 대상자로 하여, 꿈이 있는 상품을 팔기 시작했다. 도시의 아이들에게는 바로 꿈의 생활의 시작이었다. 그 꿈을 연출한 것이 새로운 장난감 산업이었다.

그때까지 동화라고 하면 옛 성이나 숲이나 어딘가 먼 산속이라고 하는 무대

설정이 선호되었고, 실제로 동화는 근대 산업사회 이전에 성립되고 있던 지방의 민담을 소재 삼아 쓰였다.

그러나 안데르센에 이르러 그와 같은 발상의 견고한 성은 무너지게 된다. 안데르센은 갖가지 터부를 깼다. 예를 들어 어린이 이야기에 '죽음의 문제'를 왕성하게 다룬 것도 그랬다. 그가 동화 속으로 끌어들인 가장 큰 격식 타파라고 하면 도시 생활일 것이다. 동화 세계에 현대를 들여온 것이다. 그 현대를 상징하는 무대가 도시였다. 안데르센은 〈그림 없는 그림책〉에서 이렇게 쓰고 있다.

"당신에게 폼페이 이야기를 해준 적이 있는데, 그것은 많은 생생한 도시 가운데 대중 앞에 드러난 도시의 시체입니다. 하지만 나는 그보다도 더 진기한 또 하나의 도시를 알고 있습니다. 그것은 도시의 시체가 아니라 도시의 유령입니다. (……) 당신은 이 도시를 알고 있습니까? 그 거리에는 차가 지나가는 소리도, 마차의 말발굽 소리도 들린 적이 없습니다. 그곳에는 물고기가 헤엄치고 있으며 검은 곤돌라가 유령처럼 푸른 물 위를 달려갑니다."

이 유령 도시란 차도 말도 들어오게 하지 않는 수상도시 베네치아를 말한다.

"나는 시끄러운 파리를 내려다보고 있었습니다. 나의 눈은 루브르 궁전 안이 방 저 방으로 들어갔습니다. 초라한 옷을 입은 한 나이든 할머니가—이 할머니는 가난한 계급의 사람이었습니다—신분이 천한 경비원의 뒤를 따라 텅빈 커다란 왕좌(王座) 사이로 들어갔습니다."

어느 것이든 도시를 동화의 무대로 삼고 있다는 점에 주목해야 한다. 더욱이 그것은 바그다드나 콘스탄티노플이나 알렉산드리아와 같은 동화에 어울리는 고대도시가 아니다. 신이나 요정이 살기에는 가장 알맞을 것 같지 않은 베네치아나 파리인 것이다.

안데르센이 이와 같이 도시와 그 생활에 얽매였던 것 이상으로, 거기에 등장하는 동화의 주인공들은 근대공업의 생산품이기도 하고 새로운 기술을 응용한 장난감이기도 했다. 성냥도, 기계장치 나이팅게일도 실은 그 상징이었다고 생각해도 좋을 것이다.

안데르센 작품들을 읽을 때마다 19세기의 변해 가는 유럽 사회가 눈에 떠오른다. 그의 동화는 어쩌면 기계문명이 시작되는 전야에 볼 수 있는, 매우 암시적인 '예상된 꿈'이었는지도 모른다.

안데르센 동화의 삽화들

안데르센 작품을 읽으면 읽을수록, 안데르센은 언어로 그림을 그리듯이 문장을 철저하게 구성하고, 정경을 세밀화처럼 묘사하기 때문에 회화 표현이 끼어들 여지가 없어 보인다. 작자는 이야기 세계의 구석구석까지 극명하게

⟨꿋꿋한 주석 병정⟩ 아서 래컴 그림(1932)

영상화하여, 그것을 언어로 응축시켜 형상화했다. 그래서 이야기를 읽고 있으면, 잇따라 정경이 눈에 보이는 것처럼 떠오른다.

사실 안데르센은 첫 번째 동화집부터 삽화가를 직접 뽑았다. 이름 없는 화가로 해군 지휘관이었던 빌헬름 페데르센(Vilhelm Pedersen)이었다. 페데르센이 서른아홉 살의 젊은 나이에 결핵으로 죽은 뒤에는, 파리에서 활동하고 있었던 로렌츠 프롤리히(Lorenz Frølich)에게 삽화를 맡겼다.

안데르센은 유럽 곳곳을 29번이나 여행했으므로 그동안 독일, 프랑스, 이탈리아, 영국에서 수많은 미술작품을 보았으리라는 것을 그의 저작과 편지로 추측할 수 있다. 또 19세기 유럽에서 예술의 황금시대를 누리고 있었던 조국 덴마크에서도 풍부한 미적 체험을 쌓았을 것이다. 나아가서는 자신도 콜라주와 종이그림에 독창적인 재능을 발휘했다.

안데르센 동화의 대표적 삽화가는 누구보다도 빌헬름 페데르센이다. 안데르센은 그가 바랐던, '솔직하게 누구나 이해할 수 있도록 인간을 그릴 수 있는 화가'를 선택했던 것이다.

안데르센 동화의 삽화는 "덴마크의 독특하고 따뜻한 비더마이어*¹적인 정감, 곳곳에 감도는 유머, 어린이 마음에 호소하는 그 무엇, 그런 것들이 안데르센을 읽는 법을 규정하며 오랜 세월 넘도록 우리의 마음을 사로잡아 왔다" 평가된다.

프롤리히는 장식성이 두드러진 아르누보 양식*²의 선구적 삽화가였다. 그가 안데르센 동화에 곁들인 삽화의 걸작은 1905년에 기념 출판된 동화집으로, 그 무렵 유행했던 '도자기에 그림을 넣는 것'을 연상시킨다.

현대 화가의 손으로 안데르센 동화에 새로운 삽화를 넣은 대표적 인물은 이브 스팡 올센(Ib Spang Olsen)이다. 올센은 1972년에 국제안데르센상 화가상을 수상한, 덴마크를 대표하는 화가이다. 그는 직접 개발한 헬리오그래피(heliography)라는 수법으로 현대의 인쇄기술을 구사하면서, 단순한 인쇄 복제가 아닌 '화가와 독자를 잇는 신뢰할 만한 원본 그림'으로 그림책과 삽화의 예술성을 높이고 있는 예술가이다. 네 권짜리 《안데르센 동화》 컬러 삽화 134매와 흑백 삽화 75매의 작품도 헬리오그래피로 그리고 인쇄한 것이다. 올센은 이 《안데르센 동화》 제3권 '맺음말'에서 다음과 같이 말했다.

"안데르센의 세계는 나에게는 우주로 생각될 만큼 깊고 광활한 장소이다. 그곳에서는 인간의 마음속 삼라만상이 그려져 있고, 때로는 미래를 예지하면서 흔들리지 않는 진실이 이야기되어 있다. 안데르센은 완벽하게 갈고닦은 문체를 구사하는 작가로, 지금의 세상에서도 참으로 소중한 시인이다. 나는 이제껏 수없이 안데르센의 작품으로 되돌아가면서 길을 걸어왔다. 그리고 그때마다 새로운 것을 발견하고 놀라움을 느끼며 용기를 얻어왔다. 나는 그의 언어의 리듬을 즐긴다. 언어와 이야기의 줄거리, 그리고 이야기 밑바탕에 흐르는 인간의 지혜가 적절하게 조화를 이루고 있음을 기분 좋게 느낀다. 유머와 동시에 어리석음을 따끔하게 찌르는 아이러니에 감탄한다. 또 순간을 포착하여 확장하는 훌륭한 능력과 용기 있는 사상과 전개, 번뜩이는 연상에 공감을 느낀다. 안데르

---

*1 비더마이어 양식(Biedermeier 樣式). 19세기 전반에 독일과 오스트리아에서 유행한 가구와 실내 장식의 한 양식으로, 간소하고 실용적인 면이 특징이며, 넓은 의미로는 동시대 미술 일반의 양식을 이른다.

*2 아르누보(art nouveau). 19세기 끝 ~ 20세기 시작에 걸쳐 프랑스에서 유행한 건축·공예·회화 따위 예술의 새로운 양식. 식물적 모티프에 의한 곡선의 장식 가치를 강조한 독창적인 작품이 많다.

센은 언제나 변함이 없다. 어른을 위해 쓸 때도, 어린이를 위해 쓸 때도."

장편동화《그림 없는 그림책》에 대하여

젊은 날 코펜하겐 다락방에서 일어났던 안데르센과 달의 대화가 엮어준 이 작품은 그의 상상력과 창의력이 가장 활기찼던 35세 때 쓴 장편동화이다. 그래서 이 작품이 가지는 기지에 찬 발상과 주제와 이야기 구성의 절묘함, 그리고 시적인 아름다움에 넘치는

코펜하겐 **왕립공원(장미정원)** 안에 있는 안데르센 동상
안데르센의 70세 생일 기념으로 1880년에 건립되었다.

예술적 표현과 인간에 대한 깊은 통찰은 그 어느 작품보다도 뛰어나다. 또한 준엄한 도덕성과 세계에 대한 풍부한 지식, 사실 속에 솟는 낭만의 꿈과 온 세계를 거침없이 넘나드는 자유로움, 그리고 건강한 유머와 따뜻한 정서 등이 이 작품을 아동문학사상 불후의 명작으로 손꼽는 까닭이다. 이미 170여 년을 세계 모든 어린아이들이 이 작품을 읽어 왔고, 또한 찾아 왔다. 물론 그 어린아이들은 어른들의 의견이나 평가 따위에는 아랑곳하지 않는다. 또한 그들은 스스로 이 작품을 읽어 왔고 또한 앞으로도 읽을 것이다. 그렇다면 이 작품이 시대와 장소를 떠나서 이토록 어린아이들의 마음을 끄는 이유를 아동문학의 본질적 조건인 예술성과 교육성, 흥미성 면에서 살펴보고자 한다.

어린아이들의 감각과 감수성은 신선하고 섬세하므로, 예술적인 충격을 받으면 예민하고 빠르게 창의적 반응을 나타낸다. 그러나 표현이 예술과는 거리가 멀고 유치하다면 아이들에게 그 뜻을 제대로 전달하기 어려워지거나 곤란해질 것이다. 이를 극복하는 방법으로는 다음 세 가지를 들 수 있다.

첫째, 표현이 진실해야 한다. 이 점에서 《그림 없는 그림책》은 더할 나위 없이 세계를 집으로 삼아 방랑한 안데르센의 실제 경험을 바탕으로 삼았기 때문에 이 작품의 묘사는 한없이 현실적이고, 언제나 형식 속에는 참된 내용이 살아 있다. 본디 어린아이들이란 단순히 개념화된 말의 연결이 아닌, 진리나 사상이나 감정이 살아 있는 사실과 이어진 말, 내용이 가득 찬 깊이 있는 말을 접하면 반드시 깊은 감명을 받기 마련이다. 〈넷째 밤〉의 독일 시골 극장과 봉건성, 〈열셋째 밤〉의 독일 지식인들의 형편, 〈다섯째 밤〉의 주인 없는 프랑스 옥좌, 〈열두째 밤〉의 폼페이 폐허, 〈스물째 밤〉의 로마 고적, 〈스물아홉째 밤〉의 스웨덴 왕의 관(棺) 등, 이것들은 모두 그가 몸소 여행한 독일, 프랑스, 이탈리아, 스웨덴 등에서 얻은 경험의 열매였다. 그렇기에 독자들이 이 작품을 읽을 때는 늘 안데르센과 함께 세계의 온갖 구경거리를 보고 체험하는 즐거움을 느낀다. 어린아이들에게는 탐구 본능이 있기에 미지의 세계란 그들에게 언제나 매력적이다.

둘째, 작품 묘사는 언제나 신선하며 생기와 간결성을 갖춰야 한다. 이 작품은 안데르센이 어린아이들을 위해 쓴 것이기 때문에 다른 동화처럼 아이들의 눈과 마음으로 세계를 관찰하고 있다. 이해력과 예술 작품을 음미하는 데 한계가 있는 어린아이들에게는 어려운 판단은 무거운 짐이 된다. 그래서 아이들의 이해를 돕기 위해서 이 작품의 문장은 참으로 간결하다. 그 위에 작품의 인물들은 달빛의 조명 효과를 얻어 그 윤곽이 한없이 선명하다. 간결성의 기준을 문장의 장단으로 본다면 가장 긴 〈일곱째 밤〉은 108개 문장으로 이루어져 있는데(독일어 번역판에 따를 경우), 이 가운데 5개 낱말로 이루어진 문장이 21개로 가장 많고, 가장 긴 문장으로는 16개 낱말로 이루어진 것이 1개 있으며 관계대명사는 셋이다. 가장 짧은 이야기인 〈열한째 밤〉은 6개 낱말로 이루어진 문장이 8개로 가장 많고, 가장 긴 문장으로는 7개 낱말로 이루어진 것이 4개 있으며, 관계대명사는 없다. 때문에 이 작품은 언제나 문맥이 명확하다.

셋째, 표현이 강렬해야 한다. 이 작품에서 안데르센의 언어는 매끄럽게 전달될 뿐만 아니라 인간의 행동이나 심리 또는 환경 묘사가 언제나 생생하기 때문에 시공을 초월해 늘 독자에게 강렬한 감명을 준다. 〈스물두째 밤〉의 소녀와 인형, 〈서른한째 밤〉의 곰과 노는 아이들 이야기는 표현이 산뜻하기 때문에 읽는 이에게 영원히 잊을 수 없는 아름다움을 준다.

아동문학은 성인을 대상으로 하는 문학과는 달리 성인으로 자라는 발달 과정에 놓인 아이들을 대상으로 하기 때문에 반드시 그 안에 어떤 문제의식을 심어 놓아야 한다. 즉 교육성이 반드시 담겨야 할 것이다. 하지만 그 교육성은 폭이 좁고 설교 형식이어서는 안 된다. 자연스럽게 아이들의 지성과 감각에 스며들어 저도 모르게 정신 성장에 이바지해야 한다. 그러므로 동화는 인생의 교사라야 한다. 이런 점에서 볼 때 이 작품은 아이들에게 아름다운 정서와 따뜻한 인간성을 키우도록 하고 밝은 꿈과 상상력을 품도록 한다. 또한 인생이 무엇인가를 미리 보여줌으로써 앞으로의 세계로 들어가는 것을 준비하도록 하는, 아이들의 미래를 생각하는 작가의 따뜻한 마음이 작품 속에 넘친다. 즉 안데르센은 〈셋째 밤〉에서 억압당한 권리를 위해 싸우다가 쓰러진 한 소년을 통해서 사회 정의를, 〈열다섯째 밤〉의 미국으로 떠나는 이주민 대열과 〈스물아홉째 밤〉의 스웨덴 왕의 관(棺)을 앞에 두고는 전제군주의 횡포와 그들의 죽음 뒤에 오는 허무함을 가르친다. 또한 〈첫째 밤〉의 램프로 애인의 죽음을 점치는 인도아가씨와 〈열여섯째 밤〉의 못난 포리치넬의 사랑을 통해서 인간의 순정을 가르치고, 〈둘째 밤〉의 닭에게 키스하는 소녀, 〈열일곱째 밤〉의 새 옷을 기뻐하는 소녀, 특히 인형의 비운에 눈물 짓는 〈스물두째 밤〉에서는 아름답고 상냥한 동심을 길러 준다. 그리고 〈열한째 밤〉의 첫날밤의 기쁨, 〈열아홉째 밤〉의 버림받은 배우의 끝, 〈스물두째 밤〉의 사형대로 가는 죄수가 느끼는 갈등 등을 통해서 이것이 바로 인생의 축소판임을 가르쳐 주고, 또한 자기 고백과도 같은 〈스물넷째 밤〉의 코펜하겐 빈민 아들의 성공은 〈못난 오리새끼〉처럼 가난한 아이들에게 인생의 밝은 면을 보여 주어 용기를 가지도록 하는 희망의 이야기이다. 이처럼 안데르센은 언제나 완전한 세계를 설정해 놓고 억지로 그곳으로 끌고 가려 하지 않고, 오직 인생의 어두움과 밝음을 그대로 드러내 어린 아이들이 스스로 더 좋은 세계를 택하게 하고 있다. 그리하여 아이들은 문학적 감명과 함께 자연스럽게 선택한 도덕성을 바탕으로 한 사람의 오롯한 어른으로 성장해 가는 것이다.

《그림 없는 그림책》은 움직이는 달을 통해 찰나적으로 비친 세계의 표정을 보여준다. 그러기에 이 작품은 일관된 이야기가 없으며, 구도 전개가 가지고 오는 기대나 재미가 존재하지는 않는다. 하지만 안데르센의 천재적 표현 기법과, 언제나 어린아이들 편에 서서 그들을 의식하며 그들의 이해도를 배려하는 설명 덕분에 달빛 속 한 장면 한 장면은 마음속을 깊게 파고들며, 장면마다에 아이들이 공상의 날개를 마음껏 펼 수 있도록 도움을 준다. 어린아이들은 변화를 사랑한다. 왜냐하면 그들에게는 활동성과 창의적 반응이라는 본능이 있기 때문에 장면마다 새로운 내용이면, 그들은 그만큼 풍부한 꿈의 세계에 잠기는 기쁨을 가질 수 있다. 〈스물한째 밤〉의 곰과 아이들의 이야기는 만화를 보는 듯한 분위기와 함께 시각적인 표현과 음의 감각적 표현에서는 최고의 기교를 보이고 있어, 이 장면에서 어린아이들 눈앞에는 장대한 이솝의 세계가 펼쳐지는 것이다. 〈스물일곱째 밤〉의 굴뚝을 청소하는 아이의 만세 소리는 아이들에게 통쾌한 정복감을 맛보게 해줄 것이다. 〈다섯째 밤〉의 루브르 궁(宮), 〈열여덟째 밤〉의 베니스 거리, 〈스물한째 밤〉의 상인 무리의 행진, 특히 〈스물일곱째 밤〉의 중국 사원에서 아이들은 마치 마법의 가방을 타고 온 세계를 나는 기쁨을 맛보고 호기심과 모험심을 만족시킬 것이다. 그리고 또한 안데르센의 묘사는 조형적이고 회화적이다. 특히 이 작품은 달이 화가에게 그림 소재를 위해서 주어지기 때문에 〈일곱째 밤〉의 숲의 모습, 〈아홉째 밤〉의 그린란드의 여름, 〈스물셋째 밤〉의 티롤의 수도원, 〈스물여덟째 밤〉의 바다와 백조 등은 아이들뿐만 아니라 어른들에게도 마치 코로나 밀레의 풍경화를 보는 듯한 즐거움을 준다. 이처럼 《그림 없는 그림책》은 어느 다른 작품보다 많은 이야기를 담고 있기에, 장면마다 느끼지는 흥미 말고도 아이들은 장을 넘길 때마다 끝없는 동심의 세계, 꿈의 세계를 발견할 수 있는 흥분을 마음껏 즐길 수 있다.

이렇게 살펴본 바대로 《그림 없는 그림책》은 다른 어느 작가의 동화보다 예술적 요소나 교육성, 흥미성 등 동화라면 반드시 갖추어야 할 본질적 요소를 한가득 담고 있다. 그리하여 안데르센 이전 어른과 함께 민화(民話)나 성서, 또는 아라비안 나이트 등에서 겨우 그들의 욕구를 달래야 했던 어린아이들이 비로소 안데르센 자신의 괴로웠던 과거에서 끌어낸 인간관, 세계관을 감동적으로 받아들여 일생을 통해 그의 선(善)한 영향 아래 이상적인 인간상을 지향하며 살아가게 될 것이다. 왜냐하면 뛰어난 작품의 매력은 독자로 하여금 온몸으로 감동을 느끼게 하고, 그 감동은 생각은 물론 생활양식마저 변화시키는 힘을 가지고 있기 때문이다. 그러나 동화란 어른들이 어린아이들에게 주는 것이기 때문에 거기에는 아이들의 언어 감정, 생활 감정이 그려지고 여기에 어른들의 따뜻한 사랑이 흐르고 있어야 한다. 그리고 그 위에 서서 아이들에게 기쁨을 주면서 아름다움과 올바름, 또는 생명의 존엄성 등을 보여주어야 한다.

이런 점에서 볼 때 《그림 없는 그림책》은 고상하고 간결한 언어와 형식 면에서 예술성이 더해졌고, 내용 면에서 어린아이들의 흥미를 강렬하게 끌 수 있는 흐뭇한 정서와 무한한 상상력의 실마리가 될 수 있는 온갖 풍경이, 그리고 아이들이 찾는 밝은 재치에 유머가 감도는 만화적 장면까지 담고 있다. 그리고 장면마다 어린아이들의 미래를 위해 지적(知的), 도덕적, 종교적 정서의 배움을 위한 따뜻한 염려가 꼭 들어 있으며, 이는 자연스럽게 작품을 읽고 난 뒤에 느낄 수 있는 여운으로 메아리친다. 바로 이 점이 아나톨 프랑스가 "소년 소녀의 마음은 마치 천재와 같이 아무리 설득하려고 해도 결국 소용이 없다. 그들이 가장 사랑하는 책은 무엇보다 뛰어난 것뿐이다. 높은 사상으로 넘치는 작품 부분마다 아름답게 빈틈없이 짜이고 동시에 전체로서 하나의 완전한 형태를 갖춤으로써 빛나는 작품, 힘과 올바른 뜻으로 가득 찬 문장으로 쓰인 작품, 그런 작품만이 사랑을 받는다"라고 말한 바와 일치하며, 아울러 이 장편동화만이 가진, 세기를 뛰어넘어 아무런 지루함 없이 읽힌 매력이자 가치일 것이다.

마지막 여행

1875년 6월에도 안데르센은 여행갈 준비를 하고 있었다. 일흔 살이었고 몸이 몹시 아프고 기침도 멈추지 않았던 그는, 혼자서는 여행하지 못할 것이라 생각하여 젊은이 넷에게 동행을 부탁했다.

여행에 나서기 전에 꼭 해야만 할 일이 몇 개 있었다. 빌린 방값을 갚고 짐을 옮겨야 했다. 그는 지인에게 맡겨놓았던 책과 원고를 한데 모아 묶었다. 옷들도 정리해야 했다. 이처럼 일하고 있는 안데르센을 젊은이 하나가 46시간 지켜주었다.

스위스에서 프랑스로 떠날 예정이었던 여행은 이루어지지 못했다. 안데르센의 병을 두고 볼 수 없었던 멜키오(Melchior) 부인이 뉘하운(Nyhavn)의 방에서 그를 데리고 나왔던 것이다.

요나스 콜린이 죽은 뒤 안데르센을 보살펴 준 사람은 멜키오 부인이었다. '평안한 집'이라 이름 붙여진 그녀의 별장에는 안데르센을 위한 방이 따로 준비되어 있었다.

"모르핀이 약해서 효과가 없으니까 몸이 이렇게 아픈 겁니다."

이렇게 불평을 하면서 안데르센은 살아갔다. 하지만 7월이 끝나갈 무렵에는 의식이 몽롱해졌다.

일기는 안데르센이 말하면 멜키오 부인이 받아썼지만, 결국 몇 번이고 같은 말을 하거나 무슨 말을 하는지 모르게 되어 버렸다.

똑똑히 말한 것은 꿈에 나타났던 여성 이야기였다. 한쪽 발이 불편했던 여성이 안데르센에게 말했다. "당신은 정말 멋져요. 참된 시인이에요." 물론 그 여성은 헨리에테 볼프였다. 안데르센은 죽을 때까지 그녀를 생각하고 있었던 것이다.

죽기 이틀 전에 그가 말했다.

"안녕. 그리고 고맙습니다."

안데르센을 간호해 주던 멜키오 부인과 두 간병인에게 한 말이었다.

8월 4일 오전 11시 5분. 전날 밤부터 이어진 잠에서 깨지 못하고 안데르센은 영원히 잠들었다. 모두 여섯 권의 소설, 많은 시와 희곡, 그리고 여러 여행기와 156편의 동화를 쓴 그에게 가장 행복한 마지막 여행이었으리라. 그가 진심으로 믿었던 하느님의 나라로 여행을 떠난 것이니까 말이다.

안데르센의 장례는 국장(國葬)으로 치러졌다. 황태자와 각국 외교사절들을 비롯하여 남녀노소 구별 없이 많은 계층의 사람들이 참배했다. 그리고 그는 지금도 코펜하겐의 성모교회 묘지에 잠들어 있다. 젊은 시절 그가 코펜하겐에 있었을 때 가난하고 지친 몸을 쉴 수 있었다는 장미정원에는, 왕궁과 마주하여 그의 동상이 세워져 있다.

•〈성냥팔이 소녀〉 삽화는 아카나 히로시(赤穴宏)
•《그림 없는 그림책》 삽화는 고토 카즈유키(後藤一之)

안데르센 연보

1805   4월 2일 덴마크 오덴세에서 태어남. 아버지는 가난한 구두 수선공. 어머니는 아들을 무척 사랑함. 안데르센은 어렸을 때부터 아버지가 읽어주는 동화를 듣거나 할머니한테 옛날이야기를 들으며 자람.

1807(2세)   덴마크가 나폴레옹과 동맹을 맺음.

1811(6세)   이 무렵부터 몇몇 학교를 다니지만 모두 오래가지 못함. 친구들과 놀기보다 혼자 책을 읽거나 인형극 줄거리를 생각하기를 좋아함.

1812(7세)   아버지가 지원병으로 출정해 1년 정도 훈련을 받았으나 나폴레옹군의 퇴각으로 이듬해에 돌아옴.

1816(11세) 아버지 세상을 떠남. 어머니는 돈을 벌기 위해 세탁부로 일함.

1818(13세) 직물공장, 담배공장에 들어가 일을 하지만 곧 그만둠. 오덴세를 찾아온 왕립극장 극단에 목동 역할로 잠깐 출연하여 무대에 강한 동경을 갖게 됨. 어머니, 20세 연하의 구두 수선공과 재혼.

1819(14세) 성 크누드 교회에서 견진 성사를 받음. 9월, 어머니의 반대를 무릅쓰고 코펜하겐으로 감. 왕립극장에 배우로 지원하지만 떨어짐. 극장 부속 음악학교 교장 시보니의 개인지도를 받게 됨(이듬해 봄, 변성기 때문에 중단). 작곡가 바이제와 시인 바겐센으로부터 기부금을 받지만, 하숙방에서의 가난한 생활이 이어짐. 이즈음부터 신분이 높은 사람들과 친해지고 도움을 받음. 시인 욀렌슐레거, 물리학자 외르스테드, 해군대장 볼프, 덴마크 문학계를 이끈 라베크 교수 등.

1820(15세) 굴베르그 교수로부터 기부금과 함께 독일어와 덴마크어 지도를 받고, 라틴어 수업을 들을 수 있도록 도움을 얻음(뒤에 라틴어 수업을 열심히 받지 않아 교수의 원조 끊어짐). 무용가 다렌, 극장부속 발레학교에 입학을 허가해 줌.

1921(16세) 극장부속 성악학교에 입학. 합창단 일원으로 가끔 무대에 섬. 첫 희

곡 〈비센베르의 도둑들〉 씀.

1822(17세) 할머니가 세상을 떠남. 5월, 전망이 없다며 극장에서 해고되어 작가
가 되기로 마음먹음. 왕립극장에 제출한 희곡이 "기초적 교양의 결
여"를 이유로 채택되지 않음. 두 번째 희곡 〈알프솔〉을 계기로 추밀
원 고문관 요나스 콜린과 라베크 교수의 추천을 받아 국비장학생으
로서 슬라겔세의 라틴어학교에 입학. 어린 학생들과 섞여 치열하게
공부함. 마이슬링 교장에게 시 쓰는 일과 다른 집 방문을 금지당함.
시인 잉에만의 격려를 받음.

1826(21세) 교장의 전근으로 헬싱괴르 라틴어학교로 옮김. 교장 집에서 기숙함.

1827(22세) 교장 부부의 학대를 견디다 못해 학교 중퇴. 코펜하겐으로 돌아와
다락방에서 하숙하면서 대학입학시험을 준비함. 시 〈임종의 아들〉
이 신문에 실림.

1828(23세) 10월, 코펜하겐 대학 제1차 입학시험에 합격.

1829(24세) 제2차 입학시험 합격. 정식으로 대학생이 되지만, 학업을 버리고 작
가가 되기로 결심. 《1828, 1829년 홀멘 운하에서 아마게르 섬 동쪽
끝까지의 도보여행기》 자비 펴냄, 호평을 얻음. 희곡 〈니콜라이 탑
위의 사랑〉이 왕립극장에서 상연됨.

1830(25세) 시집 《시》를 펴냄(여기에 첫 번째 동화 〈유령〉이 실려 있음). 유틀란트
반도를 여행. 친구의 누이, 리보르 보이그트를 사랑하지만 이루어지
지 않음. 7월, 프랑스에서 7월혁명이 일어남.

1831(26세) 시집 《환상과 스케치》 펴냄, 혹평을 받음. 실연의 아픔을 달래고자
첫 번째 해외여행(두 달간 독일). 여행지에서 샤미소와 만나, 1838에
그가 죽을 때까지 깊은 친교를 나눔. 《하르츠, 작센, 슈바이츠 등에
대한 여행의 실루엣》 발표.

1832(27세) 은인 요나스 콜린의 딸 루이제를 사랑하게 됨(이듬해, 그녀는 다른
남자와 결혼. 안데르센의 실연으로 끝남). 루이제가 읽었으면 하는 마
음으로 자서전 《회상기》 집필. 시집 《덴마크 시인에게 바치는 꽃장
식》, 《1년의 12월》 펴냄.

1833(28세) 국왕으로부터 외유자금을 받고 독일과 파리를 거쳐 이탈리아 여행.
로마에서 여섯 달을 보냄. 여행 동안 위고, 뒤마, 하이네, 조각가 토

르발센과 알게 됨. 시극(詩劇)《아그네테와 인어》완성. 10월, 어머니가 세상을 떠남.

1835(30세) 소설《즉흥시인》펴냄, 큰 호평을 받음. 독일과 스웨덴 등에서 번역되어 본국에서보다 먼저 유명해짐. 첫 번째 동화집《어린이를 위한 동화집》(《부싯돌/장다리 클라우스와 꺼꾸리 클라우스/완두콩 공주/어린 이다의 꽃밭》) 펴냄. 제2집(《엄지 공주/못된 아이/길동무》)도 펴냄. 이 동화들은 불평을 샀지만, 물리학자 외르스테드는 이 동화가 그를 불멸의 존재로 만들어 줄 것이라 평가함.

1836(31세) 소설《O.T》를 간행. 희곡〈이별과 만남〉을 집필.

1837(32세) 《어린이를 위한 동화집》제3집(《인어 공주/벌거벗은 임금님》) 펴냄. 소설《어느 바이올리니스트》간행. 스웨덴 여행. 외르스테드의 딸 소피에게 연정을 품지만, 고백하기 전에 그녀가 약혼함.

1838(33세) 예술가를 위한 연금을 받게 됨. 이는 국가로부터 일류 문학가로 인정받았음을 의미하며, 생활도 안정됨.《어린이를 위한 새로운 동화집》제1집(《조그만 데이지꽃/꿋꿋한 주석 병정/백조들》)을 펴냄.

1839(34세) 《어린이를 위한 새로운 동화집》제2집(《천국의 정원/하늘을 나는 트렁크/황새들》) 펴냄. 연말에《그림 없는 그림책》을 발표함.

1840(35세) 희곡〈흑백혼혈아〉가 왕립극장에서 상연되어 크게 성공함. 독일과 이탈리아 여행. 가수 예니 린드와 처음 만남.

1841(36세) 발칸으로 여행 계속.

1842(37세) 《시인이 간 중동의 장터》펴냄.《어린이를 위한 새로운 동화집》제3집(《잠귀신/호메로스 무덤의 장미/청동 멧돼지 이야기/메밀》) 발표.

1843(38세) 1월, 파리 여행. 예전에 사랑했던 리보르와 재회. 예니 린드와 열애. 린드는 안데르센의 추천으로 왕립극장에 출연, 그녀 목소리는 시민들을 열광시킴.《새로운 동화집》제1권 제1집(《천사/나이팅게일/사랑하는 연인들/미운 오리새끼》) 펴냄.

1844(39세) 독일 여행. 바이마르 대공의 초대를 받음. 그 뒤 각국 왕후들의 초대로 왕이나 왕비, 왕자들에게 동화를 읽어주고 훈장 등을 수여받음. 최초의 훈장은 프리드리히 빌헬름 4세가 수여한 붉은독수리 기사훈장. 덴마크 국왕으로부터 별궁, 아우구스텐보르그 성, 그로스

텐 성으로 초대받음. 《새로운 동화집》 제1권 제2집(《전나무/눈의 여왕》)을 펴냄.

1845(40세) 독일을 여행하다 그림 형제를 만남. 린드와 연말을 함께 보냄. 《새로운 동화집》 제1권 제3집(《요정들의 언덕/분홍 신/높이뛰기 선수들/양치기 소녀와 굴뚝 청소부/홀거 단스케》)을 출간.

1846(41세) 바이마르 대공과 친교를 맺음. 예니 린드와의 사랑이 끝남. 안데르센, 이탈리아와 프랑스 남부 곳곳을 방랑함. 덴마크 국왕으로부터 단네브로그 기사훈장을 수여받음. 《즉흥시인》, 《O.T》, 《어느 바이올리니스트》 및 첫 번째 동화집이 영국과 미국에서 출판됨. 시집 《오래된 시, 새로운 시》 펴냄. 독일어판 전집을 위해 자서전 집필.

1847(42세) 잉글랜드와 스코틀랜드를 방문. 찰스 디킨스와 만남. 《새로운 동화집》 제2권 제1집(《낡은 가로등/이웃들/작은 툭/그림자》) 펴냄.

1848(43세) 《새로운 동화집》 제2권 제2집(《낡은 집/물방울/성냥팔이 소녀/행복한 가족/어느 어머니 이야기/옷깃》) 출간. 네 번째 소설 《두 명의 남작부인》을 발표. 스웨덴 국왕으로부터 북극성 훈장을, 바이마르 대공으로부터는 하얀독수리 훈장을 받음.

1849(44세) 스웨덴 여행. 빌헬름 페데르센의 삽화가 들어간 호화판 동화전집 펴냄.

1850(45세) 덴마크와 프러시아 사이에 전쟁이 일어나자 상심함. 동화극 〈잠의 요정 올레 루쾨이에〉 집필.

1851(46세) 3월, 은인 외르스테드가 세상을 떠남. 10월, 연금이 늘고 국왕으로부터 교수 칭호를 받음. 동화극 〈딱총나무 아주머니〉 상연. 시집 《전쟁 중인 조국에 바치는 시와 노래》, 《스웨덴 여행기》 펴냄.

1852(47세) 독일, 이탈리아 여행. 《이야기집》 제1집(《한 해 이야기/세상에서 가장 아름다운 장미/성 둑에서 바라본 풍경화/최후의 날/참말이야!/백조의 보금자리/쾌활한 성품》) 펴냄.

1853(48세) 《이야기집》 제2집(《슬픈 마음/여기 있는 모든 것/식료품점의 난쟁이 / 새로운 시대의 유럽 여행/버드나무 아래서》) 출간.

1855(50세) 덴마크 최초의 삽화가 든 《이야기집》을 펴냄. 독일어판 자서전을 고치고 덧붙여 《내 인생의 이야기》 출간.

1857(52세) 6월, 디킨스를 초대로 런던 방문. 소설《사느냐 죽느냐》간행.

1858(53세) 덴마크 국왕으로부터 훈장을 받음. 독일, 스위스 여행. 헨리에테 볼프, 미국으로 가는 도중에 배 사고로 죽음.《새로운 동화와 이야기집》제1권 제1집(〈소시지 꼬챙이로 만든 수프/병 주둥이/늙은 총각의 나이트캡/뜻있는 일/떡갈나무의 마지막 꿈/부적〉) 출간. 제2집(〈늪을 다스리는 왕의 딸/달리기 시합/종이 떨어진 깊은 곳〉)도 펴냄.

1859(54세)《새로운 동화와 이야기집》제1권 제3집(〈발데마르 다에와 그의 딸들에 대한 바람의 이야기/빵을 밟은 소녀/탑지기 올레/안네 리스베트/아이들의 잡담/진주 목걸이〉) 발표. 제4집(〈깃털 펜과 잉크병/무덤 속의 아이/마당 닭과 기상 닭/아름다워라!/모래언덕으로부터 전해온 이야기〉) 출간. 그 밖에 〈두 형제〉와 〈낡은 교회종〉을 기고.

1860(55세) 독일과 스위스 여행. 귀국길 오덴세에 들름. 덴마크 크리스티안 왕자의 초대로 왕궁에서 시와 동화를 낭독함.

1861(56세) 요나스 콜린 아들을 데리고 이탈리아 여행. 로마 다시 방문. 시인 로버트 브라우닝 부부와 만남. 여행 중에 은인 요나스 콜린이 죽었다는 소식을 듣고 급히 귀국.《새로운 동화와 이야기집》제2권 제1집(〈역마차에서 내린 열두 사람/영감이 하는 일은 언제나 옳다/지혜의 돌/오리 마당/새로운 세기의 시의 여신〉) 펴냄. 제2권 제2집(〈얼음 공주/나비/프시케/달팽이와 장미나무〉)도 출간.

1862(57세) 요나스 콜린 아들과 스페인, 프랑스 여행.

1863(58세)《스페인 여행기》발표.

1864(59세) 덴마크와 프러시아 전쟁으로 상심하여 글쓰기 중단. 덴마크는 프로이센·오스트리아군에 패전. 영토 홀스타인을 잃음.

1865(60세) 스웨덴 여행.《새로운 동화와 이야기집》제2권 제3집(〈도깨비불이 시내에 있다고 늪의 마녀는 말했습니다/풍차/은 실링/뵈르크룸 주교와 그의 친척들/아이들의 방에서/보물단지/폭풍은 간판을 달고 이사한다〉) 출간. 그 밖에 〈찻주전자〉, 〈민요의 새〉, 〈녹색 옷을 입은 작은 병사들〉, 〈파이터와 피터와 피르〉 등을 발표.

1866(61세) 프랑스, 스페인, 포르투갈 여행.《새로운 동화와 이야기집》제2권 제4집(〈간직한 것은 잊히지 않는 법/문지기의 아들/이삿날/눈물꽃/숙모/

두꺼비》) 출간.

1867(62세) 봄, 파리에서 세계대박람회 구경. 왕실고문관 칭호를 받음. 12월 6
일, 오덴세의 명예시민으로 뽑혀 대축하연이 열림. 동화《나무 요정》
펴냄.

1869(64세) 오스트리아, 이탈리아, 프랑스 여행.《동화 세 편과 이야기》를 펴냄
(《헨그레테의 가족/엉겅퀴의 모험/쓸 수 있는 것》).

1870(65세) 마지막 소설《행복한 페어》펴냄.

1871(66세) 노르웨이 방문.《새로운 동화와 이야기집》제3권 제1집(《행운은 작
은 나무토막에 숨어 있기도 하는 거야/혜성/요일들/햇빛 이야기들/증
조할아버지/가장 행복한 여인은 누구였을까요?/촛불들/가장 믿을 수
없는 것/온 가족이 말한 것/춤추어라, 춤추어라, 내 꼬마 인형아!/채소
아주머니에게 물어 보세요/거대한 물뱀/정원사와 주인 나리》)을 발표.

1872(67세) 독일, 이탈리아 방문. 드레스덴에서 입센을 만남.《새로운 동화와 이
야기집》제3권 제2집을 멜키오 가문에 증정.〈늙은 요한네 할머니의
이야기/현관문 열쇠/앉은뱅이 한스/치통 아주머니〉발표. 이 무렵부
터 건강이 나빠짐.

1874(69세) 생일에 국왕으로부터 추밀고문관 호칭을 받음.

1875(70세) 4월 2일, 생일잔치가 열림.〈어느 어머니 이야기〉의 15개 국어 번역
본을 실은 기념출판물 간행. 8월 4일, 코펜하겐 교외에 있는 멜키오
가(家) 별장에서 숨을 거둠. 국장(國葬).

곽복록(郭福祿)

조치(上智)대학교 독어독문학과 수학. 서울대학교 독문학과 졸업. 미국 시카고대학교 대학원
독문학과 졸업(석사). 독일 뷔르츠부르크대학교 독문학과 졸업(문학박사). 서울대학교·서강대
학교 독문과 교수 역임. 한국독어독문학회 회장. 한국괴테학회 초대회장. 지은책《독일문학
의 사상과 배경》, 옮긴책 요한 볼프강 괴테《파우스트》《시와 진실》《젊은 베르테르의 슬픔》
《빌헬름 마이스터 편력시대·수업시대》《친화력》《헤르만과 도로테아》《이탈리아 기행》《괴테
시집》《잠언과 성찰》에커만《괴테와의 대화》프리덴탈《괴테 생애와 시대》토마스 만《마의
산》니체《차라투스트라는 이렇게 말했다》《비극의 탄생》《즐거운 지식》소포클레스《그리
스 비극》카를 힐티《잠 못 이루는 밤을 위하여》《완역결정판 안데르센동화전집》등이 있다.

World Book 247
H.C. Andersen
EVENTYR OG HISTORIER
안데르센동화전집 II
H.C. 안데르센/곽복록 옮김
1판 1쇄 발행/2015. 12. 12
발행인 고정일
발행처 동서문화사
창업 1956. 12. 12. 등록 16-3799
서울 중구 다산로 12길 6(신당동 4층)
☎ 546-0331~6 Fax. 545-0331
www.dongsuhbook.com
사업자등록번호 211-87-75330
ISBN 978-89-497-1396-0 04080
ISBN 978-89-497-0382-4 (세트)